Soziologie und gesellschaftliche Entwicklung

Soziologie und gesellschaftliche Entwicklung

Verhandlungen des 22. Deutschen Soziologentages in Dortmund 1984

Herausgegeben im Auftrag der Deutschen Gesellschaft für Soziologie
von Burkart Lutz

Campus Verlag
Frankfurt/New York

CIP-Kurztitelaufnahme der Deutschen Bibliothek

Soziologie und gesellschaftliche Entwicklung :
Verhandlungen d. 22. Dt. Soziologentages in
Dortmund 1984 / hrsg. im Auftr. d. Dt. Ges. für
Soziologie von Burkart Lutz. – Frankfurt/Main ;
New York : Campus Verlag, 1985.
ISBN 3-593-32829-1

NE: Lutz, Burkart [Hrsg.]; Deutscher Soziologentag
<22, 1984, Dortmund>

Umschlaggestaltung: Atelier Warminski, Büdingen
Satz: Heinz Breynk, Kirchweiler
Druck und Bindung: Beltz Offsetdruck, Hemsbach
Printed in Germany

INHALT

Vorwort 11
Burkart Lutz

PLENARVORTRÄGE

Zur gesellschaftlichen Entwicklung der Soziologie: Überlegungen zu zukünftigen Chancen und Problemlagen 17
Burkart Lutz

Die gesellschaftliche Dynamik als theoretische Herausforderung 27
Renate Mayntz

Die unbekannte Zukunft und die Kunst der Prognose 45
Reinhart Koselleck

The Social Foundations of Monetarism and "Bastard" Keynesianism: the Shrivelling of Neo-Conservatism 60
Paolo Leon

Gesellschaftliche Entwicklung oder Entwicklung des Weltsystems? 76
Immanuel Wallerstein

Die heutigen gesellschaftlichen Syndrome der osteuropäischen Gesellschaften und Entwicklungsalternativen 91
András Hegedüs

THEMENBEREICH I: GESELLSCHAFTLICHE ENTWICKLUNG VON LEBENSZUSAMMENHÄNGEN

Einleitung 103
Eckart Pankoke

Moderne familiale Lebensformen als Herausforderung der Soziologie 110
Kurt Lüscher

Unentgeltliche Arbeit im Lebenszusammenhang von Frauen und deren Reflexion in den Sozialwissenschaften 128
Ursula Beer

Zur Entwicklung lokaler Lebenszusammenhänge als Gegenstand stadtsoziologischer Forschung 145
Ulfert Herlyn

Zur Dynamik und Potentialität städtischer Lebensformen 152
Karl-Dieter Keim

Die gesellschaftliche Organisation von Arbeit als Problem der Sozialpolitik 160
Fritz Böhle

Marginalisierung als sozialpolitische Alternative? 169
Barbara Riedmüller

Diskussionsbeiträge zu den Referaten von Lüscher, Herlyn, Keim und Böhle
Rosemarie Nave-Herz, Adalbert Evers, Thomas Krämer-Badoni, Marianne Weg, Helgard Ulshoefer, Georg Vobruba, Rolf Rosenbrock 177

THEMENBEREICH II: PROGNOSEN IM BILDUNGSBEREICH

Einleitung 207
Ansgar Weymann

Prognosen über Bildung und Arbeit – eine Bilanz aus soziologischer Sicht 209
Ulrich Teichler

Bildung und Wertwandel 224
Helmut Klages

Bildungsprognosen: Scheitern ohne Ende oder „Aufbruch zu neuen Ufern"? ... 242
Ansgar Weymann

Politikberatung durch Bildungsforschung?

Einleitung ... 250
Friedhelm Gehrmann

Politikberatung durch Berufsbildungsforschung ... 252
Laszlo Alex

Ergebnisse der Forschung über Hochschulen als Grundlage hochschulpolitischer Entscheidungen – Erfahrungen von HIS ... 262
Heinz Griesbach

Zur Politikberatung durch Bildungsforschung im Bereich der Weiterbildung ... 271
Wolfgang Schulenberg

Weiterbildung und Politikberatung ... 278
Wolfgang Zapf

Bildung und Wertwandel: Am Beispiel von „Leistung" in der Bundesrepublik Deutschland zwischen 1950 und 1980 ... 282
Heiner Meulemann

Daten, Erklärungen, Prognosen – Wege der Annäherung

Einleitung ... 292
Manfred Küchler

Experimental-Pläne in sozialwissenschaftlicher Forschung ... 295
Martin Irle

Fragen der Erklärung und Prognose in qualitativen Untersuchungen. Dargestellt am Beispiel der „Arbeitslosen von Marienthal" ... 303
Christel Hopf

THEMENBEREICH III: TERRORISMUS IN DER BUNDESREPUBLIK DEUTSCHLAND

Einleitung 319
Günter Albrecht

Große Wirkungen kleiner Reize – symbolisch vermittelt.
Zur Soziologie des Terrorismus. 322
Friedhelm Neidhardt

Zur Soziologie des Terrorismus 334
Fritz Sack

THEMENBEREICH IV: GESELLSCHAFTLICHE VORAUSSETZUNGEN VON TECHNIKENTWICKLUNG

Einleitung 353
Hartmut Neuendorff, Gert Schmidt

Technologieentwicklung zwischen Eigendynamik und öffentlichem Diskurs. Kernenergie, Mikroelektronik und Gentechnologie in vergleichender Perspektive 355
Bernward Joerges, Gotthard Bechmann, Rainer Hohlfeld

Kommentare zum Beitrag von Joerges/Bechmann/Hohlfeld
Hartmut Neuendorff, Walther Ch. Zimmerli 375

Industriearbeit im Umbruch – Versuch einer Voraussage 382
Horst Kern, Michael Schumann

Kommentare zum Beitrag von Kern/Schumann
Klaus Düll, Rudi Schmidt 398

Technologieentwicklung: Autonomer Prozeß und
industrielle Strategie 411
Wolfgang Krohn, Werner Rammert

Gewerkschaftliche Technologiepolitik zwischen Status-
sicherung und Arbeitsgestaltung 434
Eckart Hildebrandt, Rüdiger Seltz

THEMENBEREICH V: THEORIEN DER GESELLSCHAFTLICHEN ENTWICKLUNG DER MODERNE

Einleitung 451
Bernhard Giesen

Wege der Moderne. Zwischen Tradition und Modernität, Parti-
kularismus und Universalismus, Routine und Revolution, Kon-
formität und Entfremdung 453
Richard Münch

Versozialwissenschaftlichung der Identitätsformation und
Verweigerung von Lebenspraxis: Eine aktuelle Variante der
Dialektik der Aufklärung 463
Ulrich Oevermann

Bemerkungen zu Gesellschaftsstruktur, Bewußtseinsformen
und Religion in der modernen Gesellschaft 475
Thomas Luckmann

Der Kapitalismus – ein unvollendbares Projekt? 485
Johannes Berger

Mobilisierung der Laien – Deprofessionalisierung der Hilfen.
Ein Verlust an gesellschaftlicher Rationalität? 497
Christian von Ferber

Märkte, Käuflichkeit und Moralökonomie 509
Georg Elwert

Theorien der gesellschaftlichen Entwicklung zur Moderne

Einleitung 520
Klaus Eder

Formale Rationalität als Kern der Weberschen Modernisierungstheorie ... 523
Rainer Döbert

Rationalisierung und Enthierarchisierung. Zur Kritik der Weberschen Ägyptisierungsthese ... 530
Hans Haferkamp

Die Modernisierung der Zeit und die Zeit nach der Moderne ... 537
Hanns-Georg Brose

Die zögernde Begrüßung der Moderne. Zu Georg Simmels Diagnose moderner Lebensstile. ... 543
Georg Lohmann

Wissen – Orientierung – Handlung

Subjektives Erlebnis und das Institut der Konversion ... 549
Walter M. Sprondel

Soziale und biographische Konstitution chronischer Krankheit ... 559
Wolfram Fischer

Entwicklung und Diskontinuität

Einleitung ... 570
Georg Elwert

Volkszählung und bürokratische Herrschaft in Bauernstaaten ... 572
Gerd Spittler

Strategische Gruppen, Klassenbildung und gesellschaftliche Entwicklungen ... 576
Hans-Dieter Evers, Tilman Schiel

Entwicklung, Hegemoniekrise und Friedensfähigkeit in der Gegenwart ... 580
Dieter Senghaas

VORWORT

Burkart Lutz

Vor einigen Jahren hat sich mit der Entscheidung der DGS, Soziologentage in zweijährigem Turnus zu veranstalten, das Prinzip eingespielt, daß Soziologentage jeweils abwechselnd eindeutig themenzentriert vom Vorstand ausgerichtet und mit wesentlich offenerer Thematik maßgeblich von den Sektionen gestaltet werden sollen. Nach den themenzentrierten Soziologentagen von 1979 in Berlin und von 1982 in Bamberg lag es nahe, 1984, wie vier Jahre zuvor in Bremen, den Sektionen die Hauptverantwortung für die Organisation des Soziologentags zu übertragen.

Einer nahezu beliebig offenen Themenwahl stand freilich entgegen, daß die Jahreszahl 1984 mit Konnotationen beladen ist (war), die von der Soziologie nicht einfach übersehen werden kann.

Angesichts dessen entschloß sich der Vorstand für eine Struktur des 22. Deutschen Soziologentags, die sich an drei Absichten orientierte:

Die eine Absicht bestand darin, die Herausforderung des Orwell-Jahres aufgreifend, aber sie bewußt in soziologisch bearbeitbare Kategorien übersetzend, zu fragen, inwieweit Soziologie gegenwärtig in der Lage ist, wichtige gesellschaftliche Entwicklungen genau und zuverlässig zu beobachten, die sie bestimmenden Tendenzen herauszuarbeiten und neue Perspektiven und Problemlagen so frühzeitig zu identifizieren, daß sich die gesellschaftliche Praxis rechtzeitig auf sie einstellen kann. Hierbei war – sofern angebracht: durchaus selbstkritisch – zu prüfen, wo angesichts dieser Aufgabe die Stärken und Schwächen des Faches liegen und welche Felder und Fragen es in Zukunft vordringlich zu bearbeiten bzw. zu entwickeln gelte.

Die zweite Absicht war, die Sektionen in den Mittelpunkt der Veranstaltungen zu stellen und ihnen Gelegenheit zu geben, sich mit charakteristischen Leistungen vor der Öffentlichkeit der Soziologie zu präsentieren. Deshalb hatte der Vorstand schon im Sommer 1983 alle Sektionen aufgefordert, für sich allein oder in Zusammenarbeit mit anderen Sektionen je eine Plenarveranstaltung mit anschließenden Arbeitssitzungen zu planen, in denen gezeigt werden sollte, was aus den spezialisierten Forschungs- und Diskussionszusammenhängen, die in erster Linie in den Sektionen zu Hause sind, zum übergreifenden Thema – der Bestimmung von Grenzen und Möglichkeiten retrospektiver und prognostischer Erfassung gesellschaftlicher Entwicklung – beigetragen werden kann.

Mit dieser Aufforderung verband der Vorstand eine dritte Absicht: Die Entwicklung der Soziologie ist gegenwärtig durch eine starke Tendenz zur

Herausbildung spezialisierter Forschungsrichtungen geprägt, die sich in den Sektionen mehr oder minder genau abbilden. Zwar ist diese Tendenz sicherlich eine unvermeidliche Folge von Entwicklungen, die, für sich genommen, jeweils sehr positiv zu werten sind, wie z.B. verstärkte empirische Professionalisierung (die notwendig feld- und/oder methodenzentriert ist) oder engerer Kontakt mit gleichfalls jeweils spezifischer gesellschaftlicher Praxis. Doch hatte und hat Spezialisierung auch Nebenwirkungen, die ein erhebliches Risiko für die Einheit des Faches bedeuten und nicht zuletzt in der Entstehung spezieller soziologischer Subkulturen bestehen, die einander kaum mehr wahrnehmen, geschweige denn, daß sie noch miteinander kommunizierten. Nun ist jedoch die Einheit des Faches offenkundig eine unverzichtbare Voraussetzung dafür, die Unabhängigkeit der Wissenschaft gegenüber rasch wechselnden Modeströmungen oder Bestrebungen zu ihrer kurzschlüssigen Instrumentalisierung zu wahren; auch sind viele der heute oder in Zukunft notwendigen thematischen, konzeptuellen und methodischen Innovationen nur im größeren Zusammenhang des Faches als Ganzem zu leisten. Indem er den Sektionen Gelegenheit zu Auftritten in der soziologischen Öffentlichkeit gab und eine Reihe von Sektionen veranlaßte, gemeinsame Plenarveranstaltungen zu organisieren, hoffte der Vorstand auch, die innere Einheit des Faches wieder etwas stärker ins Blickfeld zu rücken.

Wieweit diese Absichten eingelöst oder verfehlt, die mit ihnen verknüpften Hoffnungen begründet oder illusorisch waren, läßt sich auch ex post nicht eindeutig bestimmen.

Die Zusammenfassung von Vorträgen aus verschiedenen Sektionen zu einer gemeinsamen Veranstaltung ist in einzelnen Fällen wider Erwarten gut gelungen, da die Beteiligten viel Mühe in die vorherige Abstimmung und Planung investiert hatten. Vielleicht wurden hier über den konkreten Anlaß hinausreichende Beziehungen zwischen Spezialsoziologien angeknüpft, die bisher kaum Kontakt miteinander hatten. In anderen Fällen konnten auch Sektionen, die benachbarte Sachgebiete bearbeiten und über Doppelmitgliedschaften miteinander verbunden sind, nichts anderes zustande bringen, als ihre Referate ohne wechselseitigen Bezug und ernsthafte Absprache im gleichen Raum abzuwickeln.

Sicher ist, daß Organisation und Ablauf des Dortmunder Soziologentags viel Kritik fanden. Ein Teil der Kritik mag Ausdruck der allgemeinen Verdrossenheit gegenüber dem eigenen Fach sein, die gegenwärtig unter Soziologen – und wohl vor allem unter den ehemaligen „68ern“ – weitverbreitet ist. Andere Kritikpunkte sind jedoch sehr ernst zu nehmen. Sie richten sich vor allem darauf, daß:

- auf den Veranstaltungen zu viele und zu lange Referate gehalten wurden;
- mit ganz wenigen Ausnahmen (die dann auch – so die Scheuch-Tenbruck-Debatte – sehr großen Zulauf fanden) keine Diskussionen zustande kamen.

Daß entgegen den ursprünglichen Intentionen beides zutraf, ist nicht zu leugnen. Die Gründe hierfür sind vielfältig und liegen sicher nicht nur in der mangelnden Fähigkeit vieler Soziologen, das Verhältnis zwischen Seitenzahl und Zeitbedarf ihrer Referate richtig einzuschätzen, eine wissenschaftliche Argumentation schnell auf den Punkt zu bringen und in einem Vortrag zwei oder drei gutdurchdachte Thesen eingängig darzustellen. Ganz offensichtlich sehen sich sehr viele Kollegen der jüngeren Generation starkem Druck ausgesetzt, auf Soziologentagen mit einem Referat präsent zu sein (wobei die Sorge um die berufliche Zukunft sich mit der weitverbreiteten Praxis deutscher Universitätsverwaltungen kombiniert, Reisekostenzuschüsse zum Besuch wissenschaftlicher Tagungen nur dem zu gewähren, der ein Referat hält). Und die Sektionen und ihre Sprecher sind ebenso offensichtlich aufgrund der typischen Sozialstrukturen, in denen sich die Sektionsarbeit vollzieht, kaum in der Lage, rationierend und selektierend in das Angebot an Referaten einzugreifen. Was dann an Tagungszeit überhaupt noch für Diskussion zur Verfügung gestanden hätte, wurde überdies oft schon deshalb nicht zu wirklichen Debatten genutzt, weil offenbar viele Soziologen glauben, daß in dem offen soziologenfeindlichen Klima, das heute vielfach herrscht, ernsthafte Kritik an Kollegen gänzlich inopportun sei.

Allerdings ist die Hoffnung nicht ganz unberechtigt, daß diese Schwächen in der jetzt vorgelegten schriftlichen Fassung der Dortmunder Verhandlungen weitgehend in den Hintergrund treten. So sehr brillante Kontroversen die Stimmung eines Kongresses erhellen und seinen Ablauf beleben, so groß ist doch die Gefahr, daß sie bei der anschließenden Drucklegung einen Gutteil ihrer Spannung verlieren. Deshalb leidet auch der Tagungsband weniger darunter, daß es sie nicht gab. Und manche der Referate, die in Dortmund unter hohem Zeitdruck vom Blatt gelesen wurden, präsentieren sich nunmehr dem aufmerksamen Leser als sehr aufschlußreiche, interessante und gut verständliche Texte.

Der Vorstand der Deutschen Gesellschaft für Soziologie möchte all den Sprechern und Mitgliedern seiner Sektionen, die aktiv an den oftmals aufwendigen und mühevollen Vorbereitungen dieses Soziologentags beteiligt waren, sehr herzlich danken. Sein Dank gilt vor allem aber auch den Gastgebern, der Stadt und der Universität Dortmund. Dortmund hat ja in der Entwicklung der deutschen Soziologie nach dem Zweiten Weltkrieg eine bedeutende Rolle gespielt. Zahlreiche angesehene Soziologen haben hier wenigstens einige Jahre – an der Sozialforschungsstelle oder anderswo – gearbeitet. Viele wichtige Untersuchungen fanden in Dortmund und in seinem Umland statt. Es war seit langem an der Zeit, einen Soziologentag in Dortmund zu veranstalten. Daß dies nunmehr möglich wurde, ist nicht zuletzt der Gesellschaft zur Förderung der Sozialforschung in Dortmund zu verdanken, der die Hauptlast der organisatorischen Vorbereitung zugefallen war.

Plenarvorträge

ZUR GESELLSCHAFTLICHEN ENTWICKLUNG DER SOZIOLOGIE: ÜBERLEGUNGEN ZU ZUKÜNFTIGEN CHANCEN UND PROBLEMLAGEN

Burkart Lutz

Es habe sich eingebürgert, so sagte Joachim Matthes vor zwei Jahren in Bamberg, daß der amtierende Vorsitzende der Deutschen Gesellschaft für Soziologie zur Eröffnung eines Soziologentags einen professionspolitischen Vortrag halte. Zwar war ich, als ich dies hörte, zunächst etwas verwundert, daß ausgerechnet die Soziologen, die ja bislang nachgerade ihre Identität auf Traditionskritik gegründet hatten, Wert darauf legen sollten, in so kurzer Zeit, im Rhythmus weniger Soziologentage, eine eigene Tradition gestiftet zu haben. Aber bei näherem Nachdenken leuchtete mir die Sache doch zunehmend ein. Der Vorsitzende einer, wie man früher so schön sagte, gelehrten Gesellschaft, die auf das Prinzip der Ehrenamtlichkeit gestellt ist und keine Ressourcen zu verteilen hat, verfügt ja nur über sehr wenig institutionelle Möglichkeiten, auf die Entwicklung des Faches Einfluß zu nehmen. Um so ernster muß er die Deutungsmacht nehmen, die ihm anläßlich einer solchen Gelegenheit wie der Eröffnungsveranstaltung eines Soziologentags zufallen könnte, und um so überlegter muß er mit ihr umgehen.

I

In diesem Sinne möchte ich mit einer These beginnen:

Der Soziologie geht es gegenwärtig erheblich besser, als man dies angesichts der allgemeinen Befindlichkeit und Stimmungslage der Soziologen, der seit einigen Jahren in Mode gekommenen Unken-, ja Kassandrarufe prominenter Kollegen und des mitleidsvollen oder böswilligen Tenors mancher Pressekommentare glauben könnte.

Hier einige Belege für diese These:

1. Im Zuge des allgemeinen Ausbaus der Hochschulen hat sich die Zahl der Hochschullehrerstellen für Soziologie von 1960 bis zur Mitte der 70er Jahre etwa verzwanzigfacht. Die Personalausstattung der Soziologie ist heute besser als die wesentlich älterer Fächer prinzipiell ähnlicher Natur, wie z.B. die Psychologie. Wenngleich es natürlich in jüngster Zeit immer wieder zu versuchten oder vollzogenen Stelleneinziehungen kommt, trifft dies doch zumeist die Soziologie nicht stärker als andere vergleichbare Fächer; und mei-

nes Wissens wird hierdurch nirgendwo die Substanz des Personalbestands wirklich ernsthaft bedroht.

2. Die Forschungsstruktur und -infrastruktur der deutschen Soziologie ist zwar, wie mit Recht immer wieder beklagt wird, institutionell ganz unzureichend konsolidiert. Aber sie existiert, produziert viel Ordentliches und gelegentlich sogar einiges Außerordentliche. Und entgegen einer weitverbreiteten Befürchtung hatten weder die Haushaltskürzungen noch die politische Tendenzwende der letzten Jahre bisher wirklich lebensbedrohende Konsequenzen für sie, obwohl der Stellenbestand in der Forschung weitaus verletzlicher ist als an den Hochschulen.

3. Das soziologische Veröffentlichungswesen funktioniert auf eine Art und Weise, die noch vor zehn Jahren kaum vorstellbar gewesen wäre. Trotz gelegentlicher Klagen über mangelndes Angebot an guten Manuskripten nimmt der Umfang der für Soziologen wichtigen Zeitschriften, rechnet man die zum Teil vorzüglichen Sonderbände mit, eher zu als ab. Daß ein sehr angesehener deutscher Verlag seine farblich fein abgestimmte Taschenbuchreihe nicht mehr so großzügig wie bisher für soziologische Manuskripte öffnet, hat bisher in Quantität und Qualität der soziologischen Buchproduktion keine dramatischen Spuren hinterlassen. Auch das eher karge tägliche Brot soziologischer Forschung läßt sich, wie das Beispiel des Campus Verlags zeigt, vermarkten. Und neuerdings scheint sogar das Interesse größerer Verlage an soziologischen Veröffentlichungen wieder zuzunehmen.

4. Die großen politisch-theoretischen Konflikte und Kontroversen, die untrennbar mit der Entwicklung der Soziologie in den letzten 20 Jahren verbunden sind, haben trotz gegenteiliger Befürchtungen, zu denen es viele Anlässe gab, das Fach nicht auseinanderbrechen lassen. Wenngleich viele der großen Auseinandersetzungen nicht wirklich ausgetragen, d.h. bis zu dem Punkt getrieben worden wären, an dem sich die in ihnen angesammelte Spannung wissenschaftlich produktiv entladen könnte, hat doch die Soziologie die für die späten 60er und frühen 70er Jahre so charakteristischen Überlagerungen von innerwissenschaftlichen und politisch-ideologischen Frontstellungen alles in allem weitaus besser verarbeitet, als zu erwarten war. Zwar kann ich mir immer noch nicht vorstellen, daß, sagen wir einmal, Offe und Tenbruck gemeinsam einen Sammelband herausgeben. Aber wenn essentielle Interessen des Faches auf dem Spiele stünden, wäre ich mir ganz sicher, daß Habermas und Scheuch ohne Berührungsängste zusammen aufzutreten bereit wären.

5. Endlich hat sich, auch nachdem die Planungseuphorie vergangen und die kritisch-emanzipatorische Stimmungslage in Politik und Verwaltung gänzlich verschwunden ist, sozialwissenschaftliches Wissen in den verschiedensten Formen als wichtiges Instrument gesellschaftlicher Praxis erwiesen. Sicher sind die Zeiten vorbei, in denen man ein fachfremdes Publikum bereits durch geschickte Handhabung soziologischer Grundbegriffe beein-

drucken konnte. Doch hat sich die Nutzung sozialwissenschaftlicher Forschungsergebnisse und typisch sozialwissenschaftlicher Argumentationsweisen inzwischen in vielen Bereichen gesellschaftlicher Praxis ganz selbstverständlich eingebürgert, wenngleich es uns vielfach nicht gelungen ist, dafür Sorge zu tragen, daß dies dann auch tatsächlich der Soziologie gutgeschrieben wird.

Vielleicht müßten wir die deutsche Soziologie und ihre Lage öfter von außen betrachten. Vielfach wird ja erst mit fremden Augen als Indikator kräftiger und gesunder Konstitution sichtbar, was einem selbst ganz banal und nicht des Aufhebens wert erscheint: ein recht kontinuierlicher Strom soziologischer Wissensproduktion, der jenseits der unvermeidlichen Redundanz auf einer ganzen Reihe von Teilgebieten Wichtiges und Neues zustande gebracht hat, das trotz der Sprachbarriere zunehmend auch im Ausland mit großem Interesse zur Kenntnis genommen wird; gute Ansätze zu fachlicher Professionalisierung, wobei der Verlust an emphatischer Begeisterung, der wohl einmal den Aufbruch in die Soziologie begleitet hatte, als unverzichtbarer Preis der Konsolidierung akzeptiert werden muß; eine breite Ausstrahlung auf benachbarte Fächer, wobei man fälschlicherweise meist nur die oberflächliche Soziologisierung, die sich in deren Begrifflichkeit vollzog, im Auge hat, obwohl doch der wirklich wichtige Einfluß der Soziologie darin bestand oder besteht, bisher primär normativ oder klassifikatorisch orientierten Wissenschaften zu helfen, sich eine systematische empirische Fundierung zu geben.

II

An sich müßte Soziologie also sehr gut dafür gerüstet sein, die Herausforderungen aufzunehmen, die mit einiger Wahrscheinlichkeit in Zukunft auf sie zukommen werden.

Wenn meine eigenen, kürzlich veröffentlichten und in vieler Hinsicht noch durchaus vorläufigen und unscharfen Überlegungen zur Entwicklung industriell-marktwirtschaftlicher Gesellschaften vom Typ der Bundesrepublik in den kommenden zwei oder drei Jahrzehnten auch nur einigermaßen zutreffend sind, dann werden diese Gesellschaften zunehmend mit Problemlagen konfrontiert sein, deren Bewältigung einen massiv wachsenden Bedarf an typisch sozialwissenschaftlichen Leistungen impliziert. Gesellschaften dieser Art sind meiner Meinung nach in der Tat seit etwa einem Jahrzehnt in ein Entwicklungsstadium eingetreten, in dem sie einem wachsenden, vielleicht sogar kumulativen Risiko systemischer Destabilisierung ausgesetzt sind, dem Risiko von Gleichgewichtsstörungen, die mit mehr oder minder langen, oftmals sehr langen Zeitverzögerungen von einem gesellschaftlichen Teilbereich auf andere übergreifen oder überspringen. Die heute noch ganz überwiegend bereichsspezifischen Instrumente politischer

Intervention und gesellschaftlicher Steuerung sind angesichts solcher systemischer Destabilisierungsprozesse machtlos; ja, sie tragen durch die ihnen immanenten Praktiken der Problemverlagerung und portionierten Problemverarbeitung vielfach noch dazu bei, sie zu verstärken.

Die steuernde oder präventive Beherrschung solcher systemischer Gleichgewichtsstörungen wird zweifellos nicht möglich sein, wenn die zentralen Politikinstanzen nicht auf eine hochentwickelte Kompetenz für die Analyse komplexer gesellschaftlicher Zusammenhänge, Strukturen und Prozesse zurückgreifen können. Dies muß keineswegs bedeuten, daß es zu einer in vieler Hinsicht höchst fatalen Vermengung von politischer Steuerungs- und Gestaltungsverantwortung und Wissenschaft kommen müßte. Doch wird vermutlich gerade ein selbstbewußtes und effizientes politisch-administratives System einen Bedarf an unabhängiger und kritischer wissenschaftlicher Analyse und Diagnose haben, der nach Quantität und Qualität weit über das jetzt Bekannte hinausgeht. Zwar ist sicherlich Soziologie nicht das einzige Fach, das sich zur Deckung dieses Bedarfs anbieten wird. Doch wenn sich unser Fach auch nur einigermaßen im wissenschaftlichen Wettbewerb zu behaupten weiß, sollte sich hiermit genuin soziologischer Arbeit ein Betätigungsfeld eröffnen, das ein auch gegenüber dem heutigen Stand substantiell angewachsenes Personal tragen könnte.

III

Allerdings gibt es gute Gründe für die Befürchtung, daß die Soziologie diese Herausforderung nicht adäquat aufzunehmen und die von ihr implizierte Chance höchstens sehr beschränkt zu nutzen verstehen wird.

Diese Befürchtung resultiert in erster Linie aus dem, was man die Sozialstruktur der Soziologie nennen könnte, und aus den in ihr angelegten Problemen, deren Lösung vermutlich die Zukunft der Soziologie wie der Soziologen stark bestimmen wird. Da sich dieser Zusammenhang sehr wohl mit spezifisch soziologischen Kategorien analysieren läßt, bedarf es auch nicht des Rekurses auf psychologische oder moralische Begriffe, die allzu häufig in Reflexionen von Soziologen über die eigene Wissenschaft dominieren.

Lassen Sie mich wenigstens in rohen Strichen skizzieren, wie eine solche soziologische Analyse der Sozialstruktur der Soziologie und der in ihr angelegten Entwicklungsengpässe und Probleme aussehen und zu welchen Ergebnissen sie – auf einer empirischen Grundlage, die im Detail überwiegend noch zu schaffen wäre – führen könnte:

1. Zunächst einmal weist die Soziologie gegenwärtig eine *demographische Struktur* auf, die mutatis mutandis mit der Altersstruktur eines extrem armen Entwicklungslandes vergleichbar ist: einigen Dutzend Geronten, die

zumeist vor nicht allzu langer Zeit ihren 50sten Geburtstag gefeiert hatten, stehen einige hundert 40jährige und einige tausend 30jährige gegenüber. Und in den Universitäten drängen sich gegenwärtig, gewissermaßen als Kinder in wissenschaftlich noch unmündigem Alter, weit über 20.000 Hauptfachstudenten.

Ich glaube nicht, daß es noch eine andere Disziplin mit so extremen Generationsrelationen gibt, aufgrund derer in der Soziologie gegenwärtig etwa vier- bis fünfmal soviel Studierende wie aktiv Berufstätige gezählt werden und in den nächsten Jahren, kommt es nicht zu einer dramatischen Abkehr vom Soziologiestudium, auf jeden Pensionierungs- oder Emeritierungsfall mehrere hundert Studienanfänger treffen werden.

2. Diese Soziologengenerationen befinden sich gegenwärtig in ganz unterschiedlichen *beruflichen Situationen*:

Die 50jährigen haben wohl alle auf die eine oder andere Weise reüssiert. Sie haben die prestigereichsten Lehrstühle des Faches inne und konnten sich noch die meisten Fußnotenprivilegien und sonstigen fringe benefits der alten Ordinarienuniversität sichern.

Die 40jährigen halten ihrerseits den Kernbestand der Positionen besetzt, auf denen institutionelle Stabilität und Kontinuität einer Wissenschaftsdisziplin beruhen: als Lebenszeitprofessoren an den Hochschulen oder mit vergleichbaren Stellungen in der Forschung bzw. in den wissenschaftsbezogenen Teilen der gesellschaftlichen Praxis. Ihre berufliche Lage ist vielleicht nicht immer so günstig wie die der 50jährigen, aber doch, vor allem als Folge der massiven Expansion soziologischer Lehre zwischen den späten 60er und den späten 70er Jahren, alles in allem sehr komfortabel.

Ganz anders sieht die Lage bei der großen Mehrzahl der 30jährigen aus. Wenngleich mir hierfür keine umfassenden und zuverlässigen Daten vorliegen, scheint mir doch außer Frage zu stehen, daß allenfalls eine Minderheit von ihnen eine auskömmliche Beschäftigung mit dauerhafter Perspektive gefunden hat. Befristete Arbeitsverträge, nicht selten mit explizitem Ausschluß von Weiterbeschäftigung beim gleichen Arbeitgeber, intermittierende Arbeitslosigkeit und vielfältige Formen von Selbstausbeutung sind die typischen Merkmale der aktuellen beruflichen Situation dieser Generation.

3. Diese Differenzen sind nicht einfach Ausdruck unterschiedlicher biographischer Stationen, die von allen Generationen nacheinander durchlaufen werden müssen. Sie lassen sich auch nicht bloß als eine Extremform von intergenerationeller Chancenungleichheit interpretieren, die es als solche immer wieder gegeben hat. In diesen Differenzen schlagen sich vielmehr auch tiefgreifende Brüche in *Karrieremuster* und *Karriereperspektiven* von Soziologen nieder:

Für die Mehrzahl der 50jährigen war die Entscheidung für Soziologie als Beruf sicherlich keine bequeme und selbstverständliche Entscheidung. Für viele bedeutete sie, Existenzbedingungen zu akzeptieren, wie sie traditionell mit den Begriffen des Privatgelehrten oder Privatdozenten assoziiert werden, wenngleich ihnen fast ausnahmslos das an sich hierzu vorausgesetzte eigene Vermögen fehlte. Ihr Weg in die Soziologie führte also im Regelfall über lange Jahre eher niedrigen Einkommens und unsicherer Zukunft, über Zwang zu unvorhersehbarem Ortswechsel und oft auch über die Notwendigkeit, sich mit schwer erträglicher Abhängigkeit von den Launen eines Patrons zu arrangieren. Und nur am Rande sei, mit Blick auf die Jüngeren, gesagt, daß sich auf diesem Hintergrund ganz gut verstehen läßt, warum manche der 50jährigen, die ja Ende der 60er Jahre erst kurz zuvor damit hatten beginnen können, sich auf ihrem ersten Lehrstuhl etwas bequemer einzurichten, mit solcher Heftigkeit und Erbitterung auf die ganz naive Kritik der damals Jungen, heute 40jährigen, an der Ordinarien-Universität und ihren Privilegien reagiert haben.

Ganz anders sieht das typische Karrieremuster der 40jährigen aus. Ihnen boten sich, sobald sie ihr Studium abgeschlossen hatten, weitreichende Möglichkeiten wissenschaftlicher oder wissenschaftsbezogener Tätigkeiten. Insbesondere kombinierten sich für sie generelle Hochschulexpansion und spezieller Aufschwung der Soziologie in einer Weise, die für ein knappes Jahrzehnt durchaus den Eindruck entstehen lassen konnte, daß schon der halbwegs erfolgreiche Abschluß eines Soziologie-Studiums nahezu selbstverständlich auch den Zugang zu herausgehobenen Lebenszeitpositionen im akademischen Bereich sicherte.

Die 30jährigen mußten hingegen in den letzten Jahren die bittere Erfahrung machen, daß dieses Karrieremuster, das für die meisten von ihnen fast evidenter Hintergrund ihrer Studien- und Berufswahlentscheidung war, für sie nicht mehr gilt. Dies bedeutet, wie sich nunmehr mit zunehmender Deutlichkeit herausstellt, nicht einfach eine graduelle Verschlechterung der Chancen in dem Sinn, daß sich nun wieder die Muster wissenschaftlicher Biographie durchsetzen würden, denen sich die 50jährigen ja auch hatten unterwerfen müssen. Von den 30jährigen wissen wir sicher, daß nur wenige von ihnen überhaupt die Chance haben, irgendwann einmal auf eine Stelle als C 3- oder C 4-Professor zu gelangen. Möglicherweise wird es für die Mehrheit von ihnen sogar unmöglich sein, auf Dauer ihren Lebensunterhalt in den Berufsfeldern zu verdienen, in denen die Mehrzahl der Älteren heute tätig ist.

Und welche beruflichen Karriereperspektiven mit welchen Chancen und Risiken sich den heutigen Hauptfachstudierenden der Soziologie einmal bieten werden, wenn sie – aus gutem Grund immer später und immer zögernder – die Universität verlassen werden, ist im günstigsten Fall ungewiß.

4. Berufliche Lage und Karriereperspektiven begründen ihrerseits *Interessenorientierungen* von Soziologen, die, so fürchte ich, zunehmend heterogen, divergent, vielleicht sogar zwischen jeweils größeren Gruppen offen widersprüchlich werden. Ich möchte dies an einem sehr evidenten und für die nächsten Jahre vermutlich zunehmend aktueller werdenden Sachverhalt illustrieren, nämlich der Entwicklung der soziologischen Lehre im Hauptfachstudium:

Das soziologische Establishment der 40- und 50jährigen Professoren muß ein vorrangiges Interesse daran haben, den Lehrbetrieb so zu organisieren, daß er möglichst störungsfrei funktioniert. Hiervon hängt nicht nur ab, wie erträglich ihre persönliche Arbeitssituaton ist; nur wenn es ihnen gelingt, auch in einer Zeit scharfer Mittelrestriktionen und tendenziell noch weiter wachsender Studentenzahlen mit ihren Vorlesungs- und Prüfungsverpflichtungen einigermaßen gut über die Runden zu kommen, haben sie überhaupt noch eine Chance, forschend und publizierend einen ernsthaften Beitrag zur Wissenschaft zu leisten.

Dem steht nun gegenüber, daß die 30jährigen, wenngleich sie vielerorts als Assistenten oder wissenschaftliche Mitarbeiter die Hauptlast des Lehrbetriebs zu tragen haben, ihre beruflichen Chancen nicht mehr in der Lehre und den hierbei erworbenen Qualifikationen, sondern ganz anderswo suchen müssen. Auch wenn viele der 30jährigen individuell noch darauf setzen mögen, irgendwann noch eine Lebenszeitstellung an einer Hochschule zu ergattern, hat sich doch ihr kollektives Interesse, das sich meinem Eindruck nach zunehmend im Berufsverband zu artikulieren versucht, vorrangig darauf zu richten, die Verwendbarkeit der Soziologenqualifikation außerhalb der Universität und in möglichst vielen Feldern gesellschaftlicher Praxis nachhaltig zu erhöhen.

Die sich aus diesem Interesse folgerichtig ergebende Forderung nach einem Studiengang, der für ein breites Spektrum von Aufgaben in der gesellschaftlichen Praxis möglichst berufsfertig qualifiziert, ist, wenn überhaupt, woran ich zum gegenwärtigen Zeitpunkt meine Zweifel habe, nur dann erfüllbar, wenn es zu tiefgreifenden Veränderungen im Lehrbetrieb der meisten deutschen Hochschulen kommt. Und es ist ganz offenkundig, daß solche Veränderungen, zu deren Bewältigung jetzt und in absehbarer Zeit kaum zusätzliche Ressourcen verfügbar sein werden, schwerlich mit den Interessen an einem funktionierenden Lehrbetrieb auf einen Nenner gebracht werden können.

IV

Es ist evident, daß eine solche Sozialstruktur, wie ich sie eben zu skizzieren versucht habe, die weitere Entwicklung des Faches mit dem hohen Risiko schwerer Probleme belastet und insoweit seine Fähigkeit stark beeinträchtigen kann, neue Chancen zu nutzen. Drei solche denkbare Probleme möchte ich hier wenigstens nennen:

1. Zunächst einmal ist zu befürchten, daß sich aus den stark divergierenden Interessen der jüngeren und älteren Soziologen ein offener intergenerationeller Konflikt entwickelt, der einen Gutteil der Kräfte und Ressourcen absorbiert oder blockiert, die eigentlich dringend für die weitere Entwicklung

des Faches und dafür benötigt würden, die neu auf das Fach zukommenden Herausforderungen aufzunehmen. Mir scheint die Gefahr dafür, daß sich Soziologen in den nächsten Jahren mit möglicherweise großem Engagement in fachinternen Auseinandersetzungen verzetteln und damit die im Interesse der Soziologie und der Soziologen eigentlich erstrangigen Aufgaben vernachlässigen, um so größer, als ja manche der Konfliktgegenstände und Konfliktfronten, die sich heute bereits abzuzeichnen beginnen, scheinbar durchaus solche langfristigen Entwicklungsperspektiven berühren, wenn es sich etwa um Fragen der Reform des Soziologiestudiums oder um Beschäftigungsflexibilisierung im Hochschulbereich handelt.

2. Weiterhin dürften wir – jenseits der unbestreitbaren und sehr ernst zu nehmenden beruflichen Schwierigkeiten, denen sich die 30jährigen heute und in absehbarer Zukunft gegenübersehen – das Problem der langfristigen personellen Reproduktion des Faches nicht aus den Augen verlieren, die von der extremen Instabilität der Karrieremuster und Karriereperspektiven von und für Soziologen stark bedroht ist.

Wie gut die Produktion eines Studiengangs und wie hoch damit auch die Qualität des Nachwuchses ist, auf den das Fach rechnen kann, hängt, nach allem, was wir wissen, keineswegs nur von der Qualität des Lehrangebots ab, sondern auch von den komplizierten Selektions- und Motivationsprozessen, die sich mit Studien- und Berufswahlentscheidungen verbinden. Berufswahl- und Arbeitsmarktverhalten ihrerseits werden jedoch ganz offenbar stark durch die Berufschancen und Karrieremuster gesteuert, die etwa zeitgleich an älteren Berufsangehörigen zu beobachten sind. Und ein Fach, bei dem kaum Gewißheit darüber besteht, welche Berufsperspektiven mit dem Studienabschluß verbunden sind, läuft immer Gefahr, bei der Konkurrenz um den wissenschaftlichen Nachwuchs gegenüber anderen Fächern ins Hintertreffen zu geraten.

Dabei geht es keineswegs allein, ja vielleicht nicht einmal in erster Linie darum, ob von einem Studiengang besonders gute und/oder gesicherte Arbeitsmarktchancen eröffnet werden; im Grenzfall kann ein Fach vielleicht sogar gerade deshalb besonders wertvolle, leistungsfähige und engagierte Studenten anziehen, weil seine Wahl stark risikobehaftet ist.

Die eigentliche Gefahr scheint mir vielmehr eine Studentenpopulation der Soziologie zu sein, die ganz unterschiedliche und möglicherweise sogar noch kurzfristig stark variierende Erwartungen intrinsischer oder instrumenteller Art an ihr jeweiliges Studium stellt. Eine solche Studentenschaft wäre gewiß kein besonders günstiges Milieu für die Heranbildung eines hochqualifizierten und motivierten Soziologennachwuchses, wie immer das Verhältnis zwischen Studentenzahl und Reproduktionsbedarf des Faches im engeren Sinne (und die damit vorgegebene Selektionsquote) aussehen mag.

3. Das weitaus gravierendste Risiko scheint mir allerdings darin zu liegen, daß unter dem Druck von Problemen der eben skizzierten Art kontinuier-

liche und systematische Forschung kaum mehr zustande kommt. Soziologie hat sich ja in der Phase ihrer rapiden Expansion an den Hochschulen vor allem als ein Lehrfach und kaum als ein Forschungsfach etabliert. So wäre es nicht verwunderlich, wenn sich in dem eben genannten Konflikt zwischen den beiden für sich jeweils hochlegitimen Interessen an einem funktionierenden Lehrbetrieb einerseits, an einer effizienten Ausbildung für Praxis außerhalb der Hochschule andererseits, im Alltag der Hochschulinstitute ein pragmatischer Kompromiß durchsetzt, dem von allen Beteiligen fast unbemerkt die letzten noch verfügbaren Ressourcen für Forschung zum Opfer fallen. Die Entwicklung der Psychologie in den letzten zwei Jahrzehnten, wo unter dem Druck beschäftigungsbezogener Interessen der jüngeren Psychologen und der Studenten an vielen Hochschulen die Vermittlung praktisch verwertbarer – „klinischer" – Fähigkeiten so sehr die Oberhand gewann, daß für Forschung kaum mehr Raum noch Interesse verblieb, sollte von den Soziologen sehr ernst genommen werden, zumal sie sich unter prinzipiell für Forschung sehr viel günstigeren Bedingungen vollzog.

Im Unterschied zur Psychologie würde allerdings ein solcher Kompromiß auf Kosten der Forschung nicht nur die langfristige Zukunft des Faches und seine Fähigkeit in Frage stellen, neue Herausforderungen aufzunehmen; er würde – vermutlich schon viel früher – auch die beruflichen Chancen von Soziologen fast überall außerhalb von Hochschule und Forschung massiv verschlechtern. Auch wer der Meinung ist, daß ich die neuen Problemlagen, mit denen ich die Zukunftsaufgaben der Soziologie wie ihre zukünftigen Wirkungsmöglichkeiten begründe, stark überzeichnet habe, wird doch zugestehen müssen, daß der gegenwärtige Wissensbestand der Soziologie auf sehr vielen Gebieten nicht ausreicht, um eine sozialwissenschaftliche Praxeologie zu begründen, die im Zuge einer durchstrukturierten Lehre in professionelle Handlungskompetenz mit effektiven Arbeitsmarktchancen umgesetzt werden könnte.

V

Zwar wäre vermutlich auch ein wesentlich stärkeres Fach mit der Aufgabe überfordert, Probleme der eben genannten Art aus eigener Kraft wirklich befriedigend zu lösen, würde dies doch Ressourcen materieller und organisatorischer Art voraussetzen, die nicht auf der Ebene von einzelnen Fächern, sondern allenfalls auf der Ebene von Großinstitutionen verfügbar oder mobilisierbar sind. Andererseits ist die gegenwärtige Lage der Soziologie gewiß nicht so schlecht, daß sie die heute in Kollegenkreisen weithin um sich greifende, gelegentlich sogar heroisch stilisierte resignative Untätigkeit rechtfertigen würde. Ob das Fach – in erster Linie auf der Grundlage von Forschungsleistungen tendenziell sehr innovativer Art – eine

Zukunft hat oder sich am Ende des Jahrhunderts in der Abseitsposition eines eher feuilletonistischen Nebenfachs für Lehramtsbewerber und Sozialarbeiter wiederfinden wird, ob sich Soziologie gegen die Konkurrenz anderer Disziplinen mit klarerem Bewußtsein der Interessen ihres Faches und ihrer Absolventen und mit größeren Fähigkeiten zu ihrer Durchsetzung wird behaupten können oder nicht – dies wird zumindest im Sinne einer notwendigen (wenngleich nicht hinreichenden) Bedingung von den Soziologen selbst abhängen.

DIE GESELLSCHAFTLICHE DYNAMIK ALS THEORETISCHE HERAUSFORDERUNG

Renate Mayntz

Auf dem letzten Soziologentag war viel von der Krise der modernen Gegenwartsgesellschaft die Rede, wobei am Ende offenblieb, ob die empfundene Krise wirklich eine ist.[1] Unbestreitbar ist aber wohl die Existenz einer verbreiteten Furcht vor krisenhaften Entwicklungen, die möglich scheinen, obwohl niemand sie will.[2] Man braucht auch nicht erst die bekannten Schreckgespenste der ausufernden Massenarbeitslosigkeit, der irreversiblen Umweltschädigung, des Zusammenbruchs der Weltwirtschaft oder des Atomkriegs heraufzubeschwören. Die letzte Dekade hat uns eine Vielzahl weniger apokalyptischer Entwicklungen beschert, die unerwünscht und meist auch unerwartet waren und dazu führten, daß die Planungseuphorie der späten 60er und 70er Jahre von einem fundamentalen Mißtrauen in unsere Fähigkeit abgelöst wurde, die Dynamik sozialer, technischer und ökonomischer Entwicklungen zu beherrschen. Die Konjunktur des Themas der Regierbarkeit bzw. Unregierbarkeit ist ein Indikator für dieses Ohnmachtsgefühl, das sich paradoxerweise in einer Epoche ausbreitet, in der weltweit in einem nie vorher dagewesenen Maß versucht wird, die genannten Entwicklungen steuernd in den Griff zu bekommen.

Als Sozialwissenschaftler betrifft uns dies alles nicht nur vital, sondern auch im Kern unseres professionellen Selbstverständnisses. Der Politiker wie jeder, der Entwicklungen handelnd zu beeinflussen sucht, kann sich am Ende immer damit entschuldigen, daß ihm Macht und Mittel fehlten, um eine bestimmte Wirkung hervorzubringen oder etwas Gefürchtetes zu verhindern. Vom Sozialwissenschaftler aber wird erwartet, bzw. wir erwarten von uns selbst, daß wir die gesellschaftliche Dynamik, die zu Wertewandel und neuen sozialen Bewegungen, zur kontraintuitiven Wirkung mancher staatlichen Intervention oder auch zu gefürchteten künftigen Ereignissen führt, wenigstens verstehen. Hier erzeugt jedoch ein summarischer Blick über das, was unsere Disziplin leistet, ein mindestens ambivalentes Gefühl. Einerseits scheint es, daß wir ein außerordentlich hohes Reflexionsniveau erreicht haben. Die Sozialwissenschaften registrieren viele gesellschaftliche Vorgänge und Veränderungen recht sensibel und machen sie sofort nach ihrem Auftreten zum Gegenstand intensiver Analysen; man braucht sich nur einmal zu vergegenwärtigen, wieviel in den vergangenen Jahren über neue soziale Bewegungen, Wertewandel, die Auswirkungen moderner Technologien, unkonventionelle Formen politischer Partizipation und andere aktuelle Themen mehr geschrieben worden ist. Andererseits muß die Tatsache irritieren, daß viele Entwicklungen und Ereignisse, die wir post factum zumindest zu unserer eigenen Zufriedenheit erklären können, uns in ihrem Auftreten fast immer überraschen.

Vordergründig kann man derartige Überraschungserlebnisse mit dem Hinweis auf prinzipielle Grenzen der Prognostizierbarkeit spezifischer Ereignisse abtun. Die Geschichte ist, in den Worten von Michel Serres, der „Ort der zureichenden Ursachen ohne Wirkung, der gewaltigen Wirkungen aus unbedeutenden Gründen, der starken Folgen aus schwachen Ursachen, der strikten Effekte aus zufälligen Gründen".[3] Spezifische Entwicklungspfade erscheinen oft nur retrospektiv als notwendiges Ergebnis der jeweiligen Umstände.[4] Aber auch, wenn wir im einzelnen nicht vorhersagen können, sollten wir – sofern es überhaupt sinnvoll ist, nach einer Gesellschaftstheorie (im Unterschied zu einer Theorie sozialen Verhaltens) zu suchen – doch wenigstens in der Lage sein, die uns überraschenden Entwicklungen als individuelle Erscheinungsformen eines generelleren Musters zu erkennen. Auch in dynamischen und nicht voll determinierten Systemen sollte in anderen Worten möglich sein, was von Hajek als *pattern prediction* bezeichnet hat.[5] Tatsächlich aber scheinen unsere Analysen nicht nur den realen Entwicklungen hinterherzuhinken; wir haben aus ihnen auch erstaunlich wenig für ein prinzipielles Verständnis der besonderen Dynamik hochkomplexer sozialer Systeme gelernt. Dadurch aber erhalten auch zunächst befriedigende Ad-hoc-Erklärungen überraschender Entwicklungen einen beunruhigenden Grad an Beliebigkeit: so wie sie sind, leuchten sie ein, aber man fragt sich, ob es sich wirklich um mehr als prinzipiell austauschbare Deutungen handelt. Das Eingeständnis jedoch, kein Wissen, sondern nur wechselnde Situationsdefinitionen zu produzieren, muß zwangsläufig das Vertrauen in die Erklärungskraft unserer theoretischen Paradigmen zerstören.

Ein derart skeptisches Urteil kann allerdings höchstens die Makrosoziologie betreffen, und auch sie ganz speziell hinsichtlich des Anspruchs, Prozesse und Entwicklungen erklären zu können, die als Ergebnis der Verflechtung zahlreicher Einzelhandlungen ungeplant auftreten. In der Mikrosoziologie und in den Bindestrichsoziologien findet dagegen zweifellos nicht nur ein Wechsel von theoretischen Ansätzen, sondern auch ein Wachstum empirisch zunehmend gesicherter Theorien mittlerer Reichweite statt.[6] Aus unserem Verständnis der Vorgänge in Familie und Betrieb, von kommunalen Machtstrukturen und bei politischen Wahlen folgt jedoch nicht ohne weiteres die Einsicht in die spezifische Dynamik des gesellschaftlichen Makrosystems. Ähnliches gilt für strukturelle Forschungsansätze, die mit aggregierten Individualdaten arbeiten, wie z.B. die Schichtungsforschung, die eher ein bestimmtes Resultat gesellschaftlicher Entwicklung nachzeichnet als unser Verständnis der Systemdynamik zu erhöhen.

Das Fehlen einer erklärungskräftigen Theorie gesellschaftlicher Dynamik ist nun allerdings kaum die Folge einer leicht vermeidbaren, sozusagen schuldhaften Ignoranz. Die Leichtigkeit, mit der wir in abstrakten Begriffen über Gesellschaften, ja über die Weltgesellschaft sprechen können, täuscht über die kognitiven Probleme hinweg, die sich uns angesichts eines Gegenstands stellen, der unsere Möglichkeiten direkter Erfahrung so weit übersteigt, wie es das Ganze einer modernen Gesellschaft tut. Vielleicht haben einige von Ihnen den Science-Fiction-Film gesehen, in dem ein mutiger Abwehrspezialist sich soweit miniaturisieren läßt, daß er mit einer Injektionsnadel in die Blutbahn eines genialen Wissenschaftlers gebracht werden kann, der durch eine Thrombose akut gefährdet ist. Was den Film faszinierend macht, sind die langen Passagen mit Aufnahmen aus dem Inneren des menschlichen Körpers, vor allem von Blutgefäßen verschiedenen Durchmessers, die dem miniaturisierten Agenten wie ein verwirrendes System von Kanälen, Schleusen und Strudeln erscheinen, in dem er sich nur deshalb einigermaßen orientieren kann, weil er als ausgewachsener Mensch den Bauplan des Körpers kannte. Wir aber sind, wenn Sie mir diese organizistische Metapher nachsehen, in der Lage einer ganz normalen Zelle, von der man verlangt, sich aus dem, was aus ihrer Mikroperspektive an Erfahrung möglich ist, ein zutreffendes Bild des Körpers als einem funktionierenden Ganzen zu machen. Gegenstände wie die Familie, Organisationen oder auch das Funktionieren des Wahlsystems können wir noch direkt erfahren; die Gesellschaft der Bundesrepublik oder der USA können wir uns aber beim besten Willen nicht mehr konkret vorstellen.

Der Grund für diese kognitiven Schwierigkeiten liegt nicht schon in der Größe des Gegenstands, sondern im wesentlichen in der enormen Komplexität seines Aufbaus und der damit zusammenhängenden spezifischen Dynamik. Die modernen Gegenwartsgesellschaften sind gleichzeitig segmentär differenziert, in mehrfacher Hinsicht geschichtet und hochgradig arbeitsteilig, so daß sie sich als ein System komplex ineinander geschachtelter, einander überlagernder und miteinander verwobener Handlungssysteme präsentieren. Dabei war es ganz wesentlich die technische Entwicklung, die einerseits die Arbeitsteilung beschleunigt und die Organisationsbildung gefördert hat, darüber hinaus aber auch unmittelbar neue Verflechtungszusammenhänge in Gestalt jener extensiven sozio-technischen Systeme erzeugt hat, die sich auf der Grundlage der modernen Energie-, Verkehrs- und Kommunikationstechniken gebildet haben. Diese Art des strukturellen Aufbaus hat wichtige Folgen für die interne Dynamik derartiger Gesellschaften. Wie schon Herbert Spencer wußte, wächst mit dem Maß der funktionellen Differenzierung die Interdependenz zwischen den Teilen eines Ganzen, ein Prozeß, bei dem auch die erhöhte Kommunikationsdichte in modernen Gesellschaften eine wichtige Rolle spielt.[7] Allerdings sind die verschiedenen Teilsysteme zwar interdependent, gleichzeitig aber oft nur lose miteinander gekoppelt. In derartigen Systemen haben Einzelereignisse typischerweise vielfache Folgen und vor allem schwer vorhersehbare Fernwirkungen. Die charakteristische Binnenstruktur der modernen Gesellschaften bedeutet zugleich, daß es eine große Vielzahl von Akteuren oder Handlungszentren gibt, von denen viele in erheblichem Maße über Ressourcen und technische Instrumente zur Verfolgung ihrer Ziele verfügen. Was daraus an Wechselwirkungen entsteht, ist weder spontan abgestimmt noch 'gesetzmäßig' determiniert. Die Existenz von Handlungsspielräumen für eine große Zahl von Akteuren erhöht vielmehr trotz aller Abstimmungsbemühungen die Wahrscheinlichkeit, daß z.B. aus dem Zusammentreffen von absichtsvoller politischer Intervention mit dem an eigenen Zielen orientierten Handeln von Organisationen und Einzelpersonen etwas resultiert, was von keinem der Beteiligten beabsichtigt und i.d.R. auch nicht vorhergesehen wurde.[8] Die uns oft überraschende und politische Steuerungsbemühungen frustrierende Dynamik moderner Gegenwartsgesellschaften, die anscheinende Indeterminiertheit mancher gesellschaftlichen Vorgänge ist insofern das Ergebnis ganz bestimmter historischer Entwicklungen – kein Merkmal alles Sozialen schlechthin, sondern das Spezifikum eines bestimmten Gesellschaftstyps.

Hält man trotz dieser Eigenart unseres Erkenntnisgegenstandes am Ziel einer empirisch fundierten, erklärungskräftigen Gesellschaftstheorie fest, die nicht nur etwas über Beschaffenheit und Bildung sozialer Ordnungen oder auch Konfliktstrukturen zu sagen weiß, sondern auch zum Verständnis dynamischer Vorgänge in komplexen sozialen Systemen führt, dann muß man fragen, warum die heute vorherrschenden theoretischen Paradigmen *diesem* Erkenntnisinteresse offensichtlich nicht genügen.

Angesichts der besonderen Fragestellung, um die es hier geht, könnte man versucht sein, den zentralen Mangel in einer Vernachlässigung von Prozeßtheorien im Bereich der heutigen Makrosoziologie zu suchen.[9] Dagegen spricht allerdings die Konjunktur von Modernisierungstheorien in den 60er Jahren ebenso wie die neuere Renaissance evolutionstheoretischer Ansätze, ganz zu schweigen von dem lebhaften Interesse für besondere Veränderungsprozesse wie den technischen Wandel, die Rationalisierung oder die Entwicklung einer postindustriellen Gesellschaft. Das Defizit liegt also nicht im Verkennen von Wandlungsvorgängen, sondern eher in einer unzureichenden Analyse der Prozeßmechanismen sowie in dem vorherrschenden Interesse für längerfristige, mehr oder weniger lineare Trends in der Veränderung einzelner Systemmerkmale. Es ist diese Betrachtungsweise, die uns manche der eingangs angesprochenen Überraschungen beschert hat. Wie unerwartet schnell ist z.B. die skeptische Generation abgetreten, hat sich das Ende der Ideologie in sein Gegenteil verkehrt, sind im Schoß der auf Wissen und Information basierenden postindustriellen Gesellschaft neue Irrationalismen entstanden. Die Fixierung auf lineare Trends hat dazu geführt, daß uns Entwicklungen wie die Ausbreitung der informellen Ökonomie, die Entdifferenzierungsphänomene z.B. im medizinischen Bereich[10] oder auch die Renaissance des Regionalismus in ihrem scheinbar plötzlichen Auftreten überrascht haben. Nicht, daß es keine Trends z.B. einer wachsenden Differenzierung, Bürokratisierung oder Verwissenschaftlichung gäbe. Sie sind aber, wie Norbert Elias am Beispiel der politischen Zentralisierung so schön gezeigt hat[11], oft bloß das Ergebnis der zeitweiligen Dominanz einer Tendenz im Widerspiel gegenläufiger Kräfte und neigen schon deshalb zu Brüchen und Umkehrungen.

Die Konzentration auf langfristige Veränderungen führt außerdem zur Vernachlässigung dessen, was man den prozessualen Mikrobereich nennen könnte, d.h. die Vielzahl kurzfristiger, sich häufig konterkarierender Abläufe und das, was ihnen an Wirkungsmechanismen zugrundeliegt. Gewiß wird bei der Betrachtung längerfristiger gesellschaftlicher Veränderungen oft nach den zentralen Antriebskräften des Prozesses gefragt, ob man diese nun im Klassenantagonismus, den evolutionären Prinzipien von Anpassung und Auslese oder der immanenten Logik einer kognitiven oder moralisch-praktischen Entwicklung sieht. Zur Erklärung kurzfristiger dynamischer Vorgänge, die aus der Summierung und Verflechtung zahlreicher Handlungen unter bestimmten strukturellen Bedingungen hervorgehen, reicht der Hinweis auf einen zentralen Antriebsfaktor jedoch nicht aus. Sowohl die Fragestellungen wie die analytische Perspektive vieler Wandlungstheorien sind insofern wenig geeignet, unser Verständnis für die Systemdynamik der Gegenwartsgesellschaften entscheidend zu erweitern.

Raymond Boudon, der sich vor einigen Jahren ebenfalls einmal mit dem Problem der mangelhaften Erklärungskraft der Soziologie beschäftigt hat, riet damals, es den von ihm für wesentlich erfolgreicher gehaltenen Bevölkerungs- und Wirtschaftswissenschaften nachzutun, die ihren Gegenstand präzise abgrenzen, sich auf die Erfassung weniger Variablen beschränken und die empirische Forschung auf der Basis einer kleinen Anzahl logischer Paradigmen organisieren.[12] Die amerikanische Makrosoziologie geht heute teilweise diesen Weg, was nicht zufällig mit der Wiederauferstehung des Homo Oeconomicus etwa in der Public-choice-Theorie oder auch in tauschtheoretischen Ansätzen verbunden ist.[13] Meiner Ansicht nach ist diese Rezeptur jedoch verfehlt und man braucht, um das zu sehen, nicht einmal auf die offensichtliche Erklärungsschwäche der gängigen ökonomischen Theorien zu verweisen. Niemand wird bestreiten, daß wir mit unseren beschränkten kognitiven Fähigkeiten gar nicht anders können, als zu vereinfachen. Dadurch werden aber Reduktion und Selektivität nicht schon zum Königsweg der Erkenntnis. Der Satz von der notwendigen Eigenkomplexität gilt auch für theoretische Systeme, mit denen man eine in struktureller und dynamischer Hinsicht komplexe und komplizierte Wirklichkeit erfassen will. Angesichts der Eigenart hochentwickelter Gegenwartsgesellschaften erscheint so jedes reduktionistische Forschungsprogramm, erscheinen alle Versuche der Beschränkung auf einige wenige Wirkungsprinzipien oder Strukturaspekte von vornherein als Irrwege. Die theoretische Herausforderung liegt ganz im Gegenteil darin, die Überlagerung verschiedener Strukturen und die Vielfalt von Abhängigkeitsbeziehungen zu erfassen und die vielen, manchmal isoliert voneinander ablaufenden, dann wieder sich gegenseitig beeinflussenden Prozesse gleichzeitig zu sehen. Gemessen an dieser Forderung ist gerade die theoretisch anspruchsvolle Makrosoziologie zu abstrakt und zu selektiv, was ich hier am Beispiel der Systemtheorie erläutern will – womit nicht gesagt ist, daß makrosoziologische Ansätze politökonomischer und kommunikationstheoretischer Provenienz in dieser Hinsicht weniger problematisch wären.

Die Vereinfachung findet zum einen auf der Abbildungsdimension statt. Niemand wird bestreiten, daß selbst ein vierfach ineinandergeschachteltes AGIL-Schema noch eine grobe Vereinfachung der Wirklichkeit ist. Nun ist Abstraktion, d.h. das Denken in Kategorien ohne unmittelbaren Bezug zur Alltagserfahrung, sicher unabweislich. Ebenso unabweislich für eine erklärungskräftige Theorie ist aber der Brückenschlag zurück zur Erfahrungsebene. Das AGIL-Schema, um bei diesem Beispiel zu bleiben, bezieht sich zwar auf Wirklichkeit, beansprucht aber keine deskriptive Gültigkeit, sondern dient eher als analytisches Ordnungsschema. Das ist in sich keineswegs zu kritisieren. Der Erkenntnisprozeß beginnt mit der kategorialen Ordnung der Welt; begriffliche Ordnungsschemata sind deshalb eigenständige wissenschaftliche Leistungen von hohem Wert. Das gilt auch für die Identifikation genereller Prinzipien, ob diese nun Interpenetration, Komplexitätsreduktion, Differenzierung oder Grenzziehung heißen. Aber wenn nicht einmal versucht wird, die Ordnungsschemata mit Empirie auszufüllen und die behaupteten Mechanismen und Entwicklungstendenzen an der Wirklichkeit zu überprüfen, dann bleibt die Theoriebildung auf halbem Wege stecken. Gleichzeitig vermitteln die umfassenden Abstraktionen leicht den falschen Eindruck, wir hätten die Struktur und Dynamik unserer Gesellschaften schon begriffen. Jeder, der in der bekannten systemtheoretischen Sprache argumentiert, meint wohl im Zweifelsfall, daß er über Wirklichkeit redet. Trotzdem können wir auf dieser Abstraktionsebene oft nicht mehr sicher sein, ob wir nicht nur in den Ästen semantischer Bäume herumturnen und als eine Art Scholastiker des 20. Jhdts. die Glöckchen eines begrifflichen Glasperlenspiels klingen lassen. So kann es kommen, daß wir vielleicht nicht einmal merken, wie wenig wir z.B. die konkrete Binnenstruktur verschiedener funktioneller Teilsysteme – vielleicht mit Ausnahme des politischen – und ihre derzeitigen Veränderungstendenzen kennen. Ähnliches gilt für Prozesse wie die behauptete Verselbständigung von Teilsystemen, die Entwicklung spezifischer Teilrationalitäten oder auch die gegenläufige Tendenz der Interpenetration.

Systemtheoretische Ansätze sind aber nicht nur durch das Maß ihrer Abstraktion von der Wirklichkeit, sondern auch durch eine in inhaltlicher Hinsicht selektive Perspektive gekennzeichnet. Parsons selbst, der hier eher in der Nachfolge Durkheims als Webers steht, war bekanntlich vom Problem sozialer Ordnung fasziniert. Seinem Ansatz ist immer schon kritisch entgegengehalten worden, daß er es kaum erlaube, Wandlungsprozesse, zumal solche, die mit Konflikten zu tun haben, adäquat zu behandeln. Daß Gleichgewichtsmodelle für die Analyse sozialer Prozesse durchaus fruchtbar sein können, hat Neil Smelser gezeigt.[15] Was dagegen bei Parsons' Ansatz den Zugang zur gesellschaftlichen Dynamik verstellt, ist die selektive Berücksichtigung normativer Strukturen. Dieser Strukturbegriff betont in erster Linie den Aspekt des relativ Stabilen statt der Besonderheit von Anordnungsmustern, und was die Beziehungen zwischen den Elementen des Ganzen betrifft, geraten vor allem normativ geregelte Interaktionen in den Blick.

Für das Verständnis dynamischer Vorgänge sind jedoch gerade nicht normativ geregelte Beziehungen und vor allem die weit verästelten und nicht mit stabilen Interaktionsbeziehungen zusammenfallenden funktionellen Abhängigkeiten von ganz besonderer Bedeutung. Eine weitere Folge des auf dem Wege über die Rollentheorie für einen großen Teil der heutigen Soziologie bestimmend gewordenen normativen Paradigmas ist die Vernachlässigung reaktiver Verhaltensprägungen, die ebenfalls für die soziale Dynamik von ganz besonderer Bedeutung sind.

Die neuere deutsche Systemtheorie folgt Parsons zwar nicht in seiner selektiven Betonung normativer Strukturen, aber indem sie ihren Kernbegriff des Handlungssystems als Zusammenhang sinnhaft miteinander verbundener Handlungen versteht, vernachlässigt auch sie zwangsläufig jene wichtigen indirekten Abhängigkeitsbeziehungen, die z.B. dazu führen können, daß als Folge der amerikanischen Gesetzgebung zur Lebensmittelkennzeichnung über mehrere Schritte hinweg am Ende die Zahl der Badetouristen in Hawaii zurückgeht.[15] Die Dynamik komplexer sozialer Systeme wird zu einem guten Teil von aggregativen und kumulativen Effekten, von Neben- und Fernwirkungen menschlichen Handelns bestimmt, die typischerweise jenseits des individuellen Sinnhorizonts liegen. Ein selektives Interesse für Sinn*zusammenhänge* geht an diesen Phänomenen leicht vorbei.

Eine weitere folgenschwere Selektivität des Begriffs des Handlungssystems liegt darin, daß er von konkreten Personen abstrahiert, die der Systemumwelt zugerechnet werden (was ähnlich für Parsons' Begriff des "social system" gilt). Obwohl gerade die soziologische Systemtheorie in all ihren Varianten immer wieder Anstrengungen gemacht hat, die mikrosoziologische Analyse sozialen Handelns mit der makrosoziologischen Analyse gesellschaftlicher Prozesse zu verbinden, sind diese Versuche weithin bei bloßen begrifflichen Lösungen stehengeblieben. Handlungstheorie und Systemtheorie können aber nicht schon deshalb als miteinander integriert gelten, weil auf beiden Ebenen dieselben analytischen Kategorien benutzt werden. Ebensowenig kann eine Gesellschaftstheorie, in der zwar Handlungen vorkommen, aber in der nicht zu erklären versucht wird, warum bestimmte Akteure unter gegebenen Umständen auf eine bestimmte Weise handeln, jemals die Frage beantworten, warum ganz spezifische Selektionen und damit auch Strukturbildungen stattfinden. So gilt auch für diese Ansätze, was Karl Martin Bolte kürzlich im Zusammenhang mit einem Plädoyer für eine stärker subjektorientierte Soziologie gesagt hat: „Obwohl jeder theoretische Ansatz der Soziologie letztlich irgendwie die Tatsache im Blick hat, daß Gesellschaft von Menschen 'gemacht' wird und daß Menschen in ihrem Denken und Handeln zu einem nicht unerheblichen Teil Produkte von Gesellschaft sind, lenken bestimmte Theorieansätze ... den Blick des Forschers aber geradezu von dieser Tatsache fort und lassen sie über die Betonung anderer Aspekte fast in Vergessenheit geraten."[16] Die Integration von Handlungs- und Gesellschaftstheorie ist dabei speziell im Hinblick auf die Erklärung von Makrophänomenen prekär. Die Wirkung des jeweiligen sozialen

Kontextes für das Handeln von Individuen, aber auch für Struktur und Verhalten von Organisationen wird viel eher systematisch berücksichtigt als die umgekehrte Richtung, das Entstehen von Makrophänomenen aus der Verflechtung und Summierung motivierten Handelns.

Das Unbehagen über die mangelnde Erklärungskraft von dominanten theoretischen Paradigmen speziell für bestimmte dynamische Phänomene manifestiert sich in jüngster Zeit u.a. in einer Renaissance des Interesses am Phänomen unbeabsichtigter Handlungsfolgen.[17] Nun sind derartige unbeabsichtigte Handlungsfolgen sowohl „ein trivialer Alltagstatbestand"[18] als auch ein in den Sozialwissenschaften von Anfang an thematisiertes Phänomen, das, von Popper 1961 zum zentralen Thema sozialwissenschaftlicher Forschung erhoben, schon von den schottischen Moralphilosophen angesprochen wurde.[19] Die Renaissance des Themas hat gewiß etwas mit dem Erlebnis mißlungener ökonomischer und gesellschaftspolitischer Steuerung in jüngerer Zeit zu tun.[20] Unbeabsichtigte Handlungsfolgen sind für individuelle und kollektive, private und staatliche Akteure in dem Maße ein praktisches Problem, wie sie zielorientiert handeln, was heißt, daß dieses praktische Problem auf gesellschaftlicher Ebene mit dem Maß unseres Steuerungsanspruchs wächst. Daß dies nicht nur ein spezifisch politischer Steuerungsanspruch sein muß, zeigt symptomatisch das in den USA viel beachtete Buch des Journalisten Richard Louv, in dem er argumentiert, daß die Amerikaner als Volk dabei sind, eine Art von Gesellschaft zu schaffen, die sie so überhaupt nicht wollen.[21] Es ist gerade die hier zum Ausdruck kommende Spannung zwischen kollektiver Verursachung oder gesellschaftlicher Eigendynamik einerseits und Steuerungsansprüchen andererseits, die dem Thema der unbeabsichtigten Handlungsfolgen seine dauerhafte Faszinationskraft verleiht. Trotzdem ist van den Daele[22] zuzustimmen, wenn er die diesem Thema gewidmeten Beiträge des 20. Soziologentags dahingehend zusammenfaßt, daß die theoretische Bedeutung des Konzepts unbeabsichtigter Handlungsfolgen für die Soziologie marginal sei, da die Tatsache des Unbeabsichtigtseins für das, was da geschieht, von eher nebensächlicher Bedeutung ist. Die Diskussion unbeabsichtigter Handlungsfolgen ist theoretisch allerdings insofern durchaus von Interesse, als sie die Aufmerksamkeit auf das Problem der Transformation individueller Handlungen in kollektive Phänomene lenkt.[23] Die relevanten Aggregateffekte usw. können jedoch genausogut auftreten, wenn zweckrational handelnde Individuen ihre Ziele erreichen bzw. wenn überhaupt kein intentionales Handeln stattfindet, sondern Routineverhalten, Regelbefolgung oder affektive Reaktionen.

Das Konzept der unbeabsichtigten Handlungsfolgen greift als Erklärungsansatz auch deshalb zu kurz, weil nicht systematisch danach gefragt wird, aufgrund welcher motivationalen und strukturellen Bedingungen bestimmte Arten kollektiver Phänomene entstehen. Hier führen die theoretischen Ansätze von Norbert Elias, Raymond Boudon und Crozier und Friedberg weiter[24], die unabhängig voneinander entwickelt wurden, aber alle gleicherweise von der Beobachtung kontraintuitiver oder paradoxer Effekte bzw. unbeabsichtigter kollektiver Folgen individuellen Handelns angeregt wurden. Alle genannten Autoren setzen sich ausdrücklich vom normativen Paradigma ab und wollen mit einer gewissen Emphase den menschlichen Aktor wieder in die soziologische Theorie zurückholen. Gemeinsam ist ihnen schließlich vor allem, daß sie sich für strukturelle Konfigurationen interessieren, die sowohl das Handeln selbst wie auch das – typischerweise unbeabsichtigte – Produkt dieses Handelns prägen.

Am umfassendsten und vermutlich auch bekanntesten ist der Ansatz von Norbert Elias, der einerseits in seiner Zivilisationstheorie zeigt, wie strukturelle Bedingungen die menschlichen Handlungsorientierungen beeinflussen, in seiner Schrift „Was ist Soziologie" aber zugleich versucht, systematisch eine Morphologie von Verflechtungszusammenhängen zu begründen, die neben einer strukturellen auch eine historisch-dynamische Komponente haben. Die Art des Verflechtungszusammenhangs prägt dabei nicht nur das Handeln, sondern wirkt sich zugleich auf das kollektive Handlungsergebnis aus. Eine der von ihm hierzu formulierten Regeln besagt z.B., daß je zahlreicher die beteiligten Handelnden und je geringer die Machtunterschiede zwischen ihnen sind, das Ergebnis ihrer Interaktion um so weniger zur Realisierung der Ziele irgendeines der Handelnden führen wird.[25] Diese und ähnliche Regeln mögen relativ leer erscheinen; Elias' Analyse des Königsmechanismus, der wesentlich an der Entstehung absolutistischer Territorialstaaten beteiligt war, zeigt aber, welches Erklärungspotential seinem Ansatz im Prinzip innewohnt.[26]

Ähnliches gelingt Boudon am Beispiel der paradoxen Auswirkungen verbesserter Bildungschancen auf die soziale Ungleichheit.[27] Boudon unterscheidet im übrigen systematisch zwischen normativ regulierten und durch faktische Abhängigkeit gekennzeichneten Interdependenzsystemen und konzentriert sich sodann auf die letzteren.[28] Das ist insofern wichtig, als es sehr häufig Abhängigkeitsbeziehungen genau dieser Art sind, die zu den uns überraschenden Ergebnissen gesellschaftlicher Eigendynamik führen. Typischerweise spielen dabei – oft vielgliedrige – Handlungsketten eine Rolle, in denen zwischen den Handlungs*ergebnissen* von A und den Handlungs*möglichkeiten* von B Abhängigkeiten bestehen, die als solche gar nicht beabsichtigt und auch nicht sozial normiert sind; derartige Abhängigkeitsbeziehungen können am Ende als Verstärkung, Bumerangeffekt oder Selffulfilling prophecy gleichsam zu ihrem Anfangspunkt zurückkehren oder sich auch, wie Wellenkreise im Wasser, immer weiter davon entfernen. Während Boudon sich zunächst vor allem für unerwartete Aggregateffekte und weniger für den Einfluß struktureller Konfigurationen auf das Handeln des Einzelnen interessierte[29], ist die Akzentuierung bei Crozier und Friedberg fast umgekehrt. Für sie ist die Handlungssituation sowohl für die Wahl unmittelbarer Handlungszwecke wie auch für die Wahl von Strategien entscheidend; sie bietet dem Aktor sozusagen einerseits mögliche Ziele für sein Handeln an und legt ihm andererseits nahe, welche Mittel er einsetzen kann. Diese handlungstheoretische Perspektive ist deshalb so wichtig, weil zur Erklärung kollektiver Phänomene nicht nur Einsicht in Handlungsverflechtungen und -summierungen, sondern auch in die Genese von spezifischen Handlungsweisen nötig ist. Tatsächlich werden wir nicht nur durch unerwartete Ergebnisse kollektiven Handelns, sondern oft auch durch dieses Handeln selbst überrascht, ob es dabei um das Investitionsverhalten von Firmen, den plötzlichen Vandalismus von Jugendlichen oder den Umschwung in der Einstellung zur modernen Technik geht. Verführt vom normativen Paradigma auf der einen und der Survey-Forschung auf der anderen Seite, die Meinungen und Handlungsweisen gern mit demographischen und sozio-ökonomischen Merkmalen von Individuen korreliert, verstehen wir oft zu wenig, wie Menschen in einem bestimmten biographischen Kontext auf spezifische Situationen reagieren bzw. in ihnen agieren. Dabei hat sich ein auf die Beschaffenheit der Handlungssituation abstellender Erklärungsansatz hier und da schon hervorragend bewährt, so z.B. bei der Erforschung abweichenden Verhaltens[30], sozialer Bewegungen[31] oder auch der Informationsnutzung.[32] Ein adäquates Verständnis sozialer Dynamik verlangt also nicht nur eine Struktur-und-Prozeß-Theorie auf der Makroebene, sondern auch die systematische Integration der Lebensweltperspektive, allerdings nicht, wie das Randall Collins will[33], um Makrophänomene mikrosoziologisch aufzulösen, sondern ganz im Gegenteil, um sie als ihren Bestimmungsgrund zu sehen. Eine solche Forderung mag alte Berührungsängste der Soziologie gegenüber der Psychologie wachrufen. Wir sollten uns dadurch aber nicht zur Blindheit gegenüber der Tatsache verleiten lassen, daß es nicht selten unsere grob vereinfachten anthropologischen Prämissen gewesen sind, die zu Fehlprognosen und Fehlinterpretationen kollektiver Phänomene geführt haben.[34] Unser Verständnis von Vorgängen wie z.B. dem in der Implementationsforschung oft beobachteten Auftreten von massiertem Widerstand und Verweigerung, wo infolge regulierender Interventionen wachsende Konformität erwartet wurde, wäre etwa bei Berücksichtigung der psychologischen Reactance-Theorie von vornherein besser gewesen;[35] dasselbe gilt für die soziologische Erforschung komplexer Entscheidungsprozesse und die neuere kognitive Psychologie.[36]

Kombiniert man die theoretischen Ansätze von Elias, Boudon und Crozier, dann zeichnen sich die Konturen eines analytischen Paradigmas ab, das sich speziell für die Erklärung dynamischer Vorgänge in hochkomplexen sozialen Systemen eignet. Dabei geht es im Kern darum, Systemprozesse nicht nur in ihrer strukturverändernden Wirkung, sondern auch als Folge bestimmter struktureller Konfigurationen und der in ihnen beschlossenen Abhängigkeitsbeziehungen zu begreifen. Der strukturelle Kontext beeinflußt dabei einerseits das konkrete Handeln von Individuen, bestimmt aber gleichzeitig die Aggregateffekte, Nebenwirkungen usw. dieses Handelns.[37] Es geht also darum, gleichzeitig und gleichgewichtig Struktur und Dynamik, Handeln und System miteinander zu verknüpfen, und zwar dergestalt, daß die dynamischen Konsequenzen von Strukturen über das Handeln von Individuen, die Rückwirkung dynamischer Vorgänge auf Strukturen über die Systemeffekte individuellen Handelns erfolgen:

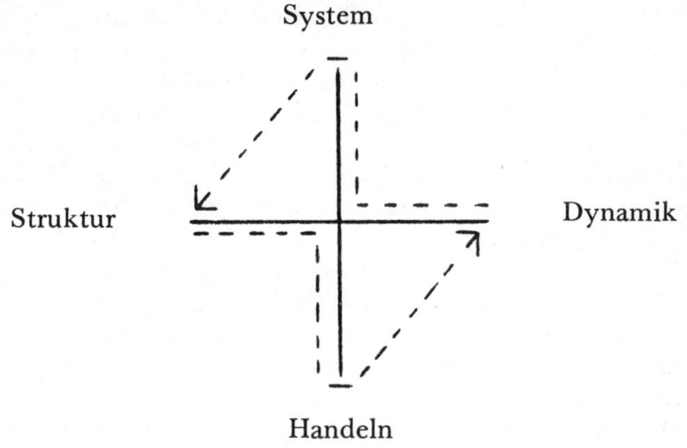

Um den skizzierten Ansatz gesellschaftstheoretisch fruchtbar zu machen, ist es notwendig, ihn sowohl in systematischer Hinsicht weiterzuentwickeln, wie auch zugleich bezogen auf moderne Gegenwartsgesellschaften zu konkretisieren.[38] Es gibt auch bereits eine ganze Reihe von Einzelarbeiten und Forschungsrichtungen, die als Bausteine einer empirisch fundierten Theorie sozialer Dynamik dienen können. Am ehesten überzeugen dabei vermutlich historisch gesättigte Monographien, die – im Gegensatz zu den meisten eher formalen analytischen Ansätzen – jenes Maß an Komplexität erreichen, das nötig ist, um den Eindruck von Wirklichkeitsnähe zu vermitteln. Ein gutes Beispiel solcher Monographien ist die neueste Arbeit von Burkart Lutz, der die Ursachen verschiedener ökonomischer Wachstumsschübe in den westlichen Industriegesellschaften untersucht hat.[39] Gute empirische Beispiele speziell für das Wechselspiel zwischen Steuerungsversuchen und Eigendynamik liefert die Implementationsforschung, wenn sie die Reaktivität politischer Handlungsfelder aufzeigt, die durch die Veränderung der Handlungssituation von Gesetzesadressaten und Vollzugsträgern entsteht.[40] Reiches Material bieten auch Untersuchungen über die „Entwicklungsdilemmas" des Wohlfahrtsstaates[41] sowie die Analysen von komplexen Entscheidungsprozessen, in denen zwischen dem auslösenden Entscheidungsproblem und dem schließlichen Entscheidungsergebnis nur noch eine lockere Beziehung besteht.[42] Gerade derartigen empirischen Studien fehlt jedoch leicht das generalisierende Element, so daß sie mehr zu unserem Verständnis einzelner konkreter Abläufe als zur Entwicklung einer über sie hinausgehenden Theorie beitragen. Was deshalb notwendig erscheint, ist der bewußte Versuch eines Brückenschlags zwischen historisch gesättigten empirischen Studien einerseits und einer systematischen Weiterentwicklung des skizzierten Paradigmas andererseits. Auch hierzu gibt es bei näherem Zusehen eine ganze Reihe von Anknüpfungspunkten in den analytischen Kategorien und Fragestellungen bestimmter neuerer Forschungsrichtungen.

Zur Fortführung von Elias' Versuch einer systematischen Analyse der Struktur von Verflechtungszusammenhängen läßt sich etwa auf den organisationssoziologischen Ansatz interorganisatorischer Netzwerke (ION) wie auch auf andere Formen der Netzwerkanalyse sowie auf die mit durchaus ähnlichen Konzepten operierenden Arbeiten zur Politikverflechtung und zum Neokorporatismus zurückgreifen. So unterschiedlich das anstoßgebende Erkenntnisinteresse der genannten Forschungsrichtungen ursprünglich auch gewesen sein mag, so bewußt ist man sich inzwischen der über das Netzwerkkonzept vermittelten Berührungspunkte geworden.[43] Den Arbeiten in den genannten Gebieten ist gemeinsam, daß sie sowohl empirisch wie auch auf Generalisierung bedacht sind. Sie beschränken sich auch nicht etwa auf morphologische Überlegungen, sondern interessieren sich speziell für die dynamischen Konsequenzen bestimmter struktureller Konfigurationen. So wird z.B. zu zeigen versucht, wie neokorporatistische Entscheidungsstrukturen sich auf die wirtschaftliche Entwicklung auswirken[44] oder wie der Netzwerkcharakter der am Vollzug eines Gesetzes beteiligten Implementationsinstanzen den Ablauf und Erfolg von Koordinations- und Steuerungsversuchen, aber auch von kooperativen Handlungsergebnissen beeinflußt.[45] Wichtig ist, daß in derartigen Untersuchungen nicht nur gefragt wird, wie bestimmte strukturelle Konfigurationen kollektive Handlungsergebnisse beeinflussen, sondern auch, wie die Netzwerkposition der einzelnen Akteure (zu der natürlich ihre Abhängigkeit von anderen Akteuren gehört) ihre Handlungsstrategien prägt. Vom Ansatz her werden diese Forschungsrichtungen damit der zuvor skizzierten doppelten Fragestellung gerecht.

Allerdings sind nicht nur die einschlägigen Forschungsergebnisse noch lückenhaft. Auch die Ansätze selbst greifen bei der Analyse von realen Verflechtungszusammenhängen insofern noch zu kurz, als es sich bei den untersuchten Netzwerkbeziehungen i.d.R. um – vorgeschriebene oder faktische – Interaktionsbeziehungen oder über Personalunion vermittelte Verknüpfungen handelt; die so wichtigen indirekten Abhängigkeitsbeziehungen bleiben dabei meist ausgespart. Genau diese Abhängigkeitsbeziehungen müssen jedoch einbezogen werden, wenn wir verstehen wollen, wie sich in den modernen Gegenwartsgesellschaften die Abhängigkeitsmuster verändert haben – man denke in diesem Zusammenhang nur einmal an die schon erwähnten, umfassenden sozio-technischen Systeme, die teilweise zu einer Zentralisierung der Abhängigkeitsbeziehungen bei gleichzeitigem Verlust eingebauter Pufferzonen oder Redundanzen und damit zu einer ganz bestimmten Art von Verwundbarkeit bestimmter Funktionsbereiche geführt haben, die u.a. für das Auftreten gewisser Arten von Katastrophen entscheidend sind.[46]

Auch in anderer Hinsicht ist der Ansatz interorganisatorischer Netzwerke erweiterungsbedürftig. So werden die untersuchten Netze gewöhnlich um einen zentralen Prozeß oder Zweck herum konstruiert, der als Abgrenzungskriterium dient. Es wäre aber wichtig, Verflechtungszusammenhänge als Netzwerk aus Netzwerken zu sehen, als Ergebnis der Überlagerung verschiedener Handlungssysteme.[47] Schließlich bestehen die analysierten Netzwerke i.d.R. auch nur aus formalen Organisationen, während die nicht organisierten Bestandteile realer Verflechtungszusammenhänge, die Wechselbeziehungen der Organisationen mit dem je eigenen Publikum aus Haushalten und Einzelpersonen fehlen.

Wenn der Netzwerkansatz entsprechend erweitert würde, ließe er sich auch für die vergleichende empirische Analyse der Binnenstruktur verschiedener funktioneller Teilsysteme und ihres Wandels verwenden. Da die in sozialen Netzwerken ablaufenden Interaktionen die ganz konkreten Wechselwirkungsprozesse nicht nur innerhalb, sondern auch zwischen verschiedenen funktionellen Teilsystemen der Gesellschaft darstellen, ist der Ansatz schließlich auch geeignet, das systemtheoretische Gesellschaftsmodell empirisch zu konkretisieren. Die Analyse der Struktur einzelner Politiksektoren (policy sectors) ist ein Schritt auf diesem Wege.[48] Dabei läßt sich dann auch die Rolle von Vermittlungsinstanzen berücksichtigen, die an der Grenze zwischen mehreren Teilsystemen angesiedelt sind und die in jüngster Zeit auch außerhalb des Kreises der Neokorporatismusforscher Aufmerksamkeit gefunden haben.[49]

Die Analyse verzweigter und mehrgliedriger Abhängigkeitsbeziehungen, die zu nicht ohne weiteres vorhersehbaren Neben- und Fernwirkungen einzelner Ereignisse führen, haben sich andere Forschungsrichtungen zum Thema gewählt, für die hier die Technologiefolgenabschätzung (TA) stehen kann. Wenn auch in vielen der auf praktische Politikberatung abzielenden TA-Studien die Bewertung und gegenseitige Aufrechnung positiver und negativer Technikfolgen im Zentrum der Aufmerksamkeit steht, geht es doch prinzipiell um Versuche der Rekonstruktion oder auch Antizipation jener Kausalketten, die die Ausbreitung und die Folgen der Nutzung einer neuen Technik bestimmen.[50] Das zuvor skizzierte Paradigma paßt auf diese Prozesse insofern besonders gut, als die interessierenden Technikfolgen Aggregateffekte und mittelbare Wirkungen des motivierten Handelns von Produzenten und Anwendern sind, die mit ihrem Tun auf die Gegebenheiten der eigenen Handlungssituation reagieren. Die gesellschaftlichen Folgewirkungen ihres Handelns sind von diesen Motiven entkoppelt und werden weitgehend von anderen, den Nutzungsmodus prägenden Kontextfaktoren bestimmt. Allerdings schenken die meisten TA-Studien dem strukturellen Substrat und dem Prozeßcharakter der von ihnen untersuchten Auswirkungen keine besondere Aufmerksamkeit. Die Prozesse hängen, sozialwissenschaftlich gesprochen, in der Luft, wodurch Abschätzungen des Auftretens oder Ausbleibens bestimmter, bereits vorher als abhängige Variable definierter Folgewirkungen dem Leser auch leicht als unzureichend begründet, ja als Resultat der Methode „Π x Daumen“ erscheinen. Es käme also darauf an, das Nachzeichnen vielgliedriger Wirkungsketten systematisch mit einer

Analyse der sozialen Strukturen, der Netzwerke aus organisierten und nicht-organisierten Akteuren zu verbinden, deren Handeln dabei eine Rolle spielt. Entsprechende Brückenschläge werden neuerdings bereits versucht, so etwa in LaPortes Konzept von Technik als sozialer Organisation.[51] Was in sozialen Systemen geschieht, ist natürlich nicht nur eine komplexe Aufsummierung bloßer Anpassungsreaktionen, wie sie bei TA-Studien im Vordergrund stehen. Erlebte Abhängigkeiten, erduldete Schädigungen durch das Tun von Akteuren, mit denen man noch nicht einmal in direkter Beziehung steht, lösen Gegenwehr aus und Versuche, die betreffenden Abhängigkeitsbeziehungen umzugestalten. Staatliche Steuerungsbemühungen, aber auch das Entstehen formaler Organisationen und ihre Verknüpfung zu interorganisatorischen Netzwerken mit geregelten Interaktionsbeziehungen oder die Entwicklung neokorporatistischer Entscheidungsstrukturen sind allesamt das Ergebnis derartiger Handlungsstrategien.[52] Es erübrigt sich fast zu betonen, daß die neu geschaffenen Strukturen die Handlungssituation der Akteure in einer oft kaum vorausgesehenen Art verändern und so am Ende z.B. neben oder sogar anstatt der erstrebten Handlungskoordination eine gegenseitige Blockierung bewirken.

Negative Externalitäten oder Fernwirkungen als Folge indirekter Abhängigkeitsbeziehungen wie auch Aggregateffekte, die durch die schlichte Aufsummierung paralleler Einzelhandlungen entstehen, sind nur zwei – und zudem eher simple – Varianten dynamischer Effekte. Theoretisch interessanter sind die von Thomas Schelling so genannten interaktiven Effekte, die durch unbeabsichtigte wechselseitige Beeinflussung zustandekommen[53] bzw. die von Boudon analysierten Kompositionseffekte. Diesem zentralen Teil des skizzierten Paradigmas ist bisher in den Sozialwissenschaften noch relativ wenig Aufmerksamkeit geschenkt worden, was wesentlich mit der Konzentration auf Interaktionsbeziehungen zusammenhängt.[54] Selbst Boudon hat nicht versucht, die verschiedenen Typen der von ihm analysierten Kompositionseffekte systematisch mit der Struktur von Verflechtungszusammenhängen zu verknüpfen und die Prozeßmechanismen zu identifizieren, die dabei eine Rolle spielen. Dabei gibt es viele vorzügliche, vor allem auch empirische Analysen sozialer Prozesse, in denen derartige Mechanismen dargestellt werden. In der Literatur über soziale Bewegungen findet sich z.B. reichhaltiges Material über Eskalationsmechanismen im Rahmen von Konfliktprozessen, die aus antagonistischen Strukturen erwachsen.[55] Von anderer Art sind die Mechanismen und strukturellen Ausgangsbedingungen kumulativer Prozesse, bei denen bestimmte Sättigungseffekte oder das Überschreiten von Schwellenwerten eine Rolle spielen. Den eher im Mikrobereich liegenden Beispielen, die Schelling hier zur Illustration benutzt[56] – Veränderung räumlicher Verteilungsmuster und Besuchsfrequenzen von Veranstaltungen – könnte man auf gesellschaftlicher Ebene die von Offe analysierten Mechanismen an die Seite stellen, die dazu führen, daß Recht und Geld als Steuerungsmittel infolge kumulierender negativer Nebenwirkungen an Wirksamkeit verlieren.[57] Von großer Bedeutung sind auch strukturelle Spannungen, die sich aus der Gleichzeitigkeit von Bedürfnissen oder Handlungszielen ergeben, deren Maximierung sich gegenseitig ausschließt, so wie das bei Zentralisierung und Dezentralisierung, Koordination und Autonomie oder Flexibilität und Dauerhaftigkeit ist. Derartige strukturelle Ambivalenzen können entweder zu einem Nebeneinander von Trend und Gegenbewegung oder auch zu Oszillationen führen; Norbert Elias' bereits erwähnte Analyse des Wechselspiels von Zentralisierung und Dezentralisierung im Prozeß der Staatenbildung ist eines von vielen möglichen Beispielen. Analytisch besonders anspruchsvoll sind schließlich bestimmte Arten von Kombinationseffekten, die sich entweder aus dem zufälligen (d.h. möglichen, aber nicht notwendigen, keiner Regel folgenden) Zusammentreffen verschiedener Umstände in einer Situation oder aus der wechselseitigen Beeinflussung mehrerer gleichzeitiger, aber im wesentlichen getrennt nebeneinanderlaufender Prozesse ergeben. Für den ersten Typ können Katastrophen[58], für den zweiten der von Max Weber analysierte abendländische Rationalisierungsprozeß, aber auch die von Burkart Lutz untersuchten Wachstumsschübe, die jeweils auf ganz besonderen Faktorenkonstellationen beruhen, als Beispiele dienen.[59]

Gerade die zuletzt genannten Kombinationseffekte erinnern nachdrücklich an den kontingenten Charakter eigendynamischer, also nicht geplanter sozialer Abläufe. Unfälle und Katastrophen, aber auch Entdeckungen und Erfindungen, Revolutionen und Kriege werden durch die jeweiligen Umstände ermöglicht, vielleicht sogar nahegelegt, aber wann, ja sogar ob sie stattfinden, ist nicht determiniert. Je eher dabei ein bestimmtes Ereignis erwartbar ist und je deutlicher es entweder wiederholte, nicht darauf abzielende Handlungen oder einzelne, das Ereignis bewußt anstrebende Handlungen voraussetzt, um so eher läßt sich ihr Eintreten verhindern. Erkennbar zu irreversiblen Umweltschädigungen führendes Verhalten läßt sich, wenn diese Folge nicht zu plötzlich auftritt, unterbinden, revolutionäre Situationen können entschärft und Eskalationen gestoppt werden. Gesellschaftliche Entwicklung ist das Resultat des ständigen Wechselspiels von Eigendynamik und Steuerungsversuchen. Ob wir diese Entwicklung besser zu beherrschen lernen, hängt nicht nur von guten Absichten, sondern auch von rechtzeitigen Einsichten ab. Die Theorie sozialer Dynamik, die dieses leisten könnte, liegt noch nicht ausformuliert vor, aber es gibt einen Weg, der dahin führt, und viele von uns sind auf ihm bereits unterwegs. Die Soziologie hat die theoretische Herausforderung erkannt und aufgenommen.

ANMERKUNGEN

1 Peter Berger, „Die Krise, sofern es sie gibt ...", *Soziale Welt*, Jg. 34/1983, S. 228-251.

2 Hans Jonas bringt diese Grundstimmung gut zum Ausdruck, wenn er von einer „apokalyptischen Situation" spricht; vgl. seinen Aufsatz "Responsibility Today.

The Ethics of an Endangered Future", *Social Research*, 43/1976, S. 77-97, insbes. S. 82.

3 Michel Serres, *Der Parasit*, Frankfurt/M. 1984 (1981), S. 38.

4 Vgl. Baruch Fischhoff, "For those condemned to study the past: Heuristics and biases in hindsight", in: D. Kahnemann, P. Slovic, A. Tversky, *Judgment under uncertainty: Heuristics and biases*, Cambridge Mass. 1982, S. 341-349.

5 F. v. Hajek, *Die Theorie komplexer Phänomene*, Tübingen 1972.

6 Vgl. speziell hierzu auch die Beispiele des Theoriewachstums bei David G. Wagner und Joseph Berger, *Do Sociological Theories Grow?, Bericht des Laboratory for Social Research*, Stanford University, September 1983.

7 Henry Mintzberg zitiert in diesem Zusammenhang ausführlich Anthony Jay, der die Tatsache, daß das Römische Reich so groß werden konnte und so lange überlebte, unmittelbar mit den damaligen – wenig entwickelten – Verkehrs- und Kommunikationsmöglichkeiten in Zusammenhang bringt, die eine größere Selbständigkeit der einzelnen Reichsgebiete erlaubten und erforderten; vgl. H. Mintzberg, *The Structuring of Organizations*, Englewood Cliffs N.J. 1979, S. 420.

8 Vgl. hierzu auch Norbert Elias, *Was ist Soziologie?*, München 1981, S. 74: „Die zunehmende Undurchschaubarkeit, die wachsende Komplexität der Verflechtungen, die offensichtlich verringerte Möglichkeit irgendeines einzelnen, selbst des nominell mächtigsten Menschen, für sich allein und unabhängig von anderen Entscheidungen zu treffen, das ständige Hervorgehen von Entscheidungen im Zuge von mehr oder weniger regulierten Machtproben und Machtkämpfen vieler Menschen und Gruppen, alle diese Erfahrungen bringen es Menschen stärker zum Bewußtsein, daß es anderer, unpersönlicherer Denkmittel bedarf, um diese wenig transparenten gesellschaftlichen Zusammenhänge zu begreifen oder gar zu kontrollieren."

9 Das meint etwa Martin Broicher: Zu den Begriffen „Sozialer Prozeß" und „Eigendynamik" in: Birgitta Nedelmann (Hg), *Eigendynamische soziale Prozesse*, vervielfältigtes Manuskript, Freiburg 1982, S. 74-92.

10 Heinrich Bollinger, Joachim Hohl, „Auf dem Weg von der Profession zum Beruf. Zur Deprofessionalisierung des Ärzte-Standes", in: *Soziale Welt* 4/1981, S. 440-464.

11 Norbert Elias, *Über den Prozeß der Zivilisation*, Bd. 2, Wandlungen der Gesellschaft, Frankfurt/M., 1976.

12 Raymond Boudon, *Widersprüche sozialen Handelns*, Darmstadt/Neuwied 1979, S. 31.

13 Stellvertretend für viele können hier das Buch von Mancur Olson, *The Rise and Decline of Nations: Economic Growth, Stagflation, and Social Rigidities*, New Haven Conn. 1982, und die Studie von John Chubb, *Interest Groups and the Bureaucracy. The Politics of Energy*, Stanford CA 1982, stehen.

14 Neil J. Smelser, "Toward a General Theory of Social Change", in: ders., *Essays in Sociological Explanation*, Englewood Cliffs N.J. 1968.

15 Dieses Beispiel findet sich bei Maurice N. Richter, *Technology and Social Complexity*, Albany 1982, S. 91.

16 Karl-Martin Bolte, Erhard Treutner (Hg), *Subjektorientierte Arbeits- und Berufssoziologie*, Frankfurt/M. 1980, S. 15.

17 Vgl. die Beiträge in: *Lebenswelt und soziale Probleme. Verhandlungen des 20. Deutschen Soziologentags zu Bremen 1980*, hg. von J. Matthes, Frankfurt/M. 1981.

18 Wolfgang van den Daele, „'Unbeabsichtigte Folgen' sozialen Handelns – Anmerkungen zur Karriere des Themas", in: Matthes 1981 [Anm. 17], S. 237.

19 Reinhard Wippler, „Erklärungen unbeabsichtigter Handlungsfolgen: Ziel oder Meilenstein soziologischer Theoriebildung", in: Matthes 1981 [Anm. 17], S. 246-261.

20 So auch Wolfgang Zapf, „Zur Theorie u. Messung von 'side effects'", in: Matthes 1981 [Anm. 17], S. 275.

21 Richard Louv, *America II*, J.P. Tarcher Verlag Los Angeles 1983.
22 Wolfgang van den Daele, [Anm. 18], S. 238.
23 So argumentiert auch Reinhard Wippler in seinem Beitrag, [Anm. 19], S. 246-261.
24 Norbert Elias, *Was ist Soziologie?*, [Anm. 8]; ders., *Über den Prozeß der Zivilisation*, [Anm. 11]; Raymond Boudon, *La Logique du Social*, Paris 1979; Michel Crozier, E. Friedberg, *L'Acteur et le Système*, Paris 1977.
25 In der Formulierung von Reinhard Wippler, „Nicht-intendierte soziale Folgen individueller Handlungen", *Soziale Welt*, Jg. 29/1978, S. 160.
26 Norbert Elias, Über den Prozeß der Zivilisation, [Anm. 11].
27 Raymond Boudon, [Anm. 12], Kap. 5, S. 108-143.
28 Ähnliche Unterscheidungen findet man auch sonst gelegentlich in der Literatur; vgl. den abschließenden Beitrag von Fritz W. Scharpf in dem von Kenneth Hanf und ihm herausgegebenen Band *Inter-Organizational Policy-Making. Limits to Coordination and Central Control*, London/Beverly Hills 1978, vor allem S. 351, oder auch Jeffrey Pfeffer, Gerald R. Salancik, *The External Control of Organizations*, New York usw. 1978, S. 41, die zwischen Outcome interdependence and Behaviour interdependence unterscheiden.
29 Das gilt nicht mehr für Raymond Boudons neuestes Buch: *La place du désordre*, Paris 1984, das hier nicht mehr berücksichtigt werden konnte.
30 Abweichendes Verhalten wird hierbei als von situativen Gelegenheiten mitbestimmt gesehen; vgl. Richard A. Cloward, „Illegitime Mittel, Anomie und abweichendes Verhalten", in: Fritz Sack, René König (Hg.), *Kriminalsoziologie*, Frankfurt/M., S. 314-338.
31 Sehr deutlich wird diese Perspektive bei Frances F. Piven und Richard A. Cloward, *Poor People's Movements*, New York 1979.
32 Brenda Dervin, "Communication Gaps and Inequities. Moving Toward a Reconceptualization", in: dies. und Melvin J. Voigt (Hg), *Progress in Communication Sciences*, Bd. 2, Norwood N.J. 1980, Kap. 3.
33 Randall Collins, "On the Microfoundations of Macrosociology", *AJS* 86/1981, S. 984-1014.
34 In der Mikrosoziologie, speziell in der Sozialisationsforschung, werden die psychologischen Voraussetzungen sozialer Vorgänge verständlicherweise sehr viel eher systematisch berücksichtigt.
35 Vgl. D. Dickenberger, G. Gniech, "The Theory of Psychological Reactance", in: Martin Irle (ed), *Studies in Decision Making*, Berlin/New York 1982, S. 311-341.
36 Diese Forschungsrichtung wird etwa repräsentiert durch den Band von John S. Carroll, John W. Payne, *Cognition and Social Behaviour*, New York usw. 1976 und durch neuere Arbeiten über die "judgmental heuristics", die in dem Sammelband von D. Kahnemann u.a., [Anm. 4] dargestellt werden.
37 In seinem neuesten Buch faßt Raymond Boudon sein sehr ähnliches Paradigma in die Formel $M = M \{ m [S (M')] \}$, in Worten: Das makrosoziologische Phänomen M „est une fonction des actions m, lesquelles dépendent de la situation S de l'acteur, cette situation étant elle-même affectée par des données macrosociales M'."; *La place du désordre*, [Anm. 29], S. 40.
38 Boudon, Crozier und Friedberg konzentrieren sich auf die Erläuterung und beispielhafte Verdeutlichung eines generellen Ansatzes, wobei vor allem die letzteren durchweg unterhalb der gesellschaftlichen Makroebene bleiben. Elias argumentiert zwar systematisch, gesamtgesellschaftlich und historisch, verknüpft diese Aspekte jedoch nur teilweise und wendet seinen Ansatz auch nicht auf heutige Gesellschaften an.
39 Burkart Lutz, *Der kurze Traum immerwährender Prosperität. Eine Neuinterpretation der industriell-kapitalistischen Entwicklung*, Frankfurt/M. 1984.
40 Siehe etwa Eugene Bardach, Robert A. Kagan, *Going by the Book. The Problem of Regulatory Unreasonableness*, Philadelphia 1982, vor allem Kap. 4.

41 Wolfgang Zapf, „Entwicklungsdilemmas und Innovationspotentiale in modernen Gesellschaften", in: *Krise der Arbeitsgesellschaft? Verhandlungen des 21. Deutschen Soziologentags in Bamberg* 1982, hg. v. J. Matthes, Frankfurt/M. 1983, S. 293-308.

42 Das sind die sog. garbage can decision processes; vgl. das allgemeine Modell und die empirischen Beispiele bei James G. March und Johan P. Olsen, *Ambiguity and Choice in Organizations*, Bergen 1976.

43 Vgl. K. Hanf und F.W. Scharpf (Hg), *Inter-Organizational Policy-Making*, [Anm. 28]; Gerhard Lehmbruch, "Concertation and the Structure of Corporatist Networks", in: J. Goldthorpe (ed), *Order and Conflict in Contemporary Capitalism Studies in the Political Economy of West European Nations*, Oxford (im Druck).

44 David R. Cameron, *Social Democracy, Corporatism, and Labor Quiescence in Advanced Capitalistic Societies, paper prepared for the SSRC Conference on Order and Conflict in Western Capitalism*, Buchenbach b. Freiburg 1983.

45 Dieter Grunow, „Interorganisationsbeziehungen im Implementationsfeld und ihre Auswirkungen auf die Umsetzung und die Zielerreichung politischer Programme", in: R. Mayntz (Hg), *Implementation politischer Programme II, Ansätze zur Theoriebildung*, Opladen 1983, S. 142-167.

46 Hierzu Patrick Lagadec, *Le risque technologique majeur*, Paris usw. 1981.

47 Grunow, [Anm. 45], verweist bereits auf die daraus resultierenden „sekundären Verpflichtungen".

48 Siehe z.B. David Knoke und Edward Laumann, "The Social Organization of National Policy Domains", in: P.V. Marsden und N. Lin (Hg), *Social Structure and Network Analysis*, Beverly Hills 1982, S. 255-270; W. Richard Scott und John W. Meyer, *The Organization of Institutional Sectors, Project Report Nr. 82-A14*, Stanford University, July 1982.

49 Theoretisch etwa bei Helmut Willke, *Entzauberung des Staates. Überlegungen zu einer sozietalen Steuerungstheorie*, Königstein/Ts. 1983; empirisch bei Ulla Foemer, *Zum Problem der Integration komplexer Sozialsysteme am Beispiel des Wissenschaftsrats*, Berlin 1981.

50 Zwei Beispiele sind: Ithiel de Sola Pool (ed), *The Social Impact of the Telephone*, Cambridge/London 1977; BMFT (Hg), *Technologie, Wirtschaftswachstum und Beschäftigung*, Bonn 1983.

51 Todd LaPorte, *Technology as Social Organization, ISG Studies in Public Organization Working Papers No. 84-1*, Berkeley, CA 1984.

52 Die spontan weniger naheliegende Anwendung dieser Perspektive auf Organisationen findet sich besonders deutlich bei Pfeffer und Salancik, [Anm. 28], die verschiedene Strategien behandeln, wie Organisationen ihre Abhängigkeitsbeziehungen umgestalten können.

53 Thomas C. Schelling, *Micromotives and Macrobehaviour*, New York/London 1978.

54 Eine wichtige Ausnahme stellt die – charakteristischerweise nicht publizierte – Arbeit von Birgitta Nedelmann dar, die unter Mitwirkung von Martin Broicher und Karl-Heinz Korn eine vorzügliche Textsammlung zusammengestellt und eingeleitet hat: *Eigendynamik und soziale Prozesse*, als Manuskript vervielfältigt, Köln 1982.

55 Ein gutes Beispiel für ein anspruchsvolles theoretisches Konzept zur Analyse sozialer Bewegungen, das in vieler Hinsicht dem hier skizzierten analytischen Paradigma entspricht, ist die Arbeit von Charles Tilly, *From Mobilization to Revolution*, Reading, Mass. 1978.

56 Thomas C. Schelling, [Anm. 53].

57 Claus Offe, *Berufsbildungsreform. Eine Fallstudie über Reformpolitik*, Frankfurt/M. 1975, Kapitel 3.

58 Barry A. Turner, *Man-Made Disasters*, London 1978.

59 Burkart Lutz, [Anm. 39].

DIE UNBEKANNTE ZUKUNFT UND DIE KUNST DER PROGNOSE

Reinhart Koselleck

„Kann man das Vergangene erkennen, wenn man das Gegenwärtige nicht einmal versteht? Und wer will vom Gegenwärtigen richtige Begriffe nehmen, ohne das Zukünftige zu wissen? Das Zukünftige bestimmt das Gegenwärtige und dieses das Vergangene". Diese Worte stammen von Johann Georg Hamann. Für jeden Leser, der die Zeit metaphorisch als Linie deutet, die aus der Vergangenheit durch den fiktiven Punkt der Gegenwart in die offene Zukunft führt, ist diese Feststellung Hamanns unsinnig. Für den Geisteshistoriker ist es schnell ersichtlich, daß Hamanns Worte von der heilsgeschichtlichen Erwartung zehren, die durch die Offenbarung zugänglich, ein Wissen von der Zukunft bereitstellt, die jeden persönlich, aber auch die Weltgeschichte im ganzen betrifft. Für den politischen oder den Sozialhistoriker, der sich professionell mit Vergangenem beschäftigt, der etwa das Vergangene nach Kausalketten befragt, die in die Gegenwart führen, bleibt die Zukunft methodisch ausgespart. Allenthalben wird er erkenntnistheoretisch oder psychologisch einräumen, daß eigene Erwartungshaltungen seine Fragestellungen beeinflussen mögen, die ihm das sogenannte Erkenntnisinteresse stimulieren. Ein wenig Zukunft wird er dulden, ohne seine Berufsqualität geschmälert zu finden. Mehr gefordert sind heute die ausdifferenzierten Wissenschaftsfelder der Politologie, der Ökonomie und der Soziologie, sofern sie nicht Einzelfälle, sondern Strukturen hochrechnen, um Zukunftstrends aus ihnen abzuleiten.

Es gehört nun zum Befund historisch überlieferter Quellen, daß Zukunftsvoraussagen jedweder Art unzählbar sind. Wir brauchen nicht im Jahre 1984 zu leben, um an die Legion der Zeitutopien zu denken, mehr negativer als positiver Art, die Gegenwärtiges hochgerechnet haben, oder, mit Hamann zu reden, aus der Zukunft heraus Gegenwart diagnostizieren. Aber der Reigen führt weiter, etwa zu den Wahlprognosen, die die tatsächlichen Wahlen beeinflussen, sei es durch Zustimmung oder durch Widerspruch, den sie hervorrufen; oder unser Reigen führt zu den Planungsziffern einer Produktionsserie, die von den Marktanalysen künftig zu erschließender Möglichkeiten abhängen; oder zu den computergespeicherten Alternativen aller denkbaren Entscheidungen im geplanten Atomkrieg; oder zu den Voraussagen des Club of Rome, inzwischen verstärkt durch die umweltbewußten Grünen, die ihre Furcht in politische Zukunftsrationalität zu transponieren trachten; oder zu dem üblichen Geschäft jeder Diplomatie, die ohne Kalkül künftiger Handlungen gar nicht existieren würde; bis hin zum Alltag, in dem die finanziellen Folgen einer Kindsgeburt bedacht werden, und das um so mehr, als Arbeitslosigkeit oder Einkommenskürzung Zukunftsdaten enthalten, mit denen gerechnet werden muß. Schließlich sei nicht zu vergessen der Traum, dem schon in der Kanonisierung durch Artemidor eine weissagende Kraft zugemessen wird, die auch in die Diagnosen heutiger Analysen eingeht, indem sie therapeutisch, also auch prognostisch genutzt wird. Die Beispielreihe läßt sich beliebig verlängern. Sie reicht also vom Alltag der Individuen bis zur großen Politik und greift darüber hinaus in den Zeitraum nicht-steuerbarer Prozesse, auch wenn deren Randbedingungen änderbar sind. Ich erinnere an die Hochrechnung der Energiereserven korreliert mit der demographischen Kurve der Erdbevölkerung, die beide langfristige Daten bereitstellen, die ihrerseits zunehmend auf die mittel- und kurzfristigen Planungsdaten in Politik und Wirtschaft zurückwirken. Hamanns Worte, daß das Zukünftige auf das Gegenwärtige einwirke, kann in dieser Allgemeinheit also kaum bestritten werden.

Der Status des Zukünftigen entspricht nun nicht rundum dem Status des Vergangenen. Vergangenes ist in unserer Erfahrung enthalten und empirisch verifizierbar. Zukünftiges entzieht sich grundsätzlich unserer Erfahrung und ist demnach empirisch nicht verifizierbar. Gleichwohl gibt es Voraussagen, die mit größerer oder minderer Plausibilität aus der Erfahrung in die Erwartung transponiert werden können. Hierbei handelt es sich, um einen scharfen Kontrahenten von Hamann zu bemühen, um das Vorhersehungsvermögen, um die Praevisio. „Dieses Vermögen zu besitzen", sagt Kant, „interessiert mehr als jedes andere: weil es die Bedingung aller möglichen Praxis und der Zwecke ist, worauf der Mensch den Gebrauch seiner Kräfte bezieht. Alles Begehren enthält ein (zweifelhaftes oder gewisses) Voraussehen dessen, was durch diese möglich ist. Das Zurücksehen aufs Vergangene (Erinnern) geschieht nur in der Absicht, um das Voraussehen des Künftigen dadurch möglich zu machen: indem wir im Standpunkte der Gegenwart überhaupt um uns sehen, um etwas zu beschließen oder worauf gefaßt zu sein".[1]

Kant führt die geschichtlichen Zeitdimensionen auf ihren anthropologischen Kern zurück. Die Konzentration auf den handelnden Menschen, anders als in Augustins Reduktion der Zeitdimension auf den inneren Menschen, ähnlich dagegen schon in Chladenius' Historischer Hermeneutik, stellt uns anthropologische und insofern metahistoische Kategorien zur Verfügung, die die Bedingungen möglicher Geschichte definieren. Kant spricht innerhalb der drei Zeitdimensionen der Zukunft und dem ihr zugeordneten Vorhersehungsvermögen eindeutig das größere Gewicht zu.

Der Befund ist klar. Begehren, wie Kant sagt, aber auch Ängste und Hoffnungen, Wünsche und Befürchtungen sowie rationale Planungen, Berechnungen und eben Voraussagungen – alle diese Weisen der Erwartung gehören zu unserer Erfahrung, oder besser gesagt, korrespondieren mit unserer Erfahrung. Der Mensch als weltoffenes Wesen, genötigt, sein Leben zu führen, bleibt auf Zukunftssicht verwiesen, um existieren zu können. Die empirische Unerfahrbarkeit seiner Zukunft muß er, um handeln zu können, einplanen. Er muß sie, ob zutreffend oder nicht, voraussehen. Mit diesem Paradox sind wir im Zentrum unserer Fragestellung.

Was sieht der Mensch voraus, was kann er voraussehen? Die kommende Wirklichkeit – oder nur Möglichkeiten? Eine Möglichkeit, mehrere oder viele? Ist die Voraussicht geleitet von Furcht oder von Vernunft oder, mit Hobbes zu sprechen, von beiden zugleich? Ist sie geführt vom Glauben an eine Prophetie oder abgesichert durch den Rückgriff auf eine geschichtsphilosophisch begründete Notwendigkeit oder gespeist aus Kritik oder Skepsis? Ist sie an Vorzeichen mantischer oder magischer Art gebunden oder an ein Zeichensystem geschichtlicher Deutungen oder an die Versuche wissenschaftlicher Analysen?

Die historischen Antworten lassen sich nun eingrenzen, wenn man die Voraussagen auf einige Grundtypen zurückführt, die sich im Laufe der Geschichte, einander überholend, aber auch überlappend, aufweisen lassen. Außerdem lassen sich die Antworten reduzieren, wenn nur nach den Voraussetzungen gefragt wird, wann und warum welche Prognosen eingetroffen sind oder nicht. Mit dieser letzten Frage werde ich mich im folgenden beschäftigen und dabei einer groben Typologie nicht entraten können.

Bei der Fülle eingetroffener und bei der ebenso großen, vielleicht größeren Fülle nicht eingetroffener und deshalb vergessener Prognosen, läßt sich eine Alternative denken. Entweder handelte es sich um ein reines Glücks- oder Zufallsspiel, warum eine Prognose sich bewahrheitet hat und eine andere nicht. Oder es lassen sich Kriterien finden; warum die eine Prognose eher eingetroffen ist als die andere, warum die eine sich hat verifizieren lassen, die andere nicht. Ich werde versuchen, einige Kriterien aus Beispielen politischer Prognosen zu entwickeln.

Sieht man von jeder historischen Erfahrung ab, so läßt sich sagen, entweder ist die Zukunft völlig unbekannt – dann ist jede Prognose ein Würfelspiel des Zufalls. Oder es gibt, und dafür spricht die historische Erfahrung, Grade der größeren oder geringeren Wahrscheinlichkeit, mit der die kommende Wirklichkeit vorausgesehen werden kann. Es gibt Bündel von Möglichkeiten, die einzeln oder zusammengenommen verschiedene Chancen ihrer Verwirklichung indizieren: Dann muß es auch eine Kunst der Prognose geben, die wenigstens minimale Regeln ihres Gelingens enthält.

Rein formal läßt sich folgende Regel aufstellen: Die Skala der Zukunftsaussagen reicht von absolut sicheren Prognosen zu solchen höchst unwahrscheinlichen Inhalts. So muß es als absolut sicher gelten, daß unser Globus die Katastrophe überdauert, die ein Atomkrieg für die ganze Menschheit herbeiführen kann. Andererseits ist es völlig unsicher, ob eine atomare Katastrophe durch Zufall, durch Versehen oder durch Absicht herbeigeführt wird, oder ob sie gar verhindert werden kann. D.h., je weiter wir uns von langfristigen Daten naturaler Vorgegebenheiten entfernen und unsere Voraussagen auf politische Entscheidungssituationen konzentrieren, desto schwieriger wird die Kunst der Prognose. Der tastende Lichtstrahl suchender Prognostik oszilliert zwischen sicheren und gewissen Rahmenbedingungen und solchen, die sich prozessual verändern, um im Feld politischer Aktionen vergleichsweise unsicher zu sein. Aber allemal zieht Prognostik ihre Evidenz aus der bisherigen Erfahrung, die wissenschaftlich verarbeitet wird und die hochzurechnen eine Kunst der Kombination vielfältiger Erfahrungsdaten darstellt.

Als Historiker sind wir in der Lage, eingetroffene Prognosen daraufhin zu befragen, warum sie sich erfüllt haben. Als Historiker wissen wir aber auch, daß in der Geschichte immer mehr geschieht oder weniger als in den Vorgegebenheiten enthalten ist. Insofern ist die Geschichte immer neu und überraschungsschwanger. Wenn es gleichwohl eintreffende Voraussagen gibt, so folgt daraus, daß die Geschichte nie völlig neu ist, daß es offensichtlich längerfristige Bedingungen oder gar dauerhafte Bedingungen gibt, in deren Spielraum sich das jeweils Neue einzustellen pflegt. Jede einzelne Geschichte, in die wir verstrickt sind, erfahren wir als einmalig, aber die Umstände, unter denen sich die Einmaligkeit einstellt, sind selber keineswegs neu. Es gibt Strukturen, die sich durchhalten und es gibt Prozesse, die anwähren: Beide bedingen und überdauern die jeweiligen Einzelereignisse, in denen sich Geschichte vollzieht. Anders gewendet, es gibt verschiedene Geschwindigkeiten des Wandels.

Geographische Bedingungen wandeln sich gar nicht oder nur kraft der technischen Beherrschung eben dieser geographischen Voraussetzungen menschlichen Tuns. Rechtliche und institutionelle Bedingungen wandeln sich ebenfalls langsamer als die politischen Aktionen, die sich dieser rechtlichen und institutionellen Bedingungen bedienen. Verhaltensweisen und Mentalitäten wandeln sich ebenfalls langsamer als die Kunst, sie ideologisch oder propagandistisch zu verändern. Politische Machtkonstellationen wandeln sich ebenfalls langfristiger als ihre tatsächliche Veränderung in Kriegen oder Revolutionen auf beschleunigte Weise sichtbar macht.

Auch wenn die konkrete Geschichte jeweils einmalig bleibt, gibt es verschiedene Schichten der Veränderungsgeschwindigkeit, die wir theoretisch auseinanderhalten müssen, um Einmaligkeit und Überdauern aneinander messen zu können. Wenn wir aber davon sprechen, daß sich geographische, institutionelle, rechtliche oder mentalitätsgebundene Bedingungen durchhalten, so sind wir genötigt, ihnen im konkreten Vollzug der diachronen Zeitverläufe den Charakter der Wiederholung zuzumessen. Der Brief, den ich morgens um 9.00 Uhr empfange, mag eine freudige oder traurige Nachricht enthalten, die unüberholbar oder unüberbietbar ist. Aber die Postauslieferung morgens um 9.00 Uhr vollzieht sich von Tag zu Tag, dahinter steht eine Organisation, deren Stabilität in der Wiederholung ihrer eingespielten Regeln enthalten ist, deren finanzielles Polster durch die wiederholte Fortschreibung der budgetmäßig erfaßten postalen Einnahmen ermöglicht wird. Dieses Beispiel läßt sich auf alle Bereiche des menschlichen Lebens ausdehnen.

Um meine These zu präzisieren: Prognosen sind nur möglich, weil es formale Strukturen in der Geschichte gibt, die sich wiederholen, auch wenn ihr konkreter Inhalt jeweils einmalig und überraschend für die Betroffenen bleibt. Ohne Konstanten verschiedener Dauerhaftigkeit im Faktorenbündel kommender Ereignisse wäre es unmöglich, überhaupt etwas vorauszusagen.

Lassen Sich mich eine Beispielreihe aus dem Umfeld neuzeitlicher Revolutionen bringen.

1. Der Begriff der Revolution ist ein geschichtstheoretisch geradezu exemplarisch zu nennender Begriff, der uns das Wechselspiel zwischen Einmaligkeit und Wiederholung erläutert. Gewiß, jede Revolution, die stattfindet, ist für die Betroffenen einzigartig, verheerend oder ein erhofftes Glück stiftend. Aber im Begriff der Revolution ist auch die Wiederholung enthalten, die Rückkehr oder gar der Kreislauf. Diese Bedeutung ist nun keineswegs ein zufälliger Rest des dem Lateinischen entlehnten Wortes revolutio. Der Begriff enthält vielmehr eine Strukturaussage über Revolutionen schlechthin, wie wir sie in zahlreichen Varianten auf diesem Globus immer wieder kennenlernen. Die Wiederkehrlehre, die theoretisch im Revolutionsbegriff enthalten ist, impliziert sowohl diachrone Verlaufszwänge, die sich analog wiederholen wie auch parallelisierbare Akte bestimmter Handlungen. So ist in dem Begriff enthalten die Gewaltausübung jenseits der Legalität, bei ihrem Gelingen ein Wechsel der Herrschaftsweisen oder der Verfassungsformen; ein Austausch, meist nur partieller Art, der Eliten; ein Besitzwechsel durch Aufruhr, Enteignung und Umverteilung der Gewinne. Ferner enthält der Begriff altbekannte Verhaltensweisen: der Feigheit, des Mutes, der Furcht, der Hoffnung, des Terrors aus Angst oder aus Übermut, der Parteibildung und der Parteispaltung, der Rivalität der Führer, der Akklamationsfähigkeit der Massen und ihrer Akklamationsbedürftigkeit. Kurzum, in jeder Revolution sind sowohl Faktoren synchroner Art, die sich analog wiederholen, wie auch Wirkungsketten diachroner Art enthalten, die im Einzelfall einmalig sind, deren formale Struktur aber immer wiederkehrende Elemente aufweisen. Anders ausgedrückt: Die Geschichte verläuft nicht nur einmalig in diachroner Reihe, sie enthält immer auch Wiederholungen, metaphorisch gesagt eben Revolutionen, die einmaligen Wandel und Wiederkehr des analogisch Gleichen oder Ähnlichen, jedenfalls des Vergleichbaren enthalten.

Der Verlauf der Französischen Revolution von 1787 bis 1815 gleicht in vieler Hinsicht, nicht nur im Prozeß gegen den König, der zu seiner Hinrichtung führte, dem Ablauf der Englischen Revolution von 1640 bis 1660/88. Und so kann es nicht verwundern, daß die Voraussagen der Französischen Revolution immer wieder auf das Beispiel der Englischen zurückgriffen und daß die Diagnosen im Verlauf der Französischen Revolution immer wieder von Analogieschlüssen aus der englischen Parallele zehrten, um glaubwürdig zu sein. Cromwell war die diktatorische Figur, die Robespierre zu werden vermeiden wollte, die dann aber von Napoleon überboten wurde.

2. Für die Schlüsse aus der Vergangenheit in die Zukunft, die auf einer strukturellen Wiederholbarkeit beruhen, seien drei Beispiele genannt,

die mit zunehmender Konkretion die Diktatur Napoleons voraussagten.

D'Argenson sagte als einer der ersten die kommenden Ereignisse glänzend voraus, als er die Kombination von Monarchie und Demokratie als wahrscheinlich und als zukunftsträchtig definierte.[2] In der aristotelischen Topologie war ihm die Aristokratie das eigentliche Hindernis kommenden Ausgleichs, der über kurz oder lang zu einer Verfassungsänderung führen müsse. Eine sozialgeschichtliche und prozessuale Auslegung der aristotelischen Herrschaftskategorien ermöglichte es d'Argenson, die Zusammenarbeit des Monarchen mit den aufsteigenden bürgerlichen Schichten vorauszusagen, um im Falle ihrer Verhinderung die Revolution zu prognostizieren. Die Destruktion der Nobilität und die démocratie royale entsprachen einander. Die Prognose beruhte auf einer neuen, verzeitlichten Kombination überkommender Begriffe und Einsichten.

Die Ergiebigkeit der geschichtlichen Voraussage hing von den verschiedenen geschichtlichen Schichten ab, von den zeitlichen Tiefenstaffelungen, die aus der historischen Erfahrung in die Zukunftsaussage transponiert wurden. Die räumliche Metaphorik, die in unserem Wort 'Geschichte' enthalten ist, mag hier hilfreich sein, um zu fragen, welche Schicht der Erfahrung jeweils abgerufen wird. Das wird sehr viel deutlicher bei der zweiten Prognose aus dem Jahre 1780. Sie stammt von Diderot. Und sie lautet: „Unter dem Despotismus wird das über seine lange Leidenszeit erbitterte Volk keine Gelegenheit versäumen, seine Rechte wieder an sich zu nehmen. Aber da es weder ein Ziel noch einen Plan hat, gerät es von einem Augenblick zum andern aus der Sklaverei in die Anarchie. Inmitten dieses allgemeinen Durcheinanders ertönt ein einziger Schrei – Freiheit. Aber wie sich des kostbaren Gutes versichern? Man weiß es nicht. Und schon ist das Volk in die verschiedensten Parteien aufgespalten, aufgeputscht von sich widersprechenden Interessen ... Nach kurzer Zeit gibt es nur noch zwei Parteien im Staat; sie unterscheiden sich durch zwei Namen, die, wer sich auch immer dahinter verbergen mag, nur noch lauten können 'Royalisten' und 'Antiroyalisten'. Das ist der Augenblick der großen Erschütterungen, der Augenblick der Komplotte und Verschwörungen ... Der Royalismus dient dabei ebenso als Vorwand wie der Antiroyalismus. Beides sind Masken für Ehrgeiz und Habgier. Die Nation ist jetzt nur noch eine von einem Haufen von Verbrechern und Bestochenen abhängige Masse. In dieser Lage bedarf es nur noch einen Mannes und eines geeigneten Augenblicks, um ein völlig unerwartetes Ergebnis eintreten zu lassen. Kommt dieser Augenblick, erhebt sich auch schon der große Mann ... Er spricht zu den Menschen, die gerade noch alles zu sein glaubten: Ihr seid nichts. Und sie sprechen: Wir sind nichts. Und er spricht zu ihnen: Ich bin der Herr. Und sie sprechen wie aus einem Munde: Ihr seid der Herr. Und er spricht zu ihnen: Hier sind die Bedingungen, unter denen ich euch zu unterwerfen bereit bin. Und sie sprechen: Wir nehmen sie an ... Wie wird die Revolution weitergehen? Man weiß es nicht".[3]

Diderots Prognose war der Aufklärungstaktik entsprechend anonym in das Werk von Raynal über die koloniale Expansion Europas eingeschmuggelt worden. Sie gehört zu den erstaunlichsten Voraussagen über den mittelfristigen Verlauf der kommenden Revolution, die sich in groben Zügen vollständig bewahrheitet hat. Sie ist weit konkreter als eine ähnlich scharfsinnige Prognose Friedrich des Großen.[4] Dieser hatte den kommenden Bürgerkrieg in Frankreich als Ergebnis der Aufklärung vorausgesagt, aber Diderot ging als Aufklärer der Aufklärung noch einen Schritt weiter und konnte die Dialektik von Herr und Knecht in eine politische Strukturaussage ummünzen, die eine freiwillig akzeptierte Diktatur zum Ergebnis hatte.

In die Voraussage Diderots gingen nun zahlreiche Schichten geschichtlicher Erfahrung ein. Zeitgenössisch bot ihm die schwedische Revolution Gustav III. von 1772 den Einstieg in die Analyse mit dem Ergebnis einer überparlamentarischen Monarchie, das er für die französische Zukunft als mögliche Parallele hochrechnete.

Aber historisch liegen tiefere Schichten seiner Voraussage zugrunde, es gingen mehrere strukturell wiederholbare Elemente in sie ein. Es handelt sich um Argumentationsfiguren, die Diderot aus der römischen Geschichte ableitete, speziell aus Tacitus und seiner Analyse des Bürgerkriegs im Dreikaiserjahr. Wie die Parole, ja der Wunsch nach Freiheit in die Sehnsucht nach freiwilliger Unterwerfung umschlagen könne, das war aus den aufgeklärten Prämissen, die Diderot teilte, nicht ableitbar. Dahinter standen Erfahrungen, die auf die römischen Bürgerkriege zurückführten und auf die Bürgerkriege in der Kaiserzeit. Außerdem stand noch Polybios' Kreislaufmodell Pate, das seinerseits in der sophistischen Tradition, von Herodot überliefert[5], den Weg in eine Monarchie als zwangsläufig deutbar machte. Die Treffsicherheit von Diderots Prognose beruhte also auf einer geschichtlichen Tiefenstaffelung, in die einmal ausformulierte historische Erfahrungen und ihre theoretischen Verarbeitungen eingegangen waren. Obwohl Diderot einräumte, nicht zu wissen, wie die Revolution weitergehe, bezog sich die Scharfsichtigkeit seiner Analyse auf die Wiederholbarkeit historischer Erfahrungssätze.

Das gleiche gilt nun für eine Voraussage Wielands. Er prognostizierte, nunmehr in den konkreten kurzfristigen Ereigniszusammenhang der Französischen Revolution eingebunden, daß Napoleon Bonaparte die Diktatur in Frankreich ergreifen werde. Eineinhalb Jahre vor dem Staatsstreich sagte er diesen voraus und fügte hinzu, daß er die beste Lösung sein werde, die der französische Bürgerkrieg finden könne. Wieland geriet deshalb in nicht geringe Schwierigkeiten, weil er in Weimar als Jakobiner und Bonapartist, wenn es das Wort schon gegeben hätte, verschrieen wurde.

Die Sicherheit seiner eingetroffenen Prognose beruht nun nicht nur auf politischem Instinkt oder Zufallsspiel, sondern zunächst auf der großen Parallele, die er zur Englischen Revolution immer wieder zog, und darüber hinaus auf seiner antiken Bildung, die ihn disponierte, den Verfassungswandel im Schema der polybianischen Kreislauflehre zu sehen sowie auf der Kenntnis des römischen Bürgerkrieges, der schließlich in die Diktatur Cäsars einmündete. Das, was Wielands konkrete Prognose auszeichnet, beruht also auf der theoretischen Prämisse, daß sich im Verlauf einer Revolution bestimmbare Verläufe wiederholen können, so daß es möglich wurde, auch einen Einzelfall, nämlich die Diktatur von Napoleon persönlich daraus abzuleiten.[6]

Wir sind nun in der glücklichen Lage, eine andere Prognose Wielands zitieren zu können, die nicht eingetroffen ist. Nach der Einberufung der Notablen-Versammlung 1787 sagte er voraus, daß sich die kommende Revolution in Frankreich milde, wohltätig und vernunftgeleitet, friedlich und glücksspendend vollziehen werde. Wörtlich: „Auch in diesen wichtigen und zum Glück der Völker so wesentlichen Stücken scheint sich (wenn uns unser Vertrauen nicht betrügt) der gegenwärtige Zustand von Europa einer wohltätigen Revolution zu nähern; einer Revolution, die nicht durch wilde Empörungen und Bürgerkriege, sondern durch ruhige, unerschütterliche standhafte Beharrlichkeit bei einem pflichtmäßigen Widerstand – nicht durch das verderbliche Ringen der Leidenschaften mit Leidenschaften, der Gewalt mit Gewalt, sondern durch die sanfte, überzeugende und zuletzt unwiderstehliche Übermacht der Vernunft, bewirkt werden wird: kurz, eine Revolution, die, ohne Europa mit Menschenblut zu überschwemmen und in Feuer und Flammen zu setzen, das bloße wohltätige Werk der Belehrung der Menschen über ihr wahres Interesse, über ihre Rechte und Pflichten, über den Zweck ihres Daseins und die einzigen Mittel, wodurch derselbe sicher und unfehlbar erreicht werden kann, sein wird.“[7]

Für unsere Fragestellung wird eines sofort deutlich: Die sanfte und vertrauensvolle Voraussage beruhte darauf, daß Wieland alle bisherige Erfahrung durch die selbstgewisse Vormundschaft der Aufklärung außer Kraft zu setzen sich fähig glaubte. Beflügelt durch die optimierende Aufklärungshoffnung sagte Wieland eine Revolution voraus, die sich von allen bisherigen Revolutionen dadurch unterscheiden werde, daß sie ohne Bürgerkrieg vollzogen werden könnte. Zugunsten der Einmaligkeit geschichtlicher Progression verzichtete Wieland, seinem eigenen Vertrauen trauend, auf jeden Analogieschluß, den er aus der früheren Geschichte hätte ziehen können und den er zehn Jahre später gezogen hat. Es war gerade die geschichtliche Einmaligkeit und die lineare Hochrechnung des aufgeklärten Optimismus, die ihn eine Voraussage formulieren ließ, die binnen kurzem von den politischen Ereignissen desavouiert wurde.

Das erste Kriterium, das wir damit erprobt haben, liegt also in der Testfrage enthalten, ob eine Prognose auf Möglichkeiten geschichtlicher Wiederholung rekurriert oder ob sie eine absolute Einmaligkeit des geschichtlichen Verlaufes unterstellt. Dort wo Wieland Analogieschlüsse aus der Erfahrung zog, hat er recht behalten, dort wo er die Geschichte als unvergleichbar neu definierte, blieb er im Unrecht.

Halten wir als erstes Zwischenergebnis fest: Je mehr zeitliche Schichten möglicher Wiederholung in die Prognose eingegangen sind, desto zutreffender war die Voraussage. Je mehr sich die Voraussage auf die Unvergleichbarkeit und Einmaligkeit der kommenden Revolution bezog, desto weniger hat sie sich erfüllt. Es gibt kaum eine Revolution, die so oft und so zutreffend in ihrem tatsächlichen Kommen vorausgesagt wurde wie die Französische. Aber ebenso häufig sind die illusionären Auskünfte über ihren kommenden Verlauf gewesen. Ich erinnere an die belle révolution, die herbeizuwünschen und anzupreisen Voltaire nie müde wurde. Er erblickte in der herbeigewünschten Umwälzung nichts anderes als die Vollstreckung einer moralischen Gerechtigkeit, die als Philosoph er polemisch einzufordern niemals aufgab. Gelegentlich sind die Voraussagen so exakt und präzise formuliert worden wie von Friedrich, Diderot oder Rousseau, die den linearen Fortschritt in die Einmaligkeit hinein relativiert hatten. So ist der Anteil geschichtlicher Erfahrung jeweils verschieden dosiert in die Prognosen eingegangen. Dort wo die Chancen geschichtlicher Wiederholung negiert wurden, gerieten die Voraussagen in das Umfeld großer Wünschbarkeit, während dort, wo die Wiederholbarkeit geschichtlicher Möglichkeiten ernstgenommen wurde, die Prognosen eine größere Chance hatten einzutreffen. Um die Erfolgsträchtigkeit von Voraussagen beurteilen zu können, kommt es also darauf an, die zeitliche Mehrschichtigkeit geschichtlicher Erfahrung herauszuarbeiten, aus denen sich Voraussagen zusammensetzen.

Zur Erläuterung sei eine andere Beispielreihe vorgeführt, die unserer eigenen Vergangenheit angehört und auf den Ausbruch des Zweiten Weltkrieges hinweist. Dabei werde ich drei Typen vorführen, die unsere These von der geschichtlichen Tiefenstaffelung als Voraussetzung erfolgreicher Prognosen erläutert. Am 16. November 1937 schrieb Benesch, damals Präsident der Tschechoslowakei: „Ich weiß, daß die Lage ernst ist, bin aber dennoch Optimist. Ich glaube unentwegt, daß wir den Frieden erhalten werden. Ich glaube nicht, daß in absehbarer Zeit ein europäischer Krieg möglich ist. Ich bin vielmehr der Hoffnung, daß er nicht kommen wird.“ Man müsse sich nur auf die Verteidigung vorbereiten. „Für die Tschecholowakei fürchte ich nichts“.[8] Ein Jahr später befand sich Benesch im Exil zu London.

Es handelt sich hier um eine Wunschprognose, gespeist zugegebenerweise aus Optimismus, um eine Meinungsäußerung, die über einen Politiker in dieser Position zu dieser Zeit nur Erstaunen auslösen kann. Nun gehört es freilich zu jeder Voraussage, daß die eigene Einstellung zur Zukunft als Faktor in die Prognose eingeht. Aber die Chancen der Erfüllung steigen erst mit der Macht, die groß genug ist, um die Erfüllung einer sich selbst gestellten Prognose herbeizuführen.

In dieser Lage befand sich damals Hitler. Sieben Tage nach der optimistischen Äußerung von Benesch rief Hitler vor der Ortsgruppe der NSDAP in Augsburg aus: „Es ist doch etwas Wunderbares, wenn das Schicksal

Menschen ausersehen hat, für ihr Volk sich einsetzen zu dürfen. Heute stehen uns neue Aufgaben bevor. Denn der Lebensraum unseres Volkes ist zu eng. Die Welt wird eines Tages unsere Forderungen berücksichtigen müssen. Ich zweifle keine Sekunde daran, daß wir genauso, wie es uns möglich war, die Nation im Innern emporzuführen, auch die äußeren gleichen Lebensrechte wie die anderen Völker uns verschaffen werden."[9] Kaum verschleiert kündigt Hitler sein Expansionsprogramm an, ohne den möglichen Krieg beim Namen zu nennen. Insofern handelt es sich auch hier um eine Wunschprognose. Aber die Elemente, aus denen sich seine Zukunftsvoraussage zusammensetzt, sind vielschichtiger als bei Benesch.

Hitler beschwor, wie er es immer tat, den innenpolitischen Aufstieg als Unterpfand für den künftigen Erfolg auch auf dem Feld der Außenpolitik. Es handelt sich um den typischen Fall einer linearen Hochrechnung mittelfristiger Art aus der Vergangenheit in die Zukunft wie wir sie auch bei Wieland kennengelernt haben, ohne neu hinzukommende Faktoren der Weltpolitik in Europa zu benennen, selbst wenn Hitler sie als Politiker bedacht haben mochte. Hier liegt die Stoßkraft der anfänglichen Erfolge Hitlers, aber zugleich die tiefsitzende Fehlerquelle verborgen, die seinen Untergang und mit ihm den des alten Deutschland herbeiführen half. Die lineare Hochrechnung war einschichtig. Hinzu kommt die Berufung auf das Schicksal, ein Ideologiestreifen, der in die deutsche Geistesgeschichte zurückreicht, jenes Schicksal, an dem Hitler keine Sekunde zweifelte, wie er autosuggestiv versicherte. Die Struktur dieser Prognose enthüllt sich damit als eine ultimative Zwangsprognose. Hitler hat sie sich immer wieder selbst gestellt. Sie korrespondiert jener linearen Hochrechnung, die keine Alternativen zuläßt, vielmehr ausschließt. In der Ausschließlichkeit lag ihre Zwanghaftigkeit beschlossen, die Hitler durch das Bewußtsein seiner Auserwähltheit autosuggestiv absicherte. Seine Prognose nähert sich der Struktur prophetischer Weissagungen.

Konfrontieren wir die Wunschprognose von Benesch und die ultimative Zwangsprognose von Hitler mit einem dritten Typus. Am 27. November 1932 erklärte Churchill im House of Commons: „Es wäre sicherer, die Danziger Frage und des polnischen Korridors, heikel und schwierig wie sie ist, neu aufzurollen, mit kaltem Blut und in ruhiger Atmosphäre und solange die Siegermächte noch ihre breite Überlegenheit innehätten, anstatt zu warten und dahinzutreiben, Schritt für Schritt und Stufe um Stufe, bis noch einmal eine große Konfrontation zustande kommt, in der wir in gleicher Weise kämpfend einander gegenüberstehen."[10]

Selbstredend gehen auch in diese Prognose Wünsche ein, und auch ein ultimativer Handlungszwang liegt in ihr beschlossen, aber mit dem Ziel, einen zweiten Weltkrieg zu verhindern. Es handelt sich um eine alternative Bedingungsprognose, die Handlungsanweisungen enthält. Was diese Prognose auszeichnet, ist die klare Formulierung zweier Möglichkeiten, deren eine auf die dauerhafte Erfahrung des Ersten Weltkrieges zurückgreift, deren andere aber die Einmaligkeit der sich ändernden Nachkriegssituation in Rechnung stellt. Ihre Struktur ist mehrschichtig. Die Diagnose beruht auf der anhaltenden Erfahrung der Katastrophe von 1914, um für den schwindenden Handlungsspielraum 1932 eine Alternative zu formulieren. Die Warnung vor der Wiederkehr des Weltkrieges evoziert eine Anweisung, ihn zu verhüten.

Nun mag man die schlichte Alternative auf die Suggestionskraft von Churchills Rhetorik zurückführen, – er wird auch weitere Möglichkeiten im Hinterkopf gehabt haben. Die Katastrophe, die zu vermeiden Churchill politisch vorschlug, ist gemäß seiner Voraussage eingetroffen. Die Erfahrung des Kriegsausbruches von 1914 mit dem daraus abgeleiteten Analogieschluß hat ihn nicht getrogen. Aber bei Churchill handelt es sich nicht um eine lineare Hochrechnung unentrinnbarer Zukunft, sondern diese Hochrechnung setzte eine Bedingung möglicher Wiederholung, um in actu dagegen anzukämpfen. Die Richtigkeit der Prognose gründet also in der handlungsanleitenden Verwendung mehrerer geschichtlicher Tiefendimensionen, deren Kombination die Treffsicherheit hervorgebracht hat.

Unsere Fragestellung nach den geschichtlichen Zeitschichten ermöglicht es uns, die Prognostik aus dem Bezugsrahmen der reinen Anthropologie oder gar der Psychologie der jeweiligen Agenten herauszuführen. Nicht der rührende Optimismus eines Benesch, nicht die Autosuggestion von Hitler und auch nicht die phantasievolle Nüchternheit von Churchill liefern uns den Schlüssel für die Richtigkeit oder Falschheit ihrer Voraussagen. Die objektivierbaren Kriterien liegen in der zeitlichen Tiefenstaffelung, die argumentativ für die Prognose herangezogen wurde.

Es ist nicht nur die formale Wiederholbarkeit möglicher Geschichte, die ein Minimum an prognostischer Sicherheit garantiert, sondern es kommt ebenso darauf an, die Mehrschichtigkeit historischer Zeitverläufe einzukalkulieren.

Deshalb möchte ich in einem zweiten Durchgang unsere Frage nach den verschiedenen Zeitschichten präzisieren. Theoretisch lassen sich drei Zeitebenen unterscheiden, die verschieden abrufbar sind, um Prognosen zu ermöglichen.

Erstens gibt es die kurzfristige Sukzession des Vorher und Nachher, die unsere alltäglichen Handlungszwänge kennzeichnet. Immer situationsbezogen ändern sich die Voraussetzungen für die beteiligten Agenten in früher oder später erfahrbaren Fristen, in Jahren, Monaten, Wochen, Stunden, ja sogar von Minute zu Minute. In diesem Zusammenhang ist es besonders schwierig, exakte Prognosen zu stellen, nicht zuletzt deshalb, weil niemals alle Reaktionen und Aktionen zugleich überblickt oder gar erkannt werden können. Es ist wie beim Schachspiel, wo erst nach einer bestimmten Summe von Zügen die Lage so weit geklärt ist, daß Prognosen mit großer, schließlich absoluter Treffsicherheit gestellt werden können.

Zweitens gibt es die Ebene mittelfristiger Trends, von Geschehensabläufen, in die eine Fülle von Faktoren eingehen, die sich der Verfügung der jeweils Handelnden entziehen. Hier wirken die zahlreichen transpersonalen

Bedingungen in das Geschehen ein, die sich selber nur mit einer langsameren Geschwindigkeit ändern als die Aktionen der Handelnden selbst. In diesen Bereich gehören z.B. ökonomische Krisen oder Abläufe eines Krieges oder eines Bürgerkrieges oder die längerfristigen Wandlungen, die durch die Einführung neuer Produktionstechniken hervorgerufen werden oder jene Vorgänge, die von den Betroffenen als Verfall der Sitten oder als Dekadenz einer politischen Handlungsgemeinschaft begriffen werden. Immer handelt es sich um Verlaufsfiguren, die von den transpersonalen Rahmenbedingungen beeinflußt werden, die aber schließlich so weit reichen können, auch die Rahmenbedingungen selbst zu verändern. Es handelt sich um prozessuale Verläufe, die aller Innovation zum Trotz so viel Analogieschlüsse zulassen, wie die Beispielreihe unserer Revolutionsprognosen gezeigt hat.

Drittens gibt es eine Ebene von gleichsam metahistorischer Dauer, die deshalb noch nicht zeitlos ist. Man kann auf dieser Ebene hypothetisch solche anthropologische Konstanten ansiedeln, die sich mehr als alle anderen Faktoren dem geschichtlichen Wandlungsdruck entziehen. Aus diesem Bereich stammt eine Fülle von Erfahrungssätzen, die sich grundsätzlich wiederholen lassen, die immer und immer wieder applikabel sind. Es handelt sich dann um Erfahrungssätze, denen eo ipso eine prognostische Wahrheit innewohnt.

Hierhin gehört die einfache Form des Sprichwortes, die oft mit gegenläufigen Nutzanweisungen versehen wird, aber immer anwendungsfähig bleibt. Übermut kommt vor den Fall. Viele Hunde sind des Hasen Tod. Viele Köche verderben den Brei. Freilich hängt die Anwendbarkeit davon ab, ob man sich auf seiten der Hunde, der Köche, der Hasen oder im Brei befindet. Aber der Rang solch scheinbar banaler Lebensweisheiten kann nicht unterschätzt werden. Sie tauchen auch in höher aggregierten Aussagen auf. Selbst wenn man einräumt, daß der Verlauf der Geschichte sich nicht nach unseren moralischen Urteilen und Sprichwortweisheiten richtet, bleibt der Übermut doch eine berechenbare, gelegentlich zähmbare Größe im Spiel der Kräfte. Schließlich gibt es Kurzformeln, deren prognostische Wahrheit unwiderlegbar bleibt. So warnte Seneca Nero vergeblich: Er könne alle totschlagen, nur nicht seinen Nachfolger. Hier handelt es sich um eine formale Zukunftsaussage, die sich jederzeit inhaltlich ausfüllen läßt. Scheinbar zeitlos sind sie situativ applikabel. Stalin ahnte es, als er Trockij ermorden ließ. Nicht verhindern konnte er die Entstalinisierung durch seine Nachfolger.

In einem höher aggregierten Zustand handelt es sich um metahistorischen Sätze, in denen die Bedingungen möglicher Geschichten, also auch möglicher Zukunft, reflektiert werden. Ich verweise hier auf die Reden des Thukydides oder auf die Thematik des Tacitus, der weniger die Tatsächlichkeit der Ereignisse beschreibt, als die Art, wie sie widersprüchlich erfahren wurden. Die Bürgerkriegsanalysen beider Autoren, die die Verläufe nicht nur schildern, sondern zugleich semantisch reflektieren und auf ihren Erfahrungsgehalt abfragen, führen zu Lehren der Geschichte, die nicht nur rhetorisch wiederholt werden können. Sie sind auch tatsächlich anwendbar. Die Überwindung der konfessionellen Bürgerkriege in der frühen Neuzeit mag auch ohne antike Autoren gelungen sein, tatsächlich aber stellten sie Lehren bereit, die unmittelbar handlungsanleitend waren. Sie enthielten ein prognostisches Potential, das die neuen Erfahrungen um ihren Überraschungseffekt brachte. Religiöse Intoleranz wurde kalkulierbar, politisch berechenbar und deshalb zähmbar.

Wir können bis zur Gegenwart gehen und eine Vermutung anstellen. Wir wissen nicht, welche Argumente Dubczek 1968 im Kreml zu hören bekam, bevor er sich den sowjetischen Bedingungen unterwarf. Aber die Grundstruktur der Argumente findet sich bei Thukydides in seinem berühmten Dialog zwischen den Athenern und den Bürgern von Melos.[11] Der Melier-Dialog besteht in einer auf zwei Rollen verteilten Argumentation, die modern formuliert auf eine alternative Bedingungsprognose hinausläuft, um handlungsanleitend zu wirken. Thukydides definierte die Einstellung der Melier in einem Satz als Wunschprognose: Sie nehmen die verhüllte Zukunft aus lauter Wunsch schon für Gegenwart und irrten deshalb. Die Athener dagegen beriefen sich auf das Gesetz der Macht, das sie nicht erfunden, sondern nur übernommen hätten, um es anzuwenden. Nach dem Austausch der Argumente, in denen sich Hoffnung und Erfahrung gegenüberstanden, inhaltlich gesprochen das Rechtsbewußtsein der Melier und der gewollte Machtmißbrauch der Athener, berichtet Thukydides nurmehr in drei Zeilen, wie die Melier nach ihrer Unterwerfung hingerichtet, ihre Frauen und Kinder versklavt wurden. Das analoge Geschick blieb Prag erspart. Die Tschechen haben sich gebeugt.

Es wäre unsinnig, hier eine lineare Wirkungsgeschichte des Thukydides konstruieren zu wollen. Es gibt vielmehr geschichtliche Erfahrungsstrukturen, die einmal ausformuliert nicht verlorengehen, die sich auch unter völlig veränderten Bedingungen moderner Machtausübung oder neuer Rechtsauffassungen durchhalten: Ihnen wohnt eine prognostische Kraft inne, die von metahistorischer Dauer ist und die jederzeit für politische Hochrechnungen genutzt werden kann.

Ich komme zum Schluß. Die theoretische Unterscheidung zwischen unseren drei Zeitverläufen, der kurzfristigen Aktionen, der mittelfristigen Ablaufzwänge sowie der langfristigen bzw. dauerhaft wiederholbaren Möglichkeiten zeigt uns, daß sich ihr Verhältnis im Laufe der neueren Geschichte grundlegend verändert.

Kurzfristige Prognosen sind heute deshalb schwerer zu stellen, weil die Faktoren, die in sie eingehen müssen, selber vervielfältigt worden sind. Gewiß gehen Elemente metahistorischer Dauer in sie ein, aber die Vielfalt der universalen Rahmenbedingungen aller einzelnen Handlungen hat sich erhöht, ihre Komplexität ist schwerer beherrschbar. Kurzfristige Prognosen waren einfacher, solange in der frühen Neuzeit die Zahl der agierenden Handlungsträger überschaubar blieb, solange die Lebensdauer der Fürsten als Menschen in ihrer endlichen Begrenztheit politisch kalkulierbar blieb. Die Berechnung der Erbfallkonstellationen für den nächsten Krieg gehörte zur Dauerbeschäftigung frühneuzeitlicher Prognostik. Je mehr wir uns der eigenen Zeit nähern, desto schwieriger wird die Kunst kurzfristiger Prognosen, weil auch die längerwährenden Rahmenbedingungen der kurzfristigen Handlungsspielräume sich vervielfacht und verändert haben.

Aber auch die transpersonalen Konstanten, die als Bedingungen die mittelfristigen Verläufe determiniert haben, haben sich seit rund 200 Jahren mit steigender Geschwindigkeit geändert. Technik und Industrie haben die Erfahrungsspannen verkürzt, die sich nur unter gleichbleibenden Voraussetzungen stabilisieren konnten. Die Voraussetzungen unserer Lebensverläufe ändern sich schneller als früher, selbst die Strukturen werden zum Ereignis, weil sie sich schneller wandeln. Der gute alte Satz, daß wir nicht für die Schule, sondern für das Leben lernen, hat seine Kraft verloren. Wir lernen nur noch, wie wir umlernen können. Und selbst das haben wir noch nicht gelernt. Im Hinblick auf unser Modell dreier Zeitschichten läßt sich sagen, daß ehedem langwährende Konstanten, die den Bedingungsrahmen mittelfristiger Verläufe und kurzfristiger Handlungszusammenhänge stabil hielten, selber unter erhöhten Wandlungsdruck geraten sind. Es gibt immer mehr Variablen, die hochzurechnen und aufeinander zu beziehen immer schwieriger wird. Deshalb hat sich, wissenschaftsgeschichtlich gesprochen, aus der Zunft der Historiker die der Soziologen herausdifferenziert. Die Frage danach, wie sich kurze, mittlere und lange Fristen zueinander verhalten, zwingt die Soziologen zur Prognose, ob sie wollen oder nicht. In historischer Perspektive sei mir deshalb noch ein Nachwort gestattet: Die prognostische Sicherheit müßte wieder steigen, wenn es gelingt, mehr Verzögerungseffekte in die Zukunft einzubauen, Verzögerungseffekte, die berechenbarer werden, sobald die ökonomischen und institutionellen Rahmenbedingungen unseres Handelns stetiger werden. Aber das ist vermutlich nur eine Utopie, die aus der bisherigen Geschichte nicht ableitbar ist.

ANMERKUNGEN

1 Kant, *Anthropologie in pragmatischer Absicht*, Teil 1, § 32, in *Werke*, hg. Weischedel, Darmstadt 1964, Bd. VI, S. 490.
2 d'Argenson, *Considérations sur le gouvernement ancien et présent de la France*, Yverdon 1764, S. 138 ff.
3 Diderot, in: Raynal, *Histoire Philosophique et Politique et du commerce des Européens dans les deux Indes*, Genf 1780, IV, S. 488 ff.
4 Friedrich der Große, *Werke*, dt. hg. von G.B. Volz, Berlin 1912, Bd. 7, S. 267 f. (*Kritik des 'Systems der Natur' von Holbach*, 1770).
5 Herodot, *Hist. III*, 79 ff.
6 Wieland, Der Neue Teutsche Merkur, 2. Stük, März 1798, in: *Sämtl. Werke*, Leipzig 1857, Bd. 32, S. 53 ff.
7 Wieland, Das Geheimnis des Kosmopolitenordens (1788), *Sämtl. Werke*, Bd. 30, S. 422.

8 Brief an Emil Ludwig, zit. nach Helmut Kreuzer, „Europas Prominenz und ein Schriftsteller", in: *Süddt. Zeitung*, 17/18.11.1962.

9 Max Domarus, *Hitler, Reden und Proklamationen*, München 1965, Bd. 1/2, S. 760.

10 Churchill, Rede im House of Commons am 27. Nov. 1932, in: *Parl. Acts*, 5. Ser. vol. 272.

11 Thukydides, *Gesch. des peloponnesischen Krieges*, dt. von G.P. Landmann, Zürich und Stuttgart 1960, S. 431 ff. (V 85-115).

THE SOCIAL FOUNDATIONS OF MONETARISM AND "BASTARD" KEYNESIANISM: THE SHRIVELLING OF NEO CONSERVATISM

Paolo Leon

0. Introduction

The concept of social (or societal) development is foreign to recent economic thinking. Even if economics are a science for which social realities are relevant only insofar as they determine a change in the basic postulates of economic theory – different in this from sociology, where social facts are the motivations for theorizing – during the last two decades the major schools of economic thought seem to have reverted to primitive social postulates, entirely static in conception. In what follows I shall describe the social tenets of today economics and I shall conclude with an attempt at explaining why economics has taken this particular route in the last few years. In order to understand the effective social postulates of economics, I shall describe the behaviour of economic agents according to two main schools of thought: the neo-keynesian (what Joan Robinson called "bastard" keynesianism) and the monetarist (taking due account of the rational expectations variant). There are, of course, other schools and many individual economists who cannot be assimilated to either of the two schools (disequilibrium, postkeynesian, neoricardian or marxian theories, just to remember the most conspicuous) and, in fact, many of these have singularly rich social postulates in the back of their thinking; and there are the eclectic ones (Malinvaud is an example) that slice reality so that it fits either one or the other of the main theories; the point I want to make, however, concerns that part of economics which is predominant today in the definition of economic policies, or that which influences mostly conventional wisdom and culture. As will be seen, a few social concepts – used *inter alia* by many sociologists – are not an original derivation from social theory applied to social facts, but are a translation, often unconscious, of those economic theories.

1. Macro- and microeconomics

a) The monetarists

For the most recent breed of monetarists, economic agents consider that prices are flexible, both in the short and in the long run, so that the market form is better described as tending to pure and perfect competition.

This[1] implies that the "mean expectation of firms with respect to some phenomenon – say price – is equal to the prediction that would be made by the relevant ... economic theory or model" (Buiter, 1980) (Muth, 1961); "if information is scarce and costly, the economic system cannot waste it; it is therefore natural that expectations are defined as exploiting at least all the information linked to the variables that characterize the relevant model" (De Felice – Pelloni, 1982). Slightly more formally, the rational expectation hypothesis (REH) is defined by the condition that "the subjective probability distribution of future economic variables held at time t, coincides with the actual, objective conditional distribution based on the information assumed to be available at time t" (Lucas and Prescott, 1974). Behind this hypothesis there is, of course, a world of literature linked specifically to economic policies and in particular to monetary policies. The problem that the REH wants to solve is a real one: when the public decision makers establish a policy, then private economic agents will not be surprised by such policies; they will understand their effects and behave taking them into account so as to maximize profits. Since all economic agents maximize their (present and rationally expected) profits, public policies will be accepted if they are coherent with this behaviour; in other words, public policies cannot force what the market would not accept. Individuals can make mistakes, but there is no reason to suppose that mistakes are not distributed normally, so that all agents, as well as the economy at large, barring a stochastic error, will in fact maximize profits.

The typical application of the REH is in monetary policies: when the Government increases money supply for the purpose of furthering economic activity, aiming for example at reducing unemployment, agents will react to the subsequent inflation initially believing that the price rise is relative to their output rather than to the general price level; sooner or later, however, they will include in the available information set the delusion deriving from such mistake, and will make correct price expectations; more importantly, if they are rational, they will operate on the basis of a model that tells them that those policies are inflationary. As the agents' model is a market clearing one – and it will be, if they maximize their profits, as prices are considered flexible – there will never be any "money illusion" and all agents will be capable of calculating (correctly) expected values in real terms. As a result, monetary policies of an inflationary or of deflationary character will generally be ineffective (Sargent – Wallace, 1975).

It has been objected that such behaviour is not applicable to fiscal policy: a tax is a tax, and cannot be double-guessed by agents (barring evasion). To counter this objection, monetarists have devised the following way out: a tax increase (decrease) will influence money suppley, decreasing (increasing) it, thereby influencing price level expectations. Public spending was a more difficult nut to crack: but monetarists think that private agents facing an increase in public spending will react expecting a future tax increase or a future growth in money supply. Intuitively, enterprises and workers are dissimilar and may not be taken together under the same expectation hypothesis. However, monetarists (Lucas and Rapping, 1969) consider that, for workers, leisure time provides utility just as consumer goods do, so that consumption at any moment is composed of consumer goods *and* leisure time. Work time is the opposite of leisure time, and can be considered as "non consumption" of leisure time. Thus, anything which will stimulate an increase in consumption at the present time, will also stimulate to work less. Thus, labour supply will be a function of the interest rate, as this can be considered the price of leisure time at present in terms of future leisure time. Now, workers have the same rational expectations behaviour as enterprises and consider the wage rate no less flexible than any other price and a market clearing price; thus any unemployment that the reality shows is voluntary: it derives from a conscious choice between leisure and work that, rationally, workers are making – both in the short and in the long run. Unemployment compensation, therefore, only makes for higher unemployment, as it reduces the "cost" of leisure time or, if we want, it reduces the interest rate applicable to workers.

The social tenets of this school are clear and unambiguous: a pure and perfect competition world of individual enterprises and individual suppliers of labor is in permanent (i.e. both short and long term) equilibrium due to the fact that these individuals have rational expectations, and consider all prices as flexible. They are always capable of redressing any external shock because they follow the profit maximization rule. Involuntary unemployment is impossible, not only because unemployment implies leisure time, but also because by lowering the demanded (real) wage workers can always find employment (the reduction may logically push wages to zero!). Marginal utility of work is negative; so is – logically – the marginal utility of employment; unemployed are those whose marginal utility of consumption is higher than the marginal disutility of employment. Unused capacity is also impossible, as by lowering their prices (the reduction may imply negative prices, but this is excluded by postulate!) entrepreneurs can always sell the amount needed to maximize profits. Individual efficiency produces collective effectiveness, and supply determines demand. In this set-up, agents will find an equilibrium position at what monetarists call the "natural rate of unemployment", and this rate is resilient to whatever effort the Government will make with monetary policies (or fiscal or spending policies, as we have seen). Actually, a whole host of concepts acquires, in this way, a "natural" character; the "natural" rate of growth or of development, the "natural" distribution of income, the "natural" international division of labor, the "natural" rate of exchange, and, of course, the "natural rate of societal development", are all concepts that can be logically derived from this school of thought.

Enterprises are price takers, just as workers, and no aggregate degree of monopoly is postulated. Equilibrium is considered a permanent situation, and together with the assumptions of rational expectations of price flexibility and of profit maximization, it makes the macro and micro levels coincidental. There is no reason to deal with aggregates, in this set-up, while reasoning on the basis of representative (profit-maximizing) agents provides an immediate picture of society as a whole. There is actually no need for the State, in this vision, as the perfect foresight (or rational expectations) of agents constitutes the only rational government. The State can exist, but it will create disequilibrium or, at best, will be useless.

There is undoubtedly great elegance in this construction. As will be seen in discussing the neo-keynesian view, it does away with a great number of theoretical difficulties.

There is no necessity in the monetarist world – only choice. Better, there is only one, all pervading, and slightly lunatic necessity: that of choosing. For this reason, this school has called itself the "New Classical Economics"[2].

Unfortunately, this vision is devoided of any rationality. The starting point is the market clearing bias that would characterize agents' expectations. Why agents should so expect is unexplained. The only explanation for this hypothesis is that it would be desirable to agents (and to the economists observing them) if price flexibility could be considered rational. Thus, the assumption of perfect competition is not a simplifying hypothesis, it is rather "positive" in nature – and this destroys most of the monetarists claim to science. The problem is not that perfect competition is unrealistic: this is well known and accepted. Rather, perfect competition is viewed as a *desired* state of nature *because* it is a rational state. Since the monetarists' model derives from this assumption, it acquires the character of utopia.

This explains well why the social thinking of monetarists is so static: social and economic development, even institutional change, are concepts that cannot be analysed with this theory. The profit maximization rule is also very naive. Economic agents are viewed as individuals, rather than as enterprises (otherwise there could not be any symmetry between enterprises and workers), and expectations are truly subjective: monetarists consider the enterprise as coincidental with the entrepreneur, not a social agent but an individual concern.

There must, thus, be a "natural" enterprise (not simply a representative enterprise), as only this will square with all the other "natural" concepts. Again, this is a "desired" enterprise, and its conception is therefore non scientific[3].

Next, the rational expectation hypothesis. This is nothing but a tautology. The agents' relevant model is the monetarists' model, and this is so – it is said – because they are rational; but this, at most, implies that rational is the theory not the behaviour. As rational is opposed to irrational, few economists have had the courage to criticize the tautology; none – to my knowledge – has pointed out that rational behaviour (in the sense defined above) is opposed to constrained behaviour: seen in this light, the tautology is clearer. Actually, also rational expectations are "natural": once the market is defined as the monetarists do, these expectations have to be rational, otherwise the market would not be natural. Moreover, the relevant model needs "an additional sociological condition which entails perceived and actual unanimity of beliefs across all agents in the model" (Frydman and Phelps, 1983). In fact, testing statistically the REH has been found a prohibitive task: "the assumption of optimal use of the available information cannot be tested independently of an assumption about the available information" (Buiter, 1980). In the end, the result of all this is entirely paradoxical. Crises, stagnation, social misery do not really exist. If they are present, it can only be the result of State interference with what would otherwise be a natural optimum equilibrium. But why isn't the State as "natural" as other agents? Why shouldn't there be "natural" institutions?[4] Only by removing the social aspects of reality, monetarists can build their own specific "natural"-neutral world.

b) The neo-keynesians

Much of this thinking is a reaction to the neo-keynesian school that had developed an interpretation of economic phenomena which, utilising some of Keynes' ideas, focused the attention on the labor market, represented by the well-known Phillips curve (Phillips 1958, Lipsey 1960, Samuelson and Solow 1960)[5]. This is a relationship which makes money wages dependent inversely on unemployment; as money wages are considered the main source of inflation (cost-push inflation), that relationship was used to explain it: when unemployment decreases, money wages increase, and prices with them. Public policy, therefore, consists in determining the acceptable level of the couple inflation – unemployment. This construction was destroyed by the long period of stagflation following the break between the dollar and gold (1968-71) and the oil crises (1973 to 1980) – as is well known, high unemployment went hand in hand with high inflation.

Monetarists have objected to this hypothesis, because it is built on the basis of money-illusion: as workers are not fools (and bear rational expectations), they will reckon their wages in real terms; if increases in money wages bring about inflation, and no increase in real wages, they will either settle for wage indexation or stop contracting for higher money wages. Thus, the Phillips curve does not exist, there is no trade-off between unemployment and inflation, and the latter is never due to private economic agents, but to public policy, which increases money supply in order to fight unemployment (which, as we have seen, according to monetarists does not really exist).

There is little doubt that the social vision of neo-keynesians was (and is) full of deficiencies. Thus, to suppose that public policies do not engender a reaction on the part of some economic agent is nonsensical. To suppose that, by and large, prices are determined by enterprises on the basis of a cost-plus formula is surely naive. The vision of an enterprise, busy in transferring almost freely cost increases onto price increases, makes all other enterprise objectives irrelevant: why bother with the application of technical progress, the pursuit of productivity increases, even the policies aiming at restricting competition (and which make a cost-plus pricing formula possible), if costs changes can be transferred onto prices? The entrepreneur's task becomes similar to that of a rentier, and the enterprise is reduced to a rent-producing function (in the thirties, when these models were built, profits were in fact called "quasi-rents"). Although this vision has been, in the past, important in dismantling the pure and perfect competition fable in economics, its shallowness preserves the same static nature of the competitive assumption. The role of the Trade Unions is similar to that of the enterprise: Trade Unions are monopolistic operators no less than firms. However, while enterprises pass cost increases onto prices, the reasons for raising money wages on the part of Trade Unions are muddled up in neo-keynesians. Wages rise not because the cost (of subsistence) increases: in this, workers (organized or not) are not symmetrical to enterprises. Money wages rise because unemployment decreases or, if we want, because labor becomes a scarce factor of production. Thus, it is not the (original) monopolistic nature of Trade Unions that counts, but the emergence of a natural monopoly due to scarcity, and given to workers, not to their organization. True, TU can create scarcity artificially (e.g. reduction of working hours) in order to increase wages[6]. But this cannot be considered the reason for a permanent phenomenon as the unemployment – inflation trade-off. Implicity, therefore, the neo-keynesians adopt a "wage fund" theory, or a theory in which income distribution is dominated by enterprise behaviour. There is a contradiction here, internal to the neokeynesian model: if money wages create inflation, so that – brought to the limit – all wage increases are purely nominal, then there is no reason for workers' organizations and TU loose legitimacy; inflation would therefore be attributable to a tragic misunderstanding on the part of workers (who can forget, at this point, Citizen Weston?).

The neo-keynesian theory can be considered an adhockery. In general, it is founded on a weak autonomy of the enterprise role (simple transmission of general price level increases), and a strong autonomy of the workers' role (the demand of wage increases is independent from any causal factor); but in the end it turns the story around, stripping workers of any power in real wage bargaining[7].

More generally, this theory does not establish any link with the growth of the economy. The stylized facts just mentioned can take place at any level of the rate of growth; thus, the growth of the economy (of its sectors, of productivity, of investment and consumption) is irrelevant. On the contrary, supposing that the maximum rate of growth is associated with full employment (a common hypothesis in economics), then maximum output growth would generally be associated with maximum growth in prices. Full employment and maximum growth are thus impossible – irrespective of any growth of productivity, of population, of markets, etc. and economics is brought back to its marginalist (i.e. non-keynesian) origin, by which scarcity is the determinant of price (and value). Neo-keynesians do not originally accept this tenet – if it were so, Say's law would dominate, supply would create its own demand, and crisis, stagnations and cycles would not exist. For neo-keynesians, the only relevant scarcity lies in the labor force (an opinion common to Marxians, Sraffians and post-keynesians); but if the labor force became scarce only at (and not before) full employment, economics would not be the science that studies the relationship between aims and scarce resources, and neo-keynesians would be forced to research further into what economics really is, risking some unpleasant findings related to the capitalist system. Much simplier is to suppose that the labor-force is "increasingly scarce" as unemployment decreases (a plausible way to reintroduce from the window what was pushed out of the door): since the labor force is scarce even before full-employment, its price will rise the nearer the market is to full employment; and as wages determine prices, all prices will rise – thus, scarcity determines prices (and values), and Say's law is valid again. In this framework, neo-keynesians have no difficulty in considering labor less homogeneous than depicted till now. The more numerous are the labor markets, the less substitutable is the labor force, the easier it is to sustain that labor scarcity appears much before the full employment level. Trade Unions, in this case, can indeed be represented as monopolists, and money wages can be made to rise as the rate of growth of the economy increases. The favor with which the segmentation hypothesis has been accepted by many a sociologist (Doeringer/Piore, 1971) is perhaps a reflection of the necessity of segmentation to salvage the Phillips curve, incomes policies and, in general, the role of Government as mediator between labor and capital (on which more, below). Incorporating the segmentation idea into the neokeynesian model justifies labor policies on education and training which, increasing the "specialization" of labor (reducing its homogeneity), make it scarcer and, also, reduce the (political) risk of *mass* unemployment. With this interpretation, unemployment is as segmented (as specialized) as employment; more importently, it may be involuntary, but becomes voluntary (politically) if the Government provides training for increased mobility (specialization, segmentation): a social, mass phenomenon, can thus be (politically) reduced to a question of individual choice. It will be apparent that, in this way, neokeynesians can reduce considerably the gap separating their theory from the monetarists' – as both favor labor policies of a "structural" character or, in other words, destined to lower the natural rate of unemployment[8].

Neokeynesians have another difficulty to face, again, of a very general nature. The Phillips curve aggregates workers' and firms' behaviours; thus the cost plus pricing formula is an average of the behaviour of different economic agents. The assumption is not incorrect: it refers to Kalecki's aggregate degree of monopoly, and may be considered a description of the macroeconomic supply equation. Unfortunately, it is gravely incomplete. Since it is not possible to sum up the differing behaviour of economic agents (the degree of monopoly varies greatly from sector to sector, place to place, commodity to commodity), aggregate quantities are interpreted a-posteriori (there is another tautology here) as showing an average, social-wide degree of monopoly; if the estimated equation fits well the statistical data of those aggregate quantities, then the degree of monopoly will be that which has been econometrically estimated. The trouble is that if the estimate does not fit the data (as during the 1974 – onwards period), the theory has no ground on which to rest: as there can be n (for $n \to \infty$) number of theories fitting the actual data just as well, the neo-keynesians have constructed for themselves an impossible task, because they multiply their opponents. Part of the trouble lies in the neo-keynesians' oblivion of the effective demand problem – Keynes' central point. If demand is not always assured (in the amount needed to utilize fully productive capacity, including labor), then it will never be possible to sum up the behaviour of individual agents to obtain the economy as a whole. In other words, when unemployment (involuntary) is present and capital is underutilized, society is not the sum of its components. Both Sraffa (1925) and Keynes (and Rosa Luxemburg) show this well, when they argue that production costs (average and marginal) decrease when demand increases, or that returns (to scale, to investment or to the increased application of one factor of production) are normally constant or increasing[9].

In these conditions, each enterprise does not know that its unit costs depend on aggregate demand, and cannot act to increase it; it lacks role, objectives and means to make an increase in aggregate demand part of its own decision making process[10] and this has not changed with the advent of the Welfare or Interventionist State.

Industrial sociologists would be surprised in knowing that economics admits only the term "efficiency", not that of "effectiveness". Subsumed is the concept that if all enterprises are efficient, the economy will also be effective. This is not true, since Sraffa and Keynes, for whom social effectiveness is not assured by individual efficiency. If society is not made up by the sum of its components, then it is not possible to extract social rules or laws by observing (and adding) economic agents, and macroeconomics (or society) is autonomous and original vis-à-vis microeconomics or its social components. This applies, of course, to social development as well as to social structures. But this is an extremely difficult stricture for any economist: the proof is in the development of keynesian thinking, since the beginning forced to adhere to principles unfamiliar to its originator, or in the forgetfulness to which the first Sraffa was condemned.

To sum up. The neokeynesians believe that individuals, added up, make society as a whole; individual enterprises enjoy a degree of monopoly sufficient to pass increases onto prices; workers are permanently eager to increase money-wages, even though their own costs are not increasing. Society, therefore, does not develop. The State is needed, as a new economic agent, to mediate between workers and entrepreneurs by choosing the "consensus" trade-off between inflation and unemployment. If the latter increases in spite of this mediation, then for neokeynesians it will be structural in character and will require "ad hoc" policies – technical training and education, new technology, microcomputers, the tertiary sector, and a whole host of "ersatz" concepts. It will be noticed that for neokeynesians the only real social role is that of the State as a mediator; enterprises and workers are social operators justifying each other, and their difficulties in reaching long term agreements (a difficulty which has no social foundation in neokeynesians' thinking) in turn justifies the State – whose existence, however, is again not expressly based on any social foundation.

This is neither a world of necessity nor a world of choice: necessity apparently lies in the mutual roles of enterprises and workers, but both these subjects are viewed microeconomically. Although neokeynesians attribute a macroeconomic role to the conflict between those two agents, the transition from micro to macro does not take place anywhere explicity (this is also a problem for those sociologists who substitute the State role with a postulate – complexity – whose necessity is not theoretically founded). Society is thus not given a role of its own, and even the State – being a mediator – is seen as just another economic agent. In this case, the monetarists gain momentum: a natural–rational State is a neutral State, an economic agent like any other.

2. Money & society

The centerpiece of the economic debate – it is now quite evident – is money. True, the relationship between aggregate demand, supply curves, prices and income distribution is also central. But as the microeconomics of these relationship has not been researched into, this set of relationships has not been really debated. Money, instead, is a topic that was studied starting at the micro level. Keynes' revolution, in the '30s, was built on a new vision of money in the economic process: different from the classics, keynesian thinking viewed money not only as a means of exchange, but also as object of speculation. Money is a store of value, because only money can transfer purchasing power from the present into the future; other assets (financial or real) cannot be made available directly, they have to be exchanged with money in order to free the purchasing power they represent. As money is always perfectly liquid (i.e. immediately realizable in assets or in commodities), it is the best means to store wealth, also because it is riskless – in the sense that the future price of assets other than money is uncertain. True, in periods of inflation, uncertain will also be the value of money; but this uncertainty is common to money and to all other assets; the latter will show, thus, a double uncertainty: that which derives from their illiquidity, and that which derives from inflation. It is known why money – its nature of store of value – represented such an important part in Keynes' interpretation: demand and supply of money determine the interest rate (if people save, keeping their savings in the mattress, nobody pays them an interest rate), this determines investment, and investment determines effective demand and national income. If money did not exist, supply and demand of commodities will always balance by definition: barter can only take place between existing commodities. Thus, supply determines demand, in a barter world. With money, aggregate demand could stagnate at less than full employment, because the public might prefer liquidity, such that the interest rate would be too high to ensure full employment. In other words, liquidity preference is not in any way linked – through some equilibrating mechanism – to the maximum level of output or of employment. Also, savings are not brought to equality with investment through the interest rate, which is only the price of money in terms of other assets; as a result, there can be, at any time, ex ante discrepancies between (planned) savings and investment, creating conditions of insufficient (or excessive) investment. In fact, one of Keynes' main novelties is in the recognition that it is the level of income (output) that brings to equality savings and investment; or, in different terms, that savings are determined by income (output), rather than the other – and more orthodox – way round[11].

Keynes was indeed skeptical as to the relationship between the interest rate and investment – in the sense that in his mind there was no assurance that a lower (higher) interest rate would stimulate (depress) investment and employment. His consideration of uncertainty, and of the behaviour of enterprises, led him to prefer fiscal and public expenditure means (all the way to the "socialization" of investment) to monetary means.

However, it was mainly on money that the discussion centered. To many neokeynesians, money as a store of value, different from others assets, represented the true obstacle to remove from the theory, if the traditional consideration of the economy as a self-equilibrating mechanism was to be reconstructed. If a central feature of society, such as the demand for money, could be held responsible for crises and stagnation and if savings are a residual, rather than the cause, of investment, then the economy would be prone to public policy, State intervention, politics – and economics would became more a practical, or moral activity than the object of truly scientific observation. A rich literature developed which brought neokeynesians to place money alongside other financial assets, each characterized by differing degrees of liquidity, risk (rather than uncertainty) and interest premia so that economic agents could optimize the distribution of wealth among different assets. In this manner, economic agents would manage their portfolios – including money – and no central speculative role could be attributed to money. In addition, savings were considered the stuff which creates portfolios – by definition including all financial assets. Therefore, the interest rate is not the price of money, but of all assets (in terms of commodities) and of savings; moving the interest rate would move the volume of savings: in this way, the interest rate becomes the price of savings in terms of consumer goods, or the old premium for abstinence, and abstinence the cause of development.

Monetarists went a step further, and included in the realm of each agent's choice *all* assets, financial as well as real, completing the neokeynesians job: in this manner, no special motivation for keeping money as a store of value is recognized, and all wealth is substitutable with money. There may be different uncertainties attached to different forms of wealth – but as agents have rational expectations based on the relevant model, and if (because) the model is that which does not recognize to money any other function than that of means of exchange, Keynes' intuition was destroyed. Money is neutral, and does not interfere with the real forces that determine (and automatically restore) equilibrium[12].

This discussion seems far removed from social reality and from social development. It is only an appearance. It will be evident by now that the focus of Keynes' research was the justification of State intervention – as a social, macroeconomic necessity. He tried to break the strictures of orthodoxy working on macroeconomic quantities and building a model to show that no natural mechanism exists to produce full employment, nor coincidence between macro and micro levels. Neo-keynesians and monetarists, although through different paths, work to show exactly the contrary.

3. Conclusion

The problem is to understand why the return to orthodoxy in recent times or what has pushed so many economists to overturn Keynes' research program. Of course, Keynes never ceased to face harsh opponents: this can simply be attributed to ideological and political biases and does not explain the recent popularity of antikeynesianism.

In fact, however, economic reality has changed. While Keynes was viewing the socialization of investment as the stabilizing force in the economic and social system, his followers have rationalized a different type of State intervention – the Welfare State – the essence of which was less in providing effective demand for full employment than in mediating the conflict between enterprises and workers. There is considerable difference between these avenues for State intervention – and political scientists as well as sociologists have delved on it at length.

From an economic point of view, the difference lies in the effects of the two alternative programs. Socializing investment implies stabilizing effective demand as determinant of output, employment and income. Spending on welfare affects the standard of living and, therefore consumption, which is, however, a function of employment and income. While socializing investment creates profit and savings, and *substitutes* market forces, welfare sustains consumption and *provides room* for market forces. The preference afforded to welfare spending, in turn, was the result of post-war development strategies, based on expanding international free trade, rather than socializing national investment, which created the need for balance of payments policies and therefore for State policies of mediation (to control competitiveness). Unfortunately, when the bases of international development collapsed (the break of the Bretton Woods agreement on international liquidity and trade), State mediation became aimless (zero-sum game), and the role of the State lost legitimacy.

This has not prevented the continued presence of the Welfare State – although its essence has changed. With low and fluctuating international demand, the rate of growth of each economy has been low and fluctuating – and welfare expenditure has not been able to either increase or stabilize the rate of growth. Actually, the negative economic results cannot be imputed to welfare: this supplements household consumption, but total household consumption is determined by household income; thus, other income sources, rather than welfare, will determine the propensity to consume, the multiplier and the effects on the economy. When the economy does not grow and fluctuates, labor demand will not grow and fluctuate. Now, welfare can be seen as a means to provide greater contractual power to the unemployed, when labor demand is present; but when labor demand is absent, welfare becomes similar to charity (there is no social exchange justifying it) and this – contrary to what job search economists think – *reduces, rather than increases, the contractual power of the unemployed*; the nature of the mediation effected by the State changes substantially, and the role of the State is diminished.

Furthermore, welfare expenditure gives rise to welfare institutions. These are built, from the beginning, with two objectives: one – common to all institutions – is to provide effective demand to the economic system (effectiveness); the other, constitutive the institution, to spend government funds (efficiently – in the sense of making the public institutions viable; not in the market sense). When public policy is of a mediating character, the "effectiveness" objective becomes less relevant than the "efficiency" objective: there will be a progressive tendency of institutions to prefer "efficiency" to effectiveness – or, in other words, to reinforce their specific vis-à-vis of their general role. This, in turn, will exercise pressures on Government budgets, favoring financial transfers to welfare institutions vs. expenditure on goods and services, so that – in the end – Government deficits may paradoxically grow due to greater "efficiency" (i.e. autonomy) of welfare institutions. It is as if a "public market" is created, where institutions behave as private enterprises enjoying a degree of monopoly in the sense that they can influence demand (welfare transfers), and a degree of monopsony in the sense that they can influence supply (government welfare financing). The result of all this is that full employment will not be assured, as – again following Keynes – there is no reason to suppose that market forces (or autonomous social behaviour) produce necessarily full employment (or effectiveness). Two outcomes are then logically possible: the first is that Government will find it ever more difficult to obtain fuller employment by increasing welfare expenditure, if the market does not produce full employment by itself; the second is that the egalitarian motivations behind welfare gradually change to charity motivations.

Society will soon find that welfare is economically and socially useless, while the market is the real force that determines (less than full) employment. Neokeynesians sensed this, and thought that a policy to minimize wages, compensated by welfare, could stimulate private investment – a mediation which however lacks the power to oblige enterprises to accumulate, and leaves to market forces the determination of investment and employment. Monetarists, more radically, throw away welfare and recognize the powers of the market ("natural" social behaviour; or the "natural" development thereof). They negate any strength to the multiplier – not only of welfare expenditures, but of all autonomous expenditures – thus freeing the market from any links with public policy.

The Welfare State, so modified or reduced, opens up new vistas, not particularly optimistic, for societal change. As it tends to become charity on the one hand, and to reinforce the "efficiency" of public institutions on the other, while leaving market forces free to operate and to create stable long-term unemployment, somewhere in the social system a new class division may appear. What we thought in the past were signs of social progress – the development of mass movements based on voluntary aggregation and formed outside the institutional set-up – may yet be interpreted as a spontaneous adaptation of society to the liberation of market forces, the disgregation of the welfare state, the reproduction of a divided society, based on mass unemployment, crises and slow economic growth.

Economists, as intellectuals, have simply sensed this societal change – and have used their tools to justify it. If saddened by our role, it is nevertheless fascinating to see the mechanisms at work: we have, in fact, witnessed the social creation of ideology. As an economist, I would welcome sociologists interested in examining – in corpore – the sociology of ideology.

ANMERKUNGEN

1 Not all monetarists adhere to the rational expectation hypothesis (Frydman - Phelps, 1983); they fear that such hypothesis is "closer in spirit to a planned economy than to a decentralized market, due to the relevant model" (q.v.).

2 Some reference to Smith, Ricardo, Malthus or Marx, due to the "natural" concepts;

but mostly the reference is to the liberal economic school that Keynes, with a misnomer, called "the Classics". This school is essentially anti-keynesian, and has decided to dress the colors of Keynes' enemies. Although extremist, this school is academically well accepted. And because it is extremist, it appeals to extreme liberals – including those that feel the urge to "change the system". It is not uncommon today to find similar extremists in the "left wing": they generally don't know the cultural roots of their own extremism.

3 Although less appealing than the perfect competition utopia. The "natural" enterprise is totally autocratic, does not distinguish between the owners of the enterprise and its managers, and all its components can be measured in price terms and disaggregated at will.

4 This, by the way, is a problem for those politicians in Government that profess neo-monetarist principles: they would have to be continuously self-effacing; but in order to make their ideas believed they have to exercise force, much beyond what would be natural. Thus, we have liberalism by "diktat" in Great Britain, and a Shacht-type keynesianism in the U.S.

5 I shall not quote the immense literature on the Phillips curve. Suffice it to say that all neo-keynesians have subscribed it (Samuelson, Solow, Modigliani, Tobin) as well as some post-keynesians (Kahn) and even young marxists (Rawthorne) – the latter taking the inflation-unemployment trade-off as a sign of class struggle.

6 If so, and contrary to monetarist opinion, real wages will increase, due to the quasi-rent accruing to a labor monopoly.

7 Keynes, in fact, recognized that workers can only determine money wages, while real wages are determined by enterprises – that control prices. This did not mean, however, that real wages are considered as given: Keynes' point was intended to show that effective demand could not be systematically sustained by an increase in money wages.

8 It is interesting to note that the term "structural" has completely changed meaning over the last two decades: it was originally associated, with reference to unemployment, to underdeveloped areas, where the problem was recognized as being rather that of accumulation than of a lack of effective demand; this justified aid policies in favor of such areas – a "progressive" idea. Today, the term "structural" is applied to well developed economies, in order to justify the recent, large unemployment rates; if unemployment is structural only faster accumulation can remedy it, and this will take place only if the rate of profit is sufficiently high. In this manner, a redistribution of income against wages and in favor of profits becomes the best means to reduce "structural" unemployment. Monetarists are slightly less naive, as they leave to enterprises' decisions to determine what is the natural rate of unemployment; but there is no doubt that if the "natural investment rate" rises, then also the natural employment rate will rise. As an aside, let us remind ourselves that if both developed and underdeveloped areas have structural or natural unemployment, the case for an aid policy in favor of the latter becomes very weak – both areas will be considered as differing due to "natural" causes.

9 This implies that the (cost) supply curve of each enterprise is not increasing (Jossa, 1981) and that the demand curve for each product does not contribute to determining prices, which therefore reflect production costs. In the economic system, then, effective aggregate demand determines aggregate supply, but individual supply curves determine prices. If aggregate (not the specific commodity's) demand could be shown to influence all individual supply curves – in the sense that unit cost curves will decline (rise) more the greater is the increase (decrease) in aggregate demand (Leon, 1981) – then the change in aggregate demand, through individual firms' cost curves, would have an influence on prices and, therefore, on income distribution. Sraffa (1960) showed that income distribution is determined outside the economic system (he thought that the interest rate, via the keynesian liquidity

preference, might play a role) – but his system is static (or post-hoc). Since his fundamental contributions, anti-keynesians and anti-monetarists are groping in the research of an alternative description of the system.

10 Fordism, as Gramsci indicated, is not a proof to the contrary; Ford thought that an increase in wages, if generalised to all employers, would have increased demand and aggregate output; but he did not increase the wages of his workers hoping to obtain that result.

11 The manner in which Keynes made savings dependent on income, rather than determining it, was through a consumption function, in turn dependent on income. Both neokeynesians and monetarists have tried to improve on the consumption (and saving) function, building it as the sum of individual preferences which take into account household wealth and optimizing consumer behaviour. Neokeynesians (Modigliani – Brunberg, 1954 and Modigliani – Ando, 1963) have introduced financial wealth, the present value of future expected wage income and, therefore, an interest rate – in this way, the interest rate is again the price of savings (abstinence) and the traditional mechanism to reinstate (full-employment) equilibrium. Monetarists (Friedman, 1957) make individual consumption (and savings) a function of the present value of present and future income introducing again the interest rate as an explanatory variable, reaching results similar to the neo-keynesians. It is paradoxical that, econometrically, Keynes' traditional function stands very well to tests; however "it does not square well with the diffuse opinion (sic) according to which the share of savings should be independent of income" (Frasca et. al. 1979).

12 It is interesting to note that in this voyage toward orthodoxy a new concept appears: wealth. This a rather mysterious concept, in economics, shrouded in partial definitions, and given more to intuition than to logic. Wealth is not capital – it is more a financial than an economic term. As it represents the sum of assets and liabilities, in the absence of the State wealth should be zero for the society at large – debts equalling credits. It may not be zero if the State issues debt which will not be redeemed – but since many orthodox theories are framed in a stateless environment, there is little sense in speaking of wealth for society. As a financial concept, wealth can acquire different forms, and the history of financial markets has created, and is creating, ever new forms of assets representing wealth. In this, there is certainly a type of social development. But the (social) necessity for the innovation in wealth has not been discussed in economics. A few keynesians (Minsky 1977) think that money is also endogenous (agents are capable of producing money-type assets even in the absence of the State issuing legal tender), and the new forms of wealth are simply the result of the market trying to overcome monetary restrictions of Governments and banks. This creates havoc for monetarists, and many neo-keynesians, because while it shows that money is wealth, it also shows that money is a peculiar form of wealth.

BIBLIOGRAPHY

W.H. Buiter: "The macroeconomics of Dr. Pangloss: a critical survey of the New Classical Macroeconomics", *Economic Journal*, March 1980.

F. Caffe': "Intervento Pubblico e Realtà economica", *Rassegna-Economia*, maggio-giugno 1984.

M. de Felice and G. Pelloni: "Aspettative razionali, teoria economica e politiche di stabilizzazione", *ISEDI*, Milan 1982.

P. Doeringer and M. Piore: *Internal Labor Market and Manpower Analysis*, Lexing-

ton, 1971.
F. Frasca, N. Rossi, E. Tarantelli, C. Tresoldi, I. Visco: *La funzione del consumo in Italia, Banca d'Italia, Modello Econometrico dell'Economia Italiana*, 1979.
M. Friedman: *Price Theory*, Aldine, Chicago 1962.
M. Friedman: "A Theory of the Consumption Function", *NBER*, Princeton University Press, New York, 1957.
M. Frydman and E.S. Phelps: "Individual expectations and aggregate outcomes", in *Individual forecasting and aggregate outcomes: rational expectations examined*, Cambridge University Press, 1983.
B. Jossa: "Critica della legge della domanda e dell'offerta", in: *Allocazione delle risorse e politica economica*, Società Italiana degli Economisti, 1981.
R.G. Lipsey: "The relation between unemployment and the rate of change of money wage rates in the United Kingdom 1862-1957: a further analysis", *Economica*, February 1960.
P. Leon: *L'economia della domanda effettiva*, Feltrinelli, Milan 1981.
R.E. Lucas and E.G. Prescott: "Investment under uncertainty", *Econometrica*, September 1979.
R.E. Lucas and L.A. Rapping: "Real Wages, employment and inflation", *Journal of Political Economy*, October 1969.
F. Modigliani and A. Ando: "The life-cycle hypothesis of saving: aggregate implications and tests", *American Economic Review*, March 1963.
F. Modigliani and R. Brunberg: *Utility analysis and the aggregate consumption function*, unpublished, 1954.
J.F. Muth: "Rational expectations and the theory of price movements", *Econometrica*, July 1961.
A.W. Phillips: "The relationship between unemployment and the rate of change of money wage rates in the United Kingdom, 1861-1957", *Economica*, November 1958.
P.A. Samuelson and R.M. Solow: "Analytical aspects of anti-inflation policy", *American Economic Review*, May 1960.
T.J. Sargent and N. Wallace: "Rational expectations, the optimal monetary instruments and the optimal money supply rule", *Journal of Political Economy*, April 1975.
P. Sraffa: *Production of commodities by means of commodities*, Cambridge and Turin, 1960.
P. Sraffa: "Sulle relazioni tra costo e quantità prodotta" (1925), now in: *Contributi per un'analisi economica dell'impresa*, ed. G. Zanetti, Liguori, Naples, 1980.
M.H. Willes: "Rational expectations as a counter revolution", in: D. Bell – I. Kristol, *The Crisis in Economic Theory*, Basic Book, New York, 1981.

GESELLSCHAFTLICHE ENTWICKLUNG ODER ENTWICKLUNG DES WELTSYSTEMS?*

Immanuel Wallerstein

Das Thema dieses Deutschen Soziologentags ist „Soziologie und Gesellschaftliche Entwicklung“. Dieser Titel enthält zwei der allgemeinsten, der zweideutigsten und trügerischsten Worte im soziologischen Wortschatz: Gesellschaft und Entwicklung. Deshalb habe ich den Titel meines Vortrags in Form einer Frage gestellt: Gesellschaftliche Entwicklung oder Entwicklung des Weltsystems?

Gesellschaft ist natürlich ein alter Begriff. Das Oxford English Dictionary gibt dafür zwölf verschiedene Hauptbedeutungen, von denen nur zwei für unsere Diskussion am wichtigsten erscheinen. Eine ist "the aggregate of persons living together in a more or less ordered community". Die zweite, nicht sehr unterschiedliche, ist "a collection of individuals comprising a community or living under the same organization of government". Das Oxford English Dictionary hat den Vorzug eines historischen Wörterbuchs und gibt folglich auch die erste nachgewiesene Verwendung an. Die ersten Belege in diesem Sinne finden sich 1639 bzw. 1577, also zu Beginn des modernen Zeitalters.

Beim Nachschlagen deutscher Wörterbücher finde ich, daß der Große Duden (1977) folgende relevante Definition anbietet: „Gesamtheit der Menschen, die unter bestimmten politischen, wirtschaftlichen und sozialen Verhältnissen zusammen leben“, unmittelbar ergänzt durch folgende Beispiele: „die bürgerliche, sozialistische, klassenlose Gesellschaft“. Das Wörterbuch der Deutschen Gegenwartssprache (1967), in der DDR veröffentlicht, enthält eine ziemlich ähnliche Definition: „Gesamtheit der unter gleichartigen sozialen und ökonomischen sowie auch politischen Verhältnissen lebenden Menschen“, gefolgt von mehreren Beispielen, einschließlich: „die Entwicklung der (menschlichen) Gesellschaft...; die neue sozialistische, kommunistische Gesellschaft; die klassenlose Gesellschaft...; die bürgerliche, kapitalistische Gesellschaft“. Dieser Definition ist die Anmerkung „ohne Plural" vorangestellt.

Wenn man nun diese Definitionen näher betrachtet, die sicherlich typisch für das sind, was man in den meisten Wörterbüchern der meisten Spra-

* Für die sehr hilfreichen Kommentare zu einem früheren Entwurf dieser Arbeit, die zur Klarstellung meiner Argumentation wesentlich beigetragen haben, möchte ich an dieser Stelle Terence K. Hopkins meinen aufrichtigen Dank aussprechen.

chen finden würde, dann bemerkt man eine merkwürdige Anomalie. Jede dieser Definitionen bezieht sich auf eine politische Komponente; dies anscheinend impliziert, daß jede Gesellschaft innerhalb eines spezifischen Sets politischer Grenzen existiert, obwohl die Beispiele gleichfalls andeuten, daß eine Gesellschaft durch weniger spezifische und mehr abstrakte Phänomena definiert eine Art von Staat ist; wobei das zuletzt erwähnte Wörterbuch ausdrücklich „ohne Plural" hinzufügt. In diesen Beispielen wird „Gesellschaft" durch ein Adjektiv modifiziert, und diese Verbindung von Substantiv und Adjektiv beschreibt eine Art von Struktur, die eine „Gesellschaft" im anderen Sinne, dem der politisch begrenzten Entität, habe. Dieser leztere Gebrauch des Wortes Gesellschaft kann dann einen Plural haben, während der erstere dies nicht duldet.

Vielleicht sehen Sie hierin keine Anomalie. Ich möchte jedoch damit beginnen, die Eingangsbemerkung eines der ersten ernsthaften Versuche, dieses Thema in der modernen Sozialwissenschaft zu behandeln, zu unterstreichen. Es ist ein deutscher Versuch – Lorenz von Stein's längst vergessenes Werk „Der Begriff der Gesellschaft und die soziale Geschichte der Französischen Revolution bis zum Jahre 1830". Stein schreibt in der Einleitung: „Der Begriff der Gesellschaft gehört ... zu den schwierigsten in der ganzen Staatswissenschaft ..." (1959, I, 12).

Warum spricht Stein von Gesellschaft als von einem Begriff der Staatswissenschaft? Sicher ist eine Antwort darauf, daß der damals in Deutschland übliche Fachausdruck Staatswissenschaft, den Bereich der heute in Deutschland so genannten Sozialwissenschaften mit einbezog, obgleich die Grenzen beider nicht identisch sind. Der Gebrauch des Wortes Staatswissenschaften im 19. Jahrhundert in Deutschland, nicht jedoch in England oder Frankreich, ist selbst ein bedeutsames Phänomen, das ein Verständnis der Sozialwissenschaften vom Standpunkt der Überlegenheit eines, wie ich es nennen würde, semiperipheren Staates außerhalb des Kulturkreises der Hegemonialmacht widerspiegelt. Dies ist jedoch nicht die vollständige Antwort. Gesellschaft ist ein Begriff der Staatswissenschaft, und „der schwierigste", weil, wie aus Steins Werk selbst hervorgeht, der Begriff „Gesellschaft" seine Bedeutung für uns primär (sogar ausschließlich) in der klassischen Antinomie Gesellschaft/Staat hat. Und diese Antinomie hat ihrerseits ihren Ursprung im Versuch der modernen Welt, die ideologischen Implikationen der Französischen Revolution in den Griff zu bekommen.

Schon vor 1792 waren Könige abgesetzt und/oder durch Rebellionen zur Änderung der verfassungsmäßigen Struktur ihres Regimes gezwungen worden. Die Legitimation solcher Veränderungen war jedoch vorher in der Existenz einer oder mehrerer unrechtmäßiger Handlungen des Monarchen gesucht worden. Die Französische Revolution jedoch war auf dieser Basis nicht gerechtfertigt oder wurde zumindest nicht so gerechtfertigt. Statt dessen proklamierten die Revolutionäre nachdrücklich als neue Moral oder strukturelle Grundlage der Legitimität den Begriff des 'Volkswillens'. Wie wir wissen, überrollte dieses theoretische Konstrukt die Welt in den folgenden zwei Jahrhunderten nach der Französischen Revolution, und es gibt heute wenige, die dies bestreiten, trotz all der Versuche der konservativen Theoretiker von Burke und de Maistre an, diese Doktrin herabzusetzen, und trotz der zahlreichen Fälle, in denen die Volkssouveränität de facto ignoriert wurde.

Die Theorie, daß die Souveränität beim Volke liegt, wirft zwei Probleme auf. Erstens müssen wir wissen, wer und wo das Volk ist, d.h., wer die „Bürger" eines „Staates" sind und sein sollten. Ich erinnere Sie daran, daß das Kernwort der ehrfürchtigen Anrede auf dem Höhepunkt der Französischen Revolution das Wort „Citoyen" war. Der „Staat" jedoch trifft die Entscheidung, wer die „Bürger" sind, und vor allem entscheidet er, wer die vollwertigen Mitglieder des Gemeinwesens sind. Selbst heute ist nicht jeder in einem Staat lebende Mensch ein Bürger dieses Staates oder ein Wähler in diesem Staat. Die zweite Frage ist, wie man den Willen des Volkes erkennt. Dies ist sogar noch schwieriger als das erste Problem. Es ist wohl nicht sehr übertrieben, wenn ich behaupte, daß sich ein sehr großer Teil des historisch und sozialwissenschaftlichen Unternehmens im 19. und 20. Jahrhundert mit der Lösung dieser zwei Fragen beschäftigte, und daß das wichtigste dafür benutzte begriffliche Werkzeug die Idee ist, daß da eine Sache genannt „Gesellschaft" existiert, die durch ein verwickeltes – teils symbiotisches, teils antagonistisches – Verhältnis mit etwas, das „Staat" genannt wird, verknüpft ist. Wenn Sie dennoch wie ich das Gefühl haben, daß wir diese zwei Fragen nach ungefähr 150 Jahren nicht sehr gut gelöst haben, so liegt die Ursache vielleicht darin, daß wir uns nicht sehr adäquate begriffliche Werkzeuge geschaffen haben. Wenn dies der Fall ist, dann sollte man analysieren, warum dies geschehen ist: hierzu will ich kommen.

Lassen Sie uns einen kurzen Blick auf das andere Wort des Titels, auf das Wort „Entwicklung", werfen. Auch Entwicklung hat sehr viele Bedeutungen. Die ihrem Gebrauch nach bei uns wichtigste im Oxford English Dictionary lautet wie folgt: „the growth or unfolding of what is in the germ: (b) of races of plants and animals." Das Oxford Englisch Dictionary verfolgt diesen Gebrauch nur bis 1871 zurück, bis zu einem sozialwissenschaftlichen Werk, Tylors Primitive Culture, Vol. I. Tylor wird wie folgt zitiert: „Its various grades may be regarded as stages of development or evolution, each the outcome of previous history" „Entwicklung", fügt das OED noch hinzu, ist „the same as Evolution".

In deutschen Wörterbüchern finden wir etwas Ähnliches. Der Große Duden scheint fast jeden Gebrauch in unserem Sinne zu vermeiden, bis er zur Zusammensetzung „Entwicklungsgesetz" kommt, welche – wie er sagt – sich auf „Wirtschaft und Gesellschaft" bezieht. Das DDR Wörterbuch behandelt die Sache ebenfalls indirekt, mittels eines Beispiels, „die kulturelle, gesellschaftliche, geschichtliche, politische, ökonomische, soziale Entwicklung unseres Volkes."

Die englischen Definitionen erklären vollauf, wie eng dieser Gebrauch in der Sozialwissenschaft mit der Doktrin der biologischen Evolution verknüpft ist, die in der zweiten Hälfte des 19. Jahrhunderts entstand. Dies gilt selbstverständlich auch für die deutschen Definitionen. Das Duden Fremdwörterbuch definiert die „Evolutionstheorie", eine direkte Anleihe aus dem Englischen, wie folgt: „Theorie von der Entwicklung aller Lebewesen aus niedrigen, primitiven Organismen."

Wenn wir nun die beiden Worte verbinden, wie bei der Benennung dieses Kongresses (auf keinen Fall unüblich), und wir von „Gesellschaftlicher Entwicklung" sprechen, dann beschäftigen wir uns offensichtlich damit, wie sich eine Entität (eine Entität, die nicht der Staat ist, die jedoch nicht vom Staat getrennt ist und gewöhnlich mehr oder weniger die gleichen Grenzen mit ihm teilt) im Laufe der Zeit von einem niedrigen in einen höheren oder „komplexeren" Zustand entwickelt hat.

Wo ist also der „Keim", von dem man diese Evolution ableiten kann, und wie weit muß man zurückgehen? Ich möchte kurz zwei mögliche Beispiele einer „Gesellschaft" erwähnen und einige naive Fragen dazu stellen. Ein Beispiel ist die deutsche Gesellschaft. Das zweite Beispiel ist die Gesellschaft Puerto Ricos. Es ist nicht meine Absicht, die reichhaltige Literatur gelehrter, öffentlicher Debatten zu diesen beiden Beispielen nochmals durchzugehen. Dies wäre eine monumentale Aufgabe im Falle des deutschen Beispiels, und auch im Falle Puerto Ricos wäre sie nicht gerade klein. Ich möchte lediglich aufzeigen, daß einige elementare Probleme im Gebrauch des Begriffs „Gesellschaft" in beiden Beispielen bestehen. Mir sind die Eigenheiten dieser beiden Fälle bekannt, und einige werden sicher sagen, daß sie in bestimmter Weise nicht „typisch" oder „repräsentativ" seien. Aber eine der geschichtlichen Realitäten ist, daß jedes Beispiel der Geschichte spezifisch und individuell ist, und ich bin, offen gesagt, skeptisch, ob es irgendwo repräsentative „Fälle" gibt. So fiel meine Wahl also auf diese beiden, weil Ihnen der deutsche Fall bekannt ist, und Sie vielleicht auf den Fall Puerto Rico gespannt sind, den die meisten von Ihnen wahrscheinlich nicht kennen.

Erlauben Sie mir die einfache Frage: Wo ist die deutsche Gesellschaft? Befindet sie sich innerhalb der jetzigen Grenzen der Bundesrepublik? Die offizielle Antwort scheint zu sein: Heute gibt es „zwei deutsche Staaten", jedoch nur „ein Volk". Diese eine „Nation" oder dieses eine „Volk" wird also offensichtlich so definiert, zumindest von einigen, daß sie/es die Menschen sowohl der Bundesrepublik als auch der DDR mit einschließt.

Wie steht es nun aber mit Österreich? Gehören die Österreicher zur deutschen „Gesellschaft", zum deutschen „Volk"? Österreich gehörte formell nur kurze Zeit, von 1938 bis 1945, zum deutschen Staat. Trotzdem wurde – wie Sie wissen – in der Mitte des 19. Jahrhunderts Österreichs Vereinigung mit einem damals nur potentiellen deutschen Staat als eine besondere Möglichkeit ausführlich diskutiert. Anscheinend gibt es unter anderem eine alte nationalistische Tradition, nach der Österreich als Teil der deutschen Gesellschaft definiert werden könnte.

Trotzdem scheint die heutige Antwort auf meine Frage, ob Österreich ein Teil der deutschen Gesellschaft sei, nein zu sein – jedoch nur heute. Der Grund dafür liegt in den Anstrengungen der heutigen Bundesrepublik, sich moralisch vom Dritten Reich, das mit Anschluß verbunden wird, abzusetzen; jeder Andeutung, daß Österreich kein getrennter Staat sei oder nicht immer sein wird (folglich Nation?, folglich „Gesellschaft"?), wird sowohl in der Bundesrepublik als auch in Österreich mit Stirnrunzeln begegnet. Wenn eine „Gesellschaft" jedoch etwas ist, das sich aus einem „Keim" „entwickelt", wie ist es möglich, daß ein rein politisches Ereignis, das Ergebnis des Zweiten Weltkrieges, oder noch etwas weiter zurück, das Ergebnis des Österreich-Preußischen Krieges 1866, die Bestimmung des sozialen Raums der deutschen Gesellschaft beeinflussen könnte? Sollte man nicht schließlich annehmen, daß eine Gesellschaft verschieden vom Staate ist, eine Art zugrundeliegende und sich entwickelnde Realität, die zumindest teilweise gegen den Staat und trotz des Staates existiert? Wenn wir jedoch bei jeder Veränderung der Staatsgrenzen auch die Grenzen der „Gesellschaft" ändern, wie können wir dann begründen, daß sich die Legitimität einer von der „Gesellschaft" geschaffenen Regierung von der Legitimität einer vom Staate geschaffenen Regierung unterscheide? Der Begriff der „Gesellschaft" sollte uns etwas Solides, auf dem gebaut werden kann, schaffen. Wenn der Begriff aber zu einer Knet-Masse wird, die wir nach Belieben umformen können, wird er uns herzlich wenig helfen – weder im analytischen, im politischen noch im moralischen Sinne.

Während der deutsche Fall zwei oder vielleicht sogar drei souveräne „deutsche Staaten" umfaßt, scheint der Fall Puerto Rico genau das Gegenteil zu sein. Gegenüber einer Gesellschaft mit mehreren Staaten steht hier wahrscheinlich eine Gesellschaft ohne jeglichen Staat. Schon seit dem 16. Jahrhundert hat ein Puerto Rico genannter Verwaltungsapparat existiert, aber zu keinem Zeitpunkt gab es je einen souveränen Staat, ein vollanerkanntes oder vollwertiges Mitglied des interstaatlichen Systems. Sicher, die Vereinten Nationen debattieren von Zeit zu Zeit darüber, ob da jemals in Zukunft einer bestehen wird, und selbstverständlich tun dies auch die Einwohner von Puerto Rico.

Wenn hier also überhaupt kein Staat existiert, wie bestimmen wir dann die „Gesellschaft"? Wo ist sie lokalisiert? Wer sind ihre Glieder? Wie entstand sie? Diese Fragen sind, wie Sie wohl gleich erahnen, politischer Natur, und der Ursprung leidenschaftlicher Kontroversen. Vor kurzem wurde dieser intellektuelle Streit auf ungewöhnliche Art durch José Luis González neu entfacht, der 1980 das Buch „El país de cuatro pisos" veröffentlichte. González ist ein Gelehrter, der sich selbst als puertoricanischen Nationalisten betrachtet. Das Buch ist jedoch eine Polemik gegen bestimmte puertoricanische „Independistas", insbesondere gegen Pedro Albizu Campos, nicht weil sie für die Unabhängigkeit waren, sondern weil sie ihre Forderungen auf eine völlig falsche Analyse der puertoricanischen „Gesellschaft" stützten.

González beginnt, in der besten Tradition Max Webers, mit der Beobachtung einer Anomalie. Puerto Rico hat als einzige aller spanischen Kolonien der westlichen Hemisphäre nie einen Unabhängigkeitsstatus erlangt. Wie kam es dazu? Seine Antwort geht aus seiner Überzeugung hervor, daß die Entwicklung der „Gesellschaft" Puerto Ricos gerade nicht auf einen „Keim" zurückzuführen sei. Er schlägt eine alternative Analogie vor: Die „Gesellschaft" Puerto Ricos ist ein vierstöckiges Gebäude und jedes Stockwerk wurde in spezifischen historischen Momenten hinzugefügt. Das erste Stockwerk entstand vom 16. bis zum 18. Jahrhundert durch die Vermischung drei historischer „Rassen": die Taina (oder karibischen Indianer), die Afrikaner (als Sklaven herübergeholt) und die spanischen Siedler. Da die Taína großenteils vernichtet wurden und die Spanier eine zahlenmäßig kleine Gruppe darstellten, die auch häufig zeitlich nur begrenzt dort lebten, bekamen die Afrikaner das Übergewicht. „Deshalb bin ich überzeugt, und habe es auch häufig geäußert, auch wenn es einige Leute beunruhigt und stört, daß die ersten Puertoricaner in Wirklichkeit schwarze Puertoricaner waren" (González, 1980, 20).

Erst 1815 änderte sich diese ethnische Mischung in Puerto Rico. 1815 wurde die Insel durch die Real Cédula de Gracias für Flüchtlinge aus den anderen lateinamerikanischen Kolonien, die sich mitten in den Unabhängigkeitskriegen befanden, geöffnet – dies nicht nur für die dem König loyalen Spanier, sondern auch für Engländer, Franzosen, Holländer und Iren. Achten Sie bitte auf das Datum: 1815. Es ist nämlich auch das Jahr, in dem Napoleon endgültig ins Exil ging, das Gründungsjahr der Heiligen Allianz und das Jahr der Konsolidierung der britischen Hegemonie im Weltsystem. Im Laufe des späten 19. Jahrhunderts war Puerto Rico außerdem ein Aufnahmeland für weitere Einwanderungswellen, besonders aus Korsika, Mallorca und Katalonien. Gegen Ende des 19. Jahrhunderts, sagt González, war folglich ein zweites Stockwerk durch diese weißen Siedler des 19. Jahrhunderts erbaut worden, die in Puerto Rico eine „privilegierte Minderheit" bildeten (S. 24). Also, setzt González fort, sei es nicht wahr, wie Albizu Campos und andere behaupten, daß Puerto Rico zu Beginn der amerikanischen Kolonisation 1898 eine homogene „nationale Kultur" besessen habe. Genau das Gegenteil sei der Fall gewesen, es war ein „geteiltes Volk".

González benutzt diese Tatsache, um die unterschiedliche Antwort von Puertoricanern auf die U.S.-Kolonisation zu erklären, durch die das dritte Stockwerk entstand. Vereinfacht dargestellt, behauptet er, daß die Hacendados die Amerikaner anfangs begrüßt hätten, in der Meinung, daß sie durch dieses Verhalten letztendlich als Teil der amerikanischen Bourgeoisie aufgenommen würden. Als ihnen nach zehn Jahren klar wurde, daß dies nicht geschehen würde, habe sich die „privilegierte Minderheit" dem Nationalismus zugewandt. Die puertoricanische Arbeiterklasse dagegen habe der U.S.-Invasion anfänglich auch wohlwollend gegenübergestanden, jedoch aus entgegengesetzten Gründen. Sie habe diese als eine Möglichkeit angesehen, ihre „Rechnungen [mit der Klasse der Grundeigentümer] zu begleichen" (S. 33), die „von den puertoricanischen Massen als das empfunden wurden, was sie tatsächlich waren: Ausländer und Ausbeuter" (S. 35).

Dann ist da noch das vierte Stockwerk, dessen Entstehung nicht als ein Ergebnis der kulturellen „Nordamerikanisierung", sondern eher als das Ergebnis der wirtschaftlichen Veränderungen ab 1940 zu betrachten ist. Am Anfang führte dies zu einer „Modernisierung innerhalb der Abhängigkeit" (S. 41) der puertorikanischen Gesellschaft, später jedoch, in den 70er Jahren, zum „spektakulären und nicht wieder gutzumachenden Zusammenbruch" (S. 40) des vierten Stockwerkes. Die weitere Komplikation, daß die Puertoricaner seit den 1940er Jahren massiv in die kontinentalen Vereinigten Staaten migrieren, und daß ein Großteil aller Puertoricaner außerhalb von Puerto Rico geboren wurde und lebt, wird von González nicht direkt untersucht. Gehören auch diese Menschen noch zur puertoricanischen Gesellschaft, und wenn dies so ist, für wie lange noch?

Ich zitiere González weder um die Zukunft Puerto Ricos zu erörtern, noch um uns die tiefgründigen sozialen Spaltungen in unseren sogenannten Gesellschaften vor Augen zu führen; diese Spaltungen sind ganz sicher Klassenspaltungen; häufig (oder sogar meistens) jedoch sind sie von ethnischen Spaltungen überlagert und mit ihnen verbunden. Ich zitierte den Fall Puerto Rico, wie vorher den Fall Deutschland, eher um den Wechsel und die anfechtbaren Definitionen der Grenzen einer „Gesellschaft" und den engen Zusammenhang solcher wechselnden Definitionen mit den historischen Ereignissen, die nicht primär ein Ergebnis einer der „Gesellschaft" *intrinsischen* Entwicklung sind, hervorzuheben.

Das grundlegende Falsche am Begriff „Gesellschaft" ist die Konkretisierung und somit die Kristallisierung sozialer Phänomena, deren wirkliche Bedeutung nicht in ihrer Solidarität, sondern gerade in ihrer Fluidität und ihrer Geschmeidigkeit liegen. Der Begriff „Gesellschaft" impliziert, daß wir zur Analyse eine greifbare, und dennoch sicher auch eine sich „entwickelnde" Wirklichkeit vor uns haben. Tatsächlich haben wir in erster Linie ein rhetorisches Konstrukt, und deshalb, wie Lorenz von Stein sagt, einen „schwierigen Begriff" der Staatswissenschaft (in diesem Fall der politischen Philosophie) vor uns. Wir haben jedoch kein analytisches Werkzeug für die Summierung oder Zerlegung unserer sozialen Prozesse.

Eines der Welt-Sozialwissenschaft zugrundeliegenden Elemente war in den letzten Jahren eine spezifische Lektüre der modernen europäischen Geschichte. Diese Lektüre der Geschichte ist nicht nur auf professionelle Geschichts- und Sozialwissenschaftler begrenzt. Sie beinhaltet eine tiefliegende Grundlage für unsere gemeinsame Kultur, die allen in der Sekundarstufe unseres Schulsystems vermittelt wird, und ist eine grundlegende Voraussetzung für das Verständnis der sozialen Welt. Sie war nicht Gegenstand größerer Kontroversen; sie war eher das Gemeingut der *beiden* wichtigsten Weltanschauungen des letzten Jahrhunderts, des Liberalismus und Marxismus, die andererseits in starkem Gegensatz zueinander standen.

Dieses Lesen der Geschichte nimmt die Form eines historischen Mythos an, der zwei Hauptaussagen enthält. Die erste Behauptung ist, daß aus der europäischen mittelalterlichen Feudalwelt, in der Herren über Bauern herrschten, eine neue soziale Schicht, die städtische Bourgeoisie, hervorging (hervortrat, geschaffen wurde), die zuerst das alte System (das „ancien régime") wirtschaftlich unterminierte, und es dann politisch vernichtete. Das Ergebnis war eine marktbeherrschte kapitalistische Wirtschaft in Kombination mit einem auf persönlichen Rechten basierenden politischen Repräsentativsystem. Die europäische Geschichte wurde sowohl von den Liberalen als auch von den Marxisten auf diese Weise beschrieben; und beide applaudierten diesem historischen Prozeß als „progressiv".

Die zweite Behauptung in diesem historischen Mythos wird sehr klar in Karl Büchers Buch, Die Entstehung der Volkswirtschaft, festgehalten; hier unterscheidet Bücher drei aufeinander folgende Stufen der europäischen Wirtschaftsgeschichte – geschlossene Hauswirtschaft, Stadtwirtschaft und Volkswirtschaft. Das Schlüsselelement, in dem Bücher die liberal-marxistische Übereinstimmung darstellt, ist die Wahrnehmung der modernen Geschichte als eine Geschichte der sich ausdehnenden wirtschaftlichen Kreise, in welchen der größte Sprung der der „lokalen" Wirtschaft zur „nationalen" Wirtschaft – selbstverständlich in einem Nationalstaat lokalisiert – war. Bücher hebt diesen Zusammenhang hervor, indem er betont, daß „die Volkswirtschaft das Produkt einer jahrtausendelangen historischen Entwicklung ist, das nicht älter ist als der moderne Staat" (1913, 90). Beachten Sie bitte am Rande wieder den Begriff „Entwicklung". Bücher hebt ausdrücklich die räumliche Verflechtung hervor, die implizit in den generischen, deskriptiven Kategorien der Werke vieler anderer bedeutender Sozialwissenschaftler des 19. Jahrhunderts zu finden sind: bei Comte und Durkheim, Maine und Spencer, Tönnies und Weber.

Meines Erachtens sind diese beiden in dem vorherrschenden historischen Mythos der modernen europäischen Geschichte enthaltenen Behauptungen große Verzerrungen der wirklichen Geschehnisse. Ich möchte hier nicht ausführen, warum ich zu der Überzeugung gelangt bin, daß der Aufstieg einer Bourgeoisie, die auf irgendeine Weise eine Aristokratie vernichtete, mehr oder weniger das Gegenteil von dem ist, was wirklich geschah (nämlich die Verwandlung der Aristokratie in eine Bourgeoisie zur Rettung ihrer kollektiven Privilegien; diesen Fall habe ich an anderer Stelle erörtert (Wallerstein 1982). Ich ziehe es vor, meine Aufmerksamkeit auf den zweiten Mythos, den von den sich ausbreitenden Kreisen zu konzentrieren.

Wenn die wesentliche Bewegung der modernen europäischen Geschichte die Entwicklung von der Stadtwirtschaft zur Volkswirtschaft, von lokalen Stätten zum Nationalstaat war, wo ist dann die „Welt" in dieser Vorstellung unterzubringen? Die Antwort lautet: im wesentlichen als eine Begleiterscheinung. Nationalstaaten werden als diejenigen politischen Einheiten betrachtet, die einen Teil ihrer Zeit und Energie (meist einen relativ kleinen Teil) für inter-nationale Aktivitäten: internationalen Handel, internationale

Diplomatie verwenden. Diese sogenannten internationalen Beziehungen sind für diesen Staat, diese Nation, diese „Gesellschaft" irgendwie „äußerlich". Einige mögen bestenfalls einräumen, daß sich diese Situation in Richtung auf die „Internationalisierung" der Wirtschaft und der politischen und kulturellen Schauplätze entwickelt hat, und zwar erst in jüngster Zeit (von 1945 oder sogar erst von den siebziger Jahren an). Infolgedessen, so wird uns gesagt, gibt es jetzt vielleicht „zum allererstenmal" etwas, das wir Weltproduktion oder Weltkultur nennen können.

Diese Vorstellungen, die mir offen gestanden immer bizarrer vorkommen, je mehr ich die wirkliche Welt untersuche, sind der Kern der operationalen Bedeutung des Begriffs „Gesellschaftsentwicklung". Ich möchte hier eine andere Auffassung, einen anderen Weg, die gesellschaftliche Realität zusammenfassen, einen alternativen begrifflichen Rahmen vorlegen, von dem, wie ich hoffe, gesagt werden kann, daß er umfassender und zweckdienlicher die reale gesellschaftliche Welt, in der wir leben, erfaßt.

Der Übergang vom Feudalismus zum Kapitalismus brachte vor allem anderen (sowohl logisch als auch zeitlich) die Schaffung der Weltwirtschaft mit sich. Das bedeutet, eine gesellschaftliche Arbeitsteilung wurde durch die Umwandlung des Fernhandels hervorgerufen, und zwar aus einem Handel mit „Luxusgütern" in einen Handel mit „lebenswichtigen Gütern" oder „Massengütern". Auf diese Weise wurden weit auseinanderliegende Prozesse in lange Warenketten zusammengefaßt. Diese bestanden aus einzelnen miteinander verketteten Produktionsprozessen, deren Verknüpfung die Akkumulation von bedeutenden Mehrwerterträgen und ihre entsprechende Konzentration in wenigen Händen möglich machte.

Solche Warenketten gab es schon im 16. Jahrhundert, sie gingen allem, was man sinnvollerweise als „Nationalökonomie" bezeichnen könnte, voraus. Diese Ketten aber konnten nur durch die Bildung eines zwischenstaatlichen Systems, nämlich der kapitalistischen Weltwirtschaft, gesichert werden, das mit den Grenzen der realen gesellschaftlichen Arbeitsteilung in Einklang stand. Wie die kapitalistische Weltwirtschaft ursprünglich von Europa ihren Ausgang nahm, um die ganze Erde zu erfassen, so expandierten auch die Grenzen des zwischenstaatlichen Systems. Die souveränen Staaten waren Institutionen, die dann innerhalb dieses (sich ausdehnenden) zwischenstaatlichen Systems geschaffen und von ihm definiert wurden und ihre Legitimität aus der Verbindung von juristischer Selbstbehauptung und der Anerkennung durch andere ableiteten. Dies ist das Wesentliche an der „Souveränität", wie wir sie verstehen. Daß es nicht genug ist, Souveränität zu proklamieren, um sie dann auszuüben, wird an den aktuellen Beispielen der „unabhängigen" Bantustans in Südafrika und dem türkischen Staat in Nordzypern klar. Diese Gebilde sind keine souveränen Staaten, weil die anderen Mitglieder des Clubs souveräner Staaten sie nicht als solche anerkennen (in beiden Fällen zwar mit einer einzigen Ausnahme, die aber nicht ausreicht). Wie viele und welche Staaten eine solche Forderung nach Souveränität anerkennen müssen, um sie zu legitimieren, ist unklar. Daß da irgendwo eine kritische Schwelle ist, wird offensichtlich, wenn wir sehen, wie fest Marokko dem Wunsch der Mehrheit der Mitglieder (und zwar einer klaren Mehrheit) der Organisation für afrikanische Einheit (OAU), der Arabischen Demokratischen Republik Sahara einen vollen Status in dieser regionalen zwischenstaatlichen Struktur zu gewähren, entgegentritt. Selbstverständlich weiß Marokko, daß eine Anerkennung durch die Organisation für afrikanische Einheit Druck auf die Großmächte hervorrufen würde, und die Forderung nach Anerkennung auf diese Weise die kritische Schwelle überschreiten würde.

Es waren also das Weltsystem und nicht die einzelnen „Gesellschaften", die sich „entwickelt" haben. Das heißt, nachdem sie einmal ins Leben gerufen worden war, wurde die kapitalistische Weltwirtschaft zunächst einmal konsolidiert, und dann nach und nach der Einfluß ihrer Grundstrukturen auf die gesellschaftlichen Prozesse innerhalb ihrer Grenzen vertieft und erweitert. Die ganzen Vorstellungen des Wachstumsprozesses von der Eichel zur Eiche, vom Keim zu seiner Entfaltung, gibt, wenn überhaupt, nur einen Sinn, wenn sie auf die einzigartige kapitalistische Weltwirtschaft als ein historisches System angewendet werden.

Erst in diesem Entwicklungsrahmen entstanden viele der Institutionen, die wir oft ziemlich irrtümlich als „ursprünglich" beschreiben. Die Souveränität der Gerichtsbarkeit im zwischenstaatlichen System wurde geschaffen und die „Staatlichkeit" dieser Gerichtsbarkeit wurde immer mehr institutionalisiert, und zwar in dem Maße, wie sich eine Art von gesellschaftlicher Bindung zu den Körperschaften entwickelte, die von der Gerichtsbarkeit festgelegt wurden. So breitete sich langsam und mehr oder weniger in Einklang mit den sich entwickelnden Grenzen jedes Staates ein entsprechendes Nationalgefühl aus. Das moderne Weltsystem hat sich aus einem System, in dem diese „Nationalgefühle" schwach oder nicht vorhanden waren, zu einem System entwickelt, in dem sie auffallen, sich ausbreiten und festsetzen.

Die Nationen waren jedoch nicht die einzigen neuen gesellschaftlichen Gruppierungen. Die gesellschaftlichen Klassen, wie wir sie kennengelernt haben, wurden ebenfalls im Laufe dieser Entwicklung geschaffen, sowohl objektiv als auch subjektiv. Die Wege der Proletarisierung und der Bourgeoisierung waren lang und verschlungen, aber sie waren vor allem die Folge von Prozessen im Weltmaßstab. Selbst unsere gegenwärtigen Haushaltstrukturen – ja, sogar sie – sind erzeugte Gebilde, die gleichzeitig die zweifache Erfordernis einer Struktur erfüllen, die einerseits die Arbeitskraft sozialisiert und sie andererseits teilweise gegen die harten Auswirkungen des Arbeitssystems schützt.

In dieser ganzen Beschreibung ist das Bild, das ich benutze, nicht das eines kleinen Kerns, an den ich weitere Außenschichten anfüge, sondern das eines dünnen äußeren Rahmens, der stufenweise mit einem dichten inneren Geflecht aufgefüllt wird. Gemeinschaft und Gesellschaft in der konventionellen Weise gegenüberzustellen, wie es nicht nur in der deutschen, sondern in der gesamten Soziologie geschieht, muß die Pointe verfehlen. Es ist das moderne Weltsystem, das heißt die kapitalistische Weltwirtschaft, deren politischer Rahmen das aus souveränen Staaten bestehende zwischenstaatliche System ist, das die Gesellschaft ausmacht, in der unsere vertraglichen Verpflichtungen angesiedelt sind. Um ihre Strukturen zu rechtfertigen, hat diese Gesellschaft nicht nur die vielfältigen Gemeinschaften, die in der Geschichte vorkamen (was der Punkt ist, der normalerweise betont wird), zerstört, sondern ein Geflecht von neuen Gemeinschaften geschaffen (und vor allen Dingen die Nationen, das heißt die sogenannten Gesellschaften). Unsere Sprache kehrt also das Oberste zuunterst.

Ich bin versucht zu sagen, daß wir uns tatsächlich nicht auf dem Weg von der Gemeinschaft zur Gesellschaft befinden, sondern umgekehrt von der Gesellschaft zur Gemeinschaft, aber das ist auch nicht ganz richtig. Es ist eher so, daß unsere einzige Gesellschaft, die kapitalistische Weltwirtschaft (auch wenn sie eine nur teilweise vertraglich festgelegte Struktur ist), unsere vielfältigen bedeutungsvollen Gemeinschaften geschaffen hat. Vom Aussterben weit entfernt, sind Gemeinschaften niemals stärker, komplexer, übergreifender und konkurrierender gewesen und waren niemals bestimmender für unser Leben. Und doch sind sie niemals weniger legitimiert gewesen. Sie waren auch niemals irrationaler, so im materialen irrational, und zwar gerade deswegen, weil sie aus einem gesellschaftlichen Prozeß hervorgegangen sind. Wenn man so will, sind unsere Gemeinschaften unsere Lieblinge, die es nicht wagen, ihre Namen zu nennen.

Natürlich ist das eine unmögliche Situation, und wir sehen uns inmitten einer weltweiten kulturellen Rebellion gegen diesen Druck, der um uns ist. Dieser Druck kommt in den unterschiedlichsten Formen zum Ausdruck: in den religiösen Fundamentalismen, den Hedonismen des Auf-sich-Zurückziehens und der totalen Selbstbezogenheit, den vielfältigen „Gegenkulturen", den „grünen" Bewegungen, und nicht zuletzt im Aufruhr von wirklich ernsthaften und mächtigen anti-rassistischen und anti-sexistischen Bewegungen. Ich meine damit keineswegs, daß diese verschiedenen Gruppen alle gleich sind: überhaupt nicht. Aber sie sind die gemeinsame Folge der unbarmherzigen Ausbreitung des historischen gesellschaftlichen Systems, das formal zwar immer rationaler, aber material immer irrationaler wird, und in dem wir uns alle gemeinsam gefangen sehen. Diese Gruppen bedeuten Schmerzensschreie gegen die Irrationalität, die im Namen einer universellen rationalisierenden Logik tyrannisiert. Wenn wir uns wirklich von der Gemeinschaft zur Gesellschaft bewegt hätten, würde all dies nicht passieren. Wir würden statt dessen in den Gewässern der Vernunft einer Welt der Aufklärung baden.

Einerseits ist da viel Hoffnung. Unser historisches System ist wie alle historischen Systeme voller Widersprüche, voller Prozesse, die uns dazu zwingen, in eine Richtung zu gehen, um unsere kurzfristigen Interessen zu verfolgen, und in eine andere, um unseren mittelfristigen Interessen nachzugehen. Diese Widersprüche sind in die wirtschaftlichen und politischen

Strukturen unseres Systems eingebaut und spielen sich aus. Ich möchte noch einmal betonen, daß ich hier keine Untersuchungen wiederholen will, die ich an anderer Stelle über das gemacht habe, was ich die „Übergangskrise" (Wallerstein 1985) nenne. Das ist ein langer Prozeß, der vielleicht 150 Jahre in Anspruch nimmt, und der bereits begonnen hat. Er wird mit der Ablösung unseres gegenwärtigen Systems und seiner Ersetzung durch irgendein anderes System enden, ohne daß es jedoch irgendeine Garantie dafür gibt, daß dieses andere tatsächlich besser sein wird. Es gibt keine Garantie, aber eine bedeutungsvolle Möglichkeit. Das heißt, wir stehen vor einer historischen, kollektiven Wahl, etwas, was selten geschieht, und was nicht das Los jeder Menschheitsgeneration ist.

Ich möchte hier lieber die Frage der möglichen Rolle der historischen Gesellschaftswissenschaften bei dieser kollektiven Wahl, die natürlich eine moralische und folglich eine politische Wahl ist, aufwerfen. Das Grundkonzept von „Gesellschaft" und die grundlegenden historischen Mythen dessen, was ich den liberal-marxistischen Konsens des 19. Jahrhunderts genannt habe, ergänzen sich und bilden das Gerüst der Sozialwissenschaften, die der wichtigste ideologische Ausdruck des Weltsystems sind. Ich habe behauptet, daß diese beiden Elemente im wesentlichen ohne Basis sind. Natürlich war das kein Zufall. Der Begriff der Gesellschaft und die historischen Mythen waren Teil der Maschinerie, die das moderne Weltsystem in seiner Blütezeit so gut funktionieren ließ. In der Zeit eines relativen systemischen Gleichgewichts ist das Bewußtsein der Intellektuellen vielleicht die genaueste Widerspiegelung der zugrundeliegenden materiellen Prozesse.

Wir befinden uns jedoch nicht mehr in einer Zeit relativen systemischen Gleichgewichts. Es ist nicht so, daß der Apparat schlecht gearbeitet hat, sondern er hat das eher zu gut gemacht. Die kapitalistische Weltwirtschaft hat sich über 400 Jahre lang bei der Lösung von kurz- und mittelfristigen Problemen wunderbar geschickt gezeigt. Überdies sprechen alle Anzeichen dafür, daß sie jetzt und in naher Zukunft fähig ist, weiter in dieser Richtung erfolgreich zu sein. Die Lösungen selbst haben jedoch Veränderungen bei der zugrundeliegenden Struktur hervorgerufen, die mit der Zeit diese große Fähigkeit, die stets notwendigen Anpassungen vorzunehmen, aufheben. Das System ist dabei, seine Freiheitsgrade zu beseitigen. Ich kann diese Sache hier nicht beweisen. Ich behaupte sie einfach und benutze sie dazu, die Tatsache zu erklären, daß wir mitten unter den Lobeshymnen auf die Effizienz der kapitalistischen Zivilisation überall Anzeichen von Unbehagen und kulturellem Pessimismus finden. Der Konsens beginnt also zusammenzubrechen. Das zeigt sich in der Unzahl von antisystemischen Bewegungen, die zunehmend stärker und unkontrollierbarer werden.

Bei den Intellektuellen schlägt sich dieses Unbehagen in einer zunehmenden Hinterfragung von grundsätzlichen Voraussetzungen nieder. Heute gibt es Physiker, die die ganze philosophische Beschreibung der Wissenschaft, die „Entzauberung der Welt", die von Bacon über Newton zu Einstein reicht, anzweifeln und uns beschwören einzusehen, daß Wissenschaft eher die „Wiederverzauberung der Welt“ bedeute (Prigogine und Stengers, 1979). Ich möchte hier zum Ausdruck bringen, was viele immer mehr fühlen, daß es nämlich sinnlos ist, die Prozesse der gesellschaftlichen Entwicklung unserer vielfältigen (nationalen) „Gesellschaften“ so zu analysieren als ob sie autonom wären und intern Strukturen entwickelten. Vielmehr sind sie und waren sie in erster Linie Strukturen, die von weltweiten Prozessen hervorgerufen wurden und eine entsprechende Form haben. Diese weltweite Struktur und die Prozesse ihrer Entwicklungen sind der eigentliche Gegenstand unserer kollektiven Untersuchung.

Wenn ich nicht falsch liege, hat das erhebliche Konsequenzen für uns. Es bedeutet natürlich, daß wir gemeinsam unsere Voraussetzungen und folglich unsere Theorien überdenken müssen. Aber es hat noch eine schmerzlichere Seite. Das heißt, daß wir die Bedeutung unseres gesamten Bestandes langsam akkumulierter „empirischer Daten“ reinterpretieren müssen. Die konstante Zunahme dieses Bestandes bewirkt das Anwachsen der Bibliotheken und Archive und ist die historisch entstandene und verdrehte Grundlage fast unserer gesamten laufenden Arbeit.

Aber warum sollen wir das tun? In wessen Namen und in wessen Interesse? Die eine Antwort, die jetzt schon mindestens 75 Jahre lang gegolten hat, war die „im Namen der Bewegung, der Partei oder des Volkes“. Ich verwerfe diese Antwort nicht wegen irgendeines Glaubens an die Trennung von Wissenschaft und Werten. Aber die Antwort ist keine Antwort, und zwar aus zwei Gründen: Erstens gibt es nicht nur eine Bewegung. Vielleicht konnte die Gruppe der antisystemischen Bewegungen irgendwann einmal den Anschein der Einheitlichkeit behaupten, jetzt aber sicher nicht mehr. Auf der Ebene weltweiter Prozesse gibt es nicht nur eine Vielfalt von Bewegungen, sondern sogar viele Typen von Bewegungen. Zweitens machen die Bewegungen insgesamt in bezug auf die Effizienz der Veränderungsstrategie, die aus den Debatten des 19. Jahrhunderts hervorging, eine kollektive Krise durch. Ich beziehe mich auf die Strategie, die Veränderungen durch die Übernahme der Staatsmacht anstrebt. Tatsache aber ist, daß die antisystemischen Bewegungen selbst das Ergebnis des kapitalistischen Weltsystems sind. Eine Folge davon ist, daß sie durch ihre Aktionen nicht nur das Weltsystem unterminiert haben (ihr angebliches Ziel, das sie teilweise erreicht haben), sondern daß sie dieses System auch aufrechterhalten haben, und zwar besonders durch die Übernahme von Staatsmacht und ihr Operieren in einem zwischenstaatlichen System, das der politische Überbau der kapitalistischen Weltwirtschaft ist. Das hat interne Grenzen hinsichtlich der Fähigkeit dieser Bewegungen, in Zukunft effektiv zu mobilisieren, hervorgerufen. Wie man es auch nimmt, wenn das Weltsystem in Krise ist, dann sind es auch die antisystemischen Bewegungen, und ich möchte hinzufügen, auch die selbst-reflektiven Strukturen dieses Systems, nämlich die Wissenschaften.

Die Krise der Bewegungen liegt in ihrer insgesamt zunehmenden Unfähigkeit, ihre wachsende politische Stärke in Prozesse umzuformen, die das bestehende Weltsystem effektiv verändern könnten. Gegenwärtig besteht eine der Beschränkungen, wenngleich sicher nicht die einzige, darin, daß sie in ihren eigenen Analysen große Segmente der Ideologie des bestehenden Weltsystems integriert haben. Was die historischen Sozialwissenschaften in dieser Übergangskrise leisten können, ist deshalb ein Engagement, das gleichzeitig mit den Bewegungen sympathisiert und sich von ihnen absetzt. Wenn auch die Wissenschaft keine Praxis anbieten kann, so kann sie doch Einsichten vermitteln, die aus der Distanz entstehen, vorausgesetzt, daß die Wissenschaft nicht neutral ist. Wissenschaftler sind aber niemals neutral, und folglich ist auch die von ihnen produzierte Wissenschaft nicht neutral. Das Engagement, von dem ich spreche, ist selbstverständlich das Engagement für materiale Rationalität. Es ist eine Verpflichtung angesichts einer Lage, in der durch den Niedergang des historischen gesellschaftlichen Systems, in dem wir leben, eine kollektive Wahl möglich gemacht worden ist, die jedoch durch das Fehlen einer klar umrissenen alternativen gesellschaftlichen Kraft erschwert wird.

Rein intellektuell ausgedrückt bedeutet das in dieser Lage, daß wir unseren Begriffsapparat überdenken und von der ideologischen Patina des 19. Jahrhunderts befreien müssen. Während wir versuchen, neue heuristische Grundlagen zu schaffen, die vom Fehlen und nicht vom Vorhandensein materialer Rationalität ausgehen, werden wir in unserer empirischen und theoretischen Arbeit radikal agnostisch sein müssen.

Sie werden mir verzeihen, daß ich vor einem Kongreß deutscher Soziologen Max Weber zitierte. Wir kennen alle seine leidenschaftliche Rede an die Studenten von 1919 „Politik als Beruf". Aus dieser Rede klingt ein tiefer Pessimismus:

> Nicht das Blühen des Sommers liegt vor uns, sondern zunächst eine Polarnacht von eisiger Finsternis und Härte, mag äußerlich jetzt siegen welche Gruppe auch immer. Denn: wo nichts ist, da hat nicht nur der Kaiser, sondern auch der Proletarier sein Recht verloren. Wenn diese Nacht langsam weichen wird, wer wird dann von denen noch leben, deren Lenz jetzt scheinbar so üppig geblüht hat? (1958, 547-48).

Wir müssen uns fragen, ob die Polarnacht, die tatsächlich kam, wie Weber vorausgesagt hatte, schon hinter uns liegt oder noch Schlimmeres kommen wird. In beiden Fällen ist die einzig mögliche Schlußfolgerung, die wir ziehen sollten, diejenige, die Weber gezogen hat:

> Die Politik bedeutet ein starkes langsames Bohren von harten Brettern mit Leidenschaft und Augenmaß zugleich. Es ist durchaus richtig, und alle geschichtliche Erfahrung bestätigt es, daß man das Mögliche nicht erreichte, wenn nicht immer wieder in der Welt nach dem Unmöglichen gegriffen worden wäre (1958, 548).

Ich sagte, daß unsere Konzeptionen auf die intellektuellen Rätsel, die durch die Französische Revolution hervorgerufen worden waren, zurückgeführt werden können. Auch unsere Wunschvorstellungen und Lösungen stammen daher. Die berühmte Dreiheit von „liberté, égalité, fraternité" ist keine Beschreibung der Realität; sie hat die Strukturen der kapitalistischen Weltwirtschaft weder in Frankreich noch anderswo durchdrungen. Dieser Leitsatz war tatsächlich nicht wirklich der Slogan der sogenannten bürgerlichen Revolution, sondern eher der ideologische Ausdruck der ersten ernsthaften antisystemischen Bewegung in der Geschichte der modernen Welt, die fähig war, ihre Nachfolger zu formen und zu inspirieren. „Freiheit, Gleichheit, Brüderlichkeit" ist ein Slogan, der nicht gegen den Feudalismus, sondern gegen den Kapitalismus gerichtet ist. Sie sind die Vorstellungsbilder einer sozialen Ordnung, die anders als unsere ist, einer Ordnung, die eines Tages geschaffen werden möge. Dafür brauchen wir Leidenschaft und Augenmaß Das wird nicht leicht sein und kann ohne ein grundlegendes Überdenken der Strategie seitens der antisystemischen Bewegungen nicht erreicht werden – ein weiteres Thema, das ich hier nicht besprechen konnte. (Siehe jedoch Wallerstein 1984b, Teil II). Aber wir werden diese Ordnung ebenfalls nicht verwirklichen, solange jene, die behaupten, daß sie sich darum bemühen, die soziale Realität zu verstehen, also wir historischen Sozialwissenschaftler, nicht bereit sind, in der Wissenschaft und in der Politik Webers Schluß-Appell zu wiederholen „Dennoch".

BIBLIOGRAPHY

Bücher, Karl (⁹1913), *Die Entstehung der Volkswirtschaft*, Tübingen.

Gonzáles, José Luis (1980), *El país de cuatro pisos.* Rio Piedras, P. R.: Ed. Huracán.

Prigogine, Ilya & Stengers, Isabelle (1979), *La nouvelle alliance.* Paris: Gallimard.

Stein, Lorenz von (1959), *Der Begriff der Gesellschaft und die soziale Geschichte der Französischen Revolution bis zum Jahre 1830*, drei Bände. Hildesheim: Georg Olms Verlagsbuchhandlung.

Wallerstein, Immanuel (1982), "Economic Theories and Historical Disparities of Development", in: *Eighth International Economic History Congress*, Budapest 1982, J. Kocka & G. Ránki, eds., B. 1: Economic Theory and History. Budapest, Akadémiai Kiadó, 17-26.

Wallerstein, Immanuel (1984), *The Politics of the World-Economy.* Cambridge: Cambridge Univ. Press.

Wallerstein, Immanuel (1985). „Krise als Übergang", in: S. Amin, G. Arrighi, A.G. Frank & I. Wallerstein, eds., *Die Dynamik der globalen Krise.* Wiesbaden: Westdeutscher Verlag.

Weber, Max (1958). *Gesammelte politische Schriften.* Tübingen: J.C.B. Mohr (Paul Siebeck).

DIE HEUTIGEN GESELLSCHAFTLICHEN SYNDROME DER OSTEUROPÄISCHEN GESELLSCHAFTEN UND ENTWICKLUNGSALTERNATIVEN

András Hegedüs

Die Möglichkeit sowohl der retrospektiven als auch der voraussehenden, prognostischen Analyse hängt mit den konkreten Beziehungen der Gesellschaft, in der der Soziologe lebt und tätig ist, zusammen. So muß man, wenn man die heutige Lage der osteuropäischen Soziologie verstehen will, von den osteuropäischen Verhältnissen ausgehen.

Bis Stalins Tod dominierte ein rigid monolithisches System mit offiziellen Thesen über die gesellschaftlichen Beziehungen, welche in keiner Weise mit der konkreten Wirklichkeit übereinstimmten. In der stalinistischen Periode wurde dadurch in allen osteuropäischen Ländern eine scharfe Feindseligkeit gegen die Soziologie begründet. Schon am Anfang der Entfaltung dieser Systeme gab es überall Konflikte zwischen Machthabern und Soziologen. Ein typisches Beispiel dafür war der Konflikt zwischen Lenin und Sorokin, dem berühtem Soziologen von St. Petersburg. Diese Konflikte hatten dann überall eine totale Repression gegenüber der Soziologie als einer sogenannten bürgerlichen Gesellschaftswissenschaft zur Folge.

In den Reformen der ersten Jahre des 60er Jahrzehnts begann die Renaissance der Soziologie. Allmählich gewann die sogenannte marxistische Soziologie an Raum, obwohl sie anfangs nur einen äußerst geringen Spielraum hatte. Offiziell wurde sie als ein spezifischer Bereich der marxistischen Gesellschaftswissenschaften behandelt, der der marxistischen Philosophie unterworfen ist. Die meisten Soziologen nahmen anfangs diese Enge an Bewegung prinzipiell an, da sie von ihnen als eine notwendige Voraussetzung für eine Wiederbelebung ihrer wissenschaftlichen Tätigkeit betrachtet wurde. Aber die praktische soziologische Analyse erwies immer öfter die Fragwürdigkeit der offiziellen Thesen über die bestehenden gesellschaftlichen Verhältnisse; durch die kritischen soziologischen Untersuchungen wurden mehr und mehr offizielle Thesen nicht verifiziert, sondern falsifiziert. Durch diese Situation kam es zu verschiedenen Konflikten zwischen den Machthabern und einem Teil der Soziologen. In diesem Konflikt bildeten sich, als spezifische Antworten der Soziologie auf diesen Konflikt, die verschiedenen Richtungen der Soziologie aus.

Man kann drei Hauptrichtungen unterscheiden:

Die stärkste Richtung mit einer bedeutenden staatlichen Unterstützung ist die apologetische marxistische Soziologie. Sie durchbricht den erwähnten engen Rahmen nicht, obwohl sie ihn natürlich auszuweiten bestrebt ist. Diese Soziologie pflegt besonders gute Beziehungen mit der westlichen Soziologie. Sie ist nicht ohne Wirkung und ohne Ergebnis. Obwohl diese Richtung eine apologetische Funktion erfüllt, ist ihre Rolle in der Modernisierung der offiziellen Ideologie nicht unwichtig. Obwohl sie von mir kritisiert wird, möchte ich ihre positive Funktion in der Modernisierung betonen. In gesellschaftlichen Veränderungen, wie sie zu diesem Begriff der Modernisierung gehören, besteht ein sehr enger Zusammenhang zwischen einer reformistisch-politischen Linie und der staatlichen Unterstützung der Soziologie. Und die Tatsache, daß von der dominierenden ungarischen Reformpolitik die apologetische Richtung der Soziologie, gemessen an den Verhältnissen in den westlichen Staaten, eine erhebliche Unterstützung bekommt, wird von den unser Land besuchenden ausländischen Soziologen mit Bewunderung anerkannt.

Die zweite große Richtung bedeutet schon einen Ausbruch aus diesen engen Rahmen und nimmt das Falsifizieren der nicht mehr haltbaren Thesen über dieses Gesellschaftssystem in Osteuropa auf sich. Das führte zuerst zu Kritik der Praxis und nicht der offiziellen Ideologie. Charakteristisch hierfür ist die von dem jugoslawischen sogenannten Praxiskreis geübte Kritik, dessen Mitglieder sich für die Ideologie der Selbstverwaltung engagieren und auf ihrer Grundlage die Praxis kritisieren. Das kritische Verhalten führt jedoch notwendigerweise zur Kritik der Ideologie.

Diese Richtung steht mit den Vertretern der offiziellen Ideologie und der politischen Führung in einem unvermeidbaren Konflikt, allerdings hängen die Natur und die Schärfe dieses Konflikts davon ab, was für ein politischer Kurs in den einzelnen osteuropäischen Ländern dominiert. In Ungarn z.B. gab es zwischen 1972-1976, als die Periode der Reformfeindlichkeit bestand, vielfach Berufsverbote für kritische Soziologen. In dieser Periode wurden sehr viele begabte Kollegen in die Emigration gezwungen. Im Jahre 1978 hat eine neue Reformperiode begonnen und damit ist die Toleranz der Macht gegenüber den kritischen Soziologen gewachsen. Immer öfter erscheinen in den verschiedenen offiziellen Zeitschriften kritische soziologische Analysen und die kritischen Schriften, die in der zweiten Kultur, in dem sogenannten Samisdat, veröffentlicht werden, werden gewissermaßen von der Macht toleriert.

Wenn ich vorher sagte, daß die positive Funktion der marxistischen Soziologie darin besteht, bei der Modernisierung dieser Gesellschaften behilflich zu sein, dann muß ich jetzt sagen, daß die kritische Soziologie eine sehr wichtige Rolle in der Vorbereitung der strukturellen Veränderungen, das heißt, der strukturellen Reformen spielt.

Die dritte Antwort auf die Konflikte zwischen Macht und Soziologie ist die typische empirische Analyse einer empirischen Richtung, wo bei der Themenwahl solche Probleme vermieden werden, in denen es zu einem Konflikt zwischen überholten offiziellen Thesen und gesellschaftlicher Wirklichkeit kommen könnte. Ein typisches Beispiel hierfür ist die internationale Freizeitforschung, an der sich viele osteuropäische und westliche Staaten beteiligten. Lange Jahre hindurch wurden dabei Dutzende von Soziologen in osteuropäischen Ländern beschäftigt, ohne daß dadurch irgendein Konflikt zwischen Machthabern und Soziologen ausgelöst wurde.

Darüber hinaus ist dem Reformkurs zu verdanken, daß empirische Soziologen mehr und mehr Unterstützung bekommen, und zwar von Betrieben, Genossenschaften, Gewerkschaften und Gemeindeverwaltungen. In den letzten Jahrzehnten wurde empirische Soziologie zur Mode. Damit will ich nicht sagen, daß sie ohne konkreten Nutzen wäre, um verschiedene lokale Konflikte zu lösen und die Ziele der Führung zu erreichen. In dieser Hinsicht spielt die Industrie- bzw. Arbeitssoziologie eine hervorragende Rolle, obwohl solche Untersuchungen in großem Maße der Management-Ideologie unterworfen sind, was selbstverständlich ist, weil ihr Auftraggeber in den meisten Fällen das Management der Betriebe ist.

So erfüllt die empirische Richtung im Rahmen der verschiedenen Institutionen eine wesentliche soziotechnische Funktion. Dabei werden ihre Ergebnisse sowohl von der apologetischen als auch von der kritischen Richtung genutzt. Besondere Wichtigkeit hat sie für letztere, da Soziologen, die kritische Zielsetzungen haben, weniger und weniger Möglichkeiten für eigene empirische Forschung besitzen und deshalb keine Primär-, sondern Sekundäranalysen durchführen müssen.

Retrospektive Analysen wurden in diesen drei Richtungen unterschiedlich verwirklicht. Ich möchte diesen Unterschied am Hauptsyndrom dieser Gesellschaften dokumentieren, nämlich am bürokratischen Syndrom.

Nach der marxistischen Theorie wird mit der Vergesellschaftung der Produktionsmittel die Ausbeutung des Menschen durch den Menschen beendet und damit die persönliche Abhängigkeit der Menschen von Menschen aufgelöst. In den osteuropäischen Ländern entfalteten sich jedoch gewaltige Machtinstitutionen in allen Bereichen der Gesellschaften und herrscht eine strenge hierarchistische Abhängigkeit.

Dieses System der Machtinstitutionen ist monolithisch und widersetzt sich bisher allen pluralistischen Tendenzen. Ich möchte allerdings betonen, daß nur die Machtstruktur monopolistisch ist, nicht die gesamte Gesellschaft. In der Gesellschaft sind pluralistische Erscheinungen erhalten geblieben, z.B. verschiedene ideologische Richtungen, Interessengruppen, Kirchen usw. Diese Tendenzen werden durch den ständig zunehmenden Drang der Menschen nach privater und institutioneller Autonomie besonders in Mitteleuropa gestärkt. Ohne Übertreibung kann man feststellen, daß in den osteuropäischen Ländern eine bürgerliche Gesellschaft in statu nascendi ist. Das gilt besonders für Polen und Ungarn.

Diese Situation, wo die einzelnen Individuen im allgemeinen über eine sehr kleine Unabhängigkeit verfügen, verursacht ganze Serien von gesellschaftlichen Krankheiten: der gesellschaftliche Dynamismus vermindert sich, die demokratische Entwicklung hat eine geringe Basis, die Macht bietet ohne gesellschaftliche Kontrolle eine Möglichkeit für Willkür.

Alle drei Richtungen der Soziologie beschäftigen sich mit dem bürokratischen Syndrom, weil es unvermeidbar eines der zentralen Objekte der soziologischen Forschung ist. In der Art und Weise, wie sie sich mit ihm auseinandersetzen, unterschieden sie sich jedoch sehr scharf voneinander.

Die apologetische Richtung erkennt nicht an, daß in diesen Gesellschaften die Machtapparate als Bürokratie fungieren und daß das Prinzip nicht gilt, demzufolge die Machtapparate im Dienst der Gesellschaft stehen und prinzipiell keine eigenen Interessen und Ziele besitzen. Die Soziologen, die dieser Richtung angehören, nehmen natürlich die verschiedenen Kennzeichen des bürokratischen Syndroms wahr, doch führen sie diese nicht auf strukturelle Ursachen zurück, sondern auf subjektive Fehler verschiedener Natur. So wird aus dem Problem der Bürokratie der „Bürokratismus", die Summe der von den Beamten begangenen Fehler, die ohne strukturelle Änderungen zu bekämpfen und zu liquidieren wären. Mit diesem Ansatz erfüllten sie ihre schon erwähnte doppelte Funktion der Apologie der monolithischen Machtstruktur und der Hilfeleistung für die Modernisierung der Machtapparate.

In dieser Perspektive wurde in der Zeitschrift für Philosophie in der Sowjetunion im Februar dieses Jahres eine sehr wichtige Studie veröffentlicht, in der die Möglichkeit anerkannt wird, daß sich in den sozialistischen Gesellschaften ein Gegensatz zwischen den Machtapparaten und den Massen entfalten könnte. Diese Studie tut einen wichtigen Schritt zur Anerkennung des Wesens der Bürokratie, sie wurde allerdings einige Monate nach der Veröffentlichung in der Prawda scharf kritisiert.

Für die kritische Richtung ist das Verständnis des Bürokratieproblems als einer antagonistischen Beziehung in den Gesellschaften vom osteuropäischen Typ von zentraler Bedeutung. Die Klassiker des Marxismus setzten voraus, daß das Problem der Bürokratie nach der Liquidierung des Privateigentums an Produktionsmitteln automatisch gelöst wird. Die Erfahrungen haben bewiesen, daß die Bürokratie in diesen Gesellschaften mächtiger und unkontrollierter ist als in den westeuropäischen Gesellschaften. Das Bestreben der Bürokratie, diese Situation zu verewigen, kollidiert immer stärker mit den Bedürfnissen der Massen, die sich mehr Unabhängigkeit und die Möglichkeit zur Kontrolle über die bürokratischen Apparate wünschen.

Maslow hat sich über die differenzierten Bedürfnisse von Menschen geäußert, die ihre Grundbedürfnisse bereits befriedigt haben. In den sozialistischen Ländern in Mitteleuropa hatte sich vor dem zweiten Weltkrieg eine bedeutende Entwicklung individueller Kultur vollzogen; diese Gesellschaften wurden schon im Mittelalter vom Geist der Renaissance berührt. In ihren Menschen lebt der Wunsch nach Autonomie, nach Freiheit und Selbstverwirklichung, nach der Möglichkeit, eigene Bewegungen zu organisieren usf.

Dieses Bedürfnis der Massen ist die soziale Basis der pluralistischen Tendenzen in den Gesellschaften vom sowjetischen Typ. Der rigide Widerstand des monolithischen Systems gegen diese Tendenzen ist die Hauptursache der verschiedenen politischen Krisen in diesen Ländern.

In Polen war im Jahre 1980 mit stürmischem Tempo eine bürgerliche Gesellschaft entstanden, vor allem dadurch gefördert, daß es hier unter den sozialistischen Ländern die größte Spaltung zwischen der monopolistischen Machtstruktur und pluralistischer Gesellschaft (in dieser Hinsicht spielte die katholische Kirche eine große Rolle) gab.

Die Machthaber reagierten zu spät auf diese verschiedenen Massenbewegungen; demzufolge entstand eine Situation, wo die alte Macht nicht mehr imstande war, zu regieren, und die Massenbewegungen die Illusion hatten, wonach es für sie eine Möglichkeit gäbe, in der Mitte des geteilten Europas die Macht zu ergreifen. Die Macht war zu schwach für einen Kompromiß und die Massenbewegungen glaubten zu stark zu sein, als daß sie fähig gewesen wären, einen Kompromiß zu schließen. Das verursachte die tragische Übernahme der Macht durch das Militär, die natürlicherweise die Gegensätze zwischen monolithischer Macht und der gestärkten pluralistischen Gesellschaft nicht lösen, sondern nur vertiefen konnte.

Nach dieser kurzen Zusammenfassung möchte ich erwähnen, daß die Analyse der politischen Krisen der Gesellschaften vom Sowjettyp die retrospektive Hauptaufgabe der kritischen Richtung ist. Diese Aufgabe könnte weder von der apologetischen Richtung noch von der empirischen Soziologie erledigt werden. Wir ungarischen Soziologen müßten vielseitig die soziologischen Ursachen der ungarischen Revolte von 1956 analysieren.

Nach meiner Überzeugung stehen das Bürokratieproblem, der Gegensatz von monolithischem System und heranwachsenden bürgerlichen Gesellschaften im Hintergrund aller dieser politischen Krisen. Die Hauptaufgabe der kritischen soziologischen Richtung ist die Analyse dieser Gegensätze und die Darlegung ihrer sozialen Natur.

Auf solche Weise hat die kritische soziologische Richtung natürlicherweise einen antibürokratischen Charakter, aber ohne die naive Vorstellung, daß diese Gesellschaften auf dem gegenwärtigen Niveau der ökonomischen Entwicklung ohne Bürokratie handlungsfähig wären. Die Bürokratie erfüllt einerseits eine historisch notwendige Funktion, andererseits haben die Massen mehr und mehr Bedürfnisse, die in Richtung auf eine pluralistische Entwicklung und auf den Aufbau der bürgerlichen Gesellschaft weisen. Diese beiden Faktoren sichtbar zu machen, ist eine sehr wichtige retrospektive Aufgabe.

Die dritte Richtung, die empirische Soziologie, arbeitet in den meisten Fällen auf Bestellung seitens der bürokratischen Institutionen. Das macht es schlechthin unmöglich, daß sich antibürokratische Tendenzen entwickeln können. Ein häufiges Thema empirischer Untersuchungen ist das Funktionieren der verschiedenen demokratischen Institutionen, aber das Ziel ist in diesen Fällen nicht, eine wirkliche Kontrolle über die bürokratischen Apparate zu erreichen, sondern effektive Mittel zu finden, um die ehrenamtlichen Mitglieder verschiedener demokratischer Institutionen, z.B. der Leitungsorgane der Gewerkschaften usw., in den Machtapparat zu integrieren.

Zusammenfassend: Alle drei Richtungen der Soziologie behandeln das bürokratische Syndrom und die es begleitenden negativen Folgen. Aber nur die kritische Richtung kann ihrem Charakter nach die strukturelle Ursache dieses Syndroms erschließen.

Retrospektive Analysen stehen in enger Beziehung mit den Möglichkeiten der Vorausschau. Schon hier muß man betonen, daß ich an einer echten Prognose zweifle, die von Soziologen oder Gesellschaftswissenschaftlern gestellt werden könnte. In dieser Hinsicht sind die großen Irrtümer großer Wissenschaftler allbekannt. Hinsichtlich der Zukunft der osteuropäischen Gesellschaften ist die Vorausschau der Klassiker des Marxismus meistens unbrauchbar. Dies hängt teilweise mit ihrer mangelnden Kohärenz und Einheit zusammen, was es z.B. ermöglicht, daß angesichts der Kritik an der Sowjetideologie und der jugoslawischen Selbstverwaltungsideologie die Vertreter beider Ideologien genügend klassische Zitate zur Verteidigung ihrer Vorstellung vom wahren Sozialismus gefunden haben.

Die Klassiker des Marxismus setzten, wenn sie über die einheitliche nationale Wirtschaft oder über die Gesellschaft als Assoziation der freien Produzenten sprachen, voraus, daß der Sozialismus eine harmonische Gesellschaft sein werde, wo sich keine strukturellen Gegensätze entfalten werden. Diese Sozialismus-Vision der Klassiker des Marxismus läßt sich, in den Fakten des real existierenden Sozialismus, nicht wiederfinden.

In dieser Hinsicht wurde ihre Vorausschau von der historischen Erfahrung nicht bestätigt. Die zwei charismatischen Führer, die zwischen zwei Weltkriegen an die Macht kamen, Stalin und Hitler, unterwarfen gleicherweise fast alle Bereiche des Privatlebens der Maschinerie der Bürokratie.

Wenn ich skeptisch bin, was die Prognose betrifft, bedeutet dies nicht, daß ich es nicht als Aufgabe der Soziologie betrachte, sich mit der gesellschaftlichen Zukunft zu beschäftigen. Aber die Ergebnisse solcher Analysen sind kaum anders denn als die Vorlage einer Serie von alternativen Möglichkeiten vorstellbar.

Die meisten unter den Soziologen, die eine retrospektive zusammenfassende Analyse fertiggestellt haben, versuchten auch immer schon die Zukunft zu bestimmen. Max Weber, der als Klassiker der verstehenden Soziologie zu betrachten ist, beschäftigte sich z.B. stets mit der zukünftigen Entwicklung der Gesellschaft. Er stellt nicht nur das Heranwachsen der Bürokratie in den modernen Gesellschaften fest, sondern sucht nach einem Ausweg, man könnte sagen, nach einer Ausflucht, um die Gesellschaft von der bürokratischen Macht befreien zu können.

Was die Zukunft der osteuropäischen Gesellschaften betrifft, so entwerfen die drei vorher erwähnten soziologischen Richtungen auf der Grundlage ihrer eigenen retrospektiven Analysen voneinander abweichende Zukunftsbilder, von denen ein jedes als ein alternatives Zukunftsbild mit mehr oder weniger Chance zu betrachten ist.

Im Mittelpunkt des Zukunftsbildes der apologetischen Soziologie steht die Modernisierung des monolithischen Systems, was bedeutet, daß diese Richtung die Pluralisierung der gesellschaftlichen Beziehungen ablehnt und die bürgerliche Gesellschaft im engen Rahmen der monolithischen Gesellschaft halten will.

Obwohl ich eine solche Modernisierung kritisch betrachte, meine ich doch, daß dies ein wichtiger Schritt weg vom Stalinismus ist und positive Elemente beinhaltet. Diese Richtung folgte teilweise dem Hauptweg der Modernisierung der westeuropäischen Länder. Deshalb vergrößert diese soziologische Richtung auch die adaptive Tätigkeit der osteuropäischen Systeme und eröffnet mehr Freiraum für die Menschen, damit diese in ihrem Privatleben ihre eigenen Ziele und Werte realisieren können.

Gleichzeitig werden von diesen Soziologen sehr viele Vorstellungen beibehalten, die organische Teile der poststalinistischen Ideologie sind, die in den meisten europäischen Ländern noch immer vorherrscht. Vor allem denke ich an folgendes: Die relative Freiheit des Privatlebens wird auf das öffentliche Leben nicht ausgebreitet, wo weiterhin die Bürokratie ihre Macht unkontrollierbar ausübt, wenn auch im Prozeß der Modernisierung die Methoden der Machtausübung vervollkommnet und für die Menschen erträglicher werden. Mag die Modernisierung in diesem Rahmen auch noch so weit vorankommen; eine wirkliche sozialistische Gesellschaft kann sich nicht entfalten, da die Emanzipation von der bürokratischen Machtstruktur unmöglich ist. Der denkbar beste Fall könnte nicht anderes sein als eine Herrschaft der aufgeklärten Bürokratie.

In der apologetischen Soziologie bleibt weiterhin eine Art Gesetzesfetischismus erhalten. Friedrich Engels hat gemeint, daß die gesellschaftliche Entwicklung Gesetzen unterworfen ist wie die Natur. So schildern sie ihre Prognosen – und seien sie auch noch so irreal – als die Realisierung eines Entwicklungsgesetzes, das von allen progressiven Kräften unterstützt werden muß.

In der kritischen Richtung muß man den naiven Antibürokratismus überwinden. Dieser naive Ansatz dominiert nicht nur in der alten sozialistischen Denkweise, sondern auch in den verschiedenen antibürokratischen kritischen Richtungen der Gegenwart. Solche Ansätze waren in China zur Zeit der chinesischen Kulturrevolution typisch. Sie herrschten bei den verschiedenen radikalkommunistischen Richtungen wie bei den Trotzkisten vor. Sie kennzeichnen Bahros berühmtes Buch „Die Alternative“.

Aber die historischen Erfahrungen und die logischen Analysen auf retrospektiver Basis haben auch bewiesen, daß in solchen Gesellschaften die Reproduktion der gesellschaftlichen Beziehungen ohne die bürokratische Machtstruktur, ohne die verschiedenen bürokratischen Institutionen, unvorstellbar ist.

Innerhalb der kritischen Richtung finden sich zwei Vorstellungen über die Emanzipation der Gesellschaft. Die Vertreter der einen neigen dazu, die Einführung des westlichen Parlamentarismus, d.h. des Mehrparteiensystems, als unerläßlich und damit als eine grundsätzliche Zielsetzung zu betrachten.

Andere, unter ihnen auch ich, denken, daß die Realisierung dieser Zielsetzung sehr gefährlich wäre, sowohl für den inneren wie auch für den europäischen Frieden. Da diese Systeme über starke militärische und polizeiliche Kräfte verfügen und die Einführung des Parlamentarismus ihre Macht gefährdet, werden sie diese Kräfte ausnützen, um ihre Interessen und ihre Macht zu verteidigen. Die unvermeidbare Folge wäre ein Bürgerkrieg. Der Bürgerkrieg in Europa könnte zum europäischen Krieg, das heißt zum Weltkrieg, führen. Dies ist das Hauptmotiv, weshalb ich meine, daß nach einem anderen Weg zur Emanzipation der Gesellschaft von der Bürokratie gesucht werden muß.

Mir scheint eine Zukunftsalternative möglich, wo neben dem Einheitsparteisystem verschiedene autonome Bewegungen und Institutionen existieren, darunter jedoch keine politischen Parteien, die nach einem Wahlergebnis die politische Macht zu ergreifen wünschen oder die Machtausübung verhindern möchten.

In solchen unabhängigen selbständigen Institutionen könnte sich meiner Meinung nach eine bürgerliche Gesellschaft ausbilden, die eine Möglichkeit hätte, die bürokratische Machtstruktur zu kontrollieren und zu beeinflussen.

Die soziologische Basis dieser Alternative ist das Heranwachsen von Bedürfnissen nach gesellschaftlicher und nicht nur privater Autonomie. Dies verursacht in diesen Ländern mehr und mehr Konflikte zwischen der Macht und den Massen. Gehen diese Konflikte über einen gewissen Grad hinaus, so entsteht im starren Rahmen der monolithischen Institutionen des Staatssozialismus eine immer schärfer werdende Spannung, die das System mit einer politischen Krise bedroht. In dieser Situation hat die Macht ein elementares Interesse daran, einen Weg zum Pluralismus zu suchen.

Andererseits sehen die verschiedenen Bewegungen und die Vertreter der nach Autonomie strebenden Institutionen als Ergebnis eines längeren Lernprozesses ein, daß sie im eigenen Interesse die maximalen Ziele beschränken müssen, um offene Konflikte mit der Macht zu vermeiden.

In dieser Hinsicht sind in den osteuropäischen Ländern die Gruppen der demokratischen Opposition sehr wichtig. Doch stehen sie an einem Kreuzweg; sie müssen zwischen zwei Alternativmöglichkeiten wählen: – eine konstruktive Opposition, die die verschiedenen tatsächlichen ökonomischen, politischen und ideologischen Reformen der gesellschaftlichen Beziehungen unterstützt; – eine radikale Linie, die in einem offenen Konflikt mit der Macht alle Möglichkeiten zum Dialog zurückweist.

Die gegenwärtige Lage, die gespannte europäische Situation zwischen den zwei Blöcken und die inneren Interessen der Massen dieser Länder erfordern zur friedlichen Entwicklung von der demokratischen Oppositon konstruktives Verhalten und die Zurücknahme ihrer radikalen Ziele. Auf diese Weise könnte die Reformierbarkeit dieses Systems vom Sowjettyp vergrößert werden. Auf dieser Basis läßt sich nur ein gesellschaftlicher Kompromiß entwickeln, in dem die Macht die Existenz der unabhängigen Bewegungen und Institutionen toleriert und diese nicht danach streben, die Macht zu ergreifen oder ihre Ausübung zu verhindern. Sie geben sich mit der Kontrolle über und dem Einfluß auf die Macht zufrieden.

Auch innerhalb der empirischen Richtung der Soziologie können Visionen über die Zukunft der osteuropäischen Gesellschaften gefunden werden. Für gewisse Teilprobleme werden Prognosen erstellt. Die meist verwendeten Methoden sind:

- Extrapolation und
- Intrapolation.

Beide Methoden müssen im Hinblick auf die Praxis einer kritischen Beurteilung unterzogen werden. Die Extrapolation setzt voraus, daß bestimmte Entwicklungstrends in die Zukunft projizierbar sind und keine unerwarteten, nicht kalkulierbaren Ereignisse auftreten werden. Die Erfahrung dieses Jahrhunderts weist zuviel solcher Störfaktoren auf. Die Intrapolation setzt voraus, daß die Gesellschaften verschiedenen Typs dem gleichen Entwicklungsweg folgen. Unsere Epoche ist jedoch vom Suchen nach einem Weg gekennzeichnet.

Trotz dieser methodischen Schwierigkeiten bereichern die Prognosen der empirischen Soziologie die Zukunftsvisionen sowohl der apologetischen als auch der kritischen Richtung.

In meinem Vortrag verschärfte ich die Unterschiede zwischen den verschiedenen Richtungen, ohne daß ich die positive Funktion einer jeden zu bestreiten wünschte. Die Soziologie erfüllt in den osteuropäischen Ländern meiner Meinung nach eine originär positive Funktion. Ich selbst gehöre zwar zur kritischen soziologischen Richtung, aber ich habe keine Vorurteile gegenüber anderen. Im Laufe meines abwechslungsreichen Lebens war ich nach einer kurzen politischen Laufbahn apologetischer Soziologe, dafür habe ich akademische Anerkennung und den Professorentitel erhalten. Ich war empirischer Soziologe, mit den begleitenden Vorteilen, und schließlich wurde ich zum kritischen Soziologen mit Verlust meiner Arbeit und mit Berufsverbot.

Themenbereich I:

Gesellschaftliche Entwicklung von Lebenszusammenhängen

EINLEITUNG

Eckart Pankoke

Im Erwartungs- und Bewertungshorizont von „1984" wurde Orwells Vision totaler Modernisierung zur Aufforderung, über die Bedingungs- und Wirkungszusammenhänge von „Soziologie und gesellschaftlicher Entwicklung" – so das Leitthema des Dortmunder Soziologentages 1984 – Rede und Antwort zu stehen. Die Vergegenwärtigung von Tendenzen, Krisen und Chancen des Modernisierungsprozesses gab den Bezugsrahmen, die Praxis soziologischer Lehre und Forschung in ihren gesellschaftlichen Wertungen, Wirkungen und Verantwortungen zu reflektieren.

In gesellschaftstheoretischer Retrospektive erscheint der Modernisierungsprozeß zumeist als Vergesellschaftung lebensweltlicher Identität und Solidarität. Verwiesen wird auf die Systemzwänge von „Arbeitsgesellschaft", „Organisationsgesellschaft", „Mediengesellschaft", mit denen Orwells Ängste vor einem Umschlag gesellschaftlicher Modernität in die Totalität systemtechnischer Vergesellschaftung gewiß weiter akut bleiben.

Im Blick auf aktuelle Krisen, strukturelle Grenzen und kulturelle Brüche des Modernisierungsprozesses muß jedoch die Perspektivik wechseln, da die sozialen Folgen, Kosten und Chancen der Moderne sich anders darstellen, wenn die Chancen moderner Lebensführung knapper werden.

So sehen wir uns neu damit konfrontiert, daß Modernisierung auf Grenzen des Wachstums trifft und mit Verweis auf diese Grenzen evolutionäre Errungenschaften der Moderne zurückgenommen werden könnten.

Auf dem Hintergrund neu aufreißender gesellschaftspolitischer Problem- und Randlagen gilt es, nicht nur den sozialen Folgen gesteigerter Modernität nachzugehen, sondern zugleich auch die soziale Problematik verweigerter Modernität bewußt zu machen. Dies gilt auch mit Blick auf die lebenspraktischen Felder sozialen Handelns und Erlebens, sozialer Gestaltung und Verantwortung.

So wird auf diesem Forum die „gesellschaftliche Entwicklung von Lebenszusammenhängen" zum verbindenden Problem der Sektionen „Familiensoziologie" und „Frauenforschung", „Stadtsoziologie" und „Sozialpolitik".

1. Rückblick: Soziologie und Modernisierungsprozeß: „1948"–„1984"

In der durch Orwell markierten Epochenspanne von „1948" und „1984" zeigt der Rückbezug auf erste Nachkriegsjahre zunächst eine Soziologie, die im Aufwind von Wiederaufbau und Wirtschaftswunder mit dem Modernisierungsprozeß mitzog und mit ihren Konstrukten von „moderner Familie", „moderner Jugend", „moderner Großstadt" und „moderner Gesellschaft" die neue Modernität einer „skeptischen Generation" auf den Begriff brachte und so bestätigen und verstärken konnte.

„Soziologie und moderne Gesellschaft" – so das Motto des Berliner Soziologentages 1959 – wurde zur Problemformel neuer „Ortsbestimmungen der Soziologie". Eine modernisierungskritische Wende markierte der Heidelberger Soziologentag zum Max-Weber-Jahr-1964; die Rezeption Max Webers gab Anlaß soziologischer Auseinandersetzungen mit der Rationalität der Moderne und den auf ihr lastenden Schatten eines geschichtlich erlittenen und bedrohlich bleibenden Umschlags in Ermächtigung und Entfremdung. Diese „Dialektik der Aufklärung" fand Nachhall in einer „kritischen Generation" und im programmatischen Selbstverständnis von „Soziologie als Krisenwissenschaft".

Progressiv gerichtetes Engagement begann damit, die fortschreitende Modernisierung mit Blick auf moderne Entfremdungen radikal in Frage zu stellen. Zu einer Schwelle wurde „1968", – schon weit fern von „1948" und fast auch schon gleich fremd für „1984". Für die Soziologie war 1968 das Karl-Marx-Jahr mit dem Frankfurter Soziologentag „Spätkapitalismus oder Industriegesellschaft", es war zugleich Gründungsphase sozialwissenschaftlicher Institute und Fakultäten und Auftakt programmatischer Richtungskämpfe um kritische Theorie der Gesellschaft und um soziologische Aufklärung moderner Systembildung. Noch allerdings ging es jeweils um konsequenten Durchbruch der Moderne.

Im Bewußtsein wachsender Spannungen zwischen den Systemzwängen von Modernisierungsprozessen und der Betroffenheit sozialer Lebenswelt richtete sich soziologische Theorie und Empirie zunehmend auf die Evolutions- und Konstitutionsprozesse sozialer Deutungsmuster und Handlungsfelder.

2. Gegenwartsfragen: „Krisen der Arbeitsgesellschaft"

Daß die Themen dieses Soziologentages hier und heute, 1984 in Dortmund unter der bedrückenden Gegenwärtigkeit struktureller Arbeitslosigkeit zu verhandeln sind, rückt diesen in Bamberg 1982 noch als Frage gefaßten Bezug „Krise der Arbeitsgesellschaft?" nun dringlicher in das Bewußtsein soziologischer Verantwortung.

Die „Krisen der Arbeitsgesellschaft" erschienen im Erwartungsrahmen gesellschaftlichen Wertwandels zunächst als Aufforderung zum „Ausstieg aus der Arbeitsgesellschaft", als Chance neuer Lebensentwürfe, sich nun von industriellen Zwängen „frei" zu machen und auf eine Zukunft post-industrieller Werte und Welten zu setzen. Heute, 1984, sehen wir uns hingegen anders herausgefordert: nicht nur durch die Erwartung einer sprunghaften Steigerung moderner Systemtechnik und Systemkontrolle, sondern auch durch unsere Betroffenheit, daß an den „Grenzen des Wachstums" evolutionäre Errungenschaften der Moderne zurückgenommen werden könnten.

Beides ist zusammenzusehen: der kulturelle Wandel gesellschaftlicher Werte und der strukturelle Rahmen gesellschaftlicher Lebenslagen und Lebenschancen. Dann wird als Problem bewußt, daß soziokulturelle Lernprozesse einer Umwertung der Moderne doch an die im Modernisierungsprozeß institutionalisierten Freiheiten und Sicherungen gebunden bleiben.

Gerade hier an der Ruhr, dieser von den „Krisen der Arbeitsgesellschaft" besonders schwer getroffenen alten Industrielandschaft, müssen wir erfahren, daß industriegesellschaftliche Produktivität sich festgefahren hat, auf Grenzen trifft, gebrochen wird und bei rückläufiger Modernität Rück- und Randständigkeit aufbricht. In solchen Problemzonen „sozialer Brache" werden die Folgekosten konjunktureller und struktureller Brüche unabweisbar akut: verweigerte Lebenschancen, zerrissene Lebenszusammenhänge, verstörter Lebenssinn.

Schienen im Zeichen des Wachstums die Errungenschaften der Moderne noch verallgemeinerbar und gesellschaftlicher Ausgleich noch durchsetzbar, so wird nun in knapperen Zeiten soziale Ungleichheit wieder härter spürbar: auf dem Arbeitsmarkt, dem Wohnungsmarkt, in Konsum und Freizeit, aber auch im öffentlichen Bereich sozialer Infrastruktur und Dienstleistung. Polarisierung und Marginalisierung reißt auf – und der Riß einer sich spaltenden Gesellschaft trifft gerade auch das Verhältnis der Generationen und trennt die Generation 'mit Vergangenheit' (in den 1950 und 1960er Jahren) von einer Generation 'ohne Zukunft' – zumindest soweit Erwartungen nach Geld und Macht verrechnet werden.

Unser Problembewußtsein darf sich allerdings nicht nur darauf richten, daß Chancen knapper werden; gleichermaßen sehen wir uns davon betroffen, daß auch Horizonte enger werden, gerade für die „Entwicklung von Lebenszusammenhängen": Dies gilt für eine „Humanisierung der Arbeitswelt", für eine bewußtere Lebensgestaltung von Familienleben und Familiensinn, – auch im Verhältnis der Geschlechter; es gilt für die kulturelle Entwicklung und sozialräumliche Belebung unserer Städte; insbesondere betrifft es heute auch lebenspraktische Umwertungen im Verhältnis von gesellschaftlicher Arbeit und freier Zeit.

Die Beiträge aus den beteiligten Sektionen können die Gefahr struktureller Verknappung und kultureller Verengung nachdrücklich belegen. Dabei werden verhängnisvolle Transformationen der Moderne gerade dort auffällig, wo die verinnerlichten Leitbilder moderner Lebensführung nicht mehr auf die Sicherungen und Leistungen gesellschaftlicher Modernität bauen können, weil Errungenschaften der Moderne zurückgezogen, verweigert, verdrängt sind.

Doch auch ein zwanghaftes Durchhalten der Muster arbeitsgesellschaftlicher Modernität, ein formalistisches Festhalten an den damit gesetzten Standards industrieller Normalität mit den rigorosen Trennlinien nach Berufs- und Geschlechtsrollen, Funktionszonen und Teil-Zeiten wird problematisch, wenn es gilt, auch jenseits kleinfamilialer Leitbilder ein Engagement familialer Bindung und Verbindlichkeit neu zu entwickeln, eine nicht über Berufsrollen festgelegte personale Identität zu entfalten, ein von bürgerlicher Urbanität abhebendes Engagement sozialer Bewegung öffentlich zu machen oder über neue Formen gemeinschaftlich geteilter Arbeit gesellschaftliche Solidarität neu zu begründen.

Soziologische Orientierungen, welche soziale Betroffenheiten durch gesteigerte bzw. verweigerte Modernität nicht nur problematisieren, sondern auch die Handlungs- und Entwicklungspotentiale sozialer Kontexte deutlich zu machen suchen, könnten hier der „Entwicklung von Lebenszusammenhängen" auch praktisch Perspektiven aufzeigen.

3. Ausblick: „Lebenszusammenhänge" als Problem der Soziologie

Der Anspruch soziologischer Orientierung auf lebenspraktische wie gesellschaftspolitische Relevanz meldete sich an mit begrifflichen Konstrukten wie „Lebenslage", „Lebenschance" und „Lebenswelt": So greift der Begriff der „Lebenslage" tiefer als eine Schichtung nach ökonomischer Lagerung. „Lebenslagen" sind immer auch zu bestimmen über die gesellschaftsbedingte Perspektivik sozialen Erlebens, Bewertens und Erwartens.

„Als Lebenslage gilt der Spielraum, den die äußeren Umstände dem Menschen für die Erfüllung seiner Grundanliegen bieten, die er bei ungehinderter und gründlicher Selbstbesinnung als bestimmend für den Sinn seines Lebens ansieht." (Weisser 1956)

Ein solcher Bezug auf die sinnhafte Dimension der Erwartungen und Bewertungen sozialer „Lebenswelt" verwies sozialwissenschaftliche Forschung auf die „subjektiven Indikatoren" sozialer Bedürftigkeit und Betroffenheit; praktisch wurde dies umgesetzt in Konzepte einer „bürgernahen" und „bedürfnisorientierten" Verwaltung; ein qualitatives Verständnis der „Lebenslage" als „Lebensqualität" wurde zur Programmformel einer an sozialen Zielgruppen und Zielräumen sich orientierenden sozialen Politik.

Zielte der Begriff der „Lebenslage" auf ein qualitatives Verständnis sozialer Ungleichheit und betonte demgegenüber die liberal gewendete Programmformel der „Lebenschance" die Eigenverantwortlichkeit individueller Wahlfreiheit und Wahlmöglichkeit, so setzt das Konzept des „Lebenszusammenhanges" den Akzent auf die Entwicklungsdynamik sozialer Lebensweisen, Beziehungsfelder und Vernetzungsprozesse. Gesellschaftspolitisch geht es dann nicht nur um die Befriedung gesellschaftlicher 'Lagen' oder ein Freimachen gesellschaftlicher 'Chancen', sondern um die aktive Entwicklung von Handlungskompetenzen und Handlungskontexten.

Bestimmen wir „Lebenszusammenhänge" nach ihrem „menschlichen Maß" sozialer Nähe, so geht es nicht um quantitative Maßstäbe und Reichweiten, vielmehr um eine besondere Qualität und Intensität sozialer Integration. In „Lebenszusammenhängen" können die Mechanismen moderner Systemintegration (Funktionstrennung, Systemdifferenzierung und Formalkontrolle) zurückgenommen werden, da hier in der Gegenwärtigkeit und Unmittelbarkeit wechselseitiger Wahrnehmung, also „sozialintegrativ" über Verhandlung und Verständigung, Vertrauen und Verantwortung sich „Zusammenhang" konstituieren und stabilisieren kann.

Doch geht es nicht um ein vorbehaltloses Konservieren von gewachsenen und gestandenen „kleinen Netzen" (wie den „natural-networks" von Verwandtschaft, Nachbarschaft, Kameradschaft), auch nicht um die einseitige Auslegung von Subsidiarität zum Zwecke der Abwälzung gesellschaftlicher Probleme auf die private Sorge primärer Lebenskreise, (die sich dabei gerade nicht mehr subsidiär gestützt, sondern aus sozialpolitischer Daseinsvorsorge fallen gelassen sehen). Ordnungspolitische Programmformeln der „Solidarität", „Subsidiarität" oder „Pluralität" gewinnen vielmehr neuen Sinn, wenn wir sie bewußt relational und reflexiv verstehen – d.h. im Sinne von Organisations- und Relationsformen, die sich in ihren Binnenbeziehungen wie Umweltrelationen selbst bestimmen und selbst steuern können. In diesem Sinne zielt auch unsere Formel „Entwicklung von Lebenszusammenhängen" auf die Offenheit der Konstitutionsprozesse selbstbewußter und selbstaktiver Vernetzung.

Für soziologische Forschungsorientierung, gerade auch in den hier vorgestellten Sektionen, bedeutet dies ein wachsendes Interesse an den Konstitutionsprozessen und der Entwicklungsdynamik sozialer Handlungsfelder und Deutungsmuster: Zu verweisen ist auf Biographieforschung und Lebenslaufanalyse, Familiengeschichte und Sozialisationsforschung, Sozialraumanalyse und die Erforschung sozialer Netzwerke. Theoretische wie methodische Konzepte einer Ethnomethodologie des Alltags, eines symbolischen Interaktionismus wie methodologischen Individualismus, Theorien kommunikativen Handelns und selbstreferentieller Systeme entwickeln dazu ein neues bewußt handlungsorientiertes Verständnis der „sozialen Konstruktion gesellschaftlicher Wirklichkeit".

Wenn wir nun das Konstrukt des „Lebenszusammenhanges" mit dem Begriff der „Entwicklung" verbinden, wird die doppelte Perspektivik von „Entwicklung" zu beachten sein: Transitiv bedeutet „Entwicklung von Lebenszusammenhängen" die planmäßige Durchsetzung eines Bedingungsrahmens zur Verbesserung von Lebenslagen. Davon zu unterscheiden ist ein reflexives Verständnis von „Entwicklung". Dann geht es nicht nur darum, daß Lebenslagen entwickelt-werden, vielmehr interessiert die Chance, daß „Lebenszusammenhänge" sich-entwickeln können.

Gerade dann stoßen wir auf die kritischen Punkte, Bruch- und Schwachstellen, Konflikt- und Krisenlagen von Modernisierungsprozessen. So sind die Zeichen ernst zu nehmen, daß die systemintegrative Modernität von Organisations- und Mediengesellschaft die Entwicklung von Lebenszusammenhängen blockieren kann, daß es im Abseits des Modernisierungsprozesses erneut und verschärft zu Marginalisierung und Polarisierung kommt und in einer sich spaltenden Gesellschaft die Leitbilder selbstbewußter und selbstgesteuerter Lebensführung zur Illusion und Ideologie werden können.

Die strukturellen wie kulturellen Krisen sozialer Lebenszusammenhänge führen zu Fragen nach der praktischen Wirksamkeit soziologischer Orientierung. Jedoch: wenn es fiskalisch knapp und legitimatorisch eng wird, sehen sich gerade Sozialwissenschaftler in ihrem gesellschaftspolitischen Relevanzanspruch sehr bald in Frage gestellt. Entlassen aus dem Verwertungsdruck des Planungs- und Legitimationshelfers muß Soziologie sich nun der Frage stellen, ob ihr Rückzug auf das „menschliche Maß" nicht nur Symptom und Reaktion ist auf ihre Verdrängung aus öffentlicher Wirksamkeit und Verantwortlichkeit.

Das neue Interesse für die Feinstruktur der interaktiven und intersubjektiven Konstitution des „Sozialen" könnte aber auch darin Grund finden, daß soziale Lebenszusammenhänge heute in ihrer Spannung zur etablierten Modernität praktisch zum Problem werden:

— sei es, daß soziale Lebenszusammenhänge unter verschärften Modernisierungsdruck kommen;
— sei es, daß im Sog einer sich zurückziehenden Modernität die Randlagen neuer Pauperisierung und Marginalisierung sich ausweiten;
— sei es, daß in der Folge strukturellen wie kulturellen Wandels es zu normativen Umwertungen kommt;
— sei es, daß freigesetzte Subjektivität dann nicht mehr Halt und Rahmen findet, sich verbindlich binden (anders formuliert: „engagieren") zu können;
— sei es, daß die Relationen zwischen der systemintegrativen Steuerung des Modernisierungsprozesses und der sozialen Integration von Lebenszusammenhängen gesellschaftspolitisch neu zu ordnen, zu gestalten und zu steuern sind.

Im Bewußtsein der Spannungen zwischen gesellschaftlicher Systembildung und der sozialen Dynamik von Lebenszusammenhängen stellen sich Fragen der „Vermittlung". Gerade hier könnte sich aus der Sensibilität „verstehender Soziologie" in Verbindung mit einem kritischen Sinn für Systeme ein neues Selbstbewußtsein soziologischer Kompetenz begründen: „Vermittlung" bedeutet dabei allerdings nicht nur die kommunikative Mittlerstellung des „Grenzgängers" zwischen sozialaktiven Feldern und politisch-administrativen Systemen. Auch bei Spannungsfeldern kann soziologisch vermittelte Handlungsorientierung Spannungen deutlich und öffentlich machen und so erst Verhältnisse „unter Spannung" und „in Bewegung" bringen. Besonders wird dies deutlich, wenn es um ein „Sich-Entwickeln von Selbststeuerung" geht, d.h. um die Eigendynamik und Autonomie gesellschaftlicher Lebens- und Handlungszusammenhänge – gerade auch in Spannung zu gesellschaftlicher Umwelt, zu etablierten Systemen und zu institutionalisiertem Kontext.

Hier könnte die Mittlerstellung des Soziologen sich auch darin bewähren, daß für das Aktionspotential und die Entwicklungsdynamik sozialer Lebenszusammenhänge neue institutionelle Arrangements sich entwickeln und vermitteln lassen: Dies gilt für die Selbststeuerung familialer Lebenszusammenhänge; für neue Vereinbarungen gesellschaftlicher und familialer Arbeitsteilung; es gilt für eine Aktivierung sozialräumlicher Lebenszusammenhänge und randständiger Lebenslagen wie für neue Bewegungen sozialer Widerständigkeit im urbanen Raum und in kommunaler Öffentlichkeit; und es gilt im Sinne gesellschaftspolitischer Öffnung der industriegesellschaftlich durchgesetzten Systemgrenzen und Grenzkontrollen für neue Gestaltungsformen und Verteilungsmuster gesellschaftlicher Arbeit und freier Tätigkeit.

„Vermittlung“ bedeutet dabei immer auch Kommunikationsprozesse sozialer Verständigung und Verantwortung zwischen zuständigen und betroffenen „Subjekten“, zugleich aber auch die Verhandlung über institutionell verbindliche Regulierung und Selbstregelung. So geht es immer zugleich um beides: um soziale Felder und um gesellschaftliche Systeme. Hier könnte soziologische Aufklärung für gesellschaftspolitische Verantwortung, d.h. für offenes und öffentliches „Rede-und-Antwort-Stehen“, auch praktisch Perspektiven öffnen.

MODERNE FAMILIALE LEBENSFORMEN ALS HERAUSFORDERUNG DER SOZIOLOGIE

Kurt Lüscher[1]

1. Es gehört zu den Paradoxien des Themas, daß die Beschäftigung mit einer uns allen vertrauen Lebensform im Grunde genommen erheblicher theoretischer Abklärungen bedarf; denn sozusagen alles, was Familie betrifft, ist heutzutage von Ideologien und individuellen Erfahrungen, von Werten und Emotionen stark besetzt. In der familienwissenschaftlichen Forschung erweist sich die Disziplinierung der eigenen Betroffenheit weitaus schwieriger als in vielen anderen Arbeitsbereichen. Daraus ergeben sich spezifische Herausforderungen der Soziologie. Sie beginnen schon bei der Verständigung darüber, was mit Familie gemeint ist.

2. Der *Begriff Familie* ist der Soziologie wie viele andere Begriffe des täglichen Lebens vorgegeben und weist eine verschlungene Begriffsgeschichte auf, deren Quintessenz lautet, daß mit Familie – zumindest in der Neuzeit – öffentlich (meist rechtlich) anerkannte Lebensformen zur Gestaltung des Verhältnisses zwischen Eltern und Kindern gemeint sind.[2] Wesentlich für Familie ist somit *ihr doppelter Charakter* als eine Art Lebensgemeinschaft oder *Gruppe* und als gesellschaftliche *Institution.* Dabei sind die Abgrenzungen zu Ehe, Haushalt und Verwandtschaft oft fließend. Sozialgeschichtlichen Forschungen verdanken wir zu diesem Thema in den letzten Jahrzehnten eine Fülle wichtiger Einsichten, aus denen sich für unseren Kulturbereich folgende Generalisierungen ergeben:[3]

a) Zu allen Zeiten gab es – oft nebeneinander – verschiedene Formen des *Haushaltes*, darin lebten Familien mit wenigen und mit vielen Kindern, und zusätzlich lebten darin u.U. weitere Verwandte sowie Bedienstete.

b) Der heute vorherrschende Typ der *Kernfamilie*, also derjenigen Familie, die primär auf den Eltern-Kind-Beziehungen beruht, ist dadurch entstanden, daß den Eltern die primäre Verantwortung für die Pflege und Erziehung der Kinder übertragen und ihnen eine gewisse Autonomie der Gestaltung eines privaten alltäglichen Lebensraumes zugebilligt worden ist. Diese hervorragende Stellung der Kernfamilie hat sich im wesentlichen seit dem 18. Jahrhundert herausgebildet. – Sonderformen wie Familien alleinerziehender Mütter oder Väter wurden im Laufe der Zeit zusehends als gleichwertig anerkannt. Formen und Aufgaben von Familien standen und stehen in Wechselbeziehungen zu den demographischen Entwicklungen sowie zu wirtschaftlichen, politischen und kulturellen Sachverhalten.

c) Parallel zur Entwicklung dieses relativ autonomen Lebensraumes der Familie ist ein Netzwerk mehr oder weniger formalisierter sozialer Beziehungen und öffentlicher *Einrichtungen* entstanden, die die Kernfamilie in der Pflege und Erziehung der Kinder sowie in der Sorge für die Alten unterstützen, teilweise ergänzen, aber auch mit ihr konkurrieren.

3. Es gab also schon früher eine Pluralität jener Lebensverhältnisse, die wir von unserem heutigen Verständnis her und für die Zwecke der sozialwissenschaftlichen Analyse als „familiale Lebensformen“ bezeichnen können. Auch gab es schon früher neue Entwicklungen und Auseinandersetzungen um institutionelle Anerkennung. Doch hat es den Anschein, als ob seit Anfang der 60er Jahre eine neue und vor allem überaus rasch ablaufende Phase des Wandels in Gang gekommen ist. Sie betrifft z.T. Familientypen (z.B. Familien alleinerziehender Eltern), die wir in gewisser Weise schon von früher her kennen. Doch die Umstände ihrer Entstehung und Verbreitung scheinen andere zu sein. Folgende demographische Sachverhalte können in etwa als Indikatoren der Emergenz von derart – in einem eingegrenzten Sinne des Wortes – *neuen familialen Lebensformen* verstanden werden:[4]

- *Rückgang der Eheschließungen*, wobei bis etwa 1975 das durchschnittliche Heiratsalter sank, seither wieder ansteigt.
- Zunahme der Zahl der *kinderlosen Paare* sowie des relativen Anteils der Familien mit einem oder zwei Kindern.
- *Rückgang der Geburtenziffer*, wobei allerdings die eheliche Geburtenziffer seit 1975 wieder angestiegen ist, der Rückgang neuerdings also wesentlich mit dem Verzicht auf Eheschluß zusammenhängt.
- Rascher Anstieg der Haushalte *unverheirateter Paare* – mehr oder weniger zutreffend „nichteheliche Lebensgemeinschaften“ genannt. – Ziemlich genaue Zahlen liegen aus der Volkszählung 1980 für die Schweiz vor, wo der Anteil unverheirateter Paare unter *allen* Paaren ohne Kinder 8% beträgt; unter den *20- bis 24jährigen* beträgt der Anteil rund 25% (Lüscher 1983). – Die Größenordnungen in der Bundesrepublik sind gemäß verschiedener Schätzungen ähnlich (Wingen 1984). Die Zahl der zum Zeitpunkt der Volkszählung zusammenlebenden unverheirateten Paare mit Kindern beträgt in der Schweiz 2% aller Familien mit minderjährigen Kindern.[5]
- Zunahme der *Scheidungsziffern* und der Zahl der *Ein-Eltern-Familien* sowie der Kinder mit Stiefeltern. – Schwarz (1984) schätzt, daß 8% aller noch nicht 18jährigen Kinder im Haushalt von Stiefeltern wohnen (davon gut vier Fünftel mit ihrer natürlichen Mutter). Ferner leben 7,5% der Kinder bei der alleinstehenden Mutter, 1,5% beim alleinstehenden Vater. 83% der Kinder wachsen derzeit im Haushalt ihrer zusammenlebenden Eltern auf.

4. Für die Analyse dieser Sachverhalte ist es notwendig, Konzepte heranzuziehen, die der Dynamik familialer Lebensformen in zweifacher Hinsicht gerecht zu werden vermögen, nämlich, *erstens* in bezug auf die Entwicklung

der einzelnen Familie und, *zweitens*, in bezug auf die Herausbildung einer Pluralität von Familienformen, eingeschlossen die beobachtbare teilweise Ablehnung der Familiengründung. Es geht also um Prozesse der Konstitution und um die Emergenz von Lebensformen im gesellschaftlichen Raum.

Konzeptuelle Grundlagen

1. Als Ausgangspunkt für die Analyse wähle ich einen Sachverhalt, der sowohl theoretisch als auch empirisch relevant ist. Es ist dies der Umstand, daß der neugeborene Mensch während mehrerer Jahre auf *Fürsorge*, auf *Pflege* und *Erziehung durch Erwachsene* angewiesen ist. Mit der Erfüllung der dabei anfallenden Aufgaben ordnen aus heutiger Sicht die Eltern ihre Kinder, sich selbst und ihre häusliche Gemeinschaft in eine übergreifende Entwicklung ein und generieren dementsprechend Sinngebungen des Lebens, kurz, entwickeln individuelle und kollektive Identitäten. Die Familienformen drücken aus, wie die Lebensverhältnisse und das Verständnis dieser Aufgaben unter konkreten historischen Bedingungen zusammenwirken.

Mit anderen Worten, wir können familiale Lebensformen, knapp formuliert, als „soziale Erfindungen" zur Gestaltung der anthropologisch gestellten Aufgabe der Pflege und Erziehung des Nachwuchses betrachten. Dabei kann in soziologischer Sicht offen bleiben, inwieweit der Ursprung von Familie auf glaubensmäßige Überzeugungen oder auf Verhaltensdispositionen zurückgeführt werden kann oder soll. Ausschlaggebend ist in jedem Fall, daß sich seit Menschengedenken eine Vielfalt familialer Lebensformen durch erfahrungsgeleitete Gestaltung konkreter Lebensverhältnisse konstituiert. Diese Konstitution stellt in einem weiten Sinne des Wortes eine *Leistung* dar; dem Begriff kommt ebenso wie demjenigen der *Aufgabe* im hier vertretenen Ansatz ein analytischer Stellenwert zu.[6]

2. Praktisch handelt es sich heutzutage bei familialen Aufgaben darum, Wohnen, Haushalten, Erwerbstätigkeit, Kindererziehung, Freizeit usw. in einem *Alltag* zu koordinieren und zu synchronisieren und dabei auch unvorhergesehene Ereignisse zu meistern. Die vielfältigen Erfahrungen, welche die Menschen dabei machen, finden ihren Niederschlag in *Orientierungen*, beispielsweise in der Form von Handlungsmaximen. Diese Orientierungen wiederum lassen sich analytisch Ordnungsschematas zuordnen, die ihrerseits wiederum der Orientierung des weiteren Handelns dienen. Wir sagen also: in einer menschlichen Handlung vereinigen sich – analytisch gesprochen – Ziele (Zweck), Kontext und Begründung (Norm).

3. Zur weiteren Analyse dieser Zusammenhänge können wir auf den von G. H. Mead eingeführten Begriff der *Perspektiven* zurückgreifen.[7] Er faßt systematisch Orientierungen in einem kommunikativen Kontext zusammen.

Alles menschliche Handeln ist demnach an die Bedingung der Perspektivität gebunden und erhält durch einen (*mindestens* einen) kommunikativen Kontext seine Bedeutung. – Doch der Kontexte sind, wie die Erfahrung zeigt, viele. Dementsprechend konstituiert sich gemeinsame Realität in einer Vielfalt von Perspektiven.

Soweit – knapp umrissen – die Begründung der Perspektivität des Handelns im Anschluß an Mead. Er ist bei weitem nicht der einzige, der sich dem Thema zugewandt hat. Wir stoßen darauf u.a. bei Durkheim und Simmel. Doch gebührt Mead besondere Beachtung, weil er als konsequenter Evolutionist sowohl die differentiellen raumzeitlichen als auch die pragmatistischen Dimensionen aufeinander bezieht. Darum ist sein Ansatz ebenso theoretisch wie praktisch bedeutsam.

4. Wichtig sind mir insbesondere die im Anschluß an Mead möglichen „*Operationalisierungen*" des Konzeptes, wozu ich hier vor allem drei Vorschläge machen möchte, die unmittelbar unser Thema betreffen.

(a) Das Konzept der Perspektive verknüpft auf einer generellen Ebene Handlungsweisen und kommunikative Kontexte, also soziale Zugehörigkeiten des einzelnen.[8] Diese wiederum bilden den Rahmen für soziale Geltung, also zur Begründung von Normen. Dementsprechend können konzeptuell Perspektiven hinsichtlich des kommunikativen Kontextes unterschieden werden, in dem sie entstehen, also z.B. als

– subjektive Perspektiven (Kommunikation mit sich selbst)
– private Perspektiven (Kommunikation in privaten, d.h. nichtöffentlichen Gruppen)
– öffentliche Perspektiven (Kommunikation in Organisationen, im Staat, öffentliche Meinung)
– religiöse Perspektiven (unter der Annahme einer Kommunikation mit Gott oder einem Göttlichen).

(b) Gesellschaftliches Handeln ist das Ergebnis von Wechselwirkungen mehrerer dieser Handlungsperspektiven. So kann der einzelne in seinem Denken und Fühlen eine Abstimmung der Perspektiven vornehmen. Oder organisatorische Vorgaben vermögen a priori den Geltungsanspruch bestimmter (meist öffentlicher) Perspektiven festzulegen und durchzusetzen. Wo eine Konvergenz von Handlungsperspektiven nicht oder nicht ausreichend vorhanden ist, besteht ein Zustand von Anomie.

(c) Eine besondere Kategorie stellen die wissenschaftlichen Perspektiven dar, eingeschränkter und hier primär von Interesse, die *soziologischen Perspektiven*. Sie gehören in unserem Schema an sich zu den öffentlichen Perspektiven. Doch bilden die anderen Perspektiven gewissermaßen ihr Thema: eben die Handlungsorientierungen von Menschen, analysiert nach Zielen, Kontext und Begründung des Handelns. Für die Soziologie kann somit postuliert werden (was ich hier vertreten möchte), daß die Interdependenz unterschiedlicher Perspektiven ein herausragender Gegenstand der theoretischen und empirischen Forschung ist.

Moderne familiale Lebensformen

1. Demographische Daten wie Rückgang der Eheschließungen und der Geburtenziffer, Zunahme der Scheidungsziffer habe ich als *Indikatoren der Veränderung* bezeichnet. Doch sie beruhen auf Informationen, die auf einer überaus heterogenen Aggregierung von Individualdaten hervorgegangen sind. Einen wichtigen Schritt bis zur eigentlichen *Analyse* tun wir, wenn wir uns auf *Alterskohorten* beziehen, und wenn wir uns demgemäß an biographischen Abläufen orientieren. Zur Kohortenanalyse hat u.a. Mayer Daten vorgelegt, und neuerdings liegen auch seitens der Jugendsoziologie wichtige Beiträge vor.[9] Demnach gilt für viele jüngere Menschen die biographische Sequenz nicht mehr, die lange Zeit lautete: Ausbildung, Eintritt ins Erwerbsleben, Eheschluß verbunden mit der Gründung eines eigenen Haushaltes, baldige Geburt von Kindern. Teils ändert sich die Reihenfolge, teils treten Verzögerungen ein. An die Stelle einer traditionellen, *institutionalisierten* Abfolge der Ereignisse tritt eine Art biographischer Mobilität (Birg 1984), bei der den *subjektiven* und *privaten* Perspektiven eine erhöhte Bedeutung zukommt.

2. Für die weitere Darstellung beziehe ich mich zunächst auf biographische Ereignisse, an denen wichtige Aspekte der Genese neuer familialer Lebensformen erkennbar sind. Den ersten herausragenden Sachverhalt bildet die frühe Gründung eines *eigenen Haushaltes*, heute begünstigt durch relativ gute Verdienstmöglichkeiten (derjenigen, die Arbeit haben), ferner durch sozialstaatliche Absicherungen, durch die Unterstützung seitens der Eltern (was ebenfalls vermehrte Sozialleistungen erleichtern) sowie durch einen einfachen Lebensstil. Diese jungen Haushalte sind also oft nicht völlig selbsttragend, was auf die Bedeutung verwandtschaftlicher Beziehungen und sozialer Netzwerke hinweist.

3. Eine wichtige Voraussetzung für die Entstehung von *Haushalten unverheirateter Paare* vor-, neben-, außer- oder nichtehelicher Art – die Fülle umgangssprachlicher Bezeichnungen belegt in der Sprache die Neuheit des Phänomens – bildet der Umstand, daß *Antikonzeption* das Risiko unerwünschter Schwangerschaften praktisch vollständig auszuschließen ermöglicht. Dies ist ein Sachverhalt, ob dessen Selbstverständlichkeit wir leicht übersehen, in wie kurzer Zeit er selbstverständlich geworden ist und was er impliziert: In einem Ausmaß, das historisch erstmalig ist, besteht heute der Eindruck umfassender Planbarkeit des generativen Verhaltens. Viel radikaler als je zuvor erwächst den einzelnen Menschen und dem Paar die Möglichkeit und die Notwendigkeit, darüber zu entscheiden, ob und zu welchem Zeitpunkt es Kinder haben möchte. – Die Schwierigkeiten und Ambivalenzen und ganz persönliche, subjektive Betroffenheit werden mittlerweile in Schriften intensiv abgehandelt, z.B. in Peter Roos/Friederike Hassauer: Kinderwunsch – Reden und Gegenreden (1982). In einem dort wiedergegebenen Briefwechsel findet sich u.a. folgende Stelle: „... Mein

Kind soll nicht 'passieren'; mein Kind soll meine Entscheidung sein und die seines Vaters. Du, ich glaube, damit bin ich an einen wichtigen Punkt gekommen: Ich habe keinen Anhaltspunkt, warum ich mich für oder gegen ein Kind entscheiden sollte." (S. 20).

4. Allerdings besteht eine *Asymmetrie*: Verläßlich ist lediglich die Beeinflussung der Antikonzeption, nicht aber der Konzeption. Doch auch hier machen sich Vorstellungen einer prinzipiellen Machbarkeit breit. So gibt es Berichte über Leihmütter, die eine Schwangerschaft für Dritte übernehmen. Spektakulär und von weitreichender symbolischer Bedeutung sind die Entwicklungen in der Medizin. Dabei kommt es leicht zu falschen Vorstellungen über den tatsächlichen Erfolg der Behandlungen. Gemäß einem Bericht in der Zeitschrift „Bild der Wissenschaft" (Oktober 1982) sind in der Frauenklinik Erlangen während der Jahre 1981/82 „etwa 200 Versuche unternommen worden, acht Kinder wurden lebend geboren". Die Schätzungen lauten, daß sich in sorgfältig vorausgewählten Populationen bei etwa 20% der Fälle eine Schwangerschaft ergibt; dies u.U. nach wiederholten Behandlungen über mehrere Monate hinweg.

Alles in allem ist die wachsende Bedeutung subjektiver und privater Perspektiven in diesen Prozessen der Konstituierung von Partnerschaft und Familie deutlich zu erkennen; sie relativieren die traditionellen öffentlichen Perspektiven. Klar tritt die Vorstellung der „Machbarkeit" in *Geburtsanzeigen* zutage, also dort, wo subjektive und private Auffassungen *veröffentlicht* werden. – Gemäß einer Untersuchung der „Gesellschaft für deutsche Sprache" finden sich in den Annoncen gehäuft Wörter wie „machen", „planen", so etwa: „Von wegen Storch, da muß ich lachen, man muß die Sache selber machen"; „Nach neun Monaten Planung ...", oder „Unser geplantes Projekt ist abgeschlossen", oder, reiselustig und kein bißchen prüde: „Unser Nachwuchs, made in España".[10]

5. Eine *Schwangerschaft*, ob gewollt oder nicht, erfordert von einem unverheirateten Paar Auseinandersetzungen mit den vorherrschenden institutionellen Regelungen. Ohne Heirat steht das Sorgerecht für das Kind nur der Mutter zu. Dabei schließt eine gemeinsame Haushaltsführung diese von den „Mutter-Kind-Programmen" aus, eine Vorschrift, der gelegentlich durch Kontrollen seitens der Sozialämter Nachdruck verschafft wird. Erhebliche Schwierigkeiten können ferner im Falle des Todes eines der Eltern entstehen. In allen diesen Punkten schlägt der auf lange Traditionen zurückgehende Grundsatz durch, wonach die Position des Vaters zum Kind von seiner rechtlichen Beziehung zur Mutter abhängt.

Viele Paare entschließen sich darum in Erwartung eines Kindes zur Heirat, wie die vergleichsweise geringe Zahl unverheiratet zusammenlebender Paare mit gemeinsamen Kindern zeigt. Jedoch dürfen wir nicht außer acht lassen, daß Zahl und Quote der Eheschließungen sinken. Nicht wenige Paare dürften zunächst lediglich einen Aufschub im Sinn haben, doch kann dieses Provisorium andauern und zum Verzicht auf Familienbildung führen.[11]

6. *Zusammengefaßt* verweisen diese Sachverhalte auf einen *ersten Faktor*, der aktuelle Spannungen zwischen subjektiven, privaten, öffentlichen und religiösen Perspektiven bedingt: der im wesentlichen durch die moderne Antikonzeption geforderte Zwang nach neuen Sinngebungen des Entscheides für Kinder. Dabei verlieren die institutionellen Rahmenbedingungen an Bedeutung.

Wenn es also nicht mehr als selbstverständlich gilt zu heiraten und Kinder zu bekommen, gewinnen umgekehrt private und subjektive Perspektiven an Gewicht. Damit erhöhen sich einerseits die Möglichkeiten, andererseits die Belastungen individuellen Entscheidens, und dementsprechend erhöht sich auch tendenziell der Pluralismus der Lebensformen, der familialen ebenso wie der nichtfamilialen.

7. Diese Tendenzen werden nun wesentlich verstärkt durch einen *zweiten Faktor*, der in die gleiche Richtung wirkt: Bedingungen der *alltäglichen* Lebensverhältnisse. Ich will hier zwei Sachverhalte besonders hervorheben. Der eine betrifft den Umstand, daß Denk- und Handlungsmuster wirtschaftlicher Rationalität bzw. des Monetarismus in zunehmendem Maße in das familiale Handeln eindringen und es dominieren. Hierzu einige Veranschaulichungen: Familiales Haushalten erfordert heutzutage überwiegend Entscheidungen und Leistungen im Bereich des Konsums; sein Erlebniswert ist ein permanentes Thema der Werbung, die in alle Lebensbereiche, sozusagen bis ins Kinderzimmer und ins Schlafzimmer eindringt. Zu bedenken ist im weiteren die Tendenz, im Verhältnis zwischen Eltern und Kindern von Gesetzes wegen gegenseitige Rechte und Pflichten im Konfliktfall, nicht nur beim Ableben, zu monetarisieren. Doch auch mehr oder weniger freiwillige finanzielle Leistungen der Großeltern an Eltern und Großkinder spielen gewissermaßen im Austausch gegen Gefühle eine erhebliche Rolle, worauf Roussel (1976) bereits vor einigen Jahren hingewiesen hat.

Der Anspruch wirtschaftlicher Rationalität auf Priorität kommt besonders deutlich im Umstand zum Ausdruck, daß die *Gleichberechtigung der Frau* eng an ihre aktive, erfolgreiche Teilhabe am Wirtschaftsleben gekoppelt ist, vorzüglich außerhalb des Haushaltes. Eine angemessene Anerkennung wirtschaftlicher Leistungen der Frau im Haushalt und ihrer Arbeit mit Kindern ist bis jetzt noch nicht absehbar.[12]

Diese wirtschaftlichen Zusammenhänge und die sich daraus ergebenden alltäglichen Konsequenzen fordern also von den Frauen und auch den Paaren bewußte Entscheidungen hinsichtlich der Konstituierung einer Familie, ihrer Erweiterung und den späteren Lebensphasen, wobei Erwägungen über den subjektiven und privaten Nutzen zwangsläufig ein großes Gewicht zukommt.

8. Der *andere*, das Subjektive und Private begünstigende Sachverhalt betrifft den Aufbau einer Kultur der einzelnen Familie, etwas weniger anspruchsvoll formuliert, die Schaffung eines *Familienklimas.* Es äußert sich in den Formen des gegenseitigen Umganges, des Gespräches, der Konfliktlösung,

im Spiel, in der Auseinandersetzung mit Bildungsgütern aller Art sowie in Sinngebungen des Lebens.

Die wohl herausragendste Beeinflussung dieser familialen Leistungen kommt heutzutage von den *elektronischen Medien*, die ja in erster Linie zu Hause genutzt werden. Die Programmstruktur des Fernsehens schafft mittlerweile für viele Haushalte und Familien Orientierungspunkte des Alltags, und die Inhalte bilden einen gemeinsamen Fundus von Eindrücken und mittelbaren Erfahrungen, meist in Form partikulären, oft exotischen Wissens. Die Frage des richtigen Ausmaßes der Mediennutzung ist ein verbreitetes Thema der Familienerziehung. – Zwar läßt sich mit Recht einwenden, daß die Inhalte vieler Darbietungen den öffentlichen Perspektiven zuzuordnen sind, und zweifelsohne kann daraus eine Beeinflussung des Konsums und politischer Auffassungen resultieren. Aber die Eindrücke, vorab aus dem kulturellen Bereich, sind wie erwähnt oft bruchstückhaft, sozusagen zufällig, so daß der einzelne gezwungen ist, eine individuelle Synthese zu schaffen, was wiederum die subjektiven Perspektiven betrifft; unter dem Einfluß der modernen Medien und ihrer Nutzungsmöglichkeiten wird Bildung heute gewissermaßen subjektivistisch bestimmt.[13]

9. Wir können Aspekte der genannten beiden Faktoren, Sinngebung des Kinderwunsches und Auswirkungen der alltäglichen Lebensverhältnisse, nun auch in den Bemühungen um „alternative" Lebensformen finden. Zusätzlich ist darin ein *dritter* Faktor erkennbar: Angesichts des hohen Organisationsgrades des modernen Lebens werden die familialen Lebensformen als der einzige, dem modernen Menschen noch verbleibende Bereich der Entfaltung sinnvollen subjektiven und privaten Handelns aufgefaßt, also als jener Bereich, der – vermeintlich – einen Rückzug von öffentlichen Zwängen ermöglicht. Dementsprechend wird der Pflege familialer Lebensformen eine hohe Bedeutung zugemessen.

Diese Charakterisierung trifft für viele *gruppenähnliche Lebensgemeinschaften* zu. Oft steht die explizite Kritik an einem oder mehreren Elementen der sogenannten bürgerlichen Familie im Vordergrund, meist in Verbindung mit der Ablehnung der Ehe und dem Protest gegen die Dominanz des Wirtschaftlichen.[14] Dafür wird etwa für „Beziehungs-Arbeit" oder für individuelle Meditation viel Zeit eingeräumt.

Alternativen dieser Art gibt es als eigentliche Sozialexperimente mit schriftlich fixierter Programmatik, so die AA-Kommune „Bauhütte". Sie existiert, gemäß Duhm (1978: 127/128) „ohne Privateigentum, ohne Zweierbeziehung, ohne Alkohol und Drogen, also ohne fast alles, was dem Kulturmenschen unserer Zeit das Leben lebenswert macht..."

Doch auch viele informelle Wohngemeinschaften, einzelne Familien und Ein-Eltern-Familien verstehen sich oft in einem oder mehreren Aspekten als alternativ. Dabei ist die subjektive und private Einschätzung der eigenen Lebensform für Lebensäußerungen aller Art wichtig.

Eine Art *Alternative* wiederum *zu diesen Alternativen* suchen diejenigen, die explizit alle dauerhaften Bindungen ablehnen. Hier begeben wir uns in einen Bereich unstrukturierter „sozialer Bewegungen", vor allem die sogenannte „Single"-Bewegung, unter deren Anhängern eigene, bisweilen in Annoncen explizierte Formen situationsbezogener Beziehungen üblich sind, oft von extrem subjektivistischer Orientierung, in denen nicht nur das Öffentliche, sondern auch das Private zurückgedrängt wird.[15]

10. An dieser Stelle können wir die Ergebnisse unserer Analyse in folgender *These* zusammenfassen:

(1) Bei der Konstitution familialer Lebensformen unter Bedingungen von Modernität kommt subjektiven und privaten Perspektiven im Verhältnis zu den öffentlichen und religiösen vermehrte Relevanz zu, und dies wird durch die alltäglichen Lebensverhältnisse begünstigt. Daraus resultieren gesteigerte Anforderungen an Entscheidungen und Handeln, die ihren Niederschlag in einer zunehmenden Pluralität familialer Lebensformen finden, teilweise in der Ablehnung von Familiengründung.

Diese erste These impliziert, daß es heute vielen Menschen schwerfällt, die Leistungen zu erbringen oder als sinnvoll anzusehen, welche die Konstitution familialer Lebensformen erfordert, was am veränderten Verständnis der Aufgaben liegt und durch die modernen Lebensbedingungen verstärkt wird.

Die These mag vielleicht zunächst den Anschein erwecken, sie drücke im wesentlichen nichts anderes aus als das Durkheim'sche Kontraktionsgesetz. Es geht jedoch um mehr, nämlich um den Zusammenhang zwischen familialem Handeln, verschiedenen Wissensformen und spezifischen Lebensbedingungen. Es geht auch um etwas anderes als die These, die Beck (1983), Beck-Gernsheim (1983) u.a. vertreten haben, wonach individuelle Lebensentwürfe immer wichtiger werden. Zwar läßt sich hier anknüpfen, doch ist Individualismus ein historisch bedingtes Konzept, das näherer Klärung bedarf, was m.E. der Rückgriff auf die „Perspektivität des Handelns" erleichtert.

11. Es ist an dieser Stelle nicht möglich, einen ausführlichen Rückblick auf die Geschichte der Familiensoziologie zu halten.[16] Kennzeichnend für die Entwicklungen bis in die 60er Jahre ist – etwas vereinfacht ausgedrückt – der Umstand, daß zwei Ansätze relativ unverbunden nebeneinander standen: die makrosoziologischen Analysen, die vom institutionellen Verständnis ausgehen, und die interaktionistischen Analysen, die sich in erster Linie auf die Familien als Gruppen und die darin ablaufenden Interaktionen konzentrieren. Erst in neuerer Zeit sind über die Sozialisationsforschung und die Systemtheorie vermehrte Bemühungen in Gang gekommen, die institutionellen und die interaktionistischen Aspekte von Familie aufeinander zu beziehen. Es läßt sich somit im Hinblick auf die Aufgaben der Soziologie folgende *These* formulieren:

(2) Unter den traditionellen, noch heute weitgehend vorherrschenden Paradigmen und Ansätzen der Familienforschung überwiegen solche, die Familien primär hinsichtlich

einzelner Aspekte betrachten, was zumindest teilweise durch die ideologische, vielleicht auch faktische Dominanz einzelner Familientypen gefördert worden ist. Demgegenüber erfordern die aktuellen Bedingungen Theorien und Methoden zur Analyse der wechselseitigen Bedingtheit von familialen Aufgaben, ihrem Verständnis und den alltäglichen Lebensverhältnissen.

Die mit dieser These implizierte Kritik trifft beispielsweise auch auf die unlängst von Brigitte und Peter Berger (1984) vorgelegte Verteidigung der bürgerlichen Familie zu, nicht nur, weil die beiden das Mißverständnis der unzulässigen Verallgemeinerung eines historischen Familientyps in Kauf nehmen, sondern weil sie sich als Schiedsrichter zwischen unterschiedlichen Positionen aufspielen, ohne selbst eine Analyse der gegenwärtig ablaufenden Prozesse der Konstitution familialer Lebensformen vorzulegen. – Problematisch sind ferner Auffassungen, wie sie von gewissen – nicht allen – Familienpolitikern vertreten werden, wonach sich Probleme schlicht dadurch lösen lassen, daß die sogenannten alten Werte wieder ins Zentrum gerückt werden. Wer so argumentiert, übersieht, daß Werte, Handeln und Lebensverhältnisse interdependent sind, Werte also stets der Auslegung bedürfen, was nicht losgelöst von den praktischen Erfahrungen der Menschen geschehen kann.

Diskussion: Herausforderungen der Soziologie

1. Unsere erste These läßt auch den Schluß zu, daß in dem Maße, in dem unsere Analysen über die Emergenz neuer familialer Lebensformen zutreffen, es sich bei diesen Analysen auch um einen Beitrag zum Verständnis der Gegenwart handelt. Familiensoziologische Arbeit bezieht sich in der Tat auf wichtige gesellschaftliche Institutionalisierungsprozesse. Sie ist dementsprechend relevant für die allgemeine Soziologie. Klassiker wie z.B. Engels, Durkheim, Weber und Simmel haben diesen Sachverhalt deutlich gesehen, doch ist er im Laufe der fachlichen Aufsplitterung in den Hintergrund getreten.

Soziologie wiederum hat u.a. den Charakter von Geschichtsschreibung der Gegenwart und ist als solche stets auch ein Beitrag zur Zeitdiagnose. In derartigen Bemühungen, auch solchen außerhalb der Soziologie, mehren sich Auffassungen, gemäß denen ein wichtiger Aspekt der Gegenwart in einer neuen Art oder Qualität des Individualismus und – damit zusammenhängend – des sozio-strukturellen Pluralismus zu sehen ist. So ist etwa von einer „Tyrannei der Intimität“ (Sennett 1983) die Rede – oder Hoffmann-Nowotny (1980) fragt, ob wir auf dem „Weg zu einer autistischen Gesellschaft“ seien. Bourdieu (1982) stellt in diesem Zusammenhang eine Theorie „der feinen Unterschiede“ zur Diskussion.

2. Im Bezugsrahmen einer „Perspektivität des Handelns“ können wir dies ausdrücken, indem wir sagen, in den alltäglichen Handlungsorientierungen

überwögen die subjektiven Perspektiven. Damit ist, wie gesagt, der kommunikative Kontext gemeint, in dem Zielsetzung, Handeln und Handlungsbegründung vom einzelnen gewissermaßen im Gespräch mit sich selbst erörtert werden. Gewiß geschieht dies nicht ohne Bezug auf private und öffentliche Perspektiven, die dem einzelnen, vorab dem Erwachsenen, durchaus noch bekannt sein können. Doch deren Geltungsansprüche werden erheblich relativiert. Anders ausgedrückt: Oberste Instanz ist die *eigene Erfahrung* oder was dafür gehalten wird. Das Angebot „sedimentierter Erfahrungen" (Luckmann) früherer Generationen, das uns in Form von *Institutionen* vorliegt, wird – wenn überhaupt – nur teilweise oder widerstrebend genutzt, oft als Zwang empfunden, vielfach abgelehnt. Dabei ist für die soziologische Analyse selbstverständlich von Belang, inwiefern derartige Präferenzen durch die sozialen Strukturen und ihren Wandel begünstigt werden. – Tendenzen zur Subjektivierung sind nicht bloß strukturell bedingt, sondern entwickeln ihrerseits eine *strukturelle Eigendynamik.* Sie besteht darin, daß die Pluralität der Lebensformen potenziert wird. Dadurch aber wird gemeinsames öffentliches Handeln erschwert, zumindest soweit es in demokratische Formen eingebunden ist.

3. Auf der Suche nach einem Konzept für diese „neue" Lebensform, die zugleich pluralistisch, subjektivistisch und strukturell bedingt ist und dem einzelnen stets Leistungen abfordert, denen er sich nur bedingt entziehen kann, eine Lebensform auch, bei der das Handeln Züge von Zufälligkeit aufweist, bin ich auf Formen der modernen Musik aufmerksam geworden. – Musik ist ja ein wichtiges Medium der Kommunikation im gesellschaftlichen Raum und drückt zugleich Abläufe aus. Implizit im „Free Jazz" und explizit in einer Richtung der klassischen Musik taucht nun seit einiger Zeit die Spiel- und Kompositionsform der *Aleatorik* auf.[17] Hier verlangt der Komponist innerhalb bestimmter zeitlicher, instrumentaler Vorgaben von den Interpreten ein spontanes und freies Spiel. Es handelt sich nicht um Improvisation, die ja nach Regeln abläuft, sondern um eine Art veranstalteten Zufalls von hoher Komplexität. – Vielleicht ist es mehr als nur Zufall, daß in den späten fünfziger Jahren eine derartige Form von Musik entstanden ist. Im übrigen findet sich der Begriff der Aleatorik auch bei Gergen (1982), der damit eine zufällige Form der Konstitution von Identität meint, allerdings ohne Querverbindungen zur musikalischen Bedeutung des Begriffes.[18]

4. Diese „Metapher" scheint mir zur *Übertragung in die Soziologie* im Hinblick auf die aktuellen Lebensbedingungen und die Emergenz neuer familialer Lebensformen bedenkenswert, finden wir hier doch erhebliche organisatorische Vorgaben und zugleich Spielräume der freien subjektiven Gestaltung. Mehr noch, die Gestaltung ist teilweise strukturell erzwungen. Wichtig ist auch die Zeitstruktur von Aleatorik. Es dominiert das Aktuelle: Zukunft und Vergangenheit werden von der Gegenwart aus konstituiert und nicht umgekehrt die Gegenwart aus Vergangenheit oder Zukunft oder einer feststehenden Kontinuität zwischen beiden begriffen, wodurch wie-

derum das Subjektive, das tatsächlich oder vermeintlich Individuelle herausgefordert ist.

5. Die Analyse der Verknüpfung gesellschaftlicher Bedingungen mit subjektiven Handlungsentwürfen verweist auf das Stichwort „*Sozialisation*". Hier sind m.E. neue Entwicklungen in der Forschung bereits erkennbar, wozu mehrere Impulse beigetragen haben und noch beitragen.[19]

- Die *Lebenslauf-Forschung* hat das alte Konzept der Biographie wieder aufgegriffen und wichtige begriffliche Unterscheidungen eingeführt, etwa zwischen subjektiver und objektiver (Kohli 1983), zwischen aktueller und virtueller Biographie (Birg 1984). Noch wichtiger: der Blick weitete sich auf den gesamten Lebenslauf und seine individuellen Variationen. Dann braucht es nurmehr wenig um einzusehen, daß die Bezeichnung „*Familienzyklus*" unter den heutigen Verhältnissen nicht mehr zutrifft. Offen ist allerdings nach wie vor, wie Familien*biographien* im eigentlichen Sinne des Wortes erfaßt werden können, d.h. als systemische Sachverhalte und nicht bloß als Addition von Individualdaten der einzelnen Familienangehörigen.
- Im engen Zusammenhang mit der Biographieforschung stehen neue Ansätze der *Medizinsoziologie*, wo die Aufmerksamkeit der Genese psychischer Erkrankungen gilt. Dabei haben z.B. Hildenbrand u.a. (1984) – um nur kurz ein Beispiel zu nennen, das mit familialen Leistungen zusammenhängt – zeigen können, wie die Unfähigkeit, innerhalb von Familien *Entscheidungen* zu fällen, die Entstehung von Schizophrenie begünstigt.
- Eine ganz andere Art von Impulsen für die Erforschung familialer Sozialisation stellen *Haushaltsanalysen* dar. Sie machen klar, daß Sozialisationsprozesse beim Kind wesentlich an die Erfüllung der alltäglichen Aufgaben im Haushalt gebunden sind, also nicht schlicht ein virtuoses Spiel mit Erziehungsstilen darstellen, sondern Arbeit, die als „Arbeit mit Kindern", wie unlängst Rerrich (1983) abgehandelt hat, schwieriger geworden ist, ein Befund, der mit meiner *ersten These* weitgehend übereinstimmt. – Noch sind wir weit davon entfernt, die *Fülle der aktuellen Einflüsse* auf familiale Sozialisation bei Kindern und Eltern zu erfassen.[20]

6. Diese Feststellung stößt uns auf ein zentrales Problem der empirischen Forschung. Ich will es in die Frage kleiden: Wie *authentisch* sind die Ergebnisse unserer Forschung? Die Frage stellt sich nicht nur in der Soziologie, sondern ebenso beispielsweise in der Psychologie, wo sie etwa Bronfenbrenner (1981) mit dem Konzept der „ökologischen Validität" thematisiert hat. In einem weiteren Sinne wird damit eine Problematik angesprochen, die seinerzeit eine wesentliche Rolle in Verbindung mit dem sogenannten Positivismusstreit gespielt hat, die Geltung empirischer Sätze, die Möglichkeiten und Grenzen empirischer Methoden.

Gemeint ist damit eine Annäherung an die „gelebte Wirklichkeit", genauer wohl im Plural: die *gelebten Wirklichkeiten*. Das impliziert Verfahren der Datengewinnung und -analyse, in denen besondere Aufmerksamkeit der Frage geschenkt wird, wie sich die Sinngebungen der Subjekte, d.h. eigentlich der „Forschungspartner“ zu den auf gleiche Sachverhalte bezogenen Sinngebungen der Forscher verhalten. Impliziert ist ferner eine systemische Betrachtungsweise, allerdings derart, daß die Umschreibung der relevanten räumlichen und zeitlichen Lebenszusammenhänge wiederum nicht nur von den Forschern allein festgelegt wird, sondern möglichst dem „natürlichen“ Horizont entspricht und ferner der Pragmatik des Forschungsproblems gerecht wird.

Ökologische Validität (oder wie auch immer wir das zentrale Kriterium der Gültigkeit soziologischer Daten umschreiben wollen) wird dann (mehr oder weniger) erreicht, wenn alle jene „Erfahrungen“ erfaßt werden, die für den Handelnden relevant für die Konstitution eines sozialen Sachverhaltes gewesen sind. Ein Teil dieser Erfahrungen kann abgerufen werden (z.B. durch Dokumentenanalyse, durch Befragung), ein Teil kann mittels Konfrontation mit Daten oder Beobachtungen „provoziert“ werden und ein Teil ist durch die verstehenden Analysen (frühere Forschungsergebnisse bzw. Erfahrungen einschließende) zu erschließen.[21]

Daraus resultieren zahlreiche *forschungspraktische Anforderungen*, die keineswegs immer vollständig unter einen Hut gebracht werden können. Im Bereich der Familienforschung lauten einige Stichworte:

- Einbezug mehrerer familialer Aufgabenbereiche und ihrer Koordination
- Berücksichtigung aller Familienangehörigen und sozialen Netzwerke
- Erschließung von Alltagssituationen unter Respektierung von Intimsphären
- Bildung von Kohorten unter Verknüpfung von demographischen und monographischen Daten
- Analyse sogenannter „natürlicher Experimente“, vorab im Bereich der Familienpolitik.

Schluß

1. Auf einen kurzen Nenner *zusammengefaßt*, besteht die besondere Herausforderung aktueller familialer Lebensformen *an* die Familiensoziologie, und über sie *an* die Soziologie, darin, einem neuen Subjektivismus gerecht zu werden und dabei zu bedenken, wie unter diesen Bedingungen öffentliches Handeln, auch politisches Handeln möglich bleibt, also Anomie vermieden werden kann.

2. Je besser es uns gelingt, in unserer soziologischen Arbeit „gelebter Wirklichkeit“ gerecht zu werden, desto deutlicher zeichnet sich eine *zweite Herausforderung* ab, die *von* der Familiensoziologie und *von* der Soziologie ausgehen kann: ihr Beitrag als Zeitanalyse und Orientierungshilfe. Ich plä-

diere selbstverständlich nicht für eine Rückkehr zum traditionellen, vielen zurecht antiquiert vorkommenden Postulat der Ideologiekritik. Nicht lediglich Kritik von Ideologien ist wichtig, sondern die Analyse ihres tatsächlichen pragmatischen Geltungsbereichs. Das führt in der Regel zu Relativierung von Ideologien aller Art, aber verweist gleichzeitig auf die unausweichliche Frage nach angemessenen und innovativen normativen Regelungen des gesellschaftlichen Zusammenlebens.

Im Rahmen unseres Themas ist damit das Verhältnis zwischen *Familiensoziologie* und *Familienpolitik* angesprochen. Denn im Kern stellen familienpolitische Maßnahmen und Einrichtungen öffentliche Beeinflussungen der Leistungen dar, die in den familialen Lebensformen und durch sie erbracht werden oder erbracht werden sollen. Daraus resultieren wiederum alltägliche Begriffe von Familie.[22]

So verweist uns schließlich die zweifache Herausforderung, die in den Veränderungen familialer Lebensformen liegt, auf unsere Verantwortung, wenn die Welt, die wir analysieren, mit unserem Wissen gestaltet wird. Sie ist im übrigen auch unsere Welt. Nirgendwo können wir das besser erkennen als im Bereich von Partnerschaft und Familie.

ANMERKUNGEN

1 Dieser Text stellt eine leicht überarbeitete Version des am Soziologentag gehaltenen Vortrages dar. Für kritische Kommentare zu früheren Fassungen danke ich den Mitgliedern der Konstanzer Arbeitsgruppe für Familienforschung: Sylvia Gräbe, Margot Kuon, Elisabeth Lins, Franz Schultheis und Michael Wehrspaun, ferner den Kollegen Alois Hahn (Trier), Franz-Xaver Kaufmann (Bielefeld), Lothar Krappmann (Berlin), Alfred Lang (Bern), Ilja Srubar (Konstanz) und Max Wingen (Konstanz/Stuttgart). – Eckart Pankoke hat am Zustandekommen der gemeinsamen Sitzung den größten Anteil; er hat auch diesen Beitrag kritisch begleitet.

2 Zur Begriffsgeschichte von Familie siehe Schwab 1975.

3 Zur Literatur über die Geschichte von Haushalt, Familie und Kindheit siehe die umfangreiche Bibliographie von Hermann et al. 1980. – Als Beispiel einer neueren, sehr prägnanten und insbesondere auch die rechtlich-institutionellen Aspekte behandelnden Darstellung sei Mesmer 1984 genannt (mit zahlreichen neueren Literaturhinweisen). – Die folgenden Generalisierungen orientieren sich am Bericht *Familienpolitik in der Schweiz* 1982, S. 30-35.

4 Die folgenden demographischen Daten stützen sich auf die Angaben in den Werken der amtlichen Statistik, die regelmäßig in der Zeitschrift für Bevölkerungswissenschaft erscheinenden Berichte zur demographischen Lage in der Bundesrepublik Deutschland sowie die Analysen von Schwarz 1984. Siehe auch den Projektbericht Nave-Herz 1984.

5 Eine umfassende Bibliographie über die Literatur zu unverheiratet zusammenlebenden Paaren hat – im Auftrag des BMJFG – H. Tyrell (1985) zusammengestellt.

6 Ausführliche Darstellungen dieser Konzeptualisierungen finden sich in Lüscher/Böckle 1981, Lüscher 1984a und Lüscher et al. 1984.

7 Der Begriff der Perspektive wird von Mead an verschiedenen Stellen abgehandelt. Vergl. dazu z.B. die zusammenfassende Diskussion bei Raiser 1971: 162-167. –

Eine frühe empirische Übernahme des Konzeptes stellt Becker et al. 1961 dar. – Wichtige neuere Überlegungen (unter Bezug auf Sozialisation) enthält Krappmann 1985.

8 Diese Vorschläge stützen sich u.a. auf die Überlegungen, daß das Konzept der Perspektive als eine Generalisierung der Vorstellung von „reference-groups" aufgefaßt werden kann (vgl. z.B. Shibutani 1961: 96-176). An dieser Stelle habe ich großen Gewinn aus Diskussionen mit M. Wehrspaun gezogen, vgl. dessen Dissertation: *Konstruktive Argumentation und interpretative Erfahrung. Bausteine zur Neuorientierung der Soziologie*, Wehrspaun 1985.

9 Karl Mayer (MPI-Berlin) gemäß einem Referat über laufende Forschungsarbeiten, gehalten in der FG Soziologie Konstanz 1983. Ferner z.B. Jugend '81; Blancpain/Zeugin/Hanselmann 1983; Buchmann 1983.

10 Diese Zitate stammen aus einem ausführlichen Artikel in der F.A.Z. vom 21.12.1984.

11 Für diese rechtlichen Aspekte über unverheiratet zusammenlebende Paare stütze ich mich auf Unterlagen einer im Entstehen begriffenen Dissertation von E. Lins, in der die „Motivation" zum Eheschluß bzw. zum Verzicht auf Eheschluß durch Interviews mit verheirateten und unverheirateten Paaren in vergleichbaren Lebensverhältnissen ermittelt werden soll.

12 Diese Thematik wird unter Berücksichtigung der demographischen, ökonomischen, soziologischen, psychologischen und pädagogischen Aspekte ausführlich abgehandelt im neuesten Gutachten des *Wissenschaftlichen Beirates für Familienfragen* (1984).

13 Für eine ausführlichere Darstellung dieser Überlegungen zur „Medienökologie" siehe meinen Beitrag in dem von Ringeling/Svilar (1984) herausgegebenen Sammelband. Über wichtige Ergebnisse der Medienpsychologie berichtet im gleichen Band H. Sturm.

14 Vgl. hierzu auch die bereits genannte Bibliographie von Tyrell (Anm. 5). – Beispiel einer aktuellen „religiösen" Ablehnung von Ehe stellen etwa die Ausführungen von Bhagwan dar. Siehe: Sannyas, *Puvodaya* 16/1981 „Beziehungsdrama oder Liebesabenteuer".

15 Z.B. folgende Inserate aus dem „dip", *Berlinmagazin* 16/1984: 23: „'Entfesselungskünstler' (30) sucht keine feste Bindung. Mann mit Vollbart ab 32, der ohne Haltbarkeitsgarantie auskommt, gesucht für alles mögliche. Versuch's, vielleicht ist ja wirklich was möglich." – „Für gewisse Stunden ohne Bindungswunsch, zärtlich, schlank, gesucht von M, 43, 1,75, schlank, sportliche Figur. Nichtraucher, Bart, für gelegentliche zärtliche Treffs. KW: Ab und zu." – „Gutaussehender, sensibler Mann, 23, sucht W, WW, Paar" oder „Gutaussehender, sensibler Mann, 23, sucht W, WW, Paar oder Gruppe für Sex ohne Bindung, doch nicht ohne Seele. Bild? Garantiert zurück. KW: Nicht ohne Seele."

16 Vgl. hierzu auch mein Eingangsvotum zur Sitzung der Sektion Familien- und Jugendsoziologie am Soziologentag in Bamberg, wiedergegeben im Mitteilungsblatt Nr. 9 der Sektion.

17 Zum Begriff der Aleatorik siehe z.B. die entsprechenden Artikel in „*Die Musik in der Geschichte der Gegenwart*", Bd. 15 (1973), 126-130 oder in Brockhaus-Riemann, *Musiklexikon*, 1978: 27 f. – Als Musikbeispiel: Witold Lutoslawski, Jeux Vênetiens. Polskie Nagrania, SXO132.

18 Im Unterschied zu Gergen wird hier das Konzept der Aleatorik als Kennzeichnung eines sozio-strukturellen Zusammenhanges, nicht als Qualität des Menschen verwendet. Siehe auch Gergen 1979.

19 Der Prozeß der Sozialisation selbst stellt im übrigen ein Geschehen dar, das in gewisser Weise als die Verknüpfung von zwei „Perspektiven" aufgefaßt werden kann: Bezogen auf das *Individuum* sind mit Sozialisation alle Prozesse gemeint, durch die der einzelne im Umgang mit der Umwelt und mit sich selbst relativ dauerhafte Verhaltensweisen entwickelt, die es ihm ermöglichen, am gesellschaftlichen Leben teil-

zuhaben und an seiner Veränderung mitzuwirken. Bezogen auf die *Gesellschaft* bezeichnet Sozialisation das differenzierte, auch widersprüchliche Zusammenwirken aller jener gesellschaftlichen Einrichtungen, die der Pflege und der Erziehung des Nachwuchses dienen oder sie beeinflussen (vgl. Lüscher 1982).

20 Ich beziehe mich bei dieser Feststellung stark auf die Erfahrungen und Einsichten, die wir im Konstanzer Projekt „Lebenssituationen junger Familien" gewonnen haben, so gestützt auf die von Eltern gegebenen Schilderungen und Bewertungen der alltäglichen Lebensverhältnisse und der sozialen Beziehungen. Siehe hierzu die zuletzt erschienenen Berichte: Lüscher/Fisch/Pape 1983, Stein/Lüscher 1984, Gräbe/Lüscher 1984a, b, Lüscher/Fisch/Pape 1985 sowie das Referat von Gräbe (1985) im Rahmen der Sitzungen der Sektion Familien- und Jugendsoziologie an diesem Soziologentag.

21 Siehe dazu auch das Referat von Wehrspaun (1985), gehalten im Rahmen der Sitzungen der Sektion Familien- und Jugendsoziologie an diesem Soziologentag.

22 Die These, wonach über familienpolitische Maßnahmen und Einrichtungen „Familie" (bzw. Familientypen) gewissermaßen legitimiert und damit definiert werden, begründe ich ausführlicher in Lüscher 1984b. Siehe ferner das Referat von Schultheis (1985) im Rahmen der Sitzungen der Sektion Familien- und Jugendsoziologie an diesem Soziologentag sowie Schultheis 1983.

LITERATUR

Beck, U., „Jenseits von Stand und Klasse? Soziale Ungleichheit, Gesellschaftliche Individualisierungsprozesse und die Entstehung neuer sozialer Formationen und Identitäten". In: R. Kreckel (Hg.), *Soziale Ungleichheiten*. Sonderheft 2 der Sozialen Welt. Göttingen 1983.

Beck-Gernsheim, E., „Vom 'Dasein für andere' zum Anspruch auf ein Stück 'eigenes Leben': Individualisierungsprozesse im weiblichen Lebenszusammenhang". In: *Soziale Welt* 1983, 34, 307-340.

Becker, H.S. et al., *Boys in white*. Chicago 1961.

Berger, B./Berger, P., *In Verteidigung der bürgerlichen Familie*. Frankfurt 1984.

Birg, H. et al., *Arbeitsmarktdynamik und Familienentwicklung*. Forschungsbericht. Universität Bielefeld: Institut für Bevölkerungsforschung und Sozialpolitik 1984 (verv.).

Blancpain, R./Zeugin, P./Hanselmann, E., *Erwachsen werden*. Bern 1983.

Bronfenbrenner, U., *Die Ökologie der menschlichen Entwicklung*. Stuttgart 1981.

Bourdieu, P., *Die feinen Unterschiede. Kritik der gesellschaftlichen Urteilskraft*. Frankfurt 1982.

Buchmann, M., *Konformität und Abweichung im Jugendalter*. Diessenhofen 1983.

Duhm, D., Zentrum für experimentelle Gesellschaftsgestaltung – ZEGG –. *Konzept eines ökologischen Dorfes als Forschungs- und Bildungszentrum*. Lampertheim 1978.

Familienpolitik in der Schweiz. Bern: Eidg. Drucksachen- und Materialzentrale 1982.

Gergen, K.J. „Selbstkonzepte und Sozialisation des aleatorischen Menschen". In: Montada, L. (Hg.), *Brennpunkte der Entwicklungspsychologie*. Stuttgart 1979, 358-373.

–, *Toward transformation in social knowledge*. New York/Berlin 1982.

Gräbe, S., „Soziale Kontakte von Kindern in der Perspektive der Eltern. Vortrag auf dem 22. Deutschen Soziologentag in Dortmund, Oktober 1984". Gekürzte Fassung erscheint in: H.-W. Franz (Hg.), *Materialienband: Beiträge aus den Sektions- und Ad-hoc-Veranstaltungen des 22. Deutschen Soziologentages Dortmund*, 9.-12. Oktober 1984, Opladen.

Gräbe, S./Lüscher, K., „Soziale Beziehungen junger Eltern". In: *Zeitschrift für Sozialisationsforschung und Erziehungssoziologie*, 1984a, 4, 99-121.

Gräbe, S./Lüscher, K., „Soziale Beziehungen alleinerziehender und verheirateter Mütter". In: *Zentralblatt für Jugendrecht*, 1984b, 71, 492-497.
Hermann, U. et al., *Bibliographie zur Geschichte der Kindheit, Jugend und Familie.* München 1980.
Hildenbrand, U. et al., „Biographiestudien im Rahmen von Milieustudien". In: Kohli, M./Robert, G. (Hg.), *Biographie und soziale Wirklichkeit.* Stuttgart 1984, 29-52.
Hoffmann-Nowotny, H.J., „Auf dem Weg zur autistischen Gesellschaft". In: Rupp, S. et al. (Hg.), *Eheschließung und Familienbildung heute.* Wiesbaden 1980, 161-180.
Jugend '81. Frankfurt: Deutsche Shell 1983.
Kohli, M., „Thesen zur Geschichte des Lebenslaufs". In: Conrad, C./Kondratowitz von, H.J. (Hg.), *Gerontologie und Sozialgeschichte.* Berlin: Deutsches Zentrum für Altersfragen 1983, 133-147.
Krappmann, L., „Mead und die Sozialisationsforschung". In: Joas, J. (Hg.), *G.H. Mead. Sein Beitrag zur sozialwissenschaftlichen Theoriebildung und Forschung.* Frankfurt 1985.
Lüscher, K., „Ökologie und menschliche Entwicklung in soziologischer Sicht – Elemente einer pragmatisch-ökologischen Sozialisationsforschung". In: Vaskovics, L. (Hg.), *Umweltbedingungen familialer Sozialisation.* Stuttgart 1982, 73-95.
–, „Die Schweizer Familien der achtziger Jahre". In: *Neue Zürcher Zeitung.* Nr. 244, 19. Oktober 1983.
–, „Die Familien der 80er Jahre als Herausforderung an die Sozialwissenschaften". In: Cassée, P. et al. (Hg.), *Betrifft: Sozialpädagogik in der Schweiz.* Bern 1984a, 341-357.
–, „Perspektiven einer neuen Familienpolitik". In: Deutscher Caritasverband (Hg.), *Der Sozialstaat in der Krise?* Freiburg 1984b, 156-168.
–, „Fernsehen – Familie – Gesellschaft. Elemente einer Medienökologie". In: Ringeling, H./Svilar, M. (Hg.), *Die Welt der Medien. Probleme der elektronischen Kommunikation.* Berner Universitätsschriften. Bern: Haupt 1984c, 39-53.
–/ Böckle, F., „Familie". In: *Enzyklopädische Bibliothek „Christlicher Glaube in moderner Gesellschaft"*, Teilband 7, Freiburg 1981, 87-145.
–/ Fisch, R./Pape, T., „Die Lebenssituationen junger Familien im Urteil der Eltern". In: *Soziale Welt* 1983, 34, 450-470.
– et al., *Sozialer Wandel und familiale Veränderungen. Arbeitspapier der Arbeitsgruppe Familienforschung an der Universität Konstanz*, 1984.
–/ Fisch, R./Pape, T., „Die Ökologie von Familien". In: *Zeitschrift für Soziologie* 1985, 14, 13-27.
Mesmer, B., Familien- und Haushaltskonstellationen, „Fragen an die Rechtsgeschichte". In: *Zeitschrift für neuere Rechtsgeschichte* 1984, 1-18.
Nave-Herz, R., *Familiäre Veränderungen seit 1950. Eine empirische Studie. Projektbericht.* Universität Oldenburg. Institut für Soziologie 1984.
Raiser, K., *Identität und Sozialität.* München 1971.
Rerrich, M.A., „Veränderte Elternschaft. Entwicklungen mit der familialen Arbeit mit Kindern seit 1950". In: *Soziale Welt* 1983, 34, 420-449.
Ringeling, H./Svilar, M. (Hg.), *Die Welt der Medien. Probleme der elektronischen Kommunikation.* Berner Universitätsschriften. Bern 1984.
Roussel, L., *La famille après le mariage des enfants.* Paris 1976.
Schultheis, F., „Französische Familienpolitik im Wandel. Formen und gesellschaftspolitische Funktionen der „Politique Familiale" vor und nach der sozialistischen Regierungsübernahme". In: *Zeitschrift für Sozialisationsforschung und Erziehungssoziologie* 1982, 2, 306-310.
Schultheis, F., „Mutter, Kind und Vater Staat – historische Ursprünge des gesellschaftspolitischen Interesses an alleinerziehenden Müttern und ihren Kindern. Vortrag auf dem 22. Deutschen Soziologentag in Dortmund, Oktober 1984". Gekürzte Fassung erscheint in: H.-W. Franz (Hg.), *Materialienband: Beiträge aus den Sektions- und*

Ad-hoc-Veranstaltungen des 22. Deutschen Soziologentages Dortmund, 9.-12. Oktober 1984, Opladen 1985.

Schwab, D., „Familie". In: Brunner, O. et al. (Hg.), *Geschichtliche Grundbegriffe*. Bd. II, 1975, 253-301.

Schwarz, K., „Eltern und Kinder in unvollständigen Familien". In: *Zeitschrift für Bevölkerungswissenschaft* 1984, 10, 3-36.

Sennett, R., *Verfall und Ende des öffentlichen Lebens. Die Tyrannei der Intimität.* Frankfurt 1983.

Shibutani, T., *Society and personality*. New York 1961.

Stein, A./Lüscher, K., „Familienrollen in der Perspektive junger Eltern". In: *Familiendynamik* 1984, 9, 217-241.

Sturm, H., „Einflüsse des Fernsehens auf die Entwicklung des Kindes". In: Ringeling H./Svilar, M. (Hg.), *Die Welt der Medien. Probleme der elektronischen Kommunikation*. Berner Universitätsschriften. Bern 1984, 55-69.

Tyrell, H., *Nicht-eheliche Lebensgemeinschaften in der Bundesrepublik Deutschland. Literaturbericht.* Bonn: Bundesministerium für Jugend, Familie und Gesundheit 1985 (Schriftenreihe BMJFG Bd. 170).

Wehrspaun, M., *Konstruktive Argumentation und interpretative Erfahrung. Bausteine zur Neuorientierung der Soziologie*. Opladen 1985.

–, „Was heißt „ökologische Validität"? – Überlegungen zu einer konstruktiv-pragmatistischen Orientierung in der Familiensoziologie. Vortrag auf dem 22. Deutschen Soziologentag in Dortmund, Oktober 1984". Gekürzte Fassung erscheint in: H.-W. Franz (Hg.), *Materialienband: Beiträge aus den Sektions- und Ad-hoc-Veranstaltungen des 22. Deutschen Soziologentages Dortmund, 9.-12. Oktober 1984*, Opladen 1985.

Wingen, M., *Nichteheliche Lebensgemeinschaften*. Zürich 1984.

Wissenschaftlicher Beirat für Familienfragen beim Bundesministerium für Jugend, Familie und Gesundheit, Familie und Arbeitswelt. Stuttgart 1984.

UNENTGELTLICHE ARBEIT IM LEBENSZUSAMMENHANG VON FRAUEN UND DEREN REFLEXION IN DEN SOZIALWISSENSCHAFTEN

Ursula Beer

Unentgeltliche Frauenarbeit ist in letzter Zeit zu unerwarteten wissenschaftlichen und politischen Ehren gekommen; Probleme des Arbeitsmarkts und die Leere öffentlicher Kassen haben deren Entdeckung geradezu provoziert. Allerdings: „entdeckt“ wird deren gesellschaftlicher Nutzen, nicht dagegen die hierzu in Widerspruch stehende Unentgeltlichkeit und deren Folgen für Frauen im System der sozialen Sicherung.

Zum Verständnis der Bedeutung der *gegenwärtigen* Diskussion um unentgeltliche Frauenarbeit wird in diesem Beitrag versucht, deren *historischen* Wandel in die Analyse einzubeziehen, erstens im Hinblick auf ihre Institutionalisierung, zweitens durch einen retrospektiven Blick auf die bundesdeutsche Nachkriegssoziologie, dem übergreifenden Thema des Forums „Gesellschaftliche Entwicklung von Lebenszusammenhängen“. Vielleicht erlaubt diese doppelte historische Perspektive eine genauere Verortung des politischen und sozialwissenschaftlichen Stellenwerts dieser Form von Arbeit, als sie bisher möglich ist.

Zunächst drei Fragestellungen zum Thema: 1. Warum wird unentgeltliche Familienarbeit – denn von ihr ist im folgenden Text vorwiegend die Rede – in der Regel von Frauen erwartet und geleistet? 2. Wie ist sie institutionell abgesichert? 3. In welchem Sinne läßt sich von einem gesellschaftlichen Nutzen aus dieser Arbeit sprechen? Hierzu drei Thesen, die im folgenden erläutert werden: 1. Von Ehe- bzw. Familienhausfrauen wird unentgeltliche familiale Arbeit erwartet, weil deren *biologische* Fähigkeit zur Mutterschaft in die *soziale* Verpflichtung zur Versorgung von Kindern und anderen umgedeutet wird und weil diese und andere Formen von Familienarbeit hohen ökonomischen Wert besitzen. 2. Institutionell ist diese Form von Arbeit durch die juristische Verfügung über die Arbeitskraft von Ehefrauen und Müttern im Familien- und Unterhaltsrecht abgesichert. Der gesellschaftliche und hier wiederum primär ökonomische Nutzen dieser Arbeit ist darin zu sehen, daß Frauen in der Familie Leistungen in Form von Kinderversorgung, Alten- und Krankenpflege zur Verfügung stellen, die über die Marktökonomie nicht finanzierbar sind. Deren gesamtgesellschaftlicher Nutzen unterliegt den Kriterien der Verfügung oder Nicht-Verfügung über Produktionsmittel.

Obwohl die *Unentgeltlichkeit* nicht-marktförmig organisierter Formen von Frauenarbeit in der aktuellen Diskussion eher am Rande behandelt wird, so durchzieht das Kalkül mit „umsonst“ erbrachten Leistungen doch die gesamte Debatte. Die Ausweitung von Familienarbeit (Beck-Gernsheim 1984) und von ehrenamtlicher Sozialarbeit (Balluseck 1984) verspricht in dem Sinne zur Lösung von Arbeitsmarkt- und Fiskalproblemen des Staates beizutragen, daß der Rückzug verheirateter Frauen und Mütter vom Erwerbsleben den Arbeitsmarkt entlasten und die Beschränkung von Frauen auf die Familie die Eigenleistung von Haushalten erhöhen könnte. Und eben diese Erwartung der Erhöhung der „Haushaltsproduktivität" ist verräterisch: ist sie doch nur möglich durch die gesteigerte Arbeitsleistung von Hausfrauen, d.h. durch den unentgeltlichen Einsatz von Familienarbeitskraft. Analoges gilt für ehrenamtliche Sozialarbeit. Auch hier soll unentgeltliche Arbeit partiell verberuflichte Sozialarbeit ersetzen, dies im Rahmen der Forderung, die Familienhausfrau möge sich – quasi als Berufsersatz – für ehrenamtliche Sozialarbeit zur Verfügung stellen, sofern und sobald sie nicht (mehr) mit Erziehungsaufgaben, Altenversorgung und/oder Krankenpflege in der Familie ausgelastet ist.

Es kann jedoch nicht darum gehen, das an Frauen gerichtete Ansinnen zu beklagen, sie möchten sich ehrenamtlicher Sozial- und Familienarbeit widmen, um Bund, Länder und Kommunen von drängenden sozialen Problemen und Aufgaben zu entlasten, nur um für Ehefrauen einen Schonraum zu fordern, in dem sie frei von außerhäuslichen gesellschaftlichen Verpflichtungen leben können: nicht ganz zu Unrecht wird die (kinderlose) Ehefrau gelegentlich als „an unjustified financial burden on the community" bezeichnet (Cuvillier 1979). Vielmehr geht es um den Hinweis auf Tendenzen, daß sich – so im Rahmen der Selbsthilfe-Diskussion – unter progressiven Vorzeichen eine Verstärkung der tradierten geschlechtlichen Arbeitsteilung anbahnt: Verberuflichte Leistungen sollen in die Familie „zurückgeholt" oder in Nachbarschaftshilfe erbracht werden, der Ausfall (z.B. Schüler-Bafög) oder die Minderung (z.B. Mutterschaftsgeld) von Transferzahlungen durch unentgeltliche Familienarbeit ausgeglichen werden. Selbst wenn sie nicht ausdrücklich erwähnt werden, gemeint ist die Arbeit von Frauen. Und mehr noch: deren unentgeltliche Arbeit wird häufig den Selbsthilfe-Bestrebungen derjenigen zugeschlagen, die neue Formen der Arbeits- und Lebensgestaltung erproben. *Indirekt* ist der Bezug auf unentgeltliche Frauenarbeit insofern, als das Selbsthilfe-Potential der *Familie* in einem Atemzug mit *individueller* Selbsthilfe genannt wird; aber immer handelt es sich um jene Familienleistungen, die traditionell von Frauen erbracht werden, zumeist auch in neuen Lebensformen. Nicht sich selbst sollen die Frauen helfen, sondern die Institution Familie stärken (1). Kritik gilt vor allem auch den Bestrebungen liberal-konservativer Politik, unter Berufung auf familiale Formen der „Selbsthilfe" und auf das Subsidaritätsprinzip die öffentlichen Haushalte sanieren zu wollen (2).

Zu kritisieren ist jedoch noch ein zweiter Sachverhalt. In der konservativen Variante der Selbsthilfe-Diskussion wird unentgeltliche Frauenarbeit häufig als (kostengünstiges) Emanzipationspotential vorgestellt; der realen Entfremdung in der Arbeitswelt wird die Möglichkeit der Selbstverwirklichung in der Familie und in sozialen Diensten gegenübergestellt. Unter der Hand wird zugleich vermittelt, geschlechtliche Arbeitsteilung ermögliche Frauen deren Selbstverwirklichung, statt sie zu blockieren; so etwa der heutige Bundeskanzler Kohl in einer Rede 1976: „... Es geht für die Frauen nicht darum, nach männlichen Maßstäben gleichzuziehen, sondern als der andere Mensch angenommen zu werden, der er eben ist. Die Frau hat *eigene* Möglichkeiten der Erfüllung des Lebens, welche dem Mann nicht gegeben sind." (Geißler 1979, S. 39, Herv. U.B.). Geschlechtliche Arbeitsteilung wird so zu anthropologischen Konstante der Geschlechterdifferenz erhoben, ihre gesellschaftliche Bedeutung verschleiert.

An dieser Entwicklung sind die Sozialwissenschaften nicht unbeteiligt, auch fehlt es schlicht an interdisziplinärer Forschung. Von Ausnahmen abgesehen (Horkheimer 1936), wurde die *Arbeit* der Frau in der Familie – als Erziehungs- und Pflegeleistung, als Hausarbeit, als betriebliche Mitarbeit – von der Soziologie bis zur Durchsetzung der Frauenforschung sträflich vernachlässigt. Die Klage darüber von einigen wenigen Familiensoziologen, Familienpolitikforschern und Haushaltswissenschaftler(n)/innen reicht zurück bis in die 50er Jahre, so bei König (1946), Egner (1952), Oeter (1954 und 1960), Bühler (1961), Schmucker (1961).

Daß die familiale Ökonomie (3) seit kurzem politisch und wissenschaftlich aufgewertet wird, dürfte sich allerdings kaum dem spontanen Bedürfnis nach Vervollständigung der volkswirtschaftlichen Gesamtrechnung verdanken – sie wird neuerdings jedoch angestrebt (4). Eher geht es darum, ihren Wert im Sinne unentgeltlicher Leistungen zu betonen und hervorzuheben. Das soziologische und volkswirtschaftliche Bestreben, unentgeltliche Frauenarbeit aus ihrem Schattendasein herauszuholen, erzeugt jedoch auch Unbehagen. Sie scheint im Begriff zu sein, zu einer neuen Selbstverständlichkeit zu werden. War die Familienarbeit der Frau bis vor wenigen Jahren noch nicht einmal als Arbeit definiert, wird sie heute emphatisch als Leistung ersten Ranges gepriesen. Und eben dieses Lob macht mißtrauisch: Etabliert sich unentgeltliche Frauenarbeit – etwa unter dem Begriff der „Haushaltsproduktion" (Glatzer 1984) – als gleichgewichtiger Beitrag zum Sozialprodukt neben marktvermittelten Gütern und Dienstleistungen? Droht sich hier die Ideologie breitzumachen, unentgeltliche Leistungen seien in Tauschgesellschaften ebenso selbstverständlich wie entgeltliche, die daraus resultierende ökonomische und soziale Abhängigkeit zwar bedauerlich, jedoch unvermeidlich? Je selbstverständlicher eine Verhaltensweise, so Dieter Claessens (1962), desto wichtiger der dahinterstehende gesellschaftliche Wert; unter diesem Gesichtspunkt ist die bisherige wissenschaftliche Vernachlässigung unentgeltlicher Frauenarbeit kaum Gedankenlosigkeit. Eher ist anzunehmen, daß auf dem Umweg der sozialpolitischen Diskussion um leere Kassen und fehlende Arbeitsplätze plötzlich ein Thema Eingang in die wissenschaftliche Diskussion findet, das mit dem Grundkonsens tauschorientierter Industriegesellschaften nicht kompatibel ist: die unentgeltlichen Leistungen von Frauen in einer Gesellschaftsordnung, die als grundlegenden Wert die leistungsgerechte Entlohnung jeder Arbeit (und jedes Produktionsfaktors) für sich in Anspruch nimmt. Um es noch einmal zu betonen: Kritik gilt nicht der Tatsache, daß in dieser Gesellschaft nicht alle Leistungen entgolten werden, sondern daß eine Interdependenz zwischen entgeltlicher und unentgeltlicher Arbeit existiert – primär in der Familie –, die diejenigen von der Partizipation an monetären und prestige-trächtigen Gratifikationen ausschließt, die sie ausüben, und daß diese Trennungslinie zwischen den Geschlechtern verläuft.

In den Gründerjahren der deutschen Familiensoziologie sprach man noch emphatisch von der Frau als Sachverwalterin und Hüterin des Haushalts, vom Hauptberuf der Frau als Hausfrau und Mutter, von der Frau als Wahrerin der familialen Gesamtinteressen (Wurzbacher 1952, Schelsky 1953, Oeter 1954, Mayntz 1955). Lediglich René König fragte kritisch, wieso Mutterschaft und Hausfrauentätigkeit für die Frau ein Beruf sein soll: Indem man deren biologische Funktion zu einem Beruf erhob, habe das Verhältnis der Geschlechter die vielleicht verhängnisvollste Belastung der Geschichte erfahren (König 1967, S. 34).

Die zunächst intuitive Verbindung von Hausfrauentätigkeit und Mutterschaft in Politik und Wissenschaft wurde von Soziologie und Haushaltswissenschaften in späteren Jahren aufgegriffen, so im Rahmen der Frage, warum es selbstverständlich sei, daß allein die Ehefrau und Mutter für Kinderversorgung und Haushalt als zuständig erklärt werde. Rosemarie v. Schweitzer wies wiederholt auf die Zeitgebundenheit dieses Sachverhaltes hin und betonte, durch die Geschichte hindurch sei zu beobachten, daß diese Arbeiten stets rangniederen Personen übertragen wurden (Schweitzer 1981, S. 179).

Einer *soziologischen* Erklärung dieses Sachverhaltes bereitete Friedhelm Neidhardt den Weg, als er sich Anfang der 70er Jahre mit dem Bedarf an gesellschaftlichen Normen befaßte, die die für das Kind notwendigen Dauerpflegeleistungen als moralische Verpflichtung einer bestimmten gesellschaftlichen Gruppe definieren: Am leichtesten begründbar sei sie für die Mutter, denn diese habe schließlich das Kind in die Welt gesetzt (Neidhardt 1970). Mehr als zehn Jahre später erweiterte Hartmann Tyrell diesen Gedanken um die Fragestellung, wie stark eine Gesellschaft das Prinzip der „leiblichen Elternschaft" institutionalisiere und hierüber die Zuständigkeiten für die Kinderaufzucht reguliere. Die funktionale Differenzierung von Betrieb und Familie sei in der bürgerlichen Kultur mit familialer Arbeitsteilung verknüpft, die die Frau auf Haushalt und Kinder verweise, legitimiert über die natürlichen Mutterpflichten (Tyrell 1981). Dieses Argument ging über Neidhardts Position hinaus, indem der Bedarf an gesellschaftlichen Normen mit der Notwendigkeit institutioneller Arrangements zur Sicherung dieser Arbeitszuweisung verbunden wurde. In jüngster Zeit wurde – aus konservativer Perspektive – ein weiteres Argument vorgetragen, das möglicherweise zu aussagekräftigen Ergebnissen führt: Die Dauerpflegeleistungen von Müttern als Bestandteil familialer Funktionen seien eigentliche solche der Ehe (Siebel 1984).

Siebels Unterscheidung zwischen „Familie“ und „Ehe“ als einer Institution öffentlichen Charakters dürfte es erlauben, den inneren Zusammenhang von Mutterschaft und unentgeltlicher Familienarbeit nicht nur im Rahmen normativer Vorstellungen aufzuzeigen, sondern gleichzeitig deren gesellschaftliche Institutionalisierung und ihren gesamtwirtschaftlichen Nutzen genauer auszuweisen. *In der bürgerlichen Gesellschaft, so die hier vertretene These, erfolgt die Institutionalisierung dieser Arbeit über die rechtlich abgesicherte Verfügung des Mannes über die Arbeitskraft der Frau.* Diese Form der Verfügung verlor im Zuge der Gleichberechtigungsgesetzgebung ihre Konturen, am materialen Gehalt hat sich demgegenüber nicht allzuviel geändert. Allerdings hat Jutta Limbach kürzlich davor gewarnt, die Orientierungskraft von Rechtsnormen zu überschätzen. Im Grunde genommen würden Sitte und Norm gesellschaftsprägenderen Einfluß ausüben als diese (5). Der Hinweis ist wichtig, um der naiven Gleichsetzung von Rechtsnorm mit deren faktischer Handhabung vorzubeugen. Gleichzeitig besteht unbestreitbar ein struktureller Zusammenhang zwischen Rechtsnormen, die die Nutzung familialer – weiblicher – Arbeitskraft zur Sicherung bestimmter familialer „Funktionen“ regulieren, und der gesellschaftlichen Situation von Haus- bzw. Ehefrauen, die durch den Ausschluß vom Zugang zu Tauschmitteln gekennzeichnet ist: individuell und gesellschaftlich sind diese Rechtsnormen ähnlich folgenreich wie jene in Verbindung mit arbeitsvertraglichen Regelungen (ohne hier Arbeits- und Ehevertrag gleichsetzen zu wollen). Wenn ich diese Parallele hier ziehe, dann zur Akzentuierung einer sozial-ökonomischen Dimension der bürgerlichen Familie, die bisher wenig erforscht ist: Im folgenden werden Verbindungslinien zwischen der Ehe als einer Einrichtung von öffentlichem Charakter und der Institutionalisierung unentgeltlicher Familienarbeit skizziert; andere – ähnlich wichtige – Fragestellungen bleiben zunächst ausgespart (6).

Die Abhängigkeit des Familienrechts von den ökonomischen Bedingungen industrialisierter Gesellschaften wurde 1974 von Heinrich Dörner umfassend dargestellt; für die neuere Entwicklung sei auf die Ausführungen von Sachße/Tennstedt (1982) verwiesen. Ähnlich der Familiensoziologie, die mütterliche Sozialisationsleistungen zwar nicht mehr als „naturgegeben“ betrachtet, allerdings nach wie vor die Frage nach den Gründen und Mechanismen geschlechtlicher Arbeitsteilung ausspart, vernachlässigen jedoch auch diese Autoren die Analyse des Sachverhalts, der hier zu akzentuieren versucht wird: daß Verfügungen über den Einsatz von Arbeitskraft nicht allein Merkmal der Markt-, sondern ebenso der Familien-Ökonomie sind.

Bereits im Allgemeinen Landrecht der Preußischen Staaten (ALR) galten Mütter als zuständig für die Kinderaufzucht, im Rahmen der Festlegung, daß Ehefrauen ihre Arbeitskraft der Familie (und deren „Oberhaupt“) als Wirtschafts- und Lebensgemeinschaft zur Verfügung stellen mußten; die Ausübung außerhäuslicher Arbeit und eigene Gewerbetätigkeit unterlagen der Genehmigung durch den Ehemann. Die Arbeits- und Dienstpflicht der

Ehefrau erstreckte sich insofern nicht allein auf den Haushalt im engeren Sinn, sondern zugleich auf das Gewerbe des Mannes, dem auch der Ertrag aus ihrer Arbeit zufiel. Als Gegenleistung stand ihr standesgemäßer Unterhalt zu. Dem ALR zufolge bildete die biologische Funktion der Frau, d.h. ihre Gebärfähigkeit, zusammen mit ihrem Arbeitsvermögen ein Potential, das der patriarchalen Haus- und Erwerbsgemeinschaft voll zur Verfügung stand.

Die unentgeltliche Dienstpflicht der Frau wurde ins Familienrecht des BGB übernommen, ebenso die Verpflichtung zur Kinderversorgung (7). Mit Recht weisen Sachße/Tennstedt darauf hin, daß die Systematik des Unterhaltsrechts auf die Bedürfnisse von Produktionsmittelbesitzern zugeschnitten war: Kinder wurden unterhalten, um im Alter den Lebensbedarf der Eltern zu sichern; freilich fehlt ihrer Argumentation der Hinweis, daß auch die im Familienrecht festgelegte Arbeits- und Dienstpflicht der Ehefrau deren Erfordernissen entsprach: sie trug durch ihre Arbeit zur Vermögensbildung bei, und das um so mehr, je stärker sie in das Gewerbe des Mannes eingebunden war.

Mit der Konstitution der Lohnarbeiterschaft im 19. Jahrhundert und der Beseitigung von Heiratsverboten und Ehebeschränkungen, mit der Gewinnung politischer Rechte insgesamt, wurden legale Familiengründungen auch dem Proletariat allgemein möglich. Formal unterlag die Proletarierin denselben Verfügungen über ihre Arbeitskraft wie die Bauers- oder Handwerkersfrau, allerdings mit unterschiedlicher gesellschaftlicher Zielsetzung. Sie sollten einerseits weiterhin die familiale Arbeitsteilung sichern, andererseits den Bedürfnissen der Industrie Rechnung tragen. Sofern die proletarische Familie auf den Verdienst der Ehefrau angewiesen war – und das war in der Regel der Fall –, konnte der Ehemann das ihm zugestandene Recht auf deren persönliche Dienstleistungen nur schwer durchsetzen, so daß von einer partiellen Verlagerung der ökonomischen Tätigkeit der Ehefrau aus der Familie in Industrie und Gewerbe gesprochen werden kann. Die familiale Arbeitsteilung wurde primär dadurch aufrechterhalten, daß nach wie vor die Frau allein für die Kinderversorgung verantwortlich blieb und Dienstleistungen im Rahmen ihrer Haushaltstätigkeit erbrachte. Sie dienten jedoch nicht der eigenen Altersversorgung und der familialen Vermögensbildung, wie noch in der agrarischen Familienökonomie oder in den Selbständigen-Haushalten des Industriezeitalters.

Der Vergleich von lohnabhängigen Ehefrauen mit den Ehefrauen von – oft bescheidenen – Produktionsmittelbesitzern zeigt, daß mit der Industrialisierung und dem auf deren Erfordernisse abgestimmten Familien- und Unterhaltsrecht der familialen Verfügung über die Arbeitskraft von Frauen eine über die Familie hinausgehende Bedeutung zukam. Sie hatte Kinder und zugleich Arbeitskräfte für die Industrie großzuziehen, sie unterlag der häuslichen Arbeitspflicht und, meist aus ökonomischer Notwendigkeit, den Bedingungen von Erwerbsarbeit. Ihre Arbeitskraft verblieb partiell unter patriarchaler Verfügung im Familienbereich und wurde gleichzeitig freigesetzt für kapitalistische Verwertungsinteressen. Hier lassen sich die Verflechtungen von einer patriarchal *und* kapitalistisch organisierten Gesellschaft deutlich identifizieren: Die *patriarchale* Verfügung über die Arbeitskraft der Ehefrau diente zweifells zugleich Kapitalverwertungsinteressen – der Bereitstellung künftiger Arbeitskräfte, der Versorgung des lohnarbeitenden Ehemannes –, und umgekehrt läßt sich unschwer nachweisen, daß die *industrielle* Verfügung über die Arbeitskraft der proletarischen Frau (nicht nur der Ehefrau) durchzogen war von patriarchalem (individuellem und gesellschaftlichem) Interesse an der Aufrechterhaltung der Geschlechterhierarchie auch außerhalb des familialen Bereichs. (Auf den Zusammenhang zwischen familialer Vermögensbildung und Kapitalverwertungsinteresse in sog. Selbständigen-Haushalten kann an dieser Stelle nicht eingegangen werden. Dort sind patriarchale und kapitalistische Interessen an der Nutzung von Arbeitskraft auf noch andere Weise miteinander verknüpft (vgl. Beer 1984)).

An der rechtlich abgesicherten Verfügung über die Arbeitskraft von Ehefrauen änderte sich wenig bis in die Nachkriegszeit. Einen Einbruch in die patriarchale Familienverfassung versprach die Gleichberechtigungsgesetzgebung des Jahres 1957. Was sich änderte, war die Terminologie, nicht der Inhalt von Gesetzesbestimmungen. Die biologistische Begründung für die Zuordnung der Frau zum Haushalt qua Mutterschaft blieb erhalten, aus dem Gesetzestext verschwand dagegen der Hinweis auf die Arbeitspflicht der Frau im Haushalt und Gewerbe des Mannes. Sie wurde – durchaus einfallsreich – nunmehr als Unterhaltspflicht ausgewiesen. „Wir verstehen heute", so 1958 der angesehene Familienrechtler Gernhuber, „unter dem Begriff 'Unterhalt' nicht mehr nur eine Bedürfnisbefriedigung durch den Einsatz von Geld, so daß auch die Mitarbeit im Geschäft oder Beruf des Partners in Erfüllung der Unterhaltspflicht erfolgen kann, ohne notwendig eine Verbindung zum Unterhaltsrecht aufzuweisen" (Gernhuber 1958, S. 247).[8] Und zur Umdeutung der Hausarbeitspflicht in eine Unterhaltsverpflichtung Eißer 1959: „Durch die Haushaltsführung erfüllt die Ehefrau ... im Regelfall ihre Verpflichtung, durch *Arbeit* zum *Unterhalt* der Familie *beizutragen.* Diese Wertung der Hausfrauenarbeit als Unterhaltsbeitrag für den Familienunterhalt bringt das Schaffen und Wirken der Hausfrau, das bisher nur nebenbei und ohne Beziehung auf die Unterhaltspflicht erwähnt war, zur verdienten rechtlichen Anerkennung" (Eißer 1959, S. 1979, Hervorh. i.Orig.). Auch hinsichtlich der Kinderversorgung hielten Familienrechtler an der traditionellen Arbeitsteilung fest: „Die Pflicht, für Kinder zu sorgen, wird bei der Kollision mit der Pflicht, durch Erwerbstätigkeit zum Familienunterhalt beizutragen, regelmäßig stärker sein. Die Frau ist die natürliche Betreuerin ihrer Kinder" (Brühl 1957, S. 279). Ein Kommentar zur Gleichberechtigungsgesetzgebung des renommierten Familienrechtlers Bosch beseitigte mögliche Zweifel, es könne sich allzuviel ändern: „... der Kunstgriff der Umformung des Unterhaltsbegriffs – im Grunde nur eine Bestätigung der natürlichen Ordnung! –" verdanke sich gesetzestechnischen Bedürfnissen; lakonisch stellte er fest: „... gleiche Verpflichtung (ist) keineswegs „dieselbe“ Verpflichtung; Gleichberechtigung bedeutet nicht Identität der Rechtspositionen“ (Bosch 1958, S. 83).

Diese Hinweise sind wichtig zum Verständnis der historischen Entwicklung der familialen Arbeitspflicht von Ehefrauen. In neutralen Begriffen wurde die traditionelle Aufspaltung der Nutzung weiblicher Arbeitskraft zwischen Familie und Erwerbswirtschaft festgeschrieben, deren historische Wurzeln verschleiert, die noch in der agrarischen und handwerklichen Familienökonomie voll dem Familienvorstand und Eigentümer der Produktionsmittel zufiel und die partiell bis in die 50er Jahre erhalten blieb, heute jedoch rapide zurückgeht. Die Verfügung über und Nutzung von weiblicher Arbeitskraft verlagerte sich im Laufe der Industrialisierung; in dem Jahrzehnt zwischen 1950 und 1961 wurde der Wandel in den Arbeitsbedingungen von Ehefrauen und Müttern besonders deutlich. Die Erwerbsquote von Ehefrauen im erwerbsfähigen Alter stieg von 26,4% auf 36,5%. Im gleichen Zeitraum fiel der Anteil der mithelfenden Ehefrauen an allen Ehefrauen von 15,4% auf 12,7%, gleichzeitig stieg der Anteil der marktförmig erwerbstätigen Ehefrauen an allen Ehefrauen von 9,6% auf 21,1% – Zeichen für den Rückgang familienförmig organisierter und für die Zunahme marktförmig vermittelter Erwerbstätigkeit von Ehefrauen. Im Vergleich betrug 1980 der Anteil der marktbezogenen erwerbstätigen Ehefrauen an allen Ehefrauen 35,9%, der Anteil der mithelfenden Ehefrauen an allen Ehefrauen 4,7%, erwerbstätig waren somit 40,6% aller Ehefrauen (Müller/Willms/Handl 1983, S. 35).

Die zunehmende Aufspaltung und gleichzeitige Mehrbelastung weiblicher Arbeitskraft zwischen Familie und Beruf war in den 50er Jahren Anlaß zu ersten familienpolitischen Interventionen. Durchaus in Übereinstimmung mit familiensoziologischen und -rechtlichen Positionen sollte die Ehefrau und Mutter für Sozialisationsleistungen und Hausarbeit zur Verfügung stehen. Mit Recht beklagt wurde die finanzielle Belastung von Familien mit Kindern, gefordert wurde die Umverteilung von Familienlasten auf diejenigen, die offensichtlich von den Anstrengungen der Familien mit Kindern profitierten – Ledige und kinderlose Ehepaare.

Daß sie profitierten, ergab sich mühelos aus der Systematik des Rentenversicherungsrechts. Die 1957 vollzogene Umstellung auf ein Umlageverfahren der Aufwendungen, mit dem die Erwerbstätigen die nicht mehr Erwerbstätigen über Transferzahlungen „unterhielten“, legte den Gedanken nahe, daß diejenigen, die Kinder und damit künftige Beitragszahler aufziehen, eine Leistung zur Sicherung des Gesellschaftsganzen und seiner Mitglieder erbringen, der sich Kinderlose entziehen. Der – nicht honorierte – Beitrag der Mutter durch unentgeltliche Leistungen wurde akklamativ herausgestellt, deren eigenständige soziale Sicherung jedoch nicht angestrebt. Folgerichtig entstanden erste Pläne für einen „Drei-Generationen-Vertrag“[9], der die finanzielle Entlastung von Familien mit Kindern mit der Finanzierung von Altersrenten durch Erwerbstätige verbinden sollte. Heute sind diese Pläne wieder aktuell, auch deshalb lohnt der Rückblick auf die damalige Diskussion.

Die Soziologie jener Jahre befaßte sich allenfalls mit Teilaspekten dieser Entwicklung (und unter verkürzten theoretischen Fragestellungen, auf die hier nicht eingegangen werden kann). Ihre Themen waren die zunehmende Müttererwerbstätigkeit (Pfeil 1961) oder die Einstellungen junger Frauen zu Familie und Mutterschaft in der richtungsweisenden Arbeit von Wurzbacher u.a. (1958). Der Schwerpunkt familiensoziologischer Forschung lag in der Analyse der Stabilitätsbedingungen der Familie und von deren Funktionsveränderungen. Sozialpolitische Fragestellungen wurden eher ausgeklammert, dasselbe gilt für die ökonomische Verflechtung von Familie und Gesellschaft.[10] So war es nicht erstaunlich, daß der Aspekt der Verwertungsbedingungen weiblicher Familienarbeitskraft unter diesen Voraussetzungen überhaupt nicht in den Blick sozialwissenschaftlicher Forschung geriet.

Theoretisch lassen sich die zunehmende Erwerbstätigkeit von Hausfrauen und Müttern, die rechtliche Umgestaltung der familialen weiblichen Arbeitspflicht und familienpolitische Bestrebungen als Merkmale einer neuen Form der Vergesellschaftung der Arbeitskraft und des Gebärvermögens von Frauen deuten, denn familienpolitische Interventionen galten nicht allein dem Ziel, das Arbeitsvermögen der Frau der Familie zu sichern, sondern gleichzeitig einer weiteren Zielsetzung – der Sicherung einer stabilen Geburtenrate. In diesem Sinne wird unter „Vergesellschaftung" hier die gesellschaftliche Nutzung und Verfügung über diese Potenzen – Arbeits- und Gebärvermögen – verstanden. Beide dienten nur noch selten der Reproduktion einer auf *Eigentum* beruhenden Familienökonomie. Vollständige Familie und gesicherte Beschäftigung des Ehemannes vorausgesetzt, verblieb die Arbeitskraft der Ehefrau und Mutter entweder dem Haushalt nach dem Modell der Hausfrauenehe oder sie spaltete sich auf zwischen Haushalt und Beruf.

Indem der Staat seit Einführung der Sozialversicherung als Garant der Existenzsicherung der Besitzlosen im Alter auftrat, lag der Gedanke nahe, die Sozialisationsleistungen von Müttern (und die finanziellen Aufwendungen der „Familienvorstände") als deren Beitrag zum Erhalt des gesellschaftlichen Ganzen zu deuten. Die mit diesem Sachverhalt befaßte familienpolitische Literatur bedachte allerdings kaum, daß die Systematik des Rentenversicherungsrechts auf ein Umlageverfahren unter Lohnabhängigen abstellte, das über *monetäre* Leistungen die Reproduktion von Individuen und deren Arbeitskraft auf spezifische Weise sicherte. Eine materielle Anerkennung der Leistungen von Müttern war bei dieser Systemkonstruktion nicht möglich.

Bei der Berücksichtigung der Tatsache, daß Sozialleistungen über Steueraufkommen und Sozialabgaben finanziert werden, zeigt sich, daß auf Arbeitnehmerseite über direkte und indirekte Steuern und Sozialabgaben die Kosten der sozialen Sicherung innerhalb der Arbeitnehmerschaft *umverteilt* werden, während von Arbeitgeberseite Soziallasten als Lohnnebenkosten und Steuern über die Preisgestaltung auf die Käufer von Produkten *abgewälzt* werden. Die Mittel zu sozialer Sicherung werden allein aus den Erträgen durch *Arbeit* finanziert, Kapital- und Bodenerträge sind, nach Abzug von Steuern, nicht davon betroffen. Mit einer Einschränkung: über direkte und indirekte Besteuerung sind Kapital- und Bodenbesitzer persönlich an den Kosten der sozialen Sicherung beteiligt. Rolf Zacher spricht in diesem Zusammenhang von einem „Paradoxon der Arbeitnehmergesellschaft" (Zacher 1984).

Schon in den 50er Jahren wurde in der familienpolitischen Literatur darauf hingewiesen, daß im System der sozialen Sicherung nicht allein *Kosten* umgelegt werden, sondern daß dessen Funktionsfähigkeit zugleich von *unentgeltlichen* Leistungen abhänge (Sozialisationsleistungen, Altenbetreuung, Krankenpflege). Auch aus diesem Grund bietet es sich an, für Industriegesellschaften von einer spezifischen Vergesellschaftung weiblicher, unentgeltlicher Arbeitskraft zu sprechen, die nicht mehr entsprechend den Bedürfnissen einer handwerklichen oder agrarischen Familienökonomie und ihrer Produktionsmittelbesitzer genutzt wurde. Als Nutznießer lassen sich letztlich die Produktionsmittelbesitzer einer anonymisierten, hochindustrialisierten Gesellschaft identifizieren – ihnen bleibt die Nutzung von Arbeitskraft im erwerbsfähigen Alter, ohne daß sie mit den Kosten von deren Aufzucht und Erwerbsunfähigkeit belastet sind. Als Nutznießer unentgeltlicher Frauenarbeit erweisen sich aber auch die männlichen Lohnabhängigen insgesamt. Erstens kommen ihnen direkt die unentgeltlichen Arbeitsleistungen von Frauen zugute, die zugleich die Hierarchie zwischen Erwerbstätigen und Nicht-Erwerbstätigen festigt, zweitens profitieren sie in sehr viel stärkerem Maße als Frauen durch das Umlageverfahren der Sozialversicherung, das nicht-erwerbstätigen Frauen und Müttern aufgrund der Unentgeltlichkeit ihrer Arbeit nur „abgeleitete" und in der Regel mindere Ansprüche zugesteht.

Zusammenfassend: Institutionell abgesichert über Familien- und Sozialrecht reproduziert die Familie durch die Arbeit der Ehefrau und Mutter und das Lohneinkommen eines oder beider Ehepartner sich selbst, gleichzeitig jedoch auch die Bedingungen einer auf privater Aneignung von Reichtum basierenden Gesellschaft. Diese Reproduktion beruht auf Mechanismen, in denen Kapitalverwertungsinteressen mit patriarchalen Elementen durchsetzt sind. Mit den Transformationen des Industriekapitalismus wandelte sich auch dessen Patriarchalismus. Der vorindustrielle, der sich bis weit ins Industriezeitalter in der Familienökonomie als Einheit von Gewerbe und Haushalt erhielt, beließ Ehefrauen, deren Arbeitskraft und Gebärvermögen, in dieser Wirtschaftseinheit. Er machte einem neuen Patriarchalismus Platz, der sich nahtlos in die versachlichten Beziehungen der Industriegesellschaft einfügte. Dem in der Regel nunmehr lohnabhängigen Ehemann verblieb allein die persönliche Dienstleistung der Ehefrau, von den Sozialisationsleistungen der Mutter und von ihrer eventuellen Erwerbstätigkeit profitierten andere – das staatliche Sozialsystem und das Kapital. Nur in eingeschränktem Maße partizipierten Hausfrauen und Mütter – ob erwerbsfähig oder nicht – an Sozialleistungen zur Sicherung ihrer Existenz.

Diese Veränderungen einer spezifischen Form des Patriarchalismus waren nicht Gegenstand soziologischer Forschung. Gerade der von der kritischen Theorie diagnostizierte (patriarchal-kapitalistische) Autoritarismus entwickelter Industriegesellschaften wurde von der Familiensoziologie bestritten.[11] Im Anschluß an Wurzbachers berühmte Untersuchung von 1952, auf die sich alle bekannten Werke jener Zeit beriefen, wurde demgegenüber der Abbau des patriarchalischen Familienleitbildes gefeiert; verstanden wurde darunter jedoch nicht der Abbau traditioneller Geschlechterrollen und Arbeitsteilung, sondern – auch hier in Übereinstimmung mit anderen sozialwissenschaftlichen Disziplinen – deren „partnerschaftliche" Anerkennung.

Die sozio-ökonomische Situation von Frauen verbesserte sich in den folgenden Jahren ohne jeden Zweifel. Die 1977 vollzogene formalrechtliche Gleichstellung von Eheleuten bildete eine weitere Zäsur in der Aufweichung der Verrechtlichung der familialen Arbeitspflicht der Frau, diesmal jedoch unter völlig veränderten gesellschaftlichen Bedingungen: zunehmende Verknappung von Erwerbsarbeit, zunehmende Scheidungsziffern, abnehmende Geburtenraten, abnehmende Heiratswilligkeit, Abbau öffentlicher Leistungen.

Im Vergleich zu den 50er Jahren gilt Frauenerwerbstätigkeit heute als Lebensperspektive; Frauen wollen beides, Beruf und Familie. Ehe und Familie bieten Frauen heute keine lebenslange ökonomische und soziale Absicherung mehr; die Bedingungen, die seit Beginn der Industrialisierung allein für Proletarierinnen galten, haben sich mittlerweile verallgemeinert. Neben Ehe und Familie haben sich andere Formen der Lebensgestaltung etabliert – das sog. Single-Dasein, Paar-Beziehungen außerhalb der Ehe, Wohngemeinschaften. Diese Lebensformen verweisen Frauen auf eigene Erwerbstätigkeit, jedoch auch im Falle der ehelichen Bindung ist die Existenzsicherung der Frau über den Ehemann nicht mehr gewährleistet: Erwerbslosigkeit, Kurzarbeit, Reallohnsenkungen wirken als ökonomische und soziale Unsicherheitsfaktoren, die den Drang von Frauen in die Erwerbstätigkeit verstärken. Deshalb erstaunt es nicht, daß sich der Anteil verheirateter an allen erwerbstätigen Frauen in den letzten 25 Jahren nahezu verdoppelte, der Anteil von Müttern mit Kindern unter 15 Jahren fast verdreifachte. Die berufstätige Frau „ist heute älter, verheiratet und Mutter" (Reichert/Wenzel 1984).

Der zunehmenden Erwerbsorientierung von Frauen entspricht keine gleichgewichtige Familienorientierung der Männer – so das Ergebnis einer Vielzahl neuerer Studien (Glatzer/Herget 1984, Born/Vollmer 1983). Auf erwerbstätigen Ehefrauen und Müttern lastet nach wie vor Familien- *und* Erwerbstätigkeit, obwohl die familienrechtliche Zuweisung der Arbeitskraft der Frau an Legitimität eingebüßt hat. Faktisch gilt die Mutter nach wie vor als angemessene Betreuerin „ihrer" Kinder, *rechtlich* gilt die familiale Arbeitsteilung als frei vereinbar unter Ehepartnern und Eltern. Vom Regelfall abweichende Arrangements sind möglich – nur nicht häufig und konterkariert von gesellschaftlichen Rahmenbedingungen. Nach dem Aufbrechen der legalen Bindung unentgeltlicher Frauenarbeitskraft an die Familie wird heute unterschwelliger über sie verfügt, Jutta Limbach hat auf entsprechende juristische Praktiken hingewiesen (Limbach 1981).

Institutionelle Arrangements zur Sicherung familialer Reproduktionsleistungen existieren nach wie vor, Eltern sind für die Aufwendungen und Arbeitsleistungen der Kinderaufzucht verantwortlich. Sie sind jedoch nicht mehr eindeutig und ausschließlich an die Arbeitskraft der Ehefrau und Mutter gebunden. Diese Entwicklung läßt sich als institutionelles Aufbrechen geschlechtlicher Arbeitsteilung interpretieren, begleitet von anderen gesellschaftlichen Veränderungen: Zunahme der Teilzeitarbeit von Ehefrauen, Bewußtseinsveränderungen im Zuge der Frauenbewegung. Frauen sind heute aber nach wie vor, allerdings subtiler, auf die Familie verwiesen: es gibt Mutterschaftsurlaub, nicht solchen für Väter, Frauenarbeit ist schlechter bezahlt als Männerarbeit und unzureichend zur materiellen Existenzsicherung, Industrie und Gewerbe rechnen nach wie vor mit der vollen Verfügung über Arbeitskraft, die sich an der von Familienarbeit entlasteten männlichen Normalbiographie orientiert, Männer zeigen wenig Interesse an Familienaufgaben. Ehefrauen und Mütter unterliegen insofern einem ungebrochenen strukturellen Zwang zur unentgeltlichen Arbeit. Allerdings sind sich Frauen der Konsequenzen heute durchaus bewußt: Lücken in der Arbeits- und Rentenbiographie, verschlechterte Chancen des Zugangs zum Arbeitsmarkt, niedrige Bezahlung in ungeschützten Beschäftigungsverhältnissen mit der Folge der Armut beim Scheitern der Ehe und im Alter. Frauen durch Mutterschaft an die Familie binden zu wollen, hat ebenso an Überzeugungskraft eingebüßt. So ist die Vermutung plausibel, daß Frauen, vor die Alternative „Mutterschaft oder Beruf" gestellt, sich für den Beruf und gegen Kinder entscheiden werden, zumindest gegen mehr als *ein* Kind.

Gibt es einen Ausweg aus dem Dilemma? Nicht-marktförmig organisierte Arbeitsleistungen sind gesellschaftlich notwendig, daran besteht kein Zweifel. Um sie den Frauen nicht auch in Zukunft zuzuschreiben, kann eine Lösung des Problems allein im sukzessiven Abbau und letztlich in der Aufhebung geschlechtlicher Arbeitsteilung bestehen. Nicht nur Frauen würden davon profitieren, auch Männer: die ökonomische Sicherung der Familie und die Arbeit in ihr würden auf beide verteilt, dem Problem des nachehelichen Unterhalts die Schärfe genommen, die Integration der Frau ins Berufsleben neue Formen von Partnerschaft ermöglichen. *Kurzfristig* geht es um Änderungen im System sozialer Sicherung, die die Diskriminierung derjenigen beseitigen, die unentgeltliche Leistungen erbringen (z.B. Anerkennung von Erziehungszeiten in der Rentenversicherung), um mehr familienergänzende soziale Dienste, insgesamt um den Ausbau statt Abbau des Sozialstaates. *Langfristig* sind Veränderungen der Arbeitsorganisation gefordert, insbesondere der Arbeitszeitregelungen, die sich bisher gegen eine familiengerechte Ausgestaltung des Arbeitslebens sperren, so daß Frauen und Männer Erwerbstätigkeit mit Familienaufgaben verbinden können. Dies wiederum bedingt eine Veränderung der Einstellung von Männern zum familialen Bereich, sie ist bislang nicht in Sicht.

ANMERKUNGEN

Hilde v. Balluseck war an der Erarbeitung der familiensoziologischen Literatur der Nachkriegszeit beteiligt. Für Anregungen und Kritik des Manuskripts danke ich: Sabine Gensior, Carol Hagemann-White, Ulrike Helmer, Christel Rammert-Faber, Margret Steffen, Helgard Ulshoefer, Marianne Weg und Christof Wehrsig.

1 Kritisch zur Subsumierung von Familienarbeit unter Selbsthilfe Gross 1982a und 1984: er möchte Selbsthilfegruppen unterschieden wissen von Selbst-Hilfe als Eigenverantwortlichkeit im Sinne des bürgerlichen Individualismus. Zu den heterogenen politischen Zielvorstellungen und Erkenntnisinteressen in der Selbsthilfe-Diskussion vgl. Murswieck 1983, Deimer/Jaufmann/Kistler/Pfaff 1983, Michalsky 1984; zu Selbsthilfe-Projekten der Alternativ-Ökonomie vgl. die empirische Studie von Berger/Domeyer/Funder/Voigt-Weber 1984.

2 Kritisch aus politischer Sicht Martiny 1984 und Opielka 1984; aus wissenschaftlicher Perspektive Hofemann 1982, Windhoff-Héritier 1982, Deimer u.a. 1983, Beywl/Brombach 1984, Bäcker 1979. Befürwortend: Hegner 1982, Gross 1982b.

3 Zur Definition: Unter familialer Ökonomie verstehe ich die Gesamtheit der Leistungen im Binnen- und Außenverhältnis von Wirtschaftseinheiten, deren Vermögensverhältnisse durch die Eheschließung reguliert sind, d.h. unterschieden nach Familienstatus und Geschlechtszugehörigkeit. Schweitzer unterscheidet zwischen Hausarbeit im engeren Sinn, als Familientätigkeit (sie schließt dann Kinderversorgung ein), als Selbstversorgung (sie schließt dann die Herstellung von Lebensmitteln und Gütern ein; vgl. Schweitzer 1981, S. 172 f. Ich fasse diese drei Formen von Haushaltstätigkeit unter den – vorläufigen – Terminus „Familienarbeit“, der zugleich die unentgeltliche Erwerbsarbeit der Ehefrau im Betrieb des Mannes bzw. der Familie einschließt (mithelfende bzw. mitarbeitende Angehörige). Anders als Hegner 1982, der zwischen familialen und ökonomischen Haushaltstätigkeiten unterscheidet und diese aufschlüsselt nach den Aktivitätsformen Arbeiten, Herstellen, Handeln und der keine geschlechtsspezifische Zuordnung vornimmt, wird hier versucht, Familien- oder Haushaltsaktivitäten im Rahmen geschlechtssezifischer Zuweisungen zu identifizieren.

4 Zuletzt in: *Das Parlament* 35/36 (1984), bes. S. 10 und 19 zum Problem der Festellung des materiellen Werts der Hausfrauentätigkeit.

5 Diskussionsbeitrag anläßlich der Tagung „Wie männlich ist die Wissenschaft?“, Zentrum für interdisziplinäre Forschung, Universität Bielefeld, 13.-15.12.1984.

6 So die Frage nach dem Prinzip der Reziprozität im Familienverband: welche Bindungen werden durch unentgeltliche Arbeit geschaffen, die entgeltliche Arbeit nicht hervorbringt? Wie ist unter diesem Gesichtspunkt die Verknüpfung der monetären (Markt-)Ökonomie mit der nicht-monetären (Familien-)Ökonomie zu

denken? Der Hinweis auf die Notwendigkeit der Analyse der *widersprüchlichen* Folgen unentgeltlicher Familienarbeit stammt von Christof Wehrsig.

7 Kaufmann weist darauf hin, daß die höchstpersönliche Verantwortung der Mutter für die Kinderaufzucht sich erst im 19. Jahrhundert herausgebildet habe; vgl. Kaufmann 1981.

8 Die Mitarbeitspflicht wurde nicht im Unterhaltsrecht aufgenommen. Entscheidend bleibe, so Gernhuber, der Einzelfall. Gefordert war deren Aufnahme im Regierungsentwurf I und im Entwurf der FDP. In den Vorarbeiten zum Regierungsentwurf sei richtig erkannt worden, so Gernhuber weiter, daß die Mitarbeitspflicht eine über das Unterhaltsrecht hinausgehende Bedeutung habe. Vgl. Gernhuber 1958, S. 247, Fußnote 29.

9 So plädierte Schreiber für einen „Solidarvertrag" der Arbeitnehmer, mit dem alle erwachsenen Erwerbstätigen eine „Kindheitsrente" zur Verfügung stellen sollten. Selbst herangewachsenen, sollte der Erwerbstätige diese in Kindheit und Jugend erhaltene Rente zurückzahlen und damit die Kindheitsrente für die nächste Generation aufbringen; vgl. Schreiber 1955, S. 31, dargestellt bei Bühler 1961. Vgl. auch Wingen 1964, S. 234, der in seiner Würdigung des „Schreiber-Plans" denn auch eine Schwachstelle identifizierte: wie die verheiratete Frau und Mutter die in der Kindheit erhaltene Rente zurückzahlen solle, wenn sie selbst nicht erwerbstätig sei. Oeter entwarf ähnliche Pläne; er zog in seinen Schriften übrigens Parallelen zwischen der Verfügung und Nutzung von Arbeitskraft in der alten Familienwirtschaft und deren Übergang an die „Volkswirtschaft", jedoch nur bezogen auf Kinder und nicht auf Frauen. Vgl. Oeter 1954, S. 54.

10 Vgl. v. Ferber 1977 und Kaufmann 1977 zum Verhältnis von Soziologie und Sozialpolitik. Zu den historischen Grundlagen und der Programmgeschichte von Sozialpolitik vgl. Pankoke 1977 und 1984.

11 Die Differenziertheit von Horkheimers Argumentation ging seinerzeit verloren. So unterschied dieser zwischen rational begründbarer und irrationaler Autorität. „Autorität" kennzeichne immer eine Abhängigkeitsbeziehung, könne jedoch der Förderung der Interessen der Betroffenen und der Entwicklung gesellschaftlicher Kräfte dienen. Herrschaft galt ihm nicht von vornherein als destruktiv, sie habe sich vielmehr auszuweisen durch ihre Mittel und Ziele. „Autorität" als legitime und begründbare Form von Herrschaft unterschied er von irrationaler, künstlich aufrechterhaltener und damit historisch überholter Autorität, die dem Interesse der Allgemeinheit an einer gerechten und lebenswerten Gesellschaft zuwiderlaufe. Diese Form von Autorität trete nicht offen zutage, sondern verhüllt unter dem Schein freier Vereinbarung (Arbeitsvertrag). Die bürgerliche Familie bilde den Transmissionsriemen zur Aufrechterhaltung von Klassenherrschaft, indem sie Individuen hervorbringe, die entgegen ihrem eigenen Interesse zur Aufrechterhaltung bestehender Autoritätsstrukturen beitrügen. Zugleich thematisierte Horkheimer das subversive Element familialer (Liebes-)Beziehungen, das diese Mechanismen unterlaufen könne. Vgl. Horkheimer 1936.

LITERATUR

Balluseck, H. von, 1984: „Zum Verhältnis von unbezahlter und bezahlter Sozialarbeit in der Bundesrepublik Deutschland und Berlin (West) von 1950-1980", in: *Soziale Arbeit* 8/9, S. 390-404.

Bäcker, G., 1979: „Entprofessionalisierung und Laisierung sozialer Dienste — richtungsweisende Perspektive oder konservativer Rückzug?", in: *WSI-Mitteilungen* 10, S. 526-537.

Beck-Gernsheim, E., 1984: „Frauen zurück in die Familie? Eine Diskussion der Leitlinien aktueller Familienpolitik in der Bundesrepublik Deutschland“, in: *WSI-Mitteilungen* 1, S. 223-32.

Beer, U., 1984: *Theorien geschlechtlicher Arbeitsteilung*, Frankfurt/New York.

Berger, J., Domeyer, V., Funder, M., Voigt-Weber, L., 1984: *Informeller Sektor und Alternative Ökonomie, Forschungsbericht des Forschungsschwerpunktes „Zukunft der Arbeit“*, Universität Bielefeld, Fakultät für Soziologie, Bielefeld.

Beywl, W., Brombach, H., 1984: Neue Selbstorganisation. „Zwischen kultureller Autonomie und politischer Vereinnahmung“, in: *Aus Politik und Zeitgeschichte*, B. 11, S. 15-29.

Born, C., Vollmer, C., 1983: *Familienfreundliche Gestaltung des Arbeitslebens*, Stuttgart/Berlin/Köln/Mainz.

Bosch, F.W., 1958: „Freiheit und Bindung im neuen deutschen Familienrecht“, in: *FamRZ* 3, S. 81-88.

Brühl, 1957: „Der Familienunterhalt nach dem Gleichberechtigungsgesetz“, in: *FamRZ* 8/9, S. 277-283.

Bühler, H.H., 1961: *Familienpolitik als Einkommens- und Eigentumspolitik. Diskussion und staatliche Maßnahmen in der Bundesrepublik*, Berlin.

Claessens, D., 1962: *Familie und Wertsystem. Eine Studie zur „zweiten, sozio-kulturellen Geburt“ des Menschen*, Berlin 1962, zitiert nach der 2., überarbeiteten Auflage 1967.

Cuvillier, R., 1979: „The Housewife: An Unjustified Financial Burden on the Community“, in: *Journal of Social Policy*, 1, S. 1-26.

Deimer, K., Jaufmann, D., Kistler, E., Pfaff, M., 1983: „Selbsthilfe in der Sozialpolitik – ein Lösungsansatz?“, in: *Aus Politik und Zeitgeschichte* B34, S. 14-29.

Dörner, H., 1974: *Industrialisierung und Familienrecht. Die Auswirkungen des sozialen Wandels dargestellt an den Familienmodellen des ALR, BGB und des französischen Code civil*, Berlin.

Egner, E., 1952: *Der Haushalt. Eine Darstellung seiner volkswirtschaftlichen Gestalt*, Berlin.

Eißer, G., 1959: „Die Anerkennung der Persönlichkeit der Ehefrau im neuen Eherecht“, i: *FamRZ* 5, S. 177-188.

Ferber, C.v., 1977: „Soziologie oder Sozialpolitik“, in: Ferber, C.v., Kaufmann, F.X., Hg., *Soziologie und Sozialpolitik*, Opladen, Sonderheft 19 der KZfSS, S. 12-34.

Geißler, H., 1979: *Grundwerte in der Politik*, Frankfurt/Berlin/Wien.

Gernhuber, J., 1958: „Die Mitarbeit der Ehegatten im Zeichen der Gleichberechtigung“, in: *FamRZ* 7, S. 243-251.

Glatzer, W., 1984: „Haushaltsproduktion“, in: Glatzer, W., Zapf, W., Hg., *Lebensqualität in der Bundesrepublik. Objektive Lebensbedingungen und subjektives Wohlbefinden*, Frankfurt, S. 366-390.

–, Herget, H., 1984: „Ehe, Familie und Haushalt“, in: Glatzer, W., Zapf, W., Hg., *Lebensqualität in der Bundesrepublik. Objektive Lebensbedingungen und subjektives Wohlbefinden*, Frankfurt, S. 124-140.

Gross, P., 1982a: „Der Wohlfahrtsstaat und die Bedeutung der Selbsthilfebewegung“, in: *Soziale Welt* 1, S. 26-48.

–, 1982b: „Selbstbestimmung oder Fremdsteuerung der Familie“, in: Kaufmann, F.-X., Hg., *Staatliche Sozialpolitik und Familie*, München/Wien, S. 285-312.

–, 1984: „Zur gegenwärtigen Diskussion um Sicherheit und Zukunft des ‘sozialen Netzes’“, in: *Gegenwartskunde SH* 4, S. 41-59.

Hegner, F., 1982: „Haushaltsfamilie und Familienhaushalt: Vorüberlegungen zu einer Typologie der Verknüpfung familialer und ökonomischer Aktivitäten“, in: Kaufmann, F.-X., Hg., *Staatliche Sozialpolitik und Familie*, München/Wien, S. 23-47.

Hofemann, K., 1982: „Weichenstellung in der Sozialpolitik. Alternativen zur Privatisierung des Sozialstaates“, in: *Soziale Sicherheit* 12, S. 373-379.

Horkheimer, M., Hg., 1936: *Studien über Autorität und Familie. Schriften des Instituts für Sozialforschung*, Bd. 5, Paris.
Kaufmann, F.-X., 1977: „Sozialpolitisches Erkenntnisinteresse und Soziologie. Ein Beitrag zur Pragmatik der Sozialwissenschaften", in: *Soziologie und Sozialpolitik*, Sonderheft 19 der KZfSS, Opladen, hrsg. C. v.Ferber, F.-X. Kaufmann, S. 38-75.
–, 1981: „Zur gesellschaftlichen Verfassung der Ehe – heute", in: Böckle, F. u.a., Hg., *Enzyklopädische Bibliothek in 30 Teilbänden*, Band 7: Christlicher Glaube in moderner Gesellschaft, Freiburg/Basel/Wien, S. 44-59.
König, R., 1946: *Materialien zur Soziologie der Familie*, Bern.
–, 1967: „Die Stellung der Frau in der modernen Gesellschaft", in: Käser, O., Hg., *Gynäkologie und Selbsthilfe*, Bd. 1, Stuttgart.
Limbach, J., 1981: „Das Eheleitbild in der Jurisprudenz", in: Matthes, J., Hg., *Lebenswelt und soziale Probleme*. Verhandlungen des 20. Deutschen Soziologentages zu Bremen 1980, Frankfurt/New York, S. 441-450.
Martiny, A., 1984: „Plädoyer für eine realistische Familienpolitik", in: *Aus Politik und Zeitgeschichte* B. 20, S. 15-27.
Mayntz, R., 1955: *Die moderne Familie*, Stuttgart.
Michalsky, H., 1984: „Parteien und Sozialpolitik in der Bundesrepublik Deutschland", in: *Sozialer Fortschritt* 6, S. 134-142.
Müller, W., Willms, A., Handl, J., 1983: *Strukturwandel der Frauenarbeit 1880-1980*, Frankfurt.
Murswieck, A., 1983: „Handlungsspielräume einer konservativen Sozialpolitik", in: *Soziale Sicherheit* 9, S. 276-282.
Neidhardt, F., 1970: „Strukturbedingungen und Probleme familialer Sozialisation", in: Lüschen, G., Lupri, E., Hg., *Soziologie der Familie*. Sonderheft 14 der KZfSS, Opladen, S. 144-168.
Oeter, F., 1954: *Familienpolitik*, Stuttgart.
–, Hg., 1960: *Familie im Umbruch*, Gütersloh.
Opielka, M., 1984: „Familien-Politik ist „Neue-Männer-Politik". Überlegungen zu einer ökologischen Familienpolitik", in: *Aus Politik und Zeitgeschichte* B. 20, S. 34-46.
Pankoke, E., 1977: „Sozialpolitik zwischen staatlicher Systematisierung und situativer Operationalisierung. Zur Problem- und Programmgeschichte sozialer Politik", in: Ferber, C.v., Kaufmann, F.-X., Hg., *Soziologie und Sozialpolitik*, Sonderheft 19 der KZfSS, Opladen, S. 76-97.
–, 1984: „Geschichtliche Grundlagen und gesellschaftliche Entwicklungen moderner Sozialpolitik. Von „guter Policey" zur „sozialen Politik", in: *Gegenwartskunde* SH 4, S. 23-40.
Pfeil, E., 1961: *Die Berufstätigkeit von Müttern*, Tübingen.
Reichert, P., Wenzel, A., 1984: „Alternativrolle Hausfrau? Eine Analyse von Ursachen und Auswirkungen der Frauenarbeitslosigkeit vor dem Hintergrund veränderter Lebensverhältnisse", in: *WSI-Mitteilungen* 1, S. 6-14.
Sachße, C., Tennstedt, F., 1982: „Familienpolitik durch Gesetzgebung: Die juristische Regulierung der Familie", in: Kaufmann, F.-X., Hg., *Staatliche Sozialpolitik und Familie*, München/Wien, S. 87-130.
Siebel, W., 1984: *Herrschaft und Liebe. Zur Soziologie der Familie*, Berlin.
Schelsky, H., 1953: *Wandlungen der deutschen Familie in der Gegenwart. Darstellung und Deutung einer empirisch-soziologischen Tatbestandsaufnahme*, Stuttgart.
Schmucker, H. u.a., 1961: *Die ökonomische Lage der Familie in der Bundesrepublik Deutschland*, Stuttgart.
Schreiber, W., 1955: „Existenzsicherheit in der industriellen Gesellschaft. Vorschläge zur Sozialreform", in: *Schriftenreihe des Bundes Katholischer Unternehmer*, Heft 3, Köln.
Schweitzer, R. von, 1981: „Wert und Bewertung der Arbeit im Haushalt", in: Dies., Hg., *Leitbilder für Familie und Familienpolitik, Festgabe für Helga Schmucker*, Berlin,

S. 167-192.
Tyrell, H., 1981: „Soziologische Überlegungen zur Struktur des bürgerlichen Typus der Mutter-Kind-Beziehung", in: Matthes, J., Hg., *Lebenswelt und soziale Probleme. Verhandlungen des 20. Deutschen Soziologentages zu Bremen 1980*, Frankfurt, S. 417-428.
Windhoff-Heritiér, A., 1982: „Selbsthilfe-Organisationen. Eine Lösung für die Sozialpolitik der mageren Jahre?", in: *Soziale Welt* 1, S. 49-65.
Wingen, M., 1964: *Familienpolitik. Ziele, Wege und Wirkungen*, Paderborn.
Wurzbacher, G., 1952: *Leitbilder gegenwärtigen deutschen Familienlebens*, Stuttgart.
—, u.a., 1958: *Die junge Arbeiterin*, München.
Zacher, H., 1984: „Der gebeutelte Sozialstaat in der wirtschaftlichen Krise", in: *Sozialer Fortschritt* 1, S. 1-12.

ZUR ENTWICKLUNG LOKALER LEBENSZUSAMMENHÄNGE ALS GEGENSTAND STADTSOZIOLOGISCHER FORSCHUNG

Ulfert Herlyn

Es ist nicht zufällig, daß auf diesem Soziologentag Lebenszusammenhänge an zentraler Stelle thematisiert werden, denn mit dieser Kategorie ist ein Gegenbegriff zur obsolet gewordenen funktionalen Ausdifferenzierung der Gesellschaft konzipiert, dem in der Gegenwart ein besonderer Stellenwert zukommt. Auf der lokalen Ebene von Städten und Gemeinden ist der Begriff des Lebenszusammenhangs aus doppeltem Grund aktuell, indem er einmal gegen die durchmodernisierte gesellschaftliche funktionsspezifische Aufgliederung des städtischen Raumes gewendet ist und zum andern durch die Einbeziehung von Subjektivität sich gegen eine objektivistische Methodologie in der Stadtforschung richtet. Ein neues und wiedererstarktes Bewußtsein regionaler Verwurzelung – am deutlichsten ablesbar an den nicht unerheblichen Widerständen gegen die rigorose Gemeindegebietsreform Anfang der 70er Jahre – ist lokaler Ausdruck der Kritik an übertriebener Rationalisierung moderner Gesellschaft. Indem sich der Begriff also gegen Segmentierungstendenzen im Modernisierungsprozeß industriell-kapitalistischer Gesellschaft wendet, ist in ihm ein normatives Element enthalten, jedoch entwertet m.E. die implizite Wertung den Begriff nicht als analytischen Begriff.

Versteht man unter Lebenszusammenhang die Art und Weise der Vermittlung verschiedener Lebensbereiche einzelner Personen oder Personengruppen in gegenwärtiger und lebensgeschichtlicher Perspektive, dann bedeutet der lokale Aspekt, daß die am jeweiligen Ort des alltäglichen Lebens herrschenden ökonomischen, politischen, sozial-kulturellen und räumlichen Verhältnisse in ihrer Bedeutung für die Konstitution und Struktur des Lebenszusammenhanges analysiert werden. Vor dem Hintergrund fortlaufender Prozesse der funktionalen Ausdifferenzierung und Spezialisierung kommt jenen Faktoren erhöhte Bedeutung zu, die eine Verklammerung der parzellierten Teilbereiche bewirken können. In der räumlichen Anordnung und Organisation verschiedener Lebensbereiche in der modernen Stadt bzw. Stadtregion wie Wohnen, Arbeiten, Konsum, Bildung, Erholung etc. liegt *eine* Chance zur Aufrechterhaltung bzw. Wiedergewinnung einheitlicher lokaler Lebenszusammenhänge im Prozeß gesellschaftlicher Entwicklung insofern, als durch Partizipation und Identifikation die Aneignung räumlicher und sozialer Umwelt eher gelingen kann.

Unter dieser Perspektive verfolge ich in groben Zügen retrospektiv den Beitrag der Stadt- und Gemeindesoziologie nach dem 2. Weltkrieg bis heute in 6 Punkten:

1. Entsprechend der Forderung einer „vorurteilsfreien empirischen Erforschung der Großstädte“ konzentrierte sich die traditionale Gemeindesoziologie der 50er Jahre darauf, „das Großstadtleben in der ganzen Breite und Fülle seiner Lebenserscheinungen“ (E. Pfeil, 1955, S. 240) darzustellen und so den lokalen Lebenszusammenhang möglichst umfangreich abzubilden. Nach dem ersten Entwurf einer „soziologischen Totale“ (Chr. v. Ferber, 1957) der Stadt Darmstadt wurden, von R. Königs theoretischer Konzeptionalisierung der Gemeinde als ‘globale Gesellschaft auf lokaler Basis’ (1958) stark beeinflußt, nun verschiedene Gemeinden, insbesondere Städte als lokale Einheiten mehr oder weniger vollständig empirisch untersucht: so folgen empirische Untersuchungen über Euskirchen von R. Mayntz (1958), Steinfeld von H. Croon und K. Utermann (1958), Dortmund von R. Mackensen u.a. (1959), Stuttgart von M. Irle (1960), Karlsruhe von A. Bergstraesser u.a. (1965), Wolfsburg von M. Schwonke und U. Herlyn (1967), um nur die bekanntesten zu nennen. Die Absicht, die betreffenden Gemeinden in ihrer gesellschaftlichen Totalität zu untersuchen vermischt sich eng mit dem Interesse, durch die vor Ort gefundenen typischen sozialen Strukturen und Prozesse paradigmatisch die gesellschaftlichen Verhältnisse überhaupt abbilden zu wollen (vgl. dazu die Kritik von M. Horkheimer und Th.W. Adorno, 1956). Generell schlägt sich in den stadtsoziologischen Forschungen im „Gründungsjahrzehnt“ (R.M. Lepsius, 1979) die Tendenz nieder, die Stabilität des sozialen Systems Stadt zu dokumentieren. Der gesellschaftlichen Rekonstruktion der Bundesrepublik entsprach die Reorganisation bzw. der Wiederaufbau der Städte nach alten traditionsreichen Mustern, was von der damaligen Stadtforschung eher zustimmend verfolgt als durch Kritik in Frage gestellt wurde. Über die Probleme der Bildung lokaler Lebenszusammenhänge hätte es gerade in der damaligen Zeit mit der Integration von Flüchtlingen und Vertriebenen experimentgleiche Situationen gegeben, die jedoch weitgehend ungenutzt blieben. Insofern kann trotz des Versuchs der ganzheitlichen Erfassung lokaler Lebensweisen für die 50er Jahre gerade nicht von einem „goldenen Zeitalter“ (A. Hahn u.a., 1979) der Gemeindesoziologie in der BRD gesprochen werden.

Mit der rasanten Stadterweiterung und dem umfangreichen inneren Stadtumbau, die beide als Konsequenzen eines tiefgreifenden ökonomisch bedingten Wandels der Tertiärisierung der Städte begriffen werden müssen, in deren Verlauf sich sowohl die City-Funktionen ausdehnten als auch Wohnbevölkerung verdrängt wurde, entstand in den 60er und 70er Jahren ein starker *Verwertungsdruck* planender Instanzen auf die stadtsoziologische Forschung, die sich nun – nicht zuletzt auch unter zunehmenden methodischen Schwierigkeiten einer gesamtstädtischen Analyse – von totalen Gemeindestudien ab- und vornehmlich jenen Teilräumen zuwendete, in denen für große Gruppen von Menschen neue lokale Lebenszusammenhänge gestiftet (Neubauviertel) bzw. bestehende lokale Lebenszusammenhänge durch Sanierung transformiert wurden (Altbauquartiere).

2. Nach den bekannten Arbeiten über die Lebensverhältnisse in den modernen Großsiedlungen am Stadtrand (vgl. K. Zapf u.a., 1969; R. Weeber, 1971; J.P. Kob, 1972; H. Becker, K.D. Keim, 1977) findet dort die räumliche Fragmentierung des lokalen Lebenszusammenhangs ihren schärfsten Ausdruck insofern, als nun die Wohnfunktion von anderen Lebensbereichen – vor allem der Arbeitswelt – isoliert wurde. Die großflächigen monofunktional strukturierten Stadtgebiete zwingen den Bewohnern in der Regel ein spezialisiertes Verhalten auf, indem sie einen kurzfristigen Tätigkeits- und Rollenwechsel erschweren und damit einer Zersplitterung eines sich alltäglich herstellenden Lebenszusammenhangs Vorschub leisten. Über die reale und symbolisch vermittelte Fragmentierung ehemals zusammenhängender Lebensformen hinaus produziert die „Parzellierung des Alltags" (F. Romeiß-Stracke) in monofunktionalen Stadtbereichen wahrscheinlich auch eine bewußtseinsmäßige Trennung der Lebensbereiche. Ist zunächst eine Überbrückung der getrennten funktionalen Bereiche ein Problem der physischen Raumüberwindung einschließlich der damit verbundenen Kosten, insbesondere für ökonomisch benachteiligte Gruppen, so stellt sich das Problem einer Reintegration ungleich komplizierter, wenn aufgrund mangelnder Erfahrbarkeit der Zusammengehörigkeit verschiedener Lebensbereiche bei den Betroffenen die psycho-soziale Fähigkeit zur Verklammerung der Handlungsfelder schwindet.

Die stereotype Reihung von Wohnbauten und die vornehmlich vertikale Stapelung der Wohnungen reduziert – so der durchgehende Tenor der damaligen Studien – die nachbarlichen Beziehungen auf ein Mindestmaß. Diese Reduzierung der Nachbarschaft, die als einzig lokal begründete Sozialfiguration immer wieder vorrangig thematisiert wurde (vgl. zusammenfassend B. Hamm, 1973), auf ein ritualisiertes Distanzgebaren entfunktionalisierte sie als soziale Pufferzone zwischen der Sphäre der Öffentlichkeit und der Privatheit und entwertete sie als Medium der kollektiven Selbstorganisation im Prozeß möglicher Aneignung der quartierlichen Umwelt: anstelle der nachbarschaftszentrierten leben sie in einer familienzentrierten Gesellschaft (vgl. E. Pfeil, 1972). Weder auf der Ebene sozialer Verkehrsformen noch über die als Symbolvermittler ungeeignete Rasterarchitektur konnten jene identifikatorischen Prozesse in Gang gesetzt werden, die in Altbauquartieren zunehmend entdeckt wurden.

3. Der innere Stadtumbau wird durch eine sog. „Krisenforschung" (J. Mühlich-Klinger, 1979) begleitet, die möglicherweise eine sozialromantisierende Verklärung des real existierenden sozialen Milieus mit sich gebracht hat. Diese häufig im Zusammenhang mit Stadtumbauprozessen durchgeführte Forschung hat in Altbauquartieren eine soziale Dichte und Vielseitigkeit des quartierlichen Lebenszusammenhangs entdeckt: die verschiedenen Funktionen sind danach oft kleinräumig vermischt, Arbeit ist auch noch ein integraler Bestandteil des quartierlichen Lebens, die in der Regel sozial strukturell abgesunkene Wohnbevölkerung ist oft schon über Generationen ansässig,

ökonomisch-finanzielle Notlagen verknüpfen sich mit teils engen sozialen Verwicklungen im 'Milieu', kollektive Aktionen und Selbsthilfe werden möglich und oft genug wird die räumliche Umgebung „emotional fixiert" (R. König) und erlangt dann symbolische Bedeutung als ein wesentlicher Pfeiler lokaler Identität, deren kollektiver Charakter sich durch oft jahrelange individuelle Identifikationsprozesse aufschichtet. Die lokale Bindung der Bewohner in Altbauquartieren wurde insbesondere offenkundig, als die Deprivationen des sozial-räumlichen Lebenszusammenhangs durch sanierungsbedingte erzwungene Umsiedlungen erforscht wurden (vgl. M. Fried, 1971; für BRD: W. Tessin u.a., 1983).

Der Forschung über Neubauviertel und Altbauquartiere ist gemeinsam, die Bedeutung dieser Teilbereiche für das alltägliche Leben, insbesondere der sozial und ökonomisch schwächeren Sozialschichten herausgearbeitet zu haben. Sie können gewissermaßen auch heute noch als die Scharniere fungieren, mit denen sich die gemeinschaftliche Aneignung des Raumes einer kleinen Gruppe mit der kollektiven Aneignung des gesamtstädtischen Raumes vermittelt oder anders ausgedrückt: „Ist die Gemeinde die Einheit der Gesellschaft, so ist das Viertel die Einheit der Lebensform" (R. Mackensen, 1959, S. 22). Dies ist umso erstaunlicher, als aufgrund erhöhter räumlicher Mobilität, technologischer Entwicklungen wie Verbreitung von Telefon und dem Auto als „Symbol und wichtigstes Requisit der überlokalen Verflechtung" (H. Oswald, 1966) sowie dem Medium Fernsehen und neuerdings Bildschirmtext Tendenzen zur Entlokalisierung lokaler Lebenszusammenhänge möglich geworden sind. Die offenkundige und verbreitete Resistenz ist im Kontext der involvierten Sozialstruktur zu sehen: die Arbeiterschicht lebt traditional stärker lokal bezogen, während soziale Mittel- und Oberschichten traditional stärker überregional orientiert sind.

4. Indem sich die empirische Stadtforschung darüber hinaus auf lokal zwar bedeutsame, aber partielle Problemanalysen wie z.B. nachbarliche Beziehungen, Mobilitäten, politisches Verhalten, Wohnungsfragen, Probleme öffentlicher Infrastrukturversorgung etc. eingelassen hat, hat die integrations- und handlungstheoretisch orientierte empirische Stadtsoziologie den lokalen Lebenszusammenhang verschiedener sozialer Gruppen immer mehr aus den Augen verloren. In gewisser Parallelität zu diesen unter politisch-planerischem Verwertungsdruck stehenden empirischen Teilanalysen – überwiegend ex post Problematisierungen ohne weitergehenden prognostischen Gehalt – wurden die Tendenzen der Fragmentierung lokaler Lebenszusammenhänge theoretisch relativ früh in den 60er Jahren thematisiert und unterschiedlich interpretiert (vgl. die theoretischen Entwürfe über die Stadt als Typ lokaler Vergesellschaftung von H.P. Bahrdt (1961), A. Mitscherlich (1965), H. Oswald (1966), H. Berndt u.a. (1968)). Sie diskutierten damals schon kritisch Phänomene wie Verlust von Urbanität durch funktionale Spezialisierung und soziale Segregation, Entlokalisierungsprozesse durch geographische Mobilität, Normpluralismus und Abnahme lokaler Sozial-

kontakte sowie den städtebaulichen Funktionalismus und die private Verfügung über Boden und Gebäude und haben damit mehr Resonanz in der Öffentlichkeit gefunden als die zumeist detaillistischen empirischen Einzelanalysen (vgl. die Einschätzung der soziologischen Kulturkritik für die Formation der Gesellschaft durch R.M. Lepsius, 1979).

5. Seit Ende der 60er Jahre kann man von einer Politisierung der Stadtsoziologie sprechen, die stärker als zuvor eine Anknüpfung an die allgemeine Gesellschaftsanalyse und staatstheoretische Diskussionen suchte. Auf politökonomische Theorieansätze zurückgreifend wurden vor allem die sich in der herrschenden Stadtstruktur und -organisation manifestierenden Restriktionen für eine Verbesserung von Lebenslagen und Entfaltung von Lebenszusammenhängen besonders für benachteiligte gesellschaftliche Gruppen und ihre mögliche Überwindung thematisiert (z.B. Kritik des kapitalistischen Bodenrechts, Reproduktionschancen und kollektive Versorgung, lokale Macht- und Entscheidungsstrukturen und Partizipation). Wurde in früheren Phasen der Forschung die Aneignungsseite städtischer Umwelt besonders betont, so überwogen nun Arbeiten über Entstehungskontexte, wobei die Bedingungsfaktoren überwiegend in zentral-staatlichen Regelungen und gesamtgesellschaftlichen Verhältnissen gesucht werden; verschiedene lokale Konstellationen erscheinen nurmehr als Phänomene der Oberflächendifferenzierung (vgl. u.a. H.G. Helms u. J. Janssen, 1970; H. Faßbinder, 1971).

So lebenswichtig für Teilsoziologien auch immer gesamtgesellschaftliche theoretische Bezüge sind, so problematisch ist das Aufgehen des spezifischen Gegenstandsbereichs (in diesem Fall der Stadt) in allgemeiner Gesellschaftsanalyse. Auch wenn H. Häußermann und W. Siebel zukünftige Bemühungen noch als 'Soziologie der Stadt' titulieren, hat für sie der Gegenstand eigentlich aufgehört zu existieren, wenn sie der heutigen Stadt die lokale Identität schlechthin absprechen. Nach ihnen kann die Gemeinde, bzw. Teile von ihr, heute nicht mehr ein eigener Gegenstand soziologischer Forschung sein, sondern für sie ist „Stadt also nur der Ort, an dem die Gesellschaft in ihrer Struktur und ihren Konflikten erscheint" (1978, S. 483). Die städtische Ebene jedoch nur als Ausdruck bzw. Niederschlag gesamtgesellschaftlich produzierter und von dort analysierbarer Einflüsse einzuordnen, verstellt sich den Blick für die politisch und sozial wirksamen Impulse, die von den örtlichen Verhältnissen für die in ihnen lebenden Menschen ausgehen und für deren Studium geeignete Forschungsansätze entwickelt werden müssen. – Auch der sozialökologisch orientierten Siedlungssoziologie (vgl. stellvertretend J. Friedrichs, 1977) droht – freilich mit anderen Methoden und Erkenntnisinteressen – der Gegenstandsbereich Stadt weitgehend zu entgleiten (vgl. Kl. Schmals, 1983, S. 94).

6. Wie zu Anfang angedeutet, läßt sich heute überall eine Neuentdeckung bzw. Aufwertung lokalen Lebens, eine 'Renaissance des Regionalismus' (vgl. Einleitungsreferat von R. Mayntz) beobachten: Bürgerinitiativen, neue

bzw. alternative lokale Gruppenkulturen, Widerstände gegen die Gemeindereform, Selbsthilfeaktionen etc. Dieses neue und wiedererstarkte Bewußtsein regionaler Verwurzelung hängt fraglos zusammen mit Stagnationstendenzen des sozialen Fortschritts in Großsystemen und Großorganisationen und offenbart einen „Rückfall" in den erfahrbaren und veränderbaren Nahbereich sozial-räumlicher Zusammenhänge. Wenn nun „lokale Identität von Stadtteilen als räumliches, soziales und symbolisch-kulturelles Phänomen existiert" (F. Romeiß-Stracke, 1984, S. 53), dann werden von der Stadsoziologie Aufschluß über ihren Formwandel und Antworten auf die Frage erwartet, wie das alltägliche Leben davon geprägt wird. Auf der methodischen Ebene sind die Antworten der Stadtsoziologie im Zusammenhang mit dem Wandel von quantitativen zu qualitativen Verfahren in der empirischen Sozialforschung zu sehen: Abkehr von großangelegter Umfrageforschung und Hinwendung zur biographischen Methode. Indem sie an den lebensgeschichtlich begründeten subjektiven Erfahrungen und durch sie begründeten Erwartungen ansetzt, gewinnt sie m.E. neue Möglichkeiten, lokale Zusammenhänge und Muster ihrer Aneignung zu erfassen. Im Rahmen der Trendwende zur historisch-soziologischen Stadtforschung als Verlaufsforschung muß die Ambivalenz erkannt werden, die darin liegt, daß über die Erfassung individueller Lebenschancen und Lebensrisiken im räumlichen Zusammenhang die Herausbildung bzw. der Wandel kollektiver Identitäten verschiedener sozialer Gruppen in diversen Territorien möglicherweise vernachlässigt wird.

Auf der inhaltlichen Ebene läßt sich z.Z. kaum eine thematische Focussierung ausmachen; gewissermaßen sind die Freiheitsgrade für stadtsoziologische Forschung in dem Maße gestiegen, in dem der Verwertungsdruck abgenommen hat und damit mehr Raum für die Diskussion theoretischer Grundlagen gegeben ist. Wenn man die Bezeichnung „verstädterte Gesellschaft" ernstnimmt, dann wird der spezifische Formwandel des sozialen Zusammenhanges in Städten ein Thema der Soziologie bleiben müssen, weil die Stadt Ausdruck und zugleich bestimmendes Element gesellschaftlicher Entwicklung ist.

LITERATUR

Bahrdt, H.P. (1961): *Die moderne Großstadt. Soziologische Überlegungen zum Städtebau*, Reinbek bei Hamburg.

Becker, H. und Keim, K.D. (1977): *Gropiusstadt: Soziale Verhältnisse am Stadtrand*, Stuttgart.

Bergstraesser, A. u.a. (1965): *Soziale Verflechtung und Gliederung im Raum Karlsruhe*, Karlsruhe.

Berndt, H., Lorenzer, A., Horn, Kl. (1968): *Architektur als Ideologie*, Frankfurt.

Croon, H. und K. Utermann (1958): *Zeche und Gemeinde, Untersuchungen über den Strukturwandel einer Zechengemeinde im nördlichen Ruhrgebiet*, Tübingen.

Fassbinder, H. (1971): „Kapitalistische Stadtplanung und die Illusion demokratischer Bürgerinitiative", in: *Probleme des Klassenkampfes*, 1971, Sonderheft 1, Berlin.
Ferber, Chr.v. (1957): „Die Gemeindestudie des Instituts für Sozialwissenschaftliche Forschung, Darmstadt", in: König, R. (Hrsg.), *Soziologie der Gemeinde*, Sonderheft 1 der KZfSS, Opladen.
Fried, M. (1971): „Trauer um ein verlorenes Zuhause", in: Büro für Stadtsanierung und soziale Arbeit (Hrsg.), *Sanierung für wen?*, Berlin.
Friedrichs, J. (1977): *Stadtanalyse. Soziale und räumliche Organisation der Gesellschaft*, Reinbek bei Hamburg.
Häussermann, H. und W. Siebel (1978): „Thesen zur Soziologie der Stadt", in: *Leviathan*, H. 4, Opladen.
Hahn, A., Schubert, H.A., Siewert, H.J. (1979): *Gemeindesoziologie*, Stuttgart.
Hamm, B. (1973): *Betrifft: Nachbarschaft. Verständigung über Inhalt und Gebrauch eines vieldeutigen Begriffes*, Düsseldorf.
Helms, H.G., Janssen, J. (Hrsg.) (1970): *Kapitalistischer Städtebau*, Neuwied.
Horkheimer, M., Adorno, Th.W. (1956): „Gemeindestudien", in: Institut für Sozialforschung (Hrsg.), *Soziologische Exkurse*, Frankfurt a.M. u. Köln.
Irle, M. (1960): *Gemeindesoziologische Untersuchungen zur Ballung Stuttgarts*, Bad Godesberg.
Kob, J.P. u.a. (1972): *Städtebauliche Konzeptionen in der Bewährung: Neue Vahr*, Göttingen.
König, R. (1958): *Grundformen der Gesellschaft: Die Gemeinde*, Hamburg.
Lepsius, R.M. (1979): „Die Entwicklung der Soziologie nach dem Zweiten Weltkrieg 1945 bis 1967", in: *KZfSS*, Sonderheft 21, *Deutsche Soziologie seit 1945*, hrsg. von G. Lüschen, Opladen.
Mackensen, R. u.a. (1959): *Daseinsformen der Großstadt*, Tübingen.
Mayntz, R. (1958): *Soziale Schichtung und sozialer Wandel in einer Industriegemeinde*, Stuttgart.
Mitscherlich, A. (1965): *Die Unwirtlichkeit unserer Städte*, Frankfurt a.M.
Mühlich-Klinger, J. (1979): „Das soziale Leben in innerstädtischen Wohnquartieren", in: *Wohnen in der Stadt. Veröffentlichungen des Seminars für Planungswesen der TU Braunschweig*, H. 18.
Oswald, H. (1966): *Die überschätzte Stadt. Ein Beitrag der Gemeindesoziologie zum Städtebau*, Olten u. Freiburg im Breisgau.
Pfeil, E. (1950 u. ^{2}1972): *Großstadtforschung. Entwicklung und gegenwärtiger Stand*, Hannover.
–, (1955): „Soziologie der Großstadt", in: A. Gehlen u. H. Schelsky (Hrsg.): *Soziologie. Ein Lehr- und Handbuch zur modernen Gesellschaftskunde*, Düsseldorf – Köln.
Romeiß-Stracke, F. (1984): „Freizeitorientierte Wohnumfeldverbesserung und lokale Identität", in: Institut für Landes- und Stadtentwicklungsforschung (Hrsg.), *Handlungsfeld Freizeit*, Dortmund.
Schmals, Kl.M. (1983): „Soziologie der Stadt", in: Ders. (Hrsg.): *Stadt und Gesellschaft*, München.
Schwonke, M. u. U. Herlyn (1967): *Wolfsburg. Soziologische Analyse einer jungen Industriestadt*, Stuttgart.
Tessin, W. u.a. (1983): *Umsetzung und Umsetzungsfolgen in der Stadtsanierung*, Basel.
Weeber, R. (1971): *Eine neue Wohnumwelt*, Stuttgart u. Bern.
Zapf, K., Heil, K. u. J. Rudolph (1969): *Stadt am Stadtrand*, Frankfurt a.M.

ZUR DYNAMIK UND POTENTIALITÄT STÄDTISCHER LEBENSFORMEN

Karl-Dieter Keim

Die Herlynsche Zwischenbilanz hinterläßt eine ganze Reihe von Ambivalenzen. Wir sind weit entfernt von einer klaren Vorstellung darüber, wie die beobachtbaren städtischen Symptome zu interpretieren wären. Das gilt für jene Prozesse, die häufig als Segregation oder als Parzellierung bezeichnet werden. Das gilt für die Frage, welche Bedeutung bei der künftigen städtischen Entwicklung den örtlichen Lebenszusammenhängen beizumessen ist. Das gilt vollends für die Frage, inwieweit wir soziologisch von städtischen Besonderheiten sprechen können, die innerhalb der gesamtgesellschaftlichen Prozesse einen spezifischen Beitrag leisten.

Ich möchte angesichts dieser Einschätzung der Versuchung widerstehen, die *prospektiven* Möglichkeiten der Stadtsoziologie in eine Form zu kleiden, die inzwischen modisch zu werden scheint: in Szenarios, in alternative Entwürfe der zukünftigen Stadt. Wir sind mit solchen Aktivitäten, ob wir dies wollen oder nicht, Mitwirkende bei der Definition und Durchsetzung von Bedeutungen, von einem Bild der Stadt. Unverkennbar gehen in solche Szenarios Ad-hoc-Aussagen, administrativ produzierte Daten und selektive Sichtweisen ein. Das muß dann als problematisch empfunden werden, wenn ohne historische Langsicht und ohne den Prozeß einer distanznehmenden Theoriebildung Vorhersagen versucht werden.

Mein Vorschlag ist daher, an die Frage nach der Zukunft städtischer Lebenszusammenhänge nicht prognostisch, sondern als *Konzeptualisierung einer Forschungsperspektive* heranzugehen. Ich möchte einige Überlegungen vortragen, wie die Soziologie sich vom künftigen städtischen Leben *einen Begriff machen* kann. Diese Absicht bedarf sowohl empirisch gehaltvoller Konzepte als auch einer normativen Orientierung. Zu beidem gibt es Entwürfe, insbesondere von französischen und englischen Autoren. Wenn ich ihnen weitgehend folge, so vor allem deshalb, weil sie uns trotz zum Teil unterschiedlicher städtischer Problemstrukturen in Frankreich oder England wichtige Impulse zu geben vermögen – Impulse, die von *breiteren* Theoriezusammenhängen und von der Suche nach *synthetischen* Begriffen gekennzeichnet sind. Die Bearbeitung zerstückelter, oft vordefinierter Fragestellungen anhand einer ausufernden Begrifflichkeit weicht insoweit einer eher ganzheitlichen Zugangsweise. Die Kategorie des „Lebenszusammenhangs" könnte dazu ein geeignetes Hilfsmittel sein.

Der Wunsch, städtische Prozesse nicht nur analysierend nachzuvollziehen, sondern ihre verborgenen Widersprüche, Spannungsmomente und

Strömungen aufzudecken und zu strukturieren, bedarf normativer gesellschaftstheoretischer Bezugspunkte. Wir besitzen solche Bezugspunkte z.B. in dem skizzenhaften Entwurf einer „urbanen Gesellschaft" des französischen Sozialphilosophen *Henri Lefèbvre* (insbesondere Lefèbvre 1972). Er gewinnt diesen Entwurf aus einer ideologiekritischen Analyse der sog. *urbanistischen Denkweise.* Sie, so Lefèbvre, beharrt trotz städtischer Krisen darauf, mit Hilfe einer industriell-modernen Rationalität ein höheres Organisationsprinzip für das städtische Leben zu finden und durchzusetzen. Sie organisiert den Zerfall, segmentierte Nutzungs- und Verwertungsprozesse, individualisierte Konsumtions- und Kontrollprozesse. Es ist dieses industriell-moderne Organisationsprinzip, das wir in Hunderten von stadtsoziologischen Studien mit reproduziert haben – dabei ist die selektive Bearbeitung städtischer sozialer Probleme nur die Kehrseite derselben Medaille. Dem herrschenden Prinzip ist statt dessen die Enthüllung seiner Ideologie entgegenzusetzen. In destruktiver Weise – so Lefèbvre weiter – müssen Abtrennungen, Hindernisse, Blockierungen, die in dem Organisationsprinzip enthalten sind, überwunden werden. Und indem dies (praktisch) geschieht, kommt die neue Qualität des Urbanen zum Vorschein: „die Einheit aus Widersprüchen, (der) Ort..., an dem Konflikte Ausdruck finden" (Lefèbvre 1972, 186). Auf diese Weise könne städtisches Leben neu begriffen werden. Die daraus erwachsende „urbane Praxis" müsse sich lösen von den Verheißungen und Maßstäben der Industriegesellschaft, gewissermaßen zu sich selbst kommen, ausgerichtet an der Kategorie der Möglichkeit. So entstehe ein neuer, offener *Weg* – kein fertiges Modell –, verdeutlicht mit Hilfe der politischen Analyse.

1. Die urbane Praxis

Im Hinblick auf diese „urbane Praxis", die von konflikthaften Auseinandersetzungen gekennzeichnet ist, erscheinen die bisher weit verbreiteten Deutungsweisen der städtischen Lebenszusammenhänge als unzureichend. In ihnen wird von einem *integrations*-theoretischen Grundverständnis ausgegangen. Auch wenn häufig kritische und negative Charakterisierungen damit verbunden sind, bleibt doch die diffuse Vorstellung von einer sozialen Integration der Maßstab. Das Leben in Städten gewissermaßen als Garant für den sozialen Zusammenhalt in einer technisierten Gesellschaft – Urbanität als notwendiges Korrelat zur Urbanisierung.

Es ist auch nicht mehr ausreichend, pauschal von politisch-ökonomischen Prozessen zu sprechen, die in den Städten und in der städtischen Lebensweise ihren Niederschlag finden. *Castells*, der französische Stadtsoziologe, dem wir wichtige Arbeiten nicht nur zur Stadtentwicklung in Europa sondern auch in den USA und in Lateinamerika verdanken, rückt in seiner jüngsten Veröffentlichung davon ab, die wesentlichen städtischen Prozesse pauschal der „Logik des Kapitals“ zuzuschreiben.

Was aber dann? Wenn weder die Integrationsfunktion noch die einseitige Dominanz durch das Kapital zugrunde gelegt werden können, worin zeigen sich heute die wesentlichen Merkmale städtischer Lebensweise?

Es sind vor allem zwei theoretische Konzepte, die uns in dieser Hinsicht weiterhelfen können:

– Die „kollektive Konsumtion“

Mit zunehmender staatlicher Durchdringung der ökonomischen Prozesse haben sich im Zusammenwirken von Produktion und Konsumtion besondere städtische Formen herausgebildet. Die allgemeinen *marktförmigen* Prozesse prägen das städtische Leben durch Standortentscheidungen, Arbeitsplatzstrukturen, dichte Zirkulation und individuelle Angebotsstrategien. *Charakteristisch* für den *städtischen* Raum sind jedoch in wachsendem Umfang *Dienste oder Einrichtungen, die öffentlich mit nicht-marktförmigen Zugangsregelungen und/oder staatlicher Unterstützung* angeboten werden (Castells 1976, 1977, 1978; Saunders 1981). Dazu gehören etwa die staatlich geförderten oder öffentlich verwalteten Wohnungen, die sozialen Dienste für einzelne Klientengruppen, die öffentlichen Bildungs- und Erziehungseinrichtungen, die Einrichtungen der technischen Infrastruktur (Ver- und Entsorgung) für die privaten Haushalte, der öffentliche Verkehr oder auch die Angebote der kommunalen Kulturpolitik. Derartige Ressourcen, die grundsätzlich der Reproduktion der Arbeitskraft dienen, werden zusammenfassend als Mittel und Formen der „kollektiven und sozialen Konsumtion“ bezeichnet. Als *typisch* gelten für sie – und das ist eine empirische Aussage – *Widersprüche* zwischen den Imperativen ihrer *Produktion* und der *Regulierung ihrer Konsumtion* (da Marktmechanismen nicht funktionieren, muß oft der Zwangskonsum herhalten; die Sozialinvestitionen stehen vielfach in einem Mißverhältnis zu den konkret erbrachten Dienstleistungen). Ein Teil der Widersprüche beruht zweifellos darauf, daß über die kollektive Konsumtion Marktprozesse öffentlich vermittelt werden (aktuelles Beispiel: Kabelfernsehen). Andererseits zeigt sich aber auch, daß in der *Aneignung* dieser Ressourcen *eigenständige* Definitions- und Gestaltungsprozesse höchst unterschiedlicher sozialer Gruppierungen Ausdruck finden. Mit anderen Worten: In den Mitteln der kollektiven Konsumtion wird seitens der Anbieter (Staat und Versorgungsträger) eine Gewähr dafür gesehen, daß die für notwendig erachteten städtischen Prozesse nach *ihren* Relevanzstrukturen durchgesetzt werden können, während die so politisierte und vereinheitlichte Konsumtion tendenziell auch als Anlaß für *soziale Mobilisierungen* dienen kann. Allgemein werden auf seiten der Benutzer die Gebrauchswerteigenschaften betont, wobei die Interpretations- und Aneignungsweisen der Frauen eine besondere Rolle spielen. Der englische

Stadtsoziologe Pahl wies darauf hin, daß vor allem die *produktiven* Aspekte innerhalb der Prozesse der kollektiven Konsumtion über Jahrzehnte hinweg ignoriert worden seien (Pahl 1983, 377 ff.). Der sog. *informelle* Sektor müsse thematisiert, und die falsche Trennung der Domänen zwischen Mann und Frau müsse bereits in den Untersuchungsansätzen überwunden werden.

– Die „basispolitische Interessendurchsetzung"

Die Eigenart und die Widersprüchlichkeit der kollektiven Konsumtion haben wesentlich dazu beigetragen, daß besondere städtische *Konflikte* und besondere städtische Formen der Konflikt*austragung* entstanden sind. Das bedeutet nicht einfach eine Wiederbelebung lokaler, eng begrenzter Interessenwahrnehmung. Die allgemein dominierenden Zentralisierungsprozesse, die zu *korporatistisch* verfaßten, relativ starren Formen der Interessenorganisation geführt haben, geben zwangsläufig auch der basispolitischen Auseinandersetzung ihr Gepräge. In den zahllosen Studien über Probleme der Stadterneuerung, der Wohnungspolitik, der Verkehrspolitik oder einzelner sozialer Dienste konnte jedoch nachgewiesen werden, daß Partizipationsforderungen und Konfliktaustragungen einen relativ starken städtischen Bezug aufweisen. Nicht nur bieten Praktiken der Stadtpolitik häufig den Anlaß; in den sozialen Aktionen und in den Definitionsprozessen von „unten" kommen auch Vorstellungen von überschaubaren städtischen Einheiten zum Tragen. Es werden vielfältige, spontane und punktuelle Formen der *direkten* Interessendurchsetzung gesucht, die freilich häufig einen rein defensiven Charakter aufweisen. Die von dem Engländer Saunders wie von Castells betonten städtischen Konflikte und Kämpfe können bereits in ihrer defensiven Variante ein Potential für Prozesse sozialer Mobilisierung darstellen, indem kollektive Erfahrungen organisiert und alternative Relevanzstrukturen entwickelt werden. Dies gilt um so mehr dann, wenn die Interessenwahrnehmungen vereinzelt den Charakter städtischer sozialer Bewegungen annehmen. Sie sind durchaus – wollen wir Castells weiter folgen – als *reaktiv* anzusehen, als Signal, als Symptom dafür, daß mit den Modernisierungsprozessen *auch deren soziale Grenzen* aktualisiert werden *und* daß in den zentralen gesellschaftlichen Bereichen der Produktion, der Kultur und der politischen Macht *notwendige* soziale Veränderungen unterbleiben (Castells 1983, 326 ff.). Städtische soziale Bewegungen transformieren die Rolle und die Bedeutung der Stadt, sie können aber nicht aus ihrer Kraft *gesellschaftliche* Veränderungen bewirken.

Diejenigen Aspekte städtischen Lebens, die mit den beiden Konzepten der „kollektiven Konsumtion" und der „basispolitischen Interessendurchsetzung" ins Blickfeld rücken, bilden wichtige Felder der „urbanen Praxis". Die Dynamik dieser Prozesse verkörpert zwar weiterhin die industriell-moderne Rationalität einer urbanistischen Denkweise, aber sie hat offenkundig auch andersartige, lebenspraktische Handlungsweisen hervorgebracht. Sie vermögen der Ideologie des Urbanismus selbstdefinierte Vorstellungen vom städtischen Leben entgegenzustellen.

2. Die urbane Form

Die Frage bleibt allerdings bisher unbeantwortet, inwieweit solche lebenspraktischen Prozesse trotz der trennenden und blockierenden Organisation der städtischen Funktionen wirklich zu *Lebenszusammenhängen* oder *kollektiven* Mobilisierungen führen können. Dies ist die Frage nach der Bedeutung des städtischen Raums für die soziale Organisation.

Zunächst ist es wichtig zu erkennen, daß die *räumlichen* Strukturen, getrennt von den *sozialen* Strukturen, unter *eigenen* gesellschaftlichen Bedingungen hergestellt und organisiert werden. Es wäre falsch, den Gegenstand einer Soziologie des Raumes einfach mit dem Gegenstand von *Sozial*theorien zu vermischen. Räumliche Bedingungen sind *nicht* die Ursache – eher Ausdruck – städtischer Probleme. Selbstkritisch ist aus der Sicht der Stadtsoziologie dazu zu sagen, daß in unzähligen Studien vorschnell und *theorielos* unmittelbare Kausalbeziehungen zwischen räumlichen Merkmalen und Sozialverhalten behauptet worden sind. Von erheblichem Interesse ist jedoch, ob wir von Besonderheiten sprechen können, die sich aus dem *Zusammentreffen* raumstruktureller und sozialstruktureller Eigenschaften ergeben. Wir können dies tun – und jetzt greife ich einen weiteren konzeptionellen Vorschlag von Lefèbvre auf –, indem wir das spezifisch Städtische als eine *Form* verstehen und deren charakteristisches Merkmal als *Zentralität* bezeichnen. „Zentralität" ist eine materiell nicht ablesbare städtische Qualität, die soziale Beziehungen zusammenführen und zusammenbinden kann, die Verstreutes anhäuft, Unterschiedliches versammelt und vereinigt. Sie wirkt *dynamisch*, fast jeder Ort kann diese Zentralität erlangen, Einzelteile rücken funktional näher zusammen, andere Orte bzw. Einzelteile werden abgesondert, peripherisiert. Und sie wirkt *produktiv*. Sie dramatisiert Widersprüchliches, soziale Polarisierungen, sie schafft Netze für Austausch- und für Produktionsbeziehungen, sie spitzt Problemlagen und Konflikte zu.

Wenn wir von der industriell-modernen Urbanisierung sprechen, so sind damit gesellschaftliche Veränderungen *in der urbanen Form* gemeint, d.h. im Sog einer dynamischen Zentralität. Dabei wird der wirtschaftlich und technologisch induzierte Prozeß befördert, den Zusammenhang zwischen dem städtischen Leben und der räumlichen Bedeutung zu trennen, den Menschen die auf Erfahrung beruhenden Orte und Räume zu nehmen.

„Zentralität" versammelt und kanalisiert aber auch die Widerstandsformen, die sozialen Milieus, die direkte Interessenorganisation. Die urbane Form verkörpert immer die Ergebnisse aus *beiden* Prozessen, aus dem Bedeutungs*verlust* durch Modernisierung, aus dem Bedeutungs*zuwachs* durch soziale Mobilisierung.

Das Leben in Städten – so lassen sich die Überlegungen zusammenfassen – weist Züge auf, die von kollektiver Konsumtion und von basispolitischer Interessendurchsetzung in der Form und Dynamik der Zentralität geprägt sind. Die Formkraft des Städtischen hat mich dazu veranlaßt, lieber von städtischen *Lebensformen* als von Lebens*zusammenhängen* zu sprechen. Die Lebensformen mögen latent auf Klassenlage oder Schichtzugehörigkeit beruhen. In ihrer *Praxis*, in ihrer Ausdrucks- und Organisationsfähigkeit werden sie stets von der je wirksamen Kraft der urbanen Form bestimmt – eine Betrachtungsweise, die die Suche nach neuen sozialstrukturellen Konstitutionsbedingungen nahelegt. Zudem „drängt" der Begriff „Lebensformen" danach, vor allem auf Minoritäten angewendet zu werden, die sich gesellschaftlich dadurch Raum verschaffen wollen, daß sie ihre Lebensauffassungen besonders deutlich (und geformt) darstellen – als Lebensentwürfe, die exemplarisch praktiziert werden.

3. Die Potentialität des Städtischen

Dem englischen Kulturtheoretiker Raymond Williams verdanken wir einige hervorragende literaturtheoretische Analysen der englischen Großstadtliteratur des 19. Jahrhunderts. Auch dort ist zunächst von Trennung und Zerfall die Rede, von der „Auflösung der Gesellschaft gerade im Moment ihrer Aggregation". Aber Williams entdeckt in dieser Literatur (insbesondere von Dickens) nicht nur kompensierende Integrationsstrategien, sondern auch „neue soziale Denk- und Organisationsformen", Elemente der Demokratisierung. Die neue Lokalverwaltung, die Parlamentsreform, die Ausbildungsregelungen, der Kulturausbau, nicht zuletzt die Arbeiterbewegung – alle sen – weist Züge auf, die von kollektiver Konsumtion und von basispolitischer Interessendurchsetzung in der Form und Dynamik der Zentralität geprägt sind. Die Formkraft des Städtischen hat mich dazu veranlaßt, lieber von städtischen Lebens*formen* als von Lebens*zusammenhän*te haben wir nach *anderen Erwiderungen* der Stadt zu suchen. Aus methodologischen Gründen ließe sich sagen, die „urbane Praxis" *allein* – ihre Brüche, ihre Erfahrungen, ihre Formen – zeige den künftigen gesellschaftlichen Gehalt der Städte an. Dies wäre auch deswegen naheliegend, weil die weiter wachsende Zentralisierung gesellschaftlicher und politischer Macht es schwerlich erlaubt, eine gesellschaftlich bedeutsame Potentialität ausgerechnet aus den Städten zu erhoffen, ausgerechnet aus den Sphären der kollektiven Konsumtion und der Interessenwahrnehmung von „unten".

Aber wäre das nicht vorschnell? Würde eine solche Haltung der Negativität nicht leugnen, daß die Städte bis heute immer wieder wichtige Impulse hervorbringen, und daß viele neue Erfahrungen gerade in den genannten Sphären der „urbanen Praxis" gemacht werden? Die Antwort besteht in der methodologischen und theoretischen Perspektive, die wir auswählen.

Ich halte es für widersprüchlich, „Praxis“ zum entscheidenden Kriterium zu erheben und dann selbst in einer „unpraktischen“ Haltung der Negativität zu verharren. Dies muß um so mehr gelten, wenn angesichts elementarer menschlicher Gefährdungen gerade soziale und kulturelle Steuerungspotentiale als überlebensnotwendig erscheinen. Die zuvor genannten Autoren haben teilweise selbst einen solchen Perspektivenwechsel vollzogen (insbesondere Castells). Die überwiegend staatstheoretischen Ansätze haben durch eher kulturtheoretische Ansätze ein Gegengewicht erhalten.

Zwar wird unsere Lebensweise weiter der industriell-modernen Rationalität ausgeliefert bleiben. Aber das *Städtische* daran, die städtischen Lebensformen werden dem *soziale Grenzen* und eine *eigenständige Potentialität* entgegensetzen. Die Organisation der kollektiven Konsumtion und die basispolitischen Interessenwahrnehmungen können vor allem dank der Eigenschaft der Zentralität auf gesellschaftliche Prozesse ausstrahlen. Auf der institutionellen Ebene können sie sich innovatorisch auswirken, auf der kollektiven Ebene können sie die Organisation von Erfahrung ermöglichen, auf der personalen Ebene können sie die Wiederaneignung von Raum und Zeit und damit eine Stärkung persönlicher Autonomie begünstigen. Vor dem Hintergrund einer nachlassenden Bedeutung der Lohnarbeit, zunehmender Autonomie- und Demokratisierungsansprüche sowie einer Aktualisierung weiblicher Prinzipien wird diese Potentialität städtischer Lebensformen die gesellschaftlichen Konflikte sichtbar machen und in eine ungewohnte „urbane Praxis“ ausmünden.

Eine Charakterisierung des städtischen Lebens kann dann tragfähig konzeptualisiert werden, wenn es nicht nur als Ausdruck oder Niederschlag der ökonomischen und politischen Prozesse, sondern in seiner Besonderheit und Potentialität unter kulturtheoretischer Perspektive begriffen wird. Auf diese Weise kann die Soziologie der Stadt zur Theoriebildung der allgemeinen Soziologie Wesentliches beitragen.

LITERATUR

Bahrdt, H.P., *Die moderne Großstadt*, Hamburg 1969.

Castells, M., „Is There an Urban Sociology?“, in: C.G. Pickvance (ed.), *Urban Sociology*, London 1976, S. 33-59.

–, *City, Class, and Power*, London 1978.

–, *Die kapitalistische Stadt*, Berlin 1977.

–, *The City and the Grassroots*, London 1983.

Flora, P., *Modernisierungsforschung*, Opladen 1974.

Gans, H., „Urbanität und Suburbanität als Lebensformen: eine Neubewertung von Definitionen“, in: U. Herlyn (Hrsg.), *Stadt- und Sozialstruktur*, München 1974, S. 67-90.

Harloe, M. und E. Lebas (eds.), *City, Class, and Capital*, London 1981.

Lefèbvre, H., *Die Revolution der Städte*, Frankfurt 1972.

Pahl, R.E., „Concepts in Context: Pursuing the Urban of ‘Urban’ Sociology“, in: D. Fraser/A. Sutcliffe (eds.), *The Pursuit of Urban History*, London 1983, S. 371-382.

Pons, V. und R. Francis (eds.), *Urban Social Research: Problems and Prospects*, London 1983.
Saunders, P., *Social Theory and the Urban Question*, London 1981.
Smith, P., *The City and Social Theory*, Oxford 1980.
Williams, R., *Innovationen*, Frankfurt 1983.
Williams, R., *The Country and the City*, London 1973.
Wirth, L., „Urbanität als Lebensform", in: U. Herlyn (Hrsg.), *Stadt- und Sozialstruktur*, München 1974, S. 42-66.

DIE GESELLSCHAFTLICHE ORGANISATION VON ARBEIT ALS PROBLEM DER SOZIALPOLITIK

Fritz Böhle

1. Ausgangspunkt

Daß zwischen Sozialpolitik und Lohnarbeit ein Zusammenhang besteht, wird in der wissenschaftlichen und politischen Auseinandersetzung mit Sozialpolitik kaum bestritten – ja, es kann dies sogar als ein Allgemeinplatz angesehen werden, jedoch mit einer Einschränkung: Einigkeit besteht nur soweit, als dies die historische Entwicklung im 19. und zu Beginn dieses Jahrhunderts betrifft. Nach dem Zweiten Weltkrieg entstand die Vorstellung, die Probleme der industriellen Lohnarbeit seien sozialpolitisch weitgehend bewältigt. Daher ging man davon aus, neue Probleme und Anforderungen an die Sozialpolitik würden sich aktuell und zukünftig überwiegend in Bereichen außerhalb der Lohnarbeit ergeben. Indizien hierfür sah man einerseits in der Veränderung sozialer Risiken und Problemlagen, andererseits in der Ausweitung und Differenzierung sozialpolitischer Institutionen. Eine solche *Deutung* der historischen Entwicklung prägte nicht nur die politische Auseinandersetzung; sie beeinflußte auch nachhaltig sozialwissenschaftliche Forschungsansätze. Erst die Erfahrungen der anhaltenden Massenarbeitslosigkeit haben die Aufmerksamkeit wieder stärker auf den Zusammenhang zwischen Sozialpolitik und der gesellschaftlichen Organisation von Arbeit gelenkt. Deshalb scheint es mir angebracht, hier einige Ergebnisse aus einer Richtung von Sozialpolitikforschung vorzustellen, die eine etwas andere als die zuvor erwähnte Interpretation der historischen Entwicklungen nahelegen.[1] *Meine These ist: Die entscheidenden Impulse für Veränderungen in der Sozialpolitik kamen nicht nur im 19. Jahrhundert, sondern auch in der gesamten weiteren Entwicklung überwiegend aus Problemen der gesellschaftlichen Organisation von Arbeit als Lohnarbeit.* Ich will dies zunächst in einer kurzen retrospektiven Betrachtung näher erläutern und auf diesem Hintergrund dann eine Einschätzung der aktuellen und zukünftigen Entwicklungen geben.

2. Zur bisherigen Entwicklung sozialer Problemlagen und Sozialpolitik

1. Lohnarbeit beruht darauf, daß *keine* feste und dauerhafte Eingliederung in einen Arbeitszusammenhang besteht. Die Ausgliederung aus einem Be-

schäftigungsverhältnis ebenso wie die Nichteingliederung sind strukturell untrennbar mit der Lohnarbeit verbunden. Lohnarbeit beruht andererseits aber auch darauf, daß die Sicherung der Existenz von einem Beschäftigungsverhältnis abhängig ist. Es besteht daher auch weitgehend Einigkeit darüber, daß Gefährdungen der *Arbeitsfähigkeit* und -möglichkeit die zentralen Risiken sind, die sich bei und aus Lohnarbeit ergeben. Um die historischen Entwicklungen und d.h. vor allem die *Veränderungen* in der Sozialpolitik zu verstehen, sind hier jedoch drei Differenzierungen notwendig:

Erstens: Die Definition der klassischen sozialen Risiken – wie Krankheit, Erwerbs- und Berufsunfähigkeit, Alter – orientiert sich überwiegend am *physischen* Arbeitsvermögen, d.h. dessen Beeinträchtigung oder Erhaltung. Gerade in den *Anforderungen an das physische Arbeitsvermögen haben sich aber seit Beginn der Industrialisierung durch Mechanisierung und Automatisierung von Produktionsprozessen massive Veränderungen vollzogen.* Neben der unmittelbaren physischen Beanspruchung wurde zunehmend die psychisch-nervliche Belastbarkeit im Arbeitsprozeß wichtig. Damit veränderte sich auch die konkrete Ausprägung und die Ausbreitung sozialer Risiken (Berufs- und Erwerbsunfähigkeit, Ausgliederung älterer Arbeitskräfte u.ä.). Des weiteren wurden neben der physischen Arbeitsfähigkeit auch *neue und zusätzliche Dimensionen menschlichen Arbeitsvermögens für die Entstehung von Risiken und Veränderungen in der Sozialpolitik wichtig:* Ein Beispiel hierfür ist die berufliche Qualifikation. Sie wird in den 60er Jahren sozialpolitisch als Problem der Anpassung von Arbeitskräften an den wirtschaftlichen Strukturwandel und Veränderungen von Produktionstechniken aufgegriffen. Und schließlich ist zu berücksichtigen: Die Expansion industrieller Produktion erfolgte – trotz aller Mechanisierung und Rationalisierung – überwiegend auf der Grundlage von vergleichsweise arbeitsintensiven Formen der Nutzung von Arbeitskraft, und zwar gerade auch in den neu entstehenden Produktionsbereichen wie der Konsumgüterindustrie und dem Dienstleistungsbereich. *Dies*, d.h. die Art, wie Arbeitskraft im Produktionsprozeß genutzt wurde – und nicht das wirtschaftliche Wachstum als solches –, führte zu einer massiven quantitativen Ausweitung der Nachfrage nach Arbeitskraft. *Daraus ergab sich – neben qualitativen Veränderungen – auch eine massive quantitative Ausweitung der mit Lohnarbeit verbundenen Risiken, wodurch auch maßgeblich der Ausbau der Systeme sozialer Sicherung beeinflußt wurde.*

Zweitens: Mit Lohnarbeit verbindet sich eine *sehr komplexe gesellschaftliche Strukturierung individueller Existenz- und Lebensbedingungen, die weit mehr umgreift als nur die Verrichtung von Arbeit:* Wer seine Existenz durch Lohnarbeit sichern will, muß nicht nur arbeiten können, er muß darüber hinaus auch in der Lage sein, auf dem Arbeitsmarkt seine Interessen durchzusetzen; ferner ist mit Lohnarbeit auch das Angewiesensein auf Fremdleistungen – im Unterschied zur Selbstversorgung – gesetzt; die zum Leben notwendigen Güter und Dienstleistungen müssen erworben, die Organisation der sog. privaten Reproduktion hieran ausgerichtet werden. Ich brauche dies hier nicht weiter ausführen und möchte folgende Interpretation zu der bisherigen Entwicklung von Sozialpolitik anschließen. Ein grundlegendes Problem im 19. Jahrhundert ist: Gefährdungen der Arbeitsfähigkeit und eine Unterbrechung der Beschäftigung beinhalten die Gefahr, daß sie auf die *gesamte Lebenssituation* durchschlagen und zu einem Herauskippen aus der Lohnarbeit überhaupt führen. Worum es also von Anfang an in der Sozialpolitik geht, ist die Absicherung der für Lohnarbeit notwendigen Lebensbedingungen. Nur auf diese Weise ist Lohnarbeit als nicht nur marginale, sondern als eine vorherrschende und dauerhafte Form von *Arbeit* gesellschaftlich durchsetzbar. Damit ist aber auch eine Entwicklung eingeleitet, in der sich – gerade eine auf Lohnarbeit bezogene – Sozialpolitik im weiteren Verlauf nicht mehr nur auf das Beschäftigungsverhältnis und den Arbeitsmarkt beschränken kann; *vielmehr muß Sozialpolitik auch andere mit Lohnarbeit verbundene Lebenszusammenhänge einbeziehen, d.h. genauer: das gesamte Spektrum der sowohl marktwirtschaftlichen als auch staatlich-rechtlichen Vergesellschaftung einer mit Lohnarbeit verbundenen Lebensform.* Dabei gilt es zunehmend, sozialpolitische Institutionen hierauf bezogen auszudifferenzieren.

Drittens: Bei Lohnarbeit ist die Sicherung der Existenz von der Verfügung über spezifische, materielle, zeitliche, soziale und personelle Ressourcen abhängig. *Diese werden aber gerade durch Lohnarbeit selbst permanent gefährdet und beeinträchtigt, d.h. insbesondere durch die Art, wie Arbeitskraft von den Betrieben im Produktionsprozeß eingesetzt und genutzt wird.* Ich kann und will hier nicht detaillierter über die Entwicklung von Belastungen und Restriktionen im Arbeitsbereich und deren Auswirkungen referieren; hierzu liegen inzwischen vielfältige Dokumentationen vor. Ich will statt dessen eine mir für die Sozialpolitik sehr wichtig erscheinende Veränderung in der historischen Entwicklung herausstellen: Zu Beginn der Industrialisierung sind Gefährdungen im Produktionsprozeß, ebenso wie deren Folgen, unmittelbar sicht- und erfahrbar, so vor allem hohe physische Belastungen, Unfallgefahren, überlange Arbeitszeiten, niedrige, kaum die Existenz sichernde Löhne. Veränderungen im Produktionsprozeß, gesetzliche und tarifvertragliche Mindestnormen ebenso wie die schärfere zeitliche und soziale Trennung zwischen Arbeitsbereich und anderen Lebensbereichen, bringen es jedoch mit sich, daß im weiteren Verlauf die *Gefährdungen im Arbeitsprozeß zwar nicht weniger gravierend, aber subtiler werden und im Arbeitsprozeß zumeist latent bleiben. Sie manifestieren und aktualisieren sich überwiegend außerhalb des Produktionsbereichs*; prägen damit nachhaltig die Aktivitäts- und Handlungsspielräume in anderen Lebenszusammenhängen, was jedoch immer schwieriger als Folge von Arbeits- und Beschäftigungsbedingungen erkennbar und nachweisbar wird.

Ein erstes Resümee: Sozialpolitik – so läßt sich zeigen – hat sich seit ihren Anfängen im 19. Jahrhundert *nicht* von Problemen der Lohnarbeit emanzipiert. Umgekehrt: Die gesellschaftliche Organisation von Arbeit als Lohnarbeit hat sich von einer zunächst eher marginalen zu einer gesellschaftlich vorherrschenden Strukturierung von Lebenszusammenhängen entwickelt; ein Prozeß, der auch mit einer Ausdifferenzierung und partiellen Autonomisierung unterschiedlicher Lebensbereiche verbunden war. Daraus – und dies ist hier entscheidend – ergaben sich auch neue und veränderte Anforderungen an die Sozialpolitik, die ihrerseits wiederum zur Ausweitung und Ausdifferenzierung sozialpolitischer Institutionen führten und die letztlich den modernen Sozial- und Wohlfahrtsstaat, wie er sich heute darstellt, hervorbrachten.

2. Kennzeichnend für Sozialpolitik ist aber nicht nur, daß sie sich auf Voraussetzungen und Folgen der gesellschaftlichen Organisation von Arbeit als Lohnarbeit bezieht. Charakteristisch ist auch das Wie, also *in welchen Formen* dies geschieht. Für das Verständnis der historischen Entwicklung scheint mir hier wichtig: Im 19. Jahrhundert steht bei der Auseinandersetzung mit der Arbeiter- bzw. der sozialen Frage im Zentrum der Sozialpolitik das *Arbeitsverhältnis*; im weiteren Verlauf verlagert sich das Schwergewicht der Sozialpolitik jedoch auf die Bewältigung von Risiken *außerhalb* des Produktionsbereichs. *Damit entwickelt sich Sozialpolitik in eine Richtung, in der nicht nur wichtige Ursachen für die Entstehung von Risiken aus dem Blickfeld geraten. Es wurde darüber hinaus auch der Produktionsbereich sozialpolitisch entproblematisiert*; sozialpolitische Auseinandersetzungen wurden vom Produktionsprozeß abgezogen und auf andere gesellschaftliche Bereiche verlagert. Damit verbinden sich u.a. auch manifeste politische Interessen: In der politischen Auseinandersetzung wird im 19. Jahrhundert der Aufbau der Sozialversicherung explizit als eine Alternative zu einem Ausbau des Arbeitsschutzes, d.h. der Regelung von Arbeitsbedingungen und des Arbeitsverhältnisses favorisiert. Auch in den 20er Jahren war die Entscheidung für die Sozialversicherung zugleich eine Entscheidung gegen den Arbeitsschutz. Arbeits- und Beschäftigungsbedingungen blieben zwar weiterhin im Blickfeld der Sozialpolitik – insbesondere im Bereich des Gesundheitsschutzes. Jedoch wurden diese Entwicklungen nicht nur gebremst und verzögert. *Noch viel folgenreicher war, daß Arbeits- und Beschäftigungsbedingungen zunehmend nur mehr zu einem spezialisierten Teilgebiet der Sozialpolitik wurden.* Ja, es wurde schließlich die mit Lohnarbeit verbundene Sozialpolitik nur mehr hiermit identifiziert. Zugleich – und dies möchte ich als weiteres herausstellen – wurden Prinzipien sozialer Sicherung institutionalisiert, die eine Rückbindung der Sozialpolitik an die gesellschaftliche Organisation von Arbeit als Lohnarbeit garantieren, und zwar unabhängig davon, ob dies in der jeweils aktuellen politischen Auseinandersetzung auch beabsichtigt wurde. Charakteristisch ist hier: Sozialpolitisch gewährte Leistungen orientieren sich in ihrem Inhalt und ihrer Form nach an der durch Lohnarbeit vorgezeichneten Organisation materieller und sozialer Sicherung. Wenn Einkommen nicht durch Erwerbsarbeit gesichert werden kann, stellt Sozialpolitik nicht Produktionsmittel

oder Vergleichbares zur Verfügung; was gewährt wird, sind *monetäre* Leistungen im Sinne eines Lohnersatzes. Sofern Dienst- und Sachleistungen bereitgestellt werden, handelt es sich um eine Ergänzung marktwirtschaftlicher Versorgung; die Abhängigkeit von „Fremdleistungen" wird hierdurch nicht verändert, lediglich die Formen des Erwerbs und ihrer Nutzung sind unterschiedlich. Ich will es bei diesen Hinweisen belassen. Entscheidend ist: Auch wenn sich Sozialpolitik mittlerweile in vielfältigen Formen darstellt, weisen diese ein gemeinsames Merkmal auf: *durch sozialpolitisch gewährte und organisierte Leistungen werden und wurden bislang keine zur Lohn- und Erwerbsarbeit alternativen und von ihr unabhängigen Produktions- und Lebensformen geschaffen oder zumindest Voraussetzungen hierfür abgesichert.* Im Gegenteil: Wer *nicht* in ein Beschäftigungsverhältnis eingegliedert ist und auch über sonst keine andere materielle Sicherung verfügt, der soll, *zumindest der Form nach*, wie jemand leben, der einer abhängigen Beschäftigung nachgeht. Jedoch – und dies ist ein weiteres Merkmal –, es soll ihm dabei in jedem Fall und teilweise erheblich schlechter gehen, durch finanzielle Einbußen bis hin zum Erleiden besonderer bürokratischer Kontrollen. Dabei läßt sich ein vergleichbar simples Prinzip ausmachen: Je *geringer* die Nähe zu einem Beschäftigungsverhältnis, um so *größer* die Abstufung und Diskriminierung durch die soziale Sicherung. *Mit dieser Verkoppelung von formaler Angleichung und faktischer Differenzierung trägt Sozialpolitik wesentlich dazu bei, die durch Lohnarbeit geprägten und für sie notwendigen Lebens- und Reproduktionsformen als Normalitätsstandards gesellschaftlich zu institutionalisieren.*

In dieser Perspektive läßt sich die Geschichte der Sozialpolitik auch als eine Geschichte der Transformation, Kanalisierung und Kontrolle *anderer Formen* der Bewältigung von Risiken und Problemlagen nachzeichnen (siehe hierzu auch den Beitrag von B. Riedmüller). Sozialpolitik wird auf diese Weise zu einer wichtigen gesellschaftlichen Instanz, durch die der Arbeitsmarkt reguliert und die Kaufkraft umverteilt wird, sozio-kulturelle Normen der Erwerbsarbeit und Lebensführung gesellschaftlich institutionalisiert werden und letztlich damit die politische und soziale Akzeptanz einer auf Lohnarbeit beruhenden Lebensform gestützt wird.

Mit dieser Interpretation von Sozialpolitik unterstelle ich jedoch keinen platten Funktionalismus oder gar eine prästabilierte Harmonie zwischen den ökonomisch-politischen Interessen von Betrieben und Sozialpolitik. Die Sache ist komplizierter:

Da Sozialpolitik nur partikular und selektiv in einzelne gesellschaftliche Bereiche interveniert, kann sie letztlich auch ihre Wirkungen nicht kontrollieren. *Gerade die Entwicklungen im Produktionsbereich, durch die – wie gezeigt – Sozialpolitik maßgeblich beeinflußt wird, sind – auf der Grundlage der skizzierten Formen von Sozialpolitik – kaum steuerbar und beeinflußbar. Sozialpolitik kann daher auch nicht verhindern, daß sich im Produktionsprozeß Veränderungen abspielen, die auch auf sie selbst zurückschlagen*, d.h. die zu neuen Anforderungen führen, wie aber auch politisch intendierte Wirkungen der Sozialpolitik beeinträchtigen, indem diese in der konkreten Praxis abgewehrt, neutralisiert oder auch gezielt genutzt und funktionalisiert werden.

3. Aktuelle Situation und zukünftige Entwicklung

Welche Folgerungen ergeben sich aus dieser Betrachtung der bisherigen Entwicklungen für die gegenwärtige Situation und die Zukunft der Sozialpolitik? Ich möchte hierzu drei Thesen formulieren. Vorab eine Vorbemerkung: Seit mehreren Jahren grassiert die Rede von den ökonomischen Grenzen und einer entsprechenden Krise des Sozialstaats. Ich finde dieses Gerede von der *ökonomisch begründeten* Krise des Sozialstaats jedoch so lange ein Ärgernis, als nicht zugleich auch von einer Krise des „Rüstungsstaats" gesprochen wird oder von anderen Krisen, die offenbar durch Wachstumsengpässe hervorgerufen werden. Ich weigere mich also – auch ohne hier detailliertere Belege vorzulegen –, neue Probleme und zukünftige Entwicklungen in der Sozialpolitik gegenwärtig als Ausdruck von Wachstumsengpässen u.ä. zu diskutieren. Auf diesem Hintergrund nun hierzu meine *erste These:* Nicht die Veränderung des Wirtschaftswachstums ist ein neuartiges Problem für die Sozialpolitik; *neu sind vielmehr die sich gegenwärtig abzeichnenden Veränderungen in der betrieblichen Nutzung von Arbeitskraft im Produktionsprozeß und deren Folgen.* Die zwar seit langem prognostizierte, aber von niemand richtig ernst genommene Tatsache, daß die technischen Möglichkeiten zur Steigerung der Produktivität bislang keineswegs ausgeschöpft wurden, ist spätestens seit Mitte der 70er Jahre ein nicht mehr zu übersehender und wegzudiskutierender gesellschaftlicher Tatbestand. Dies besagt aber auch: Die Verkoppelung von Wirtschaftswachstum und die Ausweitung der Beschäftigung – wie sie in der bisherigen Entwicklung zutrafen – sind hinfällig geworden; wirtschaftliches Wachstum ist kein Garant mehr für Beschäftigungssicherung oder gar Vollbeschäftigung; im Gegenteil, Investitionen und die Expansion der Produktion können und werden immer mehr mit einer Verringerung des Arbeitsvolumens einhergehen. Jedoch Vorsicht, und damit komme ich zur *zweiten These: Eine Verringerung des Arbeitsvolumens muß keineswegs zwangsläufig zu einer Verringerung von Beschäftigungsmöglichkeiten führen.* Ausschlaggebend hierfür ist, wie jeweils konkret der Einsatz von Arbeitskraft im Produktionsprozeß organisiert wird, d.h. insbesondere die zeitliche und personelle Verteilung der Arbeit. Die gegenwärtig in den Betrieben vorherrschende Organisation des zeitlichen und personellen Einsatzes von Arbeitskraft haben jedoch zur Folge, daß eine Reduzierung des Arbeitsvolumens zwangsläufig auch zu einer Verringerung von Arbeitsplätzen führt. Daraus ergibt sich aber auch eine Ausweitung von Problemlagen, die in der bisherigen Sozialpolitik nach wie vor eher nur als eine Randerscheinung auftauchten: Erweist sich die Ausgliederung aus einem Beschäftigungsverhältnis als dauerhaft, und wird somit der Risikofall zum Normalfall, haben die Betroffenen – trotz aller Erweiterung von Sozialpolitik – mit erheblichen sozialen und materiellen Deprivilegierungen zu rechnen. Damit komme ich zu einer *dritten These.* Sie heißt in Kurzform: *Worauf es gegenwärtig ankäme, wäre eine grundlegende Neuorganisation der Verteilung von Erwerbsarbeit. Dies stößt jedoch zugleich nicht nur auf vielfältige Widerstände, es zeigen sich vielmehr auch konkurrierende Entwicklungen in der Sozialpolitik.* Was heißt dies im einzelnen? Anstelle einer Aufsplitterung der Bevölkerung in solche, die Erwerbsarbeit leisten und solche, die aus der Erwerbsarbeit ausgegliedert sind, wäre eine *radikale* Um- und Neuverteilung von Erwerbsarbeit und eine Entlastung von Erwerbsarbeit für alle anzustreben. Dies wäre für mich so etwas wie eine konkrete Utopie oder einfacher ausgedrückt, das, worauf es gegenwärtig ankäme. Einen konkreten Ansatzpunkt sehe ich hier darin, neue und erweiterte Möglichkeiten zu steigender Produktivität – außer zur ökonomisch-materiellen Sicherung – zu einer grundlegenden und massiven Verkürzung der wöchentlichen und täglichen Arbeitszeit in allen erwerbsmäßig organisierten Arbeitsbereichen zu nutzen. Dies darf aber zugleich nicht von anderen Bestandteilen des Beschäftigungsverhältnisses isoliert werden. Fragen der Arbeitsgestaltung, bis hin zur beruflichen Qualifizierung und Mitbestimmung, müßten hierauf ausgerichtet, umgestaltet und weiterentwickelt werden. Ziel einer solchen sozialpolitischen Strategie hätte es zu sein, die partikulare Bearbeitung von Folgen des Produktionsprozesses zu überwinden und durch eine Umverteilung von Erwerbsarbeit die zeitliche, wie aber auch physisch-psychische und soziale *Beanspruchung* durch Erwerbsarbeit für alle deutlich und spürbar zu *reduzieren.* Daher heißt die Alternative zur Erwerbsarbeit auch nicht zwangsläufig nur: mehr Freizeit. Mit reduzierter Erwerbsarbeit könnte zugleich der Aufbau alternativer Formen von Arbeit einhergehen und ein individuelles Engagement in unterschiedlichen – weder nach Prinzipien der Erwerbsarbeit noch notwendigerweise betriebsförmig organisierten – Arbeitszusammenhängen möglich werden. Erst in dieser Perspektive scheint es mir auch möglich, in der Sozialpolitik anstelle staatlich-bürokratischer Versorgungssysteme stärker alternative Formen der Selbstorganisation zu entwickeln, und zwar in einer Weise, daß diese nicht nur auf bestimmte Personengruppen und Situationen *eingegrenzt und entsprechend auch marginalisiert werden können.* Jedoch – und damit komme ich zu einer eher pessimistischen, aber nach bisherigen Erfahrungen vermutlich realistischen Einschätzung zukünftiger Entwicklungen: Es wäre töricht zu glauben, daß der Einsatz neuer Produktionstechniken und Technologien quasi zwangsläufig zu einer allgemeineren Verkürzung der Arbeitszeit führen, oder daß die Reduzierung der Arbeitszeit und Entlastung von Erwerbsarbeit etwas ist, was die Gewerkschaften schon richten werden, oder daß soziale Innovationen in der Sozialpolitik sich unabhängig von einer Umgestaltung von Erwerbsarbeit erfolgreich durchsetzen lassen. Dies zu glauben, erscheint mir nicht zuletzt deshalb problematisch, weil nicht nur

Widerstände bestehen, sondern weil historische Erfahrungen wie auch gegenwärtig sich abzeichnende Tendenzen eher *auf eine andere hierzu konkurrierende Entwicklung verweisen:*

Ich sehe die Gefahr, daß gerade die Verringerung von Beschäftigungsmöglichkeiten und die anhaltende Massenarbeitslosigkeit nicht zu einer gesellschaftlichen Umgestaltung von Erwerbsarbeit führen, sondern *zu einer Neustrukturierung des Zusammenspiels zwischen Erwerbsarbeit und der Ausgliederung aus einem Beschäftigungsverhältnis.* Die Interessen der Betriebe laufen – wie ich sehe – nicht in Richtung Arbeitszeitverkürzung und Entlastung von Erwerbsarbeit, sondern in Richtung einer Flexibilisierung des Personaleinsatzes, d.h. vor allem einer Verschärfung des Personalaustauschs zwischen jeweils aktuell beschäftigten und auf dem Arbeitsmarkt verfügbaren Arbeitskräften. Dabei ist entscheidend: wer aktuell in ein Beschäftigungsverhältnis eingegliedert ist, dessen Arbeitsvermögen soll nach wie vor in erster Linie der Erwerbsarbeit zur Verfügung stehen. Auf einen Nenner gebracht: Die mit dem Einsatz neuer Produktionstechniken mögliche Steigerung der Produktivität wird nicht zu einer Entlastung von Erwerbsarbeit genutzt, sondern zu einer schärferen Selektion bei der Ein- und Ausgliederung aus einem Erwerbsverhältnis. Dies bedeutet aber auch, daß die jeweils in ein Beschäftigungsverhältnis Eingegliederten keineswegs als Privilegierte zu betrachten sind. Für sie wird neben neuen, insbesondere psychisch-mentalen Belastungen vor allem ein verschärftes Risiko entstehen, aus dem Beschäftigungsverhältnis wieder ausgegliedert zu werden. Diesen neuen Richtungen der betrieblichen Personalpolitik entspricht weder die zuvor umrissene Umgestaltung von Erwerbsarbeit; noch entspricht ihr aber auch der von konservativ-liberaler Seite favorisierte Abbau des Sozialstaats und die Formen, in denen Sozialpolitik gegenwärtig eine Ausgliederung aus einem Beschäftigungsverhältnis bearbeitet. Einer solchen Flexibilisierung des Personaleinsatzes entsprechen vielmehr *sozialpolitische Innovationen, die in der bisherigen Logik und den Strukturen einer Ausweitung von Sozialpolitik verbleiben.*

Meine These – eigentlich müßte ich sagen Befürchtung – ist: Sozialpolitik wird das tun, was sie immer getan hat. *Für den Fall einer Ausgliederung aus einem Beschäftigungsverhältnis wird ein Ersatz angeboten.* Heute und zukünftig geht es dabei nicht mehr nur um Lohnersatz oder die Versorgung mit Gütern und Dienstleistungen, sondern um den Ersatz für ein Beschäftigungsverhältnis, für Arbeit. Ich halte es für wahrscheinlich, daß sich in Zukunft, neben monetären sowie Sach- und Dienstleistungen, *ein dritter Ast der Sozialpolitik entwickeln wird. Ich will ihn hier sozialpolitisch gestützte und organisierte Beschäftigungsverhältnisse nennen.* Folgt man den bisherigen Entwicklungen in der Sozialpolitik, so spricht allerdings wenig dafür, daß hierdurch Alternativen zur Lohn- und Erwerbsarbeit entwickelt werden und entwickelbar sind. Worauf sich Sozialpolitik richten wird, ist: sie wird einen *Ersatz* für *abhängige* Beschäftigung bieten; im Klartext: sozialpolitisch gestützte Beschäftigungsverhältnisse werden an die Organisation normaler Erwerbsarbeit angeglichen und an diesem Vorbild orientiert werden. Es wäre reizvoll, hier ausführlicher die gegenwärtigen staatlichen Initiativen im Bereich des zweiten und dritten Arbeitsmarkts zu diskutieren. Sie mögen für viele angesichts anhaltender Massenarbeitslosigkeit notwendig und sinnvoll erscheinen. Ich jedoch sehe die Gefahr, daß sie einer weiteren Entwicklung Vorschub leisten, die ich in der Retrospektive als die sozialpolitische Entproblematisierung des Produktionsprozesses bezeichnet habe. Ohne eine gesellschaftspolitische Umgestaltung von Erwerbsarbeit, die sich nicht an einzelbetrieblichen Interessen, sondern an gesellschaftlich sinnvollen und wünschbaren Zielen orientiert, *ohne eine solche Neuorganisation von Erwerbsarbeit – und dies zeigt m.E. die Geschichte der bisherigen Sozialpolitik deutlich – werden auch alternative und neue Ansätze der Organisation von Arbeit in anderen gesellschaftlichen Lebenszusammenhängen behindert, eingeschränkt und marginalisiert werden.*

Mein gesellschaftspolitisches Plädoyer also: Es kann und darf keine Trennungen und Abgrenzungen zwischen alten und neuen sozialen Bewegungen, zwischen denen, die Erwerbsarbeit leisten und jenen, die hiervon ausgegliedert sind, geben. Worauf es ankäme, wäre keine isolierte, sondern eine wechselseitig verschränkte und sich abstützende Entwicklung von Alternativen und sozialen Innovationen sowohl im Bereich traditioneller Erwerbsarbeit als auch in anderen gesellschaftlichen Lebensbereichen. Ich wünschte, Soziologen könnten hierzu einen Beitrag leisten.

ANMERKUNG

1 Siehe zum Forschungsstand und Literatur hierzu ausführlicher den Überblick in Böhle, F.: *Produktionsprozeß und Sozialpolitik. Sozialwissenschaftliche Forschung, aktuelle Probleme, theoretische Perspektiven. Arbeitspapier des Forschungsschwerpunkts Reproduktionsrisiken, soziale Bewegungen und Sozialpolitik an der Universität Bremen*, Bremen 1982, S. 35-62. Zu anderen Richtungen und Schwerpunkten der Sozialpolitikforschung siehe den Überblick bei Kaufmann, F., unter Mitarbeit von Rosewitz, B. und Wolf, H.: „Sozialpolitik. Stand und Entwicklung der Forschung in der Bundesrepublik Deutschland“. In: *PVS* Sonderheft 13/1982, S. 344 ff. - 366; sowie die aus der Sektion hervorgegangenen Veröffentlichungen in der Reihe Soziologie und Sozialpolitik, Oldenburg Verlag München, und die weiteren Beiträge der Sektion Sozialpolitik in diesem Band.

MARGINALISIERUNG ALS SOZIALPOLITISCHE ALTERNATIVE?

Barbara Riedmüller

Die „Krise der Arbeitsgesellschaft" stellt zweifelsohne eine Herausforderung dar, die Gültigkeit klassischer Paradigmen zu überprüfen. Die Konzeptualisierung der staatlichen Sozialpolitik als „Funktion" der politischen Durchsetzung und gesellschaftlichen Organisation der Erwerbsarbeit und der damit verbundenen Lebensform besitzt nach wie vor eine hohe Erklärungskraft, wie Fritz Böhle in seinem Beitrag gezeigt hat (vgl. in diesem Band). Nun gibt es gesellschaftliche Entwicklungen der Arbeit (des Verhältnisses von Erwerbsarbeit zu anderen Formen der Arbeit, Schattenarbeit, informeller Arbeit, „Schwarzarbeit"), die allgemein als krisenhaft diagnostiziert werden, die möglicherweise diese Focusierung der staatlichen Sozialpolitik auf die Erwerbsarbeit infrage stellen und neue sozialpolitische Antworten herausfordern.

Ich möchte in meinem Beitrag die Frage behandeln, ob und wie die heute auftretenden Phänomene marginalisierter Existenzformen und Lebenszusammenhänge (als Arme, als Sozialhilfeempfänger, in der Grauzone des Arbeitsmarktes, als Mitglied der Alternativkultur) sozialpolitisch hergestellt und verarbeitet werden und *ob* und *wie* diese mit der Normalität der Arbeitsgesellschaft vermittelt sind.

Ich werde zuerst einige Anmerkungen zum Thema Marginalisierung als Gegenstand der Soziologie machen, dann will ich Formen von Marginalisierung unterscheiden und sie im aktuellen sozialpolitischen Zusammenhang interpretieren.

1. Marginalität als Thema der Soziologie

Seit sich die Erwerbsarbeit als dominante Existenzform durchgesetzt hat, ist Marginalität in bezug auf diese Existenzform und deren sozialpolitische Ersatzmittel definiert worden. Auch die Soziologie ist dieser dominanten Linie der gesellschaftlichen Entwicklung gefolgt – so meine These.

Ich möchte angesichts knapper Zeit nur einige Aspekte dieser Entwicklung betonen.

In *sozialhistorischen Studien* über die ökonomischen und sozialen Krisen des 18. und 19. Jahrhunderts ist Armut, Elend und soziale Desintegration als Bruch bzw. als Widerspruch von Vergesellschaftungsweisen erklärt worden. Gesellschaftliche Strukturen und deren Veränderungen sind mit subjektiven Wertorientierungen und Lebenszusammenhängen vermittelt untersucht worden. (In historischen Studien z.B. der Familiensoziologie wird dieser Bezug wieder aktualisiert.)

Im Gefolge der Ausdifferenzierung der bürgerlichen Gesellschaft in eine Erwerbsgesellschaft ändert sich auch der gesellschaftliche Diskurs über Marginalität. Sie wird mit individueller Leistung bzw. individuellem Versagen in Zusammenhang mit der Existenz durch Erwerbsarbeit einengend interpretiert. Neuere Studien über die vor- und frühbürgerliche Armenpolitik zeigen anschaulich diesen Übergang zur modernen Arbeits- und Leistungsethik, die dem Armen aufgezwungen wird (Sachße/Tennstedt 1981). Die Differenzierung in arbeitsfähige und -unfähige Arme, in arbeitswillige und -unwillige, läßt sich ebenso nachzeichnen wie die schrittweise Verfeinerung der Kontroll- und Sanktionsmittel (Foucault 1961, Dörner 1975) staatlicher Armenpolitik.

Die Forschungsperspektive auf das Herstellen einer Lebenslage, auf die Reziprozität von sozialen Prozessen und individueller Lebensperspektive, wird von der Modernisierungswelle des Industriezeitalters überschwappt. Übrig bleibt das Thema Armut als Gefährdung der sozialen Ordnung, mit einer Armutspolitik, von der Simmel (1968 (1908), 350) sagt, daß sie weniger die Armut der Armen, sondern die negativen Auswirkungen der Armut auf die Allgemeinheit bekämpft.

Die subjektive Seite der Marginalität, jene Formen von „abweichenden Verhalten", wie sie soziologisch diagnostiziert werden, sind kein Thema der Sozialpolitikforschung. Die sozialpolitische Zentrierung auf Erwerbsarbeit und deren sozialer Sicherung, wie sie im 19. Jahrhundert beginnt und bis heute fortgesetzt wurde, schlägt sich nieder in einer Abtrennung der individuellen Lebenszusammenhänge und deren subjektiven Deutungen. Andere Lebens- und Arbeitsformen, die nicht dem Muster der Erwerbsarbeit folgen, geraten in der Folge aus dem Blick (Beispiel: Genossenschaften, andere Inhalte und Formen der Arbeitsteilung zwischen Mann und Frau in vorbürgerlichen Produktionsgemeinschaften); neue Formen von Armut, die durch die damit verbundene Ausgrenzung aus den Systemen sozialer Sicherheit bedingt sind, bleiben ausgeblendet. Die wissenschaftliche Hypostasierung der Erwerbsarbeit als Arbeit schlechthin hat zur Folge, daß z.B. die Frauenarbeit erst heute wissenschaftlich diskutiert wird. Die Entdeckung der Hausarbeit als unbezahlte „Schattenarbeit", des „informellen Sektors", und der „Eigenarbeit" stellt heute den Arbeitsbegriff insgesamt zur Disposition.

Die „soziale Frage" des 19. Jahrhunderts scheint mit der staatlichen Sozialpolitik, die als Arbeiterpolitik auf den Weg kam, gelöst zu sein. Die politische und wissenschaftliche Trennung von Arbeiterpolitik und Armenpolitik (Preußer 1982, 83) läßt sich heute in den Institutionen der Sozialversicherung und dem Unterstock des Sozialhilfesystems zwar noch erkennen, aber die Sozialpolitikforschung negiert diese Trennung. Sie konzentriert sich auf die Fortentwicklung und Modernisierung des Systems sozialer

Sicherheit, das die Erwerbsarbeit zum Inhalt hat. Andere Lebenszusammenhänge werden in dieses Muster gepreßt (indem z.B. die Familienarbeit als „abgeleiteter Anspruch“ auf soziale Leistungen verrechtlicht wird). Entsprechend dieser institutionalistischen Betrachtungsweise der Sozialpolitik, die sich endgültig vom Zusammenhang staatlicher Sozialpolitik und sozialer Bewegung löst, wie ihn Eduard Heimann (1929) in seiner 'sozialen Theorie des Kapitalismus' formuliert, spielt die Soziologie in der Sozialpolitik eher eine randständige Rolle. Denn während Theorien sozialer Probleme und Theorien sozialer Kontrolle einen Aufschwung erleben, wird die Sozialpolitiktheorie zu einer Domäne von Juristen und Ökonomen. Erst in den letzten Jahren, symbolisiert durch die Gründung der Sektion Sozialpolitik auf dem Soziologentag in Bielefeld 1976, hat eine Rückkehr zur Sozialpolitikforschung stattgefunden und damit zu Fragen, die Hans Achinger bereits 1956 gestellt hat, nach den Folgen eines auf Verrechtlichung und Ökonomisierung aufbauenden Sozialsystems.

Heute, wo die Grenzen des Systems sozialer Sicherheit sichtbar geworden sind und neue Formen solidarischer Hilfe in der Selbsthilfe- und Alternativbewegung gesucht werden, ist die Soziologie erneut gefordert, die gesellschaftliche Entwicklung von Lebenszusammenhängen analytisch zu begleiten.

2. Neue Marginalität

Ich werde mich nun mit dem Problem der Marginalisierung, wie sie sozialpolitisch hergestellt wird, beschäftigen und einige Entwicklungen thesenhaft zusammenfassen.

Ich definiere Marginalität als Resultat sozialpolitischer Regelung; indem diese soziale Lebenslagen jenseits der Erwerbsgesellschaft ausgrenzt, stellt sie Armut, Randständigkeit etc. her. Die Herausbildung und Differenzierung der sozialpolitischen Systeme orientiert sich an der Existenzform durch Erwerbsarbeit und deren Risiken. Zumindest hat die sozialpolitische Rhetorik die fortschreitende Ausweitung und Verbesserung sozialer Sicherung der Erwerbsarbeit zum Inhalt. Die These, daß diese Entwicklung durch starke Interessenverbände beeinflußt ist, bestätigt sich dort, wo Gruppen aus der sozialen Sicherung ausgeschlossen waren und bleiben, die keine Interessenvertretung entlang der traditionellen Organisationsformen der Erwerbsarbeit organisieren konnten – die Frauen, die Arbeitslosen, die Jugendlichen, die Rentner, um nur einige zu nennen. Aber diese These übersieht die strukturelle Basis dieser Ausgrenzung. Denn es läßt sich darüber hinaus zeigen, daß die Konstruktion des Systems sozialer Sicherung bereits systematisch den Ausschluß bestimmter Lebenszusammenhänge und Problemgruppen mit sich bringt, daß das System sozialer Sicherung defizitäre Lebenslagen herstellt, indem sie die individuelle Leistung der Erwerbsarbeit zum

Maßstab macht. Die Familienarbeit der Frau, die Lebenssituation all derer, die nicht am Erwerbsprozeß teilnehmen können, bleibt ausgeblendet und wird in „Sondersysteme“ der Sozialhilfe und der verbandlichen Wohlfahrtspflege abgedrängt und nicht nur institutionell, sondern auch wissenschaftlich marginalisiert. Erst in den letzten Jahren ist verstärkt die Armut z.B. von Frauen im Alter, die Armut von kinderreichen Familien, von alleinerziehenden Müttern veröffentlicht worden (Kickbusch/Riedmüller 1984). Die Sozialindikatorenforschung hat hier ihre Verdienste. Diese Defizitanalyse enthält bereits den Hinweis darauf, daß es sich bei Marginalisierung um einen sozialpolitischen Prozeß handelt, in dem Armut etc. hergestellt wird. Die Sozialpolitik sichert nicht nur die Existenzform Erwerbsarbeit, sie organisiert auch die Nicht-erwerbsarbeit, die Ausgegrenzten, die Anderen.

Zwar ist, wie Fritz Böhle in seinem Beitrag darstellt, der Normalitätsstandard der Erwerbsgesellschaft auch hier gültig, indem z.B. die Arbeitsbereitschaft kontrolliert wird, die „Faulheit“ bestraft, die Arbeit der Frau diskriminiert wird, doch etablieren sich an den Grenzen der Arbeitsgesellschaft auch Regeln der Nichtarbeit, der Stigmatisierung z.B. von psychisch Kranken, von Behinderten, der Ausgrenzung in „totalen Institutionen“. Diese Logik der Ausgrenzung läßt sich zwar als Erfordernis der Existenzform Erwerbsarbeit beschreiben, indem Arbeitskraft ausgegrenzt und wieder integriert wird, indem ein Wechsel von *„integrativen“* und *„desintegrativen“* Sozialpolitikstrategien je nach Erfordernis stattfindet; aber ist mit dieser 'Funktionsanalyse' das Geschehen jenseits der Grenze der Arbeitsgesellschaft verstehbar und beschreibbar?

Diese Frage gilt es zu beantworten. Wenn die Krise der Arbeitsgesellschaft die Grenze zwischen Erwerbsarbeit und Nicht-erwerbsarbeit, zwischen Familienarbeit und Erwerbsarbeit, zwischen dem ersten, zweiten, dritten und vierten Arbeitsmarkt flüssig werden läßt, dann sollte die analytische Perspektive auf die jenseits der Grenze „Erwerbsarbeit“ entstehenden Arbeits- und Lebensformen offen bleiben. Kulturelle Orientierungen, lebensweltliche Strukturen und deren Überlebenschancen jenseits der Arbeitsmarktgesellschaft sollten in eine sozialpolitische Analyse einbezogen werden.

Wenn ich im folgenden Marginalisierung als institutionellen Prozeß der Herstellung von randständigen Lebenszusammenhängen jenseits der Normalität der Arbeitsgesellschaft beschreibe, schließe ich nicht aus, daß die Betroffenen ihre Lebensform nach anderen Maßstäben bewerten als über die Teilnahme am Arbeitsmarkt und den sozialen Leistungen. Auch nimmt meine sozialpolitische Definition von Marginalisierung die potentiellen Widerstands- und Protestformen marginalisierter Gruppen nicht negatorisch vorweg (vgl. für die USA Piven/Cloward 1977) und leugnet nicht ihre Rolle bei der Entwicklung neuer sozialpolitischer Lösungen, wie sie heute diskutiert werden.

Ich analysiere den Prozeß der sozialpolitischen Herstellung von Marginalisierung auf zwei Ebenen, denen sich unterschiedliche Lebenszusammenhänge zuordnen lassen:

- Marginalisierung läßt sich im Verhältnis zur Erwerbsarbeit analysieren
- Marginalisierung läßt sich zweitens in Abhängigkeit von obiger Definition bestimmen im Verhältnis zu den sozialpolitischen Institutionen, die den Status der Marginalität herstellen und verwalten.

Ein Zusammenhang zwischen beiden Ebenen besteht in der sozialpolitischen Grundorientierung am Status der Erwerbsarbeit, ein Zusammenhang der sich allerdings nach den oben genannten Einwänden lockern, verselbständigen oder unterbrechen lassen kann. Nicht jede Produktion einer marginalen Existenzform (z.B. der Status „Obdachlosigkeit") entspricht den Erfordernissen des Arbeitsmarktes, sie wird durch die verfügbaren finanziellen, organisatorischen und rechtlichen Ressourcen ebenso beeinflußt wie von politisch ideologischen Konjunkturen, wie wir sie aktuell am Beispiel der Remystifizierung der Familienarbeit erleben. Je nachdem, wie eng der Zusammenhang zur Erwerbsarbeit ist, ändert sich der Politiktypus, der zwischen harter „sozialer Kontrolle" z.B. der „Arbeitsbereitschaft" von Sozialhilfeempfängern und „Gewährenlassen", z.B. von Selbsthilfe- und Alternativprojekten hin und her pendelt.

Entsprechend dieser analytischen Zuordnung zu Politikformen lassen sich im wesentlichen zwei Formen von Marginalisierung unterscheiden:
- Ausgrenzung als „Verschiebung" in private nicht marktförmige und nicht staatliche oder staatlich kontrollierte Lebenszusammenhänge und zweitens
- Ausgrenzung als temporäre oder endgültige „Abkopplung" von Erwerbsarbeit durch staatlich subventionierte und kontrollierte Beschäftigungsverhältnisse.

Für den ersten Typus der Ausgrenzung als „Verschiebung" läßt sich als historisch einmaliges Beispiel die Familienarbeit der Frau nennen, die nur vermittelt über die Erwerbsarbeit des Mannes, Eingang in die Sozialversicherungspolitik gefunden hat. Sie findet im Bundessozialhilfegesetz einen besonderen Vorrang gegenüber der Existenzsicherung durch Erwerbsarbeit.

Die Arbeit der Frau wird – wie Ursula Beer in ihrem Beitrag (in diesem Band) zeigt – als nicht marktförmige, private Angelegenheit institutionalisiert. Diese Verschiebung der Frauenarbeit in den privaten Raum der Familie bedingt in der Folge die Sonderstellung der Frau auf dem Arbeitsmarkt und deren Teilhabe an den sozialen Leistungen.

Ausgrenzung als Politik der Sozialversicherungsinstitutionen im Sinne einer Verschiebung in private Existenzformen der Familie findet heute darüber hinaus in hohem Maße durch die restriktiven Zugangsvoraussetzungen zu den sozialen Leistungen statt. Dies trifft auf alle Systeme der sozialen Sicherung zu. Im Arbeitsförderungsgesetz (AFG) sind die Voraussetzungen für Leistungen verstärkt an unmittelbar vorherige Erwerbstätigkeit gebunden worden. Jugendliche Schulabgänger, Fach- und Hochschulabsolventen, Frauen, die nach Jahren der Familienarbeit wieder berufstätig werden wollen, sind von berufsfördernden Maßnahmen und finanziellen Leistungen ausgeschlossen worden und damit auf private Unterstützungssysteme verwiesen worden.

Eine ähnliche Verschiebung in private, familiäre Subsistenzformen hat im Bundessozialhilfegesetz (BSHG) stattgefunden, indem verstärkt familiäre Leistungen in Anspruch genommen werden bzw. soziale Notlagen durch Kürzung sozialer Hilfen produziert werden (Leibfried/Tennstedt 1985).

Es wäre nun von soziologischem Interesse, ganz im Sinne von Achingers Frage nach der Wirkung unserer sozialpolitischen Systeme, die Folgen für die Lebenszusammenhänge der Betroffenen zu untersuchen. Solche Untersuchungen konzentrieren sich derzeit vor allem auf die subjektiven Folgen der Arbeitslosigkeit, die institutionelle Seite der Marginalisierung ist dabei eher ausgeblendet.

Der zweite Typus von Ausgrenzung, den ich als „Abkopplung“ von der Lebensform Erwerbsarbeit bezeichnet habe, ist soziologisch vor allem deswegen interessant, weil er die unterschiedlichsten Lebenszusammenhänge, Politikstile und Ideologien zusammenfaßt. Auf der einen Seite handelt es sich um defizitäre Lebenslagen, wie sie heute als „Neue Armut“ bekannt ist, auf der anderen Seite um ‘selbstgewählte’ Alternativen zur Erwerbsarbeit klassischen Typs.

Ein besonders krasses Beispiel für eine Strategie der Marginalisierung als „Abkopplung“ ist der im Sozialhilferecht verankerte Zwang zur Sozialhilfearbeit, der ursprünglich als Kontrolle der „Arbeitsunwilligen“ institutionalisiert war und heute verstärkt zur Ausgrenzung von arbeitslosen Sozialhilfeempfängern eingesetzt wird, deren Zahl laufend zunimmt;

Die diskriminierende Wirkung liegt vor allem im Zwangscharakter der Sozialhilfearbeit, deren Verweigerung einen Leistungsausschluß zur Folge hat und in dem Prozeß der Dequalifizierung und damit Statusverlust, da jede Arbeit angenommen werden muß (vgl. Münder 1984).

Während diese Praxis der Marginalisierung an die Tradition der sozialen Kontrolle durch Arbeitszwang im 19. Jahrhundert erinnert und der beschäftigungspolitischen Rhetorik seit 1945 fremd erscheint, sind andere Formen der Arbeitspolitik populärer. Vor allem die Beschäftigungspolitik über den sog. zweiten Arbeitsmarkt (das Hamburger Modell) steht dafür Pate. Darunter sind staatlich unterstützte temporäre Beschäftigungsverhältnisse zu verstehen, die teils aus Mitteln der Bundesanstalt für Arbeit, teils aus öffentlich kommunalen Mitteln finanziert werden (vgl. Heinze u.a. 1984).

Gleichwohl der arbeitsmarktpolitische Effekt gering sein dürfte (1984 gab es in der Bundesrepublik ca. 70.000 Arbeitsplätze im zweiten Arbeitsmarkt), ist der sozialpolitische Stellenwert dieser Programme möglicherweise eher in der Verarbeitung der gesellschaftlichen Wirkung der Arbeitslosigkeit als in deren Lösung zu suchen. Diese Politik der Arbeit entspricht u.U. dem von Fritz Böhle aufgezeigten historisch neuen Transformationsprozeß von Erwerbsarbeit in Nicht-erwerbsarbeit und umgekehrt. Eine empirische Analyse dieser Arbeitspolitik müßte sich mit dem Effekt der Schaffung eines neuen rechtlichen Status der Erwerbsarbeit (tarifliche Absicherung, Arbeitszeit etc.) ebenso beschäftigen wie mit den subjektiven Interessen der Teilnehmer dieser Programme. Was beim Modell des zweiten Arbeitsmarktes als institutionelle Praxis der Ausgrenzung von Arbeitslosen in einen „Sonderarbeitsmarkt“ erscheint (ein zusätzlich segmentierter Arbeitsmarkt), kann aus der Sicht der Betroffenen als Chance der Verwirklichung neuer Arbeitsformen und -inhalte gesehen werden, dies vor allem dann, wenn Projekte „sinnvoller“, „ökologischer“ und „sozialer“ Arbeit verwirklicht werden sollen. Diese Intention wird vor allem aus dem Selbsthilfe- und Alternativsektor aufgegriffen (Bolle, Grottian 1983). Ich möchte daher, um die Reihe der sozialpolitisch aktuellen Beispiele abzuschließen, meine Typologie von Marginalisierung als „Abkopplung“ durch zwei offene Fragen erweitern, die ich gerne diskutieren würde.

Ich frage, ob die staatliche finanzielle Unterstützung von Selbsthilfegruppen und Alternativprojekten nur eine Strategie der Marginalisierung nicht „marktgängiger“ Arbeitskraft ist, ob eine Art „*ambulantes Ghetto*“ entsteht, oder ob in diesem Bereich die Arbeitspolitik an ihre Grenzen stößt, da die Subjekte, die sich in diesen Alternativen zusammenfinden, die Regeln der Erwerbsarbeit und deren Lebensumstände für sich aussetzen. Darauf gibt die vorliegende Literatur über die neuen sozialen Bewegungen keine befriedigende Antwort. Die *zweite Frage*, die ich stelle, zielt auf die staatlich garantierte und möglicherweise sozial akzeptierte freiwillige Abkopplung vom Arbeitsmarkt durch ein „garantiertes Mindesteinkommen“. Diese in letzter Zeit diskutierte „libertäre“ Lösung der Krise der Arbeitsgesellschaft (Schmid 1984) will den Zwang der Erwerbsarbeit lockern, indem jeder auf der Basis seiner Existenzsicherung für sich entscheidet, ob er an der Erwerbsarbeit teilnimmt oder nicht. Ich frage, ob sich in dieser sozialen Utopie neue gesellschaftliche Entwicklungen ankündigen, vor allem, was die soziale Organisation von Arbeit anbelangt oder ob sich hier nur neue, moderne sozialpolitische Kontrollmittel herausbilden, die den alten Typus von Erwerbsarbeit verewigen wollen.

Diese Fragen lassen sich m.E. nur beantworten, wenn die sozialpolitische Analyse objektiver gesellschaftlicher Entwicklungen und der Rolle der Institutionen verknüpft wird mit der Analyse der subjektiven Perspektive und Interpretation seitens der Betroffenen.

Wie die aus der Sicht der Arbeitsgesellschaft marginalisierten Gruppen ihre Lebenszusammenhänge definieren und wie sie ihre Interessen durchsetzen, muß Bestandteil der sozialpolitischen Forschung sein. Vor allem darf die Forschung die Entwicklung veränderter Lebenszusammenhänge nicht im theoretischen Vorgriff homogenisieren, indem ein historisches Modell von Erwerbsarbeit analytisch verallgemeinert wird.

LITERATUR

Achinger, H. 1958: *Sozialpolitik als Gesellschaftspolitik. Von der Arbeitsfrage zum Wohlfahrtsstaat*, Hamburg.

Dörner, K. 1975: *Bürger und Irre*, Frankfurt a.M.

Foucault, M. 1973: *Wahnsinn und Gesellschaft*, Frankfurt a.M.

Bolle, M./Grottian, P. (Hg.) 1983: *Arbeit schaffen – jetzt!* Reinbek b. Hamburg.

Heimann, E. 1980 (1929): *Soziale Theorie des Kapitalismus.* Frankfurt a.M.

Heinze, R./Hombach, B./Mosdorf, S. (Hg.) 1984: *Beschäftigungskrise und Neuverteilung der Arbeit,* Bonn.

Kickbusch, I./Riedmüller, B. 1984: *Die armen Frauen,* Frankfurt a.M.

Leibfried, St./Tennstedt, F. (Hg.), 1985: *Politik der Armut und die Spaltung des Sozialstaats*, Frankfurt a.M.

Münder, J. 1984: „Arbeitsverpflichtung für Sozialhilfeempfänger?" in: *Neue Zeitschrift für Verwaltungsrecht*, S. 206-211.

Piven, F./Cloward, R.A., 1977: *Poor People's Movements. Why They Succeed, How They Fail.* New York.

Preußer, N., 1982, 1983: *Armut und Sozialstaat*, Bd. 1-4, München.

Sachße, M.C./Tennstedt, R. 1980: *Geschichte der Armenfürsorge in Deutschland.* Stuttgart.

Schmid, Th. (Hrsg.), 1984: *Befreiung von falscher Arbeit. Thesen zum garantierten Mindesteinkommen*, Berlin.

Simmel, G., 1968 (1908): *Soziologie*, Berlin.

Diskussionsbeiträge zu den Referaten von Lüscher, Herlyn, Keim und Böhle

Rosemarie Nave-Herz

Ich möchte zwei Anmerkungen anfügen, die die Ausführungen von Herrn Lüscher ergänzen und sich konzentrieren auf das Thema „Veränderungen familialer Lebensformen als Herausforderung der Soziologie".

Die neuen Lebensformen stellen nach Herrn Lüscher eine Reihe von Herausforderungen – sowohl konzeptioneller Art als auch im Hinblick auf die Familienpolitik – an die Familiensoziologie dar. Diesen Katalog möchte ich noch erweitern:

Dadurch, daß die deutsche Familiensoziologie eine zu lange zeitliche Forschungsabstinenz diesen neuen Lebensformen gegenüber zeigte, wuchs ihr eine weitere Aufgabe zu, nämlich die der kritischen Analyse massenkommunikativer Deutungsmuster über die Veränderung familialer Alltagswelten und über die Entstehung neuer Lebensformen. Diese Behauptung möchte ich kurz begründen.

Aus den familienstatistischen Trendverläufen der letzten Jahre, auf die Herr Lüscher hingewiesen hat, wird in allen Massenkommunikationsmitteln, in partei- und verbandspolitischen Reden usw. auf einen Bedeutungsverlust von Ehe und Familie geschlossen und werden düstere Prognosen für die Zukunft von Ehe und Familie abgeleitet. Doch kann man aus diesen allgemeinen statistischen Datenreihen nicht ohne weiteres auf die subjektive Bedeutung oder den subjektiven Bedeutungswandel von Familie und Ehe schließen, wie es in derartigen pseudowissenschaftlichen Deutungsmustern praktiziert wird. So ist es mehr als dringend notwendig, daß die Familiensoziologen diese bereits überall verbreiteten Interpretationen statistischer Daten auf ihren Realitätsgehalt hin überprüfen.

Ich möchte deshalb im folgenden – kurz zusammengefaßt – ein diesbezügliches Ergebnis eines Forschungsprojektes über familiäre Veränderungen in der Bundesrepublik seit 1950, das wir gerade abgeschlossen haben, vortragen, weil damit die theoretischen Aussagen von Herrn Lüscher eine Konkretisierung erfahren. Auf Einzelheiten, auf methodische Probleme usw. kann ich hier natürlich nicht eingehen.[1] Es sei lediglich angemerkt, daß es sich um eine retrospektive Befragung von 314 Familienbiographien mit unterschiedlichen Eheschließungsjahren (1950, 1970 und 1980) handelt. Die Analyse erfolgte unter systemtheoretischer Perspektive. Die folgenden Thesen stellen selbstverständlich auch nur einen Ausschnitt des Gesamtergebnisses dar.

Es ist genügend bekannt, daß Ehe und Familie historisch gesehen immer einen instrumentellen Charakter für die Betroffenen hatten. Sie wurden eingegangen, um Vermögen, Namen, Rechte usw. weiterzuleiten, die eigene Versorgung zu garantieren usw. Je mehr die romantische Liebe zum Eheideal und zum einzigen legitimen Heiratsgrund sich ideell immer mehr durchsetzte, umso stärker wurde der Anspruch, den instrumentellen Charakter von Ehe und Familie einzutauschen gegen das Ideal von Partnerschaft, gegenseitiger emotionaler Beziehung usw. Interessant ist aber nun, daß Ehe und Familie – trotz dieses Anspruches – ihren instrumentellen Charakter bis heute nicht in dem erwarteten Umfang verloren zu haben scheinen. Auch heute führen überwiegend weiterhin bestimmte rationale Gründe letztlich zur Eheschließung. Die Art der Eheentscheidungsgründe haben sich allein im Zeitablauf verändert. 1950 waren es häufig mehrere Gründe zusammen (z.B. berufliche, partnerbezogene, sexuelle, wohnungsmäßige), die bei den einzelnen Paaren die Ehe-Entscheidung beeinflußten. Bis 1980 wurde die Ehe nunmehr in zunehmendem Maße allein zum Instrument der Erfüllung des Kinderwunsches. Denn – da die emotionellen sexuellen Beziehungen heute keine öffentlich bekundete Legitimation durch eine Eheschließung mehr benötigen, die materiellen und wohnungsmäßigen Bedingungen, die Selbständigkeit ermöglichen, liegt somit heute, wenn geheiratet wird – so zeigen unsere Daten –, überwiegend ein starker, zumindest bewußter kind- und familienzentrierter Entscheidungsgrund im Vergleich zu den Eheschließenden von 1970 und 1950 vor. Mit anderen Worten: Im Hinblick auf das Kind wird eine dem Anspruch nach auf Dauer zielende Beziehung, nämlich die Ehe mit ihrem gegenseitigen Verpflichtungscharakter, gewählt. Ehe und Famile werden damit überwiegend allein zur bewußten und erklärten Sozialisationsinstanz für Kinder (wodurch sich auch ihre Konfliktanfälligkeit erhöht).

Das von R. Vollmer in Anlehnung an Niklas Luhmann aufgestellte Postulat der Spezialisierung von Familie auf emotionale Bedürfnislagen[2], muß m.E. aufgrund unserer Daten weiter differenziert werden, indem zwischen der emotionellen Partnerbeziehung und der *kindorientierten* emotionellen Partnerbeziehung zu unterscheiden ist. Selbstverständlich sind zumeist beide Beziehungsaspekte miteinander verknüpft. Nur, es scheint sich insofern eine tendenzielle Veränderung anzubahnen, als die partnerbezogene Emotionalität immer stärker zum Anlaß der Gründung einer nicht-legalisierten Haushaltsgemeinschaft wird. Bei der Eheschließung dagegen tritt die kindorientierte Partnerbeziehung in den Vordergrund. Damit wird ferner deutlich, daß sich die Funktion von Kindern für die Eltern verändert hat.

Die Veränderungen in den Außensystemen, vornehmlich dem Rechts- und Wirtschaftssystem, scheinen also in zunehmendem Maße eine weitere Ausdifferenzierung in zwei Lebensformen zu bewirken, an die jeweils spezifische Anforderungen, Bedürfnisse, Erwartungen gestellt werden: die

Partnerform der nicht-legalisierten Haushaltsgemeinschaft und die durch Heirat legitimierte Ehe-Elternschaft. Beide Lebensformen sind soziologisch nicht etwa gleichzusetzen, wie es zuweilen in der Literatur zu finden ist, da nicht nur die Betroffenen sie als unterschiedlich definieren, sondern weil – wie ich nochmals betonen möchte – jeweils *spezifische* Erwartungen an beide Lebensformen gestellt werden.

Damit ist also die Tendenz eines Bedeutungswandels von Ehe und Familie zu bestätigen, aber nicht im Sinne der düsteren Prognose, wie sie – wie erwähnt – in den Massenkommunikationsmitteln häufig zu finden ist.

Ich möchte noch eine weitere Herausforderung an die Familien-Soziologie durch die Entstehung neuer Lebensformen kurz erwähnen.

Herr Lüscher gab in seiner Einleitung einen klaren, knappen Abriß über die Phasen der Familiensoziologie, rückblickend auf die Zeit seit dem zweiten Weltkrieg. Doch weder hier, noch später, taucht in seinem Referat irgendwo der Begriff der interkulturell-vergleichenden Familiensoziologie auf, was begründbar ist, denn de facto wurde dieser Forschungsschwerpunkt in der Bundesrepublik bisher so gut wie ganz vernachlässigt. Ich erwähne diesen Tatbestand deshalb, weil ich abschließend – ergänzend – hervorheben möchte, daß gerade die neuen familialen Lebensformen auch eine Herausforderung für die interkulturell-vergleichende Familiensoziologie darstellt, da die Pluralität von Lebensformen in allen west- und osteuropäischen Staaten zunimmt. Zu prüfen wäre jedoch z.B., ob die nicht-legalisierte partnerschaftliche Haushaltsgemeinschaft in allen Staaten die gleiche Funktion besitzt, und ob ihr die gleiche subjektive Bedeutung zugeschrieben wird und anderes mehr. Nur hierdurch wären generalisierende Aussagen, z.B. über die fortschreitende funktionale Spezialisierung von Ehe und Familie, letztlich erst möglich. Vor allem aber kann nur interkulturelles Vorgehen in der Forschung – und so auch in der Familiensoziologie – ich zitiere König – „zur Selbsterkenntnis in der Relativierung der eigenen Wertsetzung" und ferner zur „Eigentümlichkeit nationaler Charaktere" beitragen. Übertragen auf eine interkulturell-vergleichende Familiensoziologie würde das heißen, daß nur sie die Chance bieten würde, die Eigentümlichkeit bestimmter nationaler Familienformen und damit auch neuer Lebensformen zu erfassen. Damit wäre eine weitere Herausforderung umschrieben, der sich die Familiensoziologie im Hinblick auf die neuen familialen Lebensformen zu stellen hätte.

ANMERKUNGEN

1 Vgl. hierzu ausführlicher „*Familiäre Veränderungen seit 1950 – eine empirische Studie*", Abschlußbericht (gefördert von der Stiftung Volkswagenwerk), Oldenburg 1984.

2 R. Vollmer: „Die soziale Gravitation von Familie und Beruf", in: *Bedürfnisse – Stabilität und Wandel*, hrsg. von K.O. Hondrich, Opladen 1983, S. 143 und 154.

Soziale Praxis und Urbanität angesichts einer Krise des Fortschritts

Adalbert Evers

Mit Blick auf die Referate meiner Kollegen Ulfert Herlyn und Dieter Keim drängt es mich, drei Problembereiche noch etwas mehr zu konturieren, die von beiden angesprochen wurden:

a) das Problem des urbanen Raums als Produkt sozialer Praxis und Gegenstand einer Stadtsoziologie,
b) die Frage nach den Schlüsselelementen im Prozeß der Restrukturierung dieses Raums,
c) der Zusammenhang von Stadt- und Planungskritik mit der 'Krise der Moderne'.

ad a)

Im Unterschied zu den Positionen, die das Ende des städtischen Raumes als besonderer stadtsoziologischer Kategorie postulieren, wird sowohl bei Herlyn wie bei Keim die virtuelle Fruchtbarkeit der Kategorie 'Urbanität' hervorgehoben: „Zwar wird unsere Lebensweise weiter der industriell-modernen Rationalität ausgeliefert bleiben. Aber das Städtische daran, die städtischen Lebensformen werden dem Sozialen Grenzen und eine eigenständige Potentialität entgegensetzen" – so heißt es in dem von Keim vorgetragenen Beitrag. Herlyn kritisiert seinerseits Ansätze, die „der heutigen Stadt die lokale Identität schlechthin absprechen". Jenseits des Benennens und Zusammentragens von Bruchstücken und Elementen zur Rekonstruktion eines Gegenstandes 'Urbanität' durch die beiden Kollegen müssen wir jedoch gemeinsam weiterfragen: Wo und wie hat die Negierung dieses Topos „Stadt" ihre Methode? Tatsächlich scheint mir der Springpunkt in der Frage zu liegen, wie weit man bereit ist, sich „durch die Einbeziehung von Subjektivität gegen eine strukturell objektivistische Methodologie in der Stadtforschung" zu wehren (Herlyn). Sieht man etwa die Stadt nur als ökonomisches Gebilde, genauer, als Agglomeration, so löst sie sich tatsächlich in räumlichen Austauschbeziehungen und Warenströmen auf, in denen etwas spezifisch Städtisches kaum mehr zu entdecken sein wird. Erst mit dem Blick auf Subjektivität, soziale Praxis, entdecken wir, in welch unterschiedlicher Weise es etwa in den USA und Europa (nicht) gelungen ist, eine solche Marktökonomie kulturell, sozial und politisch zu prägen und zu überformen, in der Weise, daß auf den genannten Ebenen sich „urbane Praxis" entwickelt hat. Es ist hier nicht der Platz zu erläutern, warum m.E. ein solches Basis-Überbau-Schema, auf das ich eben zurückgegriffen habe, in dem die Priorität einer Instanz (der ökonomischen) behauptet wird, nicht stimmig ist und ich es folglich vorziehen würde, noch einen Schritt weiter zu gehen: gesellschaftliche Entwicklung ganz und gar in Kategorien der (kulturellen, ökonomischen, sozialen und politischen) Praxis zu denken. Wenn und insoweit dies geschieht, läßt sich auch der Streit um die Realität des Urbanen auflösen: es hat dann keine strukturell garantierte Existenz, sondern diese hängt davon ab, ob, wo und wie Urbanität in den Praxen und Diskursen der sozialen Akteure Realität und Gestalt gewinnt. So kennen wir historische Zusammenhänge wie die in weiten Teilen der USA, wo 'Stadt' weder für ökonomische Planungen, noch Mobilitätsentscheidungen von Arbeitnehmern oder den Aufbau eines Netzes von Freundschaftsbeziehungen oder den kulturellen Konsum signifikante Bedeutung hat und überdies auch nicht als Gegenstand kollektiver Bemühungen, Aufbrüche und Proteste existiert. Gerade in vielen europäischen Ländern scheint mir aber heute das Gegenteil der Fall zu sein. Während auch hier die ökonomischen Praktiken mehrheitlich dahin tendieren, immer „gleichgültiger gegen Raum und Zeit" zu werden, häufen sich meines Erachtens andere Formen der praktischen Versuche, 'Stadt' als soziales Konstrukt, als Element eines gesellschaftlich verhandelten Lebensentwurfs zu denken und Wirklichkeit werden zu lassen. Um nur einige Beispiele zu nennen: Topoi wie das Quartier, das 'Recht auf Heimat' im Rahmen kultureller Orientierungen, konkreter aber auch im Sinne der Verteidigung gewisser 'Rechte auf Immobilität' in sozialen Auseinandersetzungen, bei Restrukturierungen von Arbeitsmärkten; die lokale Ebene als Ebene des Verhandelns, des Konflikts und des Entscheidens in Entwürfen zu einer politischen und administrativen Dezentralisierung. Auf all diesen Ebenen, so meine ich, *gewinnt* Urbanität als soziales Konstrukt an Bedeutung und sollte es somit auch als Gegenstand sozialwissenschaftlicher Verständigung und Forschung tun. Ein solcher gesellschaftlicher und gesellschaftswissenschaftlicher Bedeutungsgewinn des Städtischen entsteht aber nicht im Streit über 'Urbanität', verstanden als eine strukturelle a priori Kategorie, sondern im Aufspüren von Urbanität als einem immer wieder herzustellenden historischen und sozialen Konzept, das als solches nicht sein muß.

ad b)

Mehr als fraglich scheint es mir dabei allerdings zu sein, sich auf „die kollektive Konsumtion" als ein „wesentliches Merkmal städtischer Lebensweise" zu beziehen, wie das bei Keim in der Rezeption (älterer) französisch/englischer Theoretisierungen des Urbanen geschieht. Mit dieser Kategorie wurde in den Rang einer objektiven langfristigen Tendenz gehoben, was sich heute als durchaus reversible, historische Erscheinung darstellt: die Übernahme von immer mehr sozialen Tätigkeiten und Reproduktionselementen (Bildung, Erziehung, Gesundheit, etc.) in die staatlich-professionelle Regie. Heute ist aber nicht nur die Objektivität der angeblich „zunehmenden Vergesellschaftung der Konsumtion" zu hinterfragen, sondern auch die Einseitigkeit einer Betrachtungsweise, die *ein* Element von Reproduktions- und Lebensweisen gegenüber anderen zu privilegieren suchte. Entdecken wir demgegenüber nicht, welche große Bedeutung z.B. die informellen Ökonomien kleiner Einheiten (im familiaren Umfeld, in Selbsthilfegruppen, etc.) haben und daß erst in der Neuzusammensetzung von (a) bezahlter Arbeit, (b) informellem Tätigsein und dem Mittun bei der (c) kollektiven Konsumtion als der (Ko-)Produktion sozialer Dienste sich die Veränderung von Lebensweisen erschließen läßt? Alle *drei* Elemente in ihrer Verknüpfung und Bedeutung für veränderte städtische Lebensweisen zu thematisieren scheint mir weit fruchtbarer zu sein, als eines davon in einem theoretischen Konstrukt aufzugreifen, von dem sich seine Protagonisten schon indirekt distanziert haben (R.E. Pahl z.B. forscht heute vor allem über informelle Ökonomie).

ad c)

Im Rückblick auf das Konzept der 'kollektiven Konsumtion' erkennen wir aber gleichzeitig etwas von dem wieder, was der Kollege Eckart Pankoke als verbindendes Moment für die Beiträge der einzelnen Sektionen herauszuarbeiten suchte: die Krise der industriellen Moderne, eine Distanz zu ihr, die auch als Chance ihrer Reflektion verstanden werden kann. Denn mit der Idee der „Vergesellschaftung der Konsumtion" – konkret der Ausbreitung einer Stadt und Gesellschaft, die mehr und mehr strukturiert werden durch professionelle öffentliche und soziale Dienstleistungen, die uns 'Arbeit abnehmen' – leuchtete einmal mehr ein Fortschrittskonzept auf, nach dem die Wirklichkeit einer post-kapitalistischen Gesellschaft schon im Schoße der entfalteten kapitalistischen Produktionsverhältnisse heranreift. In der Kritik der Grenzen einer Professionalisierung und Verstaatlichung von Zuwendung ('care') hat solche Distanz zum Fortschrittsentwurf der industriellen Moderne, in dem sich herrschende Gruppen und soziale Bewegung als Arbeiterbewegung trafen, konkret faßbare Gestalt angenommen. Keim beruft sich nun in seinem Beitrag auf Lefèbvre und dessen Kritik des Urbanismus als einer Ideologie und Handlungsform von Spezialisten und Professionellen, die die urbane Praxis (verstanden als die ökonomischen, sozialen, kulturellen und politischen Diskurse und Praktiken, in denen die sozialen Akteure dem Urbanen Gestalt verleihen) hemmen, insofern sie sie im 'Stadt-Plan' ersetzen zu können meinen. Gerade unter dem Aspekt der „Krise der Modernität" lohnt es sich hier etwas genauer hinzuschauen. Man findet dann nämlich bei Lefèbvre die Keime einer im Namen „urbaner Praxis" geführten Kritik jener Fortschrittspraxis, die im Zeichen der Moderne durchaus von Links und Rechts geteilt worden ist. Da ist zum einen die Kritik einer Idee vollkommener Ordnung des Gesellschaftlichen, einer Vorstellung also, die gerade im sozialistischen Denken immer zentral gewesen ist. „Die Illusion der Philosophie besteht darin", schreibt Lefèbvre, „daß der Philosoph glaubt, er könne die ganze Welt in ein – sein – System einschließen ... Von dem Augenblick an, da bei der Systematisierung der Gedanken einer endlosen Fähigkeit zur Vervollkommnung mit dem Gedanken der dem System als solchen immanenten Vollkommenheit in Konflikt gerät, geht die philosophische Illusion ins Bewußtsein ein ... Wie die klassische Philosophie will der Urbanismus ein System sein. Er glaubt, eine neue Totalität umfassen, in sich einbeziehen, besitzen zu können." Gleichzeitig verweist Lefèbvre auf die damit verknüpfte Illusion des Staates und der Planung – und wer wäre ihr näher gewesen als der jahrzehntealte sozialistische Diskurs über eine rational geplante Stadt und Gesellschaft? „Die Illusion des Staates besteht aus einem kolossalen und lächerlichen Projekt", schreibt Lefèbvre. „Der Staat soll imstande sein, die Angelegenheiten von Dutzenden von Millionen von Subjekten zu leiten ... Der Staat als Vorsehung, als personifizierte Gottheit wird zum Mittelpunkt aller Dinge und des irdischen Gewissens." Dementsprechend, so argumentiert Lefèbvre, entgleite auch dem Stadtplaner tendenziell jede urbane Praxis. Er glaubt sie durch den Plan ersetzen zu können. „Er untersucht sie nicht. Für den Urbaniker ist diese Praxis eben das Blindfeld." (Alle Zitate: Lefèbvre 1972, 162/63).

In der Konkretisierung und Entfaltung derartiger radikaler und (selbst)-kritischer Überlegungen, wie sie Lefèbvre's Urbanismus-, Technokratie- und damit auch Modernitätskritik bereits am Anfang der 70er-Jahre vorgetragen hat, besteht, so meine ich, die wichtige Aufgabe einer Stadt und Stadtplanungssoziologie, die die Krise der Modernität mit Blick auf das Urbane ernst- und aufzunehmen sucht (als Versuch vgl.: Evers 1985). Folgt sie dabei einem Gesellschafts- und Stadtbegriff, in dem die „soziale" und „urbane Praxis" das Schlüsselelement bilden und nicht mehr zuerst das Denken in Strukturen, Ordnungen und Institutionen, dann wäre das auf dem spezifischen Feld der Stadtsoziologie eine (wie ich meine, positive) Antwort auf jene allgemeinere Frage, die Alain Touraine auf dem letzten Soziologentag in Bamberg 1982 so formulierte: Soziale Bewegungen – Spezialgebiet oder zentrales Problem soziologischer Analyse?

LITERATUR

Evers, Adalbert 1985: „Konflikt und Konsens in der Stadtplanung, oder: sich auseinandersetzen heißt auch sich nahekommen", in: Kreuder/Loewy (Hg.): *Konservativismus in der Strukturkrise*, Frankfurt a.M.

Lefèbvre, Henri 1972: *Die Revolution der Städte*, Frankfurt a.M.

Touraine, Alain 1983: „Soziale Bewegungen – Spezialgebiet oder zentrales Problem soziologischer Analyse?" (Text eines Vortrages auf dem 21. Deutschen Soziologentag in Bamberg) in: *Soziale Welt*, Heft 2/1983.

Im Prinzip – so scheint mir – ist der heute von den hier versammelten Sektionen beschrittene Weg richtig. Aber es ist ein Weg, der nicht leicht zu beschreiten sein wird und der in der Gefahr ist, an institutionellen Widerständen, professionellen Eifersüchteleien und Abgrenzungen zu scheitern. Denn immerhin bedeutet das Beschreiten dieses Weges notwendigerweise die Aufgabe partialisierter Soziologien, die an bestimmten Gegenständen ein theoretisch tragfähiges Gerüst zu entwickeln suchen.

Ich möchte dies – aus taktischen Gründen die Grenzen der anderen Sektionen achtend – am Beispiel der Stadtsoziologie verdeutlichen.

Ulfert Herlyn hat eine durchaus zutreffende Beschreibung der Entwicklung der Stadtsoziologie seit den 50er Jahren gegeben. Gleichwohl ließe sich an allen aufeinanderfolgenden Thematisierungen zeigen, daß es sich weniger um stadtspezifische als um gesellschaftsspezifische Themen handelt. Die Partialisierung von Lebensbereichen, thematisiert an der Funktionstrennung von Arbeiten und Wohnen, am Beispiel städtischer Neubauquartiere, ist ein Problem, das in ähnlicher Weise den Stadt-Land-Gegensatz mit seiner Pendlerproblematik charakterisierte und in vielen Regionen heute noch charakterisiert. Gleiches ließe sich an den Themen Nachbarschaft, Sanierung, Infrastruktur und anderen formulieren, daß es nämlich immer erst gesellschaftliche Entwicklungen sind, die Probleme und Problemlösungen produzieren, und zu diesen Problemen und Problemlösungen gehört die Stadt. Herlyn weiß das, wie die meisten Stadtsoziologen es wissen. Gleichwohl will Herlyn – wie ebenfalls die meisten Stadtsoziologen – am Gegenstandsbereich Stadt festhalten und beklagt die Theoriearmut der Stadtsoziologie, die sich trotz weitreichender Entwürfe von Bahrdt, Mitscherlich u.a. in eben dieser Armut erhalten habe.

Dieter Keim seinerseits bemüht sich, die Stadt als soziologischen Gegenstandsbereich durch die Konzeptualisierung einer Forschungsperspektive zu erhalten und zieht zu diesem Zweck die theoretischen Entwürfe von Lefèbvre, Castells und Saunders heran. In diesen findet Keim die zentralen Konzepte – die kollektive Konsumtion, die basispolitische Interessendurchsetzung und die Zentralität –, die ihm ein Festhalten an der Stadtsoziologie theoretisch wie empirisch fruchtbar erscheinen lassen. Dabei liest sich übrigens die Beschreibung der Zentralität als „materiell nicht ablesbare ten Gegenständen ein theoretisch tragfähiges Gerüst zu entwickeln suchen.

Ich möchte dies – aus taktischen Gründen die Grenzen der anderen aus professionellen und vielleicht anderen Gründen immer noch an etwas festhalten, über das wir mit Begriffen wie Lebenszusammenhang und Lebensform längst hinauszielen. Nicht die Stadt, sondern die gesellschaftlich bestimmten Formen des Lebens sind es, die unseren eigentlichen

Gegenstand ausmachen. Zu diesen gehört auch das Stadtleben in seiner jeweiligen historischen Bestimmtheit. Gerade Herlyns Referat, das die Abfolge „städtischer“ Probleme und deren Thematisierung in der Stadtsoziologie darlegt, zeigt deutlich, wie sehr „städtische“ Probleme Produkte abstrakterer Problemlagen sind, seien dies Verwertungsprobleme, Veränderungen in der Sozialstruktur, in der Lohnarbeit, im Gefüge politischer Macht usf..

Was also bleibt der Stadtsoziologie? Castells hat die Frage „Is there an Urban Sociology?“ mit einem eindeutigen „Jain“ beantwortet. Insofern nämlich die Stadt als soziologisch definierte Einheit behauptet wird, ist sie nicht existent, gibt es folglich auch keine Stadtsoziologie. Als reales Phänomen dagegen – Castells spricht von einem „real object“ – ist die Stadt als eine Summe von Orten, in denen sich das tägliche Leben, die täglichen Kämpfe in ihrer gesellschaftlichen Bestimmtheit abspielen, sehr wohl vorhanden. Aber sie ist nicht als solche theoretisierbar. Viele Stadtsoziologen haben darauf richtig reagiert, indem sie einzelne Probleme an einzelnen Städten analysierten und sich mit ihren Analysen in den politischen Prozeß begeben haben. Das sollten wir auch weiter tun, und dazu brauchen wir gesellschaftstheoretische und gesellschaftsanalytische Orientierungen. Stadtsoziologie ist – und damit möchte ich schließen – dann sinnvoll, wenn sie mit gesellschaftstheoretischer Orientierung konkrete Probleme analysiert, wenn wir also zuallererst Soziologen und dann erst Stadtsoziologen sind.

Sozialpolitik und geschlechtsspezifische Arbeitsteilung: Für einen vollständigen Blick der Sozialpolitikforschung auf die gesellschaftliche Organisation der Arbeit

Marianne Weg

Meine Anmerkungen zum Beitrag von Fritz Böhle sollen exemplarisch verdeutlichen, daß es für die Weiterentwicklung soziologischer Forschung notwendig und produktiv ist, theoretische Prämissen und analytische Ergebnisse der Frauenforschung aufzugreifen, um zu angemessenen Analysen auch und gerade für Themenbereiche zu kommen, die nicht explizit „Frauen und“ benannt sind. Das gilt für Ansätze der Sozialpolitik-Analyse, aber genauso z.B. für die Industriesoziologie, etwa Belastungsforschung (vgl. Becker-Schmidt 1983).

Mit vielen zentralen Aussagen in Böhles Ansatz hinsichtlich der risikohaften Entwicklungen im Beschäftigungssystem, bei Umfang und Struktur der Lohnarbeit, bin ich völlig einig. Ich teile auch Böhles Ausgangsthese, daß (die) zentrale(n) Impulse für die Entwicklung der Sozialpolitik aus Problemen der Lohnarbeit kamen und kommen.

Ich stelle aber fest, daß diese These und der auf ihr gründende Ansatz einer Sozialpolitik-Analyse erstens differenzierungsbedürftig sind und zweitens ergänzt werden müssen.

Geschlecht – weiblich, männlich – und gesellschaftliche Arbeit in allen Formen – Lohnarbeit, nichtentlohnte Hausarbeit und ehrenamtliche Sozialarbeit – sind keine für die Sozialpolitik-Analyse belanglosen Kategorien. Forschungsansätze, die für sich Allgemeinheit beanspruchen, müssen sie berücksichtigen. Sonst geraten sie in die Gefahr einer faktisch androzentrischen Sichtweise, die Wahrnehmungs- und Erkenntnisdefizite und entsprechende Handlungsdefizite mit sich bringt.

Kurz: Der Ansatz der Sozialpolitik-Analyse, den Böhle vorgetragen hat, müßte von der Frauenforschung lernen und eine Reihe ihrer Prämissen, Thesen und bereits gewonnener Erkenntnisse, die ein wesentliches Strukturprinzip unserer Gesellschaft, die geschlechtsspezifische Arbeitsteilung betreffen, aufnehmen. Das kann nicht ausgeglichen werden durch forschungsmäßige „Spezialisierung" und quasi Delegierung der „Frauenaspekte" im Zusammenhang sozialpolitischer Forschungsaufgaben an die Frauenforschung, die sich damit beschäftigen soll. Vielmehr müssen Ansätze der Frauenforschung bei der Weiterentwicklung der „allgemeinen" Sozialpolitik-Analyse integriert werden.

Wie hätte das auszusehen?

Gerade heute, angesichts der „Krise der Arbeitsgesellschaft", muß dringender denn je der Begriff gesellschaftlicher Arbeit vollständig gefaßt *und* differenziert werden, und zwar in Erwerbsarbeit und in nicht erwerbs-/marktorganisierte Arbeit. In diesem Zusammenhang ist der klassische Begriff der Reproduktionsarbeit kritisch zu wenden und breiter zu sehen (vgl. zu dieser Debatte Beer 1983, 136 ff.): Es geht nicht nur um die unentgeltlich, „privat" geleistete Arbeit zur Reproduktion der Arbeitskraft für das Kapital, sondern um *sämtliche* für die Gesellschaft produktiven Arbeitsleistungen zur Sicherung der Lebensbedürfnisse ihrer Mitglieder in Form privater Subsistenzarbeit. Die Erkenntnis, daß es verschiedene Bereiche gesellschaftlicher Arbeit gibt, geleistet von unterschiedlichen Gruppen und Individuen innerhalb der Gesellschaft, ist den Frauen geläufig, die ja in *allen* Feldern beteiligt sind und vor allem in *einem* der Felder die Hauptlast, wenn nicht die alleinige Last tragen. Sie ist in Arbeiten der Frauenforschung mittlerweile differenziert herausgearbeitet worden. Inzwischen dringt sie – wenngleich langsam – auch in die links-alternative Diskussion um die „Zukunft der Arbeit" und der „Arbeitsgesellschaft" ein (vgl. den Entwurf der Bundestagsfraktion der Grünen zu einem neuen Arbeitszeitgesetz).

Dies vorausgeschickt, stimme ich Böhle also zu, daß die gesellschaftliche Organisation der Arbeit die Probleme der Sozialpolitik und auch ihre Lösungsstrategien bestimmt. Zugrundegelegt werden muß jedoch dieser erweiterte und differenzierte Arbeitsbegriff: Sozialpolitik hat nicht nur zu tun mit den Voraussetzungen und Folgen der Organisation von Lohnarbeit, vielmehr hat sie genauso zu tun mit der gesellschaftlichen Organisation der unbezahlten Arbeit im Familien- und Sozialbereich. Kriterien dieser ganz spezifischen Organisationsform sind: „privat“, familial, in Teilbereichen auch außerfamilial, ehrenamtlich, d.h. nicht marktförmig, und vor allem in geschlechtsspezifischer, hierarchischer Arbeitsteilung.

Relevant sind also die gesellschaftlichen Organisationsformen der Lohnarbeit und der Nicht-Lohnarbeit in der Familie und in ehrenamtlichen, sozialen Arbeitsbereichen und zwar nicht bloß nebeneinander, sondern in ihrem Verhältnis zueinander. Die letzteren können nicht als im Lohnarbeitsbegriff stillschweigend berücksichtigt gelten, indem ihre Strukturen und Entwicklungen auch als auf die Lohnarbeit sich auswirkend gedacht werden: Das wäre ein black-box-Denken, das dringend anstehende Erkenntnisfortschritte verhindert. Die Wissenschaft würde hiermit nachvollziehen anstatt aufzudecken, was schon immer und bis heute geschieht: Wer in der Gesellschaft aus dem Bereich der Lohnarbeit herausfällt, fällt auch aus der öffentlichen Wahrnehmung heraus.

Wenn Sozialpolitik *allein* die Voraussetzungen und Strukturen der Lohnarbeit ins Auge faßt und an ihnen gestaltend anknüpft bzw. dies tun würde (sie tut es ja nicht so ausschließlich!), dann würde sie ex ante Chancengleichheit und soziale Gleichstellung für die Hälfte der Bevölkerung verfehlen: für die *Frauen,* die entweder wegen ihrer Familienarbeit von Lohnarbeit vollständig ausgeschlossen sind, oder die, wenn sie Erwerbsarbeit leisten, eine systematische Lohndiskriminierung wie auch andere berufliche Diskriminierung erfahren (Kurz-Scherf/Stahn-Willig 1981).

Die Bedeutung der geschlechtsspezifischen Arbeitsteilung und der *gesamten* gesellschaftlichen Arbeit der Frauen für die Sozialpolitik, und somit auch für die Sozialpolitikforschung, wird an Beispielen unmittelbar einsichtig:

– Zu fragen ist, welche der sozialen Risiken und Lebensbedürfnisse, die aus der Organisation der Lohnarbeit resultieren, die Sozialpolitik abdeckt, und welche Risiken sie *nicht* abdeckt, sondern dem sog. „privaten Sektor“, konkreter: den Familien, noch konkreter: den Frauen überläßt. Das heißt etwa für aktuelle Tendenzen der Sozialpolitik: Warum und wie soziale Risiken zunächst durch Sozialpolitik zumindest partiell vergesellschaftet wurden (werden mußten) und nun im Rahmen konservativer Haushaltsstrategien reprivatisiert werden (können), hängt mit Strukturen und Entwicklungen der geschlechtsspezifischen Arbeitsteilung zusammen. Von Interesse ist dabei auch das ideologische Substrat der Sozialpolitik.

– Wichtige Aspekte sozialer Lebensbedürfnisse wie z.B. Bildung für Kinder, soziale Kommunikation für Hausfrauen oder für Alte, Schutz vor familialer Gewalt, scheinen im „Reproduktionssektor“ auf, die Gegenstand von Sozialpolitik sind und die nicht oder nicht direkt mit der Organisation von Erwerbsarbeit zu tun haben.

– Bei gegenwärtigen Strategien sowohl kompensierender als auch wiedereingliedernder Arbeitsmarktpolitik wird zwar nirgendwo die Ausgrenzung von Frauen explizit formuliert. Gleichwohl ist sie systematisch nachweisbar (Weg 1984, a, b). Die Ausgrenzungen resultieren nicht aus allgemeinen Strukturen der Lohnarbeit, sie hängen mit Lohnarbeit nur insoweit zusammen, als bei dieser die Familienbelastung der Frauen diskriminierend gegen sie gekehrt wird. Restriktive Arbeitsmarktpolitik knüpft also daran an, daß Frauen unter den Bedingungen geschlechtshierarchischer Arbeitsteilung die unbezahlte Arbeit leisten. Diese Verteilungsstruktur der gesellschaftlichen Arbeit wird gegenwärtig durch die Kürzungen im Sozialbereich und die Ideologie der „neuen Mütterlichkeit" weiter verfestigt.

Im übrigen trifft es Frauen systematisch häufiger, daß sie jahrelang Sozialversicherungsbeiträge gezahlt haben, dafür aber weder Arbeitslosenunterstützung noch Rente erhalten: Die Zuweisung der Familienarbeit und die geschlechtsspezifische Arbeitsteilung innerhalb des Erwerbsbereichs machen Frauen so zu besonders „kostengünstigen" Arbeitslosen oder Rentnern.

Wohlgemerkt: Für Einzelfragestellungen der Sozialpolitik-Analyse, etwa die historische Entwicklung der Sozialversicherungssysteme, die Funktion restriktiver Arbeitsmarktpolitik hinsichtlich der industriellen Reservearmee usw. liefert Böhles Ansatz zutreffende und relevante Ergebnisse. Trotzdem bleiben Fragen offen, etwa nach dem Stellenwert von Frauenerwerbsarbeit und Frauenarbeit insgesamt für diese Entwicklungen. *Nicht analysierbar* sind jedoch von Böhles Grundthese aus Probleme wie die folgenden:

– Sozialpolitik geht, mit expliziten oder impliziten gesellschaftspolitischen Prämissen, über die Anknüpfung an die Organisierung der Lohnarbeit hinaus und knüpft de facto an Reproduktionsarbeit an. Das geschieht, indem sie diese als Leistung von Müttern, Schwestern, Töchtern für die Reproduktion der männlichen Arbeitskraft offen oder stillschweigend voraussetzt und hier gesellschaftliche Lösungen ausspart.

– In Einzelfällen greift Sozialpolitik die Familienarbeit *positiv* auf, d.h. Sozialtransferleistungen für Frauen bewirkend. Ein Beispiel hierfür ist die Anerkennung von Erziehungszeiten in der Rentenversicherung. Auch bei Wiedereingliederungsmaßnahmen im Arbeitsförderungsgesetz (§ 2, Ziffer 5 des AFG nennt als Ziel ausdrücklich die berufliche Wiedereingliederung von Frauen) oder bei der Invalidenrente fanden sich solche Ansätze. Genau diese sind aber im Zuge der konservativen Wende der Sozialpolitik zurückgeschnitten worden.

– Von grundlegender theoretischer und praktischer Bedeutung wären Forschungsarbeiten zur Frage, welche quantitative und qualitative Bedeutung Sozialpolitik und unbezahlte Arbeit (der Frauen) wechselseitig füreinander haben, und wie die Bezüge zum frauen- und gesellschaftspolitischen Ziel der Chancengleichheit sind (vgl. Riedmüller in diesem Band).

– Bei einer Analyse des Mutterschaftsurlaubs zeigt sich die Verschränkung von Erwerbsarbeitsorganisation und Familienarbeitsorganisation als Ausgangspunkt sozialpolitischer Gestaltung. Die Gestaltung ist dabei eindeutig ein „Bis-hierher-und-nicht-weiter": Erleichterung, aber nicht Abbau der geschlechtsspezifischen Arbeitsteilung; letzteres hätte einen Elternurlaub verlangt und Umstrukturierungen des Lohnarbeitssektors.

Die Beispiele zeigen, in welchen Richtungen von einem lohnarbeitszentrierten Ansatz der Sozialpolitik-Analyse aus die Gefahr von Themenausblendungen bzw. von unzutreffenden bzw. allenfalls partiell relevanten Ergebnissen besteht:

Die besondere Betroffenheit von *Frauen* von positiven/expansiven wie von restriktiven Strategien der Sozialpolitik könnte weder gesehen noch erklärt werden. Aber es könnten auch die von hier aus sich spiegelbildlich für die *Männer* ergebenden Folgen nicht thematisiert werden: relative Privilegien im Berufsbereich, gleichzeitig aber auch Defizite in der Teilhabe an Familie, über Ehe und Familie als Zwangseinrichtungen laufende Disziplinierungen, Mitbetroffenheit von verschärften Arbeitsbedingungen, die die Unternehmen mittels der besonderen Ausbeutbarkeit von Frauen durchsetzen.

Viele wichtige Themen würden somit nicht explizit zur Analyse anstehen. Darüber hinaus ist kritisch festzustellen, daß auch relevante Aussagen, die mit dem bisherigen Ansatz gewonnen werden, u.U. nur für gut 60 % der Erwerbstätigen, nämlich die *männlichen* Lohnarbeiter, nicht aber in gleicher Weise auch für die lohnarbeitenden Frauen Gültigkeit beanspruchen können. Selbst wenn die Sozialpolitik-Analyse nur z.B. nach den Auswirkungen sozialpolitischer Konzepte und tatsächlicher Maßnahmen für *Erwerbstätige* fragen will, ist plausibel und in verschiedenen Arbeiten nachgewiesen (Weg 1984a, Westphal-Georgi 1982), daß es neben *offen geschlechtsspezifischen Maßnahmen* (z.B. Kürzungen des Mutterschaftsurlaubsgeldes) Regelungen gibt, die, obwohl *formal geschlechtsneutral,* für Frauen und Männer massiv unterschiedlich wirken (z.B. Renten- und Arbeitslosengeld/-hilfekürzungen, die zu Sozialhilfebedürftigkeit führen; keine Wiedereingliederungsmaßnahmen der Arbeitsförderungspolitik für Nichtleistungsempfänger).

Meine These ist, daß restriktive und repressive, individualisierende Prinzipienwechsel und Maßnahmenveränderungen der Sozialpolitik stärker gegen Frauen als gegen Männer wirken, und daß umgekehrt im Bereich positiver Hilfen (etwa Garantie einer materiellen Grundsicherung), Sozialpolitik für Frauen weniger effektiv ist als für Männer. Beides sehe ich in der geschlechtsspezifischen Arbeitsteilung begründet. Dies wären wichtige Fragestellungen für die Sozialpolitik-Forschung.

Sozialpolitik-Analyse sollte den folgenden Ansprüchen genügen:

1. Sie soll aussagerelevant für die Bedeutung der Sozialpolitik für Frauen *und* Männer sein. Forschung, die gesellschaftspolitisch relevant sein will, darf nicht rund 40% der Erwerbstätigen, bzw. die Hälfte der Bevölkerung ausklammern.

2. Sie soll differenziert *alle wesentlichen* Ursachen, Bedingungen und Folgen historischer und gegenwärtiger Sozialpolitikkonzepte und Maßnahmen untersuchen, und nicht nur diejenigen Ursachen, Bedingungen und Folgen, die mit dem erwerbswirtschaftlichen Sektor der Gesellschaft zusammenhängen.
3. Sie soll Grundlagen zur konzeptionellen Weiterentwicklung der Sozialpolitik liefern, und zwar in der Richtung, die auch Böhle für eine Neuorientierung fordert: Die einzige Chance für die Zukunft der Arbeitsgesellschaft, und für die Zukunft von Männern und Frauen in ihr, ist eine radikale Umbewertung und Umorganisation der Erwerbsarbeit und genauso der unbezahlten Arbeit: Gleichverteilung der reduzierten Volumina von Erwerbsarbeit, Erweiterung und Gleichverteilung von Möglichkeiten zu selbstbestimmter Arbeit in familialen, sozialen, kulturellen und politischen Zusammenhängen. Das muß – bei materieller Grundsicherung und bei Chancen auch zur Revidierung von individuellen Lebens- und Arbeitsverteilungskonzepten – für beide Geschlechter, für alle sozialen Gruppen möglich sein.

LITERATUR

Becker-Schmidt, R., 1983: *Arbeitsleben – Lebensarbeit. Konflikte und Erfahrungen von Lohnarbeiterinnen*, Bonn.

Beer, U., 1983: „Marxismus in Theorien der Frauenarbeit. Plädoyer für eine Erweiterung der Reproduktionsanalyse", in: *Feministische Studien* 2, S. 136-147.

Kurz-Scherf, I., Stahn-Willig, B., 1981: „Gleiche Arbeit! Gleicher Lohn! – und wer macht die Hausarbeit? ", in: *WSI-Mitteilungen* 4.

Weg, M., 1984a: „Dienen und Verzichten: Sozialabbau statt Gleichstellung der Frauen", in: *WSI-Mitteilungen* 1.

Weg, M., 1984b: „Sozialabbau und neue Mütterlichkeit: Das Patriarchat verteilt die Arbeit um", in: *MEMO-Forum*. Zirkular der „Arbeitsgruppe Alternative Wirtschaftspolitik" Nr. 4, Bremen, Oktober 1984.

Werlhof, C., von, Bennholdt-Thomsen, V., Mies, M., 1983: *Frauen, die letzte Kolonie*. Reinbek.

Westphal-Georgi, U., 1982: *Der Abbau sozialstaatlicher Maßnahmen in seinen Auswirkungen auf Mädchen. Expertise zum 6. Jugendbericht*, Juni 1982.

Neue familiale Lebensformen als Herausforderung der Soziologie

Helgard Ulshoefer

Lüscher hat ausgeführt, daß sich die gegenwärtig anzutreffende Vielfalt familiärer Lebensformen auch in einer Normenvielfalt bei den subjektiven und privaten Perspektiven der einzelnen Menschen niederschlägt. Ich sehe meine Aufgabe darin, zu zeigen, daß sich staatliches Handeln gegenüber dieser Vielfalt familiären Zusammenlebens nicht neutral verhält, sondern durch institutionelle Regelungen – mit Hilfe des steuerlichen Ehe- und Familienlastenausgleichs und des Sozialversicherungssystems – ganz bestimmte Formen des Zusammenlebens und des generativen Verhaltens, d.h. der Familienbildung, belohnt und damit die von Lüscher als öffentlich bezeichnete Perspektive repräsentiert.

Die institutionell erwünschte familiäre Lebensform werde ich unter Verwendung der in der feministischen Wissenschaft entwickelten Begrifflichkeit analysieren, d.h. ich werde die Familienarbeit, die sich zusammensetzt aus Beziehungsarbeit, Hausarbeit und Erziehungsarbeit in Relation setzen zu den Formen öffentlicher „Belohnung" und dabei aufzeigen, welche Arbeit finanziell gefördert wird und welche nicht.

Wie das staatliche Unterstützungssystem, das aus Art. 6 GG abgeleitet wird (Ehe und Familie stehen unter dem besonderen Schutz des Staates), funktioniert, will ich zunächst an meiner eigenen familiären Lebensform deutlich machen: Ich lebe mit einem 23jährigen „Kind" zusammen, das studiert und deshalb von mir und dem Vater zu unterhalten ist (ob der Vater Unterhalt leistet oder nicht, interessiert für den Familienlastenausgleich überhaupt nicht). Ich erhalte daher 50,-- DM Erstkindergeld – und das maximal bis zum 27. Lebensjahr des Kindes – und im indirekten steuerlichen Familienlastenausgleich über den Kinder- und Ausbildungsfreibetrag in der Steuerklasse II,1 weitere 50,-- DM. D.h. ich werde mit 100,-- DM entlastet für Aufwendungen, die sich – gemessen am Bundesausbildungsförderungsgesetz – auf mindestens 760,-- DM belaufen. Falls ich auf der Rückfahrt vom Soziologentag tödlich verunglücke, erhielte mein Kind Unterhaltsersatz aus meiner Rentenversicherung bis zum 25. Lebensjahr.

Wenn ich dagegen gestern einen gleich alten, d.h. 23jährigen Studenten geheiratet hätte, den ich genauso unterhalten müßte wie mein Kind, würde ich im steuerlichen Ehelastenausgleich – bei einem Jahreseinkommen von 70.000 DM (und diese Jahreslohnsumme erreichen die Beamten der Besoldungsgruppen A 13 bis 15 bzw. C1 bis C3 und die Angestellten von BAT IIa bis Ia) – monatlich 750,-- DM weniger Lohnsteuer zahlen denn als Ledige. Würde ich aus dieser familiären Lebensform Ehe auf der Rückfahrt vom Soziologentag tödlich verunglücken, erhielte mein Ehemann Unterhaltsersatz aus meiner Rentenversicherung bis an sein Lebensende.

Für welche Art von Familienarbeit wird der Ehelastenausgleich geleistet? Nicht für Hausarbeit und nicht für Erziehungsarbeit, sondern einzig und allein für Beziehungsarbeit! Dank des kirchlichen Dogmas von der Unauflöslichkeit der Ehe wird meinem Ehemann als Witwer solange Beziehungsarbeit honoriert, bis er wieder heiratet. Die dann noch fälligen zwei Jahresrenten „vergolden" den Verstoß gegen das Dogma.

Die Ehe ist eine Erwerbs- und Wirtschaftsgemeinschaft. Deshalb wird im Steuerrecht davon ausgegangen, daß beide Ehepartner zu gleichen Teilen das Jahreseinkommen erwirtschaftet haben, auch wenn nur ein Ehegatte erwerbstätig war. Das Jahreseinkommen wird nominal durch zwei geteilt, und erst dann wird der entsprechende Steuersatz angewandt. Dieses sog. Ehegattensplitting kostet zur Zeit 40 Mrd. DM. Für Kindergeld werden rd. 17 Mrd. DM ausgegeben (siehe Sozialberichte der Bundesregierung).

Da feministische Wissenschaft immer auch feministische politische Strategie beinhaltet, muß ich an dieser Stelle alle Ehefrauen auffordern, sich die Hälfte des Jahreseinkommens auch anzueignen, d.h. auf ihr eigenes Konto überweisen zu lassen. Solange nicht erwerbstätige, teilzeitbeschäftigte und mit der Steuerklasse V erwerbstätige Ehefrauen sich mit Haushaltsgeld – und sei es noch so reichlich – begnügen, werden sich Ehemänner einbilden, daß sie allein den Familienunterhalt verdienen, daß sie Familienernährer seien.

Nur durch Einsicht in eine Lohnsteuertabelle oder durch Konsultation einer Steuerberaterin erfahren sie, wieviel des monatlich ausgezahlten Lohnes Erwerbseinkommen und wieviel Steuerersparnis aus dem Ehegattensplitting sind. Während Kinder dem Staat – unterschieden nur nach der Stellung in der Geschwisterreihe – gleich viel wert sind, d.h. für Erst- und Einzelkinder werden immer 50,-- DM Kindergeld im Monat gezahlt, erstattet der Staat für Ehegatten inzwischen bis zu 1.300,-- DM monatlich, d.h. je höher das Einkommen, desto mehr reduziert sich die Steuerschuld, desto wertvoller wird die Beziehungsarbeit bewertet.

Nur dann, wenn die Ehefrauen sich die Hälfte des Erwerbseinkommens angeeignet haben, können sie sich als nächstes ihre Erziehungsarbeit anrechnen lassen. Denn ein Elter kommt seiner Unterhaltspflicht durch Pflege und Erziehung des Kindes nach, der andere leistet Barunterhalt – solange keine Gleichverteilung der mütterlichen und väterlichen Aufgaben stattgefunden hat. Das klingt verwegen, wenn der erwerbstätige Vater aus seinem Einkommen Kindesunterhalt an die Mutter zahlen soll, die gleichzeitig seine Ehefrau ist. Aber in einer Gesellschaft, in der zunehmend mehr Ehen durch Scheidung enden, können sich die Ehepartner nicht früh genug an die Realitäten gewöhnen.

Wenn die Ehegatten im Falle einer Scheidung aus der privilegierten Steuerklasse III herausfallen und zurückgestuft werden in die Steuerklasse I oder II, weil keine Beziehungsarbeit mehr stattfindet, die allein ja den Ehelastenausgleich begründet, dann muß ja auch festgelegt werden, wieviel Kindesunterhalt derjenige zu zahlen hat an den Elter, der die Erziehungsarbeit leistet. Ist diesem sorgeberechtigtem Elter eine Erwerbsarbeit nicht zuzumuten, muß Unterhalt für Erziehungsarbeit gezahlt werden.

Von Wahlfreiheit zwischen Familie und Beruf kann überhaupt nicht die Rede sein. Das Scheidungsfolgenrecht versucht ganz im Gegenteil festzulegen, wann der sorgeberechtigten Mutter wieviel Erwerbstätigkeit zuzumuten ist, um die Unterhaltspflicht des Mannes zu senken.

An dieser Stelle können wir der Frage nachgehen, wann eine Frau über den Heiratsmarkt ihren Lebensunterhalt besser sichern kann als auf dem Arbeitsmarkt, wann die ökonomische Verführung zur Eheschließung anfängt – bei einem monatlichen Einkommen von 4.000 DM, das der Mann erzielt. Ich will damit nicht sagen, daß Frauen heute aus ökonomischen Gründen heiraten, sondern lediglich deutlich machen, daß sie ihren Kinderwunsch unter zeitweiser oder längerfristiger Aufgabe von eigener Erwerbstätigkeit nur unter solchen finanziellen Umständen realisieren können, weil im Ehelastenausgleich der Basisunterhalt (gemessen an Sozialhilfefällen) transferiert wird. Die von der Bundesregierung propagierte Wahlfreiheit zwischen Beruf und Familienarbeit besteht nur für solche Frauen. Da Hausarbeit im Ehelastenausgleich überhaupt nicht zählt (die berufsunfähig werdende Hausfrau ist auch im neuen Rentengesetz wieder nicht vorgesehen), ist es ein Kuriosum, daß Hausarbeit in dem Augenblick bewertbar ist, wo die geschiedene Ehefrau Hausarbeit bei einem anderen Mann leistet. Ihr Unterhalt kann nämlich zur Zeit um 400,-- DM gemindert werden!

Das ab 01.01.1986 geplante neue Rentengesetz sieht für alle dann in Rente gehenden Mütter ein rentensteigerndes Erziehungsjahr für jedes ihrer Kinder vor, sofern sie in den ersten 12 Monaten nach der Geburt nicht erwerbstätig waren. Die CDU/CSU hatten 5 Jahre vor Regierungsantritt versprochen, damit wenigstens jede Mutter einen eigenen Rentenanspruch bekommt, nachdem sie diesen den Hausfrauen bzw. allen Ehefrauen ohnehin nicht gewähren wollte. Nun haben wir ein Jahr erhalten, weil alle Macht habenden Männer sich einig waren, daß im Rentenrecht Ehezeiten keine Berücksichtigung erfahren sollen und den erwerbstätigen Ehemännern nicht zugemutet werden sollte, für die nicht erwerbstätige Ehefrau einen zusätzlichen Rentenbeitrag abzuführen. Auf diese Art und Weise sind die Kosten nicht nur für die alten Menschen, sondern auch für Witwen und Witwer im erwerbsfähigen Alter kollektiviert, während die Kosten für Kinder auch bei der Einführung eines Babyjahres als individualisiert angesehen werden müssen. Die Bewertung der Erziehung von Kindern wird sogar als systemwidrige Leistung im Rentensystem bezeichnet und soll deshalb aus dem allgemeinen Steueraufkommen finanziert werden.

Die Krise der lohnarbeitszentrierten Sozialpolitik und die Forderung nach einem garantierten Grundeinkommen. Drei Thesen

Georg Vobruba

I. Will man soziale Sachverhalte erklären, muß man ein Verständnis ihrer Entstehung entwickeln. Ich schlage vor, sozialstaatliche Sicherung als Phase im Wandel des Verhältnisses von „Arbeiten und Essen" – d.h.: von Arbeitseinsatz und Einkommensbezug – (vgl. Vobruba 1985) im Kapitalismus zu interpretieren.

Den Anforderungen des sich entwickelnden Industriekapitalismus folgte die Arbeitskraft keineswegs automatisch. Erst politischer Eingriff konnte sie dazu zwingen, sich als Lohnarbeit anzubieten, marktgängig zu werden. Dieser politische Eingriff schnitt den Arbeitskräften alle Zugänge zu arbeitsmarktexternen Lebenschancen ab und kanalisierte so ihr existentielles Interesse hin auf Lohnarbeit. In dieser *ersten Phase* wurde von den Besitzenden gegenüber den Armen mit dem Satz ernst gemacht, „wer nicht arbeitet, soll auch nicht essen". Armut wurde zum arbeitsmarktpolitischen Regulativ. Der Nexus von Arbeiten und Essen war un-bedingt.

Die Errichtung von Sozialstaatlichkeit modifizierte den Nexus von Arbeiten und Essen. Dies bedeutete die Installierung eines widersprüchlichen Arrangements: Einerseits relativierte soziale Sicherung die Drohung der Armut, lockerte den Nexus. Andererseits mußte sozialstaatliche Sicherung so angelegt werden, daß sie die Lohnarbeitsbereitschaft nicht stört. Freilich, mit dem Ausweis dieses „einerseits-andererseits" allein ist nicht viel gewonnen. Ich will darum eine Formel anbieten, welche die Widersprüchlichkeiten des sozialstaatlichen Arrangements nicht bloß als Ambivalenz notiert, sondern sie integriert zu fassen sucht: Sozialstaatliche Sicherung ist die Errichtung *arbeitsmarktexterner* Lebenschancen, die unter *lohnarbeitszentrierten* Vorbehalten stehen. Die Arbeitszentriertheit soll sichergestellt werden durch die Geltung der beiden Prinzipien: *„erst arbeiten, dann ..."* und *„Arbeitsbereitschaft zeigen, damit ..."* Muster des erstgenannten ist die Alterssicherung, Muster des letztgenannten ist die Sozialhilfe zum allgemeinen Lebensunterhalt. Die Arbeitslosenversicherung weist beide Voraussetzungen auf. Ich nenne diese *zweite Phase* die Phase des bedingten Nexus von Arbeiten und Essen.

Jedenfalls als kategoriale Möglichkeit läßt sich hier schon andeuten: Die Entkoppelung von Arbeiten und Essen wäre eine *dritte Phase*, ein institutionelles Arrangement jenseits der spezifischen Widersprüchlichkeit sozialstaatlicher Sicherung. Über die soziale Möglichkeit der Realisierung dieser dritten Phase wird mit der Frage nach der Stabilität der zweiten – der Funktionstüchtigkeit lohnarbeitszentrierter Sozialpolitik – in der näheren Zukunft mitentschieden.

II. Die nähere Zukunft wird eine Vertiefung und Verdeutlichung der doppelten Krise der Lohnarbeit bringen. Das arbeitszentrierte System soziale Sicherung wird durch die doppelte Krise der Lohnarbeit in Mitleidenschaft gezogen.

In der Krise der Lohnarbeit treffen zwei Entwicklungen zusammen: Zum einen wird die Zahl der Lohnarbeitsplätze zunehmend *quantitativ unzureichend.* Der überwiegenden Zahl der Prognosen zufolge wird sich die Dauerarbeitslosigkeit noch verschärfen und bis in die Neunziger Jahre erhalten bleiben. Zum anderen werden die vorhandenen Arbeitsplätze zunehmend als *qualitativ unzulänglich* angesehen. Trotz Massenarbeitslosigkeit hält sich hartnäckig ein öffentlicher Diskurs, der die Qualität der industriellen Lohnarbeit ihrem Inhalt, ihren Rahmenbedingungen und ihren

Begleiteffekten nach der Kritik unterzieht und Alternativen zur Sprache bringt. Diese Konstellation, in der beide Tendenzen zusammentreffen, nenne ich die „doppelte Krise der Lohnarbeit". (Vobruba 1983) In dieser Situation droht ein lohnarbeitszentriertes System sozialer Sicherung zunehmend leerzulaufen. Die Maxime „erst arbeiten, dann ..." ergibt keinen Sinn, wenn der Einzelne nicht mehr in der Lage ist, eine durchgängige Normal-Lohnarbeits-Biographie zustande zu bringen. Und die Maxime „Arbeitsbereitschaft zeigen, damit ..." wird prohibitiv, wenn Arbeitsbereitschaft aufgrund des dauerhaften Arbeitsplatzmangels durch den Arbeitssuchenden nicht mehr belegbar ist, bzw. wenn sie durch Manipulationen am Zumutbarkeitsbegriff zur politischen Manövriermasse wird. (Vgl. Vobruba 1983a) Im Gefolge der quantitativen Seite der Krise der Lohnarbeit werden damit aus Zugangsvoraussetzungen, welche die Arbeitszentriertheit des Systems sozialer Sicherung absichern sollten, Zugangsbarrieren zum System. Die mit den genannten Maximen kontrafaktisch aufrechterhaltene Annahme, daß *auf Dauer* jede(r) Arbeitswillige/Arbeitsfähige einen Arbeitsplatz finde, kehrt sich gegen die Sicherungsbedürftigen. Sozialstaatliche Konsequenzen aus der qualitativen Seite der doppelten Krise der Lohnarbeit erwachsen dann, wenn die Nicht-Teilnahme an Lohnarbeit mit Versuchen unkonventioneller Beschäftigungsformen, Selbsthilfe etc. verknüpft wird. Daß das lohnarbeitszentrierte System sozialer Sicherung für die Nützlichkeit solcher Tätigkeiten und für die Anerkennungsbedürftigkeit „abweichender" Beschäftigungswünsche nur ein schwaches Sensorium ausgebildet hat, führt hier zu zwei Konsequenzen. Zum einen nimmt man mit dem Engagement in unkonventionellen Beschäftigungsformen das Risiko ungleich schlechterer sozialer Sicherung auf sich. Dies wird insbesondere dann problematisch, wenn – unter dem Druck der Dauerarbeitslosigkeit – es undeutlich wird, ob dieses Engagement freiwillig oder unfreiwillig erfolgt. Und zum anderen nehmen sich Versuche, dennoch am lohnarbeitszentrierten System sozialer Sicherung zu partizipieren, in dessen Logik notwendigerweise als Versuche des Mißbrauchs sozialstaatlicher Leistungen aus.

Beide Aspekte der „doppelten Krise der Lohnarbeit" schlagen also in Sozialstaatsdefekte durch: Mit dem quantitativen Unzureichen der Lohnarbeitsmöglichkeiten werden aus den lohnarbeitszentrierten Zugangsvoraussetzungen zum System Zugangsschranken. Aus den qualitativen Unzulänglichkeiten der Lohnarbeit erwachsende Aktivitäten werden durch die spezifische Selektivität des lohnarbeitszentrierten Systems sozialer Sicherung mit unverhältnismäßig hohen Risiken belastet. Damit stellt sich die Frage nach Reorganisationsmöglichkeiten des Systems sozialer Sicherung, nach einem „Umbau des Sozialstaats". (Widersprüche 1984)

III. Die Forderung nach einem garantierten Grundeinkommen ist Konsequenz der Funktionsverluste lohnarbeitszentrierter Sozialpolitik. Ein garantiertes Grundeinkommen könnte Kern eines neuen Paradigmas der Sozialpolitik sein, würde zugleich die Grenzen des herkömmlichen Sozialstaats transzendieren und insofern ihn „aufheben".

Indiz dafür, daß ein garantiertes Grundeinkommen (vgl. Opielka, Vobruba 1985) in seinen Konsequenzen die geläufigen Grenzen des Sozialstaats überschreiten würde, ist der Umstand, daß die Untersuchung von Sozialstaatsdefekten nur *ein* Anknüpfungspunkt unter mehreren für mögliche Argumentationen für ein garantiertes Grundeinkommen ist.

A. Der sozialpolitische Anknüpfungspunkt

Wenn es stimmt, daß das lohnarbeitszentrierte System sozialer Sicherung zunehmend leerläuft, dann genügt schon die Besinnung auf die kompensatorische Sozialstaatsprogrammatik, um die Notwendigkeit arbeitsunabhängiger Sicherungsmechanismen einzusehen. Zugleich böte eine lohnarbeitsunabhängige soziale Sicherung all jenen Tätigkeiten, die in Reaktion auf die qualitativen Unzulänglichkeiten von Lohnarbeit entstehen, verbesserte Entfaltungschancen (vgl. Greven 1984). Dazu kommt noch, daß die Verallgemeinerung einer materiellen Basissicherung zum Abbau von sozialstaatlich bewirkten, gesellschaftspolitisch in hohem Maße problematischen, Interessenprofilen beitragen könnte. Dies betrifft insbesondere den Interessengegensatz zwischen Arbeitenden und Arbeitslosen in ihrer Eigenschaft als potentiell und akut an Sicherungsleistungen Interessierten: Ersteren muß die Inanspruchnahme der Leistungen durch letztere als Verschleudern ihrer Beitragsleistungen und als Verletzung ihres Interesses an der langfristigen Stabilität des Versicherungsfonds erscheinen. (Vgl. Vobruba 1985) Publizistische Beliebtheit und Popularität des Mißbrauchsverdachts bezeugen die Existenz dieses Interessengegensatzes.

B. Der verteilungspolitische Anknüpfungspunkt

Von der Krise der Arbeitsgesellschaft (vgl. Matthes 1983) ist gemeinhin in dem Sinn die Rede, daß *zunehmende* Arbeitsproduktivität dazu führt, daß sich das BSP-Wachstum vom Beschäftigungswachstum abkoppelt, und der Arbeitsmarkt somit für die Arbeitsfähigen/Arbeitswilligen seine Funktion verliert. (Vgl. Berger, Offe 1982) Es müsse daher, so wird gefolgert, die Verteilungsfunktion des Arbeitsmarktes durch andere Mechanismen der Güterverteilung ergänzt werden. Die hier grundgelegte These einer Produktion-Produktivitäts-Schere ist für die letzten 10 bis 15 Jahre empirisch kaum haltbar. (Vgl. MittAB 1/1983:8) Jedenfalls läßt sich die Arbeitslosigkeit in ihrem Gesamtausmaß damit nicht erklären. Doch muß man diesen Umstand nicht als Argument gegen die Entkoppelung von Arbeiten und Essen gelten lassen. Ich nenne dafür zwei Gründe. Zum einen spricht alle Voraussicht dafür, daß in näherer Zukunft erhebliche, zur Zeit in Latenz liegende, Rationalisierungsmöglichkeiten realisiert werden. (Vgl. Kern, Schumann 1984) Dann stellt sich nur noch die Frage nach der Alternative zwischen einer politisch kalkulierten und kontrollierten Entkoppelung von Arbeiten und Essen oder einer, die unkontrolliert – als noch zunehmende Massenarbeitslosigkeit – ins Kraut schießt. Zum anderen läßt sich der Hinweis auf Wirtschaftswachstum trotz hoher Arbeitslosigkeit und (leichtem) Rückgang der Beschäftigung als Indiz für eine in der Krise ungebrochene Leistungsfähigkeit des ökonomischen Systems nehmen (vgl. Berger 1984) und daran die Schlußfolgerung knüpfen, daß ein solches System Abschöpfungen eines Teiles seines out-puts und dessen Verteilung nach anderen als den Regeln des Arbeitsmarktes durchaus verkraftet. Arbeitslosigkeit (egal woher sie kommt) bei steigendem Produktions- und Produktivitätsniveau weist somit darauf hin, daß die Einführung eines garantierten Grundeinkommens *möglich* ist, selbst wenn man seine *Notwendigkeit* anders, etwa: sozialpolitisch, begründet.

C. Der arbeitsmarktpolitische Anknüpfungspunkt

Schließt man die Steigerung der Nachfrage nach Arbeitskräften als allein tragfähige Strategie zur Beseitigung der Massenarbeitslosigkeit aus, so bleiben – auf die Angebotsseite des Arbeitsmarktes zielend – prinzipiell zwei Maßnahmenbündel: 1. Umverteilung von Arbeitsvolumina durch Arbeitszeitpolitik. 2. Schaffung arbeitsmarktexterner Lebenschancen zwecks freiwilliger Verringerung des Angebots an Arbeitskräften. Stellt sich nun heraus, daß – aus welchen Gründen auch immer – sich auf arbeitszeitpolitischem Wege allein ein hoher Beschäftigungsstand nicht realisieren läßt, bleibt als flächendeckende Strategie zur Entlastung des Arbeitsmarktes nur das garantierte Grundeinkommen. Dabei geht es insbesondere um die Chance, freiwillige Arbeitszeitumverteilungspotentiale zu aktivieren, die – gerade in der Beschäftigungskrise – durch Sicherheitsmotive und Besitzstandswahrungs-Mentalität verschüttet sind: eben dann also, wenn sie am dringendsten benötigt würden.

LITERATUR

Berger, Johannes 1984. „Alternativen zum Arbeitsmarkt". In: *MittAB* 17. Jg. 1/1984.

–, Claus Offe 1982. „Die Zukunft des Arbeitsmarktes. Zur Ergänzungsbedürftigkeit eines versagenden Allokationsprinzips". In: Gerd Schmidt, Hans-Joachim Braczyk, Jost von dem Knesebeck (Hg.), *Materialien zur Industriesoziologie.* Sonderheft 24 der KZFSS. Opladen.

Greven, Michael Th. 1984. „Der 'hilflose' Sozialstaat und die hilflose Sozialstaatskritik". In: *Vorgänge* 67. München.

Kern, Horst, Michael Schumann 1984. *Das Ende der Arbeitsteilung*? München.

Matthes, Joachim (Hg.) 1983. *Krise der Arbeitsgesellschaft? Verhandlungen des 21. Deutschen Soziologentages in Bamberg.* Frankfurt, New York.

Opielka, Michael, Georg Vobruba (Hg.), *Das garantierte Grundeinkommen Entwicklung und Perspektive einer Forderung.* Frankfurt 1985.
Vobruba, Georg 1983. „Arbeitszeitpolitik als Gesellschaftspolitik". In: Emmerich Talos, Georg Vobruba (Hg.), *Perspektive der Arbeitszeitpolitik.* Wien.
–, 1983a. Politik mit dem Wohlfahrtsstaat. Frankfurt.
–, 1985. „Arbeiten und Essen. Die Logik im Wandel des Verhältnisses von gesellschaftlicher Arbeit und existentieller Sicherung im Kapitalismus". In: Stephan Leibfried, Florian Tennstedt (Hg.), *Politik der Armut.* Frankfurt.
Widersprüche 1984. Nr. 12, Umbau des Sozialstaats. Offenbach.

Sozialpolitik aus arbeitspolitischer Sicht

Rolf Rosenbrock

Ich halte den Vorschlag von Fritz Böhle, den weithin von Politik und Wissenschaft dethematisierten Zusammenhang zwischen Produktionsprozeß, Lohnarbeit und Sozialpolitik wieder als zentralen Ausgangspunkt für sozialpolitische Analysen aufzugreifen, für notwendig, überfällig und richtungweisend. Als Sozialpolitikforscher aus einem Institut, das sich mit Arbeitspolitik, also mit Entwicklungsproblemen der Erwerbsarbeit und deren gesellschaftlicher Regulierung befaßt, fällt mir dieses Kompliment nicht schwer.

Ich möchte im Anschluß an Böhle einige Bemerkungen zur Realanalyse der gegenwärtig propagierten und politisch bereits exekutiv gewendeten Krise des Sozialstaats machen.

Sozialpolitik besteht historisch-genetisch und wesentlich darin, die materiellen Voraussetzungen und Folgen von Lohnarbeit abzusichern. Im Kern geht es darum, die materielle Reproduktion im Lebens- und Generationsablauf der auf abhängige Arbeit angewiesenen Schichten der Bevölkerung in solchen Phasen und Lebenslagen abzusichern, in denen dies durch Lohnarbeit nicht oder nicht ausreichend möglich ist. Instrumente dazu sind gesellschaftliche (d.h. bei uns: staatliche und parastaatliche) Finanzierung, Normierung und Institutionen. Sozialpolitik ist also einerseits mehr als kurzfristige Überbrückungshilfen und Reparaturleistungen für die Ware Arbeitskraft, sie setzt aber andererseits keineswegs die zentrale Rolle der Lohnarbeit für die Reproduktion der Gesellschaft außer Kraft.

Nicht erst seit der Übernahme keynesianischer Elemente in die Wirtschaftspolitik, sondern schon seit den Tagen der Bismarckschen Sozialgesetzgebung folgt die Entwicklung der dafür eingesetzten Systeme weniger der evolutionären Entwicklungslogik einer gesamtgesellschaftlichen Modernisierung, sondern ist vielmehr Gegenstand kämpferischer Auseinandersetzungen zweier „Sozialgestalten" und „Sozialideen". Die dabei erreichten Kompromißgleichgewichte sind stets labil, weil ihnen unterschiedliche

Interessen zugrunde liegen und ihre jeweilige Ausprägung von den aktuellen Kräfteverhältnissen abhängig ist. Die andere Seite des Kompromisses besteht darin, daß die Gestaltungsautonomie bzw. Prärogative der Unternehmen in bezug auf Investition, Produktion und Arbeitskräfteeinsatz weitgehend unangetastet bleibt.

Dieser Kompromiß scheint in der Bundesrepublik derzeit in seinem Kernbestand gefährdet. Dabei deutet sich ein grundlegender Wandel in der wechselseitigen Beziehung zwischen Produktions- und Sozialpolitik an, bei dem die gesellschaftliche Bezugsgröße für sozialstaatliche Leistungen von der Sicherung eines angemessenen Reproduktionsniveaus hin zur Durchsetzung der Verfügbarkeit von Arbeitskraft zu verschlechterten Konditionen des Arbeitsvertrages wechselt. Der innere Zusammenhang zwischen Produktions- und Sozialpolitik wird dabei keineswegs aufgelöst, sondern auf einem neuen, sozialstaatlich erheblich niedrigeren Niveau restrukturiert. Die politische Bedingungskonstellation hierfür liegt im Zusammentreffen von drei Entwicklungen bzw. Strategien, die durch die Massenarbeitslosigkeit auf stabil hohem Niveau teils erst ermöglicht werden, teils diese erst bewirken oder vergrößern:

– Zum einen werden die Tiefs in den Konjunkturzyklen, seit sie auch in der Bundesrepulbik wieder real erfahrbar geworden sind, benutzt, um das Verhandlungs- und Durchsetzungspotential der Lohnabhängigen bei Aushandlungs-Prozessen innerhalb und außerhalb der Produktion zu schwächen. Dies ist freilich normal, gehört zum „business as usual“ des Wirtschaftssystems und wird unter den Bedingungen einer „nur“ zyklischen Wirtschaftsentwicklung in Phasen des Hochs meist wieder ausgeglichen.

– Eine Verschärfung erhält diese Entwicklung aus dem zyklusüberlagernden Trend der Verringerung des in Lohnarbeit zu verrichtenden Arbeitsvolumens in der Gesellschaft durch neue Technologien und Organisationsformen (Produktions-Produktivitäts-Schere) sowie – als Krisenfolge – durch sinkende Massenkaufkraft. Auch diese Prozesse müßten bei entsprechender politischer Bearbeitung innerhalb des Wirtschaftssystems nicht zu Massenarbeitslosigkeit führen, Fritz Böhle hat Richtungen möglicher Problemlösungen angedeutet.

– Ihre besondere Brisanz aber erhalten diese Entwicklungen aus der Tatsache, daß diese Probleme in allen kapitalistischen Industrienationen zwar nicht gleichzeitig, im Effekt aber gleichartig aufgetreten sind und in gleicher Weise wirtschaftspolitisch bearbeitet werden. Das erschwert – wegen der gewachsenen Synchronität der Konjunkturzyklen – nicht nur wirksam kompensatorische Exportstrategien, sondern schafft vor allem eine Situation, in der die nationalen Wirtschaftspolitiken sich auf enger werdenden Weltmärkten gegenseitig tendenziell blockieren und deshalb auch dort keine Lösung ihrer inneren Wirtschaftsprobleme finden können.

Man muß keine abschließende Bewertung über das komplexe Verhältnis zwischen Ökonomie und Politik auf der Makro-Ebene vornehmen, um zu der Feststellung zu gelangen, daß für die Bearbeitung dieser Gemengelage ökonomischer Probleme auch innerhalb des bestehenden Wirtschaftssystems durchaus unterschiedliche politische Optionen existieren.

Bezüglich der derzeit international dominanten, angebotsorientierten Wirtschaftspolitik kann wohl unbestreitbar festgestellt werden: Diese Politik (sie mag auch neoklassisch, monetaristisch oder neoliberal genannt werden) verfolgt nicht das Ziel, die Massenarbeitslosigkeit tatsächlich zu beseitigen:

Wenn als wesentliche Krisenursache gesamtwirtschaftlich eine zu hohe Lohn- und eine zu niedrige Gewinnquote oder einzelwirtschaftlich eine leistungshindernde Inflexibilität der individuellen Lohnhöhe diagnostiziert wird („Mindestlohn-Arbeitslosigkeit", „mangelnder Leistungsbezug der Lohnstruktur"), dann müssen diese Löhne eben gesenkt bzw. flexibilisiert, d.h. noch stärker differenziert werden. Das geht in liberal verfaßten Gesellschaften – schließt man eine planmäßig inflationistische Wirtschaftspolitik aus – nur über a) eine Schwächung der Verhandlungsmacht der Gewerkschaften, und dies am besten durch b) eine breite Reservearmee. Auf diese Interessenlage hat Kalecki bereits 1943 hingewiesen.

Wenn als wichtigstes Erholungs- und Expansionsfeld für die nationale Ökonomie der Weltmarkt vor allem für Produkte mit avancierter Technologie angesehen wird (und nur in zweiter Linie der Binnenmarkt), dann muß – aus der Sicht der Akteure einer solchen Politik – das Gegenargument sinkender konsumptiver und öffentlicher Nachfrage durch Fortfall bzw. Senkung von Lohn- *und* Transfereinkommen nicht mehr so ernst genommen werden.

Dann müssen vielmehr und statt dessen die Voraussetzungen dafür geschaffen werden, daß die für die Umstrukturierung des Produktionsprozesses als notwendig angesehenen Voraussetzungen geschaffen werden. Eine arbeitspolitisch zentrale Voraussetzung dafür besteht auf seiten der Arbeitskräfte in deren erhöhter Hinnahmebereitschaft für betrieblich geforderte Änderungen in bezug auf Löhne, Arbeitszeit, Arbeitsorganisation und qualifikationsgerechten Arbeitseinsatz. Der Bedarf der Unternehmen an solchen Veränderungen ist hoch: In diesem Punkt schließe ich mich Kern/Schumann an, nach deren Einschätzung wir uns derzeit am Ende der Inkubationszeit neuer Basistechnologien befinden. D.h., daß die vielfältige und schwerwiegende Symptomatik des gesellschaftlichen Infekts nunmehr sichtbar zu werden beginnt und sich erst in den kommenden Jahren voll entfalten wird.

Die dabei anfallenden Umstrukturierungen im Betrieb schaffen Durchsetzungs- und Legitimationsprobleme. Neben der durch die Massenarbeitslosigkeit verschobenen Machtrelation und einem gewaltigen ideologischen Aufwand wird als Ressource zu ihrer Lösung auch die Diffamierung und massive Schlechter-Ausstattung (bis hin zum faktischen Entzug) von sozialpolitisch abgesicherten Auffangpositionen eingesetzt.

Aus dem Arbeitsleben gekippt zu werden, wird nach diesem Konzept wieder zu einer geradezu existentiellen Bedrohung für die abhängige Beschäftigten. Ausmaß und Intensität der Lohnabhängigkeit, die Abhängigkeit vom Betrieb und damit die Hinnahmebereitschaft gegenüber Zumutungen im Produktionsprozeß wachsen mit zunehmender Massenarbeitslosigkeit wie auch mit jeder Verschlechterung der materiellen Ausstattung von Sozialleistungen. Dies gilt nicht nur für die unmittelbaren Lohnersatzleistungen. Zumindest vermittelt wirkt sich dies auf fast alle Leistungen des Sozialstaates aus, die ja durchweg in einem nach unten hin abgestuften Verhältnis je nach Entfernung der sozialpolitisch abgefederten Problemlage zur Lohnarbeit stehen. Das „umgestülpte Netz" der Sozialleistungen wird tiefer gehängt und an den Rändern steiler gezurrt, um den Sturz vom Seil der Lohnarbeit bedrohlicher werden zu lassen.

Triebfeder der Lohnarbeit wird dadurch in stärkerem Umfang (wieder) die Furcht. Sozialpolitik bewirkt damit derzeit auch die systematische Vermehrung von Angst in der Gesellschaft. Auf diese Tendenz hat auch Frau Mayntz-Trier in ihrem Eröffnungsvortrag hingewiesen.

Vorbereitet bzw. in Gang gesetzt wird auf diese Weise das große Projekt der einseitigen Anpassung von Konditionen des Arbeitsvertrages an die neuen und alten Interessen der Unternehmen. Kollektivrechtliche, d.h. im wesentlichen gewerkschaftlich durchgesetzte Schutznormen erfahren dabei eine deutliche Absenkung. Ihrer völligen Abschaffung stehen jedoch Durchsetzungsprobleme und die Funktionalität der Gewerkschaften als bindungsfähiger Ordnungsmacht entgegen.

Die *ökonomische* Krise des Sozialstaats (und nur diese wird von der dominanten Wirtschaftspolitik bekämpft) ist aus dieser Sicht nicht so sehr eine Finanzierungskrise oder etwa durch Anspruchsdenken „sozial pervertierter Sozialcharaktere" induziert. Sie ist auch mehr als eine genutzte Gelegenheit zur Umverteilung von unten nach oben und zur Absenkung der Staatsquote. Als spezifische politische Reaktionsform auf eine auch anders beherrschbare ökonomische Problemlage dient sie zugleich der Vorbereitung und Absicherung der produktionspolitischen Strategien der späten 80er und der 90er Jahre.

Für diese These bedarf es keiner „Verschwörungstheorie". Vielmehr zeigt eine Analyse der wesentlichen Triebkräfte und Variablen, daß eine neoklassisch angeleitete Wirtschaftspolitik, der auf einen sozialpolitischen Paradigmenwechsel hinlaufende Ab- und Umbau von Sozialstaatlichkeit und die Verbreitung von Leitbildern der Individualisierung und Entsolidarisierung sich gegenseitig ergänzen und verstärken können, ohne daß es eines steuernden Komplotts bedarf. Es ist in diesem Zusammenhang daran zu erinnern, daß die in der Bundesrepublik in den 50er Jahren als Variante der Neoklassik dominante Wirtschaftslehre des Ordo-Liberalismus die Existenz einer flächendeckend kompensatorischen Sozialstaatlichkeit niemals in ihre Theorie integriert hat. Das „Opfer" der Integration des *sozialen* Elements in die Theorien von der Marktwirtschaft wurde vielmehr pragmatisch dem damals vorherrschenden Bewußtsein nach der Niederwerfung des Faschismus, dem politischen Kräfteverhältnis und der aufkeimenden Systemkonkurrenz gebracht. Damit bleibt die kompensatorische Sozialstaatlichkeit auch vom Legitimationsbedarf und letztlich von gesellschaftlichen Kräfteverhältnissen abhängig. Auf dieser Ebene ist derzeit noch vieles offen. Analysen zu immanenten Grenzen des Abbaus und zu neu aufbrechenden Widersprüchen sind dringend erforderlich.

An Illustrationen für den Prozeß des Ab- und Umbaus herrscht kein Mangel: Kürzungen bzw. Verschärfung der Leistungsvoraussetzungen bei Arbeitslosenversicherung, Arbeitslosenhilfe, Sozialhilfe, Renten, Mutterschaftsurlaub, Schwerbehindertenunterstützung und Ausbildungshilfen aller Art. Von den registrierten über 2 Millionen Arbeitslosen hat nur noch ein Drittel Anspruch auf Arbeitslosengeld, das Schlagwort von der „neuen Armut“ machte die Runde. Erhöhung der Gebühren bei zahlreichen Sozialeinrichtungen, Einführung bzw. Erhöhung der Selbstbeteiligung bei Arzneimitteln, Krankenhaus und Kuren; Sozialversicherungspflichtigkeit von Krankengeld etc. pp. Zwischen Ende 1981 und Ende 1983 wurden ca. 250 steuer- und sozialpolitische Rechtsänderungen durch den Bundesgesetzgeber verabschiedet. Die Leistungskürzungen summieren sich nach Berechnungen des DGB allein für 1983 und 1984 auf 25 Milliarden DM; nach einer Untersuchung aus der Universität Köln ergibt sich für die Jahre 1982 bis 1985 eine Kürzung der Sozialeinkommen um 75 Milliarden DM. Gleichzeitig wird zunehmend die individuelle Verantwortlichkeit (sei es in Form der Subsiardität, sei es als Versicherungsprinzip) gegen das Solidarprinzip ausgespielt.

Zentraler Bezugspunkt dieser Sozial- und Gesundheitspolitik ist das Gesellschafts- und Menschenbild der Neoklassik und neoliberaler Wirtschaftslehren, nach denen der Einzelne seines Glückes Schmied – und auch der Schmied seines Unglücks – ist. Dem entspricht die – auch in der Wissenschaft um sich greifende – Re-Individualisierung von Lebensrisiken, die Auflösung bzw. das schlichte Bestreiten gesellschaftlicher und kollektiver Verursachungskonstellationen. Sozialwissenschaftliche Analysen können insbesondere dort einen wirksamen Beitrag zur Aufklärung leisten, wo sich die Implikationen dieser Politik an der empirisch feststellbaren Realität brechen:

1. Das Gesellschafts- und Menschenbild der Neoklassik und die ihnen entsprechende Gesundheitspolitik kommen in beträchtliche Begründungsschwierigkeiten und Legitimationsprobleme vor der Tatsache vor allem schichtenspezifischer Ungleichheit der Verteilung von Lebens- und Gesundheitschancen. Eine Folge dessen besteht in der starken Zurückhaltung bei der Förderung entsprechender Forschungsvorhaben sowie in der faktischen Nicht-Zurkenntnisnahme von Befunden aus vergleichbaren Industrieländern (z.B. Black-Report „Inequalities in Health“ aus Großbritannien).

2. Die neoliberale Betrachtungsweise steht infolgedessen auch im Gegensatz zu gesundheitspolitischen Ansätzen, die den (in Morbidität und Mortalität) dominanten chronischen Volkskrankheiten mit Präventionsstrategien begegnen wollen, die an gesundheitsriskanten Verhältnissen ansetzen.

3. Unverträglich mit der vorherrschenden Betrachtungsweise sind auch die teilweise bereits erprobten und wissenschaftlich weiter zu untermauernden Ansätze der kollektiven Abwehr gesundheitsgefährdender Risiko- und Belastungskonstellationen.

Die sozialpolitisch dominante Strategie wirkt sich heute allerdings auch schon in der Arbeitswelt aus. Die arbeitspolitische Beziehung zwischen Lohnarbeit und Sozialpolitik ist wechselseitig. An der Lockerung des Seiles wird bereits gearbeitet.

Auf der Ebene staatlicher Maßnahmen läßt sich dies u.a. an der Aufweichung bzw. Abschaffung von Schutznormen des Arbeitsvertrages, an der Rücknahme von Arbeitsschutz-Bestimmungen, der Zulassung privater Arbeitsvermittlung und der Etablierung von Elementen der Zwangsarbeit in der Sozialhilfe ablesen.

In den Betrieben führt dies schon heute nicht nur zu vielfältigen Spaltungen in den Belegschaften und zur Flächenrodung betrieblicher Sozialleistungen. Vielmehr stehen die wenigen Fortschritte, die in den 70er Jahren z.B. auf dem Gebiet der betrieblichen Gesundheitspolitik in Richtung auf eine „präventive Sozialpolitik" erzielt werden konnten, derzeit insgesamt zur Disposition. Auch gesetzlich normierte Schutznormen werden heute in großem Umfang mißachtet. Betriebliche Gesundheitsprobleme nehmen dabei aus den gleichen Gründen zu, die ihre betriebliche und öffentliche Thematisierung zunehmend erschweren.

Aus alledem folgt, daß es wenig Aussicht auf Erfolg hat, Strategien gegen die „Krise des Sozialstaats", gegen den massiven Leistungsabbau isoliert im Sozialbereich mit oder für die Betroffenen außerhalb der Lohnarbeit zu entwerfen. Wenn mehr als eine solidarische Verwaltung des Elends angestrebt wird, kann die Wende der Wende nur durch Herstellung der hier nur angedeuteten Zusammenhänge und durch eine Koordination mit den Auseinandersetzungen im Produktionsbereich eingeleitet werden. Diese Forderung gilt für die Anlage wissenschaftlicher Untersuchungen ebenso wie für die Konzipierung politischer Strategien. Wird sie nicht eingelöst, so führt dies zu künstlichen Isolierungen sozial- oder produktionspolitischer Probleme und entsprechend suboptimierenden Lösungsstrategien mit häufig kontraproduktiven Ergebnissen. Die sich derzeit in Wissenschaft und Politik abzeichnenden Spezialisierungen für zweite, dritte und vierte Arbeitsmärkte, für Entwicklungsperspektiven alternativer Ökonomie und neue Zwischenstufen zwischen Lohnarbeit und Marginalisierung tragen oftmals bereits den Keim solcher verhängnisvollen Segmentierung in sich. Dabei wird nicht nur der Zusammenhang zwischen bezahlter Arbeit und sozialstaatlichen Auffangpositionen aufgegeben, der auch ein Lebenszusammenhang ist. Vielmehr zeichnet sich auch eine beträchtliche Überschätzung der Möglichkeiten politisch durchsetzungsfähiger Mobilisierung im Sozialbereich ab.

Wenn solche Strategien den Bezug zur Produktionssphäre und die diese steuernden Kräfte (wieder) herstellen, können sie an analytischer Schärfe und an Durchsetzungskraft nur gewinnen. Der Kampf um die Neuverteilung des gesellschaftlichen Arbeitsvolumens (bei mindestens gleichbleibender Massenkaufkraft und ohne zusätzliche Intensivierung der Arbeitsleistung) sowie für einen Wechsel des wirtschaftspolitischen Paradigmas auf der Makro-Ebene weisen hierzu die Richtung.

LITERATUR

Adamy, W., J. Steffen (1984): *Zwischenbilanz von Sozialdemontage und Umverteilungspolitik seit 1982*, Köln.

Böhle, F. (1984): *Die gesellschaftliche Organisation von Arbeit als Problem der Sozialpolitik*, in diesem Band.

Kalecki, M. (1943): „Political Aspects of Full Employment", in: *Political Quarterly*, Vol. 14, 322 ff., abgedr. in: Frey, B.S., W. Meißner (Hg.): *Zwei Ansätze der Politischen Ökonomie*, Frankfurt/M. 1974, 176 ff.

Kühn, H. (1984): „Sozialpolitik bei Massenarbeitslosigkeit", in: Wie teuer ist uns die Gesundheit?, *Argument-Sonderband* AS 113, Berlin.

Naschold, F. (1982): „Die Zukunft des Wohlfahrtsstaates", in: W. Mommsen (Hg.): *Die Entstehung des Wohlfahrtsstaates in Großbritannien und Deutschland 1850-1950*, Stuttgart.

Rosenbrock, R. (1984): *Betriebliche Gesundheitspolitik in der Krise*, IIVG/dp84-221, Wissenschaftszentrum Berlin.

Rosenbrock, R. (1984): „Gesundheitsforschung aus der Defensive", in: Wie teuer ist uns die Gesundheit?, *Argument-Sonderband* AS 113, Berlin.

Townsend, P., N. Davidson (1982): *Inequalities in Health, The Black-Report*, Harmondsworth.

Wagner, W. (1982): *Die nützliche Armut*, Berlin.

Themenbereich II:

Prognosen im Bildungsbereich

EINLEITUNG

Ansgar Weymann

Obwohl die Soziologie sich mit gesellschaftlicher Entwicklung auch in toto befaßt, spielt sich ein erheblicher Teil der Forschung doch in engeren 'Anwendungsbereichen' ab. Einer der hervorragenden Sektoren gesellschaftlicher Entwicklung war für anderthalb Jahrzehnte das Bildungswesen. Aus diesem Grunde bestritt die Bildungsforschung eine der Plenarveranstaltungen.

Die Veranstaltungsreihe zum Thema 'Prognosen im Bildungsbereich' wurde von den Sektionen 'Bildung und Erziehung', 'Soziale Indikatoren' und 'Methoden' getragen. Vorbereitung und Durchführung lag in den Händen der drei Sektionssprecher Weymann, Gehrmann, Küchler.

Unter dem Gesichtspunkt 'Soziologie und Gesellschaftliche Entwicklung' fällt im Bereich des Bildungswesens und der Bildungsforschung ein deutlicher Umschwung auf. In den sechziger Jahren wurde die Bildungspolitik zu einem der Pfeiler der Gesellschaftspolitik. Weitreichende Hoffnungen waren mit der Reform des Bildungswesens von der Vorschule bis zur Hochschule verbunden, erhebliche Anstrengungen wurden unternommen, harte Konflikte ausgetragen. Die sozialwissenschaftliche Forschung war an dieser Entwicklung beteiligt. Da eine solche 'Nutzung von Soziologie' oder umgekehrt Einflußnahme auf Politik keineswegs in allen 'Themenkonjunkturen' der öffentlichen Debatte oder in allen Praxisbereichen zu finden ist, läßt sich hier die Rückbindung der Bildungsforschung an den Gang der Bildungspolitik gut beobachten. Rückschläge im Stellenwert der Bildungspolitik fielen auf die Bildungsforschung auch dann zurück, wenn beide Seiten für heutige Probleme nur am Rande verantwortlich gemacht werden können, so z.B. für die Wirtschafts- und Arbeitsmarktentwicklung.

Insbesondere Bildungs*prognosen* (Bedarfs- und Angebotsprognosen) haben größte öffentliche Aufmerksamkeit gefunden. Unschärfen und Fehlprognosen sind unter den Stichworten 'Lehrstellenmangel', 'Lehrerberg', 'Akademikerschwemme' jedermann bekannt. Obwohl an solchen Prognosen Soziologen nur als Minderheit beteiligt waren, werden sie in die Kritik einbezogen. Schwierige empirisch-analytische Forschungen zu Parametern solcher Prognosen wie Qualifikationsforschung oder Lebenslaufforschung (weit eher der Soziologie zuzurechnen), werden hingegen weniger zur Kenntnis genommen.

Die Veranstaltungsreihe versucht, eine Bilanz angewandter Bildungsforschung zu ziehen, die heutige Situation zu bestimmen und Konsequenzen zu formulieren. Um die enge Verknüpfung von Soziologie und Praxis in diesem Gebiet zum Tragen kommen zu lassen, wurden Bildungspolitiker und staatliche Forschungsinstitute mit einbezogen. Erfreulicherweise wurden die Einladungen in aller Regel angenommen. Das 'einsame Nachdenken' der Soziologen über die Bedingungen ihrer Anwendung war nicht das Programm.

Die Veranstaltungsreihe wurde mit zwei Einführungsvorträgen generalisierenden Zuschnitts eröffnet (Bildung und Arbeitsmarkt bzw. Bildung und Wertewandel). Es folgte ein Podiumsgespräch zwischen Bildungsforschung und Bildungspolitik, an dem u.a. der Staatssekretär im BMBW H.P. Piazolo und der frühere Bildungsminister B. Engholm teilnahmen. Die parallelen Nachmittagsreihen konzentrierten sich auf die beiden Schwerpunkte 'Politikberatung durch Bildungsforschung' bzw. Methodenfragen 'Daten, Erklärungen, Prognosen – Wege der Annäherung'.

PROGNOSEN ÜBER BILDUNG UND ARBEIT – EINE BILANZ AUS SOZIOLOGISCHER SICHT

Ulrich Teichler

1. Einleitung

Die Voraussage gesellschaftlicher Entwicklungen ist ein Thema, das Wissenschaftler und Politiker in besonderem Maße interessiert. Selbst in der Kritik, daß der Wert von Prognosen nicht über ein „Kaffeesatzlesen" hinausgehe, klingt nocht die Sehnsucht nach dem Vorhersehen der Zukunft an. Das gilt insbesondere für Prognosen über die Entwicklung des Bildungswesens und die Entwicklung der Beziehungen von Bildungs- und Beschäftigungssystem. In kaum einem anderen gesellschaftlichen Bereich wurden in der Bundesrepublik Deutschland so eingehende Bemühungen unternommen, die Zukunft mittelfristig mit großer Präzision auszumalen. Von daher bieten sich nach über zwei Jahrzehnten von Prognose-Erfahrungen Zwischenbilanzen an.

Man kann dabei auf einen typischen Bereich von Fragen zurückgreifen, der die Prognoseforschung sowie die Bildungsplanung und -politik bewegt[1], etwa

- die ex post facto prüfbare prognostische Validität der Prognosen,
- die methodischen Ansätze der Prognosen,
- die Verschränkungen von Prognosestudien und Planungsaktivitäten,
- die Ursachen für unvorhergesehene Entwicklungen.

Hieran orientiert sich in gewissem Umfange auch die folgende Übersicht. Dies kann jedoch höchstens einer von verschiedenen Fragenkomplexen sein, denn in einem Dialog zwischen Bildungssoziologen und Bildungspolitikern bzw. -planern begegnen sich nicht Prognoseforscher auf der einen und deren Nutzer auf der anderen Seite. Prognosen über die Entwicklung des Bildungssystems bzw. die Beziehungen von Bildungs- und Beschäftigungssystem wurden in erster Linie von Bildungsökonomen oder von der Bildungsverwaltung selbst durchgeführt. Bildungssoziologen haben sich gewöhnlich danebengestellt, die theoretischen und methodischen Vereinfachungen gegenüber der komplexen Realität kritisiert und Schwächen der prognostischen Validität als Bestätigung ihrer Abneigung gegenüber solchen Untersuchungen mit Befriedigung zur Kenntnis genommen.

Soziologische Forschung über Bildung, Qualifikation und Arbeit hat in den letzten beiden Jahrzehnten jedoch einer prognostischen Denkweise keinesfalls ferngestanden. Sei es, daß Trendaussagen, wie etwa die einer „Polarisierung" der Qualifikationsstruktur[2], einen Anspruch auf Zukunftsdeutung zu stellen schienen, sei es, daß die Analyse der Absorption eines unerwarteten Angebots an Hochschulabsolventen[3] die „potentielle" Entwicklung des Arbeitsmarktes von Hochschulabsolventen im Zuge der Bildungsexpansion zu beschreiben schien. Insofern ist auch in einer solchen Zwischenbilanz zu diskutieren, was die Erfahrungen in den letzten beiden Jahrzehnten für die prognostischen Implikationen der soziologischen Forschung bedeuten.

2. Themen und Anlage der Prognosen

Versucht man die „Landschaft" der vorliegenden Prognosen zu beschreiben, so lassen sich folgende Charakteristika hervorheben:

(a) Wichtigste Themen sind: der Sekundarschulbesuch, der Hochschulbesuch, der Bedarf an hochqualifizierten Arbeitskräften.

Deutlich ist in der Schwerpunktwahl erstens das Interesse des Staates an der eigenen Ressourcensteuerung; Weiterbildung oder berufliche Bildung im dualen System, die weniger staatliche Ressourcen binden, waren kaum Gegenstand von Prognosen; unter den Bedarfsprognosen hatten Lehrerbedarfsprognosen den höchsten Stellenwert. Zweitens kommt in der Schwerpunktwahl zum Ausdruck, daß die Planung der Ausbildung für Hochqualifizierte als ein Bereich der Bildungsplanung verstanden wurde, bei dem es besonders auf genauere Information und treffsichere Entscheidung ankomme. Variierten die Prognosen über die Zahl der ungelernten Arbeitskräfte im Jahre 1980, die nur kurzfristig angelegt waren und somit eine hohe Zutreffwahrscheinlichkeit hatten, von 40 bis 17 Prozent[4], so war dies kaum der Beachtung wert; Differenzen in der Prognose der Zahl der Lehrer um 10 Prozent sind dagegen schnell Gegenstand erheblicher Kontroversen.

(b) Die meisten vorliegenden Prognosestudien sind Modellrechnungen, die sich in der Mehrzahl der Parameter auf Trendextrapolationen stützen und daneben in einer begrenzten Zahl von Parametern leichte Veränderungen in Richtung gewünschter Entwicklungen setzen.

Das heißt erstens, die Prognosen suchen in aller Regel nicht Überraschungen, Sprüngen der Entwicklung auf die Spur zu kommen, wie es etwa manche Expertenumfragen intendieren. Man kann deshalb von ihnen von vornherein allenfalls ähnliche Aussagen erwarten wie von Prognosen zur Zeit der Frühindustrialisierung, die Zahl der Pferde werde mit der weiteren Industrialisierung zur Sicherung der Transporte zunehmen; unwahrscheinlich waren Ideen, daß Pferde durch Motorfahrzeuge abgelöst werden könnten.

Zweitens folgt man in der Regel nicht dem berühmten Satz: Was geschieht, wenn nichts geschieht? Man legt gewöhnlich nicht die Information für den Fall dar, daß keinerlei Maßnahme erfolgt, sondern hat in der Regel schon ein paar gewünschte Veränderungen eingeschliffen: Die Kultusministerkonferenz zum Beispiel wies Anfang der achtziger Jahre tabellarisch gar nicht aus, wie sich die Studentenzahl unter der Annahme entwickeln würde, daß die Verweildauer in Zukunft *nicht* sinken werde.[5]

(c) Prognosen über die Beziehung von Bildung und Arbeit kreisen um den Arbeitskräftebedarfsansatz (Manpower Requirement Approach) und die Prämisse, daß Bildung ein zu planender Bereich im Rahmen einer kaum geplanten Gesellschaft ist.[6]

Auf der einen Seite gibt es wohl in keinem anderen hochindustrialisierten Land kapitalistischer Wirtschaftsprägung eine so große Zahl von Arbeitskräftebedarfsprognosen.[7] Auf der anderen Seite sind Studien auf der Basis des Ertragsratenansatzes[8] nur Glasperlenspiele einiger Bildungsökonomen geblieben und nie in Prognosen eingebracht worden: Offenkundig gibt es in der Bundesrepublik Deutschland keine Ökonomen, die glauben, daß die quantitative Entwicklung der Studentenzahlen sehr deutlich von Einkommensentwicklungen beeinflußt wird, die ihrerseits abhängig sind von Über- oder Unterangeboten an Personen mit bestimmten Qualifikationen.[9] Die Kritik am Arbeitskräftebedarfsansatz hat insgesamt zu dessen Relativierung oder Sophistizierung geführt – in dieser Hinsicht war die Diskussion in der Bundesrepublik Deutschland abwechslungsreicher und phantasievoller als in den meisten anderen Ländern –, nicht jedoch zu einer grundsätzlich anderen Wahl von Bedarfsprognosen.

(d) Die meisten Prognosen, die die Schüler- und Studentenzahlen vorauszusagen versuchen, werden von der Bildungsverwaltung selbst erstellt; die meisten Arbeitskräftebedarfsprognosen sind staatliche Auftragsstudien. Dabei ist sicherlich zunächst bemerkenswert, daß die in den Meßgrößen im Prinzip nicht kontroversen Prognosen über Schüler- und Studentenzahlen offenkundig in der Regel vom Staat selbst organisiert werden, während die Bedarfsprognosen – die immer kontroverse Annahmen über gesellschaftliche Bedürfnisse modellartig zu treffen haben – gerne ausgelagert werden, und zwar typischerweise an Auftragsforschungsinstanzen. Mindestens ebenso ist zu beachten, daß es keine kontinuierlichen Prognoseanalysen von Wissenschaftlern gibt, die sich nicht schon von den Bedingungen der Forschung her die Frage nach den Planungskonsequenzen stellen müssen.

3. Die Vorhersagekraft der Prognosen

Im Jahre 1980 wurden zwei Texte publiziert, in denen in einem Falle ein Soziologe und im anderen Falle ein Ökonom Prognosedaten retrospektiv mit der tatsächlichen Entwicklung verglichen:

– Hansgert Peisert analysiert in einem Bericht für die Westdeutsche Rektorenkonferenz „Vorhersagen und Wirklichkeit“ der Studentenzahlen insbesondere für den Zeitraum von 1965 bis 1980 und diskutiert darüber hinaus den Stellenwert von Prognosen der Studentenzahlen, die sich auf die achtziger und neunziger Jahre beziehen.[10]
– Manfred Tessaring nennt seine Studie „Evaluation“ von Prognosen; er untersucht Prognosen und reale Entwicklungen der Zahlen von Studienanfängern, Studenten, Bildungsabschlüsse der Erwerbstätigen, der Struktur der Erwerbstätigen sowie des Angebots und Bedarfs an Hochschulabsolventen.[11]

Peisert betont bei seiner Gegenüberstellung von Prognosen der öffentlichen Instanzen der Bildungsplanung und -verwaltung (Kultusministerkonferenz, Wissenschaftsrat, Bund-Länder-Kommission, Planungsausschuß für den Hochschulbau) und der später eingetretenen Entwicklung die Diskrepanzen zwischen Vorhersage und Realität: „Wie wir wissen, kam alles ganz anders ... Im Rückblick ist nun zu fragen: Welche Parameter haben sich in den letzten 15 Jahren so verändert, daß die hier dargestellte Prognose von 1964 um 100 Prozent danebenging, und war dies damals nicht vorauszusehen?“[12] Als Konsequenz dieser Erfahrungen bezeichnet er die prognostizierte „Talfahrt“ der Studentenzahlen in den neunziger Jahren als „nur eine von mehreren anderen, nicht weniger wahrscheinlichen Alternativen“.[13]

Peisert hebt hervor, daß man Mitte der sechziger Jahre den Anstieg der Studentenzahlen vor allem deshalb unterschätzt habe, weil die Abiturientenquote bis Anfang der siebziger Jahre weitaus stärker als erwartet stieg. In späteren Prognosen für die siebziger Jahre habe man den Rückgang der Studierwilligkeit von Studienberechtigten nicht vorhergesehen. – In ähnlicher Weise habe ich für Prognosen über die Studentenzahlen in den achtziger Jahren, die Mitte der siebziger Jahre abgegeben wurden, aufgewiesen, daß man damals mit einer Verkürzung der Studienzeiten – insbesondere mit einem Ausbau kürzerer Studiengänge – gerechnet hatte, die nicht eingetreten ist.[14]

Als Konsequenz für die Einschätzung der zukünftigen Entwicklung verweist Peisert ganz auf die Unsicherheit von Prognosen: „Aus heutiger Sicht gibt es für die Annahme einer ungenügenden Auslastung in den nächsten 40 Jahren keine triftigeren Argumente als für die Annahme einer normalen Auslastung oder gar wiederholten Überlastung des Hochschulsystems.“[15] Er fordert, möglichst viele Parameter zu beachten. Eine gewisse Hoffnung auf den Stellenwert guter Information wird dennoch beschworen: „Für den ‘Konsumenten’ stellen sich die verschiedenen Prognosen und Modellrechnungen oftmals widersprüchlich dar. Daher wäre es wünschenswert, wenn eine Clearingstelle regelmäßig eine Zusammenschau der Annahmen, Verfahren und Ausgangsdaten durchführt und die Hochschulen in synoptischer Form über den jeweils aktuellen Stand von Vorhersagen und wirklicher Entwicklung informiert.“[16]

Während Peisert seine Bewertung der Prognosen besonders stark an dem Kontrast zwischen Wissenschaftsratsprognose von 1964 für das Jahr 1980 und der tatsächlichen Entwicklung der Studentenzahlen festmacht, prüft Tessaring eine sehr große Zahl von Prognosen. Unter anderem gibt er auch die Schätzungen der Studienanfänger- und Studentenzahlen aus Studien an, die die Relation von Bedarf und Angebot an hochqualifizierten Arbeitskräften zu prognostizieren versuchten.

Tessaring weist sowohl Fälle großer Diskrepanzen von Prognose und Realität auf, wobei die Wissenschaftsratsprognose von 1964 über die Studentenzahlen ebenfalls sein Paradebeispiel ist, als auch Fälle ausgesprochen hoher Treffsicherheit, etwa bei der Verteilung der Erwerbstätigen nach Wirtschaftsbereichen oder bei der Hochschulabsolventenquote unter den Erwerbstätigen. Er kommt zu dem Schluß, daß die Grundprämissen in Studien zu Angebot und Bedarf hochqualifizierter Arbeitskräfte „in ihrer Entwicklungsrichtung 'zutreffend' gesetzt wurden ... Die Feinstrukturen der Bildungs- und Arbeitsmarktstrukturen weisen demgegenüber teilweise hohe Abweichungen zur Realität auf.“[17] Bei vielen Fachrichtungen bzw. Berufsgruppen beobachtet Tessaring „regelrechte 'Prognosewellen'“[18]: innerhalb weniger Jahre wechseln sich Prognosen über Mängel mit solchen über Überschüsse ab.

Tessarings Schlußfolgerungen sind skeptisch gegenüber Prognosen, betonen jedoch einen gewissen Informationswert für gesellschaftliche und individuelle Entscheidungen. Er schreibt: „Als Resümee des Prognosevergleichs mit der realen Entwicklung des Bildungswesens und der Beschäftigung hochqualifizierter Arbeitskräfte bleibt festzuhalten, daß Prognosen allenfalls eine Basis für bildungspolitische Grundüberlegungen zu den möglichen Auswirkungen veränderter/zu verändernder Parameter und der sich daraus ergebenden politischen Handlungsalternativen darstellen. Als alleinige Grundlage individueller Bildungs- und Berufswahlentscheidungen erscheinen sie jedoch nach wie vor wenig geeignet. Sie können sogar das Risiko einer Fehlentscheidung erhöhen, z.B. dann, wenn zu viele Individuen gleichgerichtete Entscheidungen zum gleichen Zeitpunkt treffen.“[19]

Diese beiden Beispiele zeigen ebenso wie eine Fülle von Publikationen, die sich mit den Ergebnissen von Prognosen zum Bildungssystem beziehungsweise zum Verhältnis von Bildungs- und Beschäftigungssystem beschäftigen, kein einheitliches Bild. Es gibt Fälle, in denen Prognose und reale Entwicklung sehr weit auseinanderfallen; es gibt Fälle von Prognosen, die sich – retrospektiv gesehen – als sehr zutreffend erwiesen haben. Vor allem zeigt sich jedoch, daß in den Vergleich von Prognose und tatsächlicher Realität bei den jeweiligen Autoren sehr unterschiedliche Erwartungen eingehen. Das gilt zum einen für den Grad der Übereinstimmung von Prognose und realer Entwicklung: was manche als große Abweichung ansehen, kann anderen als erstaunliche Übereinstimmung erscheinen. Hier wiederholen sich ähnliche Interpretationsdivergenzen wie in der Diskussion, ob die Reduzierung ungleicher Bildungschancen in den letzten Jahren „beachtlich groß“

oder „sehr gering war“ – eine Diskussion, die im Grunde um die Frage kreist: How much is much? Zum anderen fällt das Urteil unterschiedlich je nach der Erwartung aus, ob man als „Erfolg“ einer Prognose in erster Linie die Wahrscheinlichkeit des Eintreffens oder die Information von Planenden und Betroffenen und deren Beitrag zur „Zerstörung der Prophetie“ sieht.

4. Möglichkeiten und Grenzen der methodischen Verbesserungen von Prognosen

In den letzten beiden Jahrzehnten gab es sehr eingehende Diskussionen darüber, welche methodischen Verbesserungen von Prognosestudien wünschenswert und erreichbar seien.

Die ersten Prognosen über Studentenzahlen stellten kaum mehr als Hochrechnungen auf der Basis von veränderten Quoten des Übergangs von Grundschülern auf das Gymnasium dar. Inzwischen gehören demographische Veränderungen von Jahrgangsstärken, Übergänge während des Sekundarschulbesuchs, Studierwilligkeit, Übergangsquoten von der Schule zur Hochschule, Zwischenzeiten zwischen Schulabschluß und Studienbeginn, Studienfachwechsel, durchschnittliche Studiendauer und ähnliche Werte zum Repertoire solcher Prognosen.

Bei den Studien zum Bedarf an Hochschulabsolventen konstatierte Laszlo Alex Mitte der siebziger Jahre drei Entwicklungsstufen: Relativ kruden Schätzungen zu Beginn der sechziger Jahre folgten Ende der sechziger Jahre Untersuchungen, die den Arbeitskräftebedarfsansatz (MRA) als Grundlage wählten. Im Laufe der siebziger Jahre schließlich wurde das Grundmodell des MRA erheblich differenziert: unter anderem wurden verschiedene Modellannahmen über wirtschaftliche und gesellschaftliche Entwicklungen vorgenommen und deren Folgen für den Bedarf an hochqualifizierten Arbeitskräften berechnet; die Substitutionsmöglichkeiten von Arbeitskräften wurden systematisch zu berücksichtigen versucht; schließlich konnte mit Hilfe von Befragungen dazu beigetragen werden, daß der Status quo-ante nicht automatisch als Normalzustand im Verhältnis von Bildungs- und Beschäftigungssystem angesehen wurde.[20]

Als wichtige Richtungen solcher Verbesserungen sind zu nennen:

(a) Datenbasis und berücksichtigte Parameter: Erst seit Mitte der siebziger Jahre haben, um das bekannteste Beispiel der letzten Jahre zu zitieren, demographische Schwankungen einen systematischen Stellenwert in den Bildungs- und Arbeitskräftebedarfsprognosen der Bundesrepublik Deutschland.

(b) Transparenz der Modelle und Berechnungen: Viele Prognosen gleichen Verwirrspielen; eine Fülle von Modell-Annahmen geht in die Berechnungen ein, die dem Leser nicht deutlich gemacht werden. Da Prognosen in ihrer

Qualität im Grunde von der Setzung plausibler Modell-Annahmen leben und nicht unbedingt von der in Zukunft garantierten Wirkung der angenommenen Parameter, ist die wichtigere Informationsleistung von Prognosen nicht die abschließend gegebene Zahl der erwarteten Studenten oder Absolventen, sondern der Einfluß der Veränderungen eines Parameters auf eine solche Gesamtzahl. Daher sind Alternativrechnungen mit unterschiedlichen Modellannahmen, die das Gewicht bestimmter Annahmen für die Gesamtzahl verdeutlichen, ein Fortschritt der Prognostik.[21]

(c) Relativierung der Prämissen, die in eine Prognose eingehen: Im Laufe der kritischen Auseinandersetzungen mit dem Arbeitskräftebedarfsansatz wurde z.B. deutlich, daß – wie Jeschek auflistet – folgende gesellschaftspolitische Voraussetzungen zutreffen müßten, wenn die MRA-Prognosen die spätere Entwicklung voraussagen könnten:
„(1) Das Beschäftigungssystem muß äußerst unflexible Strukturen aufweisen und so beschaffen sein, daß es den heutigen und den zukünftigen Bedarf an den einzelnen Kategorien von Ausgebildeten erkennen läßt.
(2) Der Bedarf an Ausbildung beziehungsweise Bildung orientiert sich nahezu ausschließlich an einer ökonomischen oder von spezifischen Dichteziffern bestimmten Verwertbarkeit, die darüber hinausreichenden Qualifikationselemente werden nicht berücksichtigt.
(3) Der Bedarf entwickelt sich kontinuierlich und ... unbeeinflußt von politischen Entscheidungen ...
(4) Keinen wesentlichen Einfluß auf den Bedarf haben Veränderungen der Arbeitsorganisation, der Konsumentennachfragen und der Technologien, die von den heutigen Bedingungen oder aus ihnen resultierenden Entwicklungspfaden abweichen.
(5) Zwischen den einzelnen Ausbildungsrichtungen und Ausbildungsniveaus finden immer die gleichen und in den Basisjahren der Projektionen nicht explizit erfaßten Mobilitätsprozesse statt.
(6) Der einzelne Staatsbürger existiert nach diesen Ansätzen reduziert nur als Arbeitskraft, die nur das Ziel verfolgt, langfristig eine im Ableitungszusammenhang definierte Beschäftigung zu erhalten.
(7) Die Entwicklung des Angebots an ausgebildeten Arbeitskräften verläuft unabhängig von den Bedarfsvorstellungen. Projektionen des Bedarfs haben keinen Einfluß auf die Angebotsseite.“[22]

Mertens meint zu dem „Verfahren der Strukturextrapolation“, das bei dem Arbeitskräftebedarfsansatz – aber auch, das sei hier hinzugefügt, bei den Prognosen der Schüler- und Studentenzahlen – üblich ist: „Was diese unrettbar auszeichnet, ist eine Art strukturelles Stabilitätsvertrauen (oder sogar eine Verfestigungsnorm), die man ‘Strukturfatalismus’ nennen möchte.“[23]

Allerdings haben Erfahrungen auch gezeigt, daß man nur begrenzte Hoffnungen in methodische Verbesserungen setzen kann:

– Viele Hoffnungen auf eine Verbesserung der Datenbasis sind verflogen: Genaue Bestandsaufnahmen der Bildungspfade, wie sie die Arbeitsgruppe für Empirische Bildungsforschung in den sechziger Jahren entwickeln sollte und wie sie mit der Hochschulverlaufsstatistik beabsichtigt waren, wurden nicht realisiert. Es ist sogar fraglich geworden, ob man in Zukunft die üblichen Daten der Volkszählung in gleicher Qualität wie in der Vergangenheit haben wird.

– Eine differenzierte Nutzung von Parametern führt nicht notwendigerweise zur Erhöhung der prognostischen Validität. So schreibt Tessaring: „Bemerkenswert an der Lehrerprognostik ist – alles in allem –, daß augenscheinlich die Eintreffenswahrscheinlichkeit der Prognosen mit der Verfeinerung der Berechnungsmethoden nicht wesentlich verbessert wird. 'Ältere' Prognosen, die auf der Bedarfsseite hauptsächlich mit Schüler-Lehrer-Relationen operieren, kommen in der Größenordnung nicht zu wesentlich realitätsferneren Ergebnissen als die 'neueren' Prognosen, die darüber hinaus auch die Klassenstärken, Fächerverteilungen, Wochenstunden u.a. einbeziehen."[24]

– Je differenzierter Prognosen werden, desto weniger eignen sie sich zur Begründung politischer Entscheidungen.[25] Auf der einen Seite ist es gerade bei komplexen Modellen sehr schwer zu durchschauen, welche Entscheidungen bereits in die Modelle eingehen. Auf der anderen Seite löst sich bei Prognosen mit Alternativ-Rechnungen in vielen Fällen der prognostische Charakter angesichts der riesigen Spannweiten praktisch auf: So kam Kaiser Mitte der siebziger Jahre bei der Berechnung von Substitutionskorridoren zu dem Schluß, daß der Maximalbedarf an Juristen 3,7 mal so hoch sei wie der Minimalbedarf.[26] Einer 1978 publizierten Studie zum Akademikerbedarf in Baden-Württemberg zufolge, wird – je nach gewählter Modellvariante – das Angebot an Hochschulabsolventen den Bedarf zwischen 108 Prozent und 363 Prozent innerhalb von 15 Jahren abdecken.[27]

– Viele zunächst als Fortschritte der Bedarfsprognostik gefeierte neue Vorgehensweisen erweisen sich bei näherem Hinsehen nicht viel weniger kritikanfällig als einfachere Verfahren. So wird bei der Aufnahme von Substitutionskorridoren, wie es das Institut für Arbeitsmarkt- und Berufsforschung betreibt, die Substitution der Vergangenheit in ähnlicher Weise zur Norm für die Zukunft erhoben, wie dies nach der Kritik des „Strukturfatalismus" die typische Schwäche des klassischen MRA ist. Auch ist die Ergänzung von Prognosestudien mit Hilfe von Betriebsumfragen über den Qualifikationsbedarf problematisch, weil die Befragten mit der Einschätzung des Qualifikationsbedarfs in der Regel überfordert sind.

– Die Ansätze zur Überwindung der methodischen Schwächen der traditionellen Prognosen gehen fließend in grundlegende Kritik der Prognose-Konzepte über. Der sogenannte „Integrationsansatz" zum Beispiel, den Riese und Mitarbeiter[28] Anfang der siebziger Jahre wählten, stellt im Grunde das Konzept des „Bedarfs" an Bildung auf den Kopf, indem er nach Ausdehnungspotentialen des beruflichen Einsatzes von Hochschulabsolventen in bisher a-typischen Bereichen sucht. Der Absorptionsansatz stellt die Bedarfsannahmen des MRA grundsätzlich in Frage.[29]

Diese Hinweise sollen nicht generell den Wert methodischer Verbesserungen von Prognosen in Frage stellen. Das Drängen auf methodische Verbesserungen[30] hat zu einer Reduzierung gewisser Schwächen beigetragen. Grenzen der prognostischen Validität und Probleme in der Beziehung von Prognose und Politik allerdings werden dadurch nur bedingt aufgehoben.

5. Prognostische Implikationen soziologischer Studien

Soziologen haben bei der Bedarfsprognostik im engeren Sinne in der Bundesrepublik Deutschland keine Rolle gespielt. Bedarfsprognosen gelten als ein bildungsökonomisches Instrumentarium und werden in entsprechenden Lehrbüchern vermittelt.[31] Auch die großen Visionen über die Bildungsexpansion und deren Bedeutung für das Beschäftigungssystem waren nicht das Werk von Soziologen: Dahrendorf, dessen Schrift „Bildung ist Bürgerrecht" als eine der großen Prophetien der Bildungsexpansion gilt, lehnte es ausdrücklich ab, die politische Forderung der Expansion mit dem Verweis auf den Qualifikationsbedarf zu begründen, da die Bürgerrechtsforderung auch für den Fall bestehen bleibe, daß ein Überschuß an Hochschulabsolventen auf dem Arbeitsmarkt bestehe.[32]

Dennoch gibt es einige soziologische Studien, die für prognostische Überlegungen eine erhebliche Rolle gespielt haben. Dabei kann hier nicht im einzelnen geprüft werden, in welchem Maße die Autoren dieser Studien selbst prognostische Deutungen vornahmen bzw. die prognostischen Implikationen in Schriften anderer Autoren herausgearbeitet wurden.

Als wichtigste soziologische Deutung langfristiger Entwicklungen der Qualifikationsstruktur ist zum einen die „Polarisierungs"-These zu nennen. Industriesoziologen des Sozialwissenschaftlichen Forschungsinstituts in Göttingen hoben hervor, daß einerseits Berufe mit höheren Qualifikationsanforderungen und andererseits An- und Ungelernten-Positionen zunähmen und dabei mittlere Qualifikationen an Bedeutung verlören. Darauf baute vielfach die Kritik auf, expansionsorientierte Bildungspolitik sei illusionär.[33] Zum anderen ist der „Absorptions"-Ansatz der Manpower-Gruppe des Max-Planck-Instituts für Bildungsforschung als vieldiskutierte soziologische Trenddeutung zu nennen. Ausgehend von der Analyse, daß Hochschulabsolventen, für die es nach den klassischen Prämissen des MRA keinen Bedarf gab, vom Beschäftigungssystem aufgenommen würden und vielfach ausbildungsnahe Beschäftigung gefunden haben, wurde angenommen, daß Hochschulabsolventen ihre Qualifikationen im Beschäftigungssystem in weitaus stärkerem Maße zur Geltung bringen könnten, als vorherrschende Bedarfsdeutungen um 1970 glauben machen.[34] Dies wurde in vielen prognostischen Diskussionen dahingehend ausgedeutet, daß der größte Teil der wachsenden Zahl von Hochschulabsolventen eine mehr oder weniger „adäquate" Beschäftigung finden werde.

Diese soziologischen Tendenzaussagen ex post facto mit den tatsächlichen Entwicklungen zu konfrontieren, fällt methodisch schwerer als bei den Bedarfsprognosen im engeren Sinne, weil erstere ja keine präzisen Zahlen angaben und auch nicht prognostisch sein wollten. Die „Polarisierungs"-These scheint in der ursprünglichen Form nicht mehr aufrechterhaltbar; viele ihrer Anhänger sehen sich jedoch in ihrer Vermutung nicht widerlegt, daß es keinen eindeutigen Höherqualifizierungsbedarf gäbe. Die Absorption der Hochschulabsolventen erfolgt unter den heutigen Bedingungen bei weitem nicht durgängig und problemlos, ist jedoch weitaus weniger problematisch, als nach den Bedarfsprognosen zu erwarten gewesen wäre, mit denen sich der Ansatz um 1970 auseinandergesetzt hatte.

6. Prognosen und politische Folgerungen

Betrachtet man die Beziehung von Prognosen und Bildungspolitik, so muß man zunächst einmal feststellen, daß von Fehlprognosen alle verschiedenen bildungspolitischen Positionen betroffen wurden. Natürlich ist es Teil bildungspolitischer Polemik, der anderen Seite einzelne Fehlprognosen vorzuhalten: Gegner einer starken Expansion weiterführender Bildung verweisen gerne auf Überschätzungen des Qualifikationsbedarfs bei Picht oder auf Überschätzungen des Lehrbedarfes in den Prognosen um 1970. Befürworter einer Expansion der weiterführenden Bildung heben demgegenüber hervor, daß sich der Arbeitsmarkt für Hochschulabsolventen im Laufe der siebziger Jahre keineswegs so katastrophal entwickelte, wie dies Anfang der siebziger Jahre im Argument des „Akademischen Proletariats" und Mitte der siebziger Jahre in den Veröffentlichungen der Finanzministerkonferenz und der Bundesvereinigung der Deutschen Arbeitgeberverbände prognostiziert worden war.[35] „Verlierer" der Erfahrungen mit Prognosen sind vielmehr quer durch die verschiedenen bildungspolitischen Positionen diejenigen Argumentationen, die sich auf eine mehr oder minder eindeutige Unabweisbarkeit bestimmter Trends oder bestimmten Bedarfs zu stützen suchten.

Eine Grundfrage des Verhältnisses von Prognose und Politik ist, welche Leistung die Prognose für politische Entscheidungen erbringen soll: Den Nachweis des Unvermeidlichen? Die Begründung der politischen Handlung als sachnotwendig? Die Herausforderung zu einer informierten Entscheidung, die sich auch gezielt gegen den vorherrschenden Trend stellen mag? Je nach der Erwartung kann auch die Bewertung von Prognosen sehr unterschiedlich ausfallen: Nach manchen politischen Erwartungen wird eine Prognose gerade dann positiv bewertet, wenn sie das tatsächlich Eintreffende gut voraussagt; nach anderen Erwartungen hat die Prognose dann ihren Dienst getan, wenn sie zu der informierten Entscheidung verhalf, die zu erwartenden Trends zu verhindern.

Tatsächlich scheinen der Fall einer eindeutigen Trendgläubigkeit ebenso wie der Fall einer eindeutigen Interventionsbereitschaft gegenüber dem Trend jedoch Ausnahmen zu sein. Vielmehr gehen gewöhnlich politische Präferenzen so stark in Modellannahmen ein, daß sie den Handelnden auf der Ebene der Prognoseergebnisse gar nicht mehr in vollem Maße vor die Alternative stellen, ob er sich herrschenden Trends anschließen oder ihnen entgegentreten will. Von daher ist die Kritik verständlich, daß die Prognosen selbst zu Wellenbewegungen im Bildungsverhalten und in der Relation von Angebot und Nachfrage beitragen.

Das bedeutet jedoch keinesfalls, daß sich Prognosen durchgängig als nachgeordnete Zahlenspielereien von vorgegebenen Annahmen und Wünschen zur zukünftigen Entwicklung verweisen. Es gibt vielmehr eine Fülle von Fällen, in denen Ergebnisse von Prognosen Anstöße zum Umdenken gaben und überraschende Entwicklungen auslösten.

Ein besonders eindrucksvolles Beispiel für den politischen Einfluß von Prognosen stellte die Entdeckung demographischer Wellen im Rahmen der Bildungs- und Arbeitsmarktprognosen Mitte der siebziger Jahre dar: Die These, daß die Zahl der Ausbildungsplätze aus demographischen Gründen von Mitte der siebziger Jahre bis Mitte der achtziger Jahre um etwa 40 Prozent steigen müßte[36], war ein entscheidendes Argument zugunsten der „Öffnung der Hochschulen" und der „Öffnung" weiterer Bildungsbereiche.[37] Zugleich ging das Argument der demographischen Welle in die Prognose des Wissenschaftsrats ein, daß Ende der achtziger Jahre die Zahl der Studierenden rapide zu sinken beginnen werde und daß sich zur Vermeidung einer langfristig unbrauchbaren Ressourcenbindung eine „Untertunnelung" des Studentenberges durch eine temporäre starke Auslastung der Hochschulen anbiete.[38] Dies hatte tatsächlich zur Folge, daß die Hochschulen die Öffnungspolitik und in der Zeit von 1977 bis 1982 eine etwa 25prozentige „kostenneutrale" Steigerung der Studentenzahlen akzeptierten.[39] Dabei war es angesichts der Dramatik dieser neuen Einsicht – in diesem Falle in die demographischen Schwankungen – möglich, daß bestimmte fragwürdige Annahmen der Prognosen „geschluckt" wurden. Es war durchaus vorstellbar und so wurde zuweilen auch Mitte der siebziger Jahre argumentiert, daß die Studentenzahlen nach 1985 keineswegs stark zurückgehen würden. Inzwischen ist sichtbar, daß man heute nur dann einen Überhang von Hochschulkapazitäten für die späten neunziger Jahre prognostizieren kann, wenn man zwischenzeitige Umdefinitionen in der Kapazität der Hochschulen akzeptiert.[40]

Schließlich haben die bestehenden Schwächen von Prognosen die Instanzen der Bildungsplanung und -verwaltung nicht entmutigt, laufende Entscheidungen mit Hilfe von Prognosen zu planen. Sei es, daß man den Prognosen einen gewissen Vorhersagewert zuspricht, oder sei es lediglich, daß man in den Prognosen die beste Voraussetzung sieht, um politische Kompromisse zur quantitativen und strukturellen Gestaltung des Bildungswesens auszuhandeln.

Als politische Bewertung der Prognosen äußerte 1980 der Bundesminister für Bildung und Wissenschaft: „Eine verläßliche, mittel- oder gar langfristige Vorausschau auf den künftigen Arbeitskräfte- und Qualifikationsbedarf gibt es nicht und wird es nach dem heutigen Stand der wissenschaftlichen Erkenntnisse auch nicht geben können. Bedarfsprognosen können nur Modellrechnungen – Projektionen – sein, die die Abhängigkeit künftiger Entwicklungen von ausgewählten, zum Teil willkürlich gesetzten Annahmen deutlich machen. Ihre zahlenmäßigen Ergebnisse dürfen nur mit diesem Vorbehalt verwertet werden: die 'Richtigkeit' dieser Ergebnisse ist daher auch kein unbedingtes Gütekriterium einer Prognose. Der Wert liegt vielmehr darin, daß sie mit dem Aufzeigen von Tendenzen und Abhängigkeiten Hinweise auf politische Gestaltungsmöglichkeit und einen eventuellen Handlungsbedarf geben ...".[41] Tatsächlich haben die Prognosen für Bildungsplaner einen höheren Stellenwert: Man hofft auf die Treffsicherheit der zugrundeliegenden Annahmen.

7. Fazit

Wir werden weiter mit ihnen leben müssen – den Prognosen über die Entwicklung des Bildungssystems und der Beziehung von Bildungs- und Beschäftigungssystem:

- diesen Projektionen, die oft Annahmen über Trends als mehr oder weniger unabwendbare Ereignisse suggerieren,
- diesen Zwittern von Projektionen und Wunschaussagen, die man nur bei der Liebe zur Lektüre des „Kleingedruckten" versteht,
- diesen Planspielen, die unterschwellig das hohe Lied der Bedeutung von quantitativen und strukturellen Parametern für die Gestaltung des Bildungssystems singen,
- diesen Modellen, bei denen Sophistizierung immer mit Verlust der handlichen Verwertung bedroht ist,
- dieser Spielwiese für politisch eindrucksvolle Rechentricks: Man kann zum Beispiel den Hochschulen vorrechnen, daß sie Ende der 80er Jahren höchstens mit 140 Prozent Belastung ihrer Kapazität zu rechnen haben, obwohl man bei den Kapazitätsmaßstäben zur Zeit der Entscheidung für die Politik der Öffnung der Hochschulen und bei einer Trendextrapolation auf etwa 200 Prozent käme.[42]

Die wissenschaftliche Sozialisation, die Freude an Modellrechnungen der Prognoseforschung verleiht, ist für Soziologen in der Bundesrepublik Deutschland nicht üblich: Die Suche nach einem empirisch nicht unplausiblen und in den Paradigmen der eigenen Disziplin naheliegenden Satz konsistenter Modellannahmen, die dann in eine handliche Modellrechnung überführt werden; der wissenschaftliche Trost, daß eine solche Modellrechnung im Prinzip immer richtig ist, wenn sie die Modellannahmen richtig umsetzt, verbunden mit der Hoffnung, daß die Realität nicht zu große Sprünge macht, oder auch mit der gesellschaftspolitischen „Missionstätigkeit", die Realität den Modellannahmen ein wenig näherzubringen. Aus einer Distanz zu solchen Denkweisen erwächst schnell der Vorwurf, die Prognosen seien theoretisch naiv und praktisch manipulativ.

Man wird dabei der praktischen Handlungssituation der Bildungsplanung nicht gerecht: Hier muß eine Lösung angesichts unvermeidlicher Unsicherheit gefunden werden, und jede Einsicht, die Handlungserfolg über die reine Zufallswahrscheinlichkeit hinaustreibt, ist ein Schritt in Richtung einer sinnvollen Lösung. Obendrein ist im Falle eines nachträglich sichtbaren Nicht-Zutreffens der Prognosen auch deutlich, daß das Mögliche getan worden war. Schließlich erlauben die üblichen Planungsmodelle Abschätzungen, in welchem Umfange jeweils Annahmen zu den einzelnen Parametern das Ergebnis beeinflussen; sie führen dem Planer plastisch die Folgerungen von Annahmen und Entscheidungen vor Augen.

Vielleicht kann man bei genauer Betrachtung der Argumentationslogik von Bildungssoziologen erkennen, daß zwischen ihnen einerseits und den Ökonomen und Bildungsplanern andererseits nicht solche Distanzen liegen, wie es auf den ersten Blick erscheinen mag. Thesen, daß die Öffnung des Hochschulzugangs zur Veränderung der sozialen Herkunft von Studierenden führe oder umgekehrt die Umstellung des BAFöG auf ein reines Darlehnssystem zur sozialen Selektivität, unterscheiden sich nicht so sehr von der Logik und den Problemen der prognostischen Forschung.

Die Möglichkeiten und Chancen der Bildungssoziologie im Kontext der Prognosen zu Bildung und zum Verhältnis von Bildung und Arbeit liegen meines Erachtens jedoch an einer anderen Stelle: In der wissenschaftlichen Klärung von Phänomenen, bei denen die Prognosen oft unreflektiert eine Fortschreibung des Status quo unterstellen und dann nicht selten von Veränderungen überrascht werden, und ebenso bei der Klärung von Phänomenen, bei denen in gemischten Projektions- und Planungsmodellen Veränderungen angenommen und betrieben werden, die sich dann nicht durchsetzen: Dazu gehören Analysen über Entwicklungstendenzen im Bildungs- und Berufswahlverhalten und deren Gründe, über den Strukturwandel des Bildungssystems bzw. Widerstände gegen Strukturveränderungen und deren Ursachen, Veränderungen der Arbeitsorganisation und deren Folgen für den Qualifikationsbedarf, Wirkungen von Diskrepanzen zwischen angenommenem Bedarf und vorliegendem Angebot und deren langfristige Strukturfolgen sowie über Auswirkungen erworbener Qualifikation auf Berufsweg und Arbeitshandeln. Solche Analysen versprechen nicht die Handlichkeit von Prognoserechnungen, sind aber für die Prognosestudien als Korrektiv unentbehrlich, um ein Überhandnehmen „strukturfatalistischer" Annahmen zu vermeiden und damit wirkliche Chancen zur Prognose der Zukunft oder zur Intervention gegenüber der befürchteten Zukunft zu bieten.

Daneben sollten Bildungssoziologen einen Weg finden, sich mit der Prognostik und der darauf bezogenen Bildungsplanung kontinuierlich auseinanderzusetzen. Nur die kontinuierliche Sekundäranalyse kann einerseits die Bildungssoziologie dauerhaft für Fragen sensibilisieren, in denen sie durch Forschungsprojekte der oben genannten Art Erklärungen über gesellschaftliche Wandlungstendenzen geben kann, die in der Prognoseforschung gewöhnlich übersehen werden.

ANMERKUNGEN

1 Arbeitsgruppen des Instituts für Arbeitsmarkt- und Berufsforschung und des Max-Planck-Instituts für Bildungsforschung (Hrsg.): *Bedarfsprognostische Forschung in der Diskussion 1976.*

2 H. Kern und M. Schumann: *Technik und Industriearbeit.* Frankfurt 1970.

3 D. Hartung, R. Nuthmann und W.D. Winterhager: *Politologen im Beruf.* Stuttgart 1971.

4 M. Tessaring: „Evaluation von Bildungs- und Qualifikationsprognosen, insbesondere für hochqualifizierte Arbeitskräfte". In: *Mitteilungen aus der Arbeitsmarkt- und Berufsforschung*, 13. Jg. (1980), H. 2, S. 384.

5 Sekretariat der Ständigen Konferenz der Kultusminister der Länder in der Bundesrepublik Deutschland: Entwurf: *Prognose der Studienanfänger, Studenten und Hochschulabsolventen bis 1995.* Bonn 1982, vervielf. Manuskript.

6 K. Hüfner: „Higher Education in the Federal Republic of Germany: a Planned or Market System? Or a Third Way?" In: R. Avakov u.a. (Eds.): *Higher Education and Employment in the USSR and the Federal Republic of Germany.* Paris: Unesco, IIEP 1984, S.185 ff.

7 Vgl. U. Teichler und B.C. Sanyal: „Higher Education and Employment in the Federal Republic of Germany". In: R. Avakov u.a., [Anm. 6], S. 133-135.

8 Siehe K. Hüfner (Hrsg.): *Bildungsinvestitionen und Wirtschaftswachstum.* Stuttgart 1970.

9 Siehe W. Clement: *Educational and Labour Market Forecasting Activities in the Federal Republic of Germany and Austria.* Paris: Unesco/IIEP 1982, vervielf. Manuskript.

10 H. Peisert: „Hochschulentwicklung seit 1960 und Auswirkungen in die 90er Jahre. Vorhersagen und Wirklichkeit." In: Westdeutsche Rektorenkonferenz: *Die Hochschulen in den 90er Jahren.* Bonn 1980, S. 49-72.

11 M. Tessaring, [Anm. 4], S. 374-397.

12 Peisert, [Anm. 10], S. 53.

13 [Anm. 10], S. 61.

14 U. Teichler: *„Öffnung der Hochschulen" – auch eine Politik für die 80er Jahre?* Bremen: Senator für Wissenschaft und Kunst 1983, S. 39-52.

15 Peisert, [Anm. 10], S. 65.

16 Ebenda, S. 64.

17 Tessaring, [Anm. 4], S. 396.

18 Ebenda.

19 Ebenda, S. 397.

20 L. Alex: „Absolventenangebot und berufliche Flexibilität." In: U. Lohmar und

G.E. Ortner (Hrsg.): *Die deutsche Hochschule zwischen Numerus clausus und Akademikerarbeitslosigkeit.* Hannover 1975, S. 92-105.

21 Vgl. D. Mertens: „Zur Diskussion über das Verhältnis von Bildungs- und Beschäftigungssystem: Entwurf für einen Satz Spielregeln". In: Stifterverband für die deutsche Wissenschaft (Hrsg.): *Bildungsexpansion und Beschäftigungsstruktur am Beispiel des Abiturientenproblems.* Essen-Bredeney 1976, S. 9-30.

22 W. Jeschek: „Möglichkeiten und Grenzen der Verbesserung bisheriger Prognoseansätze". In: Arbeitsgruppen des Instituts für Arbeitsmarkt- und Berufsforschung und des Max-Planck-Instituts für Bildungsforschung (Hrsg.): *Bedarfsprognostische Forschung in der Diskussion.* Frankfurt 1976, S. 128.

23 D. Mertens: „Retrospektive und prospektive Beschäftigungsorientierung in der Bildungsplanung". In: Arbeitsgruppen ..., [Anm. 22], S. 241.

24 Tessaring, [Anm. 4], S. 391.

25 Vgl. U. Teichler: *Der Arbeitsmarkt für Hochschulabsolventen.* München 1981, S. 75 f.

26 M. Kaiser: „Zur Flexibilität von Hochschulausbildungen: Ein Überblick über den Stand der empirischen Substitutionsforschung". In: *Mitteilungen aus der Arbeitsmarkt- und Berufsforschung*, 8. Jg. (1975), H. 5, S. 216 f.

27 Kultusministerium Baden-Württemberg: *Der Arbeitsmarkt für Akademiker in Baden-Württemberg bis 1990.* Villingen-Schwenningen 1978.

28 P. Heindlmeyer u.a.: *Berufsausbildung und Hochschulbesuch.* Pullach b. München 1973.

29 W. Armbruster u.a.: *Expansion und Innovation.* Berlin: Max-Planck-Institut für Bildungsforschung 1971.

30 So z.B. v. Gottsleben: „Überlegungen zum Thema: Kriterienkatalog zur Beurteilung beschäftigungsorientierter Bildungs- und Arbeitskräfteprognosen." In: Arbeitsgruppen ..., [Anm. 22], S. 76-91.

31 Siehe z.B. G. Brinkmann u.a.: *Bildungsökonomik und Hochschulplanung.* Darmstadt 1976; L. Alex und G. Weisshuhn: *Ökonomie der Bildung und des Arbeitsmarktes.* Hannover 1980.

32 Vgl. dazu D. Hartung, R. Nuthmann und U. Teichler: *Bildung und Beschäftigung.* München 1981, S. 109 f.

33 So z.B. M. Baethge: „Abschied von Reformillusionen". In: *betrifft: erziehung*, 5. Jg. (1972), H. 11, S. 19-28.

34 W. Armbruster u.a., a.a.O.; U. Teichler, D. Hartung und R. Nuthmann: *Hochschulexpansion und Bedarf der Gesellschaft.* Stuttgart 1976.

35 Zu neueren Deutungen des Arbeitsmarktes für Hochschulabsolventen siehe z.B. A. Hegelheimer: *Strukturwandel der Akademikerbeschäftigung.* Essen-Bredeney: Stifterverband für die Deutsche Wissenschaft 1984; C. Kemmet, H. Linke und R. Wolf: *Studium und Berufschancen.* Herford 1982.

36 G. Kühlewind, D. Mertens und M. Tessaring: „Zur drohenden Ausbildungskrise im nächsten Jahrzehnt". In: Stifterverband für die Deutsche Wissenschaft (Hrsg.): *Schülerberg und Ausbildung.* Stuttgart 1976, S. 26-40.

37 Siehe U. Teichler: „Öffnung ..., [Anm. 14], S. 21 ff.

38 Siehe erstmals: *Fünfter Rahmenplan für den Hochschulbau nach dem Hochschulbauförderungsgesetz.* Bonn 1975.

39 Teichler: „Öffnung ..., [Anm. 14], S. 31-38.

40 Ebenda, S. 39 ff.

41 Bundesminister für Bildung und Wissenschaft: *Stand, Entwicklung und Ergebnisse der Prognoseforschung zum künftigen Arbeitskräfte- und Qualifikationsbedarf.* Bonn 1980, S. 145 f.

42 Teichler: „Öffnung ..., [Anm. 14], S. 31 ff.

BILDUNG UND WERTWANDEL

Helmut Klages

I.

Ich möchte am Anfang meiner Ausführungen fünf sehr allgemein gehaltene Aussagen zum Wert- oder Wertewandel machen, die ich im weiteren Verlauf nicht diskutieren, sondern schlicht voraussetzen will.

Die erste dieser Aussagen lautet, daß es aus empirischer Perspektive gesehen sinnvoll und naheliegend ist, von einem „Wertwandel“ in der Gesellschaft der Bundesrepublik zu sprechen, da es ganz zweifellos eine in bestimmter Richtung verlaufende Veränderung wesentlicher Teile der Wertausstattung breiter Bevölkerungsteile gegeben hat, deren Ergebnisse jedenfalls bisher in ihren Grundzügen erhalten geblieben sind und somit zum „Bestand“ unserer Gesellschaft rechnen.

Die zweite Aussage betrifft die Richtung des Wertwandels. Diese wurde von Ronald Inglehart mit der inzwischen fast schon sprichwörtlich gewordenen Kurzformel eines Wandels von „materialistischen“ zu „postmaterialistischen“ Werten gekennzeichnet. Ich selbst meine, daß es in der Tat möglich ist, die Richtung des Wertwandels mit einer solchen Kurzformel zu kennzeichnen, solange man sich der hinter ihr verborgenen Komplexitität bewußt bleibt.

Auch ich verwende in meinen eigenen Arbeiten gern eine solche Kurzformel, wobei ich mich allerdings der Inglehartschen Formulierung ungeachtet des Vorteils ihrer Eingeführtheit enthalte, da sie m.E. zu fehlerhaften Assoziationen verleitet. Meine eigene Formel lautet, schlagwortartig formuliert, daß ein Wandel von Pflicht- und Akzeptanzwerten zu Selbstentfaltungswerten stattgefunden hat.[1]

Meine dritte Aussage betrifft die zeitliche Eingrenzung des Wertwandels. Man hatte sich in letzter Zeit vielfach schon daran gewöhnt, sich diesen Wandel als eine bleibende Konstante unserer gegenwärtigen Gesellschaftsentwicklung, oder möglicherweise sogar der modernen Gesellschaftsentwicklung schlechthin vorzustellen und hierbei eine unveränderte Wertwandlungsrichtung zu unterstellen. In der Tat scheint eine solche Auffassung insoweit nicht falsch zu sein, als sich bei einem internationalen Vergleich eine deutliche statistische Korrelation zwischen der Höhe des Sozialprodukts (und damit auch des sozio-ökonomischen Entwicklungsstands einer Gesellschaft) und der Ausprägung eines „individualistischen“ Wertkomplexes feststellen ließ, der ganz zweifellos an wichtiger Stelle zu den

Selbstentfaltungswerten hinzuzurechnen ist. Im übrigen ist jedoch der konkrete Verlauf dieser säkularen, ganz langfristigen Wertwandlungstendenz in einem hohen Grade nicht-linear und instabil und somit auch als Grundlage für Prognosen in die mittlere Zukunft ungeeignet. Für die Bundesrepublik läßt sich feststellen, daß von ihrer Gründung bis zum Beginn der 60er Jahre von einem „Wertwandel" zunächst noch nicht die Rede sein konnte. Ein solcher Wandel setzte vielmehr erst Anfang der 60er Jahre (konkret gesagt um das Jahr 1963) ein. Er entfaltete in den nachfolgenden Jahren eine erstaunliche Schubkraft, um dann allerdings um die Mitte der 70er Jahre wieder abzuflauen. Wir haben also, um es ganz deutlich zu sagen, in diesem Zeitraum einen „Wertwandlungsschub" gehabt, der inzwischen aber zu Ende gegangen ist, so daß es sehr fragwürdig ist, auch im gegenwärtigen Augenblick noch von einem in Gang befindlichen oder fortschreitenden Wertwandel zu sprechen. Wenn ich im folgenden vom „Wertwandel" spreche, so meine ich immer den Wertwandlungsschub der 60er und 70er Jahre, auch wenn ich dies nicht immer deutlich werden lasse.[2]

Meine vierte Aussage knüpft hier unmittelbar an und betrifft den Zustand der Werte, der sich nach dem Abbrechen des Wertwandlungsschubs vorfindet. Grob gesagt finden wir in der Bevölkerung der Bundesrepublik heute Pflicht- und Akzeptanzwerte und Selbstentfaltungswerte in einer unentschiedenen Schwebelage nebeneinander. Dabei lassen sich an den Flügeln Minderheitsgruppen identifizieren, bei denen entweder die Pflicht- und Akzeptanzwerte oder die Selbstentfaltungswerte deutlich überwiegen. Zwischen diesen Gruppen findet sich jedoch eine breite, jenseits der 50%-Grenze liegende Majorität, bei der so oder so gelagerte „Mischungen" von Werten vorliegen. In dieser Majorität haben die Menschen also Wertmuster, die beide Wertepole zugleich enthalten. Ein gewisses Hin- und Herschwanken der Wertausprägungen zwischen den beiden Polen – oder: eine niedrige Wertstabilität – scheint zu den Merkmalen der Wertemischung hinzuzugehören.[3]

Meine fünfte und letzte Aussage betrifft die „soziodemographischen" Korrelate des Wertwandels (oder, genauer gesagt, des Wertwandlungsschubs) und dies ist eben derjenige Punkt, an welchem nun – aus der Perspektive der Wertforschung – die Bildung ins Spiel kommt.

Grob gesagt, machte sich der Wertwandlungsschub der 60er und 70er Jahre nämlich vor allem bei jungen Menschen – und unter diesen insbesondere bei Schülern und Studenten in der Altersgruppe von 16 bis 24 Jahren – bemerkbar. Gelegentliche Vorstellungen, der Wertwandel sei ein reines Jugendphänomen, oder gar eine ausschließliche Erscheinung der Hochschulen und Universitäten, sind allerdings, wie ich gleich hinzufügen möchte, nicht zutreffend. Ungeachtet deutlicher Intensitätsunterschiede fand ein in gleicher Richtung verlaufender schwächerer Wertwandel auch bei einem großen Teil der älteren Menschen statt. Vergleicht man die Werte von jüngeren mit denen von älteren Menschen seit dem Beginn der 60er Jahre bis heute, dann kann man feststellen, daß die Jüngeren einen sehr plötzlichen und schnellen Wertwandel erlebten, während die Älteren langsamer und natürlich auch begrenzter „nachzogen".[4]

II.

Soviel zu den angekündigten Aussagen zum Wertwandel, mit denen ich dieses sehr komplexe Phänomen in groben Strichen umreißen wollte.

Das für das weitere Vorgehen wesentliche Appelldatum ist im Rahmen des augenblicklichen Themas natürlich die Tatsache, daß dem Merkmal „Bildungsniveau" – ungeachtet der gerade eben erwähnten Einschränkungen – im Hinblick auf die Erklärung der Wertentwicklung eine erstrangige Bedeutung zukommt. Wie groß diese Bedeutung ist, wird erkennbar, sobald man sich die Tatsache vor Augen führt, daß das Merkmal „Bildungsniveau" in Kombination mit dem Merkmal „Lebensalter" – im Hinblick auf die Beeinflussung und Formung der Werte – das herkömmlicherweise dominierende Merkmal des sozio-ökonomischen Status (oder: der Schicht- und Klassenzugehörigkeit) überrundet und relativiert hat.[5]

Es ist von daher nahegelegt, sich die Frage zu stellen, ob vielleicht bestimmte eingewurzelte Grundvorstellungen herkömmlichen soziologischen Denkens aufgrund der gesellschaftlichen Entwicklung überholt sind, ob konkreter gesagt, vielleicht die „soziale Schichtung" als Inbegriff der von der Arbeitswelt ausgehenden und über die Familie vermittelten gesellschaftlichen Umstände die Menschen nur noch in abnehmendem Maße formt, ob sich vielleicht vor sie neue, dynamischere und in starkem Maße von der Bildungswelt beeinflußte Sozialisationsformen schieben, in denen der Kultursphäre Sozialisationsmacht zuwächst.

Es kann kein Zweifel daran bestehen, daß einer solchen Fragestellung auf der Ebene der gesellschafts- und kulturtheoretischen Betrachtung eine schlechthin entscheidende Bedeutung zukommt. Wendet man sich dieser Fragestellung mit dem für Details geschärften Blick des Empirikers zu, dann fallen allerdings sofort schwerwiegende Ungewißheiten ins Auge, von denen ihre Beantwortung umstellt zu sein scheint. Die im ersten Augenblick unbesehen plausibel erscheinende Tatsache eines „Zusammengehens" von Bildungsniveau und Wertwandel erscheint dann plötzlich unplausibel und erklärungsbedürftig.

Wieso und auf welche Weise hängen denn eigentlich – so muß der Empiriker nämlich fragen – Bildungsniveau und Wertwandel überhaupt zusammen? Was ist es, das diese beiden Sachverhalte zusammenbringt? Und wofür steht der aus jeder Fragebogen-Soziographie geläufige Ausdruck „Bildungsniveau" im vorliegenden Zusammenhang? Steht er vielleicht für eine „Prägung" des Menschen durch Bildungsinstitutionen, die möglicherweise umso stärker und nachdrücklicher zur Geltung gelangt, je länger man sich in ihnen aufhält? Oder steht der Begriff etwa – das wäre eine gänzlich andersartige

Möglichkeit – für die Ergebnisse einer dem Schul- oder Hochschulbesuch vorgelagerten sozialen Auslese junger Menschen mit einer besonders starken Disposition für Selbstentfaltungswerte, die in den Bildungsinstitutionen selbst nur „verstärkt" oder „aufgeschaukelt" würde? Oder steht der Begriff vielleicht gar nur für die Auswirkung der mit der Zugehörigkeit zu Bildungseinrichtungen verbundenen allgemeinen Lebenssituation, so etwa für die Wirkung des Zusammentreffens einer Freisetzung von Berufsarbeit mit finanzieller Abhängigkeit? Oder vielleicht auch nur für eine besondere Empfänglichkeit für Wertpropagierungen?

Und wenn es sich um „Prägung" handeln sollte – handelt es sich dann hierbei um eine Beeinflussung durch Bildungsinhalte, oder vielleicht auch durch Bildungsformen und -umstände, die für die gehobeneren Bereiche des Bildungssystems typisch waren und sind, bzw. typisch wurden, als ältere Formen und Umstände – in den 60er Jahren – durch neue abgelöst wurden?

Man kann auf den ersten Blick erkennen, daß diese Alternativen der Deutung des empirisch beobachtbaren Korrelierens von Wertwandel und Bildung höchst unterschiedlich und kontrovers sind. Man mag sich aber, wenn man an diesem Punkt der Einsicht angelangt ist, zumindest einen Augenblick lang mit dem Gedanken trösten, daß die in dem fraglichen Erkenntnisfeld zahlreich versammelten Forschungsdisziplinen das Problem sicherlich längst erkannt und wahrscheinlich auch gelöst haben werden, so daß es möglich ist, die Beantwortung der aufgeworfenen Fragen aus vorhandenen Forschungsergebnissen abzulesen. Man mag hierbei neben der Wertforschung selbst an die Schul- und Hochschulsozialisationsforschung, wie natürlich auch an die Jugendforschung denken, d.h. also an gut besetzte Disziplinen, denen gegenüber es wenig Anlaß zur Zurückhaltung hochgespannter Erwartungen zu geben scheint.

Ich hoffe mich nun allerdings mit den Forschern der betreffenden Disziplinen in Übereinstimmung zu befinden, wenn ich behaupte, daß eine vertrauensvolle Wissenszuschreibung dieser Art den gegenwärtig gegebenen Erkenntnisstand bei weitem überfordern würde. Es läßt sich vielmehr umgekehrt die These aufstellen, daß die hinter dem statistischen Zusammenhang von Wertwandel und Bildungsniveau stehende Kausalität gegenwärtig noch verhältnismäßig unerforscht und im ganzen genommen unklar ist, so daß ihre Aufhellung zu den wesentlichen Aufgaben rechnen muß, die sich im Themenbereich „Bildung und Wertwandel" aktuell stellen.

Die Erklärung dieses überraschenden Wissensdefizits muß auf diese Entwicklungssituation der im Spiele befindlichen Forschungsdisziplinen eingehen und fordert mehr Zeit und Raum als an dieser Stelle zur Verfügung stehen.[6] Ich will es deshalb bei der Negativfeststellung belassen und mich vielmehr – innerhalb derjenigen Grenzen, die durch den Forschungsstand gesetzt sind – an die soeben definierte Aufgabenstellung heranbegeben, d.h. also den Versuch unternehmen, einen Beitrag zur Aufhellung der zwischen Bildungsniveau und Wertwandel bestehenden Kausalbeziehung zu leisten.

Da der eigentlich wünschenswerte Weg einer Präsentation und Erörterung einschlägiger Daten zum gegenwärtigen Zeitpunkt noch nicht gangbar ist, wähle ich hierbei als Vorgehensweise den Weg der Hypothesenaufstellung auf der Grundlage verhältnismäßig unvollständiger empirischer Informationen. Exakter ausgedrückt, begehe ich in den nachfolgenden Minuten diejenigen vergleichsweise freundlichen Anfangsteile dieses Weges, in denen der sozialwissenschaftlichen Phantasie noch keine allzu engen Grenzen durch Operationalisierungserfordernisse gesetzt sind. Ich trage, noch zurückhaltender ausgedrückt, Vermutungen zusammen, die in das bestehende Wissensloch hineinpassen und mit denen sich somit eine Hoffnung auf seine irgendwann einmal nachfolgende, strengeren Prüfkriterien Rechnung tragende Schließung verbinden läßt.

III.

Ich möchte, wenn ich mich in die Hypothesenformulierung hineinbegebe, mit einem nochmaligen Blick auf diejenigen Ergebnisse der Wertforschung beginnen, denen zufolge der Wertwandel bei Schülern und Studenten besonders deutlich war. Konkreter formuliert heißt dies u.a., daß Schüler und Studenten der 60er und 70er Jahre – zumindest zum Teil – andere Werte hatten als Schüler und Studenten der 50er Jahre. Diese letzteren waren, mit einem Wort gesagt, „konservativer" (oder: stärker an Pflicht- und Akzeptanzwerten orientiert) als die Angehörigen der nachfolgenden Alterskohorten. Gleichzeitig läßt sich aber auch feststellen, daß sich die Studenten und Schüler aller Kohorten in charakteristischer Weise stets von anderen jugendlichen Teilgruppen, wie natürlich auch von der Gesamtbevölkerung unterschieden. So waren auch die Schüler und Studenten der 50er Jahre in mancher – keinesfalls in jeder – Hinsicht „progressiver" (oder: mehr an Selbstentfaltungswerten orientiert) als Lehrlinge und Berufstätige.[7]

Was sich aus dieser Duplizität von Ergebnissen ablesen läßt, ist eine Einsicht, die für die beabsichtigte Aufhellung des Zusammenhangs von Wertwandel und Bildung von grundsätzlicher Bedeutung ist. Wir können hieraus nämlich – mit einiger Vorsicht und in steter Rückbesinnung auf die Unvollständigkeit der Daten – die Folgerung ableiten, daß dieser Zusammenhang unterschiedliche Direktheitsgrade aufweist. Erinnern wir uns der zusätzlichen Tatsache, daß sich der Wertwandel der 60er und 70er Jahre bei Schülern und Studenten deutlicher und stärker vollzog als bei den anderen Teilen der Jugend und bei der übrigen Bevölkerung, dann haben wir die Voraussetzungen für die Formulierung einer übergreifenden Leit- und Basishypothese in der Hand, die wie folgt lautet: Schüler und Studenten besaßen schon vor dem Wertwandlungsschub mehrheitlich eine in seine Richtung weisende besondere Wertdisposition, die aber bei seinem Einsetzen aktiviert wurde. Hebt man diese Hypothese auf eine höhere Verallgemeinerungsstufe, dann lautet sie dahingehend, daß sich „Bildung" – in dem institutionellen Verständnis, das wir heute mit ihr verbinden – mit einer Disposition für eben denjenigen Typus der Wertänderung verbindet, den wir in den 60er und 70er Jahren gehabt haben, daß aber die Realisierung und Ausschöpfung dieser Disposition an das Vorhandensein „interagierender" gesellschaftlicher Außenbedingungen gebunden ist, denen gewissermaßen die Qualität von Katalysatoren und Verstärkern zukommt.

Die nachfolgenden Hypothesengruppen lassen sich dieser zunächst noch sehr allgemein und abstrakt formulierten Leithypothese allesamt als konkreter ansetzende Verständnishilfen zuordnen.[8]

In einer ersten Hypothesengruppe geht es hierbei zunächst um die sehr grundlegende Tatsache, daß das Bildungssystem in unserer heutigen Gesellschaft – vor allem in seinen gehobenen Regionen – ein Wissen vermittelt, das den laufenden Wissenschaftsfortschritt aufnimmt und verkörpert. Das verwissenschaftliche Wissen der Schule und Hochschule konkurriert hierbei mit demjenigen gesellschaftlichen Alltagswissen, als dessen Hauptträger sich die Familie ausmachen läßt.

Die grundsätzliche Veraltetheit des „Bekanntheitsraums" der Familie[9] wird in dieser Konkurrenz manifest und erfahrungswirksam. Es verbindet sich hiermit eine Erschütterung der kognitiven Grundlagen der familialen Autorität und somit ein Beitrag zu deren Entmythologisierung. Es werden hierdurch aber auch wesentliche Legitimationsstützen der von der Familie vermittelten Pflicht- und Akzeptanzwerte in Frage gestellt. Es entsteht im Bereich dieser Werte somit eine Wertverunsicherung und ein Wertverlust. Dieser wird durch die im Bildungssystem ermöglichte geballte Kommunikation mit Gleichaltrigen (mit den sog. „peers") noch verstärkt.

Die zweite Hypothesengruppe kann hier unmittelbar anschließen. Es geht in ihr um den von der Modernisierungstheorie vielfach beobachteten und erörterten allgemeineren Sachverhalt, daß die Konfrontation mit dem in den höheren Regionen des Bildungssystems vermittelten Wissen zu einer inneren Ablösung der Menschen aus ihren sozialen Herkunftsmilieus und -bindungen beiträgt.[10] Gut belegt sind in diesem Zusammenhang diejenigen Anhebungen beruflicher Aspirationen über die Sozialschicht der Eltern hinaus, die sich bei Schülern und Studenten aus der unteren Mittelschicht und aus den sog. Unterschichten finden. Allgemeiner ausgedrückt weitet sich der Handlungsraum aus, in welchen man als junger Mensch seine Zukunftsbilder hineinprojiziert. An die Stelle von Vorstellungen vorherbestimmten Lebens treten mehr oder weniger ausgreifende, in abgehobene Regionen des sozialen Möglichkeitsraums vorstoßende Zielbilder, welche man typischerweise mit besonderen Fähigkeiten, die man sich selbst zuschreibt, verbindet. Auch hier ergibt sich der Effekt einer Abwertung von Pflicht- und Akzeptanzorientierungen zugunsten von Selbstentfaltungsbezügen.

Die nachfolgenden Hypothesengruppen drei und vier unterscheiden sich von den beiden ersten dadurch, daß sie den Gesichtspunkt einer mit

Bildung verbundenen inneren Ablösung und Abwendung von Verbindlichkeiten auf einen anderen Wirklichkeitsbereich übertragen. Stand eben das von der Familie bestimmte Herkunftsmilieu im Vordergrund, so kommt nunmehr die Arbeitswelt als Zielbereich der Lerntätigkeit ins Spiel.

Bei der dritten Hypothesengruppe geht es dabei zunächst nochmals um die Art des Wissens, das in Schulen und Hochschulen vermittelt wird. Dieses Wissen ist typischerweise nicht auf Berufs- und Arbeitsrollen bezogen, sondern hält diesen gegenüber einen grundsätzlichen und insgesamt zunehmenden Abstand offen.[11] Daß dies so ist, wird einerseits durch das im schulischen Bereich vorherrschende Prinzip einer allgemeinen Grundbildung, weiter aber auch – an den Hochschulen – dadurch herbeigeführt, daß hier ein Prinzip der Wissenssystematisierung dominiert, das sich an Theoriebildungsinteressen orientiert. Gegenüber den Wissenserfordernissen der Berufspraxis ist hier eine kognitive Distanz im Spiel, der „Dissonanz"-Qualitäten im Sinne der Theorie der kognitiven Dissonanz anhaften. Daß Absolventen verschiedenster Fachrichtungen – heute mehr als früher – beim Übergang in die Arbeitswelt einen „Praxisschock" erleiden, ist eines derjenigen Phänomene, die hier eine Wurzel haben. Dieser Schock läßt sich zwar zum Teil durch das schlichte Erlebnis der Unvorbereitetheit auf den Beruf erklären. Es hat seine Ursache aber auch darin, daß im Beruf die Orientierung an Weltverständnis vermittelnden, den eigenen „Durchblick" erweiternden Wissenschaftsstoffen durch die Orientierung an pflichtgemäß zu befolgenden Regeln ersetzt wird, in denen sich die laufenden Funktionserfordernisse überpersönlicher Arbeitszusammenhänge niederschlagen. Es wird hierin deutlich, in welchem Maße die Lerntätigkeit in der Bildungswelt Selbsterweiterungsinteressen anstelle von Disziplinansprüchen Raum gibt.

Die vierte, weitläufiger zu erörternde Hypothesengruppe vermag hier unmittelbar anzuschließen, wenngleich sie unter einem anderen Systematisierungsgesichtspunkt steht. Es geht hierbei um eine Mehrzahl von „Freisetzungen" und „Entlastungen", denen Schüler und Studenten in Bildungseinrichtungen aufgrund des in ihnen vorherrschenden Organisations- und Arbeitsstils unterliegen.

Hierbei ist zunächst einmal an eine fundamentale Freisetzung zu einer die eigene Entwicklung fördernden Tätigkeit zu denken, deren sich der Schüler selbst oft gar nicht bewußt wird, die aber bei einem Vergleich mit der Situation des Berufstätigen sofort deutlich wird. „Nicht für die Schule, für das Leben lernen wir" war und ist diejenige charakteristische Leitmaxime, die den vom Bildungssystem geradezu aufgenötigten Selbstbezug und Selbstentfaltungswert des Lernens zum Ausdruck bringt. Der einzelne sieht sich von daher fundamental auf den eigenen Lebenslauf als die wesentliche Bezugsgröße seines Tuns verwiesen. Er befindet sich damit in einem extremen Kontrast zur Normalsituation des Berufstätigen in der Arbeitswelt, der seine Tätigkeitsrolle auch dann, wenn er Aufstiegsinteressen hat, mit voller Eindeutigkeit primär für die Firma oder Behörde, für den Kunden oder Bürger, oder z.B. auch für diejenige Arbeitsgruppe ausübt, mit der er durch ein

Lohnakkordsystem verbunden ist. Auch hierdurch werden Dispositionen begünstigt, die in Richtung der Selbstthematisierung und der Selbstentfaltung verlaufen.

Solche Dispositionen erfahren nun aber erhebliche weitere Stützungen durch eine Vielzahl von „Situations"-Merkmalen, welche sich mit der Lerntätigkeit verbinden.

So ist der oder die Lernende typischerweise von der Verantwortung für die Folgen aktuellen Handelns freigesetzt. Die Mitschüler oder Kommilitonen leiden nicht darunter, wenn er oder sie in einer Klausur versagt. Er oder sie selbst ist letztlich auch dazu aufgerufen, aus Leistungserfolgen oder -mißerfolgen Konsequenzen abzuleiten. Wenn dagegen im BAT (im Bundesangestelltentarif also) von „verantwortungsvoller Tätigkeit" die Rede ist, dann geht es immer nur um die Frage, ob jemand dazu in der Lage ist, ohne direkte Anleitung und Beaufsichtigung etwas zu tun, was sich berechenbar und präzise in den Leistungszusammenhang eines Betriebs einfügt und was selbstverständlich einer hierauf abstellenden Erwartungsnorm, Kontrolle und Bewertung unterliegt. Auch im Bereich der Verantwortungsdefinition stoßen wir in Bildungseinrichtungen also auf den Sachverhalt eines im Vordergrund stehenden Selbstbezugs und Selbstentfaltungswerts der Tätigkeit, d.h. also auf die Hervorhebung des individuellen Persönlichkeitssystems als der Bezugsinstanz des einzelnen. Auch von hierher läßt sich also von einer nachdrücklichen Förderung von Dispositionen für Selbstentfaltungswerte sprechen.

Roland Eckert hat jüngst auf einen weiteren, in diesem Zusammenhang interessanten Aspekt, hingewiesen, auf die Freisetzung von Zwängen zur arbeitsteiligen Kooperation nämlich, von denen in der Arbeitswelt höchstgradige Disziplinanforderungen ausgehen und die dort die Erhaltung von Pflicht- und Akzeptanzwerten begünstigen.[12] Der Schüler und Student lernt im Regelfall allein, und wenn er sich von Zeit zu Zeit mit anderen zu einer Arbeitsgruppe zusammenfindet, dann handelt es sich charakteristischerweise um ein Unternehmen auf Gegenseitigkeitsgrundlage, das nach dem Prinzip des Tausches von Hilfs- und Unterstützungsleistungen aufgebaut ist, das also wiederum den Selbstbezug voraussetzt und stabilisiert. Die Freiheiten der individuellen Themenwahl und der individuellen Auswahl von Lehrangeboten bestätigen diesen Sachverhalt sehr nachdrücklich.

Ganz ähnlich verhält es sich nun aber auch hinsichtlich der Freisetzung von Zwängen zur Identifikation mit Organisationszielen, der sich zumindest die Inhaber gehobener Stellen in Unternehmungen und Behörden in der Regel nicht entziehen können. Natürlich gibt es auch in Schulen und Hochschulen ein „Organisationsklima", das Identifikationszwänge einschließt. Legt man die Bedingungen der Bundesrepublik zugrunde, dann wird man allerdings kaum von einem starken Zwang zur Identifikation mit den Leistungserwartungen und Wissenschaftszielen von Lehrern und Dozenten sprechen können. Eher kommen hier die Gleichaltrigen, die „peers" zum Zuge. Im unmittelbaren Zusammenhang hiermit kann die relative Freisetzung von hierarchischer Kontrolle erwähnt werden, die es in unseren Bildungseinrichtungen – insbesondere natürlich an den Universitäten – gibt.

Wiederum muß registriert werden, daß das subjektive Selbst- und Situationsbild von Schülern und Studenten diesen Punkt vielfach ausklammert. Vergleicht man das Ausmaß und den Charakter hierarchischer Kontrolle in Bildungseinrichtungen und in der Arbeitswelt, so wird man aber eklatante Unterschiede finden, die sich allein schon aus dem zahlenmäßigen Verhältnis zwischen Aufsichtsträgern und Aufsichtsunterworfenen ableiten. Außerdem ist aber insbesondere in der Universität der auf Anweisungs- und Disziplinierungsfunktionen entfallende Anteil im Zeitbudget der Dozenten fast gleich Null, während er im Zeitbudget von Vorgesetzten eine beträchtliche Rolle spielt. Und letztlich steht Lehrern und Dozenten natürlich nur ein winziger Bruchteil derjenigen Anweisungs- und Disziplinierungsmittel und -kompetenzen zur Verfügung, die sich in Wirtschafts- oder Behördenbetrieben in den Händen von Vorgesetzten finden. Auch hier also wiederum: Weitgehende Angewiesenheit des einzelnen auf sich selbst, d.h. auf seine eigene Motivationslage und moralische Kompetenz in Verbindung mit den Einflüssen, die von gleichaltrigen Kohortenmitgliedern ausgehen.

Ein letzter Punkt, der im Rahmen der vierten Hypothesengruppe zu erwähnen ist, betrifft die relativ große Freisetzung zu selbstgewählten, unmittelbar auf Selbstthematisierung, Selbstdarstellung und Selbstverwirklichung, abstellenden und der freien Disposition unterliegenden Tätigkeiten, die Schülern und Studenten zumindest in unseren Bildungseinrichtungen gewährt ist. Auch hier mögen Schüler und Studenten subjektiv einen anderen Eindruck haben. Immerhin gehört es aber zu den überraschenden Ergebnissen der Konstanzer Forschungsgruppe Hochschulsozialisation, festgestellt zu haben, daß bei den untersuchten Studenten bis in die Vorexamenssemester hinein eine ausgeprägte „Freizeitorientierung eine dominierende Rolle“ spielte.[13] An diese eine Feststellung läßt sich die weitere anschließen, daß Schüler und Studenten bei starker finanzieller Abhängigkeit von der Verantwortung für die Sicherstellung ihrer eigenen materiellen Existenz und der Bedürfnisse anderer Menschen weitgehend freigesetzt sind. Man mag Anlaß sehen, diesen Punkt gesondert zu betrachten und mit besonderen Bedeutungsakzenten zu versehen, und man kommt dann zu dem bekannten Postadoleszenz-Theorem von Keniston.[14]

IV.

Ich möchte meine Hypothesenliste für den Augenblick abschließen und will zu einigen Ergänzungen und Kommentaren übergehen.

Es wird sich dabei zunächst darum handeln müssen, auf die unbezweifelbaren, oft mit Händen zu greifenden Unterschiede zwischen Schülern und Studenten verschiedener Schultypen und Fachrichtungen hinzuweisen, die sich auch auf der Ebene der Wertdispositionen auffinden lassen.[15] In solchen Unterschieden kommen zunächst Abschattierungen in den Ausprägungen und Wirkungen der in meiner Hypothesenliste erwähnten Faktoren zur Geltung. Es kann keinen Zweifel daran geben, daß das jeweilige Gewicht der von mir erwähnten Distanzierungs-, Freisetzungs- und Entlastungsformen z.B. vom Charakter des Lehrstoffs und von der Art seiner Aufbereitung und Behandlung beeinflußt wird. Ein Fach, das viele Praktika aufweist, hat andere Sozialisationsfolgen als ein reines Theorie- oder Lektürefach.

Es kommen an dieser Stelle aber unvermeidlich weitere Faktoren wie der jeweilige Charakter des Lehrpersonals und der qualitative „Geist" von Bildungsinstitutionen ins Spiel.[16] Faktoren solcher Art bringen wiederum – aufgrund ihrer Bedeutung für das „Image" von Bildungsinstitutionen – Folgen für die Auslese bestimmter Schüler- und Studententypen mit sich. Das alles sind Dinge, die von der Schul- und Hochschulsozialisationsforschung mit ausreichender Dichte und Stringenz erforscht worden sind und die jeder, der sich ein wenig auskennt, aus eigener Erfahrung bestätigen kann. Ihre systematische Bedeutung darf nun allerdings auch wiederum nicht überschätzt werden. Sie modifizieren zwar das allgemeine Bild, das ich in meiner Hypothesenliste einzufangen versucht habe, aber sie bestimmen es nicht – solange jedenfalls nicht, wie das Globalthema „Bildung und Wertewandel" in unreduzierter Grundsätzlichkeit im Blick behalten wird. In dem Augenblick, in welchem man dieses Globalthema weicher oder auch spezialisierter angeht, können sich diese Dinge natürlich in den Vordergrund schieben. Dies ist – im Unterschied zur Wertforschung – sehr weitgehend in den bisherigen Arbeiten der Schul- und Hochschulsozialisationsforschung der Fall gewesen, welche sich speziell mit Schülern und Studenten beschäftigt hat, und welche daher zwangsläufig eine geschärfte Wahrnehmungsfähigkeit für die zwischen ihnen bestehenden Unterschiede und deren Bedingungen entwickelt hat. Im Rahmen der von mir gewählten Behandlungsperspektive, die durch das Allgemeinthema „Bildung und Wertwandel" bestimmt ist, kann dagegen dem überwiegenden Teil der Ergebnisse dieser ertragreichen Forschungsrichtung nur ergänzende Aussagekraft zukommen. Ich sage dies sehr ausdrücklich, um unproduktive Mißverständnisse auszuschließen.

Ich möchte in einer weiteren ergänzenden Bemerkung auf etwas zurückkommen, was ich meinen Hypothesen in der vorhergehenden „Basis- und Leithypothese" vorangestellt hatte. Ich sagte dort, daß Bildung eine „Disposition" für Wertänderungen erzeuge, daß deren Realisierung und Ausschöpfung aber an das Vorhandensein „interagierender" gesellschaftlicher Außenbedingungen geknüpft sei.

Wir können uns an dieser Stelle nur sehr abgekürzt mit der bislang noch nicht behandelten Frage beschäftigen, was unter diesen „Außenbedingungen" zu verstehen ist. Nach alledem, was in der Wertforschung darüber bisher auszumachen war, handelt es sich hierbei einerseits um das jeweilige gesellschaftliche „Wertklima", d.h. also um die Summe derjenigen Wertbevorzugungen und Wertlegitimierungen, die – unter Vermittlung durch die Medien – durch die meinungsbildenden politisch-kulturellen Kräfte der Gesellschaft hervorgebracht werden. Es handelt sich andererseits aber auch um die je nach gegebener Lage nach der einen oder anderen Richtung ausschlagenden Wertermutigungen und -entmutigungen, die von den wahrgenommenen wirtschaftlichen und politischen Rahmenbedingungen ausstrahlen. Führen wir uns die Verhältnisse vor Augen, die in der ersten Hälfte der 60er Jahre zum Einsetzen des Wertwandlungsschubs und um die Mitte der 70er Jahre zu seinem Abbrechen führten, so erkennen wir, daß das gesellschaftliche Wertklima und die wahrgenommenen Rahmenbedingungen ganz offenbar gekoppelt waren, d.h. also in einer gewissermaßen „konsonanten" Weise Wertdispositionen begünstigten oder zurückdrängten.[17]

Schwieriger als dies ist vielleicht zu verstehen, was unter dem „Interagieren" gesellschaftlicher Außenbedingungen mit den innerhalb des Bildungssystems entstehenden Wertdispositionen konkret verstanden werden kann. Man trifft die Dinge wahrscheinlich am besten, wenn man davon ausgeht, daß durch die Sozialisationseinwirkungen des Bildungssystems „Aspirationen" in bestimmter Richtung erzeugt werden, die durch die gesellschaftlichen Außenbedingungen bestätigt, verstärkt und legitimiert, oder aber auch durchkreuzt, gedämpft und delegitimiert werden. Diese Charakterisierung schließt die Möglichkeit vielfältiger psychologischer Probleme ein, die sich insbesondere bei Widersprüchen zwischen der durch das Bildungssystem begünstigten Wertentwicklungsrichtung und der Wirkungsrichtung der gesellschaftlichen Außenbedingungen einstellen, wie wir sie seit dem Ausklingen des Wertwandlungsschubs gehabt haben. Es können dabei starke „Dissonanzen" auftreten, die vom einzelnen entweder im Sinne psychologischer Anpassung verarbeitet oder aber auch als Widerspruchs- und Konfliktstoffe in die Umwelt hineinprojiziert werden. Wenn die Schul- und Hochschulsozialisationsforschung seit der Mitte der 70er Jahre verstärkt Schüler- und Studententhemen in den Vordergrund rückte, bei denen es, mit Huber gesprochen, um die „Bürokratisierung und Standardisierung der Hochschulumwelt", um den Zwang zum Erwerb eines „von persönlicher Erfahrung und Verwendung abgeschnittenen Wissens", um Probleme der „Isolation, der Kontaktlosigkeit, der Apathie, der Orientierungslosigkeit, des gespaltenen Bewußtseins, von Identitätskrisen, von Entfremdung und von Angst" ging[18], dann hat dies seine Ursache ganz gewiß auch im Eindruck einer zunehmenden Wertversagung nach dem Ende des Wertwandlungsschubs.

Ich habe mir noch eine letzte ergänzende Bemerkung vorgemerkt, die allerdings im Grunde genommen mehr ist als dies, die vielmehr schon in eine weiterführende Kommentierung und Verarbeitung des bisher Dargestellten überleitet und die deshalb auch eine größere Aufmerksamkeit rechtfertigt.

Ich möchte damit beginnen, daß ich auf eine – ganz bewußt in Kauf genommene – Besonderheit meiner Hypothesenliste hinweise: Es war in ihr zwar durchweg von wertwandlungsrelevanten Sozialisationsfolgen der Bildung die Rede, nicht aber von gewollten Einwirkungen des Bildungssystems auf die Wertentwicklung. Es ging, um es konkret zu sagen, nicht um Rahmenrichtlinien und Unterrichtspläne, in denen die Kultivierung von Selbstentfaltungswerten und von Konfliktbereitschaften und -fähigkeiten zu ihrer Durchsetzung zum Programm erhoben wurde. Es ging auch nicht um „linke" oder „ultra-liberale" Tendenzen beim Lehrer- und Dozentenpersonal; auch nicht um die Schulbuchinhalte, die nach dem Ergebnis einschlägiger Untersuchungen seit den 60er Jahren in zunehmendem Maße akzeptanzkritischen Geist ausatmeten.

Wenn ich alle diese Dinge in meiner Hypothesenliste ausgelassen habe, dann natürlich nicht, um ihre Bedeutungslosigkeit zu behaupten. Selbstverständlich wäre dies eine Position, die sich schwer vertreten ließe.

Wenn ich mich solchen „intentionalen" Veränderungen im Bildungssystem gegenüber aber zugegebenermaßen spröde gezeigt habe, wenn ich mich an ihrer Stelle auf „nicht-intentionale" Einwirkungen konzentriert habe, so hat dies allerdings trotz alledem seinen Grund in einer Bewertung. Ich gehe in der Tat davon aus, daß diese nicht-intentionalen Wertbeeinflussungen im Bildungsbereich die eigentlich ausschlaggebenden waren und sind, und daß neben ihnen die intentionalen Einflußnahmen, die wir in massiver Form gehabt haben und immer noch haben, nur einen kleineren, möglicherweise sogar unbedeutenden Teil der erklärungsbedürftigen Varianz abzudecken vermögen.[19]

Selbstverständlich ist diese Feststellung – wie sehr vieles von den Dingen, die ich vorgetragen habe – verhältnismäßig spekulativ (oder sagen wir: „hypothetisch", denn sie läßt sich ja nachprüfen, sobald nur die erforderlichen Daten verfügbar sind). Ich bin mir auch darüber im klaren, daß diese Feststellung vor allem für Pädagogenohren sehr provokativ klingen muß.

Ich meine jedoch, daß das, was im anglo-amerikanischen Bereich „Evidenz" heißt, im vorliegenden Fall dermaßen dicht ist, daß sich auf diese provokative Feststellung abschließende Problemaufweisungen und Folgerungen aufbauen lassen, denen ich mich jetzt zuwenden will.

Ich möchte hierbei von der Beobachtung ausgehen, daß die Verwirklichung von „Werten" durch ihre bewußte und gezielte Vermittlung von allem Anfang an das eigentliche Kernthema der Theorie und Praxislehre der Bildung war, der „Pädagogik" nämlich, wie man aus jeder halbwegs informativen Pädagogikgeschichte entnehmen kann. „Paideia" bedeutete seit der griechischen Antike die „bildnerische Arbeit am Menschen" auf bestimmte „Lebens- und Bildungsideale" hin, in deren Zentrum „Tugenden" (oder eben „Werte") standen.[20] Zwar haben sich im Laufe der Zeit sowohl die in Werten begründeten Bildungsleitbilder wie auch die Vorstellungen über pädagogische Praktiken geändert. Das Ziel einer pädagogischen Wertvermittlung blieb aber bis heute bestehen.

Wenn ich mich hier auf nicht-intentionale Wertbeeinflussungen im Bildungssystem konzentriert habe und wenn ich überdies hinzugefügt habe, daß ich dies wegen des vermutlich geringeren Gewichts intentionaler Einflüsse getan habe, dann bedeutet dies also, daß ich – volens nolens – das traditionelle Zentrum des pädagogischen Selbstverständnisses – jedenfalls insoweit als es um die Verursachung des Wertwandels geht – aus soziologischer Perspektive in Frage gestellt habe.

Man kann den Sachverhalt, der hier vorliegt, noch schärfer formulieren und sagen, daß – aus der Perspektive der Wertentwicklungs- und veränderungsdynamik unserer Gesellschaft betrachtet – Macht und Ohnmacht der Bildung in enger Verknüpfung sichtbar werden. Macht – und zwar große Macht – hat das Bildungssystem in diesem Zusammenhang ganz zweifellos als Summe struktureller Einwirkungen auf die menschliche Psyche. Relative Ohnmacht kommt hingegen der Bildung als einem Programm der gewollten und gezielten, an einem Konsens verbindlicher Wertvorstellungen orientierten menschlichen Selbstgestaltung zu.

Diese Feststellung erfährt eine besondere Akzentuierung und nochmalige Zuspitzung angesichts der Tatsache, daß wir seit geraumer Zeit eine – dem Bildungswillen entspringende und Bildungsoptimismus dokumentierende – Bildungsexpansion haben, die tendenziell die gesamte Bevölkerung erfaßt und die inzwischen, mit Baethge gesprochen, dazu geführt hat, daß die Schule für die überwiegende Mehrzahl der Jugendlichen bis zum 16. Lebensjahr „zur dominanten institutionalisierten Lebensform neben der Familie" geworden ist.[21]

Man denkt, wenn man Probleme dieser Entwicklung ins Auge faßt, gegenwärtig meist zunächst an Ungleichgewichte zwischen Bildungsangebot und Bildungsnachfrage und an die mit ihnen verbundenen Arbeitslosigkeitsfolgen.

Eine solche Fokussierung des Problemverständnisses ist aus der aktuellen Notlage einer zunehmenden Zahl junger Menschen verständlich. Hinter der Oberfläche des unabweisbaren Problems, das hier vorliegt, dämmert aber ein viel grundsätzlicheres Problem herauf, das mit einer zunehmenden nicht-intendierten, dementsprechend auch von niemandem verantworteten, bisher kaum ausreichend erkannten Einwirkung des expandierenden Bildungssystems auf die gesellschaftliche Psyche zu tun hat.

In paradoxer Zuspitzung läßt sich sagen, daß die nachindustrielle Gesellschaft, die man inzwischen schon als eine Lern-, Informations- und Bildungsgesellschaft anspricht, in dem Maße, in welchem sie zur „pädagogischen Provinz" wird, zu einer Gesellschaft mutiert, in welcher neuartige ungesteuerte, unverantwortete und weithin unbekannte Einwirkungsmächte soziopsychischer Natur zur Geltung gelangen.

Feststellungen solcher Art sind in letzter Zeit speziell in Verbindung mit den neuen Medien und Kommunikationstechniken aufgetaucht. Die Beschäftigung mit dem Thema „Bildung und Wertwandel" erweist jedoch, daß es falsch wäre und möglicherweise zu irrigen Schlußfolgerungen verleiten würde, nur dort nachdenklich zu werden, wo der Mikrocomputer und das Kabelfernsehen einziehen. Man bekommt, wie ich meine, das gesamte

Problemfeld nur dann in einer unreduzierten Weise in den Blick, wenn man sich den nicht-intendierten Folgen der Bildungsexpansion im ganzen zuwendet.

Ein Vergleich der Bildungsexpansion (oder: -revolution) mit der industriellen Revolution mag auf den ersten Blick abwegig erscheinen, oder allenfalls als Kontrastfall in Frage kommen, da der Arbeiter durch Proletarisierung von der Arbeit entfremdet wurde, während die Entfremdung des Schülers und Studenten von der Arbeitswelt eher durch Prozesse emanzipatorischer Art zustande kommt. Andererseits lag auch in der industriellen Revolution der Sachverhalt vor, daß eine Entwicklung, die von vielen mit den höchsten Hoffnungen begrüßt wurde, eine Fülle von unerkannten, von niemandem gewollten und verantworteten, gleichsam „naturwüchsig" eintretenden Nebenfolgen herbeiführte, die die bisherige Gesellschaft erschütterten und sprengten. Man kann sich auf den Standpunkt stellen, daß insoweit eine Parallele zwischen der industriellen Revolution und der Bildungsrevolution zu ziehen ist, von der in der Tat in der Gegenwart und in der vor uns liegenden Zukunft für die Epoche entscheidende Veränderungen auszugehen scheinen. Es entstehen hier, wie wir festgestellt haben, strukturelle Mechanismen, deren offenkundige Nützlichkeit nur die Oberfläche eines in Wirklichkeit viel breiteren und tieferen Wirkungsspektrums gesellschaftsverändernder Natur markiert. In der Entdeckung dieses Wirkungsspektrums ist, wie ich meine, die eigentliche Bedeutung der Thematisierung des Verhältnisses zwischen Bildung und Wertwandel zu sehen.

Es muß als Tatsache festgehalten werden, daß uns für die Erfassung der sozialpsychologischen Veränderungsfolgen der Bildungsrevolution einschließlich ihrer möglichen Problemdimensionen gegenwärtig noch schlicht die Begriffe (wie auch teils die Motive) fehlen. Wir müssen uns bisher noch an verhältnismäßig spärliche und isolierte Einzelfakten halten, deren Bewertung angesichts des noch fehlenden Gesamtüberblicks schwankend und widersprüchlich ist und sein muß, wobei sich die Folgenidealisierung und die Folgenperhorreszierung die Waage halten.

Folgenidealisierend erscheint die Annahme, die mit der Bildungsentwicklung zusammenhängenden, in immer breitere Bevölkerungsteile hineingetragenen Wertwandlungsdispositionen seien reine Fortschrittsphänomene und somit jeglicher Kritik enthoben. Folgenperhorreszierend ist dahingegen z.B. die von Daniel Bell vertretene Auffassung, der von der Kultursphäre ausstrahlende Wertwandlungstrend der Gegenwart sei „antinomisch" (d.h. gegen an und für sich bestehende Normen der Gesellschaftsentwicklung, wie z.B. das Leistungsprinzip gerichtet) und er trage somit zu einem zukünftigen Zusammenbruch der notwendigerweise auf Selbstdisziplin und rationaler Arbeit beruhenden postindustriellen Zivilisation bei.[22]

Was wir empirisch feststellen können ist, daß das Bildungssystem – im Zusammenhang mit anderen Einwirkungen, von denen hier nicht die Rede war – Wert- und Einstellungsdispositionen erzeugt, die sich mit gesellschaftlichen Lebens-, Funktions- und Erfahrungsbedingungen außerhalb der Bildungssphäre oft in einem deutlichen Spannungsverhältnis befinden, wodurch den Menschen, die diese Dispositionen besitzen, schwerwiegende Anpassungsprobleme aufgebürdet werden. Diese geben zu mehr oder weniger produktiven Bewältigungsstrategien Anlaß, die teils individuell und unpolitisch, teils aber auch kollektiv und politisch sind. Während das gegebene Spannungsverhältnis auf der einen Seite individuelles Suchen nach ungehinderter Wertaustragung, wie auch pragmatisches oder resignatives Rücksteuern von Werten auf ältere Ausgangslagen begünstigt, begünstigt es auf der anderen Seite auch die Entstehung von Konfliktlagen, in denen es typischerweise um die Abwehr entfaltungshemmender „Systemzwänge“ bzw., aus entgegengesetzter Perspektive betrachtet, um die Sicherung von Systemerfordernissen gegen „anarchische“ Infragestellungen geht. Wie die aktuelle politische Szenerie zeigt, sind diese Konfliktlagen zur Aufsaugung einer Vielfalt unterschiedlichster Probleme fähig, wodurch ihnen große Expansionskraft und disruptive Gewalt zuwachsen kann. Die unausgetragene Spannung zwischen den Pflicht- und Akzeptanzwerten und den Selbstentfaltungswerten, die wir nach dem Abbrechen des Wertwandlungsschubs haben, setzt sich somit über Spannungen zwischen gesellschaftlichen Subsystemen in Antagonismen um, die den soziopolitischen Minimalkonsens bedrohen. Das „cleveage“ der Werte wird zum Konfliktzentrum einer Gesellschaft, die nach der Überwindung älterer Klassengegensätze und religiöser Schismen auf dem Wege in eine integrative Entwicklung zu sein schien.

V.

Wenn ich mich nun noch den aus der Analyse ableitbaren Konsequenzen zuwende und mich dabei pflichtgemäß auf die „Prognose“ konzentriere, so möchte ich zunächst noch einmal an meine Basis- und Leithypothese erinnern. Ich hatte schon wiederholt, daß das Bildungssystem zwar eine „Disposition“ für die neuen Werte erzeugt, daß sich die Frage nach der Realisierung und Ausschöpfung dieser Disposition aber stets in dem Charakter „interagierender“ gesellschaftlicher Außenbedingungen entscheidet. Konkret bedeutet dies u.a. auch, daß die reale Entwicklung der gesellschaftlichen Wertorientierungen und ihr Wandel dem Bildungssystem keinesfalls exklusiv „zuzurechnen“ (oder „anzulasten“) sind. Es kommt hinzu, daß Dispositionen für veränderte Werte im Bildungssystem selbst, wie wir gesehen haben, sehr vielfältigen Ursachen entspringen, die keineswegs auf einen einfachen Nenner zu bringen sind. So wie die Dinge liegen, ist realistischerweise damit zu rechnen, daß die in Richtung der Selbstentfaltungswerte zielende Wertwandlungsproduktivität des Bildungssystems in Zukunft eher weiter zu- als abnehmen wird. Da sich voraussichtlich auch der Anteil der Bevölkerung, der die gehobeneren Bereiche des Bildungssystems durchläuft, in Zukunft weiter erhöhen wird, ist auch von daher eher mit einer weiter zunehmenden Einflußwirkung des Bildungssystems auf die Wertentwicklung zu rechnen.

Die „interagierenden", den Wertwandel auslösenden (oder auch abstoppenden) gesellschaftlichen Außenbedingungen entziehen sich aber nun – zumindest im Bereich mittelfristiger Zukunft – dem auf Berechenbarkeit abstellenden prognostischen Zugriff. So wie die Dinge gegenwärtig und auf absehbare Zeit liegen, scheinen sich diese Bedingungen in einer schwankenden Verfassung zu befinden, in der eine Art „Konjunkturverlauf" auszumachen ist, der mit dem wirtschaftlichen Konjunkturverlauf aber keineswegs voll identisch ist, wenngleich er mit ihm in Beziehung steht. Für die Wertsphäre bedeutet dies einen Zuwachs an Instabilität und Widersprüchlichkeit, wobei insbesondere in denjenigen Phasen, in denen die Selbstentfaltungswerte Aufschwünge erleben, heftig aufflammende gesellschaftliche Konflikte erwartbar sind.

Diese Vorhersage gilt nun aber nur unter der einen Bedingung, daß das gegenwärtige, ins Institutionelle verlängerte Spannungsverhältnis zwischen den Pflicht- und Akzeptanzwerten und den Selbstentfaltungswerten weiter anhält. Es muß mit Nachdruck betont werden, daß hierfür allerdings kein zwingender Grund besteht. Synthesen zwischen den Wertpolen des Selbstzwangs und der Selbstkontrolle auf der einen und der Triebauslebung und Selbstaktualisierung auf der anderen Seite waren in der Geschichte aller Gesellschaften immer wieder zu finden. Die Syntheseaufgabe stellt sich heute unter der Bedingung ausdifferenzierter und gegeneinander weitgehend autonomer gesellschaftlicher Subsysteme und einer historisch erstmaligen „Entlastung" des Menschen von Fremdzwängen aufgrund von Herrschaftszugriffen und Notlagen.

Die Lösung dieser Aufgabe ist nur auf gesamtgesellschaftlicher Grundlage möglich. Weiterentwickelte Formen der Arbeit spielen hier ebenso eine Rolle wie Fragen einer neuen Ethik und einer verbesserten Gesellschaftsorganisation. Der Bildung, die in alledem bisher als eine blinde Gewalt mitwirkt, stellt sich in erster Linie die Aufgabe, „sehend" zu werden und das, was sie dann erkennt, ihrer Natur gemäß zu vermitteln. Hiermit ist nicht in erster Linie Normatives gemeint. Hellsichtigen Gesellschaftsanalysen zufolge kommt es unter den Bedingungen hochgradiger gesellschaftlicher Komplexität in besonderem Maße auf „reflektierendes Bewußtsein"[30] an. Auf die Bildung bezogen muß dies in erster Linie heißen: Reflexion der nichtintentionalen Wirkungen der Bildung selbst im Gesamtzusammenhang der Persönlichkeits- und Gesellschaftsentwicklung. Lassen Sie mich mit der These enden, daß die Bildung nur dann, wenn sie diese Schwelle bewältigt, hoffen kann, ihren substantiellen Anspruch unter den Bedingungen der heutigen Welt einzulösen.

ANMERKUNGEN

1 Vgl. H. Klages: *Wertorientierungen im Wandel. Rückblick, Gegenwartsanalyse, Prognosen*, Frankfurt/New York 1984, S. 17 ff.

2 idem, S. 17 ff.

3 idem, S. 85 ff; Hinweise auf die Bedeutung von Werte-Mischungen und -Kombinationen finden sich auch bei W. Jaide: *Wertewandel? Grundfragen zur Diskussion*, Opladen 1983, S. 31 ff.; SINUS-Institut: *Die verunsicherte Generation. Jugend und Wertewandel*, Opladen 1983, S. 28 f.; G. Schmidtchen: *Neue Technik – Neue Arbeitsmoral. Eine sozialpsychologische Untersuchung über die Motivation in der Metallindustrie*, Köln 1984, S. 62 ff.

4 Vgl. hierzu F. Böltken und W. Jagodzinski: „Sekundäranalyse von Umfragedaten aus dem Zentralarchiv: Postmaterialismus in der Krise", in: *Information 12 des Zentralarchivs für empirische Sozialforschung.*

5 Vgl. K. Klages und W. Herbert: *Wertorientierung und Staatsbezug. Untersuchungen zur politischen Kultur in der Bundesrepublik Deutschland*, Frankfurt/New York 1983, S. 25 ff.

6 Für die Wertforschung ist zu sagen, daß sie das Thema „Bildung und Wertwandel" erst in allerletzter Zeit – in verhältnismäßig seltenen Texten, die bezeichnenderweise teils noch gar nicht veröffentlicht sind – aufgreift, wobei sie von einer herkömmlicherweise vorherrschenden sozio-ökonomischen, Einflüsse sozialer Schichtung ins Zentrum rückenden, den Bildungsprozeß ausklammernden Interpretation des Begriffs „Bildungsniveau" gehemmt wird.

Die Schul- und Hochschulsozialisationsforschung hatte Einflüsse des Bildungsbereichs auf die Wert- und Einstellungsentwicklung zwar bereits seit den auf die 30er Jahre zurückgehenden Bennington College-Studien von Newcomb und Mitarbeitern im Auge. Sie scheint aber gerade in letzter Zeit in starke Selbstzweifel darüber zu verfallen, ob sich die gewonnenen Einzelerkenntnisse zu einem konsistenten Gesamtbild zusammenfügen und ob überhaupt Effekte, die von gesellschaftlichen Außeneinflüssen unabhängig waren, gemessen werden konnten. Thesenhaft formuliert muß sich diese Forschungsrichtung durch die globale Frage nach dem Zusammenhang zwischen Bildung und Wertwandel überfordert fühlen, da sie von Anfang an exklusiv auf die Untersuchung von Schüler- und Studentenpopulationen abstellte, sodaß für übergreifende intersektorale Vergleiche und für die Kontrolle gesellschaftlicher Außeneinflüsse wenig Platz war.

Die Aussagefähigkeit der Jugendforschung endlich wird erstens dadurch eingeschränkt, daß die Ursachen für Wert- und Einstellungsveränderungen, auf deren Erfassung an und für sich großer Nachdruck gelegt wird, vornehmlich im Spannungsfeld zwischen Familie, Arbeit und Politik gesucht werden. Auch dort, wo Schüler- und Studentenpopulationen untersucht wurden, wurde der wert- und einstellungsverändernde Einfluß der Bildungsumwelt nur selten thematisiert. Es mag dies daran liegen, daß „die" Jugend schlechthin immer und überall die entscheidende Zielgruppe der Untersuchungen war und daß die Sicht nach „jugendtypischen" Einstellungen und Verhaltensweisen im Vordergrund stand. Es kam aber zweitens hinzu, daß bei dieser Suche dort, wo differenziert wurde, dem „abweichenden" Verhalten der Jugend unter Betonung jugendlicher Sub- und Gegenkulturen und jugendlichen Protestverhaltens, wie auch jugendlicher Problemgruppen wie z.B. der Arbeitslosen und der Alkohol- und Drogenabhängigen besondere Aufmerksamkeit gewidmet wurde. Es mag verständlich erscheinen, daß bei einer solchen Themenfokussierung die Beziehung zwischen Bildung und Wertwandel keine besondere Anziehungskraft zu entfalten vermochte;

vgl. zur Wertforschung: R. Eckert: *Selbstthematisierung und Möglichkeitshorizonte. Zur Wirklichkeitskonstruktion im Bildungssystem* (unveröffentlichtes Manuskript);

W. Herbert/W. Sommer: „Bildungssystem und Wertwandel", in: W. Sommer u. U.A. Graf von Waldburg-Zeil (Hrsg.): *Neue Perspektiven der Bildungspolitik*, München u.a. 1984, S. 19 ff.

vgl. zur Schul- und Hochschulsozialisationsforschung: F.E. Weinert: „Schule und Beruf als institutionelle Sozialisationsbedingungen", in: *Handbuch der Psychologie*, 7. Bd., S. 825 ff.; L. Huber: „Sozialisation in der Hochschule", in: K. Hurrelmann und D. Ulrich (Hrsg.): *Handbuch der Sozialisationsforschung*, Weinheim und Basel 1980, S. 521 ff.

vgl. zur Jugendforschung: B. Hille: „Jugendsoziologische Forschung in der Bundesrepublik Deutschland. Eine kritische Bilanz", in: *ZSE* (Zeitschrift f. Sozialisationsforschung und Erziehungssoziologie, Jg. 1983), S. 285 ff.; B. Schäfer: *Soziologie des Jugendalters. Eine Einführung*, Opladen 1982, passim.

7 Vgl. neben den einschlägigen Einzelstudien z.B. die im Rahmen des Projekts „Integrationsbereitschaft der Jugend im sozialen Wandel" von K. Allerbeck u. W.J. Hoag erstellte Vergleichsstudie „*16- bis 18-jährige 1962 und 1983*".

8 Anregungen zu den nachfolgenden Hypothesen verdanke ich vor allem den unter 6 aufgeführten Arbeiten von R. Eckert und W. Herbert.

9 H. Schelsky: *Wandlungen der deutschen Familie in der Gegenwart. Darstellung und Deutung einer empirisch-soziologischen Tatbestandsaufnahme*, Stuttgart 1954, S. 93 ff.

10 Vgl. z.B. B.M. Olson: „Rapides Wachstum als Destabilisierungsfaktor", in: Klaus v. Beyme (Hrsg.): *Empirische Revolutionsforschung*, Opladen 1973: S. 205 ff.

11 Vgl. hierzu schon Th. Litt: *Technisches Denken und menschliche Bildung*, Heidelberg 1957, passim; in letzter Zeit u.a.: M. Baethge, H. Schomburg, U. Voskamp: *Jugend und Krise – Krise aktueller Jugendforschung*, Frankfurt/New York 1983, S. 205 ff.

12 R. Eckert: [Anm. 6].

13 *Wissenschaftlicher Bericht 1979-1982 der Forschungsgruppe Hochschulsozialisation im Sonderforschungsbereich 23* (Universität Konstanz), S. 60.

14 K. Keniston: *Young Radicals. Notes on Committed Youth*, New York 1968, S. 264 ff.

15 Vgl. zur Schuldifferenzierung F.E. Weinert: [Anm. 6], S. 851 ff.; ein Literaturüberblick zum Thema der universitären Fachumwelt und fachspezifischen Sozialisation findet sich bei L. Huber: [Anm. 6], S. 543.

16 Vgl. bezüglich der Wirkung „allgemeiner Charakteristika" und des „Klimas" von Hochschulen L. Huber: [Anm. 6], S. 538 f.

17 Vgl. H. Klages: Wertorientierungen im Wandel, [Anm. 1], S. 126 ff.

18 L. Huber: [Anm. 6], S. 530.

19 Im selben Sinne z.B. auch N. Luhmann: *Soziale Systeme. Grundriß einer allgemeinen Theorie*, Frankfurt a.M. 1984, S. 644; speziell zum Thema des „hidden curriculum": L. Huber: [Anm. 6], S. 527 f.

20 A. Reble: *Geschichte der Pädagogik*, Stuttgart 1951, S. 13.

21 M. Baethge: [Anm. 11], S. 215 ff.

22 D. Bell: *Die nachindustrielle Gesellschaft*, Frankfurt/New York 1975, S. 361 ff.

23 B. Fritsch: *Wir werden überleben. Orientierungen und Hoffnungen in schwieriger Zeit*, München 1981, passim.

BILDUNGSPROGNOSEN: SCHEITERN OHNE ENDE ODER 'AUFBRUCH ZU NEUEN UFERN'?

Ansgar Weymann

1. Vorbemerkungen

Dieser Beitrag ist ein Bericht über das PODIUMSGESPRÄCH „Prognosen im Bildungsbereich – Scheitern ohne Ende?", das zwischen Bildungspolitik und Bildungsforschung auf dem Soziologentag geführt wurde. Es stand im Mittelpunkt der Veranstaltungsreihe zum Thema 'Prognosen im Bildungsbereich'.

An diesem Gespräch in der Westfalenhalle nahmen teil:

P.H. Piazolo: Staatssekretär im Bundesministerium für Bildung und Wissenschaft,
B. Engholm: ehemaliger Bundesbildungsminister und jetziger Vorsitzender der SPD-Fraktion in Schleswig-Holstein,
U. Beck: Prof. für Soziologie an der Universität Bamberg,
L. v. Friedeburg: ehemaliger Hessischer Kultusminister und Direktor des Instituts für Sozialforschung an der Universität Frankfurt,
R. Geipel: Direktor des Bayerischen Staatsinstituts für Hochschulforschung und Hochschulplanung, München,
U. Teichler: Direktor des Wissenschaftlichen Zentrums für Berufs- und Hochschulforschung, Gesamthochschule Kassel,
R. Wildenmann: Prof. für Politische Wissenschaft, Universität Mannheim.

Ausgangspunkt des Gesprächs war eine Auseinandersetzung um Fehlschläge von Bildungsprognosen einerseits und um Fehlinterpretationen von Prognosen durch die Bildungspolitik andererseits, ein Thema, das vor allem die Öffentlichkeit unter den Stichworten Studentenberg, Lehrerbedarf und Lehrstellenmangel interessiert. Gegenstand des Gesprächs war jedoch über diesen Ausgangspunkt hinaus die Fortführung des Dialogs zwischen Bildungspolitik und Bildungsforschung unter Voraussetzungen, die gegenüber den sechziger und siebziger Jahren erheblich verändert sind. Welche Ziele und Probleme sehen beide Seiten heute, wie beurteilen sie die gegenwärtigen Kooperationsmöglichkeiten und welche Perspektiven bieten sich für die Zukunft? Welche Rolle spielt nicht zuletzt die universitäre Bildungsforschung gegenüber der 'ressortnahen' und der Auftragsforschung?

Dieser Bericht ist kein Protokoll. Er ist eine Zusammenfassung der wesentlichen Beiträge aus der Sicht des Verfassers auf der Grundlage einer Tonbandaufzeichnung. Insofern sollte sich alle Kritik an diesem Bericht auf dessen Verfasser richten, nicht aber auf die Podiumsteilnehmer, denen der Text nicht zu Autorisierung vorgelegen hat.

2. Die Gesprächsbeiträge

Staatssekretär Piazolo, der ebenso wie der ehemalige Bundesbildungsminister Engholm gebeten worden war, das Gespräch mit einem Erfahrungsbericht zum Thema „Bildungsprognosen" zu eröffnen, unterscheidet drei Phasen von Politikberatung durch Bildungsprognosen:

Die Situation in den sechziger Jahren ist durch ein ungetrübtes Verhältnis von Bildungspolitik und Bildungsforschung (Soziologie/Psychologie/Ökonomie) gekennzeichnet. Die Schlagworte Bürgerrecht auf Bildung, Chancengleichheit, Abbau konfessioneller Differenzen, Abbau regionaler Unterschiede des Bildungsverhaltens, Erforschung von Bildungsübergängen, Förderung von Begabungsreserven und Bedarfsrechnungen der Wirtschaft sind noch heute jedermann vertraut. Der aus verschiedenen Untersuchungen 1965 sich speisende Bedarfsplan des Landes Baden-Württemberg sieht bis 1980 eine Jahresquote der Abiturienten von 15% vor. Die entsprechende Quote für die Mittlere Reife lautet 40%. Bereits 1975 sind diese Zahlen noch in der Umsetzungsphase des Bedarfsplans überholt.

Während in den sechziger Jahren Ausgangspunkt der politischen Bedarfsplanung die empirische Analyse war, steht mit dem Bildungsgesamtplan 1973 am Anfang eine politisch-normative Grundsatzentscheidung. Diese ist das Ergebnis eines politischen Kompromisses, nicht das Resultat von Bildungsforschung. Die Zielzahlen für die verschiedenen Abschlüsse sind „frei gegriffen", nicht das Ergebnis von Bedarfsprognosen oder Angebotsprognosen.

Der Einfluß unabhängiger Bildungsprognosen geht in den achtziger Jahren noch weiter zurück. Das liegt nicht so sehr an den wiederholt zu niedrigen Schätzungen, als vielmehr an der sehr starken Stellung der mittlerweile aufgebauten „ressortnahen" Apparate und Forschungsinstitute. Der Bedarf an universitärer Bildungsforschung ist geringer geworden.

Der Schluß aus der geänderten Rolle der (universitären) Bildungsforschung ist, daß sie sich mit den komplizierteren Parametern des Bildungsverhaltens beschäftigen sollte: mit veränderten Studienmotivationen und biographischen Entwürfen, mit Reaktionen auf die Arbeitsmarktsituation, mit neuen Kombinationen von Ausbildungsgängen und mit durch Arbeitslosigkeit gezeichneten Problemregionen.

Ebenso wie sein Vorredner unterstreicht auch Engholm, daß nach seiner Einschätzung Bildungsforschung und Bildungsberatung nicht gescheitert sind. Vielmehr hat die Bildungspolitik aus der Forschung Handlungskonsequenzen abgeleitet, für die sie selbst, nicht aber die Forschung geradestehen muß. Vor allem aber ist die wesentlich verschlechterte Wirtschaftslage zu berücksichtigen, die auf Bildungsprognosen und Bildungspolitik negativ zurückschlägt.

Soweit die sozialwissenschaftliche Forschung etwas zu Bildungsprognosen beisteuert, befaßt sie sich mit schwer quantifizierbaren, aber außerordentlich wichtigen Parametern. Hier sind die Berufs- und die Qualifikationsforschung zu nennen, Untersuchungen zur Unterrepräsentanz von Bevölkerungsgruppen (z.B. Frauen), Analysen zum Begabungsbegriff und zum Lernverhalten.

Diese und andere Forschungsfelder haben die Bildungspolitik beeinflußt und in die richtige Richtung gedrängt. Kritik an sozialwissenschaftlichen Bildungsprognosen ist vor allem da anzubringen, wo sie zu modellhaft und detaillistisch sind, zu monokausal, zu wenig interdisziplinär. Als fatal erweist sich immer wieder die Abhängigkeit von der Auftragsvergabe, ebenso aber auch der fehlende Mut der Forschung selbst, Schlußfolgerungen aus ihren Arbeiten zu ziehen und öffentlich zu vertreten. So überläßt man die Schlußfolgerungen ohne öffentliche Debatte anderen.

Ebenso wie Piazolo hält auch Engholm an der Notwendigkeit sozialwissenschaftlicher Bildungsforschung und Bildungsprognosen auch für die Zukunft fest.

Ludwig v. Friedeburg, der Entstehung von und Umgang mit Bildungsprognosen von beiden Seiten her kennt, drängt auf eine Unterscheidung zwischen dem wissenschaftlichen und dem politischen Zweck von Prognosen. Wissenschaftlich dienen sie einer möglichst genauen Vorhersage von mittelfristigen Entwicklungen, politisch sind sie das Material, das Argumente für normative Entscheidungen liefert. Verwaltung und Politik haben insbesondere aus quantitativen Prognosen, die überwiegend ohne Soziologen zustande gekommen sind, das jeweils „Beste" gemacht. Wie die Nutzbarkeit von Bildungsprognosen selbst innerhalb von Politik und Verwaltung variiert, zeigen die Auseinandersetzungen zwischen Finanz- und Bildungsministerien um die „richtigen" Zahlen und ihre angemessene Interpretation.

Die Prognosen selbst haben eine Exaktheit vorgetäuscht, die erst mit dem Begriff des „Korridor" eingeschränkt wurde. Ihre Qualität leidet schon im Ansatzpunkt an der mangelhaften Bildungsstatistik, die häufiger aktualisiert und in ihren Indikatoren angereichert werden müßte. Die unvermeidlicherweise „gegriffenen" Parameter sollten realistisch sein und nicht dem situationsabhängigen Wunschdenken entspringen. Ganz besonders aber muß die Bildungsforschung wissen, daß qualifizierte Prognosen ohne eine intensive historische Analyse vorausgegangener Bedingungen und Entwicklungen nicht gelingen können.

Was kann die Bildungspolitik eigentlich selbst tun, um nicht weiterhin falsche Parameter vorsätzlich ins Spiel zu bringen, weil sie opportun sind?

Zu den zitierten „vorsätzlich" falschen Parametern der Rolle normativer Zwecksetzung und zur Rolle der „Apparate" steuert Geipel einige Beispiele aus der ressortnahen Forschung bei.

Obwohl Prognosen über Studentenzahlen und Lehrerbedarfsprognosen eigentlich am leichtesten zu erstellen sind, da die Ministerien über die einschlägigen Zahlen zum guten Teil selbst verfügen, sind diese Prognosen weder durchweg eingetroffen noch haben sie das Bildungsverhalten wesentlich beeinflussen können. Ursache ist einmal die Nichtberücksichtigung komplizierter Parameter, die sich z.B. unter dem Stichwort „Wertewandel“ verbergen, und die eine qualifizierte sozialwissenschaftliche Prognose einbeziehen müßte. Dem „Studentsein“ kommt heute eine andere Qualität zu, und dieser Lebensabschnitt spielt im gesamten biographischen Entwurf eine andere Rolle.

Neben dem „Wertewandel“ und seiner Berücksichtigung in sozialwissenschaftlichen Prognosen spielen ganz andere politische Gesichtspunkte eine Rolle im Umgang mit Bildungsprognosen, die mit Bildungspolitik nichts zu tun haben. So hat beispielsweise die Regionalpolitik einen entscheidenden Einfluß auf die Standortwahl von Universitätsgründungen gehabt. Da die in die Randgebiete exportierten Ausbildungsplätze jedoch vorzugsweise zu den „preiswerten“ Literaturfächern zu zählen sind, sind die Berufsaussichten der Absolventen in den ohnehin „unterentwickelten“ Bezirken noch schlechter als im Durchschnitt.

Probleme der Arbeitsmarktentwicklung und Fehlschläge der Wirtschaftspolitik werden nicht selten dem Bildungswesen angerechnet, anstatt dessen unbestreitbare Erfolge zu würdigen.

Wildenmann greift das mehrfach angesprochene Problem von Bildungsprognosen auf: Bildungsprognosen laufen ohne gründliche empirisch-soziologische Forschung auf ein sinnloses Tun hinaus. Selbst ein so offensichtlicher Faktor wie die Entwicklung der Geburtenraten wurde lange Zeit schlicht übersehen. Die Arbeit empirisch-soziologischer Forschung findet insgesamt nicht die Unterstützung, die sie benötigen würde. Einerseits haben spekulative Sozialwissenschaften immer noch den größeren Einfluß innerhalb der Sozialwissenschaft, andererseits sind die Sozialwissenschaften insgesamt in einem grotesken Ausmaß gegenüber der Förderung von Naturwissenschaften und Ingenieurwissenschaften diskriminiert. Dieser Übelstand vergrößert die Abhängigkeit von Auftragsforschung, deren Qualität generell zweifelhaft ist. Das Schlechteste allerdings ist die Parteienforschung samt ihren Apparaten.

Es sind jedoch nicht nur die Probleme der Forschung, die zur Kritik herausfordern. Die Bildungspolitik hat nicht gesehen, daß die Bildungsexpansion nicht Chancengleichheit, sondern Chancenungleichheit vertieft hat. Sie hat die Durchsetzungsfähigkeit einer „öffentlichen“ Versorgungsklasse ignoriert. Während Partizipation und Arbeiterklasse in der Bildungspolitik zitiert werden, spielt beides faktisch keine Rolle. Politiker und Parlamente sind nicht mehr zu klaren Urteilen in der Lage, da sie zu sehr mit der „Versorgungsklasse“ verschwistert sind.

Wildenmann fordert, das Verhältnis von Bildungspolitik und Bildungsforschung auf eine neue, unbefangene Basis zu stellen, die empirisch-analytische Forschung zu stärken, ihre Unabhängigkeit zu sichern, und die Informationssysteme zu verbessern.

Beck weist darauf hin, daß das Verhältnis von Bildungspolitik und Bildungsforschung nicht erst in jüngster Zeit, sondern seit den sechziger Jahren „seine Unschuld verloren hat". Die Verknüpfung von Bildungsprognosen und Bildungspolitik geht so weit, daß veröffentlichte Bildungsprognosen sich in ihrer Wirkung wechselseitig konterkarieren. Bildungsempfehlungen und Arbeitsmarktbedarfsprognosen schließen sich wechselseitig aus. Bildung weist keine eindeutigen Chancen mehr zu, zugleich aber ist sie immer notwendiger geworden, um überhaupt noch verbliebene Chancen nutzen zu können. Einerseits wird die Forderung erhoben, den Berufsbezug der Bildung zu intensivieren, andererseits entkoppeln sich Bildung und Beschäftigungssystem zunehmend. Ob sinnvolle Prognosen heute noch möglich sind, scheint nach Lage der Dinge zweifelhaft.

Teichler stimmt der Einschätzung zu, daß die klassische Rollenverteilung von Wissenschaft und Politik überholt ist, so daß sich die Bildungsforschung nach ihrer „Umsetzung in Bildungspolitik" auch nicht mehr als Sündenbock eignet. Die strikte Arbeitsteilung besteht nicht mehr durch die Professionalisierung der Politiker, durch die Existenz einer Gruppe von „Mittlern", durch die Forschungsapparate in Politik und Verwaltung.

Was kann dann heute noch die Rolle von Bildungsprognosen und universitärer Bildungsforschung insgesamt sein? Ihr wächst paradoxerweise dadurch eine neue Aufgabe zu, daß die ausgebaute „Apparateforschung" zwar schnell und professionell die „Wunschzettel" der Politik abhakt, daß sie aber gerade dadurch die zu prüfenden Prämissen bereits vollständig vorab in ihre Untersuchungen aufgenommen hat. Der Hochschulforschung kann dadurch die Rolle eines „Obergutachters" zuwachsen.

Dic Frage ist allerdings, ob die akademische Soziologie diese Situation überhaupt sieht und bereit und in der Lage ist, die gegebenen Chancen zu nutzen. Ein neuer Dialog zwischen Wissenschaft und Ministerien ist jedenfalls fällig.

Die Wirksamkeit von Bildungsprognosen ist jedoch nicht nur durch die zahlreichen schon genannten Faktoren in der Bildungsforschung und der Bildungspolitik beeinträchtigt worden, hinzuzufügen ist die Rolle der Gerichte. Das Bundesverfassungsgericht hat im Prinzip den unbeschränkten Zugang zum Bildungssystem festgeschrieben und damit Planungsmöglichkeiten eingeschränkt. Soweit Zulassungsbeschränkungen noch durchgesetzt werden können, bedürfen sie einer wissenschaftlichen Untermauerung im Einzelfall. Hier liegt der zweifelhafte Wert der Korridor-Prognosen.

Der neue Dialog zwischen Bildungsforschung und Bildungspolitik sollte nicht an den Apparaten vorbeigehen, sondern sie ergänzen und einbeziehen. Interessanter Gegenstand sind für die Bildungsforschung nicht die Zahlen, sondern die kritische Auseinandersetzung mit den Parametern der Modellannahmen.

Piazolo beantwortet die Frage nach neuen Formen des Dialogs, nach Kooperationsmöglichkeiten zwischen Bildungsministerien und Bildungsforschung zunächst mit einem Rückgriff auf die Kritik an den normativen Setzungen im politischen Bereich. In der Auseinandersetzung um solche normativen Setzungen kann die Bildungsforschung nur eine begrenzte Rolle spielen. Diese begrenzte Chance vergibt sie sich, wenn sie ihrerseits noch falsche Bedarfsprognosen vorlegt.

Andererseits ist das weite Feld qualifizierter Untersuchungen zu den wesentlichen Parametern von Prognosen noch keineswegs beackert. Zum Verhältnis von Bildung und Arbeit gilt, daß auch heute noch eine möglichst gute Qualifizierung anzustreben ist, keinesfalls die Verringerung des Bildungsniveaus. Zum Zusammenhang von Bildung und Arbeit brauchen wir jedoch heute beispielsweise biographische Untersuchungen, nicht nur Prognosen.

Generell gilt, daß wir nicht weniger Informationen benötigen, sondern mehr. Die Disziplinen müssen lernen, interdisziplinär zusammenzuarbeiten. Sie müssen vor allem in ihrer Forschung ein wesentlich höheres Tempo einschlagen, damit die Forschungsergebnisse nicht von der Wirklichkeit überholt werden. Fatal ist die gegenwärtige Neigung zu rückwärts gerichteter, nur noch evaluierender Forschung, der es an Kreativität fehlt, die Perspektiven und Alternativen nicht mehr entwerfen kann.

Der schnell zu befriedigende, aktuelle Beratungsbedarf darf nicht auf Kosten der Grundlagenforschung gehen, an die jede angewandte Forschung zurückgebunden sein muß. Die Umsetzung selbst geschieht allerdings nicht durch Berichte, sondern durch Expertengespräche, die Ausgangspunkt und Endpunkt von Berichten sein können.

Zu den wenig durchdachten und schon gar nicht umgesetzten alternativen Modellen der Verknüpfung von Bildung und Arbeit gehört ein lebenslanges, flexibleres Wechseln von einem Bereich in den anderen, anstelle einer überlangen Erstausbildung.

Auch in Zukunft wird das Bundesbildungsministerium auf keinen Fall auf Politikberatung durch universitäre Bildungsforschung verzichten, was zu einer alleinigen Angewiesenheit auf die „Apparateforschung" führen würde, der die Rückbindung an die Grundlagenforschung abhanden kommt.

Auch Engholm unterstreicht noch einmal, daß er keinen vernünftigen Grund sieht, Bildungsprognosen und Bildungsforschung in besonderer Weise zu kritisieren. Diese Arbeiten seien im Gegenteil besser als manche anderen, z.B. Energieprognosen oder Gutachten der „Fünf Weisen". Nicht nur die Schwäche, sondern vor allem auch die Stärke sozialwissenschaftlicher Forschung liegt in der Berücksichtigung des „Faktors Mensch".

Das Verhältnis von Bildung und Arbeit muß zweifellos neu definiert werden, dennoch ist generell nach wie vor eine möglichst qualifizierte Ausbildung das Leitziel. Ein neues Problem ist bei steigendem Ausbildungsniveau das Entstehen einer Gruppe von Unterqualifizierten ohne jede Chance in einem auf hohe Anforderungen ausgerichteten Beschäftigungssystem.

Ein anderer Punkt, mit dem sich die Bildungsforschung wieder mehr befassen müßte, ist das Nachdenken über Lern- und Bildungs*ziele* für die Zukunft. Die Effizienz der Ausbildung und die kurzfristige Bedarfsdeckung können nicht die alleinige Zieldefinition sein. Sie werden immer zu kurz greifen.

Neben dem Problem der Unabhängigkeit von Auftraggebern hat die Bildungsforschung ein ureigenes Problem zu lösen: sie muß aus ihren Analysen praktische Folgerungen ziehen und den Mut haben, diese auch der Öffentlichkeit, insbesondere zahllosen hochprofessionalisierten Praktikern in allen Bereichen zu unterbreiten. Es ist an der Zeit, daß die universitäre Forschung sich um einen breiten Wissenschaftstransfer bemüht, den es in diesem Lande bislang kaum gibt.

3. Zusammenfassung

Eine Zusammenfassung für wesentlich gehaltener Gesichtspunkte des Podiumgesprächs ist unvermeidlicherweise noch subjektiver als die Rekapitulation der Gesprächsbeiträge. Das vorangestellt, möchte ich folgende Punkte herausstreichen:

3.1

Angesichts der gegenwärtigen öffentlichen Diskussion um Bildungspolitik und Bildungsforschung, die sich gerade auch an Bedarfs- und Angebotsprognosen festmacht, war das Gesprächsklima bemerkenswert entspannt. Die Zusammensetzung des Kreises signalisiert meines Erachtens auch, daß Bildungsforschung und Bildungspolitik nicht 'abgedankt' haben.

3.2

Die Bildungsforschung hat der Bildungspolitik wesentliche Impulse gegeben. Sie hat wichtige Probleme angerissen und Perspektiven gewiesen. Es gibt keinen Grund zu pauschaler Kritik. Auch ihre Prognosen waren besser als die auf manch anderem Gebiet. Ein Bedarf an Bildungsprognosen und Bildungsforschung besteht auch in Zukunft. Es ist zudem unseriös, Bildungsprognosen, Bildungsforschung und Bildungspolitik für Entwicklungen verantwortlich zu machen, die zur Wirtschaftspolitik und zur Regionalpolitik gehören. Auch sind Handlungsbeschränkungen durch die Gerichte und durch die Interessen der 'öffentlichen Versorgungsklasse' zu benennen.

3.3

Der massive Ausbau der 'Apparate' in Ressortforschung, ressortnaher Forschung und Auftragsforschung hat den Stellenwert der universitären Forschung in der unmittelbaren Beratung verringert. Da die 'Apparateforschung' jedoch zu wenig unabhängig ist, 'Verwaltungsmerkmale' zeigt, Anschluß an die Grundlagenforschung verliert, bedarf sie einer Ergänzung durch die universitäre Forschung. Es ist allerdings die Frage, ob die Universitätsforschung, mit Selbstkasteiung beschäftigt, diese Chance sieht und zu nutzen versteht.

3.4

Auch in Zukunft besteht Prognosebedarf. Die Forschung muß schnell und pragmatisch reagieren. Sie muß vor allem kreativ sein, Problemlösungen vorschlagen, Alternativen aufzeigen können. Sie sollte nicht 'rückwärtsgewandt' einhergehen. An neuen Themen sind biographische Studien und Lebenslaufuntersuchungen zunehmend wichtig. Das Verhältnis von Bildung und Arbeit muß neu definiert werden. Nicht eine Absenkung des Bildungsniveaus, sondern phantasievolle Modelle des lebenslangen Wechselns zwischen Bildungs- und Beschäftigungssystem (recurrent education) sind zu verfolgen. Eine verbreiterte und aktualisierte Bildungsstatistik, umfassendere Informationsflüsse sind zu verbessernde Forschungsvoraussetzungen. Komplizierte 'qualitative' Untersuchungen zur historischen Entstehung von Handlungsbedingungen, zum Wertewandel, zu zukunftsorientierten Lernzielen sind notwendig.

3.5

Die Bildungsforschung der Universitäten braucht Unabhängigkeit. Sie ist gegenüber den Naturwissenschaften radikal benachteiligt, aber auch durch eine rein spekulative Sozialwissenschaft beeinträchtigt. Sie darf nicht überwiegend auftragsabhängig werden. Andererseits fehlt ihr selbst der Mut, aus Untersuchungen praktische Schlußfolgerungen zu ziehen, so daß sie die Folgerungen Politik und Massenmedien von vornherein überläßt. Es fehlt an einem eingespielten Wissenschaftstransfer. Normative Entscheidungen der Bildungspolitik und die Notwendigkeit von Kompromissen werden dadurch nicht aufgehoben, jedoch könnte der Einfluß der Bildungsforschung stärker sein.

3.6

Die Professionalisierung der Politik und die Existenz professioneller Mittler haben das „Verwendermodell" – hier Bildungsforschung, dort Bildungspolitik – obsolet gemacht. Alle Seiten zeigen sich an einem „neuen Dialog" interessiert, wobei die „terms" dieses Dialogs noch zu finden sind.

Politikberatung durch Bildungsforschung?

EINLEITUNG

Friedhelm Gehrmann

Politiker und Ministerialbeamte betonen immer wieder die Notwendigkeit einer umfassenden und kontinuierlichen Politikberatung durch die Wissenschaft. Nach diesem – von einigen Wissenschaftlern als Lippenbekenntnis charakterisierten – Hinweis bedauern die politischen Entscheidungsträger üblicherweise, daß die Politikberatung zu sehr aus fachlich-wissenschaftlicher Sicht und zu wenig aus dem Blickwinkel von Entscheidungsträgern erfolgte.

Diese Aussagen erklären sicherlich nicht allein die geringe Akzeptanz und Implementation der wissenschaftlichen Politikberatung. Jedoch muß zugegeben werden, daß einige Beratungen in einer Sprach- und Abstraktionsform erfolgen, die zum Teil nur noch von einem kleinen Spezialistenkreis lesbar sind. Die Wissenschaft ist aufgerufen, die Politikberatung im Interesse einer Implementation so abzufassen, daß die Berichte „lesbar" sind und zur Entscheidungsvorbereitung für praktische politische Programme unmittelbar herangezogen werden können.

Entscheidungsträger sind daran interessiert, Handlungssicherheit im Detail bei gleichzeitiger Reduktion von Komplexität zu erhalten. Je stärker es der Wissenschaft im Rahmen der Politikberatung gelingt, wirklich implementierbare Forschungsergebnisse zu präsentieren, desto weniger können die politischen Entscheidungsträger

– Vorwände zur Umgehung bzw. Verhinderung der gelieferten Vorschläge finden,
– die Politikberatung zur Legitimation der ohnehin geplanten Programme „mißbrauchen" und
– der Politikberatung somit lediglich eine Alibi-Funktion zuweisen.

Die an Implementation orientierte Wissenschaft liefert den Entscheidungsträgern jedoch nicht Handlungssicherheit im Detail unter Abnahme von Komplexität; sie führt im Gegenteil eher zu einem Anstieg an Komplexität ohne Erhöhung der Handlungssicherheit. Durch Offenlegung von Handlungsalternativen werden die Entscheidungsträger jedoch an ihre eigentliche

Arbeit herangeführt, nämlich auf der Grundlage wissenschaftlich aufbereiteter Alternativen politische Entscheidungen zu fällen.

Vor dem Hintergrund dieser allgemeinen Problematik von Politikberatung beschäftigen sich die Verfasser der folgenden fünf Beiträge mit dem Thema „Politikberatung durch Bildungsforschung?". Der Beitrag von Meulemann kann als Grundlagenbeitrag zum Themenbereich bezeichnet werden. Bildungsabschlüsse in modernen Industriegesellschaften sind – so Meulemann – doppeldeutig: Sie verweisen auf Qualifikationen und auf Werthaltungen. Bildungsabschlüsse bieten Lebenschancen, die sich im Beruf realisieren, und sie fordern eine Lebensführung, die sich in der Familie und in der Freizeit ausdrückt.

Die Beiträge von Alex, Griesbach, Schulenberg und Zapf sind auf der Grundlage von praktischen Erfahrungen in der Politikberatung entstanden. Wie nicht anders zu erwarten, sind die Erfahrungen bezüglich der Akzeptanz und Implementation von Politikberatung höchst unterschiedlich. Schlagwortartig und verkürzt kann dies durch folgende Zitate belegt werden:

- Das besondere Mandat des Bundesinstituts für Berufsbildung zur Politikberatung ist eine Herausforderung, die nicht nur das wissenschaftliche Selbstbewußtsein stärkt, sondern Mut verlangt, manchen politischen Unwillen zu ertragen (Alex).
- Gelegentlich bleiben Empfehlungen bei politischen Entscheidungen unberücksichtigt. Darin sieht HIS keinen Mißerfolg; Ratschläge können von dem, der sie erbeten hat oder unerbeten erhält, befolgt werden oder nicht (Griesbach).
- Ein Gutachten im Auftrag des niedersächsischen Wissenschaftsministers zum Niedersächsischen Erwachsenenbildungsgesetz spricht sich gegen die Novellierung des Gesetzes aus. Die Mehrheitsfraktion hat dennoch die beabsichtigte Novellierung durchgesetzt, der Minister hat die Argumente seines eigenen Gutachtens kaum vertreten. Eine Farce der Politikberatung durch Bildungsforschung? (Schulenberg).
- Politiker sind vielbeschäftigte Leute, die in der Regel *nicht* um Rat fragen und sich auch nicht belehren lassen. Wie andere Führungsgruppen auch, suchen sie jedoch ständig nach Konzepten und Deutungsangeboten (Zapf).

Zur Vermeidung möglicher Mißverständnisse sei betont: Diese Zitate sind nicht als Resümee der Beiträge zu interpretieren, sondern sollen lediglich die Bandbreite der Erfahrungen der Autoren in der praktischen Politikberatung kennzeichnen.

Politikberatung ist sicherlich ein mühsames Geschäft; das ist eine Binsenweisheit. Empirische Sozialwissenschaftler sind aber gut beraten, wenn sie sich dieser mühsamen Herausforderung stellen und sich an der Konzeptualisierung von aktuellen gesellschaftspolitischen Problemen und Lösungsvorschlägen beteiligen.

POLITIKBERATUNG DURCH BERUFSBILDUNGSFORSCHUNG

Laszlo Alex

Ein wichtiges innenpolitisches Thema im Spätsommer eines jeden Jahres ist die Ausbildungsstellensituation. Fast mit gleichen Rollen, wenn auch mit unterschiedlichen Akteuren im Falle eines Regierungswechsels, wird jedes Jahr das gleiche Spektakel geboten. Arbeitgeber und Gewerkschaften vertreten grundsätzlich unterschiedliche Standpunkte. Was der eine als Erfolg bezeichnet, verbucht der andere als Mißerfolg. Wird diese Kakophonie der Stimmen durch eine ungenaue Beschreibung der Lage hervorgerufen? Zum Teil ja; zum Teil kann die subjektive Sichtweise von der gleichen Lage durchaus unterschiedlich sein. Müßte sich hier nicht die Forschung um eine Versachlichung bemühen?

Das Bundesinstitut für Berufsbildung hat vor Jahren umfangreiche Berechnungen zur Bestimmung der latenten Nachfrage nach Ausbildungsplätzen – die nach der Abgrenzung des Ausbildungsplatzförderungsgesetzes nicht erfaßt wird – aufgestellt. Die damalige Bundesregierung empfand diese „Aufhellung der Dunkelziffer" als wenig hilfreich. Auch die jetzige Bundesregierung äußerte sich ziemlich ungehalten, als im September vorigen Jahres eine Analyse der damaligen Ausbildungsstellensituation vom Bundesinstitut vorgelegt wurde. Die Motive für den politischen Unwillen waren beidesmal die gleichen: Da die Ausbildungsstellensituation seit Eintritt der geburtenstarken Jahrgänge und wegen der anhaltenden Wirtschaftsschwäche seit Jahren defizitär ist, entsteht durch eine solche Analyse ein politischer Handlungsdruck. Ein solcher Handlungsdruck ist unerwünscht, da systemkonforme Instrumente nur sehr beschränkt vorhanden sind. Ein guter Kenner der berufsbildungspolitischen Szene schrieb hierzu: „Solange die Wirtschaft sich zu ihrer Ausbildungsverpflichtung bekennt, und solange sie in einem so großen Umfange Ausbildungsplätze ohne zusätzliche Finanzierung anbietet, wird es keine parlamentarisch-politische Kraft geben, die bereit und in der Lage ist, die Finanzierung dieser Ausbildung durch Umlage oder aus dem Staatshaushalt zu regeln".[1]

Soll sich die Forschung bei der Lagebeschreibung abmelden? Damit sind wir mitten in unserem Thema. Politikberatung durch Forschung kann sich grundsätzlich erstrecken

– auf die Konkretisierung von Zielen mit Hilfe einer genauen Diagnose der Lage – wobei sich die Diagnose keineswegs nur auf den Ausbildungsstellenmarkt, sondern auch auf die Qualitätslage (Inhalt und Vermittlung der Ausbildung) erstreckt – und einer Status-quo-Prognose („was geschieht, wenn nichts passiert") und

– auf die Überprüfung bzw. Entwicklung eines Handlungsprogramms mit dessen Hilfe die gegenwärtige Lage in eine „Ziellage“ überführt wird.

Diese Funktionen gelten auch für die Berufsbildungsforschung. Ohne diagnostische und prognostische Informationen ist eine rationale Berufsbildungspolitik nicht möglich.

Die Berufsbildung umfaßt die Bereiche: Berufsausbildung (Erstausbildung) und Weiterbildung (berufliche Fortbildung und Umschulung). Die staatlichen Aktivitäten beschränken sich vorwiegend auf den Bereich der Berufsausbildung, der auch Gegenstand der folgenden Ausführungen ist.

Das Kernstück des deutschen Berufsausbildungssystems ist die duale Ausbildung, d.h. also Ausbildung in einem Betrieb verbunden mit dem Besuch einer Teilzeitberufsschule. Die Wesenszüge des Systems sind die eigenverantwortliche Durchführung und Finanzierung der Ausbildung durch die Betriebe. Auf dem Ausbildungsstellenmarkt (ein Teilbereich des umfangreicheren 'Berufsbildungsmarktes') bieten private und öffentliche Betriebe Ausbildungsplätze an. Das Ausbildungsverhältnis wird mit dem Abschluß eines privatrechtlichen Vertrages zwischen dem Jugendlichen und dem Betrieb begründet. Im Gegensatz zur schulischen Ausbildung ist die betriebliche Ausbildung privatwirtschaftlich organisiert und 'marktwirtschaftlich' gesteuert: Die quantitative Steuerung erfolgt durch „Kräfte des Marktes“ zwischen Bewerbern und Betrieben, die qualitative Steuerung im wesentlichen durch Absprachen zwischen Arbeitgebern und Gewerkschaften, die staatlich – durch rechtsverbindliche Ausbildungsordnungen – sanktioniert werden. In diesem von wirtschaftsliberaler Tradition geprägten System sind die Möglichkeiten des staatlichen Einflusses vorwiegend indirekter Art. Sie beschränkten sich bis in die 70er Jahre vorwiegend auf die Verbesserung der Ausbildungsqualität. So nennt die Bundesregierung im Jahre 1973 als wichtigste Ziele der Berufsausbildungspolitik:

- „die Systematisierung und Pädagogisierung der betrieblichen Ausbildung,
- die curriculare Abstimmung der Ausbildung zwischen der Berufsschule und der betrieblichen Ausbildung,
- die Umgestaltung des ersten Jahres der Berufsausbildung zu einem Berufsgrundbildungsjahr,
- die Ergänzung und Verbesserung der betriebsbedingten unterschiedlichen Ausbildungsleistungen der Ausbildungsbetriebe,
- die Erweiterung des Ausbildungsangebots in strukturschwachen Regionen und im Zonenrandgebiet,
- die Förderung der Integration beruflicher und allgemeiner Bildung durch Abstimmung, Verzahnung und Verflechtung der Bildungsgänge in einem Bildungssystem.“[2]

Auch bei den Beschlüssen zur beruflichen Bildung des im Jahre 1973 verabschiedeten Bildungsgesamtplanes beschränkte man sich auf die Betonung der bereits durch das Berufsbildungsgesetz 1969 verabschiedeten Grundsätze zur Qualitätsverbesserung. Quantitative Zielvorstellungen fanden Eingang nur für drei Bereiche: für die berufliche Grundbildung einschließlich Berufsvorbereitung, für den Ausbau der überbetrieblichen Ausbildungsstätten und für die den betrieblichen Bereich ergänzenden Teilzeitberufsschulen.

Die damalige Vorrangstellung des Qualitätsaspektes in der Berufsbildungspolitik entsprach nicht nur der – auch heute bestehenden – mangelnden Möglichkeit zur direkten Kapazitätssteuerung, sondern auch dem geringen quantitativen Problemdruck: Bis Anfang der 70er Jahre gab es auf dem Ausbildungsstellenmarkt einen erheblichen Angebotsüberschuß.

Wie die Berufsbildungspolitik selbst, hat auch die Berufsbildungsforschung erst Ende der 60er Jahre an Konturen gewonnen. „Bildung und Beruf sind zwar schon Gegenstand wissenschaftlicher Betrachtung und Forschung. Erst seit einigen Jahren – so die zutreffende Feststellung des Bundestags-Ausschusses für Arbeit bei den Erläuterungen zum Entwurf des Berufsbildungsgesetzes[3] – hat sich aber die vorwiegend empirisch begründete Erforschung dieser Erscheinungen unter der Bezeichnung Berufsbildungsforschung durchgesetzt."

Das Hauptgewicht der Forschungsaktivitäten als Grundlage für die Berufsbildungspolitik lag bis Anfang der 70er Jahre auf der Diagnose der Qualitätslage und auf Maßnahmen zu ihrer Verbesserung.

An erster Stelle sind hier die Arbeiten des Deutschen Bildungsrates von 1965 bis 1975 zu nennen, die sich auf mehr als 50 wissenschaftliche Gutachten und Studien stützten. In den Empfehlungen: „Zur Verbesserung der Lehrlingsausbildung" (1969), „Strukturplan für das Bildungswesen" (1970) und „Zur Neuordnung der Sekundarstufe II" (1974) wurden, gestützt auf wissenschaftliche Vorarbeiten, wichtige Aussagen zur Lage und Verbesserung der beruflichen Bildung gemacht. Sie bezogen sich auf die Lernprozesse und ihre Optimierung an allen Lernorten („Pluralität der Lernorte" galt seit je als Bestandteil der Berufsbildungspolitik).

Bei den Lernzielen und -inhalten ging es um die Neubestimmung der Lehr- und Ausbildungspläne, einer auf einer breiten Grundbildung aufbauenden beruflichen Sozialisation in allen Berufen sowie um die curriculare Verzahnung von allgemeiner und beruflicher Bildung im Sekundarbereich II.

Auf dem Gebiet der Curriculumforschung lagen auch die Arbeitsschwerpunkte des im Jahre 1970 gegründeten Bundesinstitutes für Berufsbildungsforschung (BBF). Auf diesem Feld sind Forschung und Politik engstens miteinander verbunden, wobei zu den politisch Handelnden auch – bei Ordnungsarbeiten sogar in erster Linie – die Arbeitnehmer- und Arbeitgeberorganisationen gehören. Die Entwicklung einer neuen Ausbildungsordnung, bis sie als Rechtsverordnung erlassen wird, ist ein mehrjähriger Prozeß, in dem das Bundesinstitut eine permanente Beratungsaufgabe[4] wahrnimmt. Dem gemeinsamen Bemühen aller Beteiligten im Bundesinstitut ist es zu verdanken, daß die Zahl der anerkannten Ausbildungsberufe von 627 Anfang der 70er Jahre auf zur Zeit 434 reduziert wurde, daß zur gleichen Zeit (bis Sommer 1984) 154 Ausbildungsordnungen für 190 Ausbildungsberufe mit ca. 900.000 Auszubildenden (53%) erlassen worden sind.

In diesen Zahlen kommt eindrucksvoll das Bestreben nach Rationalisierung und Qualitätssicherung der Berufsausbildung seit Beginn der 70er Jahre zum Ausdruck.

Neben den steigenden Aktivitäten im Bereich der Curriculumforschung datieren auch die ersten repräsentativen Untersuchungen über die Lage der Auszubildenden, über den Ausbildungsvollzug in Betrieb und Schule vom Beginn der 70er Jahre (Heinen et al. 1972, Alex et al. 1973, Crusius et al. 1973).

Bei der Auseinandersetzung über die Empfehlungen des Deutschen Bildungsrates zur Lehrlingsausbildung, bei den Arbeiten der Bund-Länder-Kommission für Bildungsplanung zur Erstellung eines Bildungsgesamtplanes (vom Juni 1970 bis Juni 1972) war man sich der unbefriedigenden Datenlage ständig bewußt. Man sah, wie auch bei anderen Reformbemühungen in der zweiten Hälfte der 60er Jahre, daß eine wirksame Abhilfe nur durch den konsequenten Ausbau der Forschung und Statistik erzielt werden konnte. Die Gründung von Bildungsforschungsinstituten in den Ländern datiert vorwiegend aus dieser Zeit.

Es ist auch kein Zufall, daß in den beiden bedeutsamen Reformgesetzen des Jahres 1969, in dem Arbeitsförderungsgesetz und in dem Berufsbildungsgesetz die 'institutionalisierte' Arbeitsmarkt- und Berufsbildungsforschung fester Bestandteil der Maßnahme wurde. So wurde mit der Gründung des Bundesinstitutes für Berufsbildungsforschung (§ 60 Berufsbildungsgesetz) anerkannt, daß für die künftige Gestaltung der beruflichen Bildung, für ihre Anpassung an technische, wirtschaftliche und gesellschaftliche Entwicklungen umfassende Informations- und Dokumentationssysteme verbunden mit wissenschaftlichen Analysen und Prognosen erforderlich sind (für die Aufgaben des Institutes für Arbeitsmarkt- und Berufsforschung der Bundesanstalt für Arbeit gelten nach § 6 AFG analoge Bestimmungen). Ein kurzer Rückblick auf die Vorgeschichte des BBF ist für die Entstehung der Politikberatungsaufgaben aufschlußreich.

Bereits im Jahre 1966 wurde im Auftrag des Arbeitssenators in Berlin ein Gutachten der Professoren Blankertz, Claessens und Edding für die Errichtung eines Berufsbildungsforschungsinstitutes erstellt.[5] Wichtigste Aufgabe des Institutes sollte eine fachwissenschaftliche Clearingfunktion sein. Daneben sollten durch Mittler- und Experimentierfunktionen die Verbindungen zur Verwaltung und Berufsbildungspraxis aufrechterhalten und erweitert werden. In der Folgezeit wurden die Forschungsfelder für eine Institutsgründung konkretisiert, die Forschung zur Vorbereitung von Ausbildungsordnungen gewann eine zunehmende Bedeutung. Die Aufgaben des nach § 60 Berufsbildungsgesetz gegründeten Bundesinstitutes für Berufsbildungsforschung gehen über den von Blankertz-Claessens-Edding genannten Rahmen hinaus. Als Aufgaben des Institutes sind in den Erläuterungen des Bundestags-Ausschusses für Arbeit[6] genannt worden:

1. Forschungsfunktion (Grundlagenforschung)
2. Forschungsaufgabe mit dem Ziel der Politikberatung
3. Informations- und Dokumentationsfunktion

Die Politikberatungsfunktion des BBF ist im Gesetz nicht expressis verbis genannt worden (s. unten: Ausbildungsplatzförderungsgesetz). Sie wird aber in den Erläuterungen des Bundestags-Ausschusses für Arbeit deutlich herausgestellt. Als konkrete Forschungsarbeiten im Bereich der Politikberatung werden aufgeführt:
1. Untersuchungen zur materiellen Vorbereitung der Ausbildungsordnungen,
2. Untersuchungen der Berufsbildungsinstitutionen,
3. Untersuchungen zu bildungsökonomischen Problemen (Kosten-Nutzen-Analysen) einschließlich der Finanzierungsaspekte der beruflichen Bildung.

Wie bereits erwähnt, lagen die Schwerpunkte der Institutsarbeit aus der „Gründungszeit" zu Beginn der 70er Jahre in der Erforschung curricularer Grundsatzfragen und der Entwicklung von Grundlagen für die Ordnungsarbeit.

Neben diesen, mehr auf mittlere Sicht gerichteten Fördermaßnahmen der Berufsausbildungsforschung, verlangten die Fraktionen der SPD und FDP im Frühsommer 1970[7] die Einsetzung einer Kommission unabhängiger Sachverständiger zur Verbesserung der Entscheidungsgrundlagen auf dem Gebiet der außerschulischen beruflichen Bildung. Die Kommission, die unter dem Namen ihres Vorsitzenden, Prof. Dr. F. Edding, bekannt wurde, nahm ihre Arbeit im April 1971 auf und legte ihren Abschlußbericht Anfang 1974 vor. Die bildungspolitische Bedeutung der Forschungsarbeiten der Edding-Kommission ist beträchtlich. Es liegen erstmalig repräsentative Daten über die Kosten der außerschulischen Berufsbildung vor. Es werden erstmalig ausführliche statistische Qualitätsanalysen durchgeführt. Die statistischen Daten machen die Reformvorschläge „berechenbar". Seit Vorliegen des Berichtes verstummen schließlich nicht mehr die Stimmen, die eine auf alle Betriebe sich erstreckende Umlagefinanzierung der Berufsausbildung verlangen. So hat erst kürzlich (dpa vom 23.08.1984) der bildungspolitische Sprecher der CDU/CSU-Bundestagsfraktion erklärt: „Die Ausbildungsleistungen der Groß- und Mittelbetriebe sind nach wie vor völlig unbefriedigend. Wenn sich das nicht in Kürze ändert, geraten wir immer mehr unter politischen Druck, die Ausbildung über eine betriebliche Umlage zu finanzieren".

Mit diesem Zitat ist der Sprung vom Anfang der 70er Jahre bis zur Gegenwart zu groß, dennoch für die Dialektik der Problemlage sehr bezeichnend. Seit Mitte der 70er Jahre gerieten die Qualitätsfragen allmählich in den Hintergrund. Zwar wird die Überarbeitung von Lerninhalten und -plänen, die Durchführung von Modellversuchen für die Erprobung der Umsetzbarkeit neuer Ausbildungsgänge, -konzeptionen, -methoden bildungspolitisch weiterhin für wichtig erachtet, quantitative Probleme infolge der geburtenstarken Jahrgänge schieben sich aber zunehmend in den Vordergrund. Der Ausbildungsstellenmarkt als zentraler Forschungsgegenstand trat in Erscheinung. Die Politikberatungsfunktion der Berufsbildungsforschung gewann eine neue Dimension. Das im Jahr 1976 verabschiedete Ausbildungsplatzförderungsgesetz gab hierfür entscheidende Impulse. Das nach bewegten bildungspolitischen Auseinandersetzungen am 1. September 1976 in Kraft getretene Ausbildungsplatzförderungsgesetz enthält drei wichtige Bestimmungen:

- Eine Finanzierungsregelung im Bedarfsfalle, wenn keine ausreichende Deckung der Ausbildungsplatznachfrage durch das Ausbildungsplatzangebot möglich erscheint,
- die Einführung einer Berufsbildungsstatistik und eines jährlichen Berufsbildungsberichtes zum Zwecke der vorausschauenden Berufsbildungsplanung und
- die Errichtung des Bundesinstitutes für Berufsbildung. „Durch das Bundesinstitut für Berufsbildung (BIBB), in dem das bisherige Bundesinstitut für Berufsbildungsforschung (BBF) aufgegangen ist, erhält die berufliche Bildung endlich eine 'gemeinsame Adresse', bei der die anstehenden Aufgaben koordiniert und möglichst effektiv gelöst werden: Bund und Länder, Staat und Wirtschaft, Arbeitgeber und Arbeitnehmer, Berufsbildungspraxis und Berufsbildungsforschung arbeiten unter einem Dach zusammen".[8] Mit dem Ausbildungsplatzförderungsgesetz ist ein *qualitativer Sprung* in der Beziehung zwischen Politik und Berufsbildungsforschung eingetreten. Die Beratungsfunktion gilt nunmehr als gesetzliche Aufgabe des Institutes (§ 14 Abs. 2 Ziff. 3).

Die Beratungsfunktion wird entweder direkt durch das Organ Generalsekretär oder durch den Hauptausschuß des Instituts, in dem paritätisch Arbeitnehmer, Arbeitgeber, Bund und Länder vertreten sind, wahrgenommen. Der Hauptausschuß beschließt auch das Forschungsprogramm des Institutes, was dem fruchtbaren Dialog zwischen Forschung und bildungspolitisch Handelnden Rechnung trägt. Besteht aber hierdurch nicht doch die Gefahr einer politischen Beeinflussung der Forschungsarbeit? Die paritätische Besetzung des Hauptausschusses schließt eine einseitige Einflußnahme aus. Auf der anderen Seite ist jedoch nicht zu verkennen, daß die im demokratischen Meinungsbildungsprozeß so bewährte Kompromißfindung oft nur auf der Basis des kleinsten gemeinsamen Nenners erfolgt. Davon sind im Bundesinstitut nicht viele, aber manche sozialwissenschaftlichen Forschungsvorhaben betroffen.

Die Verabschiedung des Ausbildungsplatzförderungsgesetzes wurde zugleich zur Stunde der statistischen 'Planungsforschung' im BIBB, die von nun an neben die weiterbestehenden früheren Aufgaben des BBF auf dem Felde der Qualifikationsforschung, der Curriculum- und Medienentwicklung trat. Die sehr umfangreichen Beratungsfunktionen des BIBB in den zuletzt genannten Gebieten, die Erstellung von Aus- und Fortbildungsordnungen im Vorfelde der politischen Sanktionierung, die Betreuung von Modellversuchen bilden nach wie vor Schwerpunkte der Institutsarbeit. So ist gerade vor kurzem mit der Durchführung der umfangreichen vom Bundesministerium für Bildung und Wissenschaft geförderten Modellreihe „Neue Technologien in der beruflichen Bildung“ im Bundesinstitut begonnen worden. Dem Institut obliegt die inhaltliche Vorbereitung und die fachliche Betreuung des Modellversuchsprogramms.

Das neue Aufgabenfeld des Institutes, die ‘Planungsforschung’ ist durch § 5 Abs. 1 und 2, des APlFG bzw. durch den identischen Wortlaut bei seinem Rechtsnachfolger im Berufsbildungsförderungsgesetz (BerBiFG) im § 2 Abs. 1 und 2 beschrieben. Dabei wird der spezifische Datenbedarf im Absatz 2 umrissen:

„Die Berufsbildungsplanung hat insbesondere dazu beizutragen, daß die Ausbildungsstätten nach Art, Zahl, Größe und Standard ein qualitativ und quantitativ ausreichendes Angebot an beruflichen Ausbildungsplätzen gewährleisten und daß sie unter Berücksichtigung der voraussehbaren Nachfrage und des langfristig zu erwartenden Bedarfs an Ausbildungsplätzen möglichst günstig genutzt werden.“

Es wurde bereits erwähnt, daß wegen der marktwirtschaftlichen Konditionierung des Ausbildungsgeschehens die staatliche Einflußnahme überwiegend indirekt[9], über die Beeinflussung des Verhaltens der ‘Marktparteien’ geschieht. So vor allem durch

- Veränderung der Zugangsvoraussetzung zum Ausbildungsstellenmarkt (Eignungsvoraussetzungen für Ausbildungsstätten und -personal);
- Maßnahmen in anderen Bereichen des Bildungswesens wie z.B. obligatorischer Besuch des Berufsgrundbildungsjahres als erste Ausbildungsstufe, numerus clausus an Fach- und Hochschulen;
- Veränderung der finanziellen Hilfe des Staates. Man denke hier an die durch die Bafög-Streichung „induzierte“ Nachfragesteigerung nach betrieblichen Ausbildungsplätzen und
- Gewinnung und Verbreitung von Informationen zur Erhöhung der ‘Markttransparenz’.

So unterschiedlich diese Instrumente im einzelnen auch sind, allen gemeinsam ist ihr Bedarf an empirischen Daten und Informationen über die Entwicklungstendenzen des Ausbildungsstellenmarktes und über ihre Bestimmungsfaktoren. Das ist das Gebiet der ‘Planungsforschung’. ‘Planungsforschung’ ist folglich immer eine Art Prognoseforschung. Auf der ‘Nachfrageseite’ sind einerseits die verschiedenen Ausbildungswege, die Übergänge von Schule zu Schule und in die Berufsausbildung bzw. in den Beruf zu erfassen, andererseits die wechselseitige Bedingtheit der Bildungsverläufe vor dem Hintergrund von sozioökonomischen Merkmalen, wie z.B. Herkunft, Geschlecht, Region zu analysieren. Auf der Seite des Angebotes von Ausbildungsplätzen müssen die wirtschaftlichen, technologischen und sozioökonomischen Einflußgrößen wie Branche, Betriebsgröße, Fachkräfteeinsatz, Rekrutierungsmöglichkeiten von Auszubildenden und Facharbeitern und dergleichen systematisch erfaßt und die Sensitivität des Angebotes bezüglich dieser Faktoren getestet werden.

Bevor einiges zu den speziellen Arbeitsgebieten und Ergebnissen des soeben genannten Forschungsfeldes gesagt wird, soll für das allgemeine Verständnis eine kurze Erläuterung zu den Rechtsgrundlagen und, z.T. davon abgeleitet, zu der Frage erfolgen, wie sich der Transfer der Forschungsergebnisse in die Politik, der Prozeß der Politikberatung vollzieht.

Das Ausbildungsplatzförderungsgesetz ist nach vier Jahren am 10.12.1980 vom Bundesverfassungsgericht für nichtig erklärt worden, weil einige verwaltungstechnische Vorschriften des Gesetzes die Zustimmung des Bundesrates benötigt hätten. (Das Gesetz war dagegen 1976 vom Parlament als ein vom Bundesrat nicht zustimmungsbedürftiges Gesetz verabschiedet worden). Um die entstandenen Lücken und die Rechtsunsicherheit auf dem Gebiet der Planung, Forschung und Statistik zu beheben, brachte die Bundesregierung im Januar 1981 den Entwurf des Berufsbildungsförderungsgesetzes im Parlament ein, das am 1.1.1982 in Kraft trat. Das neue Gesetz hat die Teile Planung, Statistik sowie das Bundesinstitut für Berufsbildung des APlFG übernommen; die vormalige Finanzierungsregelung ist entfallen.

Ein zentrales Planungsinstrument des alten und des neuen Gesetzes ist der jährliche Berufsbildungsbericht. Berufsbildungsplanung in einem System von Freiheit der Berufswahl und marktwirtschaftlicher Steuerung des Ausbildungsgeschehens hat die Aufgabe durch „ein umfassendes und differenziertes *Informationssystem* Entwicklungstendenzen und mögliche Konflikte auf dem Berufsbildungs- und Arbeitsmarkt zu verdeutlichen, Strategien gegen unerwünschte Entwicklungen zu erstellen und sie mit Hilfe eines *Kommunikationsnetzes* in verhaltensändernde Impulse/Aktionen umzusetzen“.[10]

Das Kommunikationsnetz in Form eines *Systems von Ausschüssen* ist bereits durch das Berufsbildungsgesetz (1969) geschaffen worden. Auf der Grundlage des Gesetzes sind Ausschüsse mit Beratungs- und Beschlußrechten auf Bundes-, Landes- und lokaler Ebene errichtet worden, die mit Vertretern des Staates, der Arbeitgeber und der Gewerkschaften paritätisch besetzt sind. Dieses System besteht mit geringfügiger Änderung bis heute; das frühere Beratungsorgan des Bundes, der Bundesausschuß für Berufsbildung, ist durch den Hauptausschuß des BIBB abgelöst worden. Im Hauptausschuß sind mit jeweils 11 Stimmen die Arbeitgeber, die Arbeitnehmer, die Bundesregierung und die Länder vertreten.

Der Berufsbildungsbericht des Bundes, in dem über die Entwicklung der Ausbildungsstellensituation und weitere wichtige inhaltliche und strukturelle Veränderungen der beruflichen Bildung berichtet wird, hat vor allem *Informationsfunktion.* Beides zusammen, Ausschußsystem und Informationsfunktion des Berufsbildungsberichtes (in der letzten Zeit auch zunehmend Länder-Berufsbildungsberichte) charakterisieren den auf Informationsverbreitung („Mobilisierungs- und Konsensfindungsfunktion“) angelegten Planungsprozeß.

Die *'Planungsforschung' des BIBB ist integrierter Bestandteil* dieses Planungsprozesses. Das Bundesinstitut hat den gesetzlichen Auftrag (§ 6 Abs.

2 Ziff. 1b BerBiFG), bei der Erstellung des jährlichen Berufsbildungsberichtes mitzuwirken (s.o.) und im Rahmen dieser Mitwirkung die für die Beurteilung der Ausbildungsstellenlage notwendigen diagnostischen und prognostischen Informationen beizusteuern.

Vier Forschungsgebiete sind daraus hervorgegangen:

a) Untersuchung über die Bildungs- und Ausbildungswege von Schulabgängern, insbesondere aus beruflichen Schulen;
b) Analyse des betrieblichen Ausbildungsverhaltens, der Flexibilität der unternehmerischen Ausbildungsplanung;
c) Entwicklung und Test von Modellen für die Vorausschau auf den Ausbildungsstellenmarkt, und schließlich
d) Analyse der Entwicklungstendenzen in Regionen sowie Darstellung ihrer spezifischen Probleme.

Es ist hier kein Platz, die Ergebnisse der Planungsforschung zu diskutieren; der Hinweis auf den jährlichen Berufsbildungsbericht, in den diese Eingang finden, und einige „Schlagworte" aus Debatten über die Dunkelziffer/Altnachfrage, regionale Berufsbildungsbilanz, vollzeitschulische Schleifenwege, Doppelqualifizierungsstrategie von Abiturienten mögen hier genügen. Die eingangs erwähnten „Fallbeispiele" zeigen, daß die politische Beratung nicht immer zur Freude des zu Beratenden ausfällt.

Das Thema meines Referates heißt Politikberatung und Berufsbildungsforschung. Ich habe dieses Thema in nicht geringem Maße auf das Bundesinstitut für Berufsbildung und seine Forschungstätigkeit beschränkt und es damit sicherlich etwas eingeengt. Auf der anderen Seite ist nirgendwo in der deutschen Forschungslandschaft Forschung und Politik so eng aufeinander bezogen wie im Bundesinstitut. Das besondere Mandat des Bundesinstitutes zur Politikberatung ist eine Herausforderung, die nicht nur das wissenschaftliche Selbstbewußtsein stärkt, sondern Mut verlangt, manchen politischen Unwillen zu ertragen.

ANMERKUNGEN

1 Lemke, H.: „Steuerung des Ausbildungsangebotes durch den Bund", in: *Recht der Jugend und des Bildungswesens*, Heft 6, 1983, S. 420.
2 Aus: „Richtlinien des Bundesministers für Bildung und Wissenschaft zur Förderung von überbetrieblichen Ausbildungsstätten vom 19. September 1973" (*Bundesanzeiger* Nr. 211 vom 9. November 1973 i.d.F. vom 30. November 1979).
3 Deutscher Bundestag, 5. Wahlperiode Drucksache V/4260 S. 21.
4 Vgl. Benner, H.: „Ordnung der staatlich anerkannten Ausbildungsberufe", BIBB (Hrsg.), *Berichte zur beruflichen Bildung* Heft 48, 1982.
5 Blankertz, H., Claessens, D., Edding, F.: *Gutachten zur Frage der Gründung eines Forschungsinstitutes für Berufsbildung*, Berlin 1966.
6 [Anm. 13] Drucksache V/4260 S. 21 ff.
7 6.4.1970, Drucksache VI/741.

8 *Jahresbericht 1976*, Der Bundesminister für Bildung und Wissenschaft, S. 21.

9 So wird die Berufsausbildungsplanung nach § 2 BerBiFG nach Maßgabe der verwaltungs- und planungs*rechtlichen* Literatur zu der influenzierenden und indikativen Planung im Gegensatz zur normativen Planung gerechnet (vgl. Fredebeul et al.: *Berufsbildungsförderungsgesetz*, Bielefeld 1982, S. 40).

10 Alex, L.: „Berufsbildungsplanung und Berufsbildungsforschung", in: *Berufsbildung in Wissenschaft und Forschung* Heft 6, 1982, S. 6.

ERGEBNISSE DER FORSCHUNG ÜBER HOCHSCHULEN ALS GRUNDLAGE HOCHSCHULPOLITISCHER ENTSCHEIDUNGEN – ERFAHRUNGEN VON HIS

Heinz Griesbach

1. Einleitung

Hochschulen sind ebensowenig wie das Bildungswesen genuiner Gegenstand einer Wissenschaft, sondern einer größeren Zahl von Fachdisziplinen. Diese haben unterschiedliche Erkenntnisinteressen, verschiedene methodische Zugänge zu den Erfahrungsbereichen und verschiedene Absichten der Einordnung von Erfahrungen in Erkenntnissysteme. Es hat sich gezeigt, daß diese Zersplitterung der Hochschulforschung auf zahlreiche Fachdisziplinen durch interdisziplinäre Forschungsansätze nicht überwunden werden kann. Das bedingt nicht nur Hemmnisse in der Kooperation zwischen Wissenschaftssystem und zu beratendem politisch administrativen System, sondern beeinträchtigt auch die Leistungsfähigkeit der Forschung über Hochschulen hinsichtlich der Wahrnehmung dieser Beratungsaufgaben.[1]

Auf diese Sachverhalte kann hier nicht weiter eingegangen werden. Ich weise auf sie hin, weil sie Rahmenbedingungen der Institutionen, die sich mit Forschung über Hochschulen befassen, beschreiben und damit auch den Bewertungsrahmen für deren Leistungsvermögen abgeben.

Forschung über Hochschulen wird an Hochschulen und in selbständigen Einrichtungen durchgeführt. Die Wirksamkeit dieser Institutionen bei der Beratung ist u.a. abhängig von:

- ihrer Aufgabenstellung,
- den verfügbaren personellen und sachlichen Mitteln, verbunden durch interne Organisation, durch die die Leistungsfähigkeit bestimmt wird,
- der Einbindung in das politisch-administrative System, z.B. durch Abhängigkeiten in der Finanzierung, Besetzung der Gremien usw.,
- der Anerkennung der Leistungen sowohl im wissenschaftlichen als auch im politisch administrativen Bereich.

Dabei sind der Grad der Unabhängigkeit in der Setzung von Themen, in der Wahl der Methoden und die Erzeugung der notwendigen Resonanz die wichtigsten und zugleich heikelsten Punkte für „politikberatende" Institute.

Wenn – wie es in den Vorbereitungsunterlagen zum 22. Soziologentag heißt – in Fragen der Politikberatung eine Ernüchterung eingetreten ist, die gelegentlich schon resignative Züge trägt, so werden die Einrichtungen, die Forschung über Hochschulen betreiben, davon kaum gleichermaßen betroffen sein. Lassen Sie mich daher die erwähnten heiklen Punkte in die Mitte der Ausführungen stellen, mit denen ich zunächst exemplarisch HIS beschreibe.

2. Aufgabenstellung, Finanzierung, Arbeitsweise von HIS

HIS hat nach der Satzung u.a. *die Aufgabe*, „die Hochschulen und die für sie zuständigen Verwaltungen in deren Bemühen um eine rationelle und wirtschaftliche Erfüllung der Hochschulaufgaben zu unterstützen durch:

- Untersuchungen und Gutachten zur Schaffung von Entscheidungsgrundlagen,
- Bereitstellung von Informationen, Organisation von Informationsaustausch".

Dieser Auftrag wird in einem jährlich fortzuschreibenden Arbeitsprogramm konkretisiert. Es kommt als Wechselspiel zwischen Initiativen der Geschäftsführung und Anstößen aus dem Kreis der HIS tragenden Institutionen zustande, deren unterschiedliche Interessen bei der Beratung und Verabschiedung ausgeglichen werden.

Am Zustandekommen des Arbeitsprogramms sind in den verschiedenen HIS-Gremien beteiligt: die Hochschulen, die KMK, die Länderfinanzminister, das BMBW, der Wissenschaftsrat, das Statistische Bundesamt, das Deutsche Studentenwerk und die Bauverwaltungen der Länder.

Alle wesentlichen Institutionen, die Hochschulpolitik betreiben oder beeinflussen, sind also vertreten. Umgekehrt werden Mitarbeiter von HIS zu vielen im Hochschulbereich aktiven Gremien, Beiräten usw. (z.B. WRK-Plenum, Ausschuß für die Hochschulstatistik beim Statistischen Bundesamt) hinzugezogen. Damit kann das gesamte Spektrum aktueller hochschulpolitischer Fragestellungen einschließlich der unterschiedlichen Einschätzungen ihrer Dringlichkeit für die Beratung und Verabschiedung des Arbeitsprogramms zum Tragen kommen. Dies ist zugleich auch eine Sicherung gegen einseitige Ausrichtung des Arbeitsprogramms z.B. auf die Interessen nur einer dieser Institutionen.

Obwohl in den Gremien überwiegend Institutionen vertreten sind, die zumindest derzeit vorrangig mit der kurzfristigen Bewältigung der sich aus der Expansion des Hochschulwesens ergebenden Probleme befaßt sind und weniger an der systematischen Entwicklung langfristiger Lösungsstrategien arbeiten, überwiegen im Arbeitsprogramm von HIS keineswegs Projekte, die ausschließlich oder überwiegend kurzfristigem Krisenmanagement dienen. Informationen und Analysen zum Verhalten von Studienberechtigten, Studenten und Hochschulabsolventen sowie zu den sie verursachenden Motiven oder Untersuchungen zu Studien- und Berufsverläufen, die im Arbeitsprogramm dominieren, dienen in der Regel sowohl kurz- wie langfristigen Aspekten der Hochschulpolitik. HIS führt darüber hinaus auch Projekte durch, die sich vorwiegend mit langfristigen Entwicklungslinien, die zu neuen hochschulpolitischen Ansätzen führen können, befassen wie z.B. das gegenwärtig bearbeitete Projekt „Studierfähigkeit" – Bestandsaufnahme und Analyse von Positionen zur Neuregelung der Hochschulzugangsberechtigung".

Die *Finanzierung* von HIS erfolgt durch Zuwendungen der Gesellschafter, also durch Bund und Länder im Verhältnis ein Drittel zu zwei Drittel.

Die sonst eher übliche projektweise Finanzierung findet im Prinzip bei HIS nicht statt. Dies ergibt ein hohes Maß an Unabhängigkeit in der Projektarbeit, die jedenfalls unmittelbar nicht von Geldgeber-Interessen bestimmt wird. Nur soweit die Nachfrage nach empirischen Untersuchungen die durch den Stellenplan festgelegten Kapazitäten übertrifft, werden durch projektbezogene Einzelvereinbarungen zusätzliche Mittel bei Interessenten, z.B. Gesellschafter, Hochschulen und Stiftungen eingeworben.

Durch spezielle Projektvereinbarungen, die in der Regel formal nicht erforderlich sind, sollen vor allem die Interessenten an Untersuchungen in die Pflicht genommen werden, an einer präzisen Zielformulierung mitzuwirken und sich mit dem Projektkonzept zu identifizieren. Dadurch soll gewährleistet werden, daß die Untersuchungsergebnisse direkt in hochschulpolitische Planungen und Entscheidungen der Interessenten einfließen, also bedarfsgerecht sind, allerdings nicht im Sinne politisch erwünschter, sondern sachlich notwendiger Ergebnisse.

Zur *Organisation* ist zu bemerken, daß im Arbeitsfeld „empirische Untersuchungen" – das hier allein interessiert – zwölf Stammitarbeiter und bis zu fünf wissenschaftliche Zeitvertragskräfte tätig sind. Wegen geringer Fluktuation bei den Stammitarbeitern verfügt HIS über ein mit Hochschulproblemen vertrautes und ständig damit umgehendes Mitarbeiterteam. Die einzelnen Untersuchungen werden von Projektgruppen durchgeführt. Zur Sicherung der Validität der zu erhebenden Daten und der Qualität der Analysen bearbeiten die jeweiligen Projektgruppen alle Phasen einer Untersuchung.

Das Vertrauen, das HIS bei Hochschulen und staatlichen Verwaltungen entgegengebracht wird, fördert die Arbeit, zumal u.a. aus Datenschutzgründen deren Mitwirkung bzw. Unterstützung häufig für die erfolgreiche Abwicklung von Untersuchungen erforderlich ist.

3. Bezug zur politischen Diskussion bei der Konzipierung von Untersuchungen

Wie dargestellt, wird bereits bei der Fortschreibung und Festlegung des Arbeitsprogrammes hinsichtlich der zu bearbeitenden Themen ein Bezug zur politischen Diskussion hergestellt. Dies gilt auch für die Konzipierung der einzelnen Untersuchungen. Für die Intensität dieses Bezuges spielt eine entscheidende Rolle, daß sich in den letzten Jahren eine spezifische Aufgabenstruktur herausgebildet hat. Bei etwa vier Fünfteln der Projekte, die im HIS-Arbeitsbereich „empirische Untersuchungen" durchgeführt werden, handelt es sich entweder um Befragungswellen von aufeinander bezogenen Längsschnittuntersuchungen oder um in regelmäßigen Abständen durchzuführende aufeinander bezogene Querschnittsuntersuchungen jeweils mit verschiedenen Jahrgängen der gleichen Grundgesamtheit. Die restlichen Untersuchungen gelten bildungspolitisch aktuellen Einzelthemen.

Bei der zuerst genannten Art von Projekten handelt es sich u.a. um:

- Längsschnittuntersuchungen mit Studienberechtigten der Jahrgänge 1976, 1978, 1980, 1983 und die in jeweils Dreijahresabstand folgenden Jahrgänge, die im Verlauf von 10 bis 11 Jahren viermal zum Ausbildungs- und Berufsverlauf befragt werden;
- Querschnittsuntersuchungen jedes fünften Exmatrikuliertenjahrganges, die zum Ziel haben, Studienerfolgs- bzw. Studienabbruchquoten sowie Studienzeiten, Fachwechsel und Hochschulwechsel von Hochschulabsolventen und Studienabbrechern zu ermitteln;
- Querschnittsuntersuchungen jedes dritten Studentenjahrganges, um die wirtschaftliche und soziale Lage der Studenten festzustellen (Sozialerhebungen des Deutschen Studentenwerkes);
- Querschnittsuntersuchungen der Studienanfänger jedes Wintersemesters, um u.a. Informationen über Einstellungen zum Studium, Motive zur Studienfachwahl und berufliche Ziele als Hintergrund für quantitative Veränderungen der Studienanfängerzahlen zu erhalten.

Jährlich werden etwa 40.000 Fragebogen bearbeitet.
All diese Projekte zielen darauf ab, valide Informationen über Veränderungen von Situationen und Verhältnissen im Hochschulbereich bereitzustellen, die von der Mehrzahl der Experten als Planungs- und Entscheidungsgrundlagen für eine problemorientierte und informatorisch abgesicherte Hochschulpolitik dauerhaft für erforderlich gehalten werden und nicht von der amtlichen Statistik verfügbar gemacht werden können. Dabei analysiert HIS die sich in den Informationen darstellenden Sachverhalte im Hinblick auf Kausalzusammenhänge sehr viel ausführlicher als dies die amtliche Statistik – auch aus ihrem Selbstverständnis heraus – kann.

Grundlage für eine sachbezogene und ökonomische Durchführung derartiger Untersuchungsreihen ist, daß sie

- langfristig von einer Institution bearbeitet werden. Die institutionelle Finanzierung von HIS ist dafür die sachgerechte und notwendige Voraussetzung;
- über einen möglichst langen Zeitraum von einem sich personell nur wenig ändernden Mitarbeiterteam bearbeitet werden. Nur auf diese Weise läßt sich die für Zeitreihen erforderliche dauerhaft gleichbleibende Qualität von Daten sichern;
- möglichst konsequent auf die dauerhaft zu erfüllenden bildungspoliti-

schen Anforderungen ausgerichtet werden. Es wird versucht, dies dadurch zu erreichen, daß bei der Einbeziehung eines neuen Jahrganges, ja bei der Planung jeder einzelnen Befragungswelle der Längsschnittuntersuchungen auf dem Hintergrund der bis dahin erzielten Ergebnisse überprüft wird, ob und inwieweit die Anforderungen von Bildungsplanung und Bildungspolitik besser erfüllt werden können. Dabei ist besonders hilfreich, daß HIS aufgrund seines akkumulierten Datenbestandes immer häufiger von Bildungsverwaltungen gebeten wird, für die Beantwortung bzw. Analyse aktueller, meist thematisch begrenzter Fragestellungen durch Sonderauswertungen entsprechende Informationen oder Analyseergebnisse bereitzustellen. So bildet sich bei all diesen Untersuchungen im Laufe der Zeit ein Kernbereich an Fragestellungen heraus, der sowohl in seinem wissenschaftlichen Erkenntniswert als auch in seiner bildungspolitischen Notwendigkeit weitgehend unbestritten ist.

Den bildungspolitischen Anforderungen an derartige Untersuchungen kann nur entsprochen werden, wenn sich die benötigten Informationen und Analyseergebnisse auf einen möglichst gegenwartsnahen Zeitraum beziehen. Deshalb sind auch Strategien entwickelt worden, die es ermöglichen, bereits nach kurzem Bearbeitungszeitraum wesentliche Ergebnisse bereitzustellen. Bei den Längsschnittuntersuchungen mit Studienberechtigten wird dies z.B. durch eine stufenweise Aufbereitung der Befragungsergebnisse, der zumeist großen Stichproben (zwischen 5.000 und 20.000 auswertbaren Fällen) erreicht:

– Zunächst werden durch die Auswertung einer Zufallsstichprobe der beantworteten Fragebogen kurz nach Abschluß der jeweiligen Erhebung relativ globale Eckwerte ermittelt und veröffentlicht.
– Als nächstes wird ein statistischer Bericht, durch den vor allem Zeitreihen fortgeschrieben werden, erstellt. Die Daten werden nur kurz kommentiert, um eher technische Interpretationshilfen zu geben.
– Die dritte Form der Aufbereitung, die den längsten Bearbeitungszeitraum beansprucht, ist die Analyse der Daten auf bestimmte bildungspolitisch aktuelle Themen hin, wie z.B. „Ist die Berufsausbildung eine Alternative zum Studium für Studienberechtigte?".

Auch bei der oben erwähnten zweiten Art von Untersuchungen – Studien zu Einzelthemen – wird bereits bei der Konzipierung ein enger Bezug zur aktuellen bildungspolitischen Diskussion hergestellt. So ist bereits 1979 eine Befragung zum Thema „Beschäftigungsprobleme nicht eingestellter Lehrer"[2] begonnen worden. 1981 wurden die Arbeiten zu einem Projekt „Attraktivität des Ingenieurstudiums"[3] aufgenommen. Derzeit wird das bereits erwähnte Projekt zum Thema „Studierfähigkeit" durchgeführt. Diese Projekte – vor allem das zuletzt genannte – bieten durchaus Ansatzpunkte für eine systematische Analyse der Funktionen der Hochschule und ihrer strukturellen Konsequenzen, also für das, was man als Grundlagenforschung bezeichnen könnte. Dies kommt auch darin zum Ausdruck, daß z.B. die beiden zuletzt genannten Projekte durch finanzielle Förderungen von Stiftungen ermöglicht wurden und für das Studierfähigkeitsprojekt ein wissenschaftlicher Beirat eingerichtet ist. Die Forschungsziele dieser Projekte sind unbeeinflußt von bestimmten Interessenten im politisch administrativen Bereich durch HIS-interne Diskussionen entwickelt und festgelegt worden.

Ob die Ergebnisse solcher Studien in die politische Diskussion und in bildungspolitische Entscheidungen eingehen, hängt auch entscheidend vom Bearbeitungszeitraum ab, vor allem wenn es Themen sind, die nur relativ kurze Zeit aktuell sind. Bisher ist es HIS durchaus gelungen, Ergebnisse solcher Untersuchungen so frühzeitig vorzulegen, daß sie auch wirksam wurden.

4. Erarbeitung von Empfehlungen auf der Grundlage von Untersuchungsergebnissen

Die Arbeit von HIS und damit auch deren Ergebnisse lassen sich in etwa wie folgt beschreiben, wobei die Übergänge zwischen den verschiedenen Formen fließend sind.

HIS

- ermittelt Informationen über quantitative Sachverhalte wie Studienzeiten, Studienerfolg, Einnahmen und Ausgaben von Studenten. Dabei werden Ursachen, die Unterschiede bedingen und Wirkungszusammenhänge von Einflußfaktoren herausgearbeitet;
- analysiert Verhaltensweisen, deren Gründe und deren Auswirkungen. Es werden Konsequenzen für die Erreichung bildungspolitischer Ziele sowohl des Bundes als auch der Länder, die durchaus kontrovers sein können, aufgezeigt und auf ggf. alternative Maßnahmen hingewiesen, die deren Erreichung auch unter veränderten Bedingungen ermöglichen. So hat HIS z.B. frühzeitig darauf hingewiesen, daß Langzeitstudenten Kapazitäten von Hochschulen nur in geringem Umfang in Anspruch nehmen und damit zur Aussetzung des Vollzugs der Regelstudienzeiten beigetragen.[4]
- untersucht, ob Vorstellungen bzw. Modelle, die zur Lösung von Problemen in der Bildungspolitik erörtert werden, geeignet sind, die angestrebten bildungspolitischen Ziele zu erreichen bzw. welche Voraussetzungen dafür erforderlich sind.
  Das 1979/80 durchgeführte Projekt zu „Entwicklungspolitisch orientierten Studienangeboten in der Bundesrepublik Deutschland" und das derzeit bearbeitete, bereits erwähnte Projekt zum Thema „Studierfähigkeit" sind in hohem Maße auf die Erarbeitung von Handlungsempfehlungen bzw. von Warnungen vor der Verwirklichung verfehlter Lösungs-

vorschläge angelegt. Sie sind deshalb auch mit dem höchsten Risiko der Anerkennung bzw. Ablehnung der Ergebnisse behaftet;
- erstellt kurzfristige Gutachten zu in der Regel thematisch eng begrenzten bildungspolitisch aktuellen Themen aufgrund von ad-hoc-Anfragen von Hochschulen, Ministerien usw. HIS kann diese – m.E. sehr wirkungsvolle – Form der Planungs- und Entscheidungsunterstützung mit Hilfe von Daten aus seinen Untersuchungen leisten, weil es über einen ständig aktualisierten Pool von Informationen zu wesentlichen Bereichen des Hochschulsystems verfügen kann.

HIS erarbeitet also aufgrund seiner Untersuchungsergebnisse der Form, dem Inhalt und der politischen Bedeutung nach sehr unterschiedliche Empfehlungen. HIS geht dabei weder von einer Position kritischer Sozialwissenschaften aus, die die gesellschaftlichen Verhältnisse grundsätzlich in Frage stellt, noch fühlt HIS sich der Wahrung von Interessen bestimmter Gruppierungen durch wissenschaftliche Legitimation verpflichtet. HIS ist nicht daran interessiert, daß seine Empfehlungen zum Alibi degenerieren. Die Festlegung, daß alle Ergebnisse von HIS allen Gesellschaftern – also dem Bund und den Ländern mit ihren unterschiedlichen politischen Orientierungen – ausnahmslos zur Verfügung stehen sowie die Veröffentlichung dieser Ergebnisse verhindern, solche Anliegen an HIS heranzutragen oder mit den Arbeitsergebnissen selektiv verfälschend umzugehen.

Welche Art von Empfehlung bevorzugt wird, hängt entscheidend davon ab, ob der Adressat die Ministerialbürokratie oder unmittelbar der politische Bereich ist. Es ist durchaus spürbar, daß Mitglieder der Ministerialbürokratie – je nach Position und Temperament – bei der Beratung von Politikern mit Wissenschaftlern konkurrieren. Die Verwaltung läßt sich zur Wahrung ihrer Handlungskompetenz eher Informationen statistisch und analytisch aufbereiten, um die eigentliche politische Empfehlung selbst zu erarbeiten. Sie steht „Strukturanalysen", die Handlungsalternativen als solche schon enthalten und/oder Empfehlungen mit politischen Handlungsalternativen eher restriktiv gegenüber. Letztere werden eher von Politikern bzw. politischen Instanzen bevorzugt, nicht zuletzt auch, um sich einen Spielraum der Unabhängigkeit von der Ministerialbürokratie zu wahren.

Wenn auch soeben aufgezeigten Tendenzen für HIS durchaus spürbar sind, so kann nicht von gravierenden Problemen bei der Erstellung von Empfehlungen gesprochen werden. Gelegentlich bleiben Empfehlungen bei politischen Entscheidungen unberücksichtigt. Darin sieht HIS keinen Mißerfolg; Ratschläge können von dem, der sie erbeten hat oder ungebeten erhält, befolgt werden oder nicht. HIS ist durchaus der Auffassung, daß seine Arbeitsergebnisse, auch, soweit sie über Empfehlungen vermittelt wurden, vielfältig wirksam geworden sind, wenn auch z.T. nur indirekt durch Schärfung von Problembewußtsein bei den Adressaten. Allerdings dauert es zuweilen sehr lange bis Erkenntnisse akzeptiert werden. Dabei spielt u.a. das Verhalten der Öffentlichkeit eine Rolle. Sie nimmt Ergebnisse empirischer

Untersuchungen häufig nur wahr, wenn sie in überkommene Argumentationsmuster passen. Solche, von Medien gepflegten Argumentationsmuster werden aber auch bewußt oder unbewußt von Angehörigen der Verwaltungen und von Politikern übernommen. So hat es fast sieben Jahre gedauert, bis daß die von HIS bereits 1975 ermittelte und seither auch von anderen Institutionen[4] immer wieder bestätigte Studienabbruchquote von etwa 10% eines Studienanfängerjahrganges ernsthaft diskutiert wurde.[5] Ähnliche Erfahrungen hat HIS mit Ergebnissen der Studiendauer gemacht. Heute noch stößt die Feststellung, daß die durchschnittliche „persönliche" Studienzeit der Studenten zwischen 1975 und 1980 kaum zugenommen hat, auf großes Erstaunen und Ungläubigkeit, weil sie nicht ins Trugbild vom „bequemen Studenten" paßt.[6] Es läßt sich kaum vermitteln, daß die durchschnittliche Studienzeit in jenen Jahren lediglich dadurch zugenommen hat, daß – u.a. wegen des Rückzugs aus den Lehramtsstudiengängen – vermehrt Studiengänge mit längeren in den Prüfungsordnungen vorgeschriebenen Studienzeiten gewählt worden sind.

5. Fazit

Insgesamt gesehen hatten und haben die Projekte von HIS einen engen Bezug zu jeweils aktuellen bildungs- bzw. hochschulpolitischen Fragestellungen. Obwohl sich in ihnen gegenwärtig die vorrangige Notwendigkeit widerspiegelt, bestehende, sich verschärfende Probleme im Hochschulbereich kurzfristig bewältigen zu müssen und nur wenig Kraft und Zeit bleibt, neue langfristige Entwicklungskonzepte für den Hochschulbereich zu erarbeiten, dominieren bei HIS keineswegs Projekte, die ausschließlich auf die Unterstützung der Krisenbewältigung abgestellt sind. Die Ergebnisse der oben erwähnten Untersuchungsreihen sind sowohl für die Krisenbewältigung als auch für das Auffinden neuer hochschulpolitischer Ansätze nützlich. Es gibt darüber hinaus auch Projekte, die allein dem letztgenannten Aspekt dienen.

Weder die Beteiligung aller wesentlichen mit Hochschulpolitik befaßten Institutionen beim Zustandekommen des Arbeitsprogramms, noch die Art der Finanzierung und der Abschluß von Vereinbarungen mit Interessenten über die Durchführung von Projekten führen dazu, daß HIS veranlaßt wird oder gezwungen ist, Studien zu erstellen, die darauf abzielen, bereits getroffene oder beabsichtigte politische Entscheidungen wissenschaftlich zu legitimieren, zu begründen bzw. zu bemänteln. Im Gegenteil, die Besetzung der Gremien, die auch gegenseitige Kontrolle bewirkt, die relative Arbeitsplatzsicherheit der Mitarbeiter durch die Art der Finanzierung, die personelle und materielle Ausstattung dieses Arbeitsbereiches sichert größere Möglichkeiten als vielfach vermutet, Arbeitsziele und Methoden unabhängig zu bestimmen. Starker Bezug der Arbeiten zur politischen Diskussion bedeutet also nicht Abhängigkeit der zu bearbeitenden Themen von politischen Wünschen, administrative Gängelung bei der Durchführung der Projekte und Verlust der Objektivität der Ergebnisse. Das würde auch dem Selbstverständnis von HIS widersprechen, das darauf gerichtet ist, auf der Grundlage von mit kritischer Objektivität erarbeiteten Ergebnissen bildungspolitisch wirksam werdende handlungsleitende Hilfe zu geben.

LITERATUR

1 Hollmann, Liesel: „Wissenschaftliche Beratung der Politik dargestellt am Beispiel von IPEKS", in: *Beiträge zur Politikwissenschaft*, Bd. 27, Frankfurt/M., Bern, New York 1983.

Lampe, K.: „Wissenschaft und politische Steuerung", in: Lampe, K. u.a.: *Enquête-Kommissionen und Royal Commissions: Beispiele wissenschaftlicher Politikberatung in der Bundesrepublik Deutschland und in Großbritannien*, Göttingen 1981.

Lüdtke, H.: „Legitimation der empirischen Sozialforschung durch praktischen Nutzen", in: *Angewandte Sozialforschung*, Jg. 12, H. 1/2.

Oehler, Ch.: „Bildungsforschung und Bildungspolitik", in: *Transfer* 5, Beiheft zu Deutsche Universitätszeitung H. 6, 1983.

2 Durrer, F.; Kazemzadeh, F.: „Beschäftigungsprobleme nicht eingestellter Lehrer", *HIS-Hoschulplanung* 38, Hannover 1981.

3 Kazemzadeh, F.; Minks, K.-H.: „Attraktivität des Ingenieurstudiums – Ergebnisse einer empirischen Untersuchung", *HIS-Hochschulplanung* 47, Hannover 1983.

4 Griesbach, H. u.a.: „Studienverlauf und Beschäftigungssituation von Hochschulabsolventen und Studienabbrechern", *HIS-Hochschulplanung* 27.

Reissert, R., Birk, L.: „Studienverlauf, Studienfinanzierung und Berufseintritt von Hochschulabsolventen und Studienabbrechern des Studienjahres 1979", *HIS-Hochschulplanung* 41, Hannover 1982.

5 Reissert, R.: „Studienabbruch im Widerstreit von Ergebnissen und Meinungen", in: *HIS-Kurzinformationen* A1, Hannover 1983.

6 Reissert, R.: „Studienzeiten – Entwicklung und Ursachen", in: *HIS-Kurzinformationen* A5, Hannover 1983.

ZUR POLITIKBERATUNG DURCH BILDUNGSFORSCHUNG IM BEREICH DER WEITERBILDUNG

Wolfgang Schulenberg

1. Zur Entstehung von Weiterbildungspolitik

Wer im Bereich der Erwachsenenbildung/Weiterbildung von Politik sprechen will, hier also von Politikberatung durch Forschung, wird zunächst darauf hinweisen müssen, daß der Bereich der Weiterbildung anders als die Bereiche Schule und Hochschule in unserem Bildungswesen nicht Produkt und Veranstaltung des Staates ist. Schulen und Hochschulen sind seit Jahrhunderten vor allem politisch von oben eingerichtet und organisiert worden, notfalls gegen den Widerstand der betroffenen Bevölkerung (wie bei der Durchsetzung der Schulpflicht). Die Ansätze zur Erwachsenenbildung, wie sie seit Ende des 18. und im Laufe des 19. Jahrhunderts von gesellschaftlichen Gruppen von unten in Gang gebracht worden sind, erfuhren dagegen von seiten des Staates zumeist Widerstand (bis zur polizeilichen Verfolgung) oder doch mißtrauische Ablehnung. Die Erwachsenenbildung hatte es schwer, sich auf der Ebene individueller Initiativen, informeller Gruppen oder lokaler Vereine zu entwickeln. Selbst partikulare politische oder kirchliche Hilfen waren schwach, ebenso überregionale Verbindungen. (Zur Erinnerung: Die SPD ist aus kleinen Arbeiter*bildungs*vereinen hervorgegangen.)

Erst in der Weimarer Verfassung von 1919 findet sich eine bescheidene staatlich-rechtliche Akzeptierung der Erwachsenenbildung durch die unverbindliche Empfehlung zur „Förderung" des Volksbildungswesens einschließlich der Volkshochschulen (Art. 148). Das ging zusammen mit einer bildungspolitischen Beachtungswelle, änderte aber an dem vereinsmäßigen Charakter der lokalen Aktivitäten wenig.

Substantielle Gesetze zur Erwachsenenbildung sind erst ab 1970 (Niedersachsen) beschlossen worden. Mit „substantiell" ist hier gemeint, daß diese Gesetze von dauerhaften Erwachsenenbildungseinrichtungen ausgehen, denen ein Rechtsanspruch auf Förderung eingeräumt wird, während dieser Rechtsanspruch wiederum sich mit qualitativer Normierung für die Einrichtungen verbindet. Es gibt solche Gesetze inzwischen in den meisten Bundesländern. Indes gibt es seit einigen Jahren auch schon deutliche Versuche, die Verpflichtungen aus diesen Gesetzen wieder abzuschütteln.

Der Bereich der Weiterbildung ist ferner im Vergleich zu den Bereichen Schule, Hochschule und Berufsbildung in den politisch entscheidenden Dimensionen des hauptamtlichen Personals und der öffentlichen Mittel enorm unterentwickelt. Dabei sind neben rechtlichen Regelungen (Institutionalisierungen) hauptamtliches Personal und öffentliche Mittel die wichtigsten Medien gestaltender Politik, der Politik also, die in der konventionellen Weise beraten werden kann. Andererseits ist der programmatische Anspruch und der Kreis der Adressaten (für alle Erwachsenen) sehr groß, und die Zahl der tatsächlichen Nutzer ist mit Schule und Hochschule vergleichbar.

Als in den 50er Jahren die ersten Arbeiten zur neueren Weiterbildungsforschung entstanden, gab es Tausende von Hochschullehrern und zigtausende von Schullehrern, aber in der Erwachsenenbildung nur ein paar Dutzend hauptamtliche Leiter und pädagogische Mitarbeiter. In den Kultushaushalten lag der Anteil für die Erwachsenenbildung unter 1%; er ist auch heute kaum höher. (In den meisten Bundesländern liegt der Landeszuschuß zur gesamten Erwachsenenbildung des Landes unter dem Zuschuß für eine einzige mittlere Universität.)

Während sich also die Bildungsforschung in den Bereichen Schule, Hochschule und Berufsbildung Praxisfeldern zugewandt hat, die seit langem etabliert und relativ hochentwickelt (wenn auch durchweg reformbedürftig) sind, war die Weiterbildungsforschung gezwungen (oder hatte die Chance), mit einem selbst überhaupt erst entstehenden Bildungsbereich gleichsam aufzuwachsen.

Was bedeutet unter diesen Umständen Politikberatung durch Bildungsforschung? In einem Bereich also, der einerseits außerhalb der anerkannten Strukturen staatlicher Politik liegt, institutionell immer noch stark provisorisch konstruiert und personell wie materiell äußerst schwach ausgestattet ist, der aber andererseits unter hohen programmatischen Ansprüchen steht, die überdies wohlbegründet und öffentlich unbestritten sind?

Eine Politikberatung, die sich wie in den Bereichen Schule und Hochschule vor allem als direkte oder indirekte Beeinflussung der staatlichen Politik versteht, konnte hier nicht statthaben. (Offenkundig wird unter Politikberatung prototypisch Beratung staatlicher Machtinhaber verstanden — die gestrige Plenumsdiskussion machte es noch einmal deutlich.) Analoges gilt übrigens auch für die Weiterbildung der Gewerkschaften, Kirchen usw., sofern deren Weiterbildungsaktivitäten überhaupt so weit verselbständigt sind, daß sie für eine Politik erreichbar werden, die nicht nur eine Verlängerung oder Ausführung der übergeordneten Politik des Trägers ist.

Die Weiterbildungsforschung mußte erkennen und akzeptieren, daß die Adressaten oder Partner für eine Politikberatung überhaupt erst bereit und fähig werden mußten, Weiterbildungspolitik konstruktiv-planmäßig zu sehen und zu betreiben. Die Weiterbildungsforschung mußte sich zwangsläufig an diesem Konstitutionsprozeß in ihrem Praxisfeld beteiligen. (Daß dazu nebenbei auch das Entstehen einer wissenschaftlichen Disziplin Erwachsenenbildung und ihre Institutionalisierung an den Hochschulen gehörte, sei ausdrücklich vermerkt. Daß wiederum deren Forschungsbestände stark sozialwissenschaftlicher Provenienz sind, und z.B. relativ wenig Psychologie aufgenommen haben, wird aus dieser Genese verständlich.)

Wissenschaftler, die sich mit Weiterbildungsforschung befaßten, gerieten so in ein starkes Wechselverhältnis zu ihrem Forschungsfeld und seinen Bedingungen, vor allem auch politischen Bedingungen. Das hat in der alltäglichen Kommunikation und bei der sachlichen Verbundenheit zwischen allen Seiten zu einer eher allgegenwärtigen, aber diffusen Politikberatung im Rahmen einer breiteren Verwendung der Forschungsergebnisse geführt.

Diese relativ starke Integration hatte auch für den einzelnen Forscher bemerkenswerte Folgen. Zunächst ist eine durchweg positiv empfundene Folge zu nennen: Forschungsergebnisse fanden ein ungewöhnlich hohes Maß an Resonanz, auch im Sinne von politischer Diskussion. Die Rückkopplung zu allen Seiten (Praxis, Administration, Parlamentarier, Kommunen, Verbände, Presse etc.) erfolgte oft automatisch, sie war sonst relativ leicht herzustellen, denn auf allen Seiten fehlte es an der abweisenden etablierten Routine und an der Selbstverteidigung von politischen oder administrativen Apparaten. Wohlverstanden: Hohe Resonanz heißt nicht allein positive Aufnahme, sondern oft genug wütende Ablehnung, Verdrehungen, Rückweisungen. Aber die bitterste Frustration der Forschung, die gleichgültige Nichtbeachtung, war selten.

2. Einige Beispiele von Politik und Forschung in der Weiterbildung

Nach diesen allgemeinen Schilderungen mögen einige konkrete Beispiele angebracht sein, die veranschaulichen, was ich meine, wenn ich von Integration und Resonanz spreche. (Daß die Beispiele sich auf eigene Arbeiten beziehen, liegt in der Natur der Sache.)

– 1952 veranlaßte das niedersächsische Kultusministerium eine Untersuchung in Hildesheim (auf Anregung des Volkshochschulleiters) über Vorstellungen, Erwartungen und Erfahrungen der Bevölkerung zur Erwachsenenbildung. 63 Gruppendiskussionen erbrachten, daß das Bildungsbewußtsein der Bevölkerung unerwartet hoch (in bewußter Diskrepanz zum Bildungsverhalten) einzuschätzen sei, daß die Erwartungen an die Volkshochschule anspruchsvoller waren, als die zirkuläre Selbstbestätigung durch die laufende Arbeit vermuten ließ, daß die Faktoren Beruf und Schule zu Unrecht vernachlässigt würden u.a.m. Den Befunden folgte keine einzige politische Maßnahme, dennoch wird ihre bildungspolitische Bedeutung heute sehr hoch eingeschätzt („realistische Wende"). Die Wirkung ist durch viele Diskussionen, durch Bewußtseinsprozesse, Beachtungssteigerung und indirekte Einflüsse erfolgt. Die 'Hildesheim-Studie' hat die Entstehung der Göttinger Seminarkurse gestärkt (Universitäre Erwachsenenbildung), sie hat das Erwachsenenbildungsgutachten des Deutschen Ausschusses (1961) beeinflußt und darüber die Initiativen für ein Erwachsenenbildungsgesetz in Niedersachsen.

– Zudem wurde von ihr die dreistufige „Göttinger Untersuchung“ (1966) ausgelöst, die wiederum die Arbeiten am Erwachsenenbildungsgesetz vorangetrieben, den Durchbruch des Zertifikatssystems der Volkshochschulen (1968) wesentlich begründet und den Strukturplan 1970 des Bildungsrates beeinflußt hat. Alles in allem: Breite Rezeption, Zustimmung und Unruhe, vielfältige Wirkung; aber von klassischer Politikberatung keine Spur.

– Geradezu ein Fehlschlag im Sinne klassischer Politikberatung scheint das 1980 vom niedersächsischen Wissenschaftsminister in Auftrag gegebene und 1982 übergebene Gutachten zur Wirkung des Niedersächsischen Erwachsenenbildungsgesetzes gewesen zu sein. Nach 10jähriger Geltung wollte die neue Mehrheitsfraktion im Landtag dieses Gesetz restriktiv novellieren. Das Gutachten – nach Umfang und Charakter ein veritables Stück Forschung – spricht sich dagegen für Beibehaltung, ja Weiterführung des Gesetzes aus (welch Lob für Gesetzgeber und Fachminister!). Die Mehrheitsfraktion hat dennoch die beabsichtigte Novellierung durchgesetzt, der Minister hat die Argumente seines eigenen Gutachtens kaum vertreten. Eine Farce der Politikberatung durch Bildungsforschung? Unter den spezifischen Bedingungen des Praxisfeldes der Erwachsenenbildung wird auch hier die indirekte Wirkung entscheidend sein. Das zeigte schon die Art und Weise, wie man das Gutachten zu neutralisieren trachtete, es zeigt sich weiter in dem Bewußtsein der unterlegenen Seite, und das wird sich mittelfristig in der Vergleichsfunktion erweisen.

– Einen ähnlichen ‘Mißerfolg’ erlebte unsere eben abgeschlossene Untersuchung über „Studienerfahrungen und Studienerfolg von Berufstätigen ohne Reifezeugnis in Niedersachsen“. Das zuständige Ministerium hat fast gleichlaufend mit der Vorlage unserer Ergebnisse die betroffene Prüfungsordnung in gegensätzlichem Sinne revidiert. Gleichwohl geben uns viele Indizien die Zuversicht, daß die für eine Öffnung der Hochschulen sprechenden Befunde auf längere Sicht ihre politische Wirkung nicht verfehlen, wenn auch die verantwortlichen Politiker heute noch vorziehen, davon unberaten zu bleiben.

Politische Wirkung der Bildungsforschung und klassische Politikberatung gehen selbst in solchen Fällen auseinander, in denen der prototypische Adressat der Politikberatung (Minister) im Spiel ist. Ob darin noch eine verdeckte Auswirkung der Tatsache zu erkennen ist, daß die Erwachsenenbildung sich einmal gegen die staatliche Politik entwickelt hat, sei dahingestellt.

3. Bedeutung für die Soziologie als akademisches Fach oder praxisrelevante Wissenschaft

Unter dem Postulat der Praxisrelevanz von Sozialforschung können meine Beobachtungen ganz stimuliert klingen. Andererseits mag es an dem, was ich die hohe Integration zum Feld nenne, liegen, daß die Arbeiten der Weiterbildungsforschung in der allgemeinen soziologischen Fachdiskussion nur eine geringe Rolle spielen. Ich will auch hier zwei Beispiele nennen: In der Weiterbildungsforschung haben seit Jahrzehnten qualitative Methoden kontinuierlich Anwendung gefunden, es gibt hier sogar eine vermutlich einzigartige Kombination quantitativer und qualitativer Methoden (Göttinger Untersuchung), aber die derzeit stattfindende Diskussion um die „Wiederentdeckung" der qualitativen Forschung greift auf diese Erfahrungen kaum zurück. Ebenso steht es mit den Biographie- und Lebenslauf-Diskussionen, obgleich in der Forschung zur Erwachsenenbildung diese Ansätze naturgemäß seit jeher eine Rolle gespielt haben. Der Appetit der Fachdiskussion bevorzugt hier offenkundig spekulative Aktualität. Das mag wissenschaftssoziologisch gesehen eben der Preis sein, den man für eine in dem beschriebenen Sinne praxisverflochtene Forschung zahlen muß. Aber die Soziologie sollte die Inflationsrate ihrer Papierwährung im Blick haben.

Wenn ich anfangs sagte, daß die Weiterbildungsforschung erkennen und akzeptieren mußte, daß sie einbezogen war in den Prozeß der beteiligten Kräfte, überhaupt erst konstruktiv politikfähig und politikbereit zu werden, so bin ich der Meinung, daß das im wesentlichen auch heute noch gilt. Noch für einige Zeit wird der Prüfstein für die Relevanz einzelner Forschungen auf dem Gebiet der Weiterbildung sein, wie weit sich der Forscher auf diesen Anspruch des Praxisfeldes einläßt. Gleichwohl zeigen sich auch in diesem Bereich Tendenzen, in denen sich Forschung und Praxis stärker separieren und vor allem Politikberatung aus dem Rahmen der wohl weiterhin stärker integrierten allgemeinen Verwendung sozialwissenschaftlicher Forschung ausschert und sich hier ebenfalls eher als selbständige Funktion der Wissenschaft versteht. Solche Politikberatung geht freilich das Risiko ein, mit größerer Beliebigkeit verwertet zu werden, aber für die Forschung mag diese Distanzierung auch einen Gewinn an Operationsmöglichkeiten versprechen.

LITERATUR

Arbeitskreis Strukturplan Weiterbildung (Schulenberg, W., Dikau, J., Raapke, H.-D., Strzelewicz, W., Weinberg, J., Wiebecke, F.): *Strukturplan für den Aufbau des öffentlichen Weiterbildungssystems in der Bundesrepublik Deutschland.* Köln 1975.

Bayer, M., Ortner, G.E., Thunemeyer, B. (Hrsg.): *Bedarfsorientierte Entwicklungsplanung in der Weiterbildung*, Opladen 1981.

Beck, U., Lau, Chr.: „Bildungsforschung und Bildungspolitik". In: *ZSE*, 2/1983.

Bubenzer, R.: *Grundlagen der Staatspflichten auf dem Gebiet der Weiterbildung.* Frankfurt/M. 1983.
Feidel-Mertz, H.: *Erwachsenenbildung seit 1945*, Köln 1975.
Friebel, H.: *Studierende Erwachsene im Zweiten Bildungsweg.* Braunschweig 1978.
v. Friedeburg, L.: „Konjunkturphasen öffentlichen Interesses an Bildungspolitik und Bildungssoziologie". In: *ZSE*, 2/1983.
Führenberg, D. u.a.: *Weiterbildung in der Krise – Krise der Weiterbildung?* Hg. v. Arbeitsgruppe Alternative Wirtschaftspolitik. Bremen 1984.
Fülgraff, B.: *Stellen- und Qualifikationsanforderungen in der Erwachsenenbildung.* Hannover 1975.
Geulen, D.: „Bildungsreform und Sozialisationsforschung". In: *ZSE*, 2/1983.
Janssen, A.: *Der Zweite Bildungsweg für Schulabgänger ohne Hauptschulabschluß.* Frankfurt/M. 1981.
Keim, H. Olbrich, J., Siebert, H.: *Strukturprobleme der Weiterbildung.* Düsseldorf 1973.
Knoll, J.H., Pöggeler, F., Schulenberg, W.: *Erwachsenenbildung und Gesetzgebung.* Köln/Wien 1983 (Gutachten EB-Gesetz Niedersachsen)
Kuhlenkamp, D., Schütze, H.G. (Hrsg.): *Kosten und Finanzierung der Weiterbildung.* Frankfurt/M. 1982.
Loeber, H.-D.: Beruf, *Arbeitssituation und Weiterbildung.* Diss. Oldenburg 1984.
Lutz, B.: „Bildungssystem und Beschäftigungsstruktur in Deutschland und Frankreich". In: Mendius, H.G. (Hg.): *Betrieb – Arbeitsmarkt – Qualifikation.* Frankfurt/M. 1976.
v. Maydell, J. (Hrsg.): *Bildungsforschung und Gesellschaftspolitik.* Oldenburg 1982.
Meulemann, H.: „Bildungsexpansion und Wandel der Bildungsvorstellungen zwischen 1958 und 1979". In: *Z.f.Soz.* 11/1982.
Nave-Herz, R.: *Beruf – Freizeit – Weiterbildung.* Darmstadt 1976.
–, *Erwachsenensozialisation.* Weinheim 1981.
Negt, O.: *Soziologische Phantasie und exemplarisches Lernen.* Frankfurt 1968.
Otto, V., Schulenberg, W., Senzky, K. (Hrsg.): *Realismus und Reflexion.* München 1982.
Plessner, H./Strzelewicz, W.: „Universität und Erwachsenenbildung". In: *Volkshochschule – Handbuch der Erwachsenenbildung.* Stuttgart 1961.
Raapke, H.-D.,/Schulenberg, W.: *Didaktik der Erwachsenenbildung.* (Handbuch der Erwachsenenbildung, Bd. 7). Stuttgart 1984.
Sass, J., Sengenberger, W., Weltz, Fr.: *Weiterbildung und betriebliche Arbeitskräftepolitik.* Frankfurt/M. 1974.
Scholz, W.-D., Wolter, A.: „Exklusivität oder Durchlässigkeit des Hochschulzugangs". In: J. v. Maydell Oldenburg 1982.
Schulenberg, W.: *Ansatz und Wirksamkeit der Erwachsenenbildung.* Stuttgart 1957, [2]1976 (Hildesheim-Studie)
–, *Plan und System: Zum Ausbau der deutschen Volkshochschulen.* Weinheim 1968.
–, *Erwachsenenbildung. Wege der Forschung.* Darmstadt 1978.
–, *Reform in der Demokratie.* Hamburg 1976.
–, Loeber, H.-D., Loeber-Pautsch, U., Pühler, S.: *Soziale Faktoren der Bildungsbereitschaft Erwachsener.* Stuttgart 1978 (Oldenburger Studie)
–, Scholz, W.-D., Wolter, A., Mees. U., Fülgraff, B., v. Maydell, J.: *Studienerfahrungen und Studienerfolg von Berufstätigen ohne Reifezeugnis in Niedersachsen. Forschungsbericht* Oldenburg 1984.
Schwab, H.: *Schulräte und Politik.* Oldenburg 1979.
Senzky, K.: „Bildungspolitik als Aufgabe und Problem der Weiterbildungsforschung". In: H. Siebert (Hrsg.): *Taschenbuch der Weiterbildungsforschung.* Baltmannsweiler 1979.
Siebert, H. (Hrsg.): *Praxis und Forschung in der Erwachsenenbildung.* Opladen 1977.
–, *Taschenbuch der Weiterbildungsforschung.* Baltmannsweiler 1979.

–, Gerl, H.: *Lehr- und Lernverhalten bei Erwachsenen.* Braunschweig 1975.
Strzelewicz, W.: *Erwachsenenbildung – Soziologische Materialien.* Heidelberg 1968.
–, *Bildungssoziologie. Handbuch der empirischen Sozialforschung,* Bd. 14. Stuttgart 1979.
–, „Über gesellschaftliche Voraussetzungen der Erwachsenenbildung". In: Ruprecht, H., Sitzmann, G. (Hrsg.): *Erwachsenenbildung als Wissenschaft.* Weltenburger Akademie, Bd. 5, 1978.
–, Raapke, H.-D., Schulenberg, W.: *Bildung und gesellschaftliches Bewußtsein.* Stuttgart 1966, Tb. 1972 (Göttinger Untersuchung)
Tietgens, H.: *Erwachsenenbildung zwischen Wissenschaft und Unterrichtspraxis.* Braunschweig 1977.
–, „Wissensstruktur und Bildungsprozesse im Blickfeld von Wissenschaft und Forschung". In: H. Becker (Hrsg.): *Wissenschaftliche Perspektiven zur Erwachsenenbildung.* Braunschweig 1982
Vath, R.: „Berufsforschung – Der Beruf der Erwachsenenpädagogen". In: Siebert 1979.
Vonderach, G.: Neue undefinierte „Rollen" in der Wirtschaftsgesellschaft – Anzeichen des gesellschaftlichen Wandels? In: v. Maydell 1982
Weinberg, J.: „Stand der Forschung über Erwachsenenbildung". In: Schmitz, D./ Tietgens, H. (Hrsg.): *Erwachsenenbildung* (Enzyklopädie Erziehungswissenschaft Bd. 11). Stuttgart 1984.
–, „Erwachsenenbildung als Gegenstand der Bildungspolitik und der Sozialwissenschaft." In: *N. Pol. Lit.* 22 (1977).
Weymann, A.: „Weiterbildung zwischen Instrumentalisierung und Irritation. In: *ZSE* 2/1983
–, u.a.: *Der Hauptschulabschluß in der Weiterbildung. Erwachsenenbildung zwischen Bildungspolitik und Sozialpolitik.* Paderborn 1980.
Wiese, L.v. (Hrsg.): *Soziologie des Volksbildungswesens.* München 1921.
Zapf, W. (Hrsg.): *Lebensbedingungen in der Bundesrepublik.* Frankfurt/M. 1977.

WEITERBILDUNG UND POLITIKBERATUNG

Wolfgang Zapf

In diesem kurzen Beitrag will ich (1) einige Informationen über die bisherigen Zukunftskongresse der Landesregierung von Baden-Württemberg und die ihnen zugrunde liegenden Kommissionsberichte geben; (2) will ich die Schwerpunkte des Kommissionsberichts „Weiterbildung: Herausforderung und Chance" nennen, der Mitte Dezember 1984 vorgelegt wird. Ich selbst bin kein Experte für Weiterbildung, sondern habe in den letzten beiden Kommissionen als Sozialwissenschaftler mitgearbeitet und Probleme des sozialstrukturellen Wandels und der gesamtgesellschaftlichen Innovationschancen behandelt.

I

Die Landesregierung von Baden-Württemberg hat, wie andere Regierungen auch, eine ganze Reihe von Kommissionen mit verschiedenen längerfristigen Problemanalysen befaßt. Es war aber eine besondere Initiative des Ministerpräsidenten, im Dezember 1982 die Ergebnisse der Kommission „Forschungspolitik" (und auch Ergebnisse der Kommission „Neue Medien") in einem großen öffentlichen Kongreß über „Zukunftschancen eines Industrielandes" vorzustellen. Dieser Kongreß hat große Aufmerksamkeit erfahren, aber den Veranstaltern auch den Vorwurf des Technokratentums und der Insensibilität gegenüber den sozialen Folgen neuer Technologien und Medien eingetragen.

Dies war die Situation, in der dann auch Wirtschafts- und Sozialwissenschaftler gefragt waren und gefragt wurden. 1983 wurde Rudolf Wildenmann mit der Leitung einer weiteren Kommission, „Zukunftsorientierte gesellschaftliche Entwicklungen", beauftragt, und in dieser Kommission haben dann u.a. H. Baier, K.W. Deutsch, B. Fritsch, H. Klages, H. Lübbe und ich selbst – um nur die engeren Fachkollegen zu nennen – mitgearbeitet. Der Kommissionbericht umfaßte drei Hauptteile:

– Gesellschaftliche Vielfalt – Neue Lebenschancen, erneuerte Institutionen
– Innovative soziale Marktwirtschaft – Beschäftigungschancen in einer wachsenden Wirtschaft

– Humanität, Flexibilität, Produktivität – Neue Chancen in der Arbeitswelt.

Der Bericht und der zweite Kongreß „Zukunftschancen eines Industrielandes“ (im Dezember 1983) haben erneut ein großes Echo gehabt. Mehr als 20.000 Exemplare des Berichts sind bestellt worden. Akademien haben Tagungen über die Gesamtthematik und einzelne Themen durchgeführt. Andere Bundesländer haben ähnliche Veranstaltungen organisiert. Herr Wissenschaftsminister Krumsiek von Nordrhein-Westfalen hat in seiner gestrigen Eröffnungsrede unsere Kommission in m.E. unqualifizierter Weise zur Sprache gebracht, weshalb ich Sie auffordern möchte, sich die Materialien zu beschaffen und sich selbst ein Urteil zu bilden.[1] Die Opposition in Baden-Württemberg hat der Regierung vorgeworfen, mit Kommissionen und Kongressen durch „exklusive Zirkel“ und „modische Verfassungsorgane“ am Parlament vorbeizugehen.

Meine Erfahrungen mit dieser Art von Politikberatung sind folgende:

– Man kann keine direkten Wirkungen erzielen, aber vielleicht doch die Agenda von Diskussionen beeinflussen und Akzente setzen. Politiker sind vielbeschäftigte Leute, die in der Regel *nicht* um Rat fragen und die sich nicht belehren lassen. Wie andere Führungsgruppen auch, suchen sie jedoch ständig nach Konzepten und Deutungsangeboten.

– In der Beteiligung an der *Konzeptualisierung* von Problemen und Lösungsvorschlägen haben auch und gerade die Sozialwissenschaftler eine Chance. Wir haben nur wenige eigenständige Kompetenzen, aber empirisch gestützte Gesellschaftsanalysen bleiben gefragt. Wenn man Sozialwissenschaftler an solchen Unternehmungen beteiligt, kann man ihre Disziplin nicht mehr global diffamieren. Wenn sie in den Dialog mit Entscheidungsträgern eintreten, können sie Gesichtspunkte transportieren, die sonst nicht ausreichend wahrgenommen werden, z.B. die sozialen Voraussetzungen und Folgen technologischer Entwicklungen, eine differenziertere Sicht des sog. Wertewandels, kritische Analysen des politischen Prozesses selbst, und ganz generell die Perspektive von Ungleichheiten und Konflikten.

– Die Medien reagieren in der Regel nur auf unerwartete Nachrichten. Inmitten der Krisenmeldungen, Angstkampagnen und Orwell-Visionen der Jahreswende 1983/84 haben unsere Thesen über die Innovationsprozesse und Innovationschancen in Gesellschaft, Wirtschaft und Arbeitswelt deshalb einen Nachrichtenwert gehabt; sie waren sozusagen die ideologiepolitische Neuigkeit des 1983er Berichts.

II

Aus dem Kongreß von 1983 hat sich „Weiterbildung“ als Thema für eine weitere Kommission und den Kongreß Ende 1984 ergeben. Die Kommission „Weiterbildung“ wird von dem Betriebswirtschaftler Eduard Gaugler geleitet; ihr Bericht umfaßt wiederum drei Teile sowie zusammenfassende Empfehlungen:

- Das Innovationspotential der Weiterbildung – Herausforderungen und Ziele; eine Bestandsaufnahme der Weiterbildung; Zukunftsaufgaben der Weiterbildung
- Allgemeine Weiterbildung: Aufforderung an alle – Ziele und Handlungsfelder; Künftige Schwerpunkte; Adressaten; Zielgruppen mit besonderem Bedarf
- Berufliche Weiterbildung: Investitition in die Zukunft – Antriebskräfte und Perspektiven; Wachstumsfelder; Gestaltungsaufgaben.

Wiederum mache ich mir keine Illusionen über die direkte Wirksamkeit der Analysen und Empfehlungen der Kommission. Aber ihre Berufung, ihr Bericht und der anschließende Kongreß stellen doch eine unübersehbare Selbstverpflichtung der Landesregierung dar, die Anstrengungen auf dem Gebiet der Weiterbildung zu verstärken – zumal Baden-Württemberg, bei allen sonstigen Standortvorteilen und Erfolgen, in der Weiterbildung bisher keine Spitzenstellung einnimmt. Ich nehme an, daß sich u.a. die folgenden Punkte aus dem Kommissionsbericht in der öffentlichen Diskussion festsetzen werden:

– Die Weiterbildung ist vom quantitativen Gewicht und von ihrer zukünftigen Bedeutung her ein eigenständiger „vierter Bildungssektor“ in der Bundesrepublik (neben Schule, Berufsausbildung und Hochschule). Sie ist darüber hinaus derjenige Teil unseres Bildungswesens, der überwiegend nicht-staatlich organisiert oder geregelt ist. Hier gibt es einige der Möglichkeiten für Kooperation und Konkurrenz, für individuelle Wahl und Kompensation, die häufig in den anderen Bildungsbereichen vermißt werden.

– Die Beteiligung an der Weiterbildung ist nach sozialen Gruppen sehr unterschiedlich, und diese Unterschiede haben sich offenbar in den lezten Jahren noch vergrößert. Die berufliche Weiterbildung wird zunehmend stärker Anpassungsqualifikation als Aufstiegsqualifikation, d.h. sie wird ein zentraler Mechanismus für die individuelle Bewältigung des notwendigen wirtschaftlichen Strukturwandels. Dabei müssen – in der beruflichen wie in der allgemeinen Weiterbildung – die bisher unterrepräsentierten Gruppen verstärkt angesprochen und motiviert werden: un- und angelernte Beschäftigte, ältere Arbeitnehmer, Ausländer, Arbeitslose, Frauen, die in den Beruf zurück wollen, Senioren, die die „dritte Lebensphase“ aktiv gestalten wollen.

– Die staatliche Unterstützung der Weiterbildung muß nachhaltig verstärkt werden, ohne daß das Prinzip der Selbstbeteiligung der Teilnehmer und der Selbständigkeit der Träger aufgegeben wird: für hauptberufliches Personal, für nebenberufliche Lehrkräfte, für die Bildungseinrichtungen, für Organisation und Werbung. In diesem Rahmen ist auch das Thema des Bildungsurlaubs neu zu diskutieren.

Die Kommission „Weiterbildung“ hat sich bemüht, eine realistische Zukunftsperspektive zu entwickeln und dabei auch Konflikte, Ungleichheiten und Ausleseprozesse anzusprechen, die in der Weiterbildung auch angelegt sind. Weiterbildung ist kein Allheilmittel. Insgesamt sieht sie jedoch im Wissen und Lernen eine prinzipiell unerschöpfliche Ressource der Innovation: der Kompetenzsteigerung, Flexibilisierung, Kompensation und der individuellen Wahlmöglichkeiten.

In unserem Zusammenhang interessiert sicher auch, daß die Kommission zwei sozialwissenschaftliche Gutachten in Auftrag gegeben hat.[2] Hier konnten Sozialwissenschaftler zeigen, daß sie in der Lage sind, in wenigen Wochen wesentliche Beiträge zur Klärung schwieriger Sachverhalte – der unterschiedlichen Beteiligung verschiedener sozialer Gruppen und Berufe und ihrer Determinanten – vorzulegen. Dies bestätigt mich in der Ansicht, daß die Mitarbeit in solchen Kommissionen auch für das Ansehen unseres Faches und für den Nachweis seiner Kompetenz, zu aktuellen Fragen übersichtliche und verständliche Antworten zu geben, eine wichtige Rolle spielen kann.

ANMERKUNGEN

1 Die Kommissionsberichte und Kongreßberichte sind erhältlich beim Staatsministerium Baden-Württemberg, Richard-Wagner-Straße 15, 7000 Stuttgart 1: *Zukunftsperspektiven gesellschaftlicher Entwicklungen*, November 1983.
Weiterbildung: Herausforderung und Chance, November 1984.

2 Es handelt sich um folgende Gutachten, die bei den angegebenen Projekten erhältlich sind:
Heinz-Herbert Noll, „Die Bedeutung der Weiterbildung für Berufsverlauf und Qualifikation“, Sonderforschungsbereich 3 Frankfurt/Mannheim, Universität Mannheim.
Angelika Willms/Karin Kurz, „Die Weiterbildungsteilnahme der Berufstätigen in Baden-Württemberg“, VASMA-Projekt, Universität Mannheim.

BILDUNG UND WERTWANDEL: AM BEISPIEL VON „LEISTUNG“ IN DER BUNDESREPUBLIK DEUTSCHLAND ZWISCHEN 1950 UND 1980[1]

Heiner Meulemann

In der Geschichte der Bundesrepublik laufen zwei Entwicklungen erstaunlicherweise fast parallel: die Bildungsexpansion und der Wertwandel. Die Bildungsexpansion bezeichnet die Tatsache, daß in der zweiten Hälfte der 60er und der ersten Hälfte der 70er Jahre der Anteil der Sekundar- und der Hochschüler an der Bevölkerung fast doppelt so stark zunimmt wie in den vorausgehenden Jahren (Meulemann 1982). Sie ist eine fast ruckartige Verstärkung des säkularen Trends steigender Bildungsteilhabe: Auf einen kontinuierlichen langsamen Anstieg folgt eine sprunghafte Steigerung, die heute wieder in eine langsame Steigerung oder gar Stagnation übergeht. Der Wertwandel läßt sich, wenn man alle verfügbaren, kontinuierlichen und längerfristigen Zeitreihen durchgeht (Meulemann 1983), mit folgenden Trends beschreiben: Leistung und religiöse Werthaltungen gehen zurück, politische Teilhabe und Egalitarismus im Privatleben steigen an. Die vier Trends verlaufen weitgehend parallel. Auf eine Phase relativer Konstanz von 1950 bis in die Mitte der sechziger Jahre folgt eine Phase des Umbruchs bis in die Mitte der siebziger Jahre, die wiederum von einer Phase relativer Konstanz abgelöst wird.

Bildungsexpansion und Wertwandel fallen also fast genau in der zweiten Hälfte der sechziger Jahre zusammen, und in beiden Fällen ist weiterhin die Phase des akuten Wandels von Phasen relativer Konstanz vorher und nachher begleitet. Beruht das Zusammentreffen von Bildungsexpansion und Wertwandel auf Wandlungen im Zusammenhang zwischen Bildung und Werten? Auf diese Frage kann man eingehen, indem man Gruppen unterschiedlicher Bildungsniveaus im Zeitverlauf vergleicht. Gehen die besser Ausgebildeten im Wertwandel voran? Ändern sich die Zusammenhänge zwischen Bildung und Werten im Laufe der Bildungsexpansion und des Wertwandels? Ich will im folgenden zunächst Hypothesen für Verlaufsformen des Wertwandels in Bildungsgruppen entwickeln (Abschnitt 1) und sie dann an drei Indikatoren für den Wert Leistung überprüfen (Abschnitt 2).

1. Hypothesen für Verlaufsformen des Wertwandels in Bildungsgruppen

Über den Zeitraum von 30 Jahren können sich die Entwicklungen in den einzelnen Gruppen zu sehr vielen Bildern zusammenfügen. Um die Möglichkeiten einzuschränken, setze ich zweierlei voraus: Erstens soll die dreiphasige Verlaufsform mit Konstanz-Wandel-Konstanz und der Rückgang des Leistungswertes auch für jede Bildungsgruppe gelten. Zweitens soll zumindest zu Anfang der Entwicklung in den besser ausgebildeten Gruppen Leistung höher bewertet sein. Dann sind folgende Hypothesen denkbar: Zunächst könnten die Entwicklungen in beiden Bildungsgruppen parallel verlaufen und die Beziehung zwischen Bildung und Werten konstant bleiben. Dann liegt ein allgemeiner, von der Bildung unabhängiger Trend vor. Diese Hypothese nenne ich die *Globaltrend-Hypothese*. Sie geht zwar nicht auf Zusammenhänge zwischen Bildungsexpansion und Wertwandel ein, aber sie stellt eine Art Nullhypothese dar, von der ich vier weitere Hypothesen absetzen möchte, die inhaltlich gehaltvolle Aussagen über den Zusammenhang zwischen Bildung und Werten machen.

Die erste Hypothese unterstellt, daß die besser ausgebildete Gruppe in der Phase des Wandels vorangeht, die schlechter ausgebildete aber schließlich wieder nachzieht. Bildung hätte hier also die Funktion eines Multiplikators. Der akute Wertwandel setzt sich von oben nach unten durch, auf die Dauer aber bleiben die Unterschiede gleich. Entsprechend nenne ich diese Hypothese die *Avantgarde*-Hypothese. Sie sagt also nur eine vorübergehende Veränderung der Beziehung zwischen Bildung und Werten voraus; über den ganzen Zeitraum ändert sich die Beziehung nicht. Sie dürfte vor allem dann zutreffen, wenn ein Wertwandel rein innerkulturell ausgelöst wird und abläuft: Mit charakteristischen Verzögerungen zwischen Milieus verschieben sich Werte, die Beziehungen zwischen Milieu und Werten aber bleiben langfristig konstant. Das ist mit einem konstanten Anteil verschiedener Bildungsabschlüsse an der Bevölkerung durchaus vereinbar. Die erste Hypothese nimmt also keinen Bezug auf die Bildungsexpansion, die den Wertwandel begleitet. Das aber soll in den übrigen Hypothesen geschehen, für die die Rolle der Bildungsexpansion im Wertwandel genauer erläutert werden muß.

Bildungsabschlüsse in modernen Industriegesellschaften sind doppeldeutig. Sie verweisen auf Qualifikationen und auf Werthaltungen. Sie bieten Lebenschancen, die sich im Beruf realisieren, und sie fordern eine Lebensführung, die sich in der Familie, in der Freizeit ausdrückt. Die Expansion weiterführender Bildung in den letzten 20 Jahren hat nun – so vermute ich – den Charakter von Bildung als Lebenschance und Lebensführung verändert. Sie hat die Selbstverständlichkeit des Statusanspruchs von Bildung erschüttert und die Lebenschance Bildung abgewertet. Zugleich aber wurde Bildung auch als Lebensführung – geistige Arbeit als zweckfrei betriebener, dennoch aber Sicherheit und materielle Versorgung garantierender Lebensinhalt – aufgelöst. Der Besitz von Bildungspatenten definiert heute statistische Gruppen, die sich durch die Teilhabe an der allgemeinen Kultur, durch Mitsprache an den öffentlichen Problemdefinitionen unterscheiden. Statt Lebenschancen zu bestimmen und eine Lebensführung zu prägen, ist Bildung mit einem kulturellen Lebensstil verbunden;

vom strukturellen ist Bildung zum kulturellen Merkmal geworden. Wenn nun durch die Bildungsexpansion der Bedeutungsschwerpunkt der Bildung sich von Lebenschancen zum Lebensstil verlagert hat, dann müßte sich auch die Beziehung zwischen Bildung und Werten im Zeitverlauf nicht nur vorübergehend, sondern dauerhaft verändern. Entsprechend lassen sich drei weitere Hypothesen denken, die alle eine dauerhafte Veränderung der Beziehung unterstellen.

Die zweite und dritte Hypothese unterstellen, daß die Größe der Differenz zwischen den Bildungsgruppen sich verändert, die Richtung jedoch gleich bleibt. Die zweite Hypothese nimmt an, daß die Differenz wächst, die dritte, daß sie schrumpft. Entsprechend bezeichne ich die zweite als die *Differenzierungs-*, die dritte als die *Nivellierungs*hypothese. Die vierte Hypothese unterstellt, daß die Größe und die Richtung der Differenz sich verändert. Ich bezeichne die vierte Hypothese als die *Lebensstil*-Hypothese. Die Lebensstil-Hypothese ist eine Radikalisierung der Nivellierungshypothese. Die Annäherung der beiden Gruppen wird so weit getrieben, bis die Beziehung sich umkehrt. Wenn das passiert, dann liegt tatsächlich ein sehr deutliches Indiz vor, daß ganz unterschiedliche Sachverhalte unter dem Namen Bildung den Wert Leistung beeinflussen. Leistung ist ein Wert, der soziale Ungleichheiten rechtfertigen kann. Sie kann darüber hinaus um so eher das subjektive Bild von Selbst und Umwelt prägen, je höher die objektiven Chancen im sozialen Status sind. Solange Bildung daher ein Indikator für Lebenschancen ist, sollte sie mit der Betonung von Leistung positiv zusammenhängen. Auf der anderen Seite wurde das Leistungsprinzip in den letzten Jahren wegen seiner psychischen und sozialen Kosten kritisiert, und diese Kritik war im höheren Bildungswesen besonders populär. Sobald also Bildung ein Indikator für einen kulturellen Lebensstil wird, sollte sie mit der Betonung von Leistung negativ zusammenhängen. Wenn also Bildung ihren Bedeutungsschwerpunkt von Lebenschancen zum Lebensstil verlagert hat, dann könnte man eine Umkehrung der Korrelation mit Leistung erwarten.

Auch ein Umschlagen der Korrelation aber belegt noch keinen Zusammenhang zwischen Bildungsexpansion und Wertwandel. Einen wichtigen empirischen Hinweis dafür aber kann man gewinnen, wenn man den Einfluß der Bildung mit dem Einfluß des Berufs, des wichtigsten Indikators für Lebenschancen, im Zeitablauf vergleicht. Die für die Bildung unterstellte Umkehrung der Beziehung könnte dann auch für Berufsgruppen auftauchen. In diesem Falle müßte man für beide Statusvariablen unterstellen, daß sie früher für Lebenschancen, heute aber für Lebensstile stehen. Der Wandel des Charakters von Bildung ließe sich nicht spezifisch auf die Bildungsexpansion zurückführen. Taucht die Umkehrung der Beziehung jedoch nur bei der Bildung, nicht aber beim Beruf auf, so kann man sagen, daß Bildung sich von Lebenschancen- zum Lebensstil-Indikator gewandelt hat, der Beruf aber nach wie vor für Lebenschancen steht. Der Wandel bei der Bildung ließe sich dann mit einiger Berechtigung auf die Bildungsexpansion zurückführen. Ich will Zeitreihen für Bildungsgruppen mit Zeitreihen für Berufsgruppen an drei Indikator-Fragen für den Wert Leistung vergleichen.

2. Die Entwicklung von Leistung in Bildungs- und Berufsgruppen

Die erste Frage – „Leben als Aufgabe" – wird zwischen 1956 und 1968 von etwa 60%, zwischen 1972 und 1980 von etwa 50% der Bevölkerung bejaht. Leistung als umfassender Lebenswert geht also um etwa 10 Prozentpunkte zurück. Dieser Trend findet sich – wie man in Abb. 1 sehen kann[2] – in beiden Bildungsgruppen wieder – jedoch in unterschiedlicher Stärke und Gestalt. Bei den Volksschulabsolventen findet man nur einen sehr schwachen Rückgang, bei der Gruppe mit mehr als Volksschulabschluß dagegen einen um so stärkeren Rückgang, der sich ruckartig zum Ende der sechziger Jahre durchsetzt. Der Unterschied zwischen beiden Trends ist so stark, daß die Richtung der Beziehung umschlägt. Zwischen 1956 und 1968 hängen Bildung und „Leben als Aufgabe" zu vier Zeitpunkten positiv, zwischen 1972 und 1981 zu vier Zeitpunkten negativ zusammen. Zwischen 1968 und 1972 blieb „Leben als Aufgabe" bei Volksschulabsolventen nahezu konstant, sank aber bei den besser Ausgebildeten um 15 Prozentpunkte. Diese Ergebnisse bestätigen die Lebensstil-Hypothese. In den fünfziger und frühen sechziger Jahren wird Leistung als ein sozial legitimierender Wert eher von denen bejaht, die über die besseren Lebenschancen verfügen; seit den späten sechziger Jahren aber wird Leistung als ein psychisch und sozial kostspieliger Wert eher von denen zurückgewiesen, die an einem kulturellen Lebensstil teilhaben können. In den fünfziger und frühen sechziger Jahren stand Bildung eher für Lebenschancen, seit den späten sechziger Jahren eher für einen Lebensstil.

Auch in allen Berufsgruppen findet sich der globale Rückgang wieder, nun aber überall in ungefähr gleicher Stärke und Gestalt.[3] Entsprechend bleibt auch die Beziehung zwischen Beruf und „Leben als Aufgabe" über die Zeit konstant; die Rangfolge der Berufe ist, mit unwesentlichen Ausnahmen, zu jedem Zeitpunkt gleich: die Landwirte rangieren in der Betonung von Leistung vor den Beamten und Selbständigen und vor den Angestellten und Arbeitern. Sieht man von den Landwirten ab, so kann man die Berufsgruppen unter dem Gesichtspunkt der Lebenschancen als ordinale Variable interpretieren. Dann ist die Beziehung zwischen den Berufsgruppen und „Leben als Aufgabe" positiv und kann als Wirkung steigender Lebenschancen verstanden werden: Mit den Lebenschancen wachsen die Wertansprüche, die man an sich und sein Leben stellt. Die höheren Berufsgruppen identifizieren sich *über den ganzen* betrachteten Zeitraum stärker mit dem Wert Leistung – so wie die höheren Bildungsgruppen *zu Beginn* des betrachteten Zeitraums. Ganz offensichtlich hat sich der Charakter des Berufs nicht gewandelt: Er steht nach wie vor für Lebenschancen.

Der Wandel des Charakters der Bildung und die Konstanz des Charakters des Berufs legen es uns nahe, die Bildungsexpansion als einen Auslöser des Wertwandels zu sehen. Nicht nur ist der Anteil höherer Abschlüsse in der Bevölkerung gestiegen, sondern gerade in den besser ausgebildeten Bevölkerungsgruppen hat der Wert Leistung an Boden verloren. Die Beziehung zwischen Bildung und „Leben als Aufgabe" hat sich dadurch umgekehrt. Die Beziehung zwischen Beruf und „Leben als Aufgabe" über den gleichen Zeitraum ist jedoch konstant geblieben. Die Konkurrenz struktureller und kultureller Komponenten, die in Bildung immer enthalten ist, wird offenbar zunehmend zugunsten der kulturellen Komponenten aufgelöst.

Die zweite Frage – „Leben ohne Arbeit" – wird zwischen 1952 und 1963 von etwa 12%, zwischen 1972 und 1981 von etwa 20% der Bevölkerung bejaht. Leistung als Lebenssinn geht also – da es sich um eine negativ formulierte Frage handelt – um etwa 8 Prozentpunkte zurück. Dieser Trend findet sich auch in beiden Bildungsgruppen.[4] Wie bei „Leben als Aufgabe" ist aber die Stärke der Entwicklung unterschiedlich: Wiederum ist der Rückgang des Wertes Leistung in der besser ausgebildeten Gruppe stärker. Allerdings gibt es nur eine Nivellierung der Unterschiede, kein Umschlagen der Beziehung: In der Periode vor 1963 sind die besser Ausgebildeten leistungsfreundlicher, in der Periode nach 1972 gibt es nur noch minimale Unterschiede und einmal sogar ein Umschlagen der Beziehung. In der kritischen Periode zwischen 1963 und 1972 geht zwar in beiden Gruppen der Wert Leistung zurück, aber in der besser ausgebildeten Gruppe doch deutlich stärker. Die Ergebnisse bestätigen also nicht die Lebensstil-, sondern die Nivellierungshypothese. Die Nivellierung kann als ein Wandel von Lebenschancen zum Lebensstil verstanden werden, der nicht stark genug war, die Beziehung zwischen Bildung und Werten umzukehren.

Auch in den meisten Berufsgruppen findet sich der globale Rückgang des Wertes Leistung wieder: „Leben ohne Arbeit" steigt bei Arbeitern, Angestellten und Beamten im Durchschnitt etwa 5 Prozentpunkte an, bei den Selbständigen und Landwirten ist die Entwicklung nicht einheitlich. Die Rangfolge aber, in der die Berufsgruppen sich ein Leben ohne Arbeit wünschen, bleibt – als eine Regel mit Ausnahmen – gleich. Die Regel ist, daß Arbeiter häufiger als Beamte und Angestellte und als Selbständige und Landwirte ein Leben ohne Arbeit wünschen. Interpretiert man die Berufsgruppen wiederum als ordinale Variable, so ist die Beziehung zwischen Beruf und „Leben ohne Arbeit" negativ, die Beziehung zwischen Beruf und dem Wert Leistung positiv. Die höheren Berufsgruppen identifizieren sich durchgängig mit dem Wert Leistung, so wie die höheren Bildungsgruppen *zu Beginn* der betrachteten Periode in starkem, *zum Ende* in sehr *schwachem* Maße. Der Charakter des Berufs hat sich nicht gewandelt: Er steht nach wie vor für Lebenschancen. Wie beim „Leben als Aufgabe" kann man also auch beim „Leben ohne Arbeit" die Bildungsexpansion als einen Auslöser des Wertwandels sehen. Auch hier ist der Wandel besonders deutlich in den besser ausgebildeten Gruppen, während alle Berufsgruppen im wesentlichen gleich bleiben. „Leben ohne Arbeit" bestätigt also die Ergebnisse zu „Leben als Aufgabe", wenn auch in einer weniger deutlichen Weise.

Die dritte Frage – „intrinsische Arbeitsqualität" – wird zwischen 1949 und 1962 von etwa 55%, von 1974 bis 1979 von etwa 40% der Bevölkerung bejaht. Leistung als Sinn der Arbeit geht also um etwa 15 Prozentpunkte zurück. Dieser Trend findet sich in beiden Bildungsgruppen wieder, in fast vollständig gleicher Stärke und Gestalt.[5] Von Differenzierung oder Nivellierung oder gar einer Umkehrung der Beziehung zwischen Bildung und Leistung kann keine Rede sein. Die Ergebnisse bestätigen sehr klar die Globaltrend-Hypothese. In der Wertschätzung „intrinsischer Arbeitsqualität" drücken sich also unverändert Lebenschancen aus, die mit dem Bildungsgrad gemessen werden. Auch in allen Berufsgruppen findet sich der globale Rückgang wieder, und die Beziehung zwischen Beruf und „intrinsischer Arbeitsqualität" bleibt konstant; die Beamten rangieren in der Betonung von Leistung vor den Selbständigen und Landwirten, den Angestellten und den Arbeitern. Wenn man die Berufsgruppen wiederum als ordinale Variable interpretiert, so ist die Beziehung positiv: Je höher die Lebenschancen, desto besser die Bewertung der Arbeitsqualität. Die höheren Berufsgruppen identifizieren sich stärker mit dem Wert Leistung, genauso wie die höheren Bildungsgruppen. Gemessen an der Beziehung zur „intrinsischen Arbeitsqualität" hat sich der Charakter weder der Bildung noch des Berufs gewandelt.

3. Bewertung und Schlußfolgerung

Wenn man die Beziehungen aller drei Leistungs-Indikatoren mit Bildung und Beruf zwischen 1950 und 1980 überblickt, welche Hypothese schneidet dann am besten ab? Als erstes fällt auf, daß die *Avantgarde*-Hypothese in keinem Falle bestätigt wurde: Als ein rein innerkultureller Multiplikator-Prozeß kann der Wandel von Leistung nicht verstanden werden. Er muß im Zusammenhang mit den strukturellen Wandlungen der Bildungsexpansion gesehen werden: Allein die *Globaltrend*-Hypothese und die drei Hypothesen, die Bildung im Übergang von Lebenschancen zum Lebensstil sehen, werden den Ergebnissen gerecht. Von diesen drei Hypothesen wiederum wird die *Differenzierungs*hypothese nicht, wohl aber die *Nivellierungs-* und die *Lebensstil*-Hypothese bestätigt, und dort, wo Nivellierungs- oder Lebensstil-Hypothese für die Bildung bestätigt werden, läßt sich für den Beruf nur ein globaler Trend feststellen. Wenn Bildung also zunehmend auf einen kulturellen Lebensstil deutet, so führt dies nicht zu einer Differenzierung, sondern zu einer Angleichung bis hin zu einer – wenn man so will – Überangleichung der beiden Bildungsgruppen. Die Lebensstil-Hypothese wird durch „Leben als Aufgabe", die Nivellierungshypothese durch „Leben ohne Arbeit", die Globaltrend-Hypothese durch „intrinsische Arbeitsqualität" bestätigt. Warum finden wir diese Unterschiede bei Indikatoren des gleichen Wertes Leistung?

Die Erklärung liegt in der unterschiedlichen Allgemeinheitsstufe der Konzepte, die in den Frageformulierungen hervorgerufen werden. „Leben als Aufgabe" evoziert eine umfassende Wertorientierung, die von den realen Lebensbedingungen des Befragten abgehoben sein kann. „Leben ohne Arbeit" evoziert zwar den spezifischen Lebensbereich der Arbeit, ohne aber auf spezifische Dimensionen der Arbeit einzugehen. „Intrinsische Arbeitsqualität" evoziert spezifische Dimensionen des Lebensbereichs Arbeit. Je allgemeiner nun die evozierten Konzepte, desto mehr kann die Antwort durch kulturelle Bedingungen, durch den Lebensstil beeinflußt werden; je konkreter die evozierten Konzepte, desto mehr wird die Antwort durch strukturelle Bedingungen, durch Lebenschancen geprägt. „Leben als Aufgabe" ist daher sensibel für die unterstellte Gewichtsverlagerung der Bedeutungskomponenten von Bildung zugunsten des Lebensstils; es gibt keine objektiven Anhaltspunkte, keine Lebenschancen, die die Antworten der Befragten einschränken könnten. Ähnliches gilt in abgeschwächter Form für „Leben ohne Arbeit". „Intrinsische Arbeitsqualität" aber wird nicht nur von Wert-Positionen, sondern auch von den faktischen Bedingungen in der Arbeit beurteilt; hier brechen sich die Vorurteile des Lebensstils an den Realitäten der Lebenschancen. Aus diesen konzeptuellen Unterschieden zwischen den Fragen wird es also verständlich, daß „Leben als Aufgabe" den unterstellten Wandel des Charakters von Bildung durch eine Umkehrung der Beziehung zu Werten, „Leben ohne Arbeit" durch eine Nivellierung der Beziehung zu Werten und „intrinsische Arbeitsqualität" überhaupt nicht widerspiegelt. So gesehen hat sich die Annahme eines Bedeutungswandelt der Bildung bewährt, wo sie überhaupt eine Chance zur Bewährung hatte: in Einstellungen, die relativ unabgelenkt durch die Erfahrung realer Lebensbedingungen Werte repräsentieren können. So gesehen haben bildungsabhängige Lebensstile ihren Niederschlag in der Bewertung von Leistung gefunden.

Akzeptiert man diese Interpretation der unterschiedlichen Trends bei den drei Indikatoren für den Wert Leistung, so ergeben sich zwei Schlußfolgerungen. Als erstes muß man die Befürchtungen, die von vielen – etwa von Kmieciak (1976) und Noelle-Neumann (1978) – mit dem Rückgang des Wertes Leistung verknüpft wurden, nicht unbedingt teilen. Aus dem Rückgang des Wertes Leistung wird nämlich häufig auf einen Rückgang der tatsächlichen Bereitschaft zu Leistung geschlossen. Die Ergebnisse hier zeigen nun, daß zwar der Wert Leistung tatsächlich in allen Gruppen zurückgeht, daß aber der Rückgang bei *den* Indikator-Fragen besonders ausgeprägt ist, wo er am ehesten auf die Verbreitung kultureller Denkmuster zurückgeführt werden kann. Wenn aber der Wert Leistung am stärksten sich dort wandelt, wo er nicht durch Lebenschancen vorgeprägt ist, dann liegt es nahe, daß der Wandel des Wertes auch das Handeln relativ unberührt läßt. Der Rückgang von Leistung könnte ein überwiegend ideologisches Phänomen ohne Folgen für das Verhalten sein. Das aber ließe sich verallgemeinern zu einer zweiten Schlußfolgerung. So wie der Rückgang von Leistung überwiegend kulturell bedingt und vor allem ideologisch spürbar ist, so könnten Werte überhaupt von Erfahrungen abgelöst und für das Verhalten folgenlos werden. In dem Maße, in dem Werte nicht mehr durch Erfahrungen gestützt werden, würden sie auch nicht mehr die Tendenz haben, sich im Verhalten auszudrücken. Werte dienten dann in erster Linie der Selbstdeutung und Selbstdarstellung ihrer Träger. Selbstdeutung und Selbstdarstellung aber sind Funktionen des Lebensstils. So gesehen, sind Werte in jedem Falle, ganz unabhängig von möglichen Interpretationen und Hintergründen des jüngsten Wertwandels, Gegenstand des Lebensstils.

ANMERKUNGEN

1 Das Referat ist Teil eines längeren Arbeitsberichts „Bildungsexpansion und Wertwandel. Von Lebenschancen zum Lebensstil", der im Herbst 1985 erscheinen soll in: H. Meulemann/K.H. Reuband (Hg.), *Sozialer und kultureller Wandel in der Bundesrepublik*. Frankfurt.

2 Die Ergebnisse beruhen auf Sonderauswertungen des Instituts für Demoskopie, Allensbach, für die ich Herrn Werner Süßlin sehr herzlich danken möchte. – Die Frage lautete: Zwei Männer (Frauen) unterhalten sich über das Leben. Der (die) erste sagt: Ich möchte mein Leben genießen und mich nicht mehr abmühen als nötig. Man lebt schließlich nur einmal, und die Hauptsache ist, daß man etwas vom Leben hat. Der (die) zweite sagt: Ich betrachte mein Leben als Aufgabe, für die ich da bin und für die ich alle Kräfte einsetze. Ich möchte in meinem Leben etwas leisten, auch wenn das oft schwer und mühsam ist. – Dargestellt ist der Prozentsatz für die zweite Vorgabe.

3 Aus Platzgründen muß ich für diesen und für alle folgenden Trends auf eine Abbildung verzichten.

4 Die Ergebnisse beruhen wiederum auf Sonderauswertungen des Instituts für Demoskopie, Allensbach, die mir Herr Werner Süßlin freundlicherweise zur Verfügung gestellt hat. – Die Frage lautete: Glauben Sie, es wäre am schönsten zu leben, ohne arbeiten zu müssen? – Dargestellt ist der Prozentsatz für „Ja".

5 Die Ergebnisse sind aus den EMNID-Informationen entnommen, die vom EMNID-Institut, Bielefeld, herausgegeben werden. – Die Frage lautete: Empfinden Sie Ihre Arbeit als schwere Last, notwendiges Übel, Möglichkeit, Geld zu verdienen, befriedigende Tätigkeit oder Erfüllung einer Aufgabe? – Als „intrinsische Arbeitsqualität" habe ich den Prozentsatz für „befriedigende Tätigkeit" und „Erfüllung einer Aufgabe" zusammengefaßt.

LITERATUR

Kmieciak, Peter, 1976: *Wertstrukturen und Wertwandel in der Bundesrepublik Deutschland*. Göttingen.

Meulemann, Heiner, 1982: „Bildungsexpansion und Wandel der Bildungsvorstellungen zwischen 1958 und 1979: Eine Kohortenanalyse." *Zeitschrift für Soziologie* 11:227-253.

Meulemann, Heiner, 1983: „Value Change in West Germany, 1950-1980: Integrating the empirical evidence." *Social Science Information* 22:777-800.

Noelle-Neumann, Elisabeth, 1978: *Werden wir alle Proletarier? Wertewandel in unserer Gesellschaft*. Zürich.

Abb. 1 „Leben als Aufgabe“ in Bildungsgruppen 1956 – 1981

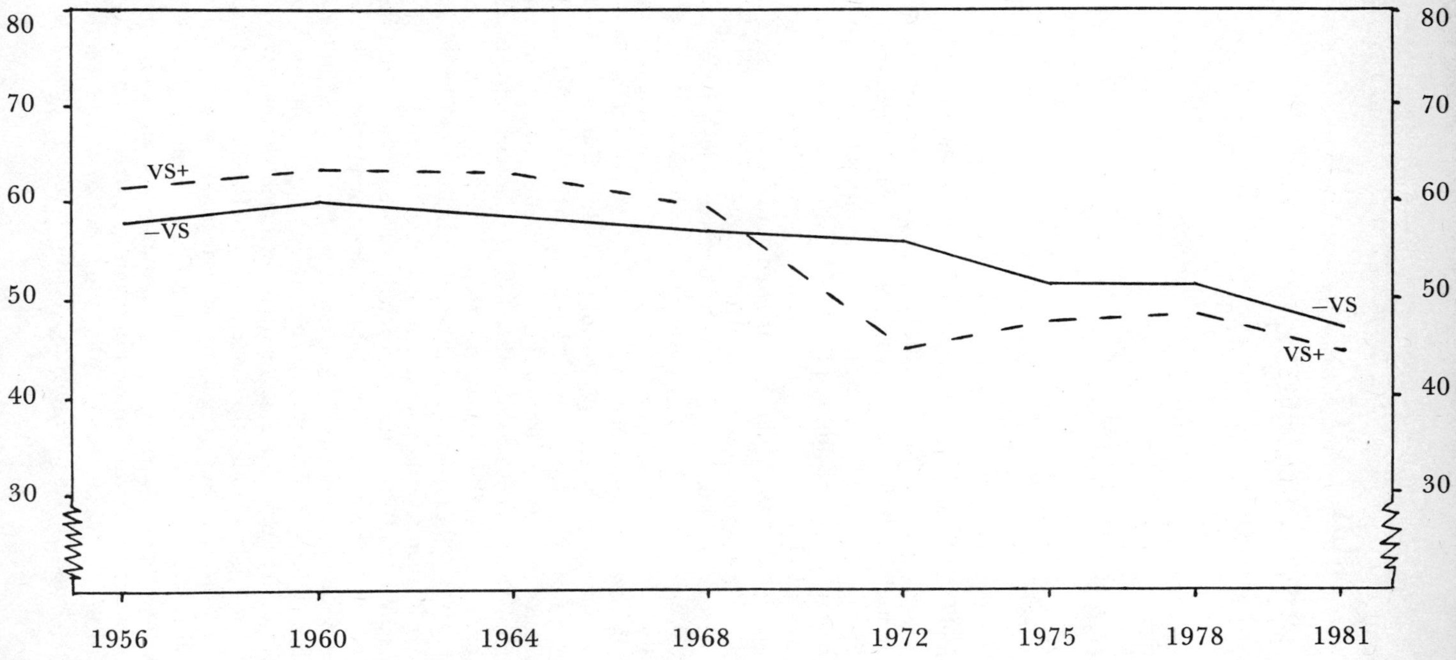

Daten, Erklärungen, Prognosen – Wege der Annäherung

EINLEITUNG

Manfred Küchler

Die Soziologie hat kein Monopol auf die Analyse gesellschaftlicher Entwicklungen, auf die Erklärung des Vorfindbaren, auf die Vorhersage des Künftigen. Gleichwohl muß sich ihre Nützlichkeit, ihre Existenzberechtigung als eigenständige Disziplin in der Erfüllung genau dieser Aufgaben erweisen. Sie konkurriert dabei mit philosophischen und literarischen Deutungen, ja auch historischen Extrapolationen – einmal ganz abgesehen von den Alltagstheorien der Politiker, der Journalisten und der Durchschnittsbürger. Die meisten Erklärungen und Prognosen über gesellschaftliche Entwicklungen – sei es im Bildungsbereich oder anderswo – lassen sich vermutlich nicht einmal eindeutig einer dieser Kategorien zuordnen; die Grenzen sind fließend und Hegemonialansprüche nicht hinreichend begründbar. Literatur mag uns zuweilen mehr über die Wirklichkeit vermitteln als die Ergebnisse einer Meinungsumfrage, philosophische Begriffsbestimmungen einen Sachverhalt prägnanter fokussieren als eine operationale Definition. Anzuerkennen, daß Soziologie – und in ihrer konkreten Ausprägung empirische Sozialforschung – nur eine Möglichkeit ist, soziale Wirklichkeit im Bestand wie im Prozeß der Veränderung zu erfassen, bedeutet jedoch nicht notwendig, das empirische Forschen aufzugeben, ungestört von Daten zu philosophieren oder Romane, Gedichte und Essays zu schreiben.

Empirische Sozialforschung ist gegenüber Philosophen und Literaten im Nachteil; sie muß die Basis ihrer Schlußfolgerungen systematisch offenlegen. Sie muß im Detail beschreiben, genau welche Einzelbefunde sie aus der schier unermeßlichen Fülle von Informationen ausgewählt und einer systematischen – im Prinzip im einzelnen nachvollziehbaren – Analyse unterzogen hat. Dies gilt für alle Spielarten empirischer Sozialforschung, auch wenn die Präzision dieser Angaben variiert. Empirische Sozialforschung kann immer nur einen – in Relation zum Ganzen sehr kleinen – Teil aller denkbarer Informationen systematisch einbeziehen; die Untersuchungsanlage oder das Forschungsdesign definiert ein „Fenster", durch das begrenzte Ausschnitte der Wirklichkeit in den Blick des Forschers geraten. Damit werden entscheidende Randbedingungen dafür gesetzt, welche Erklärungen, welche Prognosen auf der Grundlage des je spezifischen Forschungsvorhabens möglich sind.

Die Beiträge in dieser Veranstaltung befassen sich mit unterschiedlichen Typen von Forschungsdesigns; sie versuchen, Vor- und Nachteile der einzelnen Ansätze generalisierend und/oder im exemplarischen Detail zu beschreiben. Ziel dieser Auseinandersetzung ist nicht die Fortführung des alten unfruchtbaren wissenschaftstheoretischen Streits, was denn die „richtige" Methode ist, vielmehr sollen Möglichkeiten der gegenseitigen Ergänzung deutlich werden. Der methodische Schulenstreit, die unversöhnliche Gegenübersetzung von „qualitativer" und „quantitativer" Forschung steht zwar nicht mehr auf der Tagesordnung, aber über das Stadium der gegenseitigen Duldung sind wir auch noch nicht hinausgekommen. Wünschenswert wäre – über den gegenwärtigen Methodenpluralismus hinaus – eine Kumulation verschiedenartiger methodischer Expertisen beim einzelnen Forscher, indem er/sie sich in aufeinanderfolgenden Studien unterschiedlicher „Wege der Annäherung" bedient.

Der Normalfall empirischer Sozialforschung, die einmalige Querschnittsbefragung mit weitgehend standardisierten Erhebungsinstrumenten, braucht in diesem Zusammenhang nicht explizit behandelt zu werden. Die Grenzen dieses Forschungsdesign liegen klar auf der Hand. Daß dennoch viele heute durchgeführte Studien sich dieser Untersuchungsanlage bedienen, ist denn auch weniger der Borniertheit der Soziologen anzulasten als vielmehr handfesten praktischen Restriktionen in Form von (primär) verfügbaren Mitteln und (sekundär) verfügbarer Zeit. Unabhängig von Einzelfall ist sicher nicht zu entscheiden, wo ein Kompromiß zwischen methodischer Wünschbarkeit und verfügbaren Ressourcen nicht mehr angemessen ist, wo die Schlichtheit des Design zu weitgehender Beliebigkeit der Forschungsergebnisse führt. Eine These, die Martin *Irle* mit großem Nachdruck in seinem Beitrag über die Notwendigkeit von „Experimentalplänen in sozialwissenschaftlicher Forschung" vertritt.

Im zweiten, hier abgedruckten Beitrag – beschäftigt sich Christel *Hopf* mit „Fragen der Erklärung und Prognose in qualitativen Untersuchungen", also in Studien, die nicht oder nur sehr begrenzt auf standardisierte Erhebungsinstrumente und/oder auf „Repräsentativität" angelegte Auswahl der zu untersuchenden Personen (allgemeiner: Einheiten) zurückgreifen. Das Problem von Kausalerklärungen im Rahmen derartiger Studien – wie der hier von Christel Hopf exemplarisch herangezogenen klassischen „Marienthal-Studie" – zu erörtern, mag sowohl dem orthodoxen „kritischen Rationalisten" wie dem traditionellen „Hermeneutiker" absurd anmuten; für pragmatisch orientierte, an konkreten Problemlösungen interessierte Sozialforscher wird damit jedoch ein interessanter Brückenschlag versucht.

Praktische Restriktionen (knappe Fristen, beschränkter Raum) lassen es leider nicht zu, auch das dritte, von Walter *Müller* gehaltene Referat in diesem Band schriftlich zu dokumentieren. Gegenstand dieses Beitrags waren Möglichkeiten, auch längerfristige (historische) Entwicklungen datenorientiert mit Hilfe von Longitudinalstudien zu untersuchen.

Die Frage nach dem Scheitern der Bildungsprognosen ist in der Plenumsveranstaltung unterschiedlich beantwortet worden. Die Schroffheit des Urteils ist sicher abhängig von den Erwartungen, die an die einzelnen sozialwissenschaftlichen Studien gerichtet wurden. Über die Unterschiede hinaus ist aber deutlich geworden, daß empirische sozialwissenschaftliche Analysen nicht obsolet geworden sind, obwohl ihre Triftigkeit sicherlich der Verbesserung bedarf: nicht durch Rückzug in die Kontemplation, den soziologischen Lehnstuhl, jedoch, sondern durch kontinuierliche Verbesserung und Verfeinerung der Untersuchungspläne, der Instrumente, der Techniken – kurz der „Werkzeuge der Sozialforschung".

EXPERIMENTAL–PLÄNE IN SOZIALWISSENSCHAFTLICHER FORSCHUNG

Martin Irle

Manche Experimentatoren in verhaltenswissenschaftlicher Forschung haben es nicht begriffen: Die experimentelle Methode ist die optimale Operationalisierung des deduktiven Erklärungsmodelles. In diesem Modell besteht das Explanans strikt aus einer Gesetzesaussage, etwas 'liberaler' aus einer Hypothese, die aus einer nomologischen Theorie gefolgert wird, und aus der Beschreibung einer konkreten Anfangsbedingung. Diese Anfangsbedingung muß eine quantitative Variation ihrer Qualität sein; sie kann konstante Randbedingungen enthalten. Die bezogene Theorie mag in sich logisch nicht absolut widerspruchslos sein; sie mag partiell tautologisch sein, sie mag in Gänze – unerkannt – durch eine andere Theorie erklärbar sein. Auch dann finden wir eine Hypothese – u.U. sogar als einen isolierten Einzelfall, (noch) nicht auf eine Theorie rückführbar –, die erklärt, warum ein konkreter Vorgang oder ein konkretes Objekt, als Einzelfall beschreibbar, ein anderes ebenso beschreibbares Ereignis an demselben Ort in Zeit und Raum herbeiführt: das Explanandum. Die Erklärung ist identisch mit einer Prognose in einem geschlossenen System. Wenn X hergestellt wird oder wie immer eintrifft, dann wird auch Y auftreten. In den Verhaltens- und Sozialwissenschaften können im strikten Sinne geschlossene Systeme nur sehr selten hergestellt werden. Trotz vieler praktischer Defizite folgt die experimentelle Methode diesem deduktiven Erklärungsmodell.

Was haben manche Experimentatoren nicht begriffen? Sie haben das Laboratorium nicht begriffen. Ein Laboratorium ist das Gehäuse von mindestens partiell neu geschaffenen (Mikro-)Welten. Gemäß Folgerung aus einer Theorie werden konkrete Anfangsbedingungen hergestellt, die u.U. raumzeitlich erstmals eintreffen. Sie sind „künstlich", als sie erst- und/vielleicht einmalig sind. Damit sind sie nicht irreal; sie sind empirische Realität, und ebenso sind es die erklärten, prognostizierten, konkreten Konsequenzen. Auf vorhandene empirische Realitäten kann man nur schließen, wenn dort dieselben konkreten Anfangs- und Randbedingungen herrschen wie im Labor; denn die Hypothese als Folgerung aus einer Theorie erklärt den Zusammenhang je konkreter Ereignisse. Sie löst einen problematischen Sachverhalt auf. Verallgemeinerungen im Sinne induktiver Schlüsse sind logisch nicht erlaubt; es gibt keine Logik, die induktive Schlüsse begründet. Die Ergebnisse eines Experimentes, und seien sie noch so „natürlich", erlauben nichts anderes, als das Vertrauen in die Erklärungskraft einer Theorie aufrechtzuerhalten oder zu mindern. Es ist ein anderes – psychologisches – Problem, daß solche 'Bestätigungen' einer Theorie das Vertrauen in ihre Erklärungskraft erhöhen: Manche Experimentatoren haben nicht begriffen, daß sie auch durch beliebig große Zahlen von Experimenten, z.B. durch beliebig viele Replikationen eines Experimentes, keine Chance haben, konkrete Ergebnisse generalisieren zu können. Sie prüfen eine Theorie auf ihre Erklärungskraft. Wollen sie mit dieser Theorie andere problematische Sachverhalte von Ereignissequenzen erklären, dann müssen sie neue Hypothesen aus dieser Theorie folgern, die für solche Sachverhalte die konkreten Anteile des Explanans passend fordern.

Merke: Je kleiner die Zahl der Versuchseinheiten (Personen oder höhere soziale Einheiten) pro Versuchsbedingung ist, um so eher testet man gegen die Hypothese(n). Nur wer induktiv generalisieren will, wünscht sich hohe Zahlen von sozialen Einheiten pro Untersuchungsbedingung, damit auch geringste Effekte noch statistisch signifikant werden. Erlaubt diese Strategie eher zu generalisieren, obwohl es keine logische Begründung induktiver Schlüsse gibt? Sozialwissenschaftlern (z.B. Soziologen) erscheint es unglaublich, daß Verhaltenswissenschaftler (z.B. die biologiewissenschaftlich orientierten, aber auch die sozialwissenschaftlich orientierten Psychologen) in Experimenten mit 8-12 Versuchspersonen pro Versuchsbedingung auskommen wollen: Die erforschte Welt sei „künstlich", und dann wolle man z.B. noch von 8 Vpn x 4 Experimentalbedingungen = 32 Personen auf irgendetwas schließen. Richtig! Nur, das Irgendetwas kann nichts anderes sein als der Erklärungsanspruch einer Theorie, der erschüttert oder nicht erschüttert werden kann.

Die zentrale Aufgabe, die allein das Experiment erfüllen kann, ist diejenige, alternative Erklärungen auszuschließen. Anders kann empirisch nicht die Erklärungskraft, die realwissenschaftliche Geltung einer nomologischen Theorie geprüft werden. Das Experiment ist dazu da, Schlupflöcher zu verschließen. Wer weniger anspruchsvoll ist, gibt sich mit Deutungen zufrieden; er diskriminiert Theorien als Deutungsmuster (siehe: Donald T. Campbell & Julian C. Stanley: Experimental and Quasi-Experimental Designs for Research. Chicago: Rand McNally, 1966).

Vielleicht eignet sich die Methode des Experimentes nur für ganz gewisse Typen von Forschungsprogrammen. Theo Herrmann („Die Psychologie und ihre Forschungsprogramme". Göttingen: Hogrefe, 1976) definiert solche Typen, weil er Psychologe ist, anhand psychologischer Forschung. Wir verbleiben im deduktiven Erklärungsmodell; wer ein induktives Erklärungsmodell – logisch und/oder sonst wie – für realisierbar hält, mag widersprechen.

Es handelt sich um Idealtypen. Erstens, ein Forscher verfolge die Aufgabe, eine Theorie empirisch auf ihren Erklärungsanspruch, auf ihre Erklärungskraft in einem mit ihr definierten empirischen Geltungsbereich zu prüfen. Dieser oder diese empirischen Forscher werden die konkreten Explananda, so extrem wie forschungspraktisch machbar, streuen: *Ein Ex-*

planans für beliebig viele Explananda! Oder: Aus einer Theorie lassen sich beliebig viele Hypothesen folgern. Anders ausgedrückt: Diese Forscher haben das Forschungsziel, eine Theorie empirisch auf ihre realwissenschaftliche Geltung zu prüfen. Sie forschen theorieorientiert. Diese Strategie schließt nicht aus, daß es diesen Forschern als Nebenergebnis zufällt, dann und wann einen konkreten, problematischen Sachverhalt aufzuklären. Zweitens, ein Forscher verfolge die Aufgabe, einen problematischen = unerklärten Sachverhalt oder eine (raumzeitliche) Serie derartiger Sachverhalte aufzuklären! *So viele Explanantien wie nötig für ein Explanandum!*

Der zweite Typ von Forschungsprogrammen ist etwas genauer zu betrachten. Klassen problematischer Sachverhalte bestehen meistens aus einer Schar konkreter, operational zu definierender Explananda. Diese streuen in Zeit und Raum. Ein Ereignis (Vorgang/Objekt), das zum Zeitpunkt t_1 Explanandum war, mag zum Zeitpunkt t_2 (an demselben räumlichen Ort) konkreter Anteil eines Explanans sein. Im Verlaufe der Zeit und/oder des Raumes, also: im Verlaufe der raum/zeitlichen Änderungen, mögen aus konkreten Anteilen von Explanantien Explananda werden; aus Explananda mögen konkrete Anteile von Explanantien werden. Neue „states of the world" mögen auftreten. 'Historische Kausalität' fragt, wie konkrete Anteile eines Explanans im Laufe der Zeit entstanden sind, 'ursprünglich' als Explananda! 'Systematische Kausalität' fragt, warum eine räumlich punktuell bestehende Konstellation konkreter Anteile eines Explanans ein Explanandum zur Folge haben kann. *Ein Ereignis, das an dem einen Ort in Zeit und Raum mit einer Folgerung aus der Theorie A als Explanandum behandelt wurde, mag an dem nächsten Ort in Zeit und Raum gemäß Folgerung aus der Theorie B als konkreter Anteil eines Explanans behandelt werden.*

Die raum/zeitliche Folge für einen einzigen problematischen Sachverhalt mag eine 'pluralistische' Anwendung von Theorien fordern. Wer nicht begreift, daß sich ein problematischer Sachverhalt über Zeit und Raum erstreckt, sucht entweder Deutungsmuster aus großen Theorienperspektiven. Oder er bedient sich statistischer Verfahrensweisen, völlig theorien- und somit vorurteilsfrei, um Tatsachen „für sich sprechen" zu lassen. Die empirischen Fakten und ihre Assoziationen sollen im Kausalmodell selbst entscheiden, wer das Explanans, wer der 'Moderator' und wer das Explanandum sei. Die statistische Datenverarbeitung gebiert die Auswahl eines Modelles gegen andere Modelle.

Bevor entschieden werden kann, ob sich die Methode des Experimentes für beide Typen von Forschungsprogrammen: (1) theorie-orientierte Forschung (Herrmann, 1976: „quasiparadigmatische" Forschung), (2) problemorientierte Forschung (Herrmann, 1976: „Domain"-Forschung), oder nur für einen oder gar keinen dieser Programmtypen in empirischer Sozialforschung eignet, bedarf es einer Skizzierung der experimentellen versus 'korrelativen' Untersuchungspläne.

Der 'Ideal'-Typ des Nicht-Experimentes ist die „one-shot case study" (Campbell & Stanley, 1966). Ein Ereignis trifft ein, z.B. als Aufhebung eines Ruhezustandes; ein zweites Ereignis trifft ebenso an diesem Ort in Raum und Zeit ein. Nur diese beiden Ereignisse werden als problematischer Sachverhalt registriert; ob das eine dem anderen als Antezedens vorausging oder ob es Konsequenz des anderen ist, darüber kann nur spekuliert werden, als auch darüber, welche dritten Ereignisse zu dieser Konstellation der beiden Ereignisse führten. Just im Augenblick des großen „blackout" vor einigen Jahren in New York City schloß dort eine Hausfrau ihr Bügeleisen mit geknickter, defekter Zuleitungsschnur an. Oft kritisiert von ihrem Mann, die Bügeleisenzuleitung reparieren zu lassen, schloß sie mit erdrückenden Schuldgefühlen, sie habe den „blackout" verursacht. Oder: Thalidomid sei der Verursacher einer zirkumskripten Form organischer Mißbildungen. Bis zur Stunde ist es empirisch nicht gelungen oder auch nur versucht worden, eine Hypothese zu widerlegen, daß Thalidomid, z.B. als Contergan, eingenommen von Frühschwangeren, die Abstoßung mit mißbildenden Zellteilungen und Organe-Organisationen behafteten Föten aufhält. Thalidomid könnte 'segensreich' wirken, wenn es keine Noxe ist, sondern Abstoßungen körperfremder Implantationen verhindert. Die Umfrage-Untersuchungen zur Wirkungsweise von Contergan waren ausschließlich korrelative Summierungen von „one-shot case studies"; man verließ sich auf statistische Signifikanzen, als könnten statistische Tests das Denken und die Entscheidungen zwischen Theorien ersetzen. Noch schlimmer ist die Naivität empirischer Sozialforschung in korrelativen Feldstudien via Umfragen, wenn man zusätzlich beachtet, daß die raumzeitliche Sequenz der Ereignisse anhand des Langzeitgedächtnisses der Interviewten rekonstruiert wird. Diese Reproduktionen des Sachverhaltes aus Gedächtnissen sind nicht die ursprüngliche Sequenz von Ereignissen in Raum und Zeit. Die Reproduktionen finden an dem besonderen raumzeitlichen Ort des Interviews statt: In diesem – 'angezapften' – kognitiven Feld können längst Ereignisse, die später vonstatten gingen, die Erinnerungen an frühere Ereignisse rekonstruiert haben: Das Langzeitgedächtnis ist nicht ein ruhendes Archiv von Akten, dem dann und wann wohlgeordnet neue Akten summativ zugefügt werden. Die Panel-Methode ändert an der methodischen Fragwürdigkeit nichts. Die Panel-Mortalität ist nicht das eigentliche Problem. Das Problem ist, daß man kognitive Repräsentationen von außer- und inner-personalen Ereignissen als korrekte Spiegelbilder dieser Ereignisse ansieht. Das Interview, soweit es ausschließlich über kognitive Repräsentationen (wie reliabel und/oder valide sind die Meßinstrumente, welche theoretischen Variablen operationalisieren sie?) problematische Sachverhalte zu rekonstruieren sucht, ist kein Königsweg empirischer Sozialforschung, noch dazu gepaart mit dem Untersuchungsplan der (repetierten) „one-shot case study". Sicherlich bestimmt das Sein das Bewußtsein, aber das Bewußtsein spiegelt nicht das Sein, nicht einmal seitenverkehrt. Das außerpsychische Sein ist empirisch wahr, und das Bewußtsein, das andere innerpsychische Sein, ist empirisch wahr. Ihre Beziehungen zueinander sind mehr oder minder veridikal. Die „one-shot case study" ist, unter bestimmten Voraussetzungen, in den Wissenschaften der 'unbelebten' Natur ein akzeptabler Untersuchungsplan. In den Verhaltens- und Sozialwissenschaften ist er nur geeignet – aber viel zu aufwendig für diesen Zweck –, um Hypothesen zu generieren.

Er generiert z.B. die Hypothese der Hausfrau in New York. Aber er liefert keine empirische Evidenz, auch wenn einer Zufallsstichprobe von New Yorker Hausfrauen ähnliches an nahen Orten in Raum und Zeit passiert sein sollte. Die empirische Masse macht nicht die empirische Evidenz. Was hilft es weiter, wenn ein von Null statistisch signifikant abweichender Anteil in einer Zufallsstichprobe von erwachsenen New Yorkern bekundet, soweit dieser Anteil weiblichen Geschlechtes ist und aus Nur-Hausfrauen besteht, daß Benutzung eines fehlerhaften elektrischen Haushaltsgerätes zum „blackout" geführt habe? Vielleicht erfährt man etwas über ein Vorurteil New Yorker Hausfrauen, ohne dieses empirisch als solches belegen zu können. Man sagt, daß diese Frauen vorurteilig sind, und schränkt ihre Menge per weiterer Randbedingungen ein, unter denen man die Menge der Hausfrauen mit solchen Vorurteilen maximiert. Gewinnt man Erkenntnis, wenn man Randbedingungen kennt, unter denen die Korrelationen von konkreten Anteilen des Explanans von vom Explanandum besonders hoch ausfallen?

Dieser Untersuchungsplan gehört dem Sachverhalt des Entdeckungszusammenhanges von Theorien an, nicht dem Geltungszusammenhang von Theorien.

Man kann die „one-shot case study" zum „one-group pretest posttest design" erweitern. Das ist die kürzeste Form der Panelstudie, hier via Interviews. Zum Zeitpunkt t_1 an einem konstanten Ort im Raum messe man das Explanandum. Sobald eine qualitative und/oder quantitative Änderung der konkreten Anteile des potentiellen Explanans zum Zeitpunkt t_2 eingetreten ist, messe man das Explanandum bei t_3 erneut und bilde die Differenz zwischen den Werten des Explanandum von t_1 zu t_3. Wie man schon und nicht erst bei Campbell & Stanley (1966, vorher 1963) nachlesen kann, sind eine Reihe von alternativen Erklärungen nicht ausschließbar, so daß das potentielle Explanans zu t_2 fragwürdig bleibt.

Der Untersuchungsplan der „Static-group comparison" führt auch nicht viel weiter. Man sucht Fälle auf, in denen an einem Ort in Raum und Zeit X mit Y aufgetreten ist, und vergleicht diese Fälle mit allen anderen, in denen weder X noch Y aufgetreten ist: Wenn X, dann Y; wenn NON-X, dann NON-Y; warum nicht umgekehrt: Auf Y folgt X, auf NON-Y folgt NON-X? Zwei Taktiken helfen nicht über das Konstatieren korrelativer Zusammenhänge hinaus: Erstens, wenn X als konkreter Anteil des Explanans zeitlich früher auftritt, fehlen Glieder in der Bedingungsfolge; man registriert ein Antezedens des Antezedens, des... . Oder X ist nur scheinbar Y vorausgegangen, in Interviews nach kognitiven Rekonstruktionen der Interviewten. Zweitens, man quanitifiziert X und Y und prüft ihre Variationen in einer „multiple static-group comparison". Wenn dann im Idealfall der korrelative Zusammenhang von X mit Y höher ist als jeder andere mit Y, ist damit noch gar keine alternative Erklärung ausgeschlossen, gemäß der X nicht Anteil eines Explanans für das Explanandum Y ist. Wir sind bei einer Felduntersuchung angelangt, in der n Variablen in einer Zufallsstichprobe registriert werden. Man müßte eine Theorie haben, die Beziehungen zwischen allen diesen empirischen Variablen zeitlich an einem Ort und räumlich an verschiedenen Orten erklären kann, und man könnte dennoch nicht alternative Erklärungen ausschließen. Eine Panel-Studie besteht aus Wiederholungen einer „multiple static-group comparison"; aus solchen Repetitionen entsteht kein Quasi-Experiment, geschweige denn ein Experiment.

In einem Experiment, ob im Labor oder im Feld, wird der konkrete Anteil des Explanans hergestellt und planmäßig, der Hypothese folgend, variiert, und konkrete Randbedingungen werden konstant gehalten und/oder zufallig variiert. Übrigens liegt psychologische, besonders sozialpsychologische, experimentelle Forschung im Argen, wenn sie einerseits inner-personale Merkmale variiert, indem Versuchspersonen per Zufall den Bedingungs-Variationen eines Experimentes zugeordnet werden (Fehlervarianz), wenn sie aber andererseits ökologische Bedingungen konstant hält, ohne dieses durch die im Explanans enthaltene Hypothese begründen zu können.

Der Typ der Forschungsprogramme, gemäß dem theorieorientierte („quasiparadigmatische") Forschung betrieben wird, verlangt fast ohne Ausnahme nach der Methode des Experimentes. (Eine Ausnahme kann die Computer-Simulation eines Experimentes sein.) Noch einmal: Aus einer nomologischen Theorie können beliebig viele Hypothesen abgeleitet werden. Im Prinzip lassen sich Hypothesen folgern, für die die von ihnen geforderten Variationen konkreter Anfangsbedingungen als Teil des Explanans hergestellt und systematisch variiert werden können. Im Prinzip ist jede empirische Prüfung der Erklärungskraft einer Theorie dem Experiment zugänglich, einer soziologischen Theorie ebenso wie einer psychologischen Theorie. Man muß sich nur über eines klar sein: Der Aufwand für multifaktorielle Experimente mit mehr als einer unabhängigen und mehr als einer abhängigen Variablen ist ganz sicher in den Sozialwissenschaften höher als in den Verhaltenswissenschaften. Hinzu tritt der Aufwand der nicht mehr intuitiven, 'know-how'-Operationalisierungen der Meßinstrumente: Es ist das Risiko zu vermindern, daß eine empirische Untersuchung, statt die Theorie zu falsifizieren, die Korrespondenzregeln und folgend die Operationalisierungen als nicht valide und/oder nicht reliabel falsifizieren kann. Verhaltens- und sozialwissenschaftliche Forschung vom Typ: 'Suche für ein konstantes Explanans variierende Explananda' ist wesentlich teurer, wenn sie experimentell statt gemäß „multiple static-group comparison" betrieben wird. Sie wird sich dem finanziellen Aufwand naturwissenschaftlicher und ingenieurtechnologischer Forschung annähern und ihn nicht selten übertreffen. Der 'Königsweg' empirischer Sozialforschung durch Interviews oder die korrelative Felderhebung ist billig, aber nicht deshalb auch nur angemessen, geschweige denn königlich. Das Vakuum von z.B. soziologischen, politikwissenschaftlichen und ökonomischen Experimenten könnte indizieren, daß es in diesen Wissenschaften so gut wie keine Forschung dieses Types gibt. Wenn dem so ist, womit bestreiten dann Sozialwissenschaften ihren theoretischen Fortschritt? Werden in diesem Zusammenhang vielleicht klassische Theorien ohne Modifikation kraft empirischer Falsifikationen weiterhin gelehrt? Ist die theoretische Soziologie nichts anderes als Soziologiegeschichte? Oder sind soziologische Theorien nichts als Deutungsmuster, die ad libitum feilgehalten und für jede Immunisierung gegen jegliche empirische Falsifikation benutzt werden? Gibt es gar keine soziologischen Theorien, um derentwillen es sich lohnt, 'quasi-paradigmatische' Forschungsprogramme zu betreiben? Es ist hier nicht der Ort um vorzuführen, in welch erschreckendem Maße Reduktionisten – von Soziologie auf Psychologie – psychologische Theorien verballhornen, und das im „scientific lag" von ein bis drei Jahrzehnten, ob Theorien von Bandura, Festinger, Piaget, Skinner oder wem sonst, von Freud ganz zu schweigen.

Wie steht es mit der problem-orientierten oder 'Domain'-Forschung? Eine Klasse mehrdimensional definierter problematischer Sachverhalte ist nur derart als Problem zu lösen (auch: aufzuklären), indem konkrete, 'singuläre' Anteile als Explananda *erklärt* werden können. Diese Problemlösungsversuche richten sich auf problematische Sachverhalte, ob in der Natur und/oder in der Zivilisation, nicht auf Sachverhalte, die in einer partiell neuen Welt = Laboratorium hergestellt werden können. Zunahmen von Drogenkonsum, von verfassungsrechtlich fragwürdigen Gesetzen u.s.f. sind solche Klassen problematischer Sachverhalte. Diese mögen gar unbrauchbar indiziert sein; die konkreten Diagnosen/Prognosen sind empirisch unwahr und/oder logisch falsch. Soweit singuläre Fälle, die unter eine Klasse problematischer Sachverhalte subsumiert werden können, nicht in einem Laboratorium simuliert werden können – und wann und wo ist dieses schon möglich? –, können sie nur in situ studiert werden. Puristen des Experimentierens verdrängen, daß weder die Astronomie noch die Metereologie (nicht einmal die „Astro-Physik") ihre Forschung dominant experimentell betreiben. Für einen Protagonisten experimenteller Forschungsmethodik, der soviel Feld- wie Laborforschung und soviel korrelative wie experimentelle Forschung betrieben hat, ist nur diese eine Strategie essentiell: So sehr artifizielles, von Artefakten bedrohtes Experimentieren indiziert und folglich eliminiert werden muß (meistens handelt es sich um theoriefreie ad hoc-Prüfungen einer sehr engen Idee, deren Ergebnisse sodann so induktiv wie hemmungslos generalisiert werden), so sehr sollten in der Feldforschung *quasi*-experimentelle Untersuchungspläne angestrebt werden. Sehr selten, aber immerhin sind Variationen von Versuchsbedingungen in der Natur und Zivilisation vorzufinden, die der empirische Forscher anderenfalls hätte im Labor herstellen müssen. Quasi-experimentelle Versuchspläne gemäß derer entweder nicht die Anfangsbedingungen hergestellt werden können und deshalb abgewartet bzw. aufgesucht werden müssen oder gemäß derer die Zuteilung der sozialen Einheiten (minimal: Personen) zu der einen oder anderen Versuchsbedingung nicht durchgesetzt werden kann, sind Annäherungen, die nahezu so viele alternative Hypothesen/Erklärungsansprüche wie Experimente selbst ausschalten können.

Eine Klasse problematischer empirischer Sachverhalte kann zwar aufgeklärt, aber im eigentlichen Sinne des Wortes nicht erklärt werden. Es ist keineswegs viel einfacher, einen einzelnen, konkreten problematischen Sachverhalt zu erklären, besser: die bevorzugte Erklärung durch Prüfung dem Scheitern auszusetzen. Es sei noch einmal daran erinnert, daß solche problematischen Sachverhalte sich derart in Raum und Zeit erstrecken, daß aus Folgen an einem raumzeitlichen Ort Anfangsbedingungen an einem anderen Ort werden, daß zur Erklärung dieses einen Sachverhaltes oft nicht nur eine Summe von Theorien, sondern ein Geflecht aufeinander beziehbarer Theorien erforderlich ist.

Sozial- (ebenso verhaltens-) technologische Forschung ist problemorientierter Forschung insofern sehr nahe, als der Entwurf und die Planung von Programmen, von Interventionen multitheoretischer Anwendungen bedarf. Es mag hier dahingestellt sein, ob solche Verflechtungen wissenschaftlicher (nomologischer) Theorien schon je eine technologische Theorie sind; genaugenommen machen technologische Theorien präskriptive Aussagen. Sozialtechnologische Forschung ist theorienorientierter Forschung insofern sehr nahe, als sie empirische Prüfungen von Hypothesen erfordert, um technische Pläne dem Scheitern aussetzen zu können, bevor sie „ernsthaft" realisiert und praktiziert werden. Erbringt die Sozialtechnik als Instrument zur Erreichung von Zielen die prognostizierten Konsequenzen; folgen unerwartete, ob wünschbare und/oder unerwünschte Konsequenzen?

Meine bange Frage ist diese: Wie lange können wir es uns noch leisten, Sozial- (Verhaltens-, Politik-, Wirtschafts-, Rechts-) Techniken im Versuch- und Irrtumverfahren dort zu erproben, wo wir nur positive Konsequenzen maximieren und negative Konsequenzen minimieren dürfen, dort, wo wir sie praktizieren? Sozial-Techniken haben eines mit Ingenieur-Techniken gemeinsam, und sollte es nur dieses eine sein, daß sie – experimentell – auf Prüfständen simuliert werden müssen. Man fliegt nicht auf Verdacht zum Mond. Risiko-Minimierung, nicht nur in der ingenieur-technischen Zivilisation, wird durch korrelative Evaluationsforschung, auch „Begleitforschung" (Nomen est omen!) genannt, nicht erreicht: Die Methoden dieser Forschung führen zu arbiträren Ergebnissen.

FRAGEN DER ERKLÄRUNG UND PROGNOSE IN QUALITATIVEN UNTERSUCHUNGEN. DARGESTELLT AM BEISPIEL DER „ARBEITSLOSEN VON MARIENTHAL".

Christel Hopf

1. Problemstellung und methodische Vorbemerkungen

Fragen der Erklärung und Prognose sind in dem Bereich der Sozialforschung, in dem überwiegend mit Hilfe offener Verfahren der Erhebung und Interpretation von Daten gearbeitet wird, unterschiedlich diskutiert worden. Es gibt Positionen, in deren Rahmen der Anspruch, Erklärungen und Prognosen zu erarbeiten, explizit zurückgewiesen wird und die Auseinandersetzung mit spezifischen Gegenstandsbereichen primär als verstehende und interpretierende Beschreibung gekennzeichnet wird. Eine in letzter Zeit in der Soziologie rasch rezipierte Darlegung dieser Position enthält Clifford Geertz' (1983) Aufsatzsammlung zu Fragen ethnographischer Forschung[1], in der die Aufgaben der Kulturanalyse unter dem Schlüsselbegriff der „thick description" oder „dichten Beschreibung" abgehandelt werden, wobei der auf Gilbert Ryle zurückgehende Begriff der „dichten Beschreibung" sich auf die verstehende und deutende Beschreibung der Gegenstände unserer sinnlichen Wahrnehmung bezieht (vgl. Geertz, 1983, S. 10 ff.).

Für andere Autoren ist hingegen der Anspruch, auch im Rahmen qualitativer Forschung Erklärungen und Prognosen zu erarbeiten, so selbstverständlich, daß er kaum kommentiert wird. Zu ihnen gehören eine Reihe von Soziologen der Chicagoer Schule. So beschreibt Howard Becker die Erarbeitung von Prognosen geradezu als definierendes Merkmal wissenschaftlicher Tätigkeit in der Soziologie (vgl. 1972, S. 219 ff.) und ähnlich halten Glaser und Strauss in ihrer Konzeption einer hypothesen- und theoriebildenden Forschung die Entwicklung von Erklärungen und Prognosen für einen zentralen Bestandteil qualitativer Forschung (vgl. 1968, S. 3 ff., oder 1974, S. 246 ff.).

Man könnte geneigt sein, in diesen Unterschieden eine Neuauflage der Debatte über Erklären und Verstehen in den Geschichts- und Sozialwissenschaften zu sehen. Dies ist jedoch nicht der Fall. Denn wenn man davon ausgeht, daß zu den zentralen Fragen der Erklären vs. Verstehen-Debatte gehören:

1. die Frage nach der Relevanz deduktiv-nomologischer Erklärungen und
2. die Frage nach der Relevanz von Erklärungen, in denen nach Handlungsintentionen, Situationsdeutungen und Vorstellungen über Zweck-Mittel-Relationen gefragt wird, die man auch als verstehende oder „ra-

tionale Erklärungen" im Sinne Drays (1966, S. 118 ff.; 1975) bezeichnen kann[2],

dann wird man feststellen, daß die erwähnten Autoren sich nicht ohne weiteres der einen oder anderen Seite zuordnen lassen. So orientieren sich auch jene Autoren, die für sich in Anspruch nehmen, Erklärungen zu erarbeiten, gleichwohl an der Konzeption einer verstehenden Soziologie und haben zudem mit deduktiv-nomologischen Erklärungen im strikten Sinne, nach dem die Explananda in Kausalerklärungen aus allgemeinen Gesetzen und Antezedensbedingungen logisch abzuleiten seien, wenig zu tun – weder auf der Ebene faktisch abgegebener Erklärungen noch auf programmatischer Ebene. Umgekehrt ist es nicht schwer nachzuweisen, daß auch solche Autoren, die von der Konzeption einer verstehenden und deutenden Beschreibung ausgehen, an Erklärungen interessiert sind. Wenn beispielsweise Clifford Geertz schreibt: „Unsere Aufgabe ist eine doppelte: Sie besteht darin, Vorstellungsstrukturen, die die Handlungen unserer Subjekte bestimmen ... aufzudecken und zum anderen ein analytisches Begriffssystem zu entwickeln, das geeignet ist, die typischen Eigenschaften dieser Strukturen ... gegenüber anderen Determinanten menschlichen Verhaltens herauszustellen" (1983, S. 39), dann werden hier deutlich Erklärungsinteressen artikuliert. Es geht darum, „Vorstellungsstrukturen" als „Determinanten menschlichen Verhaltens" im Vergleich zu anderen Determinanten zu analysieren.

Es ist offenbar wichtig zu explizieren, was man meint, wenn man für oder gegen Erklärungen und Prognosen oder für oder gegen Kausalerklärungen in der Soziologie oder in der ethnographischen Forschung Stellung nimmt. Insbesondere: Was für Erklärungsbegriffe spielen eine Rolle, wenn nicht der deduktiv-nomologische? Ist es die Draysche Konzeption der „rationalen Erklärung" einzelner Handlungen, die eine enge Beziehung zu dem hat, was bei Max Weber mit Handlungs- und Motiv-Verstehen gemeint ist? Oder spielen andere Erklärungskonzepte eine Rolle: zum Beispiel ein weich gefaßtes Konzept der induktiv-probabilistischen Erklärung, wie es von Hempel als durchaus typisch für die Geschichtswissenschaft beschrieben wird (vgl. hierzu auch Donagan, 1975, S. 82 f.). In diesem Fall würden in die Erklärungen nicht allgemeine Gesetzesaussagen eingehen, sondern Verallgemeinerungen, die „ausgeprägte *Tendenzen* zum Ausdruck bringen, die man als überschlägige Wahrscheinlichkeitsaussagen formulieren kann" (Hempel, 1972, S. 248; vgl. entsprechend Hempel, 1942, S. 41 f.).

Oder spielen schließlich in qualitativen Untersuchungen Erklärungen eine Rolle, die sich Max Webers Auffassung von Kausalerklärungen in der Soziologie annähern? In diesem Fall würde es in qualitativen Studien um einen Kompromiß zwischen verstehenden und induktiv-probabilistischen Erklärungen gehen: Denn als „richtige kausale Deutung *typischen* Handelns" wird in den „Soziologischen Grundbegriffen" die Deutung beschrieben, in der sowohl Aussagen über mehr oder minder präzise formulierte statistische Zusammenhänge enthalten sind als auch Aussagen zur Verständlichkeit

(„Sinnadäquanz") dieser Zusammenhänge (Wirtschaft und Gesellschaft, I, S. 9; vgl. entsprechend auch Weber, 1973, S. 427 ff.). Selbst die überzeugendste Feststellung der Sinnadäquanz des als typisch behaupteten Vorgangs führt nach Max Weber nur in dem Maß zu einer „richtige(n) *kausale(n)* Aussage, als der Beweis für das Bestehen einer (irgendwie angebbaren) *Chance* erbracht wird, daß das Handeln den sinnadäquat erscheinenden Verlauf *tatsächlich* mit angebbarer Häufigkeit oder Annäherung (durchschnittlich oder im 'reinen' Fall) zu nehmen *pflegt*." (Wirtschaft und Gesellschaft, I, S. 9).

Welche der hier vorgestellten Erklärungskonzeptionen in qualitativen Untersuchungen besonders wichtig sind, ist vorab schwer zu entscheiden. Nach der Relevanz zu urteilen, die der Verstehensbegriff in der qualitativen Sozialforschung im allgemeinen hat, könnte man meinen, daß es hier primär um Erklärungen nach dem Typus rationaler oder verstehender Erklärungen geht. Dies ist ein Eindruck, der beispielsweise auch in Wilsons (1973) Unterscheidung zwischen „normativen" und „interpretativen" Erklärungskonzeptionen in der Soziologie nahegelegt wird. Auf der anderen Seite werden in qualitativen Untersuchungen auch Generalisierungen formuliert und es wird nach Regelmäßigkeiten in den Beziehungen zwischen unterschiedlichen Faktoren gefragt. Dies spräche dafür, daß in qualitativen Untersuchungen nicht nur intentionsbezogene, rationale Erklärungen, sondern auch andere Varianten eine Rolle spielen. Welche dies sind und wie sie im Kontext qualitativer Untersuchungen begründet werden, soll Gegenstand der folgenden Abschnitte sein.

Ich versuche, mich dabei auf eine konkrete Untersuchung zu beziehen, nämlich auf die 1931/32 von Jahoda, Lazarsfeld, Zeisel und anderen durchgeführte Untersuchung „Die Arbeitslosen von Marienthal"[3]. Bei Marienthal handelt es sich um einen Ort in der Nähe Wiens (vgl. zur Geschichte dieses Ortes auch Freund, 1983), in dem 1929 die für die Bewohner zentrale Textilfabrik ihre Produktion einstellte. Zum Zeitpunkt der Erhebung – Ende 1931, Anfang 1932 – waren mehr als drei Viertel der 478 Familien des Ortes von Arbeitslosigkeit betroffen und die Autoren versuchen in der Untersuchung, nach den psychischen und sozialen Folgen der Arbeitslosigkeit zu fragen.

Als Beispiel einer qualitativen Untersuchung, an der man Fragen der Erklärung und Prognose – letztere werden in diesem Referat allerdings nur am Rande und in dem eingeschränkten Sinn der mit generalisierenden Hypothesen verbundenen Aussagen behandelt – erörtern kann, ist die Marienthal-Studie aus verschiedenen Gründen geeignet:

- Sie gilt erstens allgemein als sehr gute, ja vorbildliche Untersuchung.
- Sie repräsentiert zweitens in der Vielfältigkeit des methodischen Zugangs, bei dem neben offenen Interviews – in diesem Fall biographischen Interviews – Beobachtungen, Dokumentenanalysen, Expertengespräche unterschiedlicher Natur u.a.m. eine Rolle spielen, einen Typus

von Forschung, für den sich in der amerikanischen Methodenliteratur der Begriff der „teilnehmenden Beobachtung" eingebürgert hat und der von vielen Autoren geradezu als Prototyp qualitativer Forschung angesehen wird.[4]

– Und sie verfolgt schließlich drittens neben dem Interesse an einer verstehenden Beschreibung – die Autoren sprechen von dem „Sicheinleben in die Situation" als relevanter Anforderung (Jahoda u.a., 1975, S. 24) – deutlich auch das Interesse an Erklärungen, und zwar kausalen Erklärungen, wie dies bereits aus dem Untertitel der 1933 zuerst veröffentlichten Studie hervorgeht: Es wird nach den „*Wirkungen* langandauernder Arbeitslosigkeit" gefragt. Da Erklärungsansprüche also direkt erhoben werden, ist die Untersuchung geeignet, im Rahmen einer genaueren Analyse empirischer und theoretischer Argumentationen zu fragen, wie denn die Autoren vorgehen, wenn sie sich nicht nur beschreibend und deutend, sondern auch erklärend und prognostizierend mit sozialer Realität auseinandersetzen.

2. Was soll erklärt werden?

Wenn man von einigen klar als Einzelfallstudien ausgewiesenen Untersuchungen (vgl. als Beispiel Hildenbrand, 1983) absieht, dann wird man für den Typus der mit dem Begriff der teilnehmenden Beobachtung bezeichneten Studien sagen können, daß es sich bei den Phänomenen, die Gegenstand von Erklärungen sind, meist um kollektive Phänomene handelt und nicht um singuläre Ereignisse oder Handlungen (vgl. hierzu auch Hopf, 1982). Dies gilt auch für die „Arbeitslosen von Marienthal". Auch wenn in dem Untersuchungsbericht eine Fülle einzelner Beobachtungen, einzelner Äußerungen von Befragten, Textstellen aus Schüleraufsätzen u.ä. wiedergegeben sind, so ist das Ziel der deskriptiven Analyse doch die Erarbeitung von generellen Aussagen über die Bewohner Marienthals und einzelne Untergruppen. In der Einleitung heißt es hierzu: „Vor allem ist unser Untersuchungsgegenstand das arbeitslose Dorf und nicht der einzelne Arbeitslose. Alles Charakterologische ist weggefallen, die ganze Psychopathologie fällt aus, und nur dort, wo regelhafte Zusammenhänge von Vergangenheit und Gegenwart angedeutet werden konnten, wird die Frage bis nahe an das individuelle Schicksal herangeführt." (Jahoda u.a., 1975, S. 25)

Die generellen Aussagen, die im Untersuchungsbericht bei der Zusammenfassung der Ergebnisse eine Rolle spielen, haben dabei, formal betrachtet, vor allem die folgenden Eigenheiten: Zum Teil handelt es sich um Aussagen, in denen ohne nähere Spezifizierung oder mit Hilfe unbestimmter Häufigkeitsbegriffe – wie: in der Regel, typisch, häufig, mitunter etc. – über die Bewohner Marienthals gesprochen wird.[5] Zum Teil handelt es sich um Aussagen, in denen direkt quantifiziert wird. Im Vergleich zu anderen qualitativen Studien werden in der Marienthal-Untersuchung sogar relativ viele Informationen in dieser direkt quantifizierenden Form mitgeteilt, wobei es zum Anspruch der Autoren gehört, auch „komplexe Erlebnisweisen" quantitativ zu erfassen (vgl. Lazarsfeld, 1960, S. 14; vgl. entsprechend Zeisel, 1975, S. 137 ff.). Paul Lazarsfeld schreibt hierzu in seinem Vorwort zu der neuen Auflage von 1960: „Der oft behauptete Widerspruch zwischen 'Statistik' und phänomenologischer Reichhaltigkeit war sozusagen vom Anbeginn unserer Arbeiten 'aufgehoben', weil gerade die Synthese der beiden Ansatzpunkte uns als die eigentliche Aufgabe erschien." (1975, S. 14)

Ein Beispiel für den Versuch, komplexere Erlebnisweisen quantitativ zu erfassen, welches zugleich zum inhaltlichen Kern der Studie hinführt, ist die Übersicht über die sogenannten Haltungstypen (vgl. vor allem Jahoda u.a., 1975, S. 64 ff.): Hier werden auf der Basis biographischer Interviews, von Informationen zum Tagesablauf oder zur Haushaltsführung in den Familien typische Formen des Umgangs mit der Arbeitslosigkeit herausgearbeitet, an Falldarstellungen erläutert und – bezogen auf 100 genauer analysierte Familien – in ihren quantitativen Relationen dargestellt. Aus zusätzlichen Informationen über die anderen Familien des Dorfes schließen die Autoren, daß in Marienthal insgesamt 23 Prozent der Familien als ungebrochen gelten können, 69 Prozent als resigniert und acht Prozent als verzweifelt oder apathisch (S. 74). Die resignierte Haltung, deren wichtigstes Kennzeichen der Verlust der Zukunftsperspektive und die Aufgabe von Planung ist, wird demnach als die bestimmende beschrieben, die das Ortsleben nach dem Eindruck der Autoren sogar noch stärker prägt, als es die Zahlen ausdrücken. Es dominiert im unmittelbaren Kontakt mit der Bevölkerung der „Eindruck einer als Ganzes resignierten Gemeinschaft, die zwar die Ordnung der Gegenwart aufrechterhält, aber die Beziehung zur Zukunft verloren hat" (S. 75). An anderer Stelle reden die Autoren auch von einer „müden Gemeinschaft" (vgl. S. 55 ff.) und sie stellen in der Einleitung „die lähmenden Wirkungen" der Arbeitslosigkeit in den Vordergrund (S. 26).

Über diese „lähmenden Wirkungen" wird im Untersuchungsbericht anhand einer Vielzahl weiterer Fragen und Indikatoren gesprochen. Wichtig ist dabei vor allem der „Zeitzerfall" (S. 25, S. 83 ff.), der bei arbeitslosen Männern und Frauen unterschiedlich ausgeprägt ist, und das geringe Niveau von Ansprüchen und Aktivitäten (S. 25; S. 55 ff.), das sich im politischen Bereich ebenso zeigen läßt wie im kulturellen Bereich.

Da es hier primär um eine methodologische Auseinandersetzung mit der Studie geht, mag dieser knappe Überblick über das, was aus deskriptiver und interpretierender Ebene als relevantes Ergebnis der Arbeitslosigkeit in der Studie hervorgehoben wird, genügen. Im folgenden ist zu fragen, ob und in welcher Weise die Autoren ihre Erklärungsansprüche einlösen und ob es ihnen gelingt, die dem Bericht zugrunde liegende kausale Deutung zu belegen.

3. Wie wird erklärt?

Zunächst ist wichtig festzustellen, daß sich die Autoren bei der Begründung der Aussage, daß die beschriebenen Phänomene der Resignation und der Lähmung Folge der Arbeitslosigkeit seien, nicht auf vorhandene, wissenschaftlich fundierte (bzw. induktiv abgesicherte) Generalisierungen stützen können – ganz zu schweigen von irgendwelchen gesetzesartigen Aussagen (vgl. zum Verhältnis von Kausalaussage und induktiv abgestützten Generalisierungen Mackie, 1980, S. 29 ff.). Die Diskussionssituation der damaligen Zeit wird vielmehr von Marie Jahoda wie folgt dargestellt: „Marienthal entstand zu einer Zeit, in der die öffentliche Debatte über die Konsequenzen der Massenarbeitslosigkeit scharf geteilt war: Manche hofften – oder fürchteten –, daß die Situation zur Revolution führen werde; andere behaupteten, daß die Arbeitslosigkeit den politischen Willen untergraben werde. Es gab gute Argumente auf beiden Seiten, aber vor unserer Untersuchung wenig systematische Dokumentation." (1980, S. 140)

Vor dem Hintergrund dieser Diskussionssituation kann die Studie beschrieben werden als eine Untersuchung, in der es

a) um die Überprüfung alternativer Hypothesen zu den Folgen der Arbeitslosigkeit geht, und
b) um die Entwicklung generalisierender Hypothesen, die besser als die damals geläufigen abgesichert sind und die – mit aller Vorsicht (vgl. hierzu die entsprechenden einschränkenden Bemerkungen in Jahoda u.a., 1975, S. 25 f.; S. 59 f. oder S. 96 f.) – auch prognostisch zu verwenden sind.

Beides – sowohl die Hypothesenprüfung als auch die Hypothesenentwicklung – setzt voraus, daß es den Autoren gelingt, den behaupteten Kausalzusammenhang zu belegen. D.h. sie müssen belegen, daß es sich bei den beschriebenen Phänomenen der Resignation und der Lähmung tatsächlich um Folgen der Arbeitslosigkeit handelt und nicht um Auswirkungen ganz anderer Bedingungen (z.B. längerfristig vorhandener kultureller und politischer Traditionen o.a.).[6] An der Art, in der sie dies tun, läßt sich nun zeigen, daß ihrer Arbeit implizit ein Erklärungskonzept zugrunde liegt, welches der Weberschen Darstellung kausaler Deutungen „*typischen* Handelns" (vgl. hierzu Abschnitt 1) am nächsten kommt. Die Autoren gehen erstens – ebenso wie Max Weber – nicht von einem deterministischen Kausalitätskonzept aus und sie bemühen sich zweitens in der Auseinandersetzung mit dem „Erlebnis der Arbeitslosigkeit" (Jahoda u.a., 1975, S. 24), das Verhalten der Marienthaler als verständliche Reaktion auf die Situation zu beschreiben. Die in Marienthal dominierende resignierte Haltung wird in ihrer Darstellung zu einem verständlichen Handlungstypus im Weberschen Sinn (vgl. zu diesem Begriff: Wirtschaft und Gesellschaft, I, S. 9).

Im einzelnen können aus der Art und Weise, in der die Autoren der Marienthal-Studie ihre Ergebnisse darstellen, bei der Begründung von kausalen

Aussagen vor allem die folgenden Formen der Argumentation und Beweisführung herausgearbeitet werden:

1. die vergleichende Analyse von Fällen,
2. die verstehende Deutung,
3. (und in einer engen Beziehung zu 2) die Auseinandersetzung mit den kausalen Deutungen derer, die in die Untersuchung einbezogen sind.

Zu 1: Vergleichende Analyse

Der Vergleich spielt in dem Bericht in verschiedenen Varianten eine Rolle, wobei für die Unterstützung der kausalen Deutung wohl am wichtigsten der Vergleich mit dem Ort Marienthal vor Schließung der für den Ort zentralen Fabrik ist. Auch wenn die Marienthal-Untersuchung keine Längsschnitt-Studie ist, haben die Autoren durch die Art ihres Forschungszugangs doch die Möglichkeit, die Vergangenheit des Ortes zu rekonstruieren. Hierzu ziehen sie schriftliche Quellen ebenso heran wie mündliche Quellen – die biographischen Interviews, Interviews mit Partei- und Vereinsfunktionären, dem Bibliothekar Marienthals, dem Lehrer etc. Es ergibt sich bei dem Versuch der historischen Rekonstruktion ein Bild der Vergangenheit, welches der „einförmigen, bewegungsarmen" (Jahoda u.a., 1975, S. 55) und durch Resignation gekennzeichneten Gegenwart diametral entgegengesetzt ist. Marienthal war vor Schließung der Fabrik ein kulturell und politisch lebendiger Ort (vgl. S. 55 ff.), von dem die Autoren schreiben, er sei ein „politisch heißer Boden" gewesen (S. 36). Zum Zeitpunkt der Untersuchung ist hiervon wenig geblieben. Politische Beteiligung und politische Aktivitäten sind deutlich zurückgegangen (vgl. S. 58 ff.) wie ebenso auch andere Aktivitäten (vgl. z.B. den Rückgang der Leseaktivitäten und der Ausleihzahlen in der Bibliothek; S. 57 f.).

Eine andere Variante der vergleichenden Analyse, die für die Unterstützung der kausalen Deutung gleichfalls von Bedeutung ist, und die zum festen Bestandteil der Argumentation in vielen quantitativen Untersuchungen gehört (vgl. zur Relevanz des Vergleichs für die Hypothesenbildung auf der Basis qualitativer Studien auch Glaser und Strauss, 1968, S. 45 ff.), ist der Querschnittsvergleich. Es werden in diesem Fall Aufsätze von Kindern, die in Marienthal leben, mit solchen verglichen, die von Kindern aus Orten der Umgebung geschrieben wurden, die nicht von Arbeitslosigkeit betroffen sind (vgl. Jahoda, 1975, S. 75 ff.). An der Analyse dieser Aufsätze läßt sich zeigen, daß die Marienthaler Kinder in die resignative Grundhaltung des Ortes einbezogen sind und sich hierin – im Durchschnitt betrachtet – von den Kindern der Umgebung unterscheiden.

Zu 2: Verstehende Deutung

Mindestens ebenso wichtig für die Unterstützung der kausalen Deutung ist das, was in qualitativen Untersuchungen häufiger mit der Forderung, die untersuchte Realität „von innen her" zu sehen, bezeichnet wird. Die Autoren der Marienthal-Studie versuchen dies[7] und werden darin durch ihren offenen Forschungszugang unterstützt. Manche Reaktionen, die von außen betrachtet als rätselhaft erscheinen mögen, verlieren diesen Charakter, wenn man sie zusammen mit dem betrachtet, was die Autoren über die Erfahrung der Arbeitslosigkeit 1931/32 in Marienthal schreiben. Die Draysche rationale Erklärung, die in ihrer Orientierung an der Perspektive der Handelnden eine enge Beziehung zu den am Verstehensbegriff orientierten Wissenschaftstraditionen hat[8], hat hier ihren Stellenwert. Um nur ein Beispiel zu nennen: Aus der genaueren Analyse einer Reihe von biographischen Interviews ergibt sich, daß Zukunftspläne von den befragten Männern und Frauen selten gemacht werden (vgl. Jahoda u.a., 1975, S. 77). Und sofern Pläne erwähnt werden (meist Pläne zur Abwanderung), handele es sich „eher um beiläufig ausgesprochene Wünsche als um konkrete Pläne" (ebenda).

Die Autoren interpretieren bzw. erklären: „Die kaum überwindlichen Schwierigkeiten einer individuellen Besserung der Notlage lassen diese Haltung verständlich erscheinen." (Ebenda) Vor dem Hintergrund der an anderen Stellen des Buches genauer erläuterten Erfahrungen der Vergeblichkeit der Bemühungen um einen Arbeitsplatz (vgl. z.B. S. 93 f., S. 70 u.a.) werden Nicht-Handeln und Nicht-Planen also zu einem einleuchtenden Resultat der Abwägung zwischen Handlungszielen und wahrgenommenen Möglichkeiten der Zielverwirklichung.

Wichtig ist jedoch, sich klar zu machen, daß die verstehende oder „rationale Erklärung" sich hier nicht auf den Einzelfall bezieht, sondern daß sie in eine zusammenfassende Betrachtung einer größeren Zahl von Fällen einbezogen ist. In den Begriffen Max Webers: 'Verstehen' heißt in diesem Fall „die deutende Erfassung" „des durchschnittlich und annäherungsweise gemeinten" und nicht „die deutende Erfassung des im Einzelfall real gemeinten" (Wirtschaft und Gesellschaft, I, S. 7).

Zu 3: Auseinandersetzung mit den kausalen Deutungen derer, die in die Untersuchung einbezogen sind

Ein Beispiel für das Aufgreifen der Kausalinterpretationen der Untersuchten findet sich in der Marienthal-Studie im Zusammenhang mit der Darstellung und Interpretation der Veränderung der Lesegewohnheiten (Jahoda u.a., 1975, S. 57 f.). Bei dem Versuch, verständlich zu machen, warum trotz der Zunahme an freier Zeit weniger gelesen wird, greifen die Autoren auf die Selbstdeutungen der Befragten zurück. Als Erklärungen, denen sie häufiger begegnet seien, werden die folgenden Ausschnitte aus Gesprächen zitiert:

„Herr S.: 'Meine freie Zeit verbringe ich größtenteils zu Hause. Seit ich arbeitslos bin, lese ich fast überhaupt nicht mehr. Man hat den Kopf nicht danach.' –
Frau F.: 'Früher habe ich viel gelesen, ich habe die meisten Bücher in der Bibliothek gekannt. Jetzt lese ich weniger. Mein Gott, man hat jetzt andere Sorgen!'"

Einerseits sind diese Kommentare in den Versuch einer verstehenden oder rationalen Erklärung der Veränderung der Lesegewohnheiten einbezogen und könnten insofern zusammen mit der Interpretation der Autoren auch als Beispiel für die unter 2. abgehandelten Versuche der verstehenden Deutung herangezogen werden. Auf der anderen Seite wird mit dem Aufgreifen der kausalen Deutungen der Untersuchten jedoch noch ein anderer Akzent gesetzt. Sie erfüllen im Argumentationszusammenhang der Autoren die Funktion eines zusätzlichen empirischen Beleges, der die Kausalinterpretation der Autoren stützt. Diese von den Autoren eher beiläufig und nicht sehr bewußt eingesetzte Variante der induktiven Absicherung von Kausalhypothesen wird von Mirra Komarovsky in einer qualitativen Studie über den Zusammenhang zwischen Arbeitslosigkeit und Familienstruktur (1973 – zuerst 1940) explizit aufgegriffen. Sie beschreibt unter dem Begriff des „discerning" eine Methode der Überprüfung von Kausalaussagen, die die Kausalinterpretationen der Befragten ausdrücklich berücksichtigt (vgl. 1973, S. 135 ff.; vgl. zur Kommentierung auch die Einleitung Lazarsfelds und ebenfalls Barton und Lazarsfeld, 1979, S. 68 f.).

Man kann die empirische Beweiskraft der kausalen Deutungen der Untersuchten sicher in unterschiedlicher Weise beurteilen. Kaum zu bestreiten ist meiner Ansicht nach jedoch, daß sie so oder so ein wichtiges sozialwissenschaftliches Datum sind. Denn auch wenn man den Kausalinterpretationen der Untersuchten mit ideologiekritischer Skepsis begegnet, bleiben sie als Teil der Situationsdefinition und als Informationshintergrund, der in verstehende oder rationale Handlungserklärungen eingeht, gleichwohl relevant.

Die hier vorgestellten Varianten der Argumentation, mit der die Autoren der Marienthal-Studie die kausale Deutung der beschriebenen Phänomene der Resignation und Lähmung stützen, vermitteln sicher kein vollständiges Bild ihrer Argumentation. Trotzdem kann dieser Überblick doch dazu beitragen, tragende Elemente des zugrundeliegenden Erklärungskonzeptes zu verdeutlichen. Mit der Integration einer verstehenden und vergleichenden, mehr oder minder explizit quantifizierenden Betrachtungsweise steht die Marienthal-Untersuchung jener Auffassung von Erklärungen in der Soziologie am nächsten, wie sie von Weber in den „Soziologischen Grundbegriffen" vorgelegt wurde und bei der es um die Forderung geht, die verstehende und die statistische Argumentation – gegebenenfalls auch nur in vorsichtigen Annäherungen – miteinander zu verbinden: Die Art des Forschungszugangs macht es den Autoren möglich, reichhaltige Informationen zu Situationsdeutungen und Handlungsintentionen zu erheben, so daß empirisch abgestützte verstehende oder rationale Erklärungen gegeben werden können. Gleichzeitig ermöglicht es der an experimentellen Anordnungen orientierte Vergleich – als Längsschnitt- und als Querschnittvergleich –, den Beweis für das Bestehen einer „Chance" zu erbringen, daß unter den Bedingungen langandauernder Arbeitslosigkeit in Orten wie Marienthal und vergleichbaren Orten (vgl. zu entsprechenden einschränkenden Bemerkungen Jahoda u.a., 1975, S. 25 f. oder S. 96 f.) „das Handeln den sinnadäquat erscheinenden Verlauf *tatsächlich* mit angebbarer Häufigkeit oder Annäherung ... zu nehmen *pflegt*." (Weber, Wirtschaft und Gesellschaft I, S. 9).

4. Anmerkungen zum Begriff der Kausalerklärung

Ich würde abschließend gern einige Bemerkungen zum Begriff der Kausalerklärung machen und damit zugleich auf die Ausgangsfragen dieses Vortrages zurückkommen: Soll oder kann man im Rahmen qualitativer Forschung Erklärungen oder Prognosen erarbeiten und insbesondere: Soll oder kann man kausal erklären?

Wenn man sich am Sprachgebrauch der neo-positivistischen Wissenschaftstheorie und des kritischen Rationalismus orientiert, wird man sagen müssen, daß Kausalerklärungen in qualitativen Untersuchungen keine Rolle spielen. Denn Kausalerklärungen werden in dieser Tradition bekanntlich mit deduktiv-nomologischen Erklärungen identifiziert. In der Formulierung Poppers: „Einen Vorgang 'kausal erklären' heißt, einen Satz, der ihn beschreibt, aus *Gesetzen und Randbedingungen* deduktiv ableiten." (1966, S. 31).

In diesem Sinne wird in der Marienthal-Untersuchung wie auch in vielen anderen sozialwissenschaftlichen Untersuchungen – auch solchen, die mit Hilfe standardisierter Verfahren arbeiten – genau nichts erklärt, wie dies von Lazarsfeld in der Einleitung zur Neuauflage von 1960 auch expliziert wird: In der Marienthal-Untersuchung sei es nicht darum gegangen, die beschriebenen Phänomene der Lähmung oder des Zeitzerfalls „auf andere Gesetze oder präzise Zusammenhänge" zurückzuführen (1975, S. 17). Ebenso handele es sich bei den Folgerungen, die man aus den generalisierenden Formeln wie etwa der von der „müden Gemeinschaft" ableiten könne, keineswegs um logische Schlüsse. Die aus den integrierenden Interpretationen folgenden Hypothesen werden „nicht mit logischer Notwendigkeit" abgeleitet, sondern „mit großer Plausibilität und geleitet von zusätzlichem Wissen und allgemeiner Erfahrung" (ebenda).

Ist es vor diesem Hintergrund also erforderlich, den Begriff der Kausalerklärung aus der Wissenschaftssprache der mit offenen Verfahren arbeitenden Sozialforschung zu verbannen? Diejenigen Autoren, die meinen, daß es in der qualitativen oder interpretativen Sozialforschung nicht um die Erarbeitung von Kausalerklärungen gehe, scheinen dieser Auffassung zu sein und binden sich damit noch in der Negation an die Begrifflichkeit des Neopositivismus. Aber zu fragen ist, ob diese Selbstbindung vernünftig ist und ob die neopositivistische Sprachregelung durch die Weiterentwicklung der philosophischen Diskussion nicht überholt ist. So gibt es zum einen in der analytischen Philosophie eine Reihe von Autoren, die auch verstehende oder rationale Erklärungen als kausale begreifen (vgl. u.a. hierzu Davidson, 1975). Und es gibt zum anderen Autoren, die der Auffassung sind, daß auch nicht-deterministische generalisierende Aussagen Kausalerklärungen stützen können (vgl. hierzu Mackie, 1980, S. 29 ff.). D.h. es gibt einige Argumente dafür, den Begriff der Kausalerklärung so weit zu fassen, daß er jene Explikation soziologischer Erklärungen, die Max Weber in den „Soziologischen Grundbegriffen" vorlegte, in sich einschließt.

Orientiert man sich an einem derart weit gefaßten Begriff von Kausalerklärungen, wird man es kaum rechtfertigen können, in qualitativen Untersuchungen den Anspruch, Kausalerklärungen zu erarbeiten, rigoros fallen zu lassen. Man kann eher umgekehrt argumentieren: Gerade der offene und am Anspruch des Verstehens orientierte Forschungszugang erleichtert die Erarbeitung plausibler Kausalerklärungen, und zwar dadurch, daß Aussagen zur Sinnadäquanz des zu erklärenden Handelns im Vergleich zu anderen Forschungsverfahren empirisch besser begründet werden können.

ANMERKUNGEN

1 Ein empirisches Feld, in dem Geertz' Konzeption zu einiger Prominenz gekommen ist, ist beispielsweise der Bereich der Studien, in denen in der Organisationsforschung unter dem Stichwort „corporate culture" überwiegend qualitativ und am Vorbild ethnographischer Forschung orientiert gearbeitet wird (vgl. als Übersicht Smircich, 1983). Ähnlich wie Geertz hebt auch Smircich hervor, daß es in diesen Studien, ungeachtet theoretischer Unterschiede, nicht primär um Vorhersagen, Generalisierungen, Kausalität und Kontrolle gehe, wie dies für die an standardisierten Verfahren orientierte vergleichende Organisationsforschung gelte, sondern um Verstehen und Auslegung (vgl. insbesondere S. 353 ff.). Vgl. zur Rezeption Geertz' auch Sanday, 1979.

2 Vgl. als Übersichten über die unterschiedlichen Phasen der Auseinandersetzung über Erklären und Verstehen in den Geschichts- und Sozialwissenschaften von Wright, 1974, oder Apel, 1979; vgl. als Übersicht über unterschiedliche Positionen in der analytischen Philosophie auch Giesen und Schmid, 1975.

3 Die Studie wurde zuerst im Januar 1933 bei S. Hirzl in Leipzig veröffentlicht, wurde im nationalsozialistischen Deutschland jedoch kurze Zeit nach dem Erscheinen konfisziert (vgl. hierzu Jahoda, 1981, S. 139 und Freund, 1983, S. 22). Eine zweite deutsche Ausgabe erschien 1960 und wurde 1975 durch eine Taschenbuchausgabe einem breiteren Publikum zugänglich gemacht. Seit Anfang der siebziger Jahre erschienen auch englische und französische Ausgaben und heute gilt die Untersuchung als Klassiker der empirischen Sozialforschung. Vgl. zur wissenschaftsgeschichtlichen Einordnung der Studie Knoll u.a., 1981, S. 88 ff., oder Lepsius, 1981, S. 464 ff. Vgl. zur Kommentierung der Studie auch die Beiträge der Autoren, auf die im folgenden verschiedentlich Bezug genommen wird.

4 Vgl. hierzu verschiedene Textsammlungen und einführende Darstellungen zu qualita-

tiven Verfahren (u.a. McCall und Simmons, 1969; Filstead, 1971; Schwartz und Jacobs, 1979; Smith und Manning, 1982), aus denen – trotz unterschiedlicher inhaltlicher Akzentsetzungen – hervorgeht, wie stark qualitative Forschung in der amerikanischen Soziologie mit Feldforschung als „teilnehmender Beobachtung" verbunden ist. In der Bundesrepublik hat sich dieser Forschungstyp allerdings auch in neueren qualitativen Untersuchungen nicht in dem Maße durchsetzen können, in dem man es angesichts der Orientierung an Forderungen nach Untersuchungen, in denen die natürlichen Lebenskontexte der Individuen berücksichtigt werden, erwarten könnte. Vgl. als eine Darstellung, in der die von den Autoren als „soziographisch" bezeichnete Marienthal-Untersuchung dem Typus der teilnehmenden Beobachtung zugeordnet wird, Jahoda u.a., 1962, S. 82 ff.

5 Diese werden von Lazarsfeld an anderer Stelle auch als „quasi-statistische" Aussagen bezeichnet (vgl. Barton und Lazarsfeld, 1979, S. 69 ff.) und spielen in qualitativen Untersuchungen im allgemeinen eine nicht unerhebliche Rolle – auch bei solchen Autoren, die der Überzeugung sind, daß ihre eigenen Analysen mit Quantitäten überhaupt nichts zu tun haben (vgl. zu dieser Frage auch Bryman, 1984, S. 80).

6 Vgl. als Darstellung und Diskussion alternativer Deutungen der auch in anderen empirischen Untersuchungen belegten Zusammenhänge zwischen Arbeitslosigkeit und Resignation und Lähmung, die von den Autoren unter einem breit gefaßten Begriff der Depressivität zusammengefaßt werden, Frese und Mohr, 1978, S. 317 f.

7 Vgl. hierzu auch Zeisels Kommentierung (1975, S. 131 f.), in der ein direkter Bezug zu Webers methodologischen Arbeiten hergestellt wird und die Forderung erhoben wird, die subjektiven Aspekte der jeweils untersuchten Realität (Situationseinschätzungen der in sozialwissenschaftliche Untersuchungen Einbezogenen) systematisch zu berücksichtigen.

8 Vgl. z.B. Dray, 1975, S. 263: „Verstehen ist dann erreicht, wenn der Historiker die Vernünftigkeit, den Sinn der Handlung einsehen kann, gerechnet an den Vorstellungen und Absichten der Handelnden. Seine Handlung kann dann in dem Sinne als erklärt gelten, als sie als 'angemessen' angesehen werden kann." Vgl. zur Erläuterung der Beziehungen zwischen „rationalen Erklärungen" und den am Verstehensbegriff orientierten Wissenschaftstraditionen von Wright, 1974, S. 35 ff., oder auch Stegmüller, 1969, S. 379 ff. Vgl. zur Elaborierung des diesen und vergleichbaren Erklärungen zugrundeliegenden Argumentationsschemas des „praktischen Syllogismus" von Wright, 1974, S. 83 ff. und S. 36 f.

LITERATUR

Albert, Hans (Hrsg.): *Theorie und Realität. Ausgewählte Aufsätze zur Wissenschaftslehre der Sozialwissenschaften.* 2. veränd. Aufl., Tübingen 1972.

Apel, Karl-Otto: *Die Erklären-Verstehen-Kontroverse in transzendental-pragmatischer Sicht*, Frankfurt am Main 1979.

Arbeitsgruppe Bielefelder Soziologen (Hrsg.): *Alltagswissen, Interaktion und gesellschaftliche Wirklichkeit*, Band 1, Symbolischer Interaktionismus und Ethnomethodologie, Reinbek bei Hamburg 1973.

Barton, Allen H. und Lazarsfeld, Paul F.: „Einige Funktionen von qualitativer Analyse in der Sozialforschung." In: Hopf/Weingarten (Hrsg.): *Qualitative Sozialforschung*, Stuttgart 1979, S. 41-89.

Becker, Howard: „Typologisches Verstehen." In: Bühl (Hrsg.): *Verstehende Soziologie*, München 1972, S. 214-251.

Bryman, Alan: „The debate about quantitative and qualitative research: a question of method or epistemology?" In: *The British Journal of Sociology*, 35 (1984) 1, S. 75-92.

Bühl, Walter (Hrsg.): *Verstehende Soziologie. Grundzüge und Entwicklungstendenzen*, München 1972.
Davidson, D.: „Handlungen, Gründe und Ursachen." In: Giesen/Schmid 1975, S. 310-324.
Donagan, A.: „Die Popper-Hempel-Theorie der historischen Erklärung." In: Giesen/Schmid 1975, S. 79-102.
Dray, William: *Laws and explanation in history*. 3. unveränd. Nachdruck, Clarendon Press, Oxford 1966 (zuerst 1957).
Ders.: „Historische Erklärungen von Handlungen." In: Giesen/Schmid 1975, S. 261-283.
Filstead, William J.: *Qualitative Methodology: Firsthand Involvement with the Social World*, Chicago 1971 (2. Aufl.).
Frese, Michael/Greif, Siegfried/Semmer, Norbert (Hrsg.): *Industrielle Psychopathologie*, Bern 1978.
Frese, Michael/Mohr, Gisela: „Die psychopathologischen Folgen des Entzugs der Arbeit: Der Fall der Arbeitslosigkeit." In: Frese u.a., 1978, S. 282-338.
Freund, Michael: „Geblieben ist die Tristesse. Marienthal heute – wieder „nur ein Beispiel"?" In: *Psychologie Heute*, Juni 1983, S. 21-27.
Giesen, Bernhard/Schmid, Michael (Hrsg.): *Theorie, Handeln und Geschichte. Erklärungsprobleme in den Sozialwissenschaften*, Hamburg 1975.
Geertz, Clifford: *Dichte Beschreibung. Beiträge zum Verstehen kultureller Systeme*, Frankfurt am Main 1983.
Glaser, Barney G. und Strauss, Anselm L.: *The Discovery of Grounded Theory. Strategies for Qualitative Research*, London 1968 (zuerst 1967).
Dies.: *Interaktion mit Sterbenden. Beobachtungen für Ärzte, Schwestern, Seelsorger und Angehörige*, Göttingen 1974.
Hempel, Carl G.: „The functions of general laws in history." In: *The Journal of Philosophy*, Bd. 39, 1942, S. 35-48.
Ders.: „Wissenschaftliche und historische Erklärungen". In: Albert 1972, S. 237-261.
Hildenbrand, Bruno: *Alltag und Krankheit. Ethnographie einer Familie*, Stuttgart 1983.
Hopf, Christel: „Norm und Interpretation. Einige methodische und theoretische Probleme der Erhebung und Analyse subjektiver Interpretation in qualitativen Untersuchungen". In: *Zeitschrift für Soziologie*, 11 (1982), Heft 3, S. 307-329.
Hopf, Christel/Weingarten, Elmar (Hrsg.): *Qualitative Sozialforschung*, Stuttgart 1979.
Jahoda, Marie: „Aus den Anfängen der sozialwissenschaftlichen Forschung in Österreich". In: *Zeitgeschichte*, 8 (1980/81), S. 133-141.
Jahoda, Marie/Deutsch, Morton/Cook, Stuart W.: „Beobachtungsverfahren". In: König, II, 1962, S. 77-96.
Jahoda, Marie/Lazarsfeld, Paul F./Zeisel, Hans: *Die Arbeitslosen von Marienthal. Ein soziographischer Versuch über die Wirkungen langandauernder Arbeitslosigkeit. Mit einem Anhang zur Geschichte der Soziographie*, Frankfurt am Main 1975.
Knoll, Reinhard/Maja, Gerhard/Weiss, Hilde/Wieser, Georg: „Der österreichische Beitrag zur Soziologie von der Jahrhundertwende bis 1938". In: *Lepsius* 1981, S. 59-101.
König, René (Hrsg.): *Beobachtung und Experiment in der Sozialforschung*. Praktische Sozialforschung II, 2. Aufl., Köln, Berlin 1962.
Lazarsfeld, Paul F.: „Vorspruch zur neuen Auflage" (1960), abgedruckt in: Jahoda/Lazarsfeld/Zeisel 1975, S. 11-23.
Lepsius, M. Rainer (Hrsg.): Soziologie in Deutschland und Österreich. Sonderheft 23 der *Kölner Zeitschrift für Soziologie und Sozialpsychologie*, Opladen 1981.
Ders.: „Die sozialwissenschaftliche Emigration und ihre Folgen". In: *Lepsius* 1981, S. 461-500.
Mackie, John Leslie: *The cement of the universe. A study of causation*. Clarendon Press, Oxford 1980 (Abdruck der 1. Aufl. von 1974).

McCall, George J./Simmons, Jerry L. (Hrsg.): *Issues in participant observation: A text and reader*, Reading, Mass. 1969.
Popper, Karl R.: *Logik der Forschung.* 2. erw. Aufl., Tübingen 1966.
Sanday, Peggy Reeves: „The ethnographic paradigms". In: *American Science Quarterly*, 24 (1979), S. 527-538.
Schwartz, Howard/Jacobs, Jerry: „Qualitative sociology. A method to the madness", New York 1979.
Smircich, Linda: „Concepts of culture and organizational analysis". In: *Administrative Science Quarterly*, 28 (1983), S. 339-358.
Smith, Robert B./Manning, Peter K. (Hrsg.): *Qualitative methods. Volume II of Handbook of Social Science Methods*, Cambridge, Mass. 1982.
Stegmüller, Wolfgang: *Probleme und Resultate der Wissenschaftstheorie und Analytischen Philosophie*, Band I. Wissenschaftliche Erklärung und Begründung, Studienausgabe, Teil 3 (Historische, psychologische und rationale Erklärung. Kausalitätsprobleme, Determinismus und Indeterminismus), Berlin, Heidelberg, New York 1969.
Weber, Max: *Wirtschaft und Gesellschaft. Grundriß der verstehenden Soziologie.* Studienausgabe (hrsg. von Johannes Winckelmann), 1. Halbband, Köln, Berlin 1964.
Ders.: *Gesammelte Aufsätze zur Wissenschaftslehre.* 4., erneut durchgesehene Auflage (hrsg. von Johannes Winckelmann), Tübingen 1973.
Ders.: „Über einige Kategorien der verstehenden Soziologie". In: Weber 1973, S. 427-474.
Wilson, Thomas P.: „Theorien der Interaktion und Modelle soziologischer Erklärung". In: Arbeitsgruppe Bielefelder Soziologen 1973, S. 54-79.
von Wright, Georg Henrik: *Erklären und Verstehen*, Frankfurt am Main 1974.
Zeisel, Hans: Anhang: „Zur Geschichte der Soziographie". In: Jahoda/Lazarsfeld/Zeisel 1975, S. 113-142.

Themenbereich III:

Terrorismus in der Bundesrepublik Deutschland

EINLEITUNG

Günter Albrecht

Über viele Jahre hat die deutsche Öffentlichkeit und die staatlichen Sicherheitsorgane kein Thema so sehr beschäftigt wie der Terrorismus, der Sicherheit und Ordnung und das staatliche Gewaltmonopol so sehr herauszufordern schien, daß sich in der Gesellschaft der Bundesrepublik gravierende Veränderungen einstellten. Dabei kam dem personellen, technischen und organisatorischen Ausbau des staatlichen Kontrollapparates große Bedeutung zu, nicht zuletzt deshalb, weil er mit dem gleichzeitigen Aufbau von großen Informations- und Datensystemen in staatlicher Hand die Schrekkensvision vom totalen Überwachungsstaat auf den Plan rief. Sicher genauso problematisch waren jedoch die durch den Terrorismus und seine „politische Bewältigung" ausgelöste oder forcierte Änderung des politischen Klimas und die Einschränkung liberaler rechtsstaatlicher Prinzipien, die leider auch einige Jahre nach dem Höhepunkt terroristischer Aktivitäten nicht wieder vollständig rückgängig gemacht worden ist.

Für die Diskussion der Frage, was der deutsche Terrorismus der 70er Jahre darstellte und wie man seine Entstehung und seine Verlaufsform zu erklären habe, die ja vom benachbarten Ausland trotz scheinbar ähnlicher Ausgangslage deutlich abwich, sollten sozialwissenschaftliche Forschungsergebnisse eigentlich eine zentrale Rolle spielen. Längere Zeit fehlte es jedoch an grundlegenden sozialwissenschaftlichen Studien über den deutschen Terrorismus. Die Soziologen zeigten eine sehr ausgeprägte Berührungsangst gegenüber diesem eminent wichtigen Phänomen und ließen sich erst durch das verlockende Angebot großzügiger staatlicher Auftragsforschung aus der Reserve locken. Seit ca. 3 Jahren sind nun mehrere umfassende, vom Bundesminister des Inneren in Auftrag gegebene Studien unter dem Sammeltitel „Analysen zum Terrorismus" (vgl. Baeyer-Katte, Claessens, Feger und Neidhardt 1982; Fetscher und Rohrmoser 1981; Jäger, Schmidtchen und Süllwold 1981; Matz und Schmidtchen 1983; Sack und Steinert 1984) erschienen, die von unterschiedlichen theoretischen Standpunkten und aus unterschiedlichem Gesichtswinkel die Problematik des Terrorismus zu erhellen versuchen. Die Analysen reichen von der Untersuchung der ideologischen Grundlagen der Terroristen, über detaillierte Erforschung der Lebensläufe von Terroristen, die exakte Rekonstruktion der Gruppenprozesse bei der Entstehung, Verfestigung und Auflösung terroristischer Gruppen, die Untersuchung der Zusammenhänge zwischen gesellschaftlichen Bedingungen und Legitimität in der Bundesrepublik bis zur brisanten Frage, ob nicht das Verhältnis von Protest und staatlicher Reaktion (oder auch Über-Reaktion) als Schlüssel für das Verständnis des Terrorismus in der Bundesrepublik anzusehen ist. Dabei ist von besonderer Bedeutung die Streitfrage, ob die staatlichen Reaktionen angemessen zu verstehen sind als durch die terroristische Bedrohung qualitativ und quantitativ zwingend geforderte Reaktionen, bei denen der Politik keine Optionen offen blieben, durch die möglicherweise die dem Terrorismus zugrundeliegende Problematik *politisch* und *nicht strafrechtlich* hätte gelöst werden können. Oder handelte es sich bei diesen „Reaktionen" um Teilschritte einer „Strategie" der Transformation von aufbrechenden politisch-gesellschaftlichen Konflikten in *Rechts*konflikte, durch die der Staat und interessierte mächtige gesellschaftliche Gruppen den Vorteil erlangten, auf politisch gemeinte Herausforderungen mit „Kriminalisierung" der Herausforderer reagieren zu können?

Die beiden Referate von Friedhelm Neidhardt (Köln) und Fritz Sack (Hamburg) greifen aus der Vielzahl von Streitfragen unter anderem die auf, ob sich der Umschlag von Gruppierungen der außerparlamentarischen Opposition in terroristische Gruppen als Resultat von gruppendynamischen Prozessen (Neidhardt) oder als Ergebnis von übertriebenen Reaktionen oder gar Provokationen des Staates (Sack) verstehen läßt. Zugleich bieten beide Beiträge eine allgemeine soziologische Bestimmung dessen, was Terrorismus gesellschaftlich bedeutet. Beide Referate können selbstverständlich nur einen kleinen Teil des Argumentationshaushaltes vortragen, dessen sich die verschiedenen Studien bedienen, auf die deshalb ausdrücklich verwiesen werden muß. Beide Vorträge lassen auch erkennen, wie weit bei allem erkennbaren Bemühen, die Argumente des jeweils anderen aufzunehmen, die Interpretationen auseinandergehen. Bezieht man alle anderen Teilprojekte des Untersuchungsprogrammes „Ursachen des Terrorismus" in die Betrachtung mit ein, so ist nicht zu übersehen, daß die Studien teilweise zu völlig konträren Interpretationen gelangen, zwischen denen keine Vermittlung möglich zu sein scheint. So jedenfalls präsentieren es die Autoren der einzelnen Untersuchungsberichte, die sich in den publizierten Fassungen häufig äußerst kritisch aufeinander beziehen.

Auch das Ergebnis der Podiumsdiskussion zum Terrorismusproblem, die als Begleitveranstaltung vorgesehen war (Teilnehmer außer Neidhardt und Sack waren Dieter Claessens, Berlin, Eike Hennig, Kassel, Heinz Steinert, Frankfurt, Trutz von Trotha, Hannover/Freiburg, und Peter Waldmann, Augsburg), bestätigte diesen Eindruck der Unüberbrückbarkeit der Differenzen in den entscheidenden Fragen.

Die Sicherung des wissenschaftlichen Ertrages der deutschen Terrorismusforschung wird demnach davon abhängen, daß die wissenschaftliche Gemeinschaft sich kritisch mit den vorgelegten Untersuchungen auseinandersetzt und die Diskussionsblockade zwischen den „Terrorismusforschern", die vor allem theoretische, wissenschaftstheoretische und methodische, aber auch politische Gründe hat, überwindet.

Nur dann, so behaupte ich, wird der sozialwissenschaftliche Beitrag zum Terrorismusproblem jener Zielsetzung dienen, die Steinert (1984, S. 391) für seine Studie wie folgt bestimmte: „Diesem Ziel ist die Untersuchung also verpflichtet: die Ereignisse des Terrorismus in der Bundesrepublik, die Entwicklung, die zu ihnen hinführte, und die Art, wie auf diese Ereignisse aus dieser Entwicklung heraus reagiert wurde, der gesellschaftlichen Selbstreflexion, der Nachdenklichkeit über die eigenen Verhältnisse verfügbarer machen zu helfen, als sie das in ihrer alltäglichen Selbstverständlichkeit gewöhnlich sind. Dieser Versuch rechtfertigt sich durch die unentwegte Hoffnung, daß auch öffentliche Nachdenklichkeit noch folgenreich möglich ist, daß die Gestaltung möglicher gesellschaftlicher Zukünfte zumindest nicht ausschließlich den Zugriffen der „Macher" auf beiden Seiten überantwortet ist, nicht nur der manchmal verhängnisvollen „Konsequenz" angeblicher Sachzwänge folgen muß, sondern zumindest *auch* der diskursiven gesellschaftlichen Selbstverständigung zugänglich ist und damit die Wahl zwischen verschiedenen 'Konsequenzen' zuläßt".

LITERATUR

Baeyer-Katte, Wanda von, Dieter Claessens, Hubert Feger und Friedhelm Neidhardt (Hrsg.), *Gruppenprozesse. Analysen zum Terrorismus,* Bd. 3, Opladen 1982.

Fetscher, Iring, und Günter Rohrmoser (Hrsg.), *Ideologien und Strategien. Analysen zum Terrorismus,* Bd. 1, Opladen 1981.

Jäger, Herbert, Gerhard Schmidtchen und Lieselotte Süllwold (Hrsg.), *Lebenslaufanalysen. Analysen zum Terrorismus,* Bd. 2, Opladen 1981.

Matz, Ulrich, und Gerhard Schmidtchen (Hrsg.), *Gewalt und Legitimität. Analysen zum Terrorismus,* Bd. 4/1, Opladen 1983.

Sack, Fritz, und Heinz Steinert (Hrsg.), *Protest und Reaktion. Analysen zum Terrorismus,* Bd. 4/2, Opladen 1984.

Steinert, Heinz, unter Mitarbeit von Henner Hess, Susanne Karstedt-Henke, Martin Moerings, Dieter Paas und Sebastian Scheerer, „Sozialstrukturelle Bedingungen des 'linken Terrorismus' der 70er Jahre aufgrund eines Vergleichs der Entwicklungen in der Bundesrepublik Deutschland, in Italien, Frankreich und den Niederlanden", in: Fritz Sack und Heinz Steinert (Hrsg.), *Protest und Reaktion. Analysen zum Terrorismus,* Bd. 4/2, Opladen 1984, S. 387-601.

GROSSE WIRKUNGEN KLEINER REIZE – SYMBOLISCH VERMITTELT. ZUR SOZIOLOGIE DES TERRORISMUS

Friedhelm Neidhardt

Die Terrorismusforschung ist hierzulande in einem außerordentlichen Maße von Bedingungen und Zwecken der Politikberatung bestimmt gewesen. Das sogen. ASÖTE-Projekt des Bundesinnenministeriums hat 22 Wissenschaftler über mehrere Jahre zum Thema des Terrorismus beschäftigt und am Ende 15 Untersuchungsberichte hervorgebracht, die in fünf Bänden veröffentlicht sind. Fragt man nach dem Ertrag dieser Großveranstaltung angewandter Forschung, so sind einerseits ihre praktischen Effekte in dem Bereich zu bestimmen, der sie veranlaßt und finanziert hat, also im Politikbereich; darüber soll in einer gesonderten Veranstaltung heute nachmittag diskutiert werden. Auf einem Soziologentag ist es andererseits natürlich unerläßlich, die fachliche Ausbeute dieser Art Forschung zu sichten und dann auch zu verarbeiten.

Unternimmt man eine fachliche Bestandsaufnahme, so wird auch im vorliegenden Fall erkennbar, daß angewandte Forschung den beteiligten Wissenschaften leicht überschaubare Gewinne einbringt. Ihr besonderer Vorteil dürfte darin liegen, daß sie intensive Berührungen mit Materialfeldern erzwingt, die ohne Vermittlungen des Auftraggebers nicht einmal zugänglich wären. So sind auch im ASÖTE-Projekt mehrere Fallstudien entstanden, die man instruktiv und animierend finden kann. Die analytische Verarbeitung der in ihnen aufgebrachten Informationen und Einfälle erscheint jedoch offenkundig gehemmt durch die Art der Fragen, die den Forschungszusammenhang begründeten, sowie durch die Stärke des Problemlösungsbedarfs, der ihm simuliert wurde. Von daher ergaben sich Einschnürungen auf raumzeitlich eng begrenzte Untersuchungsfelder und Vorlieben für Variablen, die einfach übersetzbar und praktisch steuerbar erscheinen – alles Bedingungen, die einer theoretischen Arbeit am Thema gewiß nicht förderlich waren. Praktisch bestimmte Forschungskontexte konzedieren den Beteiligten nur geringe Abstraktionstoleranzen; man wird für's Hier und Jetzt zur Kasse gebeten. Hinzu kam im vorliegenden Fall, daß die außerordentliche Politisierung des Gegenstandes, um den es bei Terrorismuskomplexen geht, bei allen Beteiligten für mancherlei Befangenheiten sorgte – mitgebrachten Befangenheiten und zusätzlich solchen, die sich mit der organisatorischen Einbindung der Projektgruppe in den Einflußbereich einer der Konfliktparteien einstellten. Ihre Zuordnung zum Bundesinnenministerium mußte selber schon als Politikum begriffen werden. Jeder Beteiligte konnte wissen, daß bei allen Kombattanten Erkenntnisfragen auch und nicht zuletzt als Schuldfragen verrechnet werden, und er mußte davon ausgehen, daß dies auf der einen wie auf der anderen Seite tendenziös geschehen würde. Von daher ergab sich der Hang zu einer mindestens untergründigen Moralisierung der Argumentation, auch die Tendenzen zu ihrer taktischen Inszenierung. Es gab in dieser Lage kein Recht zur Unbekümmertheit.

Unbekümmertheit aber braucht man für den Prozeß theoretischer Reflexion. Mit dem Versuch der Verallgemeinerung verläßt man den gut recherchierten Einzelfall, überzieht die gesicherte Erfahrung, bemächtigt sich auch des nur ungefähr Vergleichbaren, verdrängt dabei eine Fülle von im Einzelfall wichtigen Details. Theoriearbeit ist eine Art Ausschreitung, die ohne Skrupellosigkeit und Indifferenz gar nicht gelingen kann. Mir scheint, daß man in der Terrorismusforschung beim gegenwärtigen Stand der Dinge solche Ausdrucksformen einer inneren Distanz zum Gegenstand eher ermuntern als ihre unstrittige Eigenproblematik beschwören sollte.

Allerdings entsteht sofort die Frage, ob Terrorismus als ein Phänomen besonderer Art für Theoriebildung überhaupt taugt. Walter Laqueur, einer der erfahrensten Empiriker der Terrorismusforschung, bestreitet dies, wenn er sagt: „Im Auftreten des Terrorismus läßt sich auch ein Zufallselement feststellen. Aus diesem Grunde ist eine wirklich wissenschaftliche, prognostische Untersuchung in der Tat unmöglich." (Laqueur 1977, S. 51 f.). Nun ist es sicher richtig, daß Zufallsmomente sowohl in den Innenbereichen als auch in den Umwelten des Terrorismus eine besondere Rolle spielen. Terrorismus ist Ergebnis und fortlaufender Bestandteil von Konflikten, die in der Regel wenig institutionalisiert sind, also keine festen Normen und Formen besitzen (Neidhardt 1981, S. 245 ff.). Insofern gibt es in seiner Entstehung und in seinem Ablauf eine hohe Wahrscheinlichkeit von Überraschungen und Unwägbarkeiten – mit der Folge auch, daß einzelnen Personen und ihren oft geheimnisvoll bleibenden Besonderheiten eine außerordentliche Prozeßbedeutung zukommt. Aber solche Merkmale eines Handlungssystems sind letztlich nur eine Gradfrage. Nichts ist ohne Zufall, und nichts ist nur Zufall. Insofern ist Theorie allemal möglich, nur muß sie den Zufallsmengen ihres Gegenstandsbereichs angemessen sein. Das heißt unter anderem: Sie muß mehr oder weniger Raum lassen für bloße Deskription und darf diese nicht desavouieren und verdrängen wollen. Manches läßt sich eben nur erzählen und nicht mehr erklären.

Unabhängig davon – zweifelhaft ist, ob sich die Soziologie überhaupt auf jenen Aspekt des Terrorismus fixieren lassen sollte, den Walter Laqueur so resignativ anspricht, nämlich sein „Auftreten" – die Frage also: unter welchen Bedingungen und auf welche Weise er entsteht. Ohne diese Frage gering zu schätzen, läßt sich doch die andere Frage nach seinen Wirkungen als die für Soziologen vielleicht aufschlußreichere ansehen. Terrorismus als Stimulus! Wann immer und wo immer er auftritt, bedeutet er eine Aufstörung von Normalität, eine Beunruhigung eingepegelter Gleichgewichte. Er schafft Ausnahmezustände. Ist dies nicht verwunderlich, wenn man bedenkt, daß Terrorismus typischerweise Kleingruppenhandeln ist – seine Wirkung also einen Übergriff von Mikroereignissen auf Makrodimensionen des Gesellschaftlichen dargestellt? Was gibt dem kleinen Reiz so große Wirkungen? Welche Empfindlichkeiten müssen Gesellschaften besitzen, um von ein paar Terroristen durcheinandergebracht werden zu können? – Ich will mich im folgenden vor allem diesen Fragen zuwenden.

1. Terrorismus als Kleingruppenpolitik

Um am Beispiel des Terrorismus die scheinbare Unverhältnismäßigkeit von Reiz-Reaktion-Sequenzen begreifen zu können, muß man sich zuerst der Stimulusqualität des Terrorismus vergewissern. Sog. „Reaktionsansätze" dürfen in der Soziologie nicht dazu führen, daß der Stimulus unbelichtet bleibt, auf den reagiert wird. Es gilt festzustellen, was am Terrorismus in welcher Weise provozieren kann. Dem läßt sich in ersten Schritten näherkommen, wenn man das, was Terrorismus genannt werden kann, mit zwei benachbarten, aber doch aufschlußreich abweichenden Phänomenen vergleicht, erstens mit Gewaltkriminalität, zweitens mit Guerillakampf.

Zum ersten: Terrorismus ist eine politische Handlungsstrategie, die durch Ausübung von Gewalt erschrecken will. Insofern Gewaltausübung widerrechtlich ist, stellt Terrorismus ex definitione Gewaltkriminalität dar. Als bloßer Teil dieser Gewaltkriminalität ist er jedoch in den meisten Gesellschaften, die ihn erleben, eine völlig harmlose Größe. In der Bundesrepublik wird die materielle Schadenswirkung, die der Terrorismus in 10 Jahren erreichte, von der „gewöhnlichen" Gewaltkriminalität innerhalb einer Woche übertroffen. Es ist dann auch gar nicht die Gewaltausübung als solche, die am Terrorismus erregt, sondern der Anspruch, daß seine Gewaltausübung legitim sei. Dieser politisch gemeinte symbolische „Kriminalitätsüberschuß" (Sack 1984, S. 40) ist das Besondere am Terrorismus. Sein Rechtmäßigkeitsanspruch kollidiert mit dem Gewaltmonopolanspruch aller modernen Staaten. Da Monopole ex definitione unteilbar sind, ist diese Kollision total; es gibt keine Kompromißchancen.

Zum zweiten: Wie wenig die Störung durch Terrorismus mit seiner materiellen Schadenswirkung zu tun hat, wird mit seinen Unterschieden zum Guerillakampf vielleicht noch deutlicher. „Geht es der im Rahmen der Guerillastrategie angewandten Gewalt vornehmlich um deren *physische Folgen,* die Sprengung von Straßen, Brücken, Eisenbahnlinien usw., bzw. um die Vernichtung gegnerischer Kampfverbände, so intendiert terroristische Gewaltanwendung vor allem *psychische* Reaktionen." (Fetscher et al. 1981, S. 26). Die terroristische Strategie setzt nicht auf Raum- und Materialgewinne, sie ist eine Strategie der Nadelstiche, die den Zweck verfolgt, die staatliche Gewalt zu kompromittieren – zu kompromittieren auf zweierlei Weise: erstens durch eine „Propaganda der Tat", durch den Nachweis nämlich, daß Gegengewalt überhaupt möglich ist, zweitens durch Provokation staatlichen Fehlverhaltens, nämlich durch „Auslösen einer Reaktion, die skandalisiert werden kann“ (Steinert 1984, S. 439). Es geht also beim Terrorismus nicht um unmittelbare Herrschaftsaneignung, sondern um weniger: um Delegitimierung bestehender Herrschaft als Voraussetzung dafür, daß diese danach direkt angegriffen und gestürzt werden kann.

Die Unterscheidung zwischen Guerillakampf und Terrorismus gibt mit diesen Differenzierungen nun auch Hinweise auf die empirischen Entstehungsbedingungen beider Typen politischer Gewalttätigkeit. „Die Differenz der beiden strategischen Konzepte entsteht daraus, daß die Guerillastrategie prinzipiell davon ausgeht, die Guerillagruppe werde bei ihren Aktionen durch die Bevölkerung unterstützt, während die terroristische Strategie diese Unterstützung durch die Bevölkerung gerade nicht voraussetzt, sondern sie durch ihre Aktionen erst gewinnen will.“ (Fetscher et al. 1981, S. 98). Terrorismus ist insofern ein Indiz politischer Schwäche, ein Mittel der Wahl machtloser Gruppen, von Kleingruppen, die ein Defizit an sozialen Ressourcen durch Militarisierung ihres eigenen Einsatzes zu kompensieren versuchen.

Für diese Interpretation spricht der empirische Befund, daß terroristische Gruppen häufig als Ausfallprodukte sozialer Protestbewegungen zu einem Zeitpunkt entstanden sind, als diese, ohne ihr Ziel erreicht zu haben, resignierten und zusammenbrachen. Das trifft nicht nur auf die deutsche RAF zu (Neidhardt 1982, S. 339 ff.), sondern z.B. auch auf die russische Narodnaja Volja sowie auf die Terroristen der Sozialrevolutionären Partei Rußlands im späten 19. bzw. im frühen 20. Jahrhundert (Hildermeier 1982, S. 107). Sie begriffen sich als Avantgarde erschlaffter Protestpotentiale, und die terroristische Tat war als Initialzündung eines neuen Aufbruchs kalkuliert.

Das Gelingen dieser Kalkulation ist allerdings höchst voraussetzungsvoll. Es geht darum, daß der kleine Konflikt, den Terroristen mit eigener Kraft bewerkstelligen können, zu einem großen Konflikt eskaliert. Diese Eskalation hängt nicht nur von den Operationen der Terroristen ab, sondern wesentlich von den Reaktionen der Gegenspieler; und entscheidend für den Ausgang ist, wie beide Seiten von den Massen wahrgenommen und gedeutet werden. Es geht beim Terrorismus (anders als im Guerillakampf) in erster Linie nicht um rohe Machtfragen, sondern in deren Vorfeld um Legitimitätskonkurrenzen. Und diese entscheiden sich im Bewußtsein der Massen und nicht auf den Schlachtfeldern.

2. Staatliche Reaktionen

Reagiert ein politisches System auf terroristische Provokationen in einer Weise, die von den Massen verstanden und gebilligt wird? Reagiert es überhaupt? Und wenn ja: warum?

In einem klugen Aufsatz über „Die Strategie des Terrorismus" hat David Fromkin folgendes notiert: „Der Terrorismus kann nur siegreich sein, wenn man in der von den Terroristen gewollten Form reagiert ... Wenn man es vorzieht, überhaupt nicht oder aber in einer anderen als von ihnen gewünschten Weise zu reagieren, wird es ihnen nicht gelingen, ihre Ziele zu erreichen. Die entscheidende Schwäche des Terrorismus besteht darin, daß seine Gegner die Wahl haben." (Fromkin 1977, S. 97 f.). Haben, so kann man dagegen fragen, seine Gegner wirklich die Wahl? Können sie sich etwa leisten, gar nicht zu reagieren?

Man darf die Provokation des Terrorismus nicht mit dem Argument unterschätzen, daß sein Angriff materiell relativ unerheblich ist und weder die Produktionsbasis einer Gesellschaft noch deren „human resources" ernsthaft verletzt. Die Provokation der Terroristen liegt nicht in den kriminellen Aktionen, die sie begehen, sondern in den sogen. Bekennerbriefen, die sie dazu schreiben. Ihr Angriff reizt vor allem durch seine Symbolik. Dies wird unterstützt durch die Auswahl der Angriffsobjekte: Amerikahaus und jüdischer Friedhof, Schleyer und Buback, Polizisten und Türken – das sind im Einzelfall auswechselbare Repräsentanten von Sinnzusammenhängen und Sachverhalten, die hinter ihnen stehen. Und diese unter Einsatz von Gewalt nicht nur tatsächlich zu verletzen, sondern dafür auch Rechtmäßigkeit zu beanspruchen, beeinträchtigt nicht in erster Linie und unmittelbar das Gewaltmonopol des Staates, sondern den Mythos, den dieses Privileg offensichtlich braucht, um intakt zu bleiben.

Die Soziologie wird solche Zusammenhänge nicht angemessen begreifen, wenn sie die kulturellen Dimensionen gesellschaftlicher Prozesse nicht ernsthaft und systematisch bedenkt. Gesellschaften sind neben allem anderen Symbolgemeinschaften, die sich über Mythen und Tabus ebenso steuern wie über Geld und Macht. Deshalb gibt es auch gegenüber Kollektiven so etwas wie Beleidigung, Ehrverletzung und Schuld; unser Strafgesetzbuch spricht in seinen §§ 96 und 97 sicherlich nicht grund- und folgenlos von „Beschimpfung der Bundesrepublik" und „Verunglimpfung von Organen". Wir Soziologen haben zu wenig kategoriale Sensibilität gegenüber diesen Dimensionen entwickelt, und deshalb sind in der Soziologie des Terrorismus die gesellschaftlichen Reaktionen auf Terrorismus weithin unbegriffen geblieben; verschwörungstheoretische Konstruktionen haben für Scheinerklärungen gesorgt.

Natürlich kann man sich vorstellen, daß sich Gesellschaften gegen den Terrorismus durch konsequente Verdrängung immunisieren, also ihn gar nicht zur Kenntnis nehmen; dann wäre in der Tat seine Wirkung harmlos. Gegen diese Möglichkeit spricht allerdings ein Sachverhalt, der zumindest in liberal-demokratischen Gesellschaften mit hoher Eigendynamik Realitäten eigener Art schafft, nämlich die Existenz der Massenmedien. Da Terrorismus einen außerordentlichen Unterhaltungswert besitzt, ist er aus der Massenkommunikation gar nicht herauszuhalten. Massenmedien sind deshalb allemal sehr wirkungsvolle Unterstützer terroristischer Strategie, werden von ihnen auch, wie wir wissen, ausdrücklich mitkalkuliert. Sie diffundieren den kleinen Reiz der terroristischen Aktion und dramatisieren ihn auf diese Weise in den Rang eines öffentlichen Problems. Er kann dann nicht als Dunkelziffer gehalten werden. Unter solchen Bedingungen können Gesellschaften allgemein und politische Systeme im besonderen schwerlich *nicht* reagieren.

Über Art und Ausmaß dieser Reaktionen ist damit allerdings noch nichts gesagt. Fragt man nach deren Bedingungen, so stößt man jenseits soziostruktureller und konkret politischer Konstellationen sehr bald wieder auf Faktoren, die dem soziokulturellen Bereich zugehören. So findet Heinz Steinert bei seiner interessanten international vergleichenden Terrorismusstudie etwas, was er in Unterscheidung zu niederländischen, französichen und italienischen Reaktionsstilen die „deutsche Emfindlichkeit" nennt, und er spricht in diesem Zusammenhang von der hierzulande auffälligen „Linksfürchtigkeit" (Steinert 1984, S. 549 und 561) – ich würde gern hinzugesetzt sehen: auch Rechtsfürchtigkeit. Dergleichen läßt sich nicht zum Produkt von Gegenstrategien auflösen, mit denen die politischen Nutznießer des Terrorismus durch Angsterzeugung ihr Geschäft betreiben. Ist auch dies mit im Spiel, so ist das in unserer Gesellschaft gegenüber Extremismus und Terrorismus vorfindliche Überreaktionspotential selber doch viel allgemeiner bedingt. Diese nationale Disposition ist ein kulturell verselbständigter Reflex auf kollektive Erfahrungen – auf Weimar, auf Holocaust, auf geopolitische Frontlagen im „kalten Krieg", auf anhaltende Defizite an nationaler Souveränität und sicher vielem mehr. Unsere Gesellschaft besitzt wenig Selbstbewußtsein, ist deshalb auch leicht irritierbar – und das sichert dem Terrorismus Anfangserfolge allein dadurch, daß er selbst bei mäßigem Reiz schon zu einem Problem definiert wird, das Notstandsgrößen erreicht.

Überreaktionswahrscheinlichkeiten ergeben sich allerdings auch unabhängig von kollektiver Reizbarkeit aus den Reizen des Terrorismus selber. Zweierlei ist in diesem Zusammenhang zu beachten. Erstens: Hat ein politisches System die Herausforderung von Terroristen angenommen, dann gewinnt deren Verfolgung sehr schnell zumindest den Anschein von Unverhältnismäßigkeit. Dies resultiert aus dem Sachverhalt, daß Terrorismus ein Kleingruppenphänomen ist. Hängt zwar damit zusammen, daß er aus eigener Kraft nicht gewinnen kann, so zieht er aus dem gleichen Umstand aber auch taktische Vorteile, die ausreichen, um den Verfolgern Serien von Niederlagen zuzufügen. Einerseits fällt es sog. Verfolgungsbehörden sowieso schwer, einem Handlungssystem auf die Spur zu kommen, das nicht der Logik ihrer eigenen bürokratischen Organisationsform, sondern den abweichenden Rationalitätskriterien von Kleingruppen folgt. Und andererseits brauchen diese, weil klein, nur winzige Nischen, um sich dem Zugriff der Verfolgung zu entziehen. Daraus ergibt sich für die Reaktion die Tendenz, nicht nur mit sogen. Zielfahndung, sondern auch mit jenem Typus der Rasterfahndung zu antworten, der an Rollkommandos und Flächenbombardements erinnert. Zu viele Unbeteiligte geraten damit in Verdacht und unter Druck. Dergleichen geht an die liberale Substanz einer Gesellschaft.

Zweitens: In die gleiche Richtung zielt die allgemeine Präponderanz des Symbolischen am Phänomen des Terrorismus. Da sein Skandal sich weniger aus Kriminalität als solcher denn aus den Gesinnungen ergibt, die an diese Kriminalität gekoppelt sind, liegt die Versuchung nahe, nun auch Gesinnungen zur Spurensuche zu verwenden, mehr noch: sie selber schon für kriminell zu halten. Die Differenz zwischen Recht und Moral, die für liberale Gesellschaften konstitutiv ist, wird zusammengedrückt. Da reicht am Ende schon die „klammheimliche Freude" eines nicht einmal eindeutigen Sympathisanten, um Großalarm auszulösen. Und wer den Rassenwahn der Nazis für eine gute Sache hält, riskiert nicht nur den Widerspruch und Verachtung, sondern Gefängnis.

Die Wahrscheinlichkeit ist also gegeben, daß sich politische Systeme unter dem Druck von Terroristen mehr oder weniger dem Bilde anzunähern beginnen, das diese zur Begründung ihres Angriffs schon entworfen hatten. Sie unterstützen insofern deren Begründung und tragen in diesem Sinne zur Produktion des Reizes bei, auf den sie nur zu reagieren meinen. Die Frage ist allerdings, ob Terroristen von diesem Zirkel letztlich profitieren.

3. Koalitionschancen

Die Profite in diesem Kampf werden am Ende von den Zuschauern entschieden. Beide Akteure, Terroristen und staatliche Instanzen, agieren auf einer Bühne, und der Beifall des Publikums bestimmt den Sieger. Er kann sogar dem Verlierer des Kampfes zufallen und insofern den sichtbaren Spielausgang ins Gegenteil drehen. Ein gelingender Anschlag kann ein Fiasko sein, wenn er als Unrecht gedeutet wird, und die physische Vernichtung von Terroristen kann umgekehrt ihren Triumph über den Gegner bedeuten, wenn ihr Tod als Indiz für die Grausamkeit dieses Systems erscheint. Es geht bei allen Aktionen wesentlich um die Gunst des Publikums. Und insofern der Einfluß dieses „Dritten" im Kalkül beider Akteure gesehen und berücksichtigt wird, ist ihr Kampf auch nicht völlig regellos. Man kann das am besten an dem erkennen, was sie nicht tun, obwohl es technisch möglich und taktisch nützlich wäre, es zu tun. Der angestrebte Publicity-Effekt schränkt die Angriffsziele und Handlungsmittel auf beiden Seiten ein (F. Neidhardt 1982, S. 467 f.).

Wer unter diesen Bedingungen am Ende die Oberhand behält, läßt sich in allgemeiner Betrachtung natürlich nicht pauschal bestimmen. Sicher hängt der Verlauf der Kämpfe neben allen Zufällen auch von sozio-ökonomischen und politischen Lagebedingungen ab, die den Legitimitätsbestand der gegebenen Herrschaft mitbestimmen. Inmitten innerlich schon zerrütteter Systeme und angesichts eines schon vorhandenen Umsturzpotentials kann der kleine Reiz terroristischer Aktionen Auslöser kräftiger Veränderungen in Richtung des Reizes sein. Dieser Effekt läßt sich aber in der großen Zahl empirischer Fälle, soweit ich sehen kann, nur äußerst selten beobachten. Häufiger sind terroristische Aktionen für die politische Bewegung, der sie voranhelfen sollten, kontraproduktiv gewesen. Um das zu begreifen, ist davon auszugehen, daß der Ausgang der Kämpfe nicht nur, wahrscheinlich nicht einmal in erster Linie, von den Legitimitätsproblemen des vorhandenen politischen Systems bestimmt ist, sondern auch, vielleicht mehr noch, von den davon unabhängigen Legitimitätsproblemen des Terrorismus selber.

Das Ausmaß der Rechtfertigungsschuld, die den Terrorismus zuerst einmal in eine moralische Defensive bringt, ist in elementarster Weise kulturell bestimmt, nämlich abhängig davon, in welchem Maße sich Gewalttabus allgemein durchgesetzt haben. Sind diese mit der Zivilisationsgeschichte von Gesellschaften in der Bevölkerung verinnerlicht worden, dann löst ihre Verletzung peinliche Begründungszwänge aus. Um diese zu lösen, reicht es wahrscheinlich nicht aus, daß es der terroristischen Theorie gelingt, die Kritik an dem bestehenden System zu dramatisieren, wenn sie nicht gleichzeitig überzeugende Bilder eines machbaren besseren Lebens entwerfen kann. Es geht hierbei um Utopie. Besitzt sie die Qualität, Nachfolge zu mobilisieren? Dies dürfte nicht nur von ihrer sozialen Validität abhängen, d.h. davon, in welchem Maße sie die in einer Gesellschaft tatsächlich vorhandenen Überschüsse an Wünschen und Träumen authentisch aufgenommen und verarbeitet hat; sondern auch von dem, was man Utopiequantum nennen könnte, dem Ausmaß nämlich, in dem das als ideal Vorgestellte den status quo übersteigt. Der soziale Effekt dieser Größe läßt sich mit dem aus der Motivationspsychologie bekannten Gesetz der „dosierten Diskrepanz" (H. Heckhausen) kalkulieren. Ein zu geringes Utopiequantum rechtfertigt nicht den Aufwand des Kampfes, ein zu großes schreckt ab, weil es ins Unvorstellbare verschwimmt und als nicht einlösbar erscheint. Terroristische Gruppierungen unterscheiden sich in dieser Hinsicht folgenreich. Wahrscheinlich operiert der Terrorismus separatistischer Bewegungen – siehe die baskische ETA oder die nordirische IRA (Waldmann 1984) – deshalb relativ erfolgreich, weil ihr Ideal, nämlich Autonomie, gleichzeitig stimulierend und faßbar ist. Sozialrevolutionäre Umsturzbewegungen sind in dieser Hinsicht in der Regel ehrgeiziger und überfordernder. Alles soll anders werden. Auch die Terroristen dieser Idee können Bewunderung auslösen. Ihr bewaffneter Kampf fasziniert wegen seiner heroischen Konsequenz. Aber Heroismus ist kein generalisierbares Handlungsmuster. Diese Terroristen geraten deshalb häufig in die absurde Lage einer Avantgarde von nichts.

Wahrscheinlicher als Nachfolge ist unter den genannten Bedingungen eine Gegenbewegung für „law and order". Wenn sich terroristische Gewalt nicht als gleichzeitig notwendige und produktive Gegengewalt rechtfertigen kann, befördert sie eher eine Ritualisierung des status quo. Man weiß, was man hat. Und wer wenigstens dies garantiert, erhält im Notfall Rückendekkung. Zu diesem Reaktionsmuster ist einschlägig, was Heinrich Popitz über den „Ordnungswert der Ordnung als Basislegitimität" geschrieben hat

(Popitz 1968, S. 33 f.). Auf den status quo, sofern er nur eine Struktur besitzt, kann man sich einstellen und einrichten. Dies ist die Voraussetzung für alles weitere. Wer sie angreift, verstärkt ihre Bedeutung.

Es ist genau dieser Mechanismus, der sich in unserem Lande während der siebziger Jahre als Reaktion auf Terrorismus abgespielt hat. Wie Manfred Murck mit empirischen Daten hat belegen können (Murck 1980, S. 148 ff.), kam es in der Bevölkerung zum Terrorismusthema zwar zu gewissen Polarisierungen, aber deutlich stärker werdende Mehrheiten sahen einerseits unseren Staat durch Terroristen „in eine schwere Krise gestürzt" und forderten andererseits, der Staat müsse gegen Terroristen „hart und mit allen erdenklichen Mitteln zurückschlagen". Ich stimme der Ansicht von Murck zu, daß sich im Vergleich zu diesen gesellschaftlichen Reaktionen, die sich in den Bewegungen der öffentlichen Meinung niederschlugen, die staatlichen Reaktionen als eher zögerlich und behutsam ausnahmen. Sie wurden von den Massen keineswegs als Überreaktionen gedeutet. Die Provokation des Terrorismus erzeugte zu Lasten liberaler Kultur einen gesellschaftlichen backlash ins Reaktionäre, der vom politischen System zum Teil, aber eben nur begrenzt aufgefangen und ausbalanciert wurde. Natürlich kann auch eine Regression auf „law and order" im Zielkatalog von Terroristen stehen. Man wird diese eher auf der rechten als auf der linken Seite des politischen Spektrums finden können und darf in diesem Zusammenhang durchaus die Folgerung ziehen, daß der Rechtsterrorismus mehr als der Linksterrorismus die Chance besitzt, anhaltende Gewinne zu erzielen. Er ist – bei sonst gleichen Ausgangsbedingungen – tendenziell erfolgreicher, weil die politische Reaktion auf ihn selber mit höherer Wahrscheinlichkeit in die Richtung seiner eigenen Zwecke führt.

4. Streit um Worte

Wie weit eine reaktionäre Tendenz sich durchsetzt und in welchem Maße widerstandslos die damit verbundenen Prozesse ablaufen, ist von zusätzlichen Faktoren abhängig und von Fall zu Fall gesondert zu beurteilen. Wichtig sind in dieser Hinsicht nicht nur die durchschnittlichen Meinungstendenzen, sondern vor allem die vorhandenen Meinungsverteilungen. Auch in der Bundesrepublik ließ sich als Reaktion auf Terrorismus nicht nur die zunehmend repressive Stimmung wachsender Mehrheiten erkennen, sondern bei sich deutlich profilierenden Minderheiten auch die scharfe Opposition dazu, insgesamt also eine Polarisierung der öffentlichen Meinung. Entsteht diese Konstellation, dann wird die unmittelbare Auseinandersetzung mit dem Terrorismus von einem Meta-Konflikt überlagert und durchsetzt, der im wesentlichen eine Auseinandersetzung über die staatlichen Reaktionen auf den Terrorismus darstellt. Ein solcher Meta-Konflikt besitzt die Tendenz, sich zu verselbständigen und mit hoher Eigendynamik weit über seine eigentlichen Anlässe hinauszuführen. Er äußert sich vor allem als ein Streit um Worte. Sprache wird zum Mittel des Kampfes. Dies ist für den Soziologen lehrreich, weil es ihn auf etwas stößt, das zu begreifen immer wieder lohnt: daß Wirklichkeit eine verfügte und verhandelte Fiktion ist, ein soziales Definitionsprodukt, das sich über die Gegenstände legt, sich von ihnen entfernt, ein Eigenleben beginnt, sich abschließt. Die große Wirkung des kleinen Reizes, den Terrorismus darstellt, macht diesen allgemeinen Sachverhalt am besonderen Fall hervorragend deutlich. Die Frage ist, warum dies am Beispiel des Terrorismus so deutlich wird und was es für diesen Fall am Ende auch für die Soziologie bedeutet.

Terrorismus ist selber von Anfang an symbolisches Handeln. Seine Botschaft ist ein Angriff auf die sozialen Bestandsgarantien von Herrschaft, nämlich auf deren Legitimation oder – um es mit Max Weber zu sagen – auf ihr „Prestige der Vorbildlichkeit oder Verbindlichkeit“ (Weber 1956, S. 23). Der Adressat dieser Botschaft ist das Bewußtsein der Massen. Es soll aufgerührt und verändert werden. Darum ist es nicht zufällig, daß die „Propaganda der Tat“ von Terroristen so häufig mit Erläuterungen und Rechtfertigungen, also mit Sprache, komplettiert wird. Der Terrorismus ist eine untypisch redselige Art von Kriminalität; er liefert die Metakommunikation über sein Handeln regelmäßig mit. In gewisser Weise ist auch dies ein Indiz seiner Schwäche. Der Rekurs auf Sprache ist im politischen Bereich ein Anzeichen dafür, daß es Defizite an Geld, Macht und Prestige gibt. Dies trifft nun auch auf politische Systeme zu, die von Terroristen angegriffen werden, insofern ihre Herrschaft der Zustimmung der Unterworfenen bedarf. Je mehr sie sich dieser Zustimmung ungewiß sind, umso mehr werden auch sie dazu neigen, Überzeugungsarbeit mit Hilfe von Sprachpolitik zu betreiben. Beiden Seiten geht es darum, das eigene Recht gegen das Unrecht des Gegners zu erklären.

Bei dieser Konkurrenz geht es vordergründig und unmittelbar um Fragen der Benennung. Lassen sich bestimmte Sachverhalte in bestimmten Wörtern unterbringen, mit ihnen etikettieren? Darf z.B. die Praxis unserer Gefängnisse „Isolationsfolter“ genannt werden? Ist Heinrich Böll ein „Sympathisant“? Die Entscheidung solcher Fragen ist folgenreich; sie bereitet Handlungen vor. Unabhängig davon wird an den Beispielen aber auch schon der Effekt erkennbar, der über die konkreten Situationen hinausführt, indem er sich kulturell verankert: Es geht nicht nur um die Anwendung von Wörtern, sondern auch und nachhaltiger um ihre Definition. Die Sprache selber wird verhandelt. Und je mehr sich der Konflikt um Terrorismus ausdehnt und vervielfältigt, umso mehr Sprache gerät in den Wirbel. Begriffe werden ausgedehnt oder eingeschränkt, erhalten positive oder negative Ladungen. Kapitalismus, Imperialismus, Faschismus, deutsch, Gewalt, Regelverletzung, Verfassungsfeind, Extremismus, links, rechts – all dies ist nachher nicht mehr das, was es vorher war. Und die gesellschaftliche Praxis sog. Ursachenforschung sorgt für eine Potenzierung der semantischen Umdispositonen. Das fängt z.B. bei Marxismus und „Frankfurter Schule“ an und hört bei Wohngemeinschaften und Familie noch nicht auf.

Eine Soziologie, die solche Prozesse beobachtet, besitzt ein angestammtes Aufgabenfeld darin, die Strukturen dieser Prozesse festzustellen und sie zur Erklärung der Prozeßausgänge zu benutzen. Sie wird dabei auf hierarchische Ungleichgewichte in dem Streit um Worte stoßen und z.B. bei der Prüfung der Funktionen von Gerichten, Parlamenten und Massenmedien folgenreiche Probleme hinsichtlich der gesellschaftlichen Kontrolle dieses Streits erkennen können. Fritz Sack hat dies in seiner ASÖTE-Studie zur „Pathologie politischer Konflikte" mit Recht angesprochen (Sack 1984, bes. S. 45 ff.). Vor zweierlei sei allerdings gewarnt.

Zum ersten: die Soziologie darf die Organisierbarkeit kultureller Prozesse nicht überschätzen. Sicher begegnen ihr in diesem Felde Manipulationen, Verdrängungsmechanismen der Zensur, auch glatte Fälschungen, mit denen von oben nach unten Einfluß ausgeübt wird. Aber es darf nicht übersehen werden, daß Manipulationen von den Menschen, auf die sie einwirken, auch angenommen werden müssen. Und ob sie angenommen werden, entscheidet sich nicht schon mit dem Geschick der Manipulateure und der Macht, die sie besitzen. Sie selber bedürfen einerseits eines Minimums an Vertrauen, das sie sich haben erwerben müssen, andererseits muß ihre Botschaft dem „gemeinen Menschenverstand" plausibel sein, in seine Erfahrungen passen, seinen Wirklichkeitskonstruktionen konsonant sein. Öffentlich wirksamer Betrug ist natürlich für eine engagierte Sozialforschung eine beachtliche, weil mit Recht skandalisierbare Entdeckung. Aber die konkrete Empörung sichert noch keinen allgemeinen Erkenntnisgewinn. Die theoretische Bedeutung aufgedeckter Manipulationen bleibt marginal, wenn sie nicht im Rahmen der äußerst diffusen Prozesse analysiert werden, die über ihre kollektive Wirkung entscheiden. Dies bleibt unvollständig, wenn die kritische Größe unbefragt bleibt, die wir Bevölkerung oder Masse oder Öffentlichkeit nennen. Wir Soziologen haben uns angewöhnt, sie den Meinungsbefragungsinstituten zu überlassen.

Zum zweiten: Wir Soziologen sollten sehr vorsichtig sein bei der Behauptung dessen, was in Konfliktlagen wirklich und wahr sei. Wirklichkeit begegnet auch uns überwiegend als Sprache. Und wenn diese in gesellschaftlichen Konfliktlagen auseinanderbricht, dann begegnen uns zu dem gleichen Sachverhalt mehrere Wirklichkeiten, hinter denen ungleiche Menschengruppen mit unterschiedlichen Erfahrungen, Interessen und Überzeugungen stehen. Was gibt uns die Kriterien, um die eine Wirklichkeit für angemessener als die andere zu halten? Woher nehmen wir die Maßstäbe, um z.B. von der *Über*reaktion einer Seite zu sprechen? Unsere Schwierigkeit beginnt schon mit der Sprache, die wir reden. Wessen Sprache reden wir, wenn die Wörter strittig und ihre Bedeutung parteilich ist? Kann man in der Analyse Wörter wie Imperialismus oder Sympathisant oder Gewalt noch anders als in Anführungszeichen benutzen? Vielleicht besteht die allgemeinste gesellschaftliche Funktion der Soziologie gegenüber den Parteien darin, Zitate zu übersetzen, soll heißen: die Sprachsysteme der einen Seite der anderen Seite verständlich zu machen. Das könnte dazu beitragen, daß eine Kommunikation zwischen den Gegnern möglich bleibt, die ohne Waffen auskommt.

LITERATUR

Fetscher, Iring, Herfried Münkler und Hannelore Ludwig 1981, „Ideologien der Terroristen in der Bundesrepublik Deutschland", in: I. Fetscher und G. Rohrmoser (Hrsg.), *Ideologien und Strategien*, Opladen, S. 16-273.

Fromkin, David 1977, „Die Strategie des Terrorismus", in: M. Funke (Hrsg.), *Terrorismus. Untersuchungen zur Struktur und Strategie revolutionärer Gewaltpolitik*, Düsseldorf, S. 83-99.

Hildermeier, Manfred 1982, „Zur terroristischen Strategie der Sozialrevolutionären Partei Rußlands (1900-1914)", in: W.J. Mommsen und G. Hirschfeld (Hrsg.), *Sozialprotest, Gewalt, Terror*, Stuttgart, S. 100-108.

Laqueur, Walter 1977, *Terrorismus*, Kronberg.

Murck, Manfred 1980, *Soziologie der öffentlichen Meinung*, Frankfurt/M.

Neidhardt, Friedhelm 1981, „Über Zufall, Eigendynamik und Institutionalisierbarkeit absurder Prozesse. Notizen am Beispiel einer terroristischen Gruppe", in: H. v. Alemann und H.P. Thurn (Hrsg.), *Soziologie in weltbürgerlicher Absicht. Festschrift für René König zum 75. Geburtstag*, Opladen, S. 243-257.

Ders. 1982, „Soziale Bedingungen terroristischen Handelns. Das Beispiel der 'Baader-Meinhof-Gruppe' (RAF)", in: W. v.Baeyer-Katte, D. Claessens, H. Feger und F. Neidhardt (Hrsg.), *Gruppenprozesse*, Opladen, S. 318-393.

Popitz, Heinrich 1968, *Prozesse der Machtbildung*, Tübingen.

Sack, Fritz, unter Mitarbeit von U. Berlit, H. Dreier und H. Treiber 1984, „Staat, Gesellschaft und politische Gewalt: Zur Pathologie politischer Konflikte", in: Ders. und H. Steinert (Hrsg.), *Protest und Reaktion*, Opladen, S. 18-387.

Steinert, Heinz 1984, „Strukturelle Bedingungen des 'linken Terrorismus' der 70er Jahre. Aufgrund eines Vergleichs der Entwicklungen in der Bundesrepublik Deutschland, in Italien, Frankreich und den Niederlanden", in: F. Sack und Ders. (Hrsg.), a.a.O., S. 388-601.

Waldmann, Peter 1984, *Gewaltsamer Separatismus. Am Beispiel der Basken, Franco-Kanadier, Katalanen und Nordiren.* Mskr.

Weber, Max 1964, *Wirtschaft und Gesellschaft.* Studienausg. 1. Halbbd., Köln und Berlin.

ZUR SOZIOLOGIE DES TERRORISMUS

Fritz Sack

Einleitung

Die heutige Veranstaltung wird im offiziellen Programm der Gesellschaft als Forum bezeichnet, auf dem – so wird gesagt – „teilweise sehr kontroverse" Ergebnisse dargestellt und erörtert werden sollen. Den Beitrag, den ich dazu leisten möchte, besteht darin, meine eigenen Erfahrungen, Entscheidungen und Lösungen zur Bewältigung der Aufgabe und des Auftrags, den „Ursachen des Terrorismus" nachzugehen, darzulegen. In Erinnerung der Diskussionen, die es bei der Erstellung meiner Studie gab, und angesichts der Tatsache, daß sich in einem Referat manche Dinge weniger umwegreich und systematisch eingebettet sagen lassen als in einem Bericht mehrerer hundert Seiten, werden sicher auch hier Kontroversen nicht ausbleiben. Sie würden allerdings gewiß heftiger ausfallen, wenn an der heutigen Veranstaltung das volle personelle Spektrum der Wissenschaftler repräsentiert wäre, das an der Erforschung der „Ursachen des Terrorismus" beteiligt war. „Ursachen des Terrorismus" – das war auch der offizielle Arbeitstitel des wissenschaftlichen Unternehmens, das im Verlaufe der gewalteskalierenden Konflikte zwischen der Studentenbewegung und der außerparlamentarischen Opposition Anfang bis Mitte der 70er Jahre in amtlichen Kreisen allmählich heranreifte. Zur organisatorischen und finanziellen Verwirklichung kam es aber erst, als im Jahre 1977 mit den drei spektakulärsten terroristischen Handlungen – der Ermordung des Generalbundesanwaltes Buback, der Ermordung des Bankiers Ponto und der blutigen Entführung und späteren Ermordung des damaligen Arbeitgeberführers Schleyer – das offizielle und alltägliche Leben in der Bundesrepublik ganz in den Sog des Terrorismus zu geraten schien.

Ich möchte drei Punkte behandeln, unter die sich die Probleme fassen lassen, von denen ich mir vorstellen könnte, daß sie Teil der heutigen Diskussion werden. Es sind dies:

- Über die Suspendierung der natürlichen Anschauung der Dinge und des Untersuchungsauftrages
- Theoretische Überlegungen und empirische Befunde zum Zusammenhang von Politik, Recht und Gewalt
- Probleme der empirischen Erschließung von Konfliktabläufen

1. Die Suspendierung der natürlichen Anschauung der Dinge und des Untersuchungsauftrages

Was hiermit gemeint ist, bedarf, so denke ich, einer längeren Erläuterung. Die Soziologie kennzeichnet über ihre verschiedenen theoretischen Positionen hinweg ein, wie P.L. Berger (1963, S. 38) es m.E. treffend bezeichnet hat, methodologisch fundiertes spezifisches Bewußtsein, das die Dinge nicht so nimmt, wie sie sind oder erscheinen. Hiermit ist offensichtlich mehr gemeint als eine im engeren Sinne ideologiekritische Attitüde. Eine der zentralen Pointen funktionalistischer Analysen besteht in der systematischen Suche nach den Ironien sozialer Strukturen und Institutionen, für die sie das Konzept der latenten Funktionen bereitgestellt hat. Marxistische Gesellschaftstheorie hat seit ihren Anfängen bis auf den heutigen Tag den Impetus durchgehalten, die Dinge von ihrem Kopf auf die Füße stellen zu wollen. Im Kontext interpretativer Theorieansätze schließlich wird die Suspendierung bzw. Einklammerung der Wirklichkeit bis zu ihrer vollständigen Verflüchtigung methodologisch radikalisiert. Wirklichkeit ist nicht unmittelbar und jungfräulich zur Hand, sondern sie wird uns nur über Sprache, Symbole und Zeichen zugänglich und verfügbar. Diese aber sind den Dingen der Wirklichkeit nicht schlicht zu entnehmen. Sie werden vielmehr an sie herangetragen und gehen mit ihnen eine Verbindung ein, die mehr oder weniger eng ist und sich nach Graden der Löslichkeit unterscheidet. In diesem Sinne hat der Linguist F.D. Saussure die Sprache als Konvention bezeichnet. Was das auch für die Sprache meint, ist in unnachahmlicher Weise von L. Carroll in einem Dialog zwischen seinen Märchenfiguren Alice und Goggelmoggel ausgedrückt: „Aber" – so beginnt dieser Dialog – „Glocke" heißt doch gar nicht ein „einmalig schlagender Beweis", wandte Alice ein. „Wenn *ich* ein Wort gebrauche", sagte Goggelmoggel in recht hochmütigem Ton, „dann heißt es genau, was ich für richtig halte – nicht mehr und nicht weniger". „Es fragt sich nur", sagte Alice, „ob man Wörter einfach etwas anderes heißen lassen kann". „Es fragt sich nur", sagte Goggelmoggel, „wer der Stärkere ist, weiter nichts!". Ganz offensichtlich ist es die Dimension der Macht, die hier ins Spiel kommt und in eine Nähe zur Sprache und ihren einzelnen Elementen gebracht wird. Und diese Nähe, wird man einmal auf sie gestoßen, macht bekanntlich sprachlos, was nichts anderes heißt, als die Logik der Sprache durch die sozialer Beziehungen und Verhältnisse auszutauschen. Bei Carroll heißt es dann auch weiter: „Alice war viel zu verwirrt, um darauf noch eine Antwort zu finden, und so sprach Goggelmoggel nach kurzem Stillschweigen weiter".

Die Analyse des Terrorismus war von vornherein eingebettet in einen Kampf um die angemessenen Kategorien, Begriffe und Interpretationen. Sie werden sich vielleicht noch daran erinnern, daß es eine bis ins Parlament hineingetragene und mit großen emotionellen und politischen Investitionen gespickte Diskussion darüber gab, ob man die terroristischen Täter als Bande, Vereinigung oder schlicht als Gruppe zu bezeichnen habe. Wohlgemerkt, diese Diskussion spielte sich nicht zwischen den Terroristen auf der einen und der Öffentlichkeit auf der anderen Seite ab, sondern sie entzweite und teilte die Öffentlichkeit und deren Repräsentanten und Träger.

Es lassen sich eine Reihe anderer Beispiele anführen, die ähnlich dem Streit um das richtige Wort für den kollektiven Charakter des Terrorismus signalisierten, daß es bei dem Terrorismus nicht nur um Rechtsgutsverletzung in einem strafrechtlich-technischen Sinne ging. Denn daran gibt es keinen Zweifel, daß die Taten selbst, die Morde, Entführungen, Bombenanschläge keine strafrechtlichen Subsumptionsprobleme darstellten. Daß trotz dieser Eindeutigkeit geradezu beschwörend auf ihr insistiert wurde; daß dies nicht von den dazu allein befugten staatlichen Amtsträgern, den Gerichten, Staatsanwaltschaften und Polizeibehörden, sondern von Politikern, Publizisten, Trägern und Sprechern der verschiedenen gesellschaftlichen Institutionen und Bereiche getan wurde; daß weiter die Verfolgung dieser Straftaten nicht nur in dem beschriebenen Sinne institutionell entgrenzt wurde, sondern auch unter Verletzung einer Reihe staatlicher, überstaatlicher und strafrechtlicher Regeln und Prinzipien der Strafverfolgung geschah: alle diese Umstände kann die soziologische Analyse des Terrorismus m.E. nicht aus sich entlassen und in den Kontext des zu analysierenden Geschehens verweisen.

Die zitierten Ereignisse der Entgrenzung institutioneller Art, wie ich sie gerade angedeutet habe, belegen, daß Politiker, Journalisten und nichtwissenschaftliche Repräsentanten handelnd soziologische Einsichten vollzogen, denen gegenüber die Vertreter der Disziplin ein Nachsehen hatten und nicht so recht auf die Spur kommen konnten. Auf einem anderen Blatt steht natürlich, daß die Handlungen von Politik und Öffentlichkeit dem Terrorismus gegenüber von einer Rhetorik begleitet waren, die keine Kandidaten für die Aufnahme in soziologische Bücher oder Zeitschriften hervorbrachte, jedenfalls nicht in alle und jede.

Ich wüßte indessen nicht, daß diese Diskrepanz nachhaltig der Anstrengung soziologischer Registrierung oder gar soziologischer Analyse für wert befunden worden wäre.

Ich erinnere mich statt dessen noch gut an eine Diskussion im Rundfunk oder Fernsehen aus jener Zeit des „deutschen Herbstes“ – so der Titel eines Buches, das die Ereignisse im Jahre 1977 sprachlich treffend zusammengezogen hat. In dieser Diskussion versagte sich ein deutscher Soziologe, nach einer analytischen und soziologischen Bemerkung zum Terrorismus gefragt, die Antwort mit dem Hinweis darauf, daß dies nicht die Stunde der Analyse, sondern die der strafrechtlichen Verfolgung, der Polizei sei.

Zu jener Zeit war allerdings in Kreisen von Staat und Politik längst das Eingeständnis herangereift, daß Strafrecht und Polizei nicht die angemessene und volle Anwort auf den Terrorismus böten. Der damalige Justizminister hat die folgende Feststellung des Politologen Lübbe: „Im Kampf gegen den Terror können Polizei und Gerichte nur Nacharbeit leisten, an die Ursachen des Terrorismus kommt man mit Verfahren und Verurteilungen nicht heran", zu der Schlußfolgerung weitergeführt: „Deshalb sind gerade die geistig-politische Auseinandersetzung und die kriminologische Ursachenforschung von herausragender Bedeutung" (1979, S. 41). Die hier vorzustellenden und heute zu diskutierenden Studien sind u.a. das Produkt dieser Einsicht.

Freilich wird man genau hinhören müssen: geistig-politische Auseinandersetzung und kriminologische Ursachenforschung: Handlungsaufforderung das eine, handlungshemmender Ruf nach Wissenschaft das andere. Nur im nachhinein mag man in dieser Formulierung eine Bedachtsamkeit obwalten sehen, die sich auf den ersten Blick nicht erschließt. Die geistig-politische Auseinandersetzung mit dem Terrorismus war mehr oder weniger identisch mit der Wortschöpfung des Sympathisanten und den nicht nur symbolischen Kampagnen gegen diese Spezies unserer Gesellschaft. Ich erinnere an die Spalten der Presse, die Minuten der Tagesschau, die Akten der Staatsanwaltschaft füllenden Ereignisse um das sog. Mescalero-Flugblatt, an Sendungs- und Auftrittsverbote in den Medien, an die Attacken auf Konfliktpädagogik, hess. Rahmenrichtlinien, an Kritik an Schulbüchern, öffentlichen Bibliothekssortimenten. Die Liste ist verlängerbar und ließe sich zu einem empirischen Reservoir für eine Soziologie der sozialen und politischen Skandalisierung anhäufen. Beobachter wie Betroffene dieser Vorgänge mögen unter ihnen sein, und ich kann mir deshalb Einzelheiten, Belege und weitere Beschreibungen aus zweiter Hand ersparen.

Diese geistig-politische Auseinandersetzung mit dem Terrorismus wies und griff, wie das Zitat verspricht, über das Strafrecht hinaus, freilich in einem ganz anderen Sinne als man es auch vermuten könnte. Sie verlängerte und generalisierte das Strafrecht in die Gesellschaft. Sie war beherrscht und bestimmt von der Rhetorik und dem Ziel der Ausgrenzung von Ideen, Personen und Gruppen. Es war deshalb nur folgerichtig und entsprach dem öffentlich wirksam gewordenen Programm staatlicher Reaktion auf den Terrorismus, wenn der gezielte – und keineswegs wohl zufällige – Zugriff auf gerade die kriminologische Ursachenforschung fiel. Damit auf jene Teildisziplin innerhalb der Sozial- und Verhaltenswissenschaften, die in ihrer bisherigen Geschichte zweifellos den größten alltagspraktischen, kriminalpolitischen und forensischen Verwertungszumutungen ausgesetzt war und weitgehend auch willfahren hat. Das ist knapp und in den Ohren mancher sicherlich zu polemisch formuliert. Was in einer unverfänglicheren, wissenschaftlich lizensierteren Sprache damit gemeint ist, hat Luhmann in seinen oft unnachahmlich ambivalenten Theorieüberlegungen – hier in seiner Rechtssoziologie – wie folgt zum Ausdruck gebracht. Die Abwicklungen von Erwartungsenttäuschungen, wie Luhmann abweichendes Verhalten theoretisch faßt, geschähe in modernen Gesellschaften nach dem Prinzip der lernunwilligen – und -unfähigen, „kontrafaktischen Stabilisierung" von Erwartungen. „Schon die Tatsache", so Luhmann (1972, S. 55), „daß ein enttäuschendes Verhalten überhaupt als Abweichung erlebt wird, bestätigt die Norm ... Damit ist die Norm schon gerettet und der Normbrecher fast schon verloren". „Die Erklärung (...) muß daher das enttäuschende Ereignis von der Norm distanzieren" (S. 56) – den Terrorismus, so lautet die Übersetzung für unsere Zwecke, von der Gesellschaft. Auf diese Weise entziffert Luhmann die gesamte „kriminologische Ursachenforschung" in dem hier gemeinten Sinn als „moderne Varianten pseudowissenschaftlicher Begriffe und Gesetzmäßigkeiten" (S. 56), deren Vorverständnis geprägt sei durch die „unüberschreitbaren Grenzen", die „moderne Rechtsordnungen" der „wissenschaftlichen Erklärung abweichenden Verhaltens" setzten, statt dessen letztere durch „eine weitgehend *fiktive* Erklärung ersetzten: durch die Annahme individueller Schuld" (S. 58).

Eine solche „vorsoziologische Konzeption abweichenden Verhaltens bleibe gebunden an eine vorgegebene Präferenzstruktur" (a.a.O., S. 121) des Guten und des Bösen, wohingegen eine soziologische Analyse gerade diese Präferenzstruktur zum Problem zu machen hätte. Dabei bestreite diese vorsoziologische Konzeption des abweichenden Verhaltens dem Bösen in „einseitiger Parteilichkeit die eigene Normativität und (verquickte) den Gegensatz von Gut und Böse mit dem von Norm und Faktum" (a.a.O.). Die Soziologie des abweichenden Verhaltens habe sich, obwohl sie „außerhalb der Rechtssoziologie ... konsolidiert" sei, gerade in diese Richtung zu entwickeln, da sich ihr „theoretischer Ansatz" „im Grunde von der Rechtssoziologie nicht trennen lasse" (a.a.O.). Diese letzte Bemerkung verweist Luhmann (1972) zwar in den Status einer Fußnote, er hätte dies jedoch sicherlich nach der inzwischen erfolgten theoretischen Diskussion innerhalb der Rechtssoziologie und der Soziologie des abweichenden Verhaltens heute nicht mehr nötig.

Es kann keine Frage sein, daß die wissenschaftliche Analyse des Terrorismus, die staatlicherseits unter Federführung eines ministeriellen Arbeitsstabes mit dem Titel „Öffentlichkeitsarbeit zum Terrorismus" auf den Weg gebracht wurde, eine Forschung nicht im Sinn hatte, die eine solche soziologische Perspektive zum Ausgangspunkt nehmen würde. Statt dessen war eine Analyse anvisiert, die gerade nicht darin bestand – ich zitiere nochmals Luhmann –, „abweichendes Verhalten ... als normales Korrelat von Systemstrukturen (zu sehen), nicht mehr als bedauerliche, auf die Natur des Menschen zurückführbare Ungehorsamsquote, sondern als eine Folge von Strukturentscheidungen des sozialen Systems" (a.a.O., S. 122).

Ich habe genau dies versucht, muß aber natürlich Luhmann aus der Haftung für diese Einlösung herausnehmen. Allerdings möchte ich, bevor ich detaillierter in den Versuch einer so verstandenen Analyse eintrete, Risiken und Voraussetzungen dafür nochmals im Luhmanns Worten bezeichnen: „Sie (die soziologische Analyse – F.S.) ist nur denkbar, wenn der Forscher aus der Perspektive des moralischen Urteils heraustritt und die Beschäftigung mit abweichendem Verhalten und sein Urteil darüber nicht ihm selbst zum Vorwurf gereichen ... Die Auswahl der Erklärung darf, mit anderen Worten, weder subjektiv noch objektiv durch die Moralität des zu erklärenden Ereignisses behindert werden". (Ebd.).

Ganz offensichtlich geht es hier nicht alleine mehr um das Verhalten des Wissenschaftlers, der eine solche Analyse probiert, sondern um den Kontext, in den ein solcher Versuch gestellt ist. Das relativ späte Erscheinen des Bandes, in dem meine Studie, zusammen mit anderen, unter dem Gesamttitel „Protest und Reaktion" veröffentlicht ist, hatte nicht nur mit seiner späten Fertigstellung, sondern auch damit zu tun, daß sie u.a. dem Vorwurf mangelnder Vertragserfüllung ausgesetzt war und daß ihre Publizierbarkeit in der staatlich subventionierten Reihe in Zweifel stand.

2. Theoretische Überlegungen und empirische Befunde zum Zusammenhang von Politik, Recht und Gewalt

Den Zusammenhang von Politik, Recht und Gewalt, um den es mir in meinem zweiten Punkt geht, möchte ich unter drei Gesichtspunkten erörtern:

- erstens möchte ich unter Rückgriff auf R.K. Merton (1957, S. 357 ff.) die soziale Dynamik politischer Kriminalität beleuchten;
- zweitens will ich daraus Überlegungen zur Verknüpfung von Studentenbewegung und Terrorismus herleiten;
- drittens geht es mir um die Analyse von Eskalationsprozessen und die Rolle staatlichen Handelns in ihnen.

a) Zur Dynamik politischer Kriminalität

Ich komme zunächst zu dem Problem der genaueren theoretischen Interpretation des politischen Elements des Terrorismus. In Anknüpfung an die Arbeit von S. Ranulf (1938) unterscheidet Merton zwei Typen abweichenden Verhaltens, deren Differenz er nicht gemäß ihren manifesten, strafrechtlich definierten Handlungen bestimmt, sondern die er bezugsgruppentheoretisch faßt. Manifest und empirisch faßbar wird nach Merton die Differenz zwischen beiden Formen abweichenden Verhaltens – Merton nennt sie die „Nonkonformität" in einem, „Abweichung" in einem anderen Falle – in der Art der sozialen Reaktion auf sie. Diese die beiden Typen abweichenden Verhaltens differenzierende soziale Reaktion bestimmt Merton nun in der Weise, daß im Falle der Abweichung die Reaktion sich gründe auf einer „im wahrsten Sinne des Wortes *des*interessierten moralischen Entrüstung", wohingegen im Falle der Nichtkonformität die moralische Entrüstung eine interessierte sei.

Es geht hierbei – und das ist erstens zu unterstreichen – um die Reaktion nicht der unmittelbar von einem kriminellen Geschehen be- und getroffenen Mitglieder einer Gesellschaft, sondern um die Reaktion der daran unbeteiligten Mitglieder der Gesellschaft. Merton sieht die Effektivität und die Wirksamkeit sozialer Kontrolle in diesem – wie er es nennt –, „Reservoir moralischer Entrüstung" begründet: Ohne es „wären die Mechanismen sozialer Kontrolle in ihrer Funktionsweise erheblich beschränkt", „denn" – so Merton weiter – „nicht nur die relativ geringe Anzahl der durch die Abweichung unmittelbar beeinflußten Personen, ..., sondern auch die anderen Mitglieder einer Gesellschaft, die die kulturell akzeptierte Norm teilen, werden aktiviert, um den Abweichenden ... auf die Linie der Norm zurückzuholen."

Eine zweite Anmerkung möchte ich zum Begriff der „desinteressierten moralischen Entrüstung" anfügen. Moral und Interesse sind zwei entgegengesetzte Organisationsprinzipien: Moral ist ein generalisierter, unbedingter und bedingungsloser Verhaltensanspruch, wohingegen Interesse für partikulare, gebundene und abgeleitete Erwartungen steht. Insofern ist „desinteressierte moralische Entrüstung" im Grunde ein Begriffspleonasmus und „interessierte moralische Entrüstung" ein semantischer Widerspruch. Denn eine interessierte moralische Entrüstung bedeutet ja, daß sie nicht mehr gleichsam automatisch und unvermittelt verfügbar ist und wirkt, sondern nur nach Maßgabe und in Abhängigkeit von spezifischen und partikularistischen Interessen. Damit ist aber der sozial-integrative Beitrag, die Einigungsfunktion von Moral für das Kollektiv gefährdet, Moral in den Sog von Interessen geraten und auf den Weg der Zersetzung gebracht.

Die soziale und politische Brisanz einer solchen Interessenbefleckung der Moral mag an zwei Episoden demonstriert sein, von denen die eine am Anfang, die zweite am Ende der Periode des Terrorismus steht, die eine nur in historischen Quellen nachlesbar, die andere Kristallisationspunkt öffentlicher und offizieller Erregung und von mir oben bereits erwähnt. Das Mescalero-Flugblatt mit seiner Zwar-Aber-Haltung zur Ermordung des damaligen Generalbundesanwalts Buback – der „klammheimlichen Freude" einerseits und der umwegreichen Ablehnung der Gewalt gegen Personen aus politischen Motiven andererseits – signalisierte genau jenen Prozeß der moralischen Entkonditionierung und der Unterwerfung der Moral unter das politische Interesse. Den soziologisch gleichen Gehalt hatte ein Vorgang im Zusammenhang mit dem Mordanschlag auf Rudi Dutschke am 11.4.1968, der auch nicht nur „desinteressierte moralische Entrüstung" auslöste, sondern – dem Historiker der „Ära Brandt-Scheel", A. Baring (1982, S. 76/77), zufolge – z.B. den CSU-Vorsitzenden veranlaßte, dem damaligen Bundeskanzler „Kiesinger schon wegen seines Telegramms an Gretchen Dutschke eine empörte Szene" zu machen.

Diese Beispiele stehen m.E. für einen zentralen soziologischen Aspekt des Terrorismus überhaupt. Sie machen deutlich und erklären die Heftigkeit der politischen und öffentlichen Auseinandersetzung mit dem Terrorismus. Trotz aller geradezu beschwörenden Versuche, die Terroristen als nichts anderes als gemeine Mörder und Kriminelle zu betrachten, hatten letztere – um noch einmal Merton zu zitieren – die „Chance, wenn nicht immer die Wirklichkeit der Zustimmung und Billigung durch andere ... Mitglieder der Gesellschaft für sich" (a.a.O., S. 363). „Nichts einigt eine Gesellschaft mehr als ihre Mörder" – das auf diese zynische Kurzformel gebrachte, von Durkheim soziologisch begründete Integrations- und Nützlichkeitspostulat des Verbrechens für eine Gesellschaft, schien im Falle des Terrorismus nicht mehr automatisch verbürgt zu sein, sondern bedurfte der staatlichen, politischen und gesellschaftlichen Einübung qua Dramatisierung, Mobilisierung und Aktivierung sämtlicher verfügbarer Ressourcen. Umgekehrt wurden daran die Bedingungen deutlich, unter denen die moralische Dimension der rechtlich vermittelten und konstituierten Kriminalität seine gesellschaftliche Funktion entfaltet bzw. unter denen der Verhaltensaspekt von Kriminalität sich von seinem moralischen Bewertungskontext abzulösen tendiert.

b. Die soziologische Verknüpfung von Studentenbewegung und Terrorismus

Ich möchte diese Überlegungen nutzen, um nunmehr einen Brückenschlag zu der dem Terrorismus nicht zur zeitlich, sondern in vieler Hinsicht auch inhaltlich vorangegangenen politischen Bewegung der Studenten und der außerparlamentarischen Opposition zu tun. Ich spinne dafür den Faden weiter, den ich Mertons Unterscheidung des Abweichers und des Nonkonformisten entnommen habe. Es hat auch gegenüber der Studentenbewegung massive Versuche gegeben, ihren politischen Gehalt dadurch zu ignorieren, zu desavouieren und zu diskreditieren, daß man die Träger der Bewegung isolierte, dämonisierte und kriminalisierte.

Diese Strategie der Auseinandersetzung mit der Studentenbewegung und der außerparlamentarischen Opposition läßt sich auch im Sinne Mertons als Versuch interpretieren, gegen die Träger des Protests jenes die Reaktion auf den Kriminellen verstärkende und Effektivität verbürgende Reservoir ,,desinteressierter moralischer Entrüstung" ins Feld zu führen.

Wir wissen aber, daß gerade diese Versuche außerordentlich ambivalent, risikoreich und zum Teil kontraproduktiv waren. Und dies galt auch und in besonderer Weise für die Verfolgung von Straftaten gegen die Studenten und Träger des Protests. Solche Maßnahmen gegen Studenten und Demonstranten – und es gibt zahlreiche Beispiele dafür – hatten oft die Isolierung der Studenten aufbrechende Solidarisierungen und Mobilisierungen von Anhängern zur Folge. Das der Erinnerung wohl noch zugänglichste Beispiel einer solchen kontraproduktiven Wirkung strafrechtlicher Sozialkontrolle waren sicherlich die Vorgänge um den Schah-Besuch Anfang Juni 1967 in Berlin, als der Student B. Ohnesorg von einer Polizistenkugel tödlich getroffen wurde. Die öffentliche, weit ins Ausland reichende Empörung darüber war zwar einerseits und langfristig auf eine ironische Weise für die Studentenbewegung wegen des damit verbundenen zusätzlichen Handlungsdruckes eher abträglich und zerstörerisch, aber dieser Vorgang ließ sehr deutlich das riskante Moment sichtbar werden, das in dem Versuch begründet liegt, politischen Bewegungen mit den Mitteln des Strafrechts und seiner Instanzen zu begegnen.

Damit ich nicht mißverstanden werde: es gab genügend Anlässe und Handlungen auf seiten der Studentenbewegung, die unter strafrechtliche Tatbestände mühelos zu subsumieren waren – Hausfriedensbruch, Nötigungen, Beleidigungen, Sachbeschädigungen, Verstöße gegen das Strafrecht und seine Nebengesetze, Ordnungswidrigkeiten. Und es gab die sog. Strategie der begrenzten Regelverletzungen.

Das aber ist nicht der entscheidende Punkt. Soziologisch allein interessant und politisch relevant scheint mir die Tatsache zu sein, daß deren staatliche Verfolgung der Studentenbewegung nicht das politische Wasser abzugraben vermochte, sondern das Protestpotential eher stärkte. Ja, man kann sagen, daß die Strategie der begrenzten Regelverletzung sich aus der Sicht der Bewegung rentierte. Man könnte diesen Effekt Überreaktionsgewinne von Regelverletzung politischer und sozialer Bewegungen nennen, die darauf zurückführbar sind, daß in solchen Fällen die strafrechtlich-repressive Reaktion als „Überreaktion" darstellbar ist, ganz unabhängig von der Frage der subsumtionslogischen und legalen Korrektheit oder Unkorrektheit der staatlichen Maßnahmen.

Will man den Unterschied und die herzustellende Verknüpfung zwischen Studentenbewegung und Terrorismus auf eine griffige Pointe bringen, so läßt sich dies unter Rückgriff auf die eingangs schon erwähnte Figur des sog. Sympathisanten tun, die ja in der Auseinandersetzung mit dem Terrorismus eine zentrale Rolle spielte. Sympathisanten der Studentenbewegung gab es natürlich auch, und es gab sie zahlreicher, vor allem aber und anders als zur Zeit des Terrorismus: zur Zeit der Studentenbewegung gab es keinen Anlaß, sich dieses Etiketts zu erwehren, im Gegenteil: man konnte sich seiner eher rühmen, und man konnte damit auch politische und andere Karriere machen. Man kann diesem Gedanken noch eine andere Wendung geben und sagen, daß sich zur Zeit der Studentenbewegung das *Zwar* ihrer politischen Anliegen und Inhalte nicht durch das *Aber* ihrer regelverletzenden Aktionsformen bändigen oder kontrollieren ließ, wohingegen der Terrorismus gerade dies ermöglichte. Was nichts anderes heißt, als daß die politischen Inhalte entweder wieder zurückzuversetzen waren in die Welt der wissenschaftlichen Rhetorik und des politischen Rituals oder sie ganz zum Schweigen zu bringen waren.

c) *Die Analyse von Eskalationsprozessen und der Rolle der Gewalt in ihnen*

Dem skizzierten Unterschied zwischen Studentenbewegung und Terrorismus in bezug auf die Effektivität staatlicher und strafrechtlicher Kontrolle entsprach auf der Ebene des Verhaltens und der Aktionsformen eine zunehmende Gewalthaftigkeit und kriminelle Form. Dieser Prozeß wird oft als der der Gewalteskalation beschrieben, selten jedoch genauer analysiert und nachgezeichnet. Dies will ich andeutungsweise tun.

Betrachtet man das Geschehen unter konfliktanalytischen Gesichtspunkten und teilt das Ergebnis unserer bisherigen Überlegungen, daß nämlich die Bändigung und Domestizierung des politischen Gehalts der Studentenbewegung erst mit dem Terrorismus leichter gelang, dann läßt sich zunächst feststellen, daß die Eskalation der Auseinandersetzungen in die Gewalthaftigkeit objektiv die Adressaten des Protests gegenüber seinen Trägern in die Oberhand brachte. Die Gewalt des Protests entlegitimierte diesen und seine Inhalte – das ist die auf allen Seiten gebrauchte Formel für diesen Vorgang, wenn auch die Distanzierung auf seiten derjenigen, die zwar den Protest zur Zeit der Studentenbewegung teilten, den Schritt in die Gewalt jedoch nicht mitgingen, von zeitlichem Zögern, hinhaltendem Argumentieren und von der Angst vor falscher Motivattribution geprägt und bestimmt war.

Ich will damit nicht die Antwort auf eine Frage geben, die sich bei solchen Eskalationen von Konflikten in die Gewalthaftigkeit immer stellt, nämlich die Frage danach, wer den ersten Stein warf, das Feuer schürte und die Eskalation in Gang hielt. Ich möchte diese Frage auch ausdrücklich als jenseits wissenschaftlicher Zielsetzung liegend zurückweisen. Sie stellt sich ja vor allem aus Gründen der politischen und vor allem strafrechtlichen Haftbarmachung, und die Schwierigkeit der wissenschaftlichen Analyse besteht darin, die eigenen Befunde nicht in eine solche Grammatik überführen zu können. Eskalationsprozesse lassen sich methodologisch nicht als unilineare Ursache-Wirkungs-Beziehungen rekonstruieren, zudem nicht als solche, die die Bedingungen strafrechtlicher Subsumtion erfüllen, nämlich eindeutige Zurechnungen von Ursachen und Wirkungen zu handelnden Personen zu ermöglichen. Vielmehr erfordern sie eine Methodologie wechselseitiger Kausalbeziehungen, um Prozesse zu beschreiben, die ein „unbedeutendes oder zufälliges Ausgangsereignis ausweiten, zu einer Abweichung aufbauen und zu einer Entfernung vom Ausgangszustand treiben" (M. Maruyama 1968, S. 304). Dabei läßt sich der sogen. „initial kick", das die Eskalation auslösende Ausgangsereignis, natürlich schwer zeitlich und örtlich genau bestimmen. Er ist im Grunde – und das ist für die Logik solcher Modelle der springende Punkt – indeterminiert, d.h., er steht zum Eskalationsprodukt – hier der Gewalt – in höchst beliebiger und zufälliger Beziehung.

Dies sei vorausgeschickt, um die folgenden Ausführungen gegen eine kausale oder strafrechtliche Um- oder Parallelinterpretation zu wappnen.

Sicherlich laufen auf der anderen Seite soziale Eskalationsprozesse nicht naturwüchsig und irreversibel ab. Da es sich um Konfliktabläufe mit verschiedenen Konfliktpartnern handelt, sind die zentralen Elemente des Geschehens die jeweiligen Entscheidungen der einzelnen Konfliktpartner, ihre

Strategien, ihre einzelnen Konflikt- bzw. Spielzüge, um eine Begrifflichkeit einzuführen, die sichtbar machen soll, daß es hier auch nicht um voraussetzungslose, sondern um regelgeleitete Handlungen geht. Dabei fasse ich den Regelbegriff in Anlehnung an die sozialhistorischen Arbeiten um Ch. Tilly (1978) sehr weit: damit sind sowohl präskriptive Regeln im Sinne geschriebener Vorschriften, also Rechtsnormen, gemeint als auch implizite Regeln im Sinne von ungeschriebenen Anwendungsregeln, wie sie gerade im Zusammenhang mit präskriptiven Regeln des ersten Typs existieren. Darunter fallen aber auch Regeln im Sinne von faktischen Regelmäßigkeiten, die zwar nicht ausdrücklicher oder ausgesprochener Bestandteil von Einzel- oder Globalstrategien sind, aber als Ressourcen oder situationsbezogene Umstände zum unterstellbaren, gewußten oder unbewußten Kalkulations- oder Erwartungshorizont der Konfliktpartner hinzugehören.

Ich komme nunmehr zurück auf die Frage nach den Bedingungen, terminologisch treffender: den Mechanismen der Eskalation des Konflikts in die Gewalthaftigkeit. Ich konzentriere mich dabei auf die Seite der staatlichen Akteure und deren Strategien, und zwar, wie ich meine, deshalb aus gerechtfertigten systematischen Erwägungen, weil infolge der Legitimität physischer Gewaltanwendung und infolge des daraus herzuleitenden Systems eines berufsrollenmäßig organisierten, routinierten und insoweit normalisierten Umgangs mit Gewalt die Wahrscheinlichkeit der Einführung von Gewalt in einen Konflikt, der hier untersuchten Art auf seiten der staatlichen Konfliktpartner am größten ist. Diese Vermutung ist im übrigen für Konflikte zwischen politischen und sozialen Bewegungen und den etablierten politischen und staatlichen Instanzen empirisch vielfach bestätigt und belegt.

Als gewaltbegünstigende generelle Strategie von seiten der staatlichen und politischen Institutionen kann man zunächst festhalten, daß das staatliche Handeln von dem Bestreben bestimmt war, den politischen Konflikt in einen rechtlichen bzw. in eine Serie rechtlicher, genauer: strafrechtlicher Konflikte zu verwandeln. Dies begünstigt staatliche Gewaltanwendung insofern, als die Umsetzung einer solchen Strategie in konkretes Handeln ja bedeutet, daß Täter identifiziert, sistiert werden und sog. unmittelbarer Zwang in zahlreichen konkreten Interaktionen exekutiert wird. Insofern ist Rechtsdurchsetzung und -implementierung, insbesondere im Kontext des sogen. staatlichen Strafanspruchs, immer und systematisch mit dem Einsatz staatlicher Gewalt verbunden.

Tatsächlich ist staatliche, polizeiliche Gewaltanwendung – und dies ist einer der zentralsten, umstrittensten, analytisch m.E. wichtigsten Momente in der Gewalteskalation – nicht nur häufig praktiziert, sondern taktisch eingesetzt worden zur Erteilung von Lektionen, zur Demonstration von staatlicher Gewalt oder – wie es so schön in politisch-euphemistischer Umschreibung heißt – damit „der Staat Flagge zeigt", damit das Selbstverständnis der Bundesrepublik als „wehrhafte Demokratie" Ausdruck erhält. Tatsächlich ist weiter – und dies so zu sagen, ist gewiß riskant – staatliches

Handeln unter Verletzung der Regeln geschehen, die diesem gesetzlich vorgegeben sind, und das nicht nur ausnahmsweise und vereinzelt, sondern vielfach und – wie ich meine – strukturell induziert. Konkret: staatliche Amtsträger haben unter Paragraphen des Strafrechts, der Strafprozeßordnung, des Ordnungswidrigkeitenrechts subsumierbare Handlungen begangen, von denen sicherlich als bekanntestes Beispiel die von einem Gericht als tatbestandsmäßige und rechtswidrige Tötung von B. Ohnesorg festgestellte Handlung zu bezeichnen ist.

Unter dem Thema der Einführung von Gewalt in den Konflikt seitens staatlicher Instanzen ist insbesondere für das Entstehen und die Aussonderung terroristischer Subsysteme auch der Bereich staatlicher Kontrollaktivitäten einzubeziehen, der mittlerweile zum rechtlichen, politischen und öffentlichen Diskussionsthema gehört: der Einsatz und die Praxis sog. proaktiver bzw. präventiver Kontrollstrategien. Damit sind Konfliktstrategien gemeint, die generell darin bestehen, sich in Nähe zum Konfliktpartner zu dem Zweck zu bringen, dem Konflikt eine für sich günstige Wendung zu geben. Solche Strategien gehören zum normativen und damit erwartbaren Routineinventar staatlicher Kontrolle und werden insbesondere dort und dann eingesetzt, wo der Konfliktgegner einen gewissen Organisationsgrad aufweist und Systemgrenzen unterhöhlt. Politische Bewegungen, das weiß man aus der Literatur und aus vielen Beispielen, gehören zum bevorzugten Objekt solcher proaktiver Kontrollstrategien. Diese auch rechtlich umstrittene Kontrollstrategie bringt in den Verlauf eines Konflikts insofern eine Eskalationsgefahr, als sie Ausdruck einer Gewalterwartung und -zumutung gegenüber dem Objekt seiner Anwendung ist, deren Manifestation um so dringlicher wird, je rechtlich zweifelhafter sie erscheint. Das ist der Moment des agent provocateurs, der Regelverletzungen entweder unter Dissimulation seiner Identität begeht oder Arrangements des Handlungsszenarios besorgt, die das Begehen von kriminellen Handlungen oder das Eintreten von Gewalt möglich machen, begünstigen, nahelegen usw.

Obwohl dieser Bereich staatlichen Handelns auch in bezug auf Gewalteskalation der 60er und 70er Jahre keineswegs voll ausgeleuchtet ist, sind Zipfel solchen Geschehens doch gelüftet. Die Frage indessen, inwieweit sie nicht nur für konkrete Konfrontationsereignisse, so etwa für die Osterunruhen im Jahre 1968 im Anschluß an das Attentat auf R. Dutschke, als ein staatlicher V-Mann Molotow-Cocktails und deren Handhabung bereitstellte, eskalierend wirkten, sondern einen darüber hinausgehenden Beitrag zur zunehmenden Gewalthaftigkeit der Ereignisse leisteten, scheint mir – auch für den Wissenschaftler – neben der empirischen Evidenz vor allem von der Intensität und der subjektiven Gewißheit der Gewaltvermutung gegenüber den Adressaten solcher Konfliktpraktiken abzuhängen.

Ich möchte weiter einen gewalteskalierenden Faktor ansprechen, der mir nicht nur empirisch von besonderem Gewicht zu sein scheint, sondern der auch das rechtstaatliche Selbstverständnis von Demokratien im allgemeinen und der Bundesrepublik im besonderen betrifft. Vermutlich – dies ist konfliktanalytisch ebenso erklärbar wie empirisch belegbar – hat nichts den Konflikt so angeheizt wie die fehlende oder versagende Kontrolle von Regelverletzungen durch staatliche Instanzen in der Auseinandersetzung mit der Studentenbewegung. Die Entgrenzungen staatlicher Gewalt, die sich auf der Basis der Rekonstruktion konkreter Konfliktereignisse detailliert nachzeichnen lassen, blieben ungeahndet. Ihnen gegenüber versagten die Kontrollinstitutionen, denen gemäß dem Prinzip staatlicher Gewaltenteilung die Aufgabe zukommt, staatliche Gewalt in Grenzen zu halten.

Kontrollimmunität ließ sich bezüglich der Durchführung justizieller Verfahren gegen Regelverletzungen staatlicher Instanzen ebenso feststellen, wie es fast ausnahmslos zum Ritual der politisch Verantwortlichen gehörte, nach Konfrontation zwischen Demonstranten und den staatlichen Instanzen Rechtmäßigkeitserklärungen noch vorab aller Rechtmäßigkeitsprüfungen abzugeben. Und wiederum trat dies am eindrucksvollsten aus Anlaß des Schah-Besuchs in Berlin zutage, als der damalige Regierende Berliner Bürgermeister bald nach der Teilnahme am Festakt in der Berliner Staatsoper der Polizei öffentlich behutsames und in den Grenzen des Rechts und der Vorschriften gebliebenes Handeln bescheinigt hatte, was ihn – neben dem damaligen Polizeipräsidenten und dem Innensenator – ja auch dann bald das Amt kostete. Und selbst noch in der Arbeit des Berliner parlamentarischen Untersuchungsausschusses, der die Vorgänge um den 2. Juni aufklären sollte, wurde das Kontrolldefizit sichtbar, das gegenüber den staatlichen Instanzen obwaltete. Im übrigen kann man dies alles als eine zynische verhaltensmäßige Materialisierung dessen betrachten, was in der Zeit der Auseinandersetzung als das notwendige „Zusammenrücken aller staatlichen Instanzen und Gewalten" genannt, gefordert und praktiziert wurde.

Gravierender und verhängnisvoller – und dies soll meine letzte Bemerkung zu Eskalationsmechanismen sein – als die Regelverletzung selbst und das Nichtfunktionieren der Kontrollinstitutionen war für die Eskalation des Konflikts ein weiterer Umstand, der sich als eine Steigerung des institutionellen Zynismus begreifen läßt. Nicht nur wurden Gewaltentgrenzungen und Rechtsverletzungen der staatlichen Instanzen geleugnet, ignoriert, mit Gegenanzeigen der Verleumdung oder des Widerstands gegen die Staatsgewalt konterkariert, sondern zum Beweis der Begründetheit dieser Leugnung und zur Rechtmäßigkeit des Handelns wurde die Tatsache genommen, daß Anzeigen und Verfahren gegen staatliche Amtsträger eingestellt, nicht verfolgt und abgewiesen wurden. Die sich darin ausdrückende staatliche Selbstgerechtigkeit, die strukturell begründet ist in der buchstäblich zu verstehenden, rechtlich verankerten Möglichkeit und Praxis der Herrschaft über die Wirklichkeit, scheint mir zum einen der treffendste Begriff für die beschriebenen Zusammenhänge, zum anderen eine spiegelbildliche Aufnahme und Reaktion des Staates und seiner Amtsträger auf den moralischen Rigorismus der Studenten und ihrer daraus verständlichen Behauptung, daß der Rechtsstaat nur Maskerade sei.

3. Empirische Probleme der Analyse

Lassen Sie mich jetzt zu den empirischen Schwierigkeiten der Analyse kommen. Ich glaube, ich kann mich dazu kurz fassen, weil die Probleme eigentlich schon im Vorhergehenden implizit deutlich geworden sind. Ich möchte drei allgemeine Bemerkungen machen. Die erste bezieht sich darauf, daß die Analyse von Konfliktabläufen, die noch in die Gegenwart hineinreichen, empirisch deshalb an Grenzen stößt, weil die Informationen, Daten und Dokumente über sie in den Sog und den Verlauf des Konflikts auf vielfältige Weise hineingeraten. Zweifellos trifft das für sämtliche im Forschungsverbund „Ursachen des Terrorismus" angefertigte Studien zu. Die Konfliktbeteiligten handeln und informieren unter strategischen und taktischen Gesichtspunkten, und das heißt vor allem mit Blick auf die Konfliktgegner, aber auch mit Blick auf unbeteiligte Dritte, auf Öffentlichkeit, Kontrollinstitutionen etc., die ja für den weiteren Verlauf eines Konflikts eine kritische Größe darstellen, wie wir gesehen haben. Die Konfliktereignisse aus der Studentenbewegung, erst recht diejenigen aus der Zeit des Terrorismus, ragen auf vielfache Weise bis in unsere Zeit hinein, in Form rechtlicher und politischer Verarbeitungen der Rechtfertigung, Warnung, der Konfliktfortsetzung usw.. Dies gilt sicherlich für beide Konfliktseiten, und amtliche Dokumente, erst recht daran in irgendeiner Form beteiligte Amtsträger, die nicht befragt zu haben, meiner Studie den im Vorwort des Herausgebers abgedruckten Vorwurf des Verzichts auf Primärerhebungen eintrug, sind davon aus den oben genannten Gründen der Selbstrechtfertigung natürlich in besonderer Weise geprägt. Erst in dem Maße, in dem solche Ereignisse in den Horizont der Geschichte eintreten, stellt sich auch jene Absonderung des Interesses an der Darstellung eines Geschehens vom Geschehen selbst ein, die als eine Bedingung wissenschaftlicher Rekonstruktion zu betrachten ist. Man steht damit als Sozialwissenschaftler vor dem Dilemma, daß die zeitliche Nähe der Analyse zu ihrem Gegenstand zwar einerseits der erinnernden Verzerrung engegensteht, aber andererseits und aus differenten Gründen, die selektive Information begünstigt. Eine zweite Bemerkung möchte ich in Anknüpfung an das von H.S. Becker (1967) theoretisch und methodologisch gemeinte Konzept der „Hierarchie der Glaubwürdigkeit" machen. über sämtliche Konfliktereignisse gab es naturgemäß verschiedene und oft widersprüchliche Informationen aus separaten Datenquellen. Ihre analytische Verwertung erzwang deshalb Entscheidungen über die empirische Triftigkeit der Informationen, die in der Tat oft nicht auskamen ohne Glaubwürdigkeitsurteile oder -vermutungen. Ein Problem ist dabei sicherlich die Kontrolle der eigenen Subjektivität. Ich möchte diese für mich sehr persönlich beantworten. Ich habe die Erfahrung gemacht, daß Verlautbarungen, Dokumente und Darstellungen staatlicher Handlungen und Maßnahmen unter einem erklärbar strengeren Druck der Organisierung, der Folgen- und Konsequenzenantizipation standen als solche der Konfliktgegenseite.

Für staatliches Handeln gilt die Regel, daß es sich in der Darstellung von Ereignissen an den präskripten Regeln seiner Handlungsbefugnisse orientiert, daß gleichsam die Deskription mit der Präskription in Übereinstimmung gebracht wird, d.h. daß staatliche Dokumente des Konfliktgeschehens unter einem strukturellen Glaubwürdigkeitsverdacht stehen.

Die dritte Bemerkung schließlich bezieht sich auf einen Kernpunkt meiner Studie, nämlich die staatlichen Regelverletzungen. Hier besteht ein Dilemma nicht nur in empirisch-phänomenologischer Hinsicht, sondern auch mit Blick auf jenes Eingangszitat aus Alice im Wunderland. Ich möchte das Problem in die Form einer Frage bringen: darf man in einer wissenschaftlichen Untersuchung Bilddokumente, unwidersprochene Zeugenaussagen über Polizisten, die auf am Boden liegende Demonstranten einschlagen, in den Kategorien und der Sprache des Strafrechts beschreiben, also etwa als Körperverletzungen im Amt und damit als kriminell bezeichnen, auch wenn etwa eine entsprechende Anzeige eingestellt, eine gerichtliche Überprüfung aus Gründen der strafprozessualen Unklärbarkeit negativ ausgefallen oder – was die Regel zu sein scheint –, wenn ein solcher Vorgang überhaupt nicht zur Aufmerksamkeit der Justiz gebracht wird? Mit guten Gründen ließe sich argumentieren, daß solche Feststellungen und die Verwendung solcher Kategorien des Strafrechts der Zuständigkeit der staatlich dafür vorgesehenen Instanzen und Prozesse vorbehalten bleiben sollten.

Andererseits basiert z.B. die Dunkelfeldforschung der Kriminologie darauf, solche juristischen Wertungen und Feststellungen zu treffen. Andererseits auch läßt sich für die Studien zur Studentenbewegung und zum Terrorismus zeigen, daß es offenbar keine Hemmungen gibt, die Handlungen der Studenten umstandslos in die Semantik des Strafrechts zu übertragen, bei der Beschreibung der Handlungen der staatlichen Instanzen jedoch schlicht von Regelverletzungen zu sprechen, sie, wenn nicht juristisch erwiesen, als nichtexistent zu betrachten oder sie in einer Weise zu beschreiben, die die subjektive Komponente, d.h. das intentionale Element einer strafbaren Handlung ausspart.

Das Dilemma besteht, auf eine kurze Formel gebracht, in dem Verhältnis von justizieller zur wissenschaftlichen Wahrheit: ist man als Wissenschaftlicher den Kriterien, Indikatoren, Beweisregeln und Urteilen unterworfen, die das Recht vorschreibt und anwendet, um die Wirklichkeit festzustellen? Ist die Wirklichkeit fürs Recht auch diejenige für die Wissenschaft? Die Frage so gestellt, scheint zwar die Antwort schon mitzuliefern, es empfiehlt sich aber, bei ihrer genauen Formulierung eine sprachliche Anleihe bei Radio Eriwan zu machen, um nicht wie ein kriminologischer oder sozialwissenschaftlicher Don Quichotte dazustehen: Im Prinzip hat die Wissenschaft natürlich ihre eigenen Regeln der Wirklichkeitserfassung, aber es kommt darauf an, wen und was sie untersucht.

Schlußbemerkung

Ich bin damit am Ende meiner Skizzen und Überlegungen zu den Befunden der Terrorismusforschung und zu den begrifflichen, methodischen und empirischen Problemen ihrer Gewinnung.

Meine Damen und Herren, lassen Sie mich als letzte Bemerkung die Hoffnung ausdrücken, daß mir hier gelungen ist, was mir offenbar gegenüber dem Auftraggeber meiner Studie mißlungen ist.

LITERATUR

Baring, Arnulf 1982, *Machtwechsel. Die Ära Brandt-Scheel*, Stuttgart.

Becker, Howard S. 1967, „Whose Side Are We On?“, in: *Social Problems*, Bd. 14, 1967, S. 239-247.

Berger, Peter L. 1963, *Invitation to Sociology*, Garden City, N.Y.

Maruyama, Magoroh 1968, „The Second Cybernetics: Deviation-Amplifying Mutual Causal Processes“, in: *American Scientist*, Bd. 51, 1963, S. 164-179; wieder abgedr. in: W. Buckley (Hrsg.), *Modern Systems of Research for the Behavioral Scientist*, Chicago 1968, S. 304-312.

Luhmann, Niklas 1972, *Rechtssoziologie*, 2 Bde., Reinbek 1972 (2. Aufl. 1983).

Merton, Robert K. 1957, *Social Theory and Social Structure*, New York–London.

Sack, Fritz 1984, unter Mitarbeit von Uwe Berlit, Horst Dreier und Hubert Treiber, „Staat, Gesellschaft und politische Gewalt: Zur 'Pathologie Politischer Konflikte“. in Ders. und Heinz Steinert (Hrsg.), *Protest und Reaktion. Analysen zum Terrorismus*, Bd. 4/2, Opladen, S. 18-387.

Tilly, Charles 1978, *From Mobilization to Revolution*, Reading, Mass.

Vogel, Hans-Jochen 1979, „Möglichkeiten und Grenzen der strafrechtlichen Terrorismusbekämpfung“, in: Bundeszentrale für politische Bildung (Hrsg.), *Freiheit und Sicherheit. Die Demokratie wehrt sich gegen den Terrorismus*, Bd. 148 der Schriftenreihe, Bonn 1979, S. 37-43

Themenbereich IV:

Gesellschaftliche Voraussetzungen von Technikentwicklung

EINLEITUNG

Hartmut Neuendorff, Gert Schmidt

Kernenergie, Bio- und Gentechnologie, Robotereinsatz, BTX und nicht zuletzt Mikroelektronik sind Signalworte eines erneuten „Streites um die Technik". Technikangst und -feindlichkeit belasten die allgemeingesellschaftliche Verständigung zum Thema „Technik und Gesellschaft" ebenso wie Technikeuphorie und naiver Technikoptimismus.

Die Hauptreferate und die Diskussionsbeiträge im Rahmen der Plenarveranstaltung „Gesellschaftliche Voraussetzungen von Technikentwicklung – Soziale Konsequenzen und interessenpolitische Optionen für den Arbeitskräfteeinsatz" zeigen zu je verschiedenen Themen und an methodisch ganz unterschiedlich verfahrenden Untersuchungen anknüpfend, daß empirische Sozialforschung den Anspruch auf gesellschaftlich relevante Technikforschung und Prognoseorientierung aufgreift.

Gegen verbreitete „einfache" und „einseitige" Vorstellungen über das Verhältnis von Gesellschaft und Technik, die nicht nur in der Öffentlichkeit, sondern auch in wissenschaftlichen Behandlungen dieses Themas anzutreffen sind, entwickelt B. Joerges aus Berlin in seinem Vortrag über „Technologieentwicklung zwischen Eigendynamik und öffentlichem Diskurs" theoretisch-analytische Vorschläge, um die Komplexität dieses Verhältnisses angemessen in den Griff zu bekommen.

Durch die Analyse der für einzelne Techniken verschiedenen Organisations- und Steuerungszusammenhänge zwischen den relevanten Akteuren (Wissenschaft, Industrie, politisch administratives System, Öffentlichkeit), die auf die Entwicklung von Techniken Einfluß nehmen, soll geklärt werden, ob in diesen Entwicklungen Rationalitätsmuster aufzufinden sind, die die Möglichkeit vernünftiger Steuerung von technischen Entwicklungen erhöhen. Die beiden Kommentare (W.Ch. Zimmerli aus Braunschweig und H. Neuendorff aus Dortmund) behandeln Defizite, die auch das vorgeschlagene umfassende Analyseschema gleichwohl noch enthält.

Aufbauend auf eine breit angelegte empirische Untersuchung in der Automobilindustrie, in der Chemie-Industrie und im Maschinenbau, die Erhebungen sowohl auf der Seite des Managements wie bei betrieblichen Interessenvertretungen und Arbeitnehmern einbezieht, kommen die beiden Göttinger Industriesoziologen H. Kern und M. Schumann zu dem Ergebnis, daß die betriebliche Nutzung neuer Fertigungstechnologien in wichtigen Industriebereichen künftig verstärkt zu „Neuen Produktionskonzepten" führt, deren wichtigste Merkmale eine radikale Abkehr von „tayloristischen“ Arbeitsformen, eine erweiterte Einbeziehung von Qualifikationsreserven der Arbeitskräfte und eine veränderte, betriebspolitisch stärker partnerschaftliche, Wahrnehmung des qualifizierten Teils der Arbeiterschaft seitens des Managements sind. Der Vortrag von H. Kern und M. Schumann provozierte pointiert-kritische Kommentare: Die von ihnen beabsichtigte Herausforderung ist gelungen. Die Skepsis der Forscher-Kollegen (zu Wort kamen Rudi Schmidt aus Erlangen und Klaus Düll aus München) wider die „optimistische“ Tendenzaussage der Göttinger bezüglich der „Neuen Produktionskonzepte“ ist groß.

TECHNOLOGIEENTWICKLUNG ZWISCHEN EIGENDYNAMIK UND ÖFFENTLICHEM DISKURS. KERNENERGIE, MIKROELEKTRONIK UND GENTECHNOLOGIE IN VERGLEICHENDER PERSPEKTIVE

Bernward Joerges, Gotthard Bechmann, Rainer Hohlfeld

1. Vorüberlegungen

Der folgende Beitrag ist ein Diskussionsangebot „aus der Retorte" – er formuliert, aus einem gemeinsamen Arbeitsprozeß heraus, Fragen und Thesen zu einer zukünftigen Wissenschafts- und Technikforschung. Der heuristische Charakter dieser Überlegungen ergibt sich aus der gegenwärtigen Situation: Für die Analyse großtechnischer Systeme hat bislang keine Disziplin ein Konzept vorgelegt, das der Komplexität und Brisanz der Phänomene Rechnung trägt.

Der Vorschlag, drei wichtige wissenschaftlich-technische Felder – Kernenergie, Mikroelektronik und Gentechnologie – in einen analytischen Rahmen zu stellen, wirft unmittelbar die Frage auf, ob es denn überhaupt zulässig sei, von „der" Kerntechnik, „der" Mikroelektronik und „der" Gentechnologie zu sprechen (Sorge 1984), und warum gerade diese drei gewählt werden. Einmal natürlich, weil sie in aller Munde sind und als irgendwie einheitliche Phänomene wahrgenommen werden. Zum anderen, weil gerade sie „modern" genannt werden können, jedenfalls aus wissenschaftssoziologischer Sicht. Mit ihnen wird in großem Stil der Schritt von einer Verarbeitung von Natur zu ihrer Konstruktion und industriellen Produktion getan: Von der Entnahme von Energieträgern zur Konstruktion von Energieträgern und ihrer Herstellung in fortgeschrittenen Reaktoren, vom Denken mit dem Hirn zur Konstruktion von programmierbaren Denkmaschinen, von der Zuchtwahl zur Konstruktion neuer Organismen.

Modern sind diese Technologien also insofern, als eine sich verändernde Gesellschaft in ihnen der Natur in großem Umfang Aufgaben abnimmt, im doppelten Wortsinn, die sie ihr früher überlassen hat. In konsequenter Fortführung eines neuzeitlichen Rationalisierungsprozesses, der mit der Idee der neuen Naturwissenschaften und mit dem Prozeß der Industrialisierung im 17. und 18. Jahrhundert seinen Anfang nahm, wird vorfindliche Natur und traditionell gewachsene Sozialität auf breiter Front substituiert durch theoretisch und technisch beherrschbare Konstrukte, Apparaturen und Systeme. Habermas (1969) und viele andere haben die „Errungenschaften der Moderne", als deren Synthese dieser Prozeß betrachtet werden kann, herausgearbeitet:

- wissenschaftliche Beherrschung von Naturprozessen in einem industriellen Rahmen;
- Anwendung von bürokratischen Organisationsprinzipien bei der Planung, Erzeugung und Nutzung entsprechender Technologien;
- Ausdifferenzierung einer Vielzahl von technischen Einzelelementen und Arbeitsvorgängen und deren Integration zu einer Systemstruktur;
- Verschränkung gesellschaftlicher Subsysteme (Politik, Wirtschaft, Wissenschaft) bei der Erzeugung solcher Technologien;
- Verlust konkreter Zuschreibung von Verantwortlichkeit.

Der Titel dieses Beitrags faßt in eine Formel, was vielen Leuten dabei am meisten auffällt: die augenscheinlich unangreifbare Eigendynamik technologischer Entwicklungen und die umfassenden gesellschaftlichen Kontroversen, die sie auslösen.

Ein drittes Phänomen ist der mythenbildende Charakter moderner Technologien: Kernenergie, Mikroelektronik, Gentechnologie und ihre „Leitfossile" Reaktoren, Mikroprozessoren, Gene aus der Retorte geben für viele Leute mächtige Metaphern ab, Kristallisationskerne gewissermaßen für vielerlei gesellschaftliche Leitideen, Ängste und Hoffnungen, ja für umfassende Deutungen gegenwärtiger und künftiger Wirklichkeiten.

Schaut man nach, wer sich in den Sozialwissenschaften mit großen technischen Systemen befaßt, dann sind das – soweit Soziologen beteiligt sind – neben einigen Wissenschaftssoziologen vor allem Forscher aus dem Bereich der Industriesoziologie und der sogenannten Technologiefolgenabschätzung (TA) (so z.B. Conrad 1983, Janshen u.a. 1981, Kruedener & Schubert 1983, Liao & Darby 1982, Paschen u.a. 1978, Rapp 1982, Ropohl u.a. 1978, Wynne 1975 u.v.a.). Von einer Kritik der TA wird im folgenden ausgegangen, in der Absicht, einen Analyseansatz und einige vorläufige Thesen zur wissenschaftlich-technischen Entwicklung zu formulieren, die das Konzept einer sozialwissenschaftlichen Technologiefolgenabschätzung ergänzen sollen.

Theorie und Praxis der Technologiefolgenabschätzung greifen nach unserer Auffassung in mindestens dreierlei Hinsicht zu kurz:

- Sie interessiert sich wenig für die *wechselseitige Artikulation wissenschaftlicher und technischer Entwicklungen* (Verwissenschaftlichung von Technik/Technisierung von Wissenschaft). Moderne Technik ist zunächst großwissenschaftlich ermöglichte und gesicherte Substitution vorgefundener stofflich-natürlicher Prozesse durch konstruierte Prozesse. Man kann also moderne Technik kaum verstehen, wenn man die Bedingungen der Produktion wissenschaftlichen Wissens ausblendet (Knorr-Cetina 1981, Shruns 1984). Anders gesagt: Die TA arbeitet mit einem verkürzten Technikbegriff.

- Sie vernachlässigt die *überbetrieblichen Formen, Strategien und Medien der Steuerung* wissenschaftlich-technologischer Entwicklungen im Zusammenwirken und Gegeneinanderwirken politisch-administrativer, industrieller und wissenschaftlicher Akteure (Horwitch 1979; dagegen Keck 1985, LaPorte 1984). Damit läßt sie diejenigen sozialen Prozesse weitgehend außen vor, die den äußeren Schein eines Selbstlaufs der Technik zu allererst erzeugen.
- Sie erfaßt *kulturelle Implikationen* technischer Entwicklungen nur ungenügend. Die Substitutionsleistungen technischer Systeme müssen kulturell angeeignet werden; das kann gelingen oder mißlingen. In Gestalt einer Akzeptanz- oder Akzeptabilitätsforschung ist die TA dieser Frage auf der Spur, aber man kann nicht sagen, sie hätte geeignete Konzepte erarbeitet für die Analyse alltäglicher Widerstände und öffentlicher Debatten (gegebenenfalls gesellschaftlicher Diskurse), die dem Sinn, der Richtung, der Frage legitimer Kontrolle technischer Entwicklungen gelten (Bechmann & Wingert 1981, Douglas & Wildavsky 1982, Joerges u.a. 1985, Sachs 1985, Thompson 1983, Winner 1980, Wynne 1983).

Ein weiterer Kritikpunkt kommt hinzu und bringt die genannten Defizite auf einen gemeinsamen Nenner: *Technologiefolgenabschätzungen bleiben generell blind für die zeitlichen Verhältnisse der Technikentwicklung.* Wie kommt es, daß einmal adoptierte technische Entwicklungslinien fast immer irreversibel sind? Wie kommt es, daß technische Entwicklungen gerechtfertigt werden können mit Bedürfnissen und Bewußtseinslagen, die mit Sicherheit von ihnen verändert werden? Wie kommt es, daß Probleme, die einer wachsenden Komplexität moderner Technik zugeschrieben werden, durch Techniken höherer Komplexität angegangen werden? Wie kommt es, und was bedeutet es, daß zum selben Zeitpunkt, zu dem in den Labors von heute die entscheidenden Arbeiten für die Nachfolgetechnologien der Gentechnik gemacht werden, öffentliche Kontroversen sich an den Spätfolgen der Vorläufertechnologien entzünden? Wie interagieren verschiedene, aber zeitlich versetzte technische Entwicklungen?

2. Vorschlag für einen vergleichenden Ansatz

Eine Technikforschung, die über Technologiefolgenabschätzung hinausführt, sollte demnach mindestens zweierlei Dinge leisten:

- Sie sollte sich auf zentrale gesellschaftliche und kulturelle Kategorien und Prozesse beziehen, von denen gesagt wurde, sie blieben in Technologiefolgenabschätzungen tendenziell ausgeblendet.
- Sie sollte eine vergleichende Perspektive einnehmen, wobei der Vergleich sowohl auf Gemeinsamkeiten als auch auf Unterschiede zwischen

verschiedenen wissenschaftlich-technischen Entwicklungsschüben abstellt.

Am Beispiel der drei Technikfelder Kernenergie, Mikroelektronik und Gentechnologie wird im folgenden eine entsprechende Vorgehensweise skizziert und anhand einiger inhaltlicher Thesen erläutert.

Zunächst zur *Selektion zentraler Kategorien und Prozesse.* Da eine ausgeführte Theorie wissenschaftlich-technischen Wandels, aus der Vergleichsgesichtspunkte für einzelne Technologien abzuleiten wären, nicht verfügbar ist, schlagen wir die Entwicklung eines einheitlichen Analyseschemas vor, das es erlaubt, Materialien zu verschiedenen Technikentwicklungen schrittweise aufzuarbeiten und zu interpretieren. Interpretationsleitend ist dabei die Frage nach der Steuerung wissenschaftlich-technischer Entwicklungen, d.h. die Vorstellung, daß tatsächliche Entwicklungen als Produkt „rationaler Projekte" unterschiedlicher gesellschaftlicher Akteure begriffen werden können. Ein solches Analyseschema ist noch keine Theorie, sondern ordnet lediglich bestimmte Beobachtungen einer Reihe von Analyseschritten zu, die an verschiedenen Stellen den Rückgriff auf ganz unterschiedliche theoretische Überlegungen möglich und erforderlich machen. Das Schema sieht im wesentlichen drei Analyseschritte und eine entsprechende Reihe von Vergleichen vor.

Ein erster, eher beschreibender Schritt sollte in einer zeitlich (gegebenenfalls räumlichen) Anordnung wichtiger wissenschaftlich-technisch-industrieller Entwicklungen bestehen. Wir unterscheiden dabei ganz konventionell zwischen den Bereichen Grundlagenforschung; ingenieurmäßige Forschung und Entwicklung; erste industrielle Anwendung; breiter industrieller Einsatz; Ablösung durch neue Generationen technischer Systeme, gegebenenfalls Abschwung einer Technik. Am Beispiel der Kerntechnik hieße das also: Entwicklungen in der Kernphysik; Reaktorforschung und Versuchsreaktoren; erste kommerzielle Nutzung; breiter Einsatz von Kernkraftwerken; Ablösung durch neue Reaktortypen. Dabei wird in keiner Weise eine strikte zeitliche Abfolge dieser Stufen unterstellt; es geht hier vielmehr um die zeitliche Spezifizierung mehr oder weniger parallel verlaufender Prozesse in diesen fünf (oder anderweitig zweckdienlich abgegrenzten) Bereichen.[1]

Dieser erste Schritt gilt primär der Analyse der *spezifischen Substitutionsleistungen* einer gegebenen technischen Entwicklung in natürlichen und in sozialen Systemen (siehe Abschnitt 3). Einfaches Beispiel: Ein Aufzug substituiert bestimmte Wege und körperliche Aktivitäten, Bauformen, die Kehrwoche, die Notwendigkeit, mit Nachbarn zu kommunizieren usw. durch eben Aufzugtechnik mit allem, was dazu gehört – etwa neuen baupolizeilichen Verordnungen, bestimmten Kommunikationsformen, Service-Organisationen, hohen statt flachen Bauformen usw.

Ein zweiter Schritt gilt der Analyse der beteiligten Akteure, ihrer Strategien und Rollen, der Arenen, in denen sie agieren, und der Konfigurationen und Konflikte, die sich ergeben im langen Verlauf einer mehr oder weniger erfolgreichen Durchsetzung und soziokulturellen Aneignung technischer Entwicklungen. Wir schlagen vor, auch diesem Schritt ein einfaches Klassifikationsschema zugrunde zu legen, in dem einerseits dominante, an der Durchsetzung einer gegebenen Technologie interessierte Akteure (Wissenschaft und Großforschung, Industrie und Betreiber, politisch-administrative Akteure), andererseits gesellschaftliche Mit- und Gegenspieler (organisierte Öffentlichkeit, soziale Bewegungen, kritische Wissenschaft) unterschieden werden.[2]

Dieser zweite Schritt gilt der Analyse einer Reihe von Prozessen (siehe Abschnitt 4): den Interessenlagen, Steuerungsmedien, Entscheidungs- und Rechtfertigungsstrategien, Folgeerwartungen und Folgewahrnehmungen einzelner *dominanter Akteure;* den wechselnden *Konstellationen,* die sich zwischen ihnen ergeben; den Reaktionsformen bestimmter *gesellschaftlicher Gruppen* und den Rückwirkungen auf das System dominanter Akteure; Prozessen der *kulturellen Assimilation* sozio-technischer Systeme (auch Abschnitt 6).

Ein dritter Schritt ist in hohem Maß interpretativ und gilt der *Rekonstruktion von Rationalitätsmustern,* aus denen heraus tatsächliche Entwicklungen verständlich werden (siehe Abschnitte 5 und folgende). Unter Rationalitätsmuster werden hier die verschiedenen Deutungsmuster und Orientierungen verstanden, die dem Handeln verschiedener Akteure zugrunde liegen. So könnten etwa, mit Habermas und anderen, zweckrationale Handlungsmuster oder eine „instrumentelle Rationalität" von einem verständigungsorientierten Handeln und einer „kommunikativen Rationalität" unterschieden werden.

Sodann zur *Vergleichsperspektive.* Wir haben bewußt drei zeitlich versetzte, sich überlagernde wissenschaftlich-technische Entwicklungen herausgegriffen: Kerntechnik, interpretiert als eine in den siebziger Jahren voll industrialisierte und konfliktgenerierende Technik (z.B. Radkau 1983; Roßnagel 1983); Mikroelektronik, interpretiert als eine Technik, die in den achtziger Jahren voll durchgesetzt sein und Konfliktstoff liefern wird (z.B. Friebe & Gerybadze 1984; Halfmann 1984; OECD 1981, 1982a); Gentechnologie, interpretiert als ein System, das in den neunziger Jahren auf breiter Front industrielle Anwendungen und Konfliktpotentiale zeugen wird (z.B. Nordhoff 1985; OECD 1982b).

Der Versuch, diese drei Fälle vergleichend zu betrachten, soll sich an zwei Fragestellungen orientieren:

- Wenn man die drei Technikfelder oder Technikschübe je gesondert ansieht, lassen sich dann charakteristische Gemeinsamkeiten einerseits, auffällige Unterschiede andererseits ausmachen?

– Wenn man die drei Technikfelder als Komponenten eines Gesamtprozesses auffaßt, läßt sich dann eine übergreifende Dynamik ausmachen? In Termini des Titels formuliert: Kommt es im Lauf der Zeit zu einer Verstärkung der Eigendynamik technischer Entwicklungen gegenüber Versuchen ihrer gesellschaftlichen Steuerung und Aneignung *oder* kommt es zu gesellschaftlichen Lernprozessen und zur Institutionalisierung öffentlicher Diskurse, damit vielleicht zu einem vernünftigeren Umgang mit einer augenscheinlich autonomen Technikentwicklung?

3. Natürliche und soziale Substitutionsleistungen technischer Systeme

Um die zeitliche Entwicklung technischer Systeme wissenschafts- und technikso ziologisch adäquat fassen zu können, schlagen wir also vor, zunächst die Geschichte ihrer natürlichen und sozialen Substitutionsleistungen (und gegebenenfalls deren räumlicher Inzidenz) zu verfolgen. In äußerst verkürzter Form lassen sich die drei Technikfelder unter diesem Gesichtspunkt etwa folgendermaßen charakterisieren.

In der *Kerntechnik* wird ein gewaltiger Schritt in Richtung eines Übergangs von der Nutzung in der Natur vorfindlicher Energieträger zur gezielten Konstruktion eines Energieträgers getan. Die Außerordentlichkeit dieses Vorgangs kann man sich daran klarmachen, daß er ausdrücklich verbunden wurde und wird mit der Vorstellung, zumindest in diesem Bereich könne es gelingen, ein an natürliche Knappheiten gebundenes Verteilungsproblem endgültig in ein Produktionsproblem zu überführen. In der Atomwirtschaft wird der Versuch unternommen, zahllose auf die Bereitstellung großer Energiequanten angewiesene Handlungskontexte weitgehend abzulösen von einer laufenden Brennstoffzufuhr aus vielen fossilen Energiequellen. Statt dessen wird in einem eigens dafür aufgebauten, äußerst komplexen Handlungsgefüge ein Energieträger konstruiert, industriell produziert und verwertet. In weit höherem Maß als in der Verwertung von Öl oder Kohle wird in der verfügbaren Fissionstechnik, und zumal in Brüter- und möglicherweise bevorstehenden Fusionstechnologien, Naturgeschichte durch artifizielle Prozesse ersetzt – man kann auch sagen: durch ihre weitgehende Verwandlung in ein System von Artefakten wird Natur sozialisiert, in einem ganz bestimmten Sinn vergesellschaftet.

Kerntechnik substituiert nicht nur natürliche (organische) Prozesse. Die produktionstechnischen Lösungen, die sie ermöglicht und erfordert, lassen zahlreiche menschliche Handlungssysteme entfallen oder verlegen sie in vorgefertigte kraftwerkstechnische Einrichtungen und Kontrollsysteme. In diesem Sinn werden menschliche Handlungssysteme durch materialisierte ersetzt. Theoretisch würde diese Entwicklung in der Schließung der Brennstoffkreisläufe in Form weitgehend integrierter und automatisierter Reaktor- und Wiederaufbereitungssysteme kulminieren, vorbereitet in der Idee der „safeguards“ und der „inhärenten Sicherheit“ (Radkau 1963: 366ff., 369ff.).

Doch der Prozeß ist offenbar nicht abschließbar. Der Ausschluß natürlicher und sozialer Kontingenzen der gesellschaftlichen Bereitstellung von Energie erfordert den Anschluß an neue, umfassendere natürliche und gesellschaftliche Bedingungen. Naturseitig werden zum Beispiel die natürlichen Wärmehaushalte systemrelevant oder das Problem, mit zusätzlicher radioaktiver Strahlung umzugehen. Handlungsseitig ist nun mit Faktoren zu rechnen wie der Wissenschaftsintensität des Ingenieursystems (Häfele 1963, 1974), der Disziplinierbarkeit des Bedienungspersonals, der Organisierbarkeit und Finanzierbarkeit langfristiger interorganisationeller Großprojekte (LaPorte 1984), der Steuerungskapazität des politischen Systems (Keck 1984, 1985), der Tragfähigkeit des bestehenden Rechts (Roßnagel 1983), der Fähigkeit zur kulturellen Reinterpretation augenscheinlich kontextfrei funktionierender Systeme von Großartefakten (Wynne 1983).

Die kernenergietechnische Entwicklung bringt also zunehmend neue natürliche und soziale Kontingenzen ins Spiel, für deren Bearbeitung verfügbare kognitive, institutionelle und sozialaffektive Handlungsmuster nicht (oder noch nicht) ausreichen. Sie ist aus diesen Gründen an einem schwierigen Punkt ihrer Entwicklung angekommen; fraglich ist insbesondere der mögliche Übergang zur Brüter- oder Fusionstechnik. Es wäre aber unvorsichtig zu glauben, das kerntechnische Projekt sei an diesen Problemen endgültig gescheitert. Sofern bestimmte wissenschaftlich bereitzustellende Konstruktionspotentiale und gesellschaftlich – in Teilen vielleicht auch sozialwissenschaftlich – bereitzustellende Kontroll- und Verarbeitungspotentiale mobilisiert werden, kann es zu einem weiteren Ausbau kommen – wenn auch nicht unbedingt hierzulande (Collingridge 1984).

Im Fall der *Mikroelektronik* haben wir es mit einem fortschreitenden Übergang von Prozessen der Informationsverarbeitung, die im Medium natürlicher Sprachen und dafür geeigneter stofflicher Träger bewerkstelligt werden, zu einer Verarbeitung im Medium maschinell realisierter artifizieller Sprachen und entsprechender Datenträger zu tun. Die vor allem formalwissenschaftlich zu leistende Entwicklung und Weiterentwicklung solcher Sprachen, ihre mikroelektronische Implementierung und die industrielle Produktion entsprechender Geräte bzw. Netze ermöglichen wiederum zweierlei: Auf der Seite der organischen Natur werden in wachsendem Umfang von menschlichen Organismen abzuwickelnde Informations- und Kommunikationsprozesse substituiert; auf der Handlungsseite werden Prozesse geistiger Arbeit und tradierter sozialer Kommunikation sowie eine Unzahl von organisatorischen Strukturen substituiert (z.B. Steinmüller 1982).

Prinzipiell wäre diese Technik abgeschlossen mit der Möglichkeit, hermeneutische Kommunikationsprozesse durch technische, d.h. auf maschinell implementierbaren Regeln basierende Kommunikation zu ersetzen. Vorläufig kulminiert die Entwicklung in der Konstruktion von Denkapparaten, die nicht nur fähig sind, eingegebene Informationen zu bearbeiten und miteinander auszutauschen, sondern sie selbsttätig in einer Weise zu transformieren, die sie den Benutzern dieser Technik als neu, die Geräte in diesem Sinne als kreativ erscheinen läßt: Produktion künstlicher Intelligenz (Becker 1984; Rich 1983; Ritchie 1984). Äußerst kontrovers wird gegenwärtig diskutiert, ob – etwa mit der Entwicklung einer fünften Generation von Computern in Verbindung mit anstehenden Ergebnissen der Gehirnforschung – eine Stufe der Symbolverarbeitung zu erreichen ist, in der solche Systeme so etwas wie eine eigene Semantik erzeugen, quasi-intentionalen Charakter annehmen werden (in diesem Zusammenhang Dennett 1984).

Worauf es uns hier ankommt, ist, daß die Substitutionsleistungen der Mikroelektronik in ähnlichen Kategorien gefaßt werden können, wie wir sie in der Analyse der Kernenergie und anschließend der Gentechnik verwenden: Mikroelektronik als eine Form der schrittweisen Ablösung bestimmter Handlungskontexte von natürlichen (organismischen) und gleichzeitig sozialen Kontingenzen. Wiederum setzt diese Entwicklung allerdings den Anschluß an weitere natürliche und soziale Kontingenzen voraus: Naturseitig kommen etwa neue organische Belastungen oder im Verbund mit biotechnischen Entwicklungen Interferenzen mit umfassenderen Ökosystemen ins Spiel; handlungsseitig ist dieser Prozeß beispielsweise durch soziale Krankheitsbilder wie die von Weizenbaum (1978) oder Turkle (1984) beschriebenen obsessiven und narzistischen Syndrome, oder die gesamte Problematik des „gläsernen Menschen" im öffentlichen und betrieblichen Bereich (Seltz 1984), oder die Verwandlung von Ingenieuren in Arbeiter in bestimmten Industrien, möglicherweise eine umfassende kulturelle Prägung durch die „Definitionsmacht" der Computertechnik (Bolter 1984) indiziert. Die anstehende Entwicklung macht eine Vielzahl neuer kognitiver, institutioneller und sozialaffektiver Zusatzleistungen erforderlich, die ihrerseits gegebenenfalls weitere Substitutionsprozesse ermöglichen.

Im Fall der *Gentechnologie* wird die bisher übliche Selektion erwünschter Organismen aus einem vorgegebenen Pool ersetzt durch die Konstruktion und industrielle Produktion von Organismen.[3] Am augenfälligsten wird das in der Anwendung molekulargenetischer Verfahren zur Herstellung künstlicher Mikro-Organismen, die ihrerseits zur Produktion, Reduktion oder Veränderung zahlreicher Stoffe eingesetzt werden können. Organismen werden hier endgültig zu Artefakten. Molekulargenetiker und Biochemiker können nun „machen, was die Natur noch nicht gemacht hat". Damit ist die Biologie in die Phase einer „synthetischen" Wissenschaft (Winnacker 1984: 58f.) eingetreten und erreicht ein technisches Niveau, wie es im Bereich der Chemie mit der Ablösung der Naturstoffchemie durch die Chemie der zyklischen Kohlenwasserstoffverbindungen im 19. Jahrhundert, zunächst in der technischen Synthese organischer Farben möglich wurde.

Gentechnik würde prinzipiell in einer gezielten genetischen Umwandlung auch höherer Lebewesen kulminieren. Sollte es gelingen, molekulargenetische, zell- und entwicklungsbiologische Verfahren zur partiellen Rekonstruktion höherer Organismen – und letzten Endes von Menschen – einzusetzen, wird dabei ihr Anwendungsbereich weit über den der industriellen Produktion im engeren Sinn hinausgehen. Anfänge dieser Entwicklung sind in der Fortpflanzungsmedizin realisiert (Jüdes 1983; Hohlfeld 1984).

Eine Charakterisierung der sozialen Substitutionsleistungen der Gentechnik ist bisher schwierig, weil ihre Anwendungsmöglichkeiten – ähnlich wie in der Mikroelektronik – äußerst vielfältig und offen sind. Anschaulich und gegenwärtig breit diskutiert sind die sozialen Substitutionsleistungen eines schnell wachsenden Angebots an technischen Lösungen im Vorfeld molekulargenetischer Technik für das Problem der Unfruchtbarkeit. Die „biopsychosoziale Einheit" von Mutter- und Elternschaft wird durch die moderne Fortpflanzungsmedizin technisch in ihre Komponenten aufgelöst, Voraussetzung für fast beliebige menschliche Brutprogramme (Grobstein u.a. 1983). Die Fortschritte, die hier in der Auseinandersetzung mit einer widrigen Natur gemacht werden, suspendieren eine Vielzahl sozialer Orientierungen und Handlungsmuster bei allen Beteiligten: von den Eltern über Forscher und Ärzte, Rechtsanwälte, Richter, Gesetzgeber, Leihmütter und Samenspender, bis zu den Kindern. Kulturell einigermaßen verbindliche affektiv-soziale Bezüge, institutionelle Regelungen und kognitive Orientierungen verlieren ihren Sinn und erfordern Ersatz (Benda 1984).

Im Fall der Gentechnik käme man kaum auf die Idee, diese Prozesse seien technisch abschließbar, weder im Sinne einer abschließenden wissenschaftlich-technischen Kontrolle, etwa von Fortpflanzungsvorgängen, noch im Sinne einer widerstandslos hingenommenen sozialen und kulturellen Entleerung und Verödung. In der Gentechnik scheinen vielmehr schon in der Frühphase der Substitution relativ unkontrollierter organischer und sozialer Prozesse eine Unzahl von neuen Widrigkeiten der Natur und sozialen Widerständigkeiten aufzutauchen. Entsprechend scheint diese Technologie schneller und auf breiterer Front neue Kontingenzen und Handlungsherausforderungen zu generieren als beispielsweise die Kerntechnik. Das gilt sowohl naturseitig, also im wissenschaftlich-ingenieurtechnischen „Zuständigkeitsbereich", als auch auf der Handlungsseite, also juristisch-gesetzgeberisch, politisch, ökonomisch, lebensweltlich – und damit im „Zuständigkeitsbereich" der Sozialwissenschaften.

Diese wenigen Hinweise auf Inhalt und Richtung der Entwicklung in den drei Feldern müssen hier genügen. Mit der Vorstellung von *natürlichen* Substitutionsleistungen (Ablösung von natürlichen Kontingenzen) auf der Grundlage konstruktiv-synthetisierend verfahrender Wissenschaften, von damit einhergehenden *sozialen* Substitutionsleistungen (Ablösung von sozialen Kontingenzen), von dadurch *neu* ins Spiel kommenden natürlichen wie sozialen Kontingenzen und entsprechenden neuen Handlungsanforderungen ist ein Technikbegriff umrissen, der sich, wie wir glauben, auf moderne wissenschaftlich-technische Entwicklungen ganz allgemein fruchtbar anwenden läßt.

4. Prozesse der Steuerung wissenschaftlich-technisch-industrieller Entwicklungen

Eine Beschreibung der Konstruktion und der natürlichen und sozialen Substitutionsleistungen bestimmter technischer Systeme ist zwar im Detail nicht möglich ohne Bezugnahme auf bestimmte soziale Akteure, sagt aber noch nicht viel über Prozesse der Steuerung, also der strategischen Organisation und Kontrolle wissenschaftlich-technischer Entwicklungen. Eine vorläufige Betrachtung der Interaktionsdynamik im System dominanter Akteure und gesellschaftlicher Gegenspieler ergibt folgende Hinweise für unsere drei Beispiele.

Zunächst ist für alle drei Fälle festzustellen, daß im Bereich der Wissensproduktion die institutionelle Trennung von akademischer Forschung und industrieller Forschung und Entwicklung effektiv aufgehoben ist. Es entstanden oder entstehen Großforschungskomplexe mit einem starken wissenschafts- und technikpolitischen Management, in denen es zu enger Zusammenarbeit und gegenseitigen Aushandlungsprozessen zwischen Akteuren aus dem Wissenschaftssystem, dem industriellen System und dem politisch-administrativen System kommt (z.B. Prüß 1974; Keck 1984; Weinberg 1970).

Typischerweise wechselt die Führungsrolle in diesen quasi-korporatistischen Verbündeten über Zeit und von Technologie zu Technologie. So ist die kerntechnische Entwicklung in der Bundesrepublik zunächst vom wissenschaftspolitischen Establishment in Zusammenarbeit mit staatlichen Bürokratien in Gang gebracht worden. Die Industrie, insbesondere die Energiewirtschaft, hat sich erst relativ spät und dann auch nur zögernd in die Entwicklung eingeschaltet und spielte im ganzen eher eine bremsende Rolle (Keck 1984; Radkau 1983).

Bei der Mikroelektronik befinden sich, erst seit kurzem, Ansätze zu neuen Verbundsystemen in Entstehung, in denen universitäre Wissenschaft, staatliche Großforschungseinrichtungen und Industrie zusammengeschlossen werden. (So zum Beispiel im Projekt „Entwicklung integrierter Schaltkreise", an dem 30 universitäre Lehrstühle, die Gesellschaft für Mathematik und Datenverarbeitung und Siemens beteiligt sind.)

Bei der Gentechnologie erweisen sich sowohl die vom politischen System initiierten Großforschungseinrichtungen als auch industrielle und akademische Hierarchien als zu starr, um Ergebnisse der Molekulargenetik und Gentechnologie für eine industrielle Modernisierung nutzbar zu machen. Gegenwärtig übernehmen offenbar auch hier bestimmte Forschungseliten die Führungsrolle in relativ durchlässig und flexibel in Form von „Technologieparks" organisierten Genzentren (Hack & Hack 1985). Dieser Vorgang ist zugleich mit einem stärkeren Engagement der Industrie und einer geschickteren staatlichen Förderung verbunden als etwa im Fall der Kerntechnik.

Sodann läßt sich feststellen, daß *andere,* außerhalb dieser relativ geschlossenen wissenschaftlich-industriell-politischen Komplexe agierende Gruppen und Instanzen die Bühne der Auseinandersetzungen typischerweise erst spät betreten (Kitschelt 1980). Im pauschalen Vergleich scheint das im Fall der Kerntechnik sehr spät, in der Mikroelektronik bislang überhaupt nur bedingt, in der Gentechnologie relativ früh geschehen zu sein. Soweit gesellschaftliche Gegenspieler – repräsentiert vor allem in einem Teil der Medien, in mehr oder weniger organisierten sozialen Bewegungen und Initiativen kritischer Wissenschaftler – sich in die Debatten eingeschaltet haben, kam es allerdings bislang kaum zu einer effektiven Erweiterung der Entscheidungs- und Kontrollbasis (Nelkin 1977). Die Bedeutung öffentlicher Auseinandersetzungen lag eher darin, daß – in der Kernenergie sehr erfolgreich – ein erhöhter Legitimationsbedarf für technologiepolitische und unternehmerische Strategien angemeldet wurde, und zwar im Hinblick auf eine äußerst breite Palette naturseitiger und gesellschaftsseitiger Folgewirkungen. Sowohl Akteure im politisch-administrativen System wie in den betreffenden Industrien haben aus dieser typischen Ablaufstruktur gelernt und entwickeln heute für Teilbereiche der Informationstechnologie und der Molekularbiologie/Gentechnik Formen der Vorabproduktion von Legitimation.

Der Zusammenschluß dominanter Akteure zu quasi-korporatistischen Komplexen erlaubt noch keine Rückschlüsse auf die Strategien, die von den beteiligten Akteuren verfolgt werden. Betrachtet man ihr Zusammenspiel im langen Verlauf, dann läßt sich für alle drei Fälle vermuten, daß keine der beteiligten Akteursgruppen durchgehend einen beherrschenden Einfluß nehmen konnte (z.B. Keck 1984; Mettler-Meibom 1983; Rammert 1982). Darüber hinaus kann man zeigen, daß keine dieser Gruppen sich durchgängig auf diejenigen Steuerungsmedien verläßt, auf deren Rationalität sie sich prinzipiell berufen (Meixner 1983). Weder läßt sich sagen, daß wissenschaftliche Instanzen nach Regeln einer autonomen wissenschaftlichen Forschung agieren (Borkenbus 1983), noch daß industrielle Instanzen sich allein an Marktverhältnissen orientieren, noch daß politisch-administrative Systeme sich vorwiegend auf parlamentarisch-administrativ-rechtliche Formen der Kontrolle stützen. Die Betrachtung der kerntechnischen Entwicklung legt den Schluß nahe, daß hier sowohl politisches System wie Wirtschaft und Wissenschaft, gemessen an ihren je eigenen Rationalitätskriterien, in der Steuerung einer technischen Entwicklung versagt haben (Kosolowski 1983, in einer etwas anderen Interpretation Keck 1984b).

5. Übergreifende Rationalitätsmuster?

Mit dem bisherigen ist schon gesagt, daß es uns schwerfällt, in der Interaktion zwischen dominanten Akteuren der Technikentwicklung eine übergreifende, auf einem einheitlichen Rationalitätsmuster beruhende Strategie zu entdecken, die gelegentlich postuliert wird (Ullrich 1979). Zwar rechtfertigt die konstitutive Rolle des Wissenschaftssystems und die hochgradige institutionelle Verschränkung von Wissenschaft, Industrie und Politik die Rede von der Herausbildung wissenschaftlich-industriell-politischer Komplexe. Im Ergebnis verlaufen aber die Entwicklungen in den drei Technikfeldern weder planmäßig noch geradlinig. Die Analyse natürlicher und sozialer Substitutionsleistungen neuer Technologien ebenso wie die Analyse der Konfliktdynamik im System dominanter Akteure und im Verhältnis zu organisiertem gesellschaftlichem Protest machen diesen Befund durchaus verständlich. Etwaige Zugewinne an strategischer Rationalität werden offenbar laufend wettgemacht durch neu auftretende Kontrollerfordernisse – sowohl auf der Ebene der Produktion von Wissenschaft und Ingenieurtechnik als auch der Legitimationsbeschaffung für industrielle und politische Projekte und der Bearbeitung lebensweltlicher Störungen.

Es entsteht ein paradoxes Bild. Einem Defizit an gesamtgesellschaftlicher Rationalität und Rechtfertigungsstrategien steht ein im Detail fraglos erratischer, im Gesamtverlauf ebenso fraglos eigendynamischer und irreversibel-gerichteter Entwicklungsgang gegenüber. Die Weiterverfolgung der Kerntechnik, die Anstrengungen zur sozialen Installation von Informationstechnologien und zur Realisierung der Möglichkeiten einer „synthetischen Biologie", verbunden mit einem gegenüber den siebziger Jahren wiedererstarkten Glauben an Fortschritt und Wachstum, technische Machbarkeit und rationale Konfliktbewältigung, zeigen an, daß die Dynamik dieser Prozesse ungebrochen ist. Warum also wird das Projekt sukzessiver wissenschaftlich-technologischer Modernisierung dennoch durchgehalten und ertragen, wenn es doch kaum auf durchgängige Rechtfertigungsstrategien zurückgreifen kann und im langen Verlauf seiner Realisierung immer risikoreicher erscheint und kontroverser diskutiert wird? Wie hat man sich den Prozeß der gesellschaftlichen Durchsetzung neuer Technologien vorzustellen, wenn er nicht so sehr als Ergebnis rational handelnder Subjekte rekonstruierbar ist, sondern sich „hinter dem Rücken" der Akteure einzustellen scheint, durch die das „Dogma von der industriellen Vernunft" als verbindliches Deutungsmuster hochindustrialisierter Gesellschaften gleichsam „hindurchgreift" (Habermas 1982: 297 ff.)? Dieser Frage wollen wir im folgenden Abschnitt ein wenig nachgehen.

6. Kulturelle Deutungen wissenschaftlich-technischer Entwicklungen

Der enge Zusammenhang zwischen bestimmten technischen Innovationen und soziokulturellem Wandel ist vielfach untersucht worden. Man denke an die Schlüsselrolle, die Sozialhistoriker und Sozialtheoretiker so verschiedenen Techniken wie künstlichem Feuer, Pflug, Uhr, Steinaxt und Steigbügel,

Druckerpresse, mechanischen Webstuhl, Dampfmaschine, Auto, TV, Computer zugeschrieben haben. Man kann dabei unterscheiden zwischen für gesellschaftlichen Wandel „wichtigen" Technologien und dem, was Bolter (1984) „definierende" Technologien nennt: Technologien, die in besonderer Weise „deutungsmächtig" sind, die umfassend in die Interpretationen sozialer und natürlicher Verhältnisse einer Gesellschaft eingreifen und selbst zu Metaphern erwünschter oder befürchteter gesamtgesellschaftlicher Entwicklungen werden. Wir haben solche Prozesse eingangs als mythenbildende Funktionen gerade der hier interessierenden Technologien apostrophiert. Welche Bedeutung könnte technischen Mythen und Gegenmythen für die langfristige Stabilisierung (oder Destabilisierung) wissenschaftlich-technischer Entwicklungen zukommen?[4]

In technischen Mythen ist die soziale Realität einer Technik symbolisch repräsentiert; sie haben umfassend handlungsorientierenden Charakter und sind bei jeder beteiligten Gruppe, ob dominanten oder marginalen Akteuren, ob Experten oder Laien, nachzuweisen (z.B. Cotgrove 1982). Sie ermöglichen eine drastische Reduktion vieler disparater Sinndeutungen, über Differenzen in der sozialen Struktur und im historischen Verlauf hinweg. Das ist möglich durch ihre Bildhaftigkeit und ihre einfache, oft binäre Kodierung: Technik erscheint als gut oder böse, bedeutet ewiges Feuer oder Weltenbrand, Superman oder Frankenstein, das Füllhorn der Ceres oder die schwarze Box der Pandora.[5]

Der Wandel technischer Mythen und Gegenmythen im langen Verlauf der Entwicklung großer technischer Systeme ist nicht leicht zu rekonstruieren – Mythen kann man eigentlich nur nacherzählen. Am Fall der Kernenergie kann man ablesen, daß Mythen und Gegenmythen von den frühesten politisch-spekulativen Anfängen an in den Debatten präsent waren. Charakteristisch für das Frühstadium der Entwicklung waren ganzheitliche (aber relativ „techniknahe") Deutungen, normative Appelle und, unbeschadet mahnender Stimmen, eine insgesamt positive Zukunftsperspektive.

Im weiteren Verlauf wurden dann die Anfangsmythen sukzessive abgewandelt und abgearbeitet. Emphatische Zukunftsbilder wurden demontiert und tauchten nun zum Teil als empirisch belegte Argumente auf. Im Zuge der Konkretisierung und sozialen Installation verschiedener technischer Varianten erwiesen sich ständig frühere Prophezeiungen und Erwartungen als unrealistisch oder überholt, und der Wechsel der Akteure und der Umstände erzwang einen häufigen Austausch von Legitimationsmustern. Diese Prozesse der Verwissenschaftlichung und Veralltäglichung von Ausgangsmythen, sowohl auf der Seite der Befürworter wie auf der Seite der Gegner der Kernenergie, in denen zunehmend auf empirische Evidenz und augenscheinlich rationale Bewertungsverfahren zurückgegriffen wurde, haben allerdings kaum zu einer Minderung der Konflikte um die Kernenergieentwicklung beigetragen. Im Gegenteil, die Alternativität von Werthaltungen und zunehmend allgemein-gesellschaftlichen Deutungen trat besonders scharf hervor (dazu Del Sesto 1980; Wildavsky & Tenenbaum 1981; Wynne 1982).

Es stellt sich dann die Frage nach der Mächtigkeit und Funktion von technischen Gegenmythen. Zunächst kann man festhalten, daß nur ganz wenige Gruppen einfach die negative Seite der Anfangsmythen weiter ausbauen in Gestalt eines reinen Mythos vom „Leben ohne Technik". Gegenmythen dieser Art hat bisher vor allem die Auseinandersetzung mit der Kerntechnik hervorgebracht. Vielmehr kommt es typischerweise zur Ausarbeitung von Vorstellungen über ein „Leben mit anderer Technik" oder „Technik für ein anderes Leben", oder zu beidem.

Sodann wird man sagen können, daß solche Gegenmythen von ganz erheblicher Bedeutung für die Herausbildung und Bündelung einer sozialen Identität in der Regel sehr disparater Gegenakteure sind. Das ist wiederum, in einem historisch einmaligen Ausmaß gerade in der Bundesrepublik, am Beispiel der Antikernkraftbewegung abzulesen. Dieser Fall zeigt aber auch, daß Gegenmythen bislang kaum zur Herausbildung alternativer institutioneller Strukturen auf der Stufe der Wissens- und Technikproduktion geführt haben. Im Fall der Mikroelektronik und der Gentechnik dürfte das nicht anders sein. In der Auseinandersetzung um die Kerntechnik haben Gegenmythen also vor allem zu einer Verlangsamung und, im Zusammenspiel mit einer zeitweilig recht breiten Abkehr vom umfassenden Wachstumsmythos, zu einer (zeitweiligen) Blockierung bestimmter Projekte beigetragen.

Die Funktion von Gegenmythen dürfte darüber hinaus in einer Kaschierung der Interessenlagen von im dominanten System strukturell schwach verankerten Akteuren liegen. Bemerkenswert ist, daß die Gegenmythen der Antikernkraftbewegung teilweise eine Verbindung mit Anfangsmythen im Bereich der Mikroelektronik und der Biotechnologie eingegangen sind. In Form einer „Technik für ein anderes Leben" werden diese Zukunftstechnologien als zumindest potentiell sanfte, gute Technik gedeutet und einer harten, bösen Kerntechnik gegenübergestellt (Wiesenthal 1982).[6]

7. Eine abschließende Überlegung zur übergreifenden Dynamik

Die letzte Beobachtung führt hinüber zur Frage der Interaktionen zwischen den drei technischen Entwicklungslinien. Man kann, wie eingangs angedeutet, die Frage nach einer übergreifenden Dynamik sukzessiv sich überlagernder wissenschaftlich-technischer Schübe auf zweierlei Weise formulieren: Wird eine Weiterführung des Kurses der Moderne in Richtung einer progressiven „Rekonstruktion der äußeren, sozialen und inneren Natur des Menschen" stabilisiert durch die weitere Entwicklung quasi-korporatistischer Steuerungskomplexe, möglicherweise ultrastabilisiert durch technische Mythenbildung und teilweise durchaus funktionale Gegenmythen; oder lernen gesellschaftliche Kräfte, Teile der Öffentlichkeit, soziale Bewegungen, kritische Wissenschaft, ihre Einwände und Widerstände gegen einen solchen

Kurs zu institutionalisieren, strategischen Einfluß in Systemen dominanter Akteure zu gewinnen und andere kulturelle Deutungsmuster bis in das Kernsystem der Wissens- und Technikproduktion hineinzutragen?

Manches spricht dafür, die erste Frage mit einem vorsichtigen Ja zu beantworten. Im Vergleich zur Kerntechnik scheint im Fall der Mikroelektronik und, ganz gezielt, im Fall der Gentechnik die Steuerung des Innovationstransfers zwischen Wissenschaftssystem und Produktionssystem flexibler und offener, die staatliche Katalysatorrolle effektiver organisiert zu werden. Das politisch-administrative System bemüht sich um die Installation von Frühwarnsytemen, Ansätze einer Technologiefolgenabschätzung setzen früher ein, sinnvollere institutionelle Arrangements für die Einbindung von Öffentlichkeit und kritischer Wissenschaft und damit Legitimationsbeschaffung sind zu beobachten (BMFT 1984a: 22-30).

Die zweite Frage wäre also mit einem vorsichtigen Nein zu beantworten. Die Institutionalisierung von „Gegenmacht" aus der Öffentlichkeit, aus sozialen Bewegungen und aus einer kritischen Wissenschaft hat bislang nur im Ausstrahlungsbereich der Kerntechnik stattgefunden und ist insgesamt schwach geblieben. Die Installation mikroelektronischer Systeme und entsprechender Netze hat vorerst überhaupt nicht zu einer vergleichbaren breiten Ausarbeitung von Gegenmythen und Gegenstrategien geführt. Ein Teilbereich ist hier von den im System dominanter Akteure wohl verankerten Gewerkschaften okkupiert, die über erprobte Strategien der Konfliktbegrenzung und -austragung verfügen. Im Fall der Gentechnologie fällt eine Interpretation noch außerordentlich schwer. Der Stand der öffentlichen Diskurse und die Aufnahme einer parlamentarischen Debatte (Benda 1984; BMFT 1984b; Deutscher Bundestag 1984a,b) zu einem Zeitpunkt, zu dem die industrielle Nutzung noch keine vollendeten Tatsachen geschaffen hat, könnte für einen gesellschaftlichen Lernprozeß sprechen, der über partielle Rationalitätsgewinne im System dominanter Akteure hinausgeht. Andererseits dürfte die Mannigfaltigkeit der zu erwartenden physischen und sozialen Risiken und die Diffusität der Folgewirkungen biotechnischer Entwicklungen eine Konzertierung der Gegenstimmen hier erheblich schwieriger machen als im Fall der Kernenergie.

Insgesamt ist es wohl so, daß die Erfahrungen mit der Kernenergiedebatte einen gleichzeitig sensibilisierenden *und* kultivierenden Effekt für Folgedebatten gehabt haben. Kritische einzelne mikroelektronische, biotechnologische und -medizinische Entwicklungen werden allerorts schneller aufgenommen, während die Debatten insgesamt weniger polarisiert verlaufen.

Es wäre verfrüht, aus diesen Überlegungen zu einer vergleichenden Technikanalyse ein Resümee zu ziehen. Immerhin scheint uns die Abfolge von Kerntechnik, Mikroelektronik und Gentechnologie zu zeigen, daß im Bereich der Technikentwicklung keine Auflösung von „mythischen Gestalten in Vernunftwahrheiten" geschieht. Die Komplexität der Verhältnisse erlaubt es nicht, den Gang der Entwicklung so zu denken, als folge nach einer Epoche des mythisch-verklärten technischen Fortschritts ein Zeitalter des vernünftigen Umgangs mit Technik. Der Mythos von einer rationalen Technik im Sinne der möglichen und legitimen Substitution vorgefundener Natur durch konstruierte und industriell produzierte Natur ist zentral im kulturellen System moderner Gesellschaften (dazu Lenk 1982). Auf dieser Folie treiben zu mächtigen Komplexen zusammengeschlossene wissenschaftlich-industriell-politische Akteure erratisch, aber irreversibel entsprechende Projekte voran. Die partiellen und widersprüchlichen Rationalitätsmuster dieser Akteure scheinen dabei stets hinter den neuen Kontrollerfordernissen, die ihre Projekte schaffen, zurückzubleiben. Und es könnte dieser mehr oder weniger große, mehr oder weniger disproportional wachsende Überschuß an Kontrollerfordernissen sein, der die Dynamik der Entwicklung maßgeblich speist.

So gesehen paßt das vielgebrauchte Bild im Titel dieses Beitrags nicht so recht. Die technische Entwicklung ist nicht eingespannt zwischen eine geheimnisvolle Eigendynamik und einen öffentlichen Diskurs.[7] Sie ist vielmehr durch mehrere Eigendynamismen gekennzeichnet: Eine Eigendynamik der Beantwortung neuer naturwissenschaftlich-ingenieurtechnischer Kontrollprobleme durch mehr Naturwissenschaft und Ingenieurtechnik; eine Eigendynamik der Beantwortung soziokultureller Störungen und Enteignungen durch diskursive Prozesse, durch Etablierung von Widerstand und Umbau kultureller Deutungsmuster; eine Eigendynamik schließlich der Beantwortung von Legitimationsverlusten, Machtverlusten, Verlusten an Wettbewerbspositionen und Kontrolle über Ressourcen durch die Herausbildung institutioneller Superstrukturen in den Systemen dominanter Akteure.

ANMERKUNGEN

1 Die Beobachtung ist sicher zutreffend, daß die institutionelle Trennung von Grundlagenforschung und ihrer industriellen Anwendung weitgehend aufgehoben ist (vgl. z.B. Hack & Hack 1985, auch weiter unten in diesem Beitrag). Das kann jedoch nicht darüber hinwegtäuschen, daß systematische Unterschiede bestehen bleiben, wie sich leicht an der zeitlichen Rekonstruktion des theoretischen Vorlaufs industrieller Forschung und Entwicklung zeigen läßt (Böhme, van den Daele, Hohlfeld 1979). In der Kernenergie wurden die Grundlagen ihrer Nutzung in den dreißiger und vierziger Jahren gelegt, in der Mikroelektronik, was die formalwissenschaftliche Seite angeht, wohl in den vierziger Jahren, in der Gentechnologie zwischen 1953 und 1973. Die institutionelle Aufhebung der Trennung mag vielmehr u.a. ein Indikator dafür sein, daß in immer mehr Bereichen der Naturbeherrschung die „grundlegende Arbeit" getan ist, jedenfalls in den Bereichen, in denen industrielle Nutzungen absehbar sind.

2 Der hier verwendete Technikbegriff rückt gesellschaftliche Akteure, Arenen und Konflikte ins Zentrum der Technikanalyse. Er grenzt sich sowohl von kausalen wie von finalen Technikbegriffen ab, in denen Technik als nicht gesellschaftliche Sach-

verhalte gefaßt wird, deren Sozialität sich erst in den sozialen Folgewirkungen der Anwendung von Technik zeigt. Vielmehr gehen wir vom systemischen Charakter der Technik aus: Technik nicht als eine Ansammlung isolierter Artefakte, sondern als ein System von Leistungen und Beziehungen, das durch strategisch handelnde gesellschaftliche Akteure erzeugt und durch divergierende Orientierungskomplexe bestimmt wird.

3 Angesichts der relativen Neuheit dieser Technologie scheint es angebracht zu betonen, daß es sich bei der Gentechnologie, ebensowenig wie bei der Kerntechnik und bei der Mikroelektronik, nicht um eine wissenschaftliche Disziplin handelt, die durch einen geschlossenen Gegenstandsbereich definiert werden kann (wie z.B. die Molekulargenetik (molekulare Prozesse und Strukturen der Vererbung bei Organismen)). Gentechnologie ist vielmehr ein Verfahren: die Neukombination von beliebigem genetischen Material im Reagenzglas, das sog. Genspleißen. Gegenwärtige Brisanz und Bedeutung liegen darin, daß mit ihrer Hilfe bestimmte phylogenetische und ontogenetische Barrieren der Verfügbarkeit von Organismen überwunden werden können. „Playing God" ist die damit mögliche Konstruktion bzw. Rekonstruktion der genetischen Basis von Leben plastisch genannt worden. Will man diese Technik bewerten, muß deshalb die Gentechnologie immer im Zusammenhang mit den Phänomenbereichen betrachtet werden, die mit ihrer Hilfe beherrschbar gemacht werden sollen, z.B. im Zusammenhang mit der Weiterentwicklung herkömmlicher biotechnologischer Verfahren oder der Erweiterung humangenetischer Diagnostik oder der Korrektur befruchteter Eizellen in der „Keimbahntherapie".

4 Wenn wir von Mythos sprechen, ist damit keine einfache Opposition von „Logos und Mythos" gemeint, etwa in dem Sinn, daß der rationalen Technik ein Alltagsmythos der Technik gegenübergestellt wird. Vielmehr wäre gerade die Verschränkung von Mythos und Vernunft aufzuzeigen. Dem Mythos selbst ist Vernunft nicht unverträglich, und die Vernunft kann selbst wieder mythisch werden. Die Komplexität dieses Verhältnisses läßt sich gerade an den technischen Mythen im Zusammenhang mit Kernenergie, Computer- und Gentechnik aufzeigen, beruhen sie doch zu einem guten Teil auf wissenschaftlichen Prognosen und diskursiven Strukturen, bei gleichzeitiger Überhöhung durch ganzheitlich-gesellschaftliche Deutungen der jeweiligen Technologien. (Zur Analyse des Mythos als semiologischem System vgl. sehr erhellend Barthes 1964: 85ff.).

5 Wir erinnern an die Schlußfolgerung, die Max Weber aus seinen Analysen universeller Rationalisierungs- und Vergesellschaftungsprozesse als „Entzauberung der Welt" zieht: „Die alten vielen Götter, entzaubert und daher in Gestalt unpersönlicher Mächte, entsteigen ihren Gräbern, streben nach Gewalt über unser Leben und beginnen miteinander wieder ihren ewigen Kampf" (1968: 610). Technische Mythen, obwohl es sich schon um rationalisierte Deutungsmuster handelt, haben den Charakter „unpersönlicher Mächte", die den Prozeß der Technisierung mitsteuern. Ob man hier von der Paradoxie des Rationalisierungsprozesses insgesamt sprechen kann, wie das Schluchter (1979) im Anschluß an Weber tut, mag dahingestellt bleiben.

6 Der Charme der Mikroelektronik hat „linke" und „grüne" Gruppierungen in beeindruckender Weise in seinen Bann gezogen. Ein schönes Beispiel ist André Gorz' (1981) postindustrialistischer und antiproduktionistischer Sozialismus.

7 *„Dis-kursus:* Das ist ursprünglich die Tätigkeit des Hin- und Herlaufens, das ist Kommen und Gehen, 'Machenschaften', 'Ränkeschmieden' ..." (R. Barthes).

LITERATUR

Barkenbus, J.N., 1983: „Is Self-Regulation Possible?", *Journal of Policy Analysis and Management* 2, 576-588.

Barthes, R., 1964: *Mythos des Alltags,* Frankfurt.

Bechmann, G., und B. Wingert, 1981: „Technology Assessment als Rationalisierung technologiepolitischer Entwicklungen." In: J. Matthes (Hrsg.), *Lebenswelt und soziale Probleme,* Frankfurt/New York, 314-328.

Becker, B., 1984: „Wissen und Intelligenz in Computern." *Frankfurter Hefte* 9, 44-53.

Benda, E., 1984: *Erprobung der Menschenwürde am Beispiel der Humangenetik,* Freiburg: Institut für Öffentliches Recht.

Böhme, G., W. van den Daele und R. Hohlfeld, 1978: „Finalisierung revisited". in: G. Böhme u.a. (Hg.), *Die gesellschaftliche Orientierung des wissenschaftlichen Fortschritts,* Frankfurt.

Bolter, J.B., 1984: *Turing's Man – Western Culture in the Computer Age,* Duckworth.

Der Bundesminister für Forschung und Technologie, 1984a: *Bundesbericht Forschung 1984,* Bonn.

Der Bundesminister für Forschung und Technologie, 1984b: *Ethische und rechtliche Probleme der Anwendung zellbiologischer und gentechnischer Methoden am Menschen,* München.

Collingridge, D., 1984: „Lessons of Nuclear Power". *Energy Policy* 12, 46-67, 189-200.

Conrad, J. (Hrsg.), 1983: *Gesellschaft, Technik und Risikopolitik,* Berlin.

Cotgrove, S., 1982: *Catastrophe or Cornucopia – The Environment, Publics and the Future,* Chichester/Sussex.

Del Sesto, S.L., 1980: „Conflicting Ideologies of Nuclear Power. Congressional Testimony of Nuclear Reactor Safety." *Public Policy* 12, 39-70.

Dennett, D.C., 1984: „Computer Models and the Mind – A View from the East Pole." *Times Literary Supplement,* December 14, 1453f.

Dertouzos, M.L., und J. Moses, 1980: *The Computer Age – A Twenty Year View,* Cambridge, Mass.

Deutscher Bundestag, 1984a: Einsetzung einer Enquête-Kommission „Gentechnologie", Beschlußfassung und Bericht, *Drucksache* 10/1581;

Deutscher Bundestag, 1984b: Antwort der Bundesregierung auf die große Anfrage der Abgeordneten Frau Dr. Hickel und der Fraktion Die Grünen, *Drucksache* 10/2199.

Douglas, M., und A. Wildavsky, 1982: *Risk and Culture,* New York/London.

Friebe, K.P., und A. Gerybadze (Hg.), 1984: *Microelectronics in Western Europe – The Medium Term Perspective 1983-1987,* Berlin.

Gorz, A., 1980: *Abschied vom Proletariat,* Frankfurt.

Grobstein, C., M. Flower und J. Mendeloff, 1983: „External Human Fertilization – An Evaluation of Policy". *Science* 222, 127-133.

Habermas, J., 1969: *Technik und Wissenschaft als „Ideologie",* Frankfurt.

Habermas, J., 1981: *Theorie des kommunikativen Handelns,* Band 2, Frankfurt.

Hack, L., und J. Hack, 1985: „Brauchen wir einen neuen 'akademisch-industriellen Komplex'?" In: *Technik und Gesellschaft,* Jahrbuch 3, Frankfurt.

Halfmann, J., 1984: *Die Entstehung der Mikroelektronik – Zur Produktion technischen Fortschritts,* Frankfurt/New York.

Häfele, W., 1963: „Neuartige Wege naturwissenschaftlich-technischer Entwicklung". In: *Forschung und Bildung,* Schriftenreihe des BMWF 4, 17-38.

Häfele, W., 1974: „Hypotheticality and the New Challenges – The Path Finder Role of Nuclear Energy." *Minerva 12,* 303-323.

Hohlfeld, R., 1984: „Der Mensch als Objekt von Biotechnologie und biomedizinischer Forschung". *Gewerkschaftliche Monatshefte* 35, 591-604.

Horwitch, M., 1979: „Designing and Managing Large-Scale, Public-Private Technological Enterprises – A State of the Art Review". *Technology in Society* 1, 179-192.

Janshen, D., O. Keck und W.D. Webler (Hg.), 1981: *Technischer und sozialer Wandel – Eine Herausforderung an die Sozialwissenschaft,* Königstein/Taunus.
Joerges, B., u.a., 1985: *Technik im Alltag – Bericht über eine Kolloquienreihe.* IIUG, Berlin.
Johnston, R., 1984: „Controlling Technology – An Issue for the Social Studies of Science". *Social Studies of Sciences* 14, 97-113.
Jüdes, U. (Hrsg.), 1983: *In-vitro-Fertilisation and Embryo-transfer* (Retortenbaby), Stuttgart.
Keck, O., 1984: *Der Schnelle Brüter. Eine Fallstudie über Entscheidungsprozesse in der Großtechnik,* Frankfurt/New York.
Keck, O., 1985: „Der naive Souverän: Über das Verhältnis von Staat und Industrie in der Großtechnik". In: K. Meyer-Abich und R. Ueberhorst (Hg.), *Ausgebrütet – Argumente zur Brutreaktorpolitik,* Basel.
Kitschelt, H., 1980: *Kernenergiepolitik – Arena eines gesellschaftlichen Konflikts,* Frankfurt/New York.
Knorr-Cetina, K.D., 1981: *The Manufacture of Knowledge,* Oxford/New York.
Kosolowski, P., 1983: „Markt- und Demokratieversagen?" *Politische Vierteljahresschrift* 24, 166-187.
von Kruedener, J., und K. von Schubert (Hg.), 1981: *Technikfolgen und sozialer Wandel – Zur politischen Steuerbarkeit der Technik,* Köln.
LaPorte, T., 1984: „Technology as Sozial Organization." Institute of Governmental Studies, University of California, *Studies in Public Organization* 84-1.
Lenk, H., 1982: „Technisierung der Ersten und Zweiten Natur? Zum Mythos der Machbarkeit der Natur." In: H. Lenk, *Zur Sozialphilosophie der Technik,* Frankfurt, 249-296.
Liao, T.T., und W.P. Darby, 1982: „Technology Assessment" Bulletin of Science, *Technology and Society 2, 583-624.*
Meixner, H., 1983: „Die ökonomische Logik der Kernenergie". *Jahrbuch für Sozialwissenschaft* 34, 59-93.
Mettler-Meibohm, B., 1983: „Breitbandkommunikation auf dem Marsch durch die Institutionen". In: *Technik und Gesellschaft,* Jahrbuch 2, Frankfurt, 13-39.
Nelkin, D., 1977: „Technology and Public Policy". In: I. Spiegel-Rösing und D.J. de Solla Price (Hg.), *Science, Technology and Society,* London/Beverly Hills.
Nordhoff, H.B., 1985: „Die Gentechnologie ist keine Wissenschaft, sondern eine universal einsetzbare Technik." In: U. Steger (Hrsg.), *Die Herstellung der Natur,* Bonn.
OECD, 1981: *Microelectronics, Robotics and Jobs,* Paris.
OECD, 1982a: *Information Activities, Electronics and Telecommunication,* Paris.
OECD, 1982b: *Biotechnology, International Trends and Perspectives,* Paris.
Paschen, H., K. Gresser und F. Conrad, 1978: *Technology Assessment – Technologiefolgenabschätzung. Ziele, methodische und organisatorische Probleme, Anwendungen,* Frankfurt.
Prüß, K., 1974: *Kernforschungspolitik in der Bundesrepublik Deutschland,* Frankfurt.
Radkau, J., 1983: *Aufstieg und Krise der deutschen Atomwirtschaft,* Hamburg.
Rapp, F. (Hg.), 1982: *Ideal und Wirklichkeit der Techniksteuerung,* Düsseldorf.
Rammert, W., 1982: „Soziotechnische Revolution: Sozialstruktureller Wandel und Strategien der Technisierung. Analytische Perspektiven einer Soziologie der Technik." In: R. Jokisch (Hg.), *Techniksoziologie,* Frankfurt, 32-81.
Rich, E., 1983: *Artificial Intelligence,* London/New York.
Ritchie, D., 1984: *Gehirn und Computer – Die Evolution einer neuen Intelligenz,* Stuttgart.
Ropohl, G., u.a., 1978: *Maßstäbe der Technikbewertung,* Düsseldorf.
Roßnagel, A., 1983: *Bedroht die Kernenergie unsere Freiheit? Das künftige Sicherheitssystem kerntechnischer Anlagen,* München.

Schluchter, W., 1979: *Die Entwicklung des okzidentalen Rationalismus – Eine Analyse von Max Webers Gesellschaftsgeschichte,* Tübingen.
Seltz, R., 1984: *Neue betriebliche Machtressourcen und Wandel des Kontrollsystems durch elektronische Informations- und Kommunikationstechnologien,* Berlin.
Shruns, W., 1984: „Scientific Speciality and Technical System." *Social Studies of Sciences* 14, 63-90.
Sorge, A., 1984: „Vom wissenschaftlichen Dauerbrenner zum gesellschaftlichen Mythos: Mikroelektronik." *Soziologische Revue,* Sonderheft Arbeit, Technik, Betrieb, Gewerkschaft, 105-113.
Steinmüller, W., 1982: Die Zweite industrielle Revolution hat eben begonnen – Über die Technisierung der geistigen Arbeit." *Kursbuch* 66, 152-187.
Tetens, H., 1982: „Was ist ein Naturgesetz?" *Zeitschrift für allgemeine Wissenschaftstheorie* 12, 70-83.
Thompson, M., 1983: „Postscriptum: Eine kulturelle Vergleichsbasis." In: H. von Kunreuther und J. Linnerooth (Hg.), *Risikoanalyse und politische Entscheidungsprozesse,* Berlin/München.
Turkle, S., 1984: *„Die Wunschmaschine " – Vom Entstehen der Computerkultur,* Reinbek.
Ullrich, O., 1979: *Technik und Herrschaft – Vom Hand-Werk zur verdinglichten Blockstruktur industrieller Produktion,* Frankfurt.
Weber, M., 1968: *Gesammelte Aufsätze zur Wissenschaftslehre,* Tübingen.
Weinberg, A., 1970: *Probleme der Großforschung,* Frankfurt.
Weizenbaum, J., 1978: *Die Macht der Computer und die Ohnmacht der Vernunft,* Frankfurt.
Wiesenthal, H., 1982: „Alternative Technologien und gesellschaftliche Alternativen." In: *Jahrbuch Technik und Gesellschaft* 1, 48-78.
Wildavsky, A., und E. Tenenbaum, 1981: *The Politics of Mistrust,* Beverly Hills.
Winnacker, E.L., 1984: *Gene und Klone,* Weinheim.
Winner, L., 1980: „Do Artifacts have Politics?", *Daedalus* 109, 121-163.
Wynne, B., 1975: „The Rhetoric of Consensus Politics – A Critical Review of Technology Assessment", *Research Policy* 4, 108-158.
Wynne B., 1982: *Rationality and Ritual: The Windscale Inquiry and Nuclear Decisions in Britain,* British Society for the History of Sciences, Chalfont St. Giles.
Wynne, B., 1983: „Technology as Cultural Process", *Working Paper* 83-118, International Institute for Applied Systems Analysis, Laxenburg, Austria.

Kommentare zum Beitrag von Joerges, Bechmann, Hohlfeld

TECHNOLOGIEENTWICKLUNG ZWISCHEN EIGENDYNAMIK UND ÖFFENTLICHEM DISKURS

Hartmut Neuendorff

Das vorgestellte Analyseschema beansprucht nicht, schon eine Theorie zu sein, trotz verschiedener theoretischer Anleihen, die in ihnen enthalten sind. Ich verzichte auf den Versuch, dem vorgeschlagenen Analyseraster eine implizit vorhandene theoretische Technikkonzeption nachzuweisen und beschränke mich auf einige Bemerkungen zu einer fehlenden Analyseebene in dem Vorschlag. Die Ausarbeitung dieser Leerstelle dürfte allerdings den theoretisch-konzeptuellen Überlegungen zur Erfassung von Technikentwicklung eine etwas andere Richtung geben, die zugleich engere Anknüpfungspunkte zu Fragestellungen der Industriesoziologie eröffnet. In dieser Hinsicht scheint mir dann auch der aus den aufgezeigten Defiziten der bisherigen soziologischen Technikthematisierung entwickelte neue Technikbegriff selbst noch nicht umfassend genug, bzw. zu unbestimmt zu sein.

Obwohl in dem Analyseschema unter der Rubrik: Akteure – Arenen – Strategien alle gesellschaftlichen Teilsysteme genannt werden, die mit der Entwicklung von Techniken positiv oder negativ zu tun haben (Wissenschaftssystem, Industrie und Betreiber, politisch administratives System, Öffentlichkeit, soziale Bewegungen, kritische Wissenschaft) werden diese Akteure und Arenen in ihren Konfigurationen, Interaktionsbeziehungen und Konflikten fast ausschließlich unter dem Gesichtspunkt der Steuerung und Kontrolle von technischen Entwicklungen gesehen.

In dieser Blickrichtung wird m.E. aber schon analytisch unterstellt, daß Techniken tendenziell eigendynamisch sich entwicklen, wobei das Hauptaugenmerk der Soziologie dann dem Aufweis der Möglichkeiten ihrer Steuerung und Kontrolle zu gelten habe.

Ausgeblendet oder zumindest für nicht primär entscheidend hält man in diesem analytischen Zugriff auf Technik die Frage, worin die besonderen Bedingungen und gesellschaftlichen Organisationsformen der Erzeugung – also der Produktion – neuer Technologien bestehen.

Das Neue bzw. die spezifische Differenz der hier verglichenen Technologien gegenüber früheren scheint mir nämlich nicht nur in ihren Wirkungen – den besonderen Substitutionsleistungen – sondern gerade auch in den neuartigen Strukturen ihrer Generierung zu liegen.

Die Veränderungen in der Erzeugungsstruktur von neuen Technologien sind zwar angesprochen worden: Zum einen etwa mit den Verweisen auf die Durchbrechung des altehrwürdigen linearen Modells der Stufen technischer Entwicklung (von der Grundlagenforschung bis zur Anwendung) durch Querverbindungen zwischen diesen Stufen, die vor allem in den Großforschungszentren „zielorientierter Forschung" systematisch organisationsstrukturell zu bewältigen sind. In die gleiche Richtung gehen auch die Hinweise auf relativ geschlossene „wissenschaftlich-industriell-politische Komplexe" bzw. auf „quasi korporatistische Komplexe zwischen Akteuren, deren Dominanz im Verlauf der Entwicklung einer Technik wechselt" oder auch der Verweis auf die Verwissenschaftlichung der Technik und die gegenläufige Technisierung der Wissenschaft.

Ich halte es aber für notwendig, über die Analyse der neuen institutionellen Arrangements hinauszugehen und die Klärung der sich in diesem Zusammenhang vollziehenden neuen Produktions- und Arbeitsstrukturen zur Erzeugung von Techniken ins Zentrum zu rücken. Das dürfte m.E. auch dazu beitragen, die Frage nach den Rationalitätsmustern technischer Entwicklung neu zu beleuchten. Außerdem scheint mir mit den gesellschaftlichen Formen der Erzeugung wissenschaftlichen und technischen Wissens auch die Analyseebene angegeben zu sein, von der her die Verbindung zu Fragestellungen der Gesellschaftstheorie herzustellen wäre. Denn zur Klärung der gesellschaftlichen Strukturwandlungen und Entwicklungstendenzen gehört m.E. nach wie vor zentral die Analyse des Produktionssystems einer Gesellschaft, zu dem heute als integraler Bestandteil das Wissenschaftssystem gehört.

Auf diese Ebene gesamtgesellschaftlicher Analyse zielt m.E. auch die das Produktionsproblem ins Zentrum rückende Rede von der Industrialisierung der Wissenschaft und der Verwissenschaftlichung der Industrie. Damit ist – zumindest in der Version, die L. Hack und I. Hack in ihrer Untersuchung über die „Wirklichkeit, die Wissen schafft" dieser doppelten Entwicklung gegeben haben – ein wechselseitiges Begründungsverhältnis gemeint in der Weise, daß „Strukturen der Industrialisierung", die genetisch und strukturell ihr Muster in der kapitalistisch organisierten Warenproduktion haben, heute das an die Besonderheit von wissenschaftlicher und technischer Wissenserzeugung angepaßte und insofern das von der materiellen Produktion auch verschiedene Modell bilden, das zunehmend die Organisationsformen der Erzeugung von wissenschaftlichen und technischen Entwicklungen bestimmt.

Die Zentralität dieses Wissens und nicht erst der Techniken ergibt sich gerade aus seiner konstitutiven Rolle für die technische und organisatorische Effektivierung kapitalistischer Warenproduktion. Die Industrialisierung der Wissensproduktion – nicht nur in der Industrieforschung, sondern auch in den Organisationen der Großforschung und tendenziell auch in der Hochschulforschung – besteht also in der Entwicklung von Organisationsformen, die Ökonomisierungszwängen gerecht werden müssen, die sich in der Warenproduktion immer schon geltend gemacht haben.

Der allzu knappe Hinweis auf das wechselseitige Bedingungsverhältnis von Industrialisierung der Wissenschaft und Verwissenschaftlichung der Industrie kann zu einer instrumentalistischen Mißdeutung im Sinne der kruden Handlangertheorie „das Kapital steuert die Wissenschaft" führen. Eine solche Interpretation wäre jedoch von vorneherein nicht nur verkürzt, sondern sachlich falsch. Denn die empirisch und theoretisch-kategorial zugleich zu vollziehende Ausarbeitung dieses wechselseitigen Bedingungsverhältnisses setzt ja geradezu voraus, daß die Herstellung von wissenschaftlichem und technischem Wissen in seiner kognitiven Struktur und gemäß den Rationalitätsmustern der dazu erforderlichen Organisations- und Handlungsstrukturen eine gegenüber den Rationalitätsstrukturen kapitalistischer Warenproduktion verschiedene Sache darstellt. Unter Beachtung der sachlichen Verschiedenheit von Wissenserzeugung und Warenproduktion gleichwohl eine Ebene der Begriffsbildung auszuarbeiten, auf der auch die strukturellen Gemeinsamkeiten in dem gleichzeitig sich vollziehenden Prozeß der Industrialisierung der Wissenschaft und der Verwissenschaftlichung der Industrie erfaßt werden können, scheint mir die vordringliche Aufgabe zu sein, wenn man den Prozeß der technischen Entwicklung im Gegenwartskapitalismus – also die sich fortsetzende kapitalistische Industrialisierung – verstehen will, um dann auch die Grenzen und Möglichkeiten seiner Kontrolle und Steuerung zu klären.

Dazu ist wohl auch die enge Kooperation von Wissenschafts- und Industriesoziologie notwendig, und dies dürfte auch den Abschied von tradierten und liebgewonnenen Vorstellungen in beiden Disziplinen über das notwendig machen, was die sozialen Strukturen der Wissenserzeugung einerseits und die Produktions- und Arbeitsstrukturen kapitalistischer Warenproduktion andererseits sind.

LITERATUR

L. Hack, I. Hack: *Die Wirklichkeit, die Wissen schafft. Zum wechselseitigen Begründungsverhältnis von 'Verwissenschaftlichung der Industrie und Industrialisierung der Wissenschaft'*, Frankfurt/M. 1985.

DEFIZITE DER TECHNIKSOZIOLOGIE

Walther Ch. Zimmerli

Die Überlegungen des vorhergehenden Beitrags gehen aus von „Defiziten der Technologiefolgenabschätzung". Krugs enzyklopädisch-philosophisches Lexikon verzeichnet im 1832 erschienenen ersten Band der 2., verbesserten und vermehrten Auflage, daß „Defect oder Deficit (von deficere, mangeln)" „ein Mangelndes oder Fehlendes" sei, „das sich nicht bloß in Cassen und Rechnungen, sondern auch in Wissenschaften, mithin auch in der Philosophie zeigen kann". Der Artikel endet allerdings mit der versöhnlichen Bemerkung, daß „übrigens ... das Deficit in allen Wissenschaften unvermeidlich" sei, „weil sie alle dem beschränkten Menschengeiste ihr Dasein verdanken und daher immerfort ergänzt werden müssen" (Krug 1832 I, 567). Insofern und in diesem versöhnlichen Sinne liegt mir daran, von philosophischer Seite her einige der Defizite des von Herrn Joerges vorgelegten Forschungsprogrammes zu benennen und zu diskutieren.

Beginnen möchte ich mit einem – allerdings auch dem einzigen – Satz, dem ich vollkommen zuzustimmen vermag: Bei den thematischen Technologien, sagen die Autoren, sei die wissenschaftlich-technische Wissensproduktion so organisiert worden, „daß die institutionelle Trennung wissenschaftlicher Grundlagenforschung, angewandter Forschung und industrieller Forschung und Entwicklung effektiv aufgehoben ist". Dies trifft zur Kennzeichnung der gegenwärtigen Wissenschafts- und Techniksituation fraglos zu, – allerdings nur von seiten der Wissenschaft. Hier ist es weder sinnvoll noch faktisch der Fall, daß eine abgeschottete Grundlagenforschung des älteren Typs weitergeführt würde. Wissenschaftliche Innovationen geschehen vielmehr sowohl in der Kernfissionstechnologie als auch in der Informations- und der Biotechnologie auf dem Wege der Ausbreitung und Distribution des Wissens im immediaten Bezug zur industriellen Anwendung. Umgekehrt aber bedarf die industrielle Nutzung einer eimal implementierten Technologie nicht zwingend der Begleitung oder gar der Durchdringung der Wissenschaft.

Mit dieser so korrigierten Grundeinsicht gehen jedoch die meisten Überlegungen des vorgelegten Papiers nicht konform, und daran lassen sich die meisten Defizite dieses Ansatzes festmachen, deren gemeinsame Quelle m.E. in der mangelnden historischen Differenzierung liegt. Die Autoren haben, wie ich meine, den epochalen Charakter unterschätzt, den der Schritt zur Informations- und zur neuen Biotechnologie unter Einschluß der Gentechnologie bedeutet. Ich will dies in einer ersten These so formulieren:

Obwohl sich in gewissen Bereichen sicher Ähnlichkeiten feststellen lassen, krankt der Vergleich der drei genannten Technologien an deren technologietheoretischer Ungleichzeitigkeit. Während die Kerntechnik (oder wie ich lieber sage: Kernfissionstechnologie) im Prinzip energietechnisch traditionell verfährt, handelt es sich bei der Mikroelektronik (ich sage lieber: Informationstechnologie) und der Gentechnik (ich sage allgemeiner: Biotechnologie) um sogenannte *'reflexive Technologien'*. Mit diesen beiden Technologien ist eine qualitativ neue Stufe mit qualitativ neuen Problemen erreicht.

Diese These bedarf des Kommentars. Die von Herrn Joerges und seinen Ko-Autoren namhaft gemachten Kennzeichnungen der Kernfissionstechnologie treffen, sieht man genauer zu, allesamt auch auf jede traditionelle Energietechnologie der zweiten Stufe zu. Mit 'Energietechnologie der zweiten Stufe' ist jener Typ von Technologie gemeint, bei dem mindestens zwei Umwandlungsschritte nötig sind: Heizen durch Verbrennen von Holz ist eine Energietechnologie erster Stufe, während Heizen durch Verbrennen von Holz zur Erzeugung von warmem Wasser, das die Heizkörper füllt, eine Energietechnologie zweiter Stufe ist, ebenso natürlich alle Wasserdampftechnologien und so auch die Kernfissionstechnologie. Zwar trifft zu, daß, wie die Autoren sagen, „diese wissenschaftlich-technische Leistung im energetischen Bereich Naturgeschichte durch einen artifiziellen Prozeß" ersetzt, aber dies trifft für jede andere zweitstufige Energietechnologie auch zu. Und daraus gar zu folgern, daß „Natur in ihrer Funktion als Energiereservoir ... durch ihre Umwandlung in ein System von Artefakten sozialisiert, vergesellschaftet" werde, halte ich entweder für trivial oder aber für betriebsblind. Ebenso trifft nicht zu, daß in einer qualitativ verändernden Art und Weise durch die Kernfissionstechnologie „eine große Zahl menschlicher Handlungssysteme substituiert bzw. obsolet" würden, vielmehr wird durch die industrielle Nutzung der Kernfissionstechnologie nur die Zahl der in diesen Handlungssystemen Tätigen drastisch reduziert.

Ganz anders verhält es sich indessen bei der Informationstechnologie, deren Thematisierung in dem vorliegenden Konzept erstaunlich knapp, kurz und materialiter inadäquat erfolgt. Man geht meiner Einschätzung zufolge wohl kaum zu weit, wenn man in dieser Technologie eine sowohl qualitativ als auch quantitativ umwälzende Änderung unseres ganzen Systems erblickt. Walther Helberg hat bereits 1962 die Differenz zwischen klassischer Technik und nichtklassischer Ausweitung derselben weit vorausblickend formuliert:

„Die bisherige Erfahrung hat ... erwiesen, daß die zuerst in Anlehnung an die Mechanik gegebene klassische Charakterisierung der Technik zu eng geworden ist. Technik ist mehr als nur herstellender und gebrauchender Umgang mit Gegenständen. Technik wird heute als Umwandlung und Veränderung von vorgefundenen oder vorgegebenen *Daten* sehr verschiedener Art erfahren." (Helberg 1962, 157).

Während jede andere Technik zwar in der Tat auch jene menschlichen Leistungen, die sie ersetzt (Organprojektionsthese Kapp 1877), übertrifft, bleibt aber immer noch die intellektuelle Steuer- und Kontrollfunktion im Besitz und im Griff des Menschen. Die Informationstechnologie ersetzt nun aber eben die Steuer- und Kontrollkapazität selbst. Sie ist deswegen eine wesentlich reflexive Technik, und seit es sie gibt, und seit sie in alle anderen Techniken hineindiffundiert, macht es keinen Sinn mehr, die eingangs angeführte Differenz zwischen reiner theoretischer Grundlagenforschung, angewandter Forschung und Entwicklung zu machen, da alle diese Bereiche dadurch geeint sind, daß sie informationstechnologievermittelt sind. Insofern sprechen wir seither – und zwar mit Recht – nicht mehr schlicht von 'Technik', sondern von 'Technologie'. Der epochale Wandel, von dem die Rede war, besteht also im Wandel vom wissenschaftlich-technischen zum technologischen (von anderen auch als 'technetronisch' bezeichneten) Zeitalter. Die Durchsetzung dieser Sorte von Technologie bedarf keiner Lobby, und es ist nicht verwunderlich, daß die Proteste gegen sie eine andere und viel kleinere Dimension haben als diejenigen gegen die Kernenergie. Kurz: Ich denke, daß die im Kontext der Informationstechnologie sich ergebenden Probleme die wichtigsten Gegenstände einer wissenschafts- und technikforscherischen Aktivität der Sektion Wissenschaftsforschung in den nächsten Jahren sein sollten.

Und die gentechnologisch arbeitende Biotechnologie? – Zum einen halte ich es für eine Engführung des Papiers, wenn es sich hier auf die Gentechnik beschränkt, zumal im engeren Sinne mit 'Gentechnik' stets vor allem die Humananwendung, genauer noch: die Humananwendung durch Gentransfer in Keimbahnzellen assoziiert wird. Und dabei handelt es sich nun keinesfalls um eine mit der Informationstechnologie vergleichbare, wirtschaftlich angewendete, industriell genutzte Technologie. Vielmehr muß in den Vergleich die industriell bereits breit genutzte Enzymbiotechnologie einbezogen werden. Zum anderen aber sollte man sich nicht durch die hohe Publizität, die die Gentechnologie derzeit aufgrund der Notwendigkeit einer politischen Regulierung des Umgangs mit ihr hat, dazu verleiten lassen, das Augenmerk auf die falschen Elemente zu richten. Zwar trifft zu, daß die gentechnologisch arbeitende Enzymbiotechnologie eine in dem Sinne reflexive Technologie ist, daß die sonst immer nur vorausgesetzte Naturbasis, mit der von der Käsezubereitung bis hin zur Waschmittelproduktion gearbeitet werden mußte, selbst zum möglichen Gegenstandsbereich des technologischen Umwandlungseingriffes des Menschen wird. Aber es sind gerade nicht jene Sektoren, die den Mythos der Gentechnologie ausmachen, sondern dort geht es um die Humananwendung. Der hier zu erwartende und sich bereits formierende Protest der öffentlichen Meinung richtet sich daher gegen etwas ganz anderes als die zu untersuchende Technologie. Auch hier müßte genauer differenziert werden. Und letztlich handelt es sich – bei genauerem Zusehen – auch bei der gentechnologisch arbeitenden Biotechnologie um eine von ihrem Theorieansatz her informationstechnologisch geprägte Technologie. – Aber dies nur nebenbei.

Soviel zu den Defiziten der Gegenstandsbereichswahl. Ein weiteres, in meinen Augen entscheidendes Defizit ergibt sich aus dem Entwickelten für den theoretisch-methodologischen Grundansatz. Abgesehen davon, daß die Kritik an den vorliegenden theoretischen Konzepten der Technikfolgenabschätzung sehr pauschal und im einzelnen unzutreffend ist (welches Monitum Sie mir als dem Vorsitzenden des Bereiches „Mensch und Technik" des VDI erlauben mögen), fällt auch hier die ahistorische Konzeption ins Auge. Ein im einzelnen nicht genauer vorgeführtes Raster dreidimensionalen Zuschnitts (Würfelraster) soll den beschwerlichen Versuch einer genaueren begrifflichen Bestimmung der Untersuchungsgegenstände ersparen helfen. Dabei wird ein Schrittmuster in Ansatz gebracht, das völlig an der klassischen Technik orientiert ist, und deswegen mindestens zwei der drei genannten Technologien, nämlich die Informationstechnologie und die gentechnologisch arbeitende Biotechnologie, von vornherein schon verfehlen wird. Ich formuliere diesen Einwand als zweite These:

> Mit einer einheitlichen Fragen-Checklist an unterschiedliche Technologien heranzugehen, macht nur unter der Voraussetzung Sinn, daß die Fragen gegenstandsbereichsrelevant sind. Weder das Stufenmodell noch die Frage nach Akteuren und Gegenspielern noch auch die Thematisierung von Konfigurationen und Prozessen kultureller Aneignung wissenschaflich-technischer Entwicklungen greifen bei allen thematisierten Technologien. Der Versuch, abschließend ein Rationalitätsmuster zu rekonstruieren, beruht auf dem Kategorienfehler, daß die Rationalität der Rekonstruktion mit der Rationalität des Rekonstruierten verwechselt wird. Nur unter der Bedingung dieser Verwechslung hängt von der Rekonstruktion des Rationalitätsmusters die Prognostizierbarkeit, die ökologische und soziale Tragbarkeit, die Kontrollierbarkeit und die kulturelle Assimilierbarkeit ab.

Es würde wenig Sinn machen, die Tatsache, daß der Pilot eines Jumbo-Jets vor jedem Abflug eine Checklist überprüft, mit dem Ausdruck zu umschreiben: Er verfügt über ein theoretisches Konstrukt. Außerdem würde es keinen Sinn machen, einen Piloten eines Alouette-Hubschraubers mit derselben Checklist auszurüsten. Mithin bedarf es eines theoretischen Modells der zu untersuchenden Technologien, bevor ein solches Frageraster angelegt wird. Um die Bestimmung des Gegenstandsbereiches kommt man eben auch auf diesem Wege nicht herum. Hier scheint mir wie auch in der Detailarbeit, die noch sehr viel differenzierter die unterschiedlichsten jetzt in eine Fragedimension verpackten Hinsichten auseinanderzuhalten hat, für die einzelnen Projekte innerhalb der Sektion noch sehr viel zu tun zu sein.

LITERATUR

Helberg, Walther: Beitrag zum Strukturverständnis des technischen Daseins. In: VDI-Zeitschrift 104 (1962), Nr. 15; Teilabdruck in: Sachsse, H. (Hg.): Technik und Gesellschaft 3: Selbstzeugnisse, Philosophie der Technik (München 1976).

Kapp, Ernst: Grundlinien einer Philosophie der Technik (1877, Neudruck München 1976).

Krug, Traugott Wilhelm: Enzyklopädisches philosophisches Wörterbuch. Allgemeines Handbuch der philosophischen Wissenschaften. Bd. I-V. Faksimile-Neudruck der 2. Aufl. von 1832/38 (Stuttgart-Bad Cannstatt 1969).

INDUSTRIEARBEIT IM UMBRUCH – VERSUCH EINER VORAUSSAGE

Horst Kern, Michael Schumann

Sehen um vorauszusehen diesem Comte'schen Anspruch an „wahrhafte Wissenschaft" ist in der neueren Industriesoziologie kaum widersprochen worden – zu behaupten, sie hätte sich an ihm abgearbeitet, wäre aber sicher übertrieben. Lange stand vielmehr die Entdeckung des Gegenwärtigen im Vordergrund ihrer Forschung. Ziel war, ein authentisches Bild von Produktion, Arbeit und Arbeitern zu gewinnen, Bestandsaufnahmen zu machen und geltende Interpretationen in handfester Empirie zu überprüfen. Manche gängige Formel um Arbeiterverbürgerlichung und Gesellschaftsnivellierung wurde so dem Druck der Tatsachen ausgesetzt. Ideologiekritik stand bei vielen Industriesoziologen also zunächst auf dem Programm. Und als sich das Wissen über vorfindbare Sachverhalte und Strukturen sicherte und verbreiterte, gewannen zwar Fragen ihrer Genesis und der Identifizierung von allgemeinen Mechanismen an Bedeutung: Beim Versuch, noch so differenzierte Ex-post-Analysen über die Erklärung des Gegenwärtigen aus dem Vergangenen als dezidierte Trendaussagen zu fassen, fühlten wir Industriesoziologen uns aber meist auf zu dünnem, ungesichertem Eis. Oft wurde daraus erst in der Rezeption der Studien Handfestes über künftige Entwicklungen. Die Polarisierungsthese ist hierfür ein ganz hübsches Beispiel.

Man kann der Industriesoziologie der letzten 30 Jahre kaum einen gewissen Beitrag zur gesellschaftlichen Aufklärung streitig machen. Selbstkritisch ist nur gleichermaßen festzuhalten: Zu Voraussagen, mit denen sich heute und auch morgen wirklich etwas anfangen ließe, konnten ihre Ansätze nicht führen. Die Gründe liegen auf der Hand: 1. Das einfache und früher so beliebte Verfahren einer *unreflektierten* Verlängerung des empirisch-faßbaren Status quo ist heute ganz und gar unsinnig. In einer Situation des ökonomischen und politischen Umbruchs, der natürlich auch alle industriesoziologischen Phänomene betrifft, kann das nur zu Trugschlüssen führen. 2. Die Alternative einer Verarbeitung unseres Wissens zu einer Theorie der Gesamtentwicklung, aus der sich *schlüssig* auf die künftige Gestalt der für uns wichtigen Variablen schließen ließe – ein Weg, auf den viele Industriesoziologen im Zusammenhang mit der Rezeption der politischen Ökonomie große Hoffnungen gesetzt hatten – hat sich als dornenreicher als gedacht erwiesen und ist immer noch nicht in einem gangbaren Zustand. Die Bemühungen einer Deduktion konkreter Entwicklungen (z.B. „Abstraktifikation der Arbeit") aus allgemeinen Theorien (z.B. „reelle Subsumtion unter's Kapital") mögen als Abstraktionen ihre Verdienste haben. Triftige Verlaufsaussagen haben sie nach aller Erfahrung nicht gebracht.

Manchmal hat man den Eindruck, daß angesichts dieses Ausmaßes der Schwierigkeiten, die Gegenwart als Spiegel der Zukunft zu betrachten, in den letzten paar Jahren in unserer Industriesoziologie viele den Anspruch auf Voraussage stillschweigend ganz fallengelassen haben. Der Zug zur immer weiteren Detaillierung und Ausdifferenzierung in der Beschreibung industriesoziologischer Sachverhalte, der die Chancen übergreifender Interpretationen verbauen *muß*, ist dafür ein Indiz. Ist nicht aber auch das Sich-Einlassen vieler Industriesoziologen auf das Geschäft der Beratung und der konkreten betrieblichen Gestaltung als eine Antwort auf das Voraussageproblem zu verstehen? Voraussicht war ja entsprechend den Soziologietraditionen, in denen die meisten von uns denken, *die* Brücke zur gesellschaftlichen Praxis. Als diese einzustürzen schien, hat mancher sich an der kleinen Praxis im Diesseits festzuklammern versucht.

Daß sich die Soziologie mit ihrem diesjährigen Kongreß wieder ausdrücklich dem Anspruch stellt, das im gewachsenen Fach gewaltig akkumulierte Wissen in Voraussagen umzusetzen, sehen wir auf diesem Hintergrund als Schritt in die bessere Richtung. Doch das bereits Gesagte dürfte auch verdeutlichen, wie vorsichtig tastend hier Schritte zunächst nur gesetzt werden können. Als wir uns in unserer neuen Studie dem Zwang unterworfen sahen, den Blick nach vorn zu wagen, ist uns besonders klar geworden, wie wenig vorbereitet wir in der Industriesoziologie auf Forschungen sind, die ausdrücklich auch einen Ergebnisstatus anpeilen, der Voraussage sein will. Insofern handelt unser Erfahrungsbericht über diese Studie mehr von Schwierigkeiten, improvisierten Lösungen und vorläufigen Resultaten denn von gesicherten Beständen.

In fünf Punkten werden wir zunächst den methodisch-konzeptionellen Ansatz für unsere auch auf Voraussage gerichete Studie kurz beschreiben, um anschließend in sieben Thesen unsere wichtigsten inhaltlichen Ergebnisse zu umreißen.

I

Unsere neue Untersuchung war ursprünglich als *reine* Folgestudie zu „Industriearbeit und Arbeiterbewußtsein" gedacht gewesen: Analyse der Rationalisierungsbewegungen in den Jahren 1965 bis 1980, also Beitrag zur Rekonstruktion der *historischen* Verlaufsformen von Rationalisierung. Im Laufe unserer Arbeit verdichtete sich freilich immer stärker der Eindruck, daß man die Rationalisierungsentwicklung der letzten fünfzehn Jahre nur richtig versteht, wenn man sie auch und vor allem als Inkubationszeit begreift, d.h. als Aufbau eines Rationalisierungspotentials. Die Hauptsache, die industrielle Anwendung im großen Maßstab, lag und liegt – so unser Eindruck – noch in der Zukunft. Diese noch ausstehenden Entwicklungen in den Betrieben mußten wir auf jeden Fall mit zu erfassen suchen, wollten wir nicht am Ende als schlichte Biographen von Rationalisierungsverläufen dastehen – noch dazu von einer Phase, deren Spezifik gerade darin liegt, daß die für sie charakteristischen Konzepte bald auf dem Schrottplatz der Rationalisierungsgeschichte abgelegt sein könnten. Das war der in der Sache liegende Zwang zur Antizipation, zur Prédiction im Sinne Horkheimers, zur historischen Voraussage also, dem wir uns ausgesetzt sahen. Wie aber kann man sich angesichts der schon deutlich gewordenen Schwierigkeiten darauf einlassen?

II

Gewiß, ungelöste Probleme gibt es zuhauf, aber auch manche brauchbaren Anknüpfungspunkte und viel verwertbares Wissen. Es bestehen u.E. gute Gründe, in folgenden Überlegungen *Bausteine* einer Antizipation von Rationalisierung zu suchen:

a) Die Logik kapitalistischer Rationalisierung (Bemühung um die höhere Ergiebigkeit der lebendigen Arbeit mit dem Ziel besserer Kapitalverwertung) realisiert sich entsprechend den spezifischen markt- und produktionsökonomischen Bedingungen in konkreten, typisierbaren Formen der Rationalisierung. Mit einer Veränderung der Rationalisierungsformen ist dann zu rechnen, wenn veränderte Verwertungsbedingungen oder auch nur Interpretationen die Suche nach adäquateren Produktionskonzepten stimulieren. Die Verwertungsprämisse drängt dann nach neuen Einlösungen. Offenbar befinden wir uns gegenwärtig in einer solchen Umbruchsituation.

b) Alle bisher bekannten Formen kapitalistischer Rationalisierung suchten eine Einlösung der Verwertungsprämisse entlang folgender Linien: Lebendige Arbeit wurde als zu überwindende Schranke der Produktion verstanden, das Residuum lebendiger Arbeit als potentieller Störfaktor. Die markt- und produktionsökonomischen Bedingungen bewirkten Differenzierungen nur auf den durch diese Linien definierten Bahnen. Wir sehen aber keine theoretische Notwendigkeit für die Schlußfolgerung, kapitalistische Rationalisierung *müsse* sich ad infinitum auf diesen Bahnen bewegen. Hier liegt *auch* ein empirisches, theoretisch für uns nicht vorab entscheidbares Problem.

c) Gegenüber empirisch begründeten Zukunftsaussagen muß immer ein Wahrheitsvorbehalt aufrechterhalten werden; über ihre letztendliche Richtigkeit kann nur die geschichtliche Entwicklung selbst entscheiden. Ob also die aktuelle Umbruchsituation so radikal ist, daß die Rationalisierungsformen aus den bisherigen Bahnen herausgehoben werden oder nicht, wird sich mit unseren empirischen Recherchen heute nicht definitiv feststellen lassen.

d) Im Bewußtsein dieser Einschränkung sehen wir aber Möglichkeiten, die Empirie gezielter als bisher üblich für Ergebnisse mit Voraussage-Status einzusetzen. Wir sprechen in diesem Zusammenhang von einer „Ex-ante-Empirie". Diese macht sich zwei theoretisch wie empirisch zweifelsfreie Tatbestände zunutze. Die Ungleichzeitigkeit von Rationalisierungsmaßnahmen und die (jedenfalls im Großunternehmen typische) Langfristigkeit von Rationalisierungsplanungen. Durch empirische Analyse von stilbildenden Rationalisierungen – das wären in Schumpeters Sprache die „neuen Kombinationen" im noch nicht abgeschlossenen Innovationsschub – sowie von darauf gerichteten längerfristigen Planungsmaßnahmen – „neue Kombinationen" im Status nascendi – läßt sich der Vorhang zur Zukunft ein Stückweit lüften. Zur uns interessierenden Frage, ob die gegenwärtige Rationalisierungsbewegung in den alten Bahnen verharrt oder ob sie den Duktus kapitalistischer Rationalisierung tangiert und grundlegend gewandelte Formen bewirkt, lassen sich also mit einer Ex-ante-Empirie Argumente beibringen.

Entsprechend diesen vier Grundüberlegungen studierten wir die Verwertungsbedingungen zentraler Industriezweige im Hinblick auf die in ihnen enthaltenen Impulse für weitere Rationalisierungen. In allen Branchen stießen wir in der Tat auf Veränderungskonstellationen. Unser Programm, diese genau auszuloten, in Stichworten:

- Genaue Ex-post-Analysen, bei denen wir auf unsere Empirie aus „Industriearbeit und Arbeiterbewußtsein" aufbauen konnten, verschafften uns Klarheit über bisher typische Lösungen.
- Durch Adäquanzüberlegungen – inwieweit passen die alten Formen in die aktuelle Verwertungssituation? – gewannen wir Vorstellungen darüber, wo in den Betrieben heute die offenen Flanken liegen. Soweit wir dann auf konkrete Projekte, erprobte Modelle oder wenigstens seriöse Planungsvorhaben stießen, mit denen flankenschließende Intentionen verfolgt wurden, haben wir diese aufgenommen und weiter recherchiert.
- In einer abschließenden Evaluation versuchten wir ein Urteil darüber zu gewinnen, inwieweit diese Maßnahmen plausible Antworten auf die heutigen Verwertungsprobleme darstellen. Bei einem positiven Befund sprechen wir von stilbildenden Rationalisierungen, d.h. von technisch-organisatorischen Maßnahmen, die – nach vorne geschaut – eine große Diffusionschance besitzen und Spitze eines Eisbergs sein könnten, obwohl sie für die Realität der Betriebe heute noch nicht unbedingt bestimmend sind.

III

Gestützt auf diese Analysen behaupten wir als zentrale These, daß sich gegenwärtig vor unseren Augen ein grundlegender Wandel in der Nutzung der Arbeitskräfte vollzieht. Neue Produktionskonzepte werden formuliert und durchgesetzt, deren Generalnenner lautet: keine technische Autonomisierung der Produktionsprozesse um jeden Preis, wachsende Wertschätzung von Qualifikation und fachlicher Souveränität. Der Duktus kapitalistischer Rationalisierung wird anders. Bei unveränderter Logik der Rationalisierung bilden sich doch grundlegend neue Formen aus.

Diese These von den neuen Produktionskonzepten formulieren wir nicht als Postulat, sondern als Resultat einer interpretierenden Verarbeitung empirischer Erfahrungen nach dem Konzept der Ex-ante-Empirie. Wenn wir die neuen Produktionskonzepte prognostizieren, so umreißen wir die Entwicklungsrichtung, in die hinein die Umbruchsituation in den Betrieben nach unserer Einschätzung aufgelöst wird. Die neuen Produktionskonzepte stellen aus unserer Sicht also heute mehr dar als eine objektive Möglichkeit, nur vorübergehende Irritationen bei der Einführung neuer Technologien oder bloße Insellösungen. Sie markieren die *Bandbreiten* der weiteren Entwicklung in den industriellen Kernsektoren.

IV

„Bandbreite“ umreißt eine bestimmte Entwicklungsrichtung, innerhalb derer aber viele Pfade mit gleichem Marschziel gegangen werden können. Damit wollen wir unsere Voraussage gegenüber eindeutiger Prognose im Sinne der definitiven Behauptung einer bestimmten Entwicklungslinie abgrenzen. Daß eine derart exakte „Prognose“ erkenntnislogisch gar nicht haltbar wäre, können wir nur noch einmal wiederholen. Unterhalb dieser prinzipiellen Schwelle bestehen freilich Voraussagemöglichkeiten, und zwar unterschiedlichen Genauigkeitsgrades. Dabei erscheint uns klar, daß wir den vorhandenen Genauigkeitsspielraum heute noch nicht ausschöpfen können. Auch wenn wir mit der Industriesoziologie heute schon manches Terrain erschlossen haben: Viel nachgreifende Forschung ist noch nötig.

Die Aussageunsicherheiten, die bei einem Antizipationsversuch bestehen, bestimmen sich aber immer auch aus dem spezifischen Forschungsgegenstand. Bei unserem Thema – der betrieblichen Rationalisierung – ist zu bedenken, daß der technisch-organisatorische Wandel im Betrieb in all seinen Phasen sozial determiniert ist. (Über die Technokratiethese, die etwas anderes behauptet, braucht man wohl nicht mehr zu streiten.) Soziale Determiniertheit der Rationalisierung bedeutet aber, daß Rationalisierung im Betrieb aus einem dynamischen sozialen Kräftefeld heraus entsteht und daß über ihre konkreten Konturen in vielschichtigen Bargaining-Prozessen entschieden wird, deren Details nicht vorherzusehen sind. Auch wenn man nun – wie wir dies in unserer Studie versucht haben – die hier relevanten betrieblichen Handlungskonstellationen in ihrer inneren Dynamik und Konfliktualität in die Analyse mit einbezieht, so müssen wir trotz solcher Bemühungen konstatieren: Der Ausgang der Prozesse selbst ist prinzipiell noch offen. Über das letztendliche Resultat, den Fahrweg der Rationalisierung, ist noch nicht entschieden. Diese Offenheit besteht umso mehr, als die Beschreibung der Handlungskonstellationen – sofern sie politisiert wird – ihrerseits zu einer Veränderung des Kräftefeldes führen kann. In unserem Fall, bei einer praxisorientierten Sozialforschung, ist diese Veränderung ja sogar ausdrücklich gewünscht. Antizipierbar sind aber solche Rückkopplungseffekte kaum.

Der Begriff Bandbreite hebt also die Offenheit und Gestaltbarkeit der Situation, das Faktum der noch bestehenden Eingriffschancen hervor. Die These von den neuen Produktionskonzepten umreißt in unserem Verständnis eine neue Konstellation, eine vermutlich wichtiger werdende Handlungs- und Gestaltungsmöglichkeit, nicht aber einen definitiven Vorgang und schon im Detail bestimmte Ergebnisse. Sie soll nach unserer Vorstellung einmünden in eine Politik der Modernisierung, die die in der beschriebenen Konstellation liegenden Chancen nach vorn hin öffnet: Modernisierung als gesellschaftliches Projekt. Antizipierbar erscheinen uns in erster Linie die Problemkonstellationen, die Entwicklungsrichtung und die Handlungsmöglichkeiten, nicht aber schon die konkreten Resultate.

V

Unser Verfahren der Voraussage können wir also zusammenfassend als theoretisch angeleitete und empirisch gestützte Bandbreitenbestimmung kennzeichnen. „Theoretisch angeleitet", weil wir uns auf eine Theorie der kapitalistischen Entwicklung beziehen, die von der Unterscheidung zwischen Logik und Formen der Rationalisierung ausgeht und bestimmte Annahmen über den Formwandel („bisherige Formen", „Ungleichzeitigkeitstheorem", „Planungstheorem", „Bargainingtheorem") enthält. „Empirisch gestützt", weil wir den Nachweis einer beginnenden Ablösung der alten Formen durch neue Produktionskonzepte mit empirischen Mitteln führen. Der Begriff der „Bandbreite" soll Felder und Grenzmarken abstecken, innerhalb derer die weitere Entwicklung zu erwarten ist.

Es dient vielleicht dem Verständnis unseres Verfahrens, wenn wir anmerken, daß wir gelegentlich einen Seitenblick auf die Prognoseansätze in der Wirtschaftsforschung und der Unternehmens- und Politikberatung geworfen haben. Orientierungshilfen brachten sie uns kaum – und zwar nicht nur wegen der Unterschiede im gesellschaftstheoretischen Grundverständnis und im Erkenntnisinteresse. Dabei sind die Fortschritte in diesen Disziplinen nicht zu übersehen: Mit Projektionen im Sinne schlichter Prolongationen vergangener Trends, früher dort durchaus hoffähig, gibt sich heute kaum noch jemand zufrieden. So werden bei Prognosen vom Typ der indikativen Vorausschätzung die mathematisch-statistischen Trendverlängerungen zumeist in theoretische und empirisch-qualitative Erwägungen eingebettet und insofern relativiert; das bedeutet einen Gewinn an Realitätsnähe. Und bei Prognosen in der Form von hypothetischen Szenarien wird auf exakte Vorausberechnungen von Verlauf und Zeitpunkt künftiger Ereignisse häufig ganz verzichtet, und man beschränkt sich darauf, Gefahrenpunkte und Grenzwerte der Entwicklung zu benennen; dies kann durchaus nützliche Anregungen für effektive Problemlösungen erbringen. Dennoch konnten diese Ansätze für uns kein Modell sein. Zu sehr sind sie immer noch durch ein auffälliges Mißverhältnis zwischen nicht nachvollziehbaren oder nicht nachprüfbaren Annahmen einerseits und der beanspruchten Aussagegenauigkeit andererseits gekennzeichnet. Es bleibt ein Unbehagen, weil pauschale Statements und fragwürdige empirische Annahmen mit detailliertesten quantitativen Aussagen kombiniert werden.

Daß sie der Magie der Quantifizierung erliegen könnte, ist gewiß nicht das Problem der Industriesoziologie. Doch wo sind unsere Chancen, es besser zu machen? Wer als Industriesoziologe sein Handwerk einigermaßen gelernt hat, kann vielleicht einen gewissen Realitätssinn für sich in Anspruch nehmen, der ihn die Vielfältigkeit und Widersprüchlichkeit sozialer Phänomene in der Industrie halbwegs deutlich sehen läßt. Das Gesetz der komparativen Kostenvorteile nutzend, war es folglich unser Bemühen, bei der Vorbereitung unserer Antizipation sehr genau hinzuschauen und die Lösung gerade nicht auf dem Wege der Glättung und der Handhabbarmachung der industriellen Wirklichkeit für Modellzuordnungen zu suchen. Unsere Aussagen beruhen auf in cross examination gewonnenen Informationen. Sie sollen sein: Zusammenfassung und Verdichtung eines reichhaltigen Datenmaterials zu einem integrierten Konzept; ein die Widersprüche austragender Gesamteindruck, der sich in Form von Evidenzargumenten aus unserem Material dokumentieren läßt und der sich mit unseren theoretischen Kenntnissen zumindest zu einem plausiblen Bild zusammenfügt. Was wir anstrebten waren transparente, nachvollziehbare Gesamtinterpretationen.

So viel zu der methodischen Plattform, die wir uns zusammengezimmert haben, um einen Blick auf die Zukunft der Industriearbeit werfen zu können. Nun die Aussicht selbst in Kurzbeschreibung. In den restlichen sieben Punkten wollen wir die Entwicklung der, sagen wir, nächsten zehn Jahre umreißen.

VI

Unsere Hauptaussage bedeutet: In den industriellen Kernsektoren vollzieht sich vor unseren Augen ein grundlegender Wandel in der Nutzung der Arbeitskräfte. Zu beobachten ist ein Umdenken in der Arbeitsgestaltung, der Ausbildungs- und Personalpolitik sowie des Arbeitseinsatzes. Durchaus kann man von einem arbeitspolitischen Paradigmenwechsel in den Betrieben des industriellen Kernbereichs sprechen. Dieser steht im Zusammenhang mit jenem umfassenden Gesamtprozeß, den wir als das Aufkommen neuer Produktionskonzepte bezeichnet haben und der uns deshalb so bemerkenswert erscheint, weil seine Arbeitsimplikationen kapitalistischer Rationalisierung eine neue Gestalt geben.

Dieser Wandel ist freilich weitgehend verborgen geblieben, weil sich die Diskussion um die Wirkungen der neuen Technologien ganz auf deren gesteigerte Freisetzungspotenz konzentrierte. Der gewerkschaftliche Kampf um die 35-Stunden-Woche unterstreicht diese Wahrnehmung: Rationalisierung steht heute mehr denn je als Synonym für massenhafte Arbeitsplatzvernichtung. Nun erwarten auch wir in der Zukunft in dieser Hinsicht Problemverschärfungen. In vielen Industrien endet gerade erst die schon erwähnte Inkubationszeit, in der das erweiterte Rationalisierungswissen aufgebaut wurde. Erst jetzt und in den kommenden Jahren werden diese Möglichkeiten ausgereizt. Da es keinerlei Anhaltspunkte dafür gibt, daß die Karte der Kompensation noch sticht, wird dem gesellschaftlichen Skandal der Arbeitslosigkeit nur mit politischen Lösungen beizukommen sein.

Doch die gesteigerte Freisetzungspotenz stellt nur das *eine* neue Moment der eingeleiteten Rationalisierungsbewegungen dar. Im Bruch mit der bisher üblichen Arbeitspolitik liegt die *zweite,* vielfach noch übersehene Veränderung. Es klingt paradox: Gerade zu jenem historischen Zeitpunkt, zu dem die technischen Möglichkeiten zur Substitution menschlicher Funktionen geradezu explodieren, steigt gleichzeitig das Bewußtsein für die qualitative Bedeutung menschlicher Arbeitsleistung; steigt die Wertschätzung der besonderen Qualitäten lebendiger Arbeit. Denn das Credo der neuen Produktionskonzepte lautet:

a) Autonomisierung des Produktionsprozesses gegenüber lebendiger Arbeit durch Technisierung ist kein Wert an sich. Die weitestgehende Komprimierung lebendiger Arbeit bringt nicht per se das wirtschaftliche Optimum.

b) Der restringierende Zugriff auf Arbeitskraft verschenkt wichtige Produktivitätspotentiale. Im ganzheitlicheren Aufgabenzuschnitt liegen keine Gefahren, sondern Chancen. Qualifikation und fachliche Souveränität auch der Arbeiter sind Produktivkräfte, die es verstärkt zu nutzen gilt.

VII

Für die von uns en détail untersuchten Branchen – Automobilindustrie, Werkzeugmaschinenbau, chemische Industrie – lassen sich die neuen Produktionskonzepte in bezug auf die technische und organisatorische Produktionsgestaltung wie folgt konkretisieren:

Die neuen Produktionskonzepte – Funktionsgestaltung

	Technisch	Arbeitsorganisatorisch
Automobilindustrie	Offensive Nutzung der neuen Technologien – insbesondere in den bisher arbeitsintensiven Montagesektoren; Mechanisierungssprung auf teilautomatisierte Einzelaggregate und Maschinensysteme	Trendwende in der Arbeitsgestaltung: – Aufgabenintegration – Reprofessionalisierung der Produktionsarbeit
Werkzeugmaschinenbau	Offensive Nutzung der neuen Technologien in der spanabhebenden Fertigung; Mechanisierungssprung auf teilautomatisierte Einzelaggregate und Maschinensysteme	Facharbeiterbetrieb als positives Gestaltungskonzept, nicht mehr „notwendiges Übel"
Chemische Industrie	Schrittweise Komplettierung des Automatisierungsgrades in Richtung Vollautomation	Fortsetzung des Trends zur Professionalisierung der Produktionsarbeit
Gemeinsamer Nenner	Forcierte Technisierung, aber keine Komprimierung der lebendigen Arbeit um jeden Preis	Der ganzheitliche Aufgabenzuschnitt erschließt neue Produktivkräfte

Daß sich in diesen Branchen die neuen Produktionskonzepte durchzusetzen beginnen, sehen wir nicht zuletzt im ökonomischen Fundament und in den Zukunftsperspektiven dieser Industriezweige begründet. In unterschiedlichem Ausmaß hat die „Krise der Wachstumsökonomie“ zwar auch an diesen Industrien genagt, doch bestand und besteht genug Substanz für eine nach vorne gerichtete Strategie, wie sie in den neuen Produktionskonzepten zum Ausdruck kommt. Ökonomische Potenz bildet ohne Zweifel *eine* notwendige Voraussetzung für einen weittragenden Sprung in Richtung Modernisierung der Produktionsapparate und damit zusammenhängenden Produktinnovationen. Deswegen scheint es uns angebracht, in den industriellen Kernsektoren *insgesamt,* also im Zentralbereich der Industrieproduktion, soweit er nach wie vor auf halbwegs soliden Beinen steht, das Experimentier- und Diffusionsfeld der neuen Produktionskonzepte zu sehen. Das bedeutet umgekehrt: Unsere These von den neuen Produktionskonzepten ist keine Aussage über *den* industriellen Sektor. Sie gilt nur für das funktionierende Zentrum der Industrieproduktion.

Daß in diesen Industrien neue Produktionskonzepte eine Bewährungschance bekommen, hat u.E. mit einer umfassenden Umgruppierung und Neubewertung der Verwertungsbedingungen zu tun und läßt sich nicht etwa nur technologisch begründen. Das Umdenken in Richtung neuer arbeitspolitischer Konzepte erhält aber umso mehr Anstöße, je mehr neue Technologien Anwendung finden. Das hängt besonders damit zusammen, daß (von stark rückläufigen Bedienungspositionen abgesehen) an automatisierten Großanlagen oft kein Platz mehr ist für ganz und gar unqualifiziertes Personal. Auch in der Fertigung, in welchem Ausmaß immer, wird der geschickte, diagnosefähige, verhaltenssouveräne Arbeiter gebraucht.

VIII

Die arbeitssoziologische Bedeutung einer Produktionsgestaltung nach dem Muster der neuen Konzepte liegt darin, daß diese nur unter der Voraussetzung einer Wiedereinführung und Verankerung von Produktionsintelligenz praktiziert werden können. Kapitalverwertung selbst erfordert den Umbruch in der Nutzung von Arbeitskraft. Je mehr die Produktkonzeption auf die Erzeugung hochkomplexer Qualitätsartikel hinausläuft und die Produktionskonzepte auf den breitflächigen Einsatz der neuen Technologien abzielen, desto mehr bietet sich als optimales Arbeitseinsatzkonzept der ganzheitlichere Aufgabenzuschnitt und die breitere Verwendung von Qualifikationen an. In der Frage, wo im Betrieb die produktionsnotwendige Intelligenz verankert werden soll: allein in werkstatt-externen Planungs- und Dispositionsagenturen, denen eine rein ausführende Fertigung ohne jede Kompetenz und Qualifikation gegenübersteht (das wäre die Fortschreibung alter Linien), oder aber auch in der Produktion selbst, deren Know-how und Erfahrung nicht als ärgerliches Residuum, sondern als unverzichtbarer Bestandteil der Produktivkraftentwicklung anerkannt wäre (das sind die neuen Produktionskonzepte), gewinnt die zweite Position allmählich die Oberhand. Höhere Produktivität ist unter den gegenwärtigen Umständen ohne pfleglicheren, „aufgeklärteren" Umgang mit der lebendigen Arbeit nicht zu bekommen – das ist eine Erfahrung, die auch das Kapital machen muß.

IX

Je nach konkreter Ausprägung der neuen Produktionskonzepte weisen die Arbeitsveränderungen, die wir hier im Auge haben, unterschiedliche Konturen auf. Bezieht man sich wiederum auf die drei Bereiche, in denen wir hauptsächlich empirisch gearbeitet haben, so sind in bezug auf die vorherrschenden Arbeits- bzw. Berufstypen und deren Qualifikationsprofile folgende Differenzierungen angebracht:

Die neuen Produktionskonzepte – Arbeitsveränderungen

	Arbeits-/Berufstyp	Qualifikationsinhalt
Automobilindustrie	Produktionsfacharbeiter neuen Typs: orientiert am Berufsbild eines „Fertigungsmechanikers"	Ausbaufähige Grundkenntnisse über technisch-physikalische Funktionsprobleme moderner Produktionsanlagen mit maschinentechnischer Akzentuierung
Werkzeugmaschinenbau	Weiterentwicklung des Zerspanungs-Handwerkers zum „Systembetreuer"	Ergänzung der Zerspanungskenntnisse und der handwerklichen Fähigkeiten um Gesamtübersicht und Eingriffskompetenz in CNC-gesteuerte Maschinensysteme
Chemische Industrie	Chemie-Facharbeiter als Produktionsarbeiter	Ausbaufähige Grundkenntnisse über die chemisch-physikalischen Abläufe bei Stoffumwandlung mit produktionstechnischen Bezügen
Gemeinsamer Nenner	Produktionsfacharbeiter	Erweiterte technisch/physikalisch/chemische Grundkenntnisse und Eingriffskompetenzen

Diese Entwicklungen stellen für die Zukunft der Industriearbeit sicher keine Marginalien dar. Es geht um den Erhalt bzw. die Reetablierung von Facharbeit. Das Ende der Arbeitsteilung – darauf könnte unter dem Einfluß der neuen Produktionskonzepte die Entwicklung in einem wichtigen Teil der industriellen Produktion hinauslaufen.

X

Mit den neuen Produktionskonzepten werden vielen Arbeitern in den industriellen Kernbereichen Offerten gemacht. Die höhere Attraktivität der verbleibenden Arbeit bietet bessere Chancen für ein Arrangement mit Rationalisierung. Zugleich liegt in der größeren Wertschätzung der lebendigen Arbeit durch die Betriebe für die Beschäftigten eine Möglichkeit, den Druck auf die Arbeitskonditionen einschließlich der Arbeitsplatzsicherheit abzufangen. Weil der Unternehmer *mit* den Arbeitern modernisieren will, muß er auch etwas bieten. Deswegen können die Belegschaften und ihre Vertretungen auch einen Preis fürs Mitspielen im betrieblichen Prozeß der Modernisierung fordern.

Bezogen auf die *allgemeine Betriebspolitik* heißen die verbreiteten Forderungen:

- Entlassungsschutz bzw. akzeptable Übergangsregelungen; bei unabweislichem Personalabbau gesicherte und finanziell tragbare Frühverrentung; „Arbeitszeitverkürzung“ als Antwort auf Arbeitsplatzvernichtung.
- Besitzstandsicherung bei innerbetrieblichen Umsetzungen.
- Beteiligung am Rationalisierungsgewinn als Ausgleich für übernommene Risiken und Lasten und als Anspruch an Produktivitätssteigerungen.

Hinsichtlich der *Ausgestaltung der Modernisierung* stießen wir auf folgende Erwägungen:

- Anspruchsvolle Arbeitsplatzdefinitionen für möglichst viele Arbeiter; d.h. keine Bündelung der Qualifikationseffekte für kleine Spezialistentruppen, wie es oft Betriebspraxis ist; mutiges Ausschöpfen der erweiterten Gesamtmasse qualifizierterer Funktionen.
- Ausrichtung der Bildungsinhalte an einem umfasssenden Qualifikationsbegriff; d.h. keine Beschränkung auf prozeßspezifische Fähigkeiten, worauf sich viele Betriebe zunächst zu beschränken suchen. Orientierung an souveräner Berufsarbeit; vielfältige berufliche wie private Anwendbarkeit der Kenntnisse und Fähigkeiten.
- Verpflichtung auf den Leistungskompromiß; d.h. keine einseitige Festlegung der Leistungsanforderungen, wie sie in der heutigen betrieblichen Praxis oft geschieht und zu gravierender Arbeitsintensivierung gerade an den neuen Arbeitsplätzen führt.

Alles in allem: statt des Kampfes für alternative Rationalisierung also Kampf um die angemessene Beteiligung an betrieblicher Rationalisierung und die systematische Einbeziehung von Beschäftigteninteressen in die betrieblichen Modernisierungsstrategien. Ein politisches Programm, welches Modernisierung über ihre einzelwirtschaftliche, betriebliche Borniertheit hinaustreiben will, könnte an diesen Belegschaftsforderungen anknüpfen.

XI

Die neuen Produktionskonzepte markieren – wie gesagt – in unserem Verständnis den wahrscheinlichen Entwicklungspfad allein der industriellen Kernsektoren. Sie sind ein wichtiger Bestandteil von deren Versuch, den Kopf aus der Schlinge der Krise zu ziehen und im nationalen wie internationalen Wettbewerb den Boden unter den Füßen zu halten oder wiederzubekommen. Am anderen Pol stehen die krisenhaften Branchen, die heute kaum noch eine Perspektive haben und in denen es ums nackte ökonomische Überleben geht. Vor allem also die Werften, die Stahlindustrie, der Bergbau. In diesen industriellen Krisensektoren ist wenig Platz für die Idee neuer Produktionskonzepte: Ihr Überlebenskampf steht unter dem Zeichen der Kapazitätsvernichtung und der Auspowerung.

Innerhalb der Arbeiterschaft spiegeln sich diese ökonomischen Strukturen in einer Verfestigung interner Grenzlinien wider. Für die innere Dynamik des sich herausbildenden Sozialgefüges scheinen uns vier Konstellationen und Gruppen von besonderer Bedeutung:

Erste Gruppe: Die personellen Träger der neuen Produktionskonzepte: moderne Produktions-Facharbeiter, Instandhaltungsspezialisten; außerdem das ganze Feld derer, die allmählich in solche Positionen einrücken könnten. Sie sind die *Rationalisierungsgewinner.* Im Rationalisierungsprozeß ist ihr Verhalten das der Mitspieler, der Protagonisten der betrieblichen Umgestaltung; sie haben einen hohen betrieblichen Status und können für sich Gratifikationen reklamieren. Sie dürften aus dieser Entwicklung sogar mit Machtzugewinn herauskommen.

Zweite Gruppe: Die Arbeiter auf den traditionellen Arbeitsplätzen in den Kernsektoren, die aber wegen persönlicher Merkmale – fortgeschrittenes Alter, keine polyvalenten Qualifikationen – für einen Arbeitseinsatz nach dem neuen Produktionskonzept den Betrieben nicht attraktiv erscheinen. Ihr Verhalten im Rationalisierungsprozeß dürfte das der *Rationalisierungsdulder* sein. Sie sind zwar überwiegend durch Tarifvertrag und Betriebsvereinbarung vor dem Schlimmsten geschützt. Doch ist ihre Interessenwahrnehmung gehemmt, weil für sie allemal die Gefahr besteht, ausgefiltert zu werden. Die Kämpfe bei Talbot 1983 zeigen die Brisanz, die dann entsteht, wenn die Beschäftigteninteressen dieser Gruppe betrieblich nicht mehr eingelöst werden und sie dadurch ganz auf die Verliererstraße geraten.

Dritte Gruppe: Die Arbeiter in den krisenbestimmten Branchen. Sie sind schon *Verlierer.* Bei kollektiver Betroffenheit, d.h. bei Betriebsstillegungen, ist hier ein sehr hohes Aktivitätspotential gegeben. Die Betriebsbesetzungen in der Werftindustrie 1983 deuten dies an. Das Verhalten dieser Gruppen im Rationalisierungsprozeß ist zumeist nicht gegen betriebliche Rationalisierung gerichtet, sondern gegen „falsche" Betriebskonzepte bzw. gegen den gänzlichen Verzicht auf Rationalisierungsbemühungen, die das Überleben des Betriebes vielleicht sichern könnten.

Vierte Gruppe: Die *Risikoträger am Arbeitsmarkt* und vor allem die Dauerarbeitslosen. Sie werden noch stärker ins Ghetto der Dauerarbeitslosigkeit verbannt, weil mit den neuen Produktionskonzepten die Außenabschottung der Betriebe ebenso wächst wie die spezifischen Qualifikationsnachfragen. Ein konkreter Bezug auf betriebliche Rationalisierungskonzepte fällt bei dieser Gruppe zwangsläufig weg.

Das Ende der Arbeitsteilung im Inneren der Zentren der Industrieproduktion fällt also zusammen mit einer tendenziellen Verschärfung der Abgrenzung nach außen. Deshalb sprechen wir auch von der Segmentierung als einer neuen Variante der Polarisierung. Seit den unmittelbaren Nachkriegsjahren sind die Lageunterschiede innerhalb der Arbeiterschaft noch nie so groß gewesen wie jetzt. Noch nie sind die mit industrieller Arbeit verknüpften Risiken und Chancen unter den Arbeitern so unterschiedlich verteilt gewesen wie heute.

XII

Es ist dieses Novum, das uns dazu veranlaßt, im Hinblick auf die gegenwärtige Phase der gesellschaftlichen Entwicklung den Begriff der *Neoindustrialisierung* einzuführen. Neo- in Abgrenzung zur Reindustrialisierung, einem durch einen korporativistischen Politikansatz zur Förderung des vernachlässigten Investitionsgütersektors in den USA plötzlich hochgespielten Terminus. Reindustrialisierung redet der Wiederentdeckung der industriellen Kernsektoren das Wort und fordert ausschließlich Erneuerung der Infrastruktur auf der Basis der neuen Technologien. Neoindustrialisierung soll mehr ausdrücken: eine an die Substanz gehende Neufassung des Begriffs kapitalistischer Rationalisierung. Der Prozeß, den wir damit benennen wollen, meint nicht Restitution von Bekanntem, sondern Eindringen in Neuland – neue Produktionskonzepte auch und gerade durch einen anderen Umgang mit der lebendigen Arbeit. Neoindustrialisierung verstehen wir entsprechend nicht als technologisches Phänomen, sondern als einen komplexen Umbruch der Industriestruktur, für den uns der arbeitspolitische Paradigmenwechsel in den Betrieben konstitutiv zu sein scheint.

Obgleich wir die Eingebundenheit der neuen Produktionskonzepte in die industriellen Kernsektoren sehen müssen, markiert ihre Entstehung und

Verallgemeinerung einen Vorgang von übersektoraler, man kann ruhig sagen: gesellschaftlicher Bedeutung. Im Gravitationsfeld jener Prozesse, die hier in Rede stehen, werden die Reproduktionsmöglicheiten und Lebenschancen innerhalb der Gesellschaft umverteilt. In dem Maße, in dem auf der Grundlage der neuen Produktionskonzepte die Modernisierung der industriellen Kernsektoren gelingt, werden diese Bereiche zu ökonomischen Machtzentren, aus denen für jeden etwas abfällt, der zu ihnen Zugang hat und behält. Auch wenn hinter den krisenhaften Zuspitzungen in den Grenzsektoren industrieller Produktion und im Arbeitslosen-Segment des Arbeitsmarktes ein ganzes Bündel von Gründen steckt: Am Elend dieser Bereiche ist die Modernisierung der industriellen Kernsektoren als eine Ursache durchaus mitbeteiligt. Teils sind es die Abwälzungsstrategien, mit denen die mächtigen Kernsektoren einen Teil der „Kosten" ihrer Modernisierungserfolge „sozialisieren"; teils sind es aber auch Abschottungspraktiken, mit denen sich die Branchen des Kernbereichs einer solidarischen Übernahme gesellschaftlicher Aufgaben entziehen. Das Vorhandensein solcher Mechanismen bedeutet allemal, daß die Kernsektoren in einem gewissen Maße zu Lasten anderer Bereiche gedeihen.

In diesen disparitären Lebensverhältnissen sind große Probleme der gesellschaftlichen Integration begründet. Wenn die von uns beobachteten Segmentierungstendenzen weiter verstärkt und verfestigt werden, dann wird Neoindustrialisierung in die sogenannte Zwei-Drittel-Gesellschaft einmünden. Gelänge es aber, durch eine am Begriff gesamtgesellschaftlicher Rationalität orientierte Politik der Modernisierung die disparitären, betrieblich bornierten Momente auszugleichen, dann könnte Neoindustrialisierung langfristig zu gesellschaftlichem Fortschritt führen.

Auf den großen Segelschiffen im Zeitalter der Entdeckungen hatte der Mann im Ausguck einen reizvollen, aber reichlich riskanten Platz. Er konnte abstürzen oder gar das Schiff auf Grund setzen. Mancher schlechte Ausrufer soll als Strafe auf einer einsamen Insel ausgesetzt worden sein.

Über so harte Sanktionen verfügt unser Fach glücklicherweise nicht. Wir wissen, daß unsere Voraussage, mit neuen Produktionskonzepten werde der Duktus kapitalistischer Rationalisierung grundlegend verändert, für Sie zunächst nur eine These sein kann. Unserem eigenen Anspruch auf empirische Belege sowie auf Transparenz und Nachvollziehbarkeit der Argumentation konnten wir in unserem Vortrag kaum genügen. Aber Sie haben ja die Möglichkeit, die im Untersuchungsbericht enthaltenen Details in Ruhe zu prüfen.[1] Den Skeptikern bleibt im übrigen der Trost: Irrtümer in einer Analyse, in der es auch um Antizipation geht, werden ans Licht kommen – durch den Gang der Dinge.

ANMERKUNG

1 Horst Kern, Michael Schumann, *Das Ende der Arbeitsteilung? Rationalisierung in der industriellen Produktion: Bestandsaufnahme, Trendbestimmung,* München 1984.

Kommentare zum Beitrag von Kern, Schumann

EINIGE KRITISCHE ÜBERLEGUNGEN ZUM ENDE DER ARBEITSTEILUNG

Klaus Düll

Horst Kern hat die tragenden Gedankengänge der Konzeption einer „Neoindustrialisierung“ so brillant vorgetragen, daß der Korreferent vor der unbequemen Wahl steht, die Rolle des Claqueurs oder die des notorischen Nörglers zu übernehmen. Als Ausweg bietet sich wohl nur die Flucht nach vorn: Ich will versuchen, die Gedanken, die mir bei der Lektüre des Referatstextes und des neuen Buches durch den Kopf geschossen sind (und die auch in den Diskussionen mit Norbert Altmann, Günter Bechtle und anderen Kollegen aus dem ISF auftauchten), zu einer immanenten Kritik zu verdichten und auf ihrer Basis einige Gegenthesen aufzustellen.

Mit diesen Gegenthesen will ich nicht das Verdienst schmälern, das Horst Kern und Michael Schumann für das spannende Unternehmen zukommt, mit den Methoden einer Follow-Up-Studie zu prognostischen Aussagen über die Entwicklung kapitalistischer Rationalisierung vorzustoßen und in ihrem Lichte bisherige – und vor allem auch eigene – industriesoziologische Ergebnisse zu überprüfen und zu revidieren. Wenn ich in den folgenden Thesen einige ihrer Argumente und Schlußfolgerungen in Zweifel ziehe, so geschieht dies vor allem deshalb, weil ich diesen eine zentrale Bedeutung für die Diskussion um eine prognose-orientierte und prognosefähige Industriesoziologie zumesse. Ich will meine Thesen auf die drei folgenden Fragen konzentrieren:

1. Reichen die von Kern/Schumann vorgetragenen Ergebnisse und Argumente aus, um die weitreichende These eines arbeitspolitischen Paradigmenwechsels im Rahmen kapitalistischer Rationalisierung zu stützen?

2. Berechtigen die von Kern/Schumann vorgestellten Befunde dazu, in neuen Produktionskonzepten Ansatzpunkte einer konsistenten und verall-

gemeinerungsfähigen Modernisierungspolitik zu sehen, die es bei allem Wenn und Aber auch politisch zu unterstützen gilt?

3. Und schließlich: Heißt die in den Thesen von Kern/Schumann enthaltene Aufforderung zu einer Ex-ante-Empirie und zu vorausschauender Interpretation, daß die Industriesoziologie ihr Selbstverständnis und ihre theoretischen Prämissen allein deshalb zum alten Eisen werfen muß?

Um die *erste Frage* zu beantworten, ist es notwendig, sich über einen Schlüsselbegriff der Konzeption von Kern/Schumann klar zu werden, nämlich über den Stellenwert der „neuen Produktionskonzepte". Bilden die Planungen und policies des Managements wesentliche Inhalte ab, die einer veränderten Struktur der Kapitalverwertungsstrategien entsprechen, bringen sie also einen Paradigmenwechsel zum Ausdruck? Unterstellt man allerdings nicht von Anfang an einen Gleichklang zwischen Managementkonzeptionen und der realen Durchsetzung von Strategien der Kapitalverwertung, dann wird die Frage nach dem Realitätsgehalt von „neuen Produktionskonzepten" zum Prüfstein einer darauf aufbauenden, vorausschauenden Industriesoziologie.

Nun entsprechen die „neuen Produktionskonzepte" in ihrem Inhalt ja vielfach Befunden, die andere und auch unsere eigenen Analysen veränderter Formen der Nutzung von Arbeitskraft zutage gefördert haben. Als Stichworte seien genannt: die These der facharbeitergestützten Rationalisierung oder die These einer qualitativ veränderten Leistungspolitik im Zusammenhang mit Maßnahmen der Arbeitsstrukturierung. Nur berechtigen diese Befunde nicht – und damit beginne ich mit meiner *ersten Gegenthese* –, von einem *Paradigmenwechsel* kapitalistischer Rationalisierung zu sprechen. Das, was wir beobachten, ist ein *Formwandel* kapitalistischer Rationalisierung *insofern,* als Formen der Nutzung von Arbeitskraft entwickelt und durchgesetzt werden, die die immanenten Schranken tayloristischer und fordistischer Produktionsmodelle zu überwinden trachten oder aber den Einsatz des Arbeitsvermögens an den veränderten Nahtstellen der Mensch-Maschine-Systeme neu bestimmen. Es ist nun wahrlich keine neue Einsicht, daß die Betriebe beim erweiterten Zugriff auf das Arbeits- und Leistungsvermögen vorhandene oder verfügbare Qualifikationen nutzen oder sie als Überschußqualifikation bereithalten, ja in den Grenzen ihrer Nutzungsinteressen Qualifikationen auch neu aufbauen. Darin kommt aber kein „an die Substanz gehender" arbeitspolitischer Paradigmenwechsel zum Ausdruck, sondern in der Tat die unveränderte Logik der Kapitalverwertung, die darin besteht, auf dem jeweils erreichten Niveau der Produktivkraftentwicklung die historisch gegebenen Schranken der Nutzung von Arbeitskraft hinauszuschieben. In diesem Sinne war auch in der Vergangenheit das „Residuum lebendiger Arbeit" niemals nur potentieller Störfaktor; lebendige Arbeit wird immer zu einem Störfaktor nur insoweit, als die historisch durchgesetzten Formen ihrer Nutzung die Verwertungsstrategien des Kapitals beschränken.

Zur *zweiten Frage:* Das Postulat einer gesellschaftlichen Modernisierungspolitik, die sich die „neuen Produktionskonzepte" zunutze macht, baut in der von Kern/Schumann vorgetragenen Argumentation zumindest auf den drei folgenden Voraussetzungen auf:

(1) daß die „neuen Produktionskonzepte" sich mit großer Breitenwirkung durchsetzen;

(2) daß die „neuen Produktionskonzepte" in den Kernsektoren der Industrie eine Professionalisierung der Produktionsarbeit einleiten;

(3) und schließlich, daß den Arbeitskräften, die auf der Seite der Rationalisierungsgewinner stehen, eine neue bargaining power gegenüber dem Management zuwächst.

Gegen alle drei Voraussetzungen lassen sich einige Bedenken ins Feld führen: *Erstens:* Viele von Kern/Schumann selbst vorgetragenen Belege – aber auch unsere eigenen Befunde – deuten darauf hin, daß veränderte Formen der Nutzung von Arbeitskraft, die beim Einsatz neuer Technologien durchgesetzt werden, einen insularen Charakter aufweisen. Dies gilt insbesondere für den Bereich der Massenfertigung, aber auch im Werkzeugmaschinenbau sind die zukünftigen Entwicklungslinien – auch nach den Aussagen von Kern/Schumann – durchaus offen. (Die Chemie-Industrie mag hier in der Tat einen Sonderfall darstellen.) Neue Produktionskonzepte entstehen – nicht zufällig – an jenen Schnittstellen des betrieblichen und zwischenbetrieblichen Produktionszusammenhangs, die als die größten Barrieren zeitökonomischer Rationalisierung wirksam wurden und die bei dem Einsatz neuer Technologien besonders hohe Rationalisierungspotentiale versprechen; dies führt in der Regel zu neuen Formen der Abspaltung und Gliederung von Produktions- und Arbeitsprozessen zu neuen Formen differentiellen Arbeitskräfteeinsatzes. Der insulare Charakter „neuer Produktionskonzepte" ist nicht das Ergebnis von „Halbherzigkeiten" oder von Erprobungssperren oder auch von differentiellen Positionsinteressen auf seiten des Managements, sondern entspricht der Logik kapitalistischer Rationalisierung: nämlich die in Arbeitskraft und in neuen Technologien angelegten Ressourcen isoliert und partikular zu nutzen, diese aber gleichzeitig durch Organisierung des Produktionszusammenhangs und durch Strukturierung des betrieblichen Gesamtarbeiters zu integrieren und zu optimieren. Gerade der Einsatz neuer Informations- und Steuerungstechnologien begünstigt die Vernetzung von Produktionsprozessen mit unterschiedlichem technischem Niveau und erleichtert Insellösungen, ohne die Möglichkeiten betrieblicher Kontrolle über Produktionsprozesse und Arbeitskraft einzuschränken.

Zweitens: Ich bestreite durchaus nicht, daß mit dem Einsatz neuer Technologien auch neue Formen der Nutzung von Arbeitskraft mit einem ganzheitlichen Aufgabenzuschnitt durchgesetzt werden. Daraus allein kann aber nicht auf eine allgemeine Tendenz der Professionalisierung der Produktionsarbeit in den industriellen Kernsektoren geschlossen werden. Ein ganzheitlicher Aufgabenzuschnitt und der erweiterte Zugriff auf das Arbeits- und Leistungsvermögen enthalten ja nicht nur eine qualifikatorische, sondern, und dies sogar in erster Linie, eine leistungspolitische Komponente. Bei der Neubestimmung der betrieblichen Leistungspolitik verbinden sich fachliche Anforderungen immer enger mit neuen Anforderungen an Verhalten und Belastbarkeit; die erweiterte Fachkompetenz reicht – nach allen unseren Erfahrungen – gerade so weit wie der betriebliche Leistungsanspruch. Auch in den Befunden von Kern/Schumann bleiben schließlich der Einsatz von Produktionsfacharbeitern im traditionellen Angelerntenbereich und der Aufbau neuer technischer Qualifikationen im herkömmlichen Facharbeiterbereich quantitativ begrenzt.

Drittens: Ich muß gestehen, daß mir der innere logische Zusammenhang von zwei zentralen Thesen verschlossen geblieben ist: der These nämlich, daß die neuen Produktionskonzepte für die Kapitalverwertung keine Gefahren, sondern Chancen enthalten, und der gleichzeitig vertretenen These, daß die Rationalisierungsgewinner in den Kernsektoren über eine verbesserte bargaining power verfügen. Die Begründung für die These, daß die Unternehmen bei der Durchsetzung neuer Produktionskonzepte den „Arbeitern auch etwas bieten" müßten, um sie zu „Protagonisten der Modernisierung" zu machen, leuchtet mir angesichts andauernder Massenarbeitslosigkeit und deutlich verbesserter Selektionschancen der Betriebe auf den internen und externen Arbeitsmärkten ganz und gar nicht ein. Mir scheint, daß sich Kern/Schumann mit ihren – ja sicherlich richtigen und wichtigen – Segmentationsthesen und einer vielleicht allzu glatten typologischen Unterscheidung in Rationalisierungsgewinner, -dulder, -verlierer und Dauerarbeitslose den Blick auf die Selektionsmechanismen verstellen, die bei der Konstitution der Kerngruppen, also der Gewinner, wirksam werden. Es sind aber gerade Selektionsmechanismen, die den betrieblichen Kontroll- und Leistungsanspruch über die neu entstehenden Kerngruppen sichern und deren bargaining power von vornherein begrenzen. Auch scheint mir, daß eine theoretische Tradition, die aufbaut auf der identitätsstiftenden Kraft ganzheitlicher Arbeitsvollzüge, den Blick für die Doppelbödigkeit von Nutzungsformen trübt, die die Arbeitskraft mit ihren motivationalen Fähigkeiten auch als Person dem Verwertungsprozeß unterwerfen.

Meine *zweite Gegenthese* lautet also: Neue Produktionskonzepte setzen sich nicht generell, sondern überwiegend nur inselförmig durch und führen nicht zu einer weitreichenden Reprofessionalisierung der Produktionsarbeit. Der Inselcharakter „neuer Produktionskonzepte" stellt ein Element betrieblicher Strategie dar. Solche Konzepte sind verbunden mit einem verschärften Kontroll- und Leistungsanspruch der Betriebe, die ihrerseits Selektionsmechanismen auch nutzen, um relevante bargaining power neu entstehender Kerngruppen ex ante zu blockieren. „Neue Produktionskonzepte" sind damit nicht der Angelpunkt einer verallgemeinerungsfähigen gesellschaftlichen Modernisierungspolitik, sondern verlangen umgekehrt von den Gewerkschaften und den Betriebsräten neuartige Formen der Interessenvertretung und der Steuerungs- bzw. Schutzpolitik – auch für die Gruppe der „Rationalisierungsgewinner".

Zur *dritten Frage:* Man kann Horst Kern und Michael Schumann nicht Mut absprechen, wenn sie da oben im Ausguck den Blick in die Ferne wagen, aber die Gefahr ist groß, daß sie die Riffe nicht rechtzeitig erkennen. Der Aufforderung an die Industriesoziologie, prognosefähige Ansätze und prognostische Aussagen zu liefern, kann sich kein Vertreter unseres Faches mit ernsthaften Argumenten widersetzen. Die Frage ist nur, ob der auch von Kern/Schumann erhobene und pauschale Vorwurf, die Industriesoziologie habe bisher nur Ex-post-Analysen geliefert, berechtigt ist und ob der von ihnen propagierte Weg der Ex-ante-Empirie und der vorausschauenden Interpretation wirklich den Königsweg darstellt, der die Industriesoziologie zu neuen Höhen führt. Was den ersten Gesichtspunkt betrifft, so ist man in einer ersten Reaktion dazu geneigt, Kern/Schumann alt gegen Kern/Schumann neu in Schutz zu nehmen. Schließlich hat „Industriearbeit und Arbeiterbewußtsein" ja deshalb allgemeine und prognostische Aussagen über den Gang kapitalistischer Rationalisierung zutage gefördert, weil in empirisch gehaltvollen Analysen die Konzepte und Ideologien des Managements mit harten Fakten betrieblicher Wirklichkeit konfrontiert wurden. Hierfür ist die Polarisierungsthese in der Tat ein „hübsches Beispiel". Was den zweiten Gesichtspunkt betrifft, so bezweifle ich, ob der Rückgriff auf eine phänomenologisch ausgerichtete „verstehende" Soziologie wirklich die tragfähige Brücke sein kann, die über den Abgrund führt, der zwischen kapitaltheoretischen Annahmen und der Analyse betrieblicher Wirklichkeit klafft. Das Bild ganzheitlicher Arbeit als Gegenbild zur Arbeitsteilung, das in der Frühgeschichte unserer Disziplin Proudhon und Marx entgegensetzt (und in der französischen Industriesoziologie zu einer berühmt gewordenen Kontroverse zwischen G. Friedmann und P. Naville geführt) hat, paßt zu fugenlos zu dem Postulat einer ganzheitlichen Methode, als daß man den Vater des Gedankens nicht erahnen könnte. Die Ex-ante-Empirie, in der Ex-post-Analysen, Adäquanzüberlegungen und ganzheitliche Zusammenschau eine neuartige Verbindung eingehen, und in der das Bandbreitentheorem eine methodische Schlüsselstellung einnimmt, mag es erlauben, Rationalisierungskonzepte in der „Inkubationszeit" zu erkennen und die empirischen Einzelbefunde gewissermaßen gegen den Strich zu bürsten; sie birgt aber gleichzeitig die Gefahr in sich, daß die einmal identifizierten Konzeptionen gegen empirische Gegenbeweise immunisiert werden – das Bandbreitentheorem erlaubt Abweichungen, zwingt aber nicht dazu, darin Gegentendenzen zu erkennen.

Mir scheint – und damit leite ich meine *letzte Gegenthese* ein –, daß nur die geduldige Weiterarbeit an dem freilich ungelösten Problem der Vermittlung zwischen kapitaltheoretischen Annahmen und der Analyse empirisch und historisch erfahrbarer Wirklichkeit der Industriesoziologie jene Prognosefähigkeit sichern oder neu beschaffen kann, die sie heute dringender benötigt denn je. Dieses aber setzt voraus, daß Managementkonzeptionen auf die eigenen, ihnen innewohnenden und durchaus widersprüchlichen Interessenstrukturen zurückgeführt und ihrerseits gegen den Strich gebürstet werden.

Ich weiß nur zu gut, daß das Postulat – oder vielleicht besser das Desiderat –, die Industriesoziologie könne prognostische Aussagen nur auf der Grundlage einer ausgebauten Theorie kapitalistischer Rationalisierung entwickeln, solange Gefahr läuft, „Klinkengeld für offene Türen zu bezahlen", als konkrete Wege seiner Umsetzung nicht aufgezeigt sind. Aber vielleicht gibt das andere – scheinbar paradoxe – Postulat zu denken, daß eine vorausschauende Industriesoziologie nur historisch verfahren könne. Dies bedeutet, daß prognostische Aussagen nur dort gelingen, wo mit Ex-post-Analysen und präzisen Bestandsaufnahmen die Potentiale der Produktivkraftentwicklung ausgemacht werden, die betriebliche Strategien nutzen können, um die jeweiligen historischen Schranken der Kapitalverwertung und -realisierung zu überwinden. An diesen Schranken werden aber gleichzeitig die Chancen höherer individueller und kollektiver Handlungsautonomie durch die Kontroll- und Herrschaftsinteressen der Betriebe begrenzt. Es ist zweifellos eines der Verdienste des neuen Buches von H. Kern und M. Schumann, daß es auch die Skeptiker unter uns zwingt, über Voraussetzungen und Chancen einer Politik der „Neoindustrialisierung" genauer als bisher nachzudenken. Sinn dieser Anmerkungen war es, auf die leistungspolitischen Aspekte und die Kontrollinteressen der Betriebe aufmerksam zu machen, die mit dieser Entwicklung verknüpft sind, Implikationen, die gerade jene sich mit besonderer Schärfe vor Augen halten müssen, die darin auch Ansatzpunkte einer gesellschaftlichen Politik der Modernisierung erkennen.

ANMERKUNGEN ZUM KONZEPT EINER INDUSTRIELLEN 'MODERNISIERUNG ALS GESELLSCHAFTLICHEM PROJEKT'

Rudi Schmidt

Der provozierende Titel des neuen Buches von Kern/Schumann „Ende der Arbeitsteilung?"* tut schon allenthalben seine Wirkung. Die von den Autoren zur Beantwortung dieser Frage in die Debatte geworfenen Begriffe wie „Neoindustrialisierung", „Reprofessionalisierung" geben den von ihnen beobachteten „neuen Produktionskonzepten" und den Aufgabenerweiterungen an den technologisch grundlegend veränderten Arbeitsplätzen in zentralen Bereichen dreier Kernbranchen der deutschen Industrie ein programmatisches Gewicht. Über die damit benannten neuen Inhalte scheint ein Pfad in eine technologische und arbeitspolitische Entwicklung eröffnet, welche nach ihrer Vorstellung in eine nicht allein den Kapitalinteressen dienende „Politik der Modernisierung" münden soll und zu „langfristigem gesellschaftlichen Fortschritt" (a.a.O., S. 23) führen könnte.

Ist damit der säkulare Kompromiß gefunden zwischen Kapital und Arbeit unterhalb des unversöhnlichen Klassenantagonismus?
„Visionen sind wieder gefragt" heißt es kokett zu Beginn des 7. Kapitels ihres neuen Buches. Und sie stehen nicht an, gleich damit aufzuwarten. Ihr Mut ist zu bewundern, denn Propheten hatten seit jeher einen schwierigen Stand. Eben haben wir von Klaus Düll gehört, wie massiv die Einwände vorgetragen werden; und es dürften sicher nicht die einzigen bleiben.

Nun verfahren Kern/Schumann in der ausführlichen Präsentation ihrer differenzierten Befunde sehr behutsam und sichern sich vielfach konjunktivisch ab. Eine in zehn, fünfzehn Jahren vorgenommene Bestandsaufnahme fände kaum Anlaß zur Kritik, wenn sich die aufgezeigten Anzeichen einer neuen arbeitspolitischen Entwicklung als insulare Prozesse ohne nachhaltige Diffusion herausstellen sollten. Überhaupt sollte bei aller Kritik an den visionären Ausblicken nicht übersehen werden, daß hier die gegenwärtig wohl umfassendste und differenzierteste Gesamtanalyse dreier Industriebranchen mit zentraler wirtschaftlicher Bedeutung vorgelegt worden ist, die auch für die weiterführenden Diskussionen ein Fundament bleiben wird. Problematisch sind ja in erster Linie die Interpretationen der Beobachtungen, die zuweilen allzu schlanken, euphorischen Konklusionen, aus denen die jetzt angefachte Debatte auch ihre Schärfe bezieht.

---

* Rationalisierung in der industriellen Produktion: Bestandsaufnahme, Trendbestimmung, München 1984

Wenn ich auch die Düllschen Einwände überwiegend teile und deshalb hier nicht wiederholen will, so sehe ich doch in den über den empirischen Sachverhalt hinausreichenden perspektivischen Überlegungen keinen netzlosen Drahtseilakt, sondern einen wichtigen provokatorischen Anstoß, der nicht in der Kritik am z.T. ungesicherten Wirklichkeitsbezug verloren gehen sollte.

Man muß sich das nur drastisch genug vor Augen führen: da, wo alle kritischen Geister nur auf die negativen Folgen gegenwärtiger und erst recht künftiger Rationalisierung weisen und nur zu düsteren Gesamtanalysen gelangen: dauerhafte und eher noch ansteigende Massenarbeitslosigkeit, eine durch Mitgliederauszehrung und Interessendivergenz geschwächte Gewerkschaftsbewegung, eine konservative Wirtschafts- und Sozialpolitik der Privatisierung von materieller Not und Daseinsfürsorge ..., da treten Kern und Schumann auf den Plan und verkünden das Projekt der 'Modernisierung' mit der gesellschaftsimmanenten Intention technologischer und arbeitsstruktureller Erneuerungen unter weiterhin kapitalistischen Vorzeichen.

Wo Defätismus um sich greift, Aussteigermentalität in Richtung auf eine '2. Gesellschaft' sich breitmacht und auch Industriesoziologen aus dem Scheitern zu weit gespannter sozialreformerischer Hoffnungen eines staatlich initiierten Programms der 'Humanisierung der Arbeit' die resignative Konsequenz ziehen, den irreversiblen Restriktionen im 'Reich der Notwendigkeit' sei nur mit permanenten Arbeitszeitverkürzungen beizukommen und im übrigen in die Distanz des unbeteiligten Beobachters sich zurückziehen, da setzen Kern und Schumann die entschiedene These entgegen, daß das Industriesystem „als conditio sine qua non weiteren gesellschaftlichen Fortschritts" aufgefaßt werden müsse (321), und daß die industrielle Arbeit für den nach wie vor dominanten Typ des Vollzeitarbeiters „eine so wichtige Handlungssphäre (ist), daß Identitätsbildung nicht losgelöst von Arbeit erfolgen kann und die Perspektive der Lebensautonomie ohne mehr Autonomie in der Arbeit eine Fiktion bleibt." (326)

Darin sehe ich den Kern ihrer programmatischen Aussagen und von hier aus sind ihre weitreichenden Interpretationen vorerst nur keimhaft erkennbaren arbeitsorganisatorischen und qualifikationspolitischen Wandels im Gefolge einer sozial beeinflußten technologischen Innovation zu verstehen.

Nur wenn man diese Grundannahme teilt – und nicht die Fähigkeit des Subjekts zu rigorosem Instrumentalismus und zu einer nichtpathologischen dichotomischen Existenz unterstellt – wird man überhaupt bereit sein, sich auf den von Kern/Schumann aufgezeigten Pfad zu begeben und allen eben sichtbaren Anzeichen für eine „Wiedereinführung und Verankerung von Produktionsintelligenz" (322) und für einen „ganzheitlichen Aufgabenzuschnitt" (323) die gleiche hochgespannte Aufmerksamkeit zu leihen.

Nun wäre es sicher falsch, Kern und Schumann angesichts der aktuell negativen Rahmenbedingungen Naivität vorzuhalten; ihre Projektidee der strukturellen Modernisierung von Industriearbeit hat auch in ihren Augen nur Chancen, wenn die „neuen Produktionskonzepte" aus „ihrer privatistischen Verengung" (321) „mit politischen Mitteln befreit" werden (324). „Eine dem Begriff gerecht werdende Modernisierungspraxis verlangt die soziale Steuerung der Innovation". (322) Ohne diese Intervention von außen würden „die gesellschaftlichen Disparitäten nur verschärft" (321), eine 2/3-Gesellschaft etabliert. Indessen, woher soll die politische Intervention kommen?

Bei den von den Autoren genannten Forderungen für die konkrete „Ausgestaltung der Modernisierung" werden die Belegschaften, die Betriebsräte und Gewerkschaften auf die Herren Blüm und Bangemann nicht zählen dürfen. Sie sind auf sich selbst verwiesen.
Wie weit reicht gegenwärtig ihre Gestaltungsmacht?

Angesichts einer millionenfachen industriellen Reservearmee vor den Fabriktoren und noch ungewissen, auf unabsehbare Zeit wohl noch nicht verarbeiteten Spätfolgen der 84er Streiks sieht es im zentralen Metallbereich für die unerläßlichen 'politischen Interventionen' nicht eben günstig aus.

Dennoch liegen die Chancen in der aufgezeigten Perspektive, an denen es festzuhalten gilt. Wenn man die Erwartungen vielleicht nicht so hoch schraubt und statt einer „Modernisierung als gesellschaftlichem Projekt" sich schon mit der systematischen Verbesserung der Lage relevanter Teile der Industriebelegschaften zufriedengibt, wäre für die gewerkschaftliche Rationalisierungspolitik vielleicht ein Ausweg aus dem konzeptionslosen Reagieren gefunden. Statt der Praxis monetärer Kompensation von Belastungen aus dem für unvermeidlich gehaltenen Fortschritt wie in früheren Jahren, der eher hilflos-restriktiven Reaktion, wie es gegenwärtig zu beobachten ist, ließen sich hieraus Anhaltspunkte für eine offensive Rationalisierungspolitik der Gewerkschaften entwickeln, die ihren Ausstrahlungseffekt auch auf andere Arbeitsbereiche haben könnte. (Vgl. das Referat von E. Hildebrandt/R, Seltz, S. 434 ff.)

Dies setzt freilich eine intensivierte Betriebsarbeit und verbesserte Qualifikation der gewerkschaftlichen Kader voraus; aber um die Bewältigung dieser Aufgabe kommen die Gewerkschaften ohnehin nicht herum.

Um ein die Debatte nur unnötig verschärfendes Mißverständnis gleich aus der Welt zu schaffen, möchte ich eine m.E. unzutreffende Interpretation der von Kern und Schumann vorgestellten unterschiedlichen Managementphilosophien und der sich darin ausdrückenden „neuen Produktionskonzepte" durch Klaus Düll zurechtrücken.

Die beiden Autoren sprechen verschiedentlich von einem veränderten *„Duktus* kapitalistischer Rationalisierung", von „einem grundlegenden Wandel der Produktionskonzepte" (Ende der Arbeitsteilung?) und von einem „arbeitspolitischen Paradigmenwechsel"; ich kann mich aber keiner Passage entsinnen, wo sie – wie Düll es ihnen unterstellt – einem *„Paradigmenwechsel* kapitalistischer Rationalisierung" (Düll, S. 399, Hervorhebung durch Verf.) das Wort reden. In dieser Redeweise vermag ich ohnehin keinen Sinn zu erkennen; das Verwertungsinteresse industriellen Kapitals zielt immer darauf, die Produktivität lebendiger Arbeit zu erhöhen. Es kann daher überhaupt nur einen *Formenwandel* geben. Anderenfalls hätten wir es mit dem sozialen Wandel zu philanthropischen Stiftungen zu tun. Schließlich heißt es auch ausdrücklich bei Kern und Schumann: „Bei unveränderter Logik der Rationalisierung bilden sich doch grundlegend neue Formen aus."

Andererseits wäre eine präzisere Begrifflichkeit bei der Beschreibung der neuen Phänomene wünschenswert gewesen. Trotz des wohl unvermeidlichen Höhenwinds im Ausguck der Visionäre – eine Wendung wie diese provoziert vermeidbare Mißverständnisse: im Begriff der „Neoindustrialisierung", heißt es in der Buchfassung, drücke sich „eine an die Substanz gehende Neufassung des Begriffs kapitalistischer Rationalisierung" aus. (a.a.O., S. 24)
Wenn ich es recht sehe, treffen auch Dülls kritische Anmerkungen zur phänomenologischen Methode bei Kern und Schumann nicht deren wirkliches Vorgehen. Ich glaube nicht, daß sie hierdurch einer ganzheitlichen Methode in der Industriesoziologie das Wort reden wollten, die am Ende die fundamentale Widerspruchsstruktur ihres Gegenstands eskamotiert. Der bei ihnen neue Gedanke ist doch nur, den Betrieb stärker als sozialen Wirkungszusammenhang, als „Sozialsystem" (34) zu sehen und die beteiligten Gruppen entsprechend ihrer Funktion, Lage und ihren Interessen durch die jeweilige Selbstdarstellung hindurch möglichst umfassend und differenziert auch unter der Perspektive zu beschreiben, daß in ihnen Subjekte im Rahmen bestimmter, gestaltbarer Spielräume agieren.

Ich finde dies Verfahren legitim und meine deshalb, daß Kritik daran sich nur am Resultat festmachen sollte. In dem damit erzielbaren Ergebnis sehe ich eher einen Gewinn: denn es verstellt doch den Zugang zu konkreten Analysen der Konzepte und Strategien des Managements, wenn dessen Vertreter – wie lange Zeit in der polit-ökonomisch verkürzten Diskussion üblich – bloß als Charaktermasken und blinde Exekutoren des Rentabilitätsprinzips verstanden werden und man sie nicht vielmehr als individuelle Funktionsträger begreift, die angesichts der prinzipiellen Anarchie des Marktes die Antizipation einer sich als profitabel erweisenden Produktionsgestaltung aus einer Fülle historisch disparaten, auch spekulativen und ideologisch gefärbten Erfahrungswissens heraus zu treffen haben und nicht allein auf der Basis wissenschaftlicher Erkenntnis, welcher Provenienz auch immer. Folglich wird es stets unterschiedliche Vorstellungen im Management darüber geben, wie die notwendigen Anpassungen der Produktionsstruktur an geänderte ökonomische Erfordernisse vorzunehmen seien. Je komplexer und differenzierter die dem Flexibilitätsgebot folgenden neuen Produktionsstrukturen gestalten werden, umso weniger kann von einem einheitlichen, konsistenten Rationalisierungsmuster gesprochen werden; damit wachsen – zumindest potentiell – auch die arbeitspolitischen Modifikationschancen. (Vgl. hierzu das Referat von Krohn/Rammert „Technikentwicklung: Autonomer Prozeß oder industrielle Strategie"?, hier S. 411 ff.)

Rechtfertigt es der auf diese Weise neu in den Blick genommene Spielraum betrieblicher Rationalisierungspolitik – unter der freilich unveränderten Maxime der Kapitalrentabilität – von der Existenz zweier so grundlegend verschiedener Managementlinien auszugehen, daß der Sieg der einen die Verlängerung der Misere von Dequalifikation, Spezialisierung und Heteronomie, der Sieg der anderen aber den gesellschaftlichen Fortschritt auf dem Wege der Entfaltung individueller Fähigkeiten und mehr Autonomie begründen?

Und daran anschließend: können die Vertreter der „empirisch-unideologischen" Linie, die „Modernisten" – ihre empirische Relevanz unterstellt – sich gegenüber den „Technokratisch-Bornierten", den „Traditionalisten" so weit vom konsensualen Zwang zu einem kompromißfähigen betrieblichen Rationalisierungsmuster dispensieren, daß sie in der Lage sind, einen „stilbildenden" Modus herauszubilden und einen Sog auszulösen?

Ohne die bereits bekannten Argumente pro und contra zu wiederholen, soll das eher skeptische Resümee der möglichen Antworten anhand ergänzender Überlegungen gezogen werden.

Die Entwicklung der industriellen Weltmarktstruktur hat zu einer Auslagerung lohnintensiver Serienfertigung von Gebrauchsgütern aus den hochindustrialisierten Staaten in die der Dritten Welt und in die Schwellenländer geführt, wovon inzwischen auch klassische Industriebranchen wie die Stahl- und Werftindustrie erfaßt worden sind. In den kapitalistischen Industriestaaten konzentriert sich die Fertigung zunehmend auf komplexe Güter hoher Produktqualität, die sich gegen die Weltmarktkonkurrenz behaupten können. Ihr verkürzter Innovationszyklus und die vor allem durch die Elektronik mögliche Prozeßinnovation verlangen bzw. erlauben eine komplexe und flexible Produktionsstruktur. Dies erfordert (sichert?/erweitert?) auch künftig den Einsatz qualifizierter Facharbeit, bei indessen weiterhin sinkendem Gesamtarbeitsvolumen.

Der steigende Kapitaleinsatz für diese flexiblen Fertigungsstrukturen relativiert andererseits die Lohnkosten (in einzelnen Sektoren der Metallindustrie sind sie bereits unter 10 % gesunken) und erleichtert die Finanzierung des Qualifikationsüberschusses von Arbeitskraft als Sicherheitsreserve gegenüber dem schwer eliminierbaren Rest des maschinellen Störungspotentials.

Die Flexibilitätsanforderungen der komplexen Fertigungsstrukturen nötigen aber nicht nur zum Einsatz erweiterter Arbeitsqualifikationen, sondern unterstellen auch ein gewandeltes Arbeitsverhältnis. Bemerkenswert ist in diesem Zusammenhang die mühelose Integration der durch konservatives Lamento angezettelten Debatte über den sog. „Wertewandel" in die strategischen Überlegungen einer progressiven Unternehmerfraktion zu einer neuen Führungs- und Personalpolitik.[1] Der Anspruch auf Selbstverwirklichung, mehr Autonomie und Kreativität, der demzufolge als Resultat sozio-kulturellen Wandels über die jugendliche Alternativbewegung hinaus Bedeutung gewonnen habe, fügt sich offenbar besser in das Flexibilitätskonzept als die traditionelle Arbeitsmoral mit ihrem Untertanenkanon von Pflicht, Fleiß und Gehorsam, ohne ganz verzichtbar zu sein. Aber wo bereits über Arbeitnehmermentalität und Risikoscheu in Führungsetagen geklagt wird, ist eine alternative Subjektivität willkommen, deren erratische Widerständigkeit man über die betrieblichen Identifikationsangebote schon glaubt domestizieren zu können.

So weit steht es nicht schlecht um die Chancen der 'Modernisten', ihre Linie weg von der subjektgleichgültigen Leistungsforderung durchzusetzen, der Trend der Zeit spräche für sie.

Nun führen Kern/Schumann ihren Nachweis für die These, daß der technologisch ermöglichte, betriebspolitisch erwünschte arbeitspolitische Paradigmenwechsel konstitutiv für „einen komplexen Umbruch der Industriestruktur" sei und eine „Neoindustrialisierung" einleite, trotz gegenteiliger Beteuerung fast ausschließlich mit technologischen Befunden und z.T. noch mit arbeitsorganisatorischen Argumenten. Nun ist aber gerade die technologische Entwicklung und d.h. die sich enorm steigernde und für unterschiedliche Richtungen offene Prozeßinnovation eher ein Unsicherheitsfaktor als eine sichere Orientierungsbasis für Prognosen über eine künftige Industriestruktur. Die von Kern/Schumann einbezogene Interessenperspektive von Belegschaftsgruppen, Betriebsrat und Gewerkschaft müßte eher noch ernster genommen und um weitergehende soziale und gesellschaftspolitische Erwägungen ergänzt werden.

Auch die Managementvertreter der 'traditionalistischen' Rationalisierungsformen sind um Argumente nicht verlegen. Da im Kampf zweier Linien um die größere Effizienz und die höhere Rentabilität nur die Resultate zählen, werden die 'Technokratisch-Bornierten', die zur Übertechnisierung neigen, nicht ruhen, bis sie den Nachweis für das störungsfreie Funktionieren vollintegrierter flexibler Fertigungssysteme erbringen können oder bis ihnen z.B. die enge Verknüpfung von CAD- und CNC-Maschinen in Richtung CAD/CAM friktionslos gelingt. Wenn der Übergang vom zweidimensionalen Entwurf auf die dreidimensionale Konstruktion bewältigt ist, wird man diesem Ziel einen entscheidenden Schritt nähergerückt sein. Und dann muß vom Konstrukteur am Bildschirm bis zum Maschinenführer mit der Kompetenz zur Programmoptimierung arbeitspolitisch alles neu aufgerollt werden; dies ginge wohl kaum in Richtung des von Kern/Schumann erhofften erweiterten Aufgabenprofils oder wenn doch, dann um den Preis einer nochmaligen dramatischen Ausdünnung der Belegschaft. Das bleibende Aktionsfeld der 'Traditionalisten' begründen auch die von Klaus Düll schon vorgetragenen Argumente, darunter insbesondere sein Hinweis auf die Fähigkeit der Unternehmen, 'Insellösungen' divergierender Produktionsstrukturen durch die entwickelte Informations- und Steuerungstechnologie kompatibel zu vernetzen.

Wenn also Argumente für eine neue Arbeitspolitik der „fachlichen Souveränität" beigebracht werden sollen, dann glaube ich nicht, daß sie in erster Linie aus dem unmittelbar technologischen Begründungszusammenhang zu erlangen sind, sondern aus vielfältigen Rahmenerwägungen, von den Implikationen einer weltmarktbestimmten Produktqualität bis hin zur Neufundierung von Arbeitsmotivationen. Die technologische Entwicklung schafft die materiellen Bedingungen für die Umsetzung nicht-fordistischer Produktionskonzepte, erleichtert ihre Realisierung, nur – daß sie auch in dieser Richtung genutzt wird, ist zum wenigsten immanente technologisch-organisatorische Konsequenz, ist vielmehr ein eminent politisches Problem der beteiligten Gruppen, vor allem von Belegschaft, Betriebsrat und Gewerkschaft. Sie erhalten mit der Analyse von Kern/Schumann eine perspektivische Argumentationsgrundlage, wie sie bei den anstehenden Rationalisierungen in technologisch avancierten Teilbereichen der prosperierenden Industrie auch ihre Forderung nach mehr Entfaltungschancen in der Arbeit, mehr Mitbestimmung am Arbeitsplatz offensiv, d.h. über eine partielle Koinzidenz mit einer gewandelten Produktionsstruktur begründen können.

Das ist weniger, als die Vision einer „Modernisierung der Gesellschaft" verheißt, aber es könnte mehr sein, als der skeptische Attentismus unserer Zunft für möglich hält.

ANMERKUNG

1 So inzwischen Mark Wössner in seinem Referat am 23.11.84 auf dem Berliner *'Symposium zur Zukunft der Industriegesellschaft'*. Vgl auch Ernst Zander und Claus Zoellner in *Die Zeit* vom 7.12.84

TECHNOLOGIEENTWICKLUNG: AUTONOMER PROZESS UND INDUSTRIELLE STRATEGIE

Wolfgang Krohn, Werner Rammert

Einleitung

Zwei allgemeine Beobachtungen zu den Beziehungen von wissenschaftlich-technischer und industrieller Entwicklung dürfen auf breite Zustimmung rechnen:

Die *erste Beobachtung* ist die einer zunehmenden Verwissenschaftlichung der technischen Entwicklungen. Man kann dabei die Zunahme anwendungsorientierter und *angewandter Wissenschaften* im Auge haben, wie auch die Entstehung von *Technikwissenschaften.* Achtet man auf institutionelle Tatbestände, sind die Ergebnisse in beiden Fällen gleich: Zunahme der Forschungs- und Entwicklungslabors, des akademisch qualifizierten Personals, und von Transferinstitutionen, die zwischen Grundlagenforschung und technischer Entwicklung vermitteln.

Die *zweite Beobachtung* ist die einer zunehmenden Industrialisierung und Vergesellschaftung der wissenschaftlich-technischen Forschung, Prozesse, die sich zunächst auf die Zielplanung und auf die Arbeitsorganisation erstrecken, dann auch auf die veränderten Abhängigkeitsverhältnisse der Forschung von ihren Ressourcen, und schließlich (mit geteilter Zustimmung) auf die Determination der Entwicklungsrichtungen.

Die beiden Beobachtungen scheinen zueinander gegenläufig zu sein: entweder Verwissenschaftlichung oder Industrialisierung. „Eine Formulierung wie *'Industrialisierung der Wissenschaft'* läßt sich jedenfalls nicht als eine selbstverständliche Deskription unproblematischer empirischer Tendenzen handhaben, sie ist vielmehr als Paradoxon zu definieren." (Hack 1984, 13).

Die *Argumentationsziele* dieses Aufsatzes sind auf die Bewältigung dieser paradoxalen, zumindest kontroversen Situation gerichtet. Wir wollen zeigen, daß reduktionistische Strategien versagen. Reduktionistische Strategien beabsichtigen, die *Dominanz* des einen Entwicklungsmusters über das andere darzustellen. Die Dominanz der Verwissenschaftlichung zu behaupten, bedeutet letztlich einen Rekurs auf die Annahme, daß die gesellschaftliche Entwicklung durch eine „Logik" der Technologie- oder Wissenschaftsentwicklung bestimmt sei. Die Dominanz der Vergesellschaftung zu behaupten, enthält die Annahme, daß die wissenschaftlich-technische Entwicklung der Steuerung und Kontrolle politischer und/oder ökonomischer Instanzen, die ihrer eigenen „Logik" folgen, unterworfen ist oder wird. Beide Formen des Reduktionismus unterstellen, wenn auch mit verschiedenen Rollenverteilungen, ein statisches Verhältnis der Funktionalisierbarkeit des einen für das andere.

Aber eine solche Funktionalisierbarkeit ist nicht durchführbar. Wir werden zeigen, daß es stattdessen zur *Ausbildung komplexer Handlungsstrategien* kommt, die sowohl *industriell wie wissenschaftspolitisch neu* sind. Die neuen Merkmale sind die Beteiligung von Akteuren aus verschiedenen Lagern, die Einbeziehung zusätzlicher Kontingenzfaktoren hinsichtlich der Zukunftserwartungen, die Vermehrung von Eingriffschancen in die Planungsprozesse, die Abnahme einsinnig wirkender Entscheidungsimperative. Um die Unterschiede zuzuspitzen, nennen wir den neuen, industrielle und forschungsplanende Entscheidungen koordinierenden Strategietypus: *wissenschaftlich-reflexiv.* Im günstigen Fall führt eine solche Strategie dazu, sowohl die Funktionalität der Forschung zu steigern als auch ihre Innovativität. Damit würde sich ein klassischer Trend der modernen Gesellschaft in diesem Bereich umkehren: nicht mehr die Ausdifferenzierung von spezialisierten Handlungssystemen (oder Sozialstrukturen), sondern die Organisation komplexer, systemübergreifender Handlungsfelder verspricht die erfolgreichsten Beschleunigungseffekte.

Unsere Analyse, die gleichermaßen auf Ansätze der Wissenschafts- und Technikforschung wie der Industriesoziologie zurückgeht, gliedert sich in zwei große Teile. Im ersten wird die Technikentwicklung aus zunächst handlungstheoretischen dann strukturtheoretischen Perspektiven dargestellt. Er ist ein Versuch, einen tragfähigen Begriff von technologischer Rationalität aufzubauen. Der zweite Teil behandelt den Vergesellschaftungsprozeß von Wissenschaft und Technik, beginnt also strukturtheoretisch, und untersucht dann neue Handlungsstrategien, die zur Bewältigung und Dynamisierung dieser Entwicklung beitragen.

1. Technische Entwicklung und innovatorisches Handeln

Es ist ausgeschlossen, die technische Entwicklung zusammenhängend und in allen ihren Dimensionen zu analysieren. Wir wählen als Ausgangspunkt eine Kennzeichnung der Technik, die erstens spezifisch zutreffend ist für die industrielle, wenn nicht gesellschaftliche Entwicklung in Europa, die zweitens im Verlauf dieser Entwicklung zunehmend an Bedeutung gewonnen hat. Dieser Ausgangspunkt ist die Analyse der Technikentwicklung als *innovatorisches Handeln.* Die historische Herausbildung und soziale Integration dieses Typus des Handelns ist der alleinige Grund dafür, daß eine vermeintliche oder tatsächliche Autonomie der technischen Entwicklung überhaupt als Thema aufgeworfen werden kann. Für alle Gesellschaften, in denen innovatorisches Handeln als eine spezialisierte, legitimierte und institutionalisierte Form des Handelns nicht ausgebildet ist, würde man schwerlich auf die Idee kommen, für die vorfindlichen Techniken und deren Verwendungen einen anderen als einen sozialen Rahmen zu suchen. Daß technische Entwicklung in der Moderne vornehmlich in der *Erzeugung* neuer Techniken besteht, läßt sich noch einmal verschärfen: die zentrale Kategorie, der das technikbezogene innovatorische Handeln zuzuordnen ist, ist die der *Forschung als eine auf Erfinden, Entdecken, Vorhersage und Konstruktion gerichtete Tätigkeit.*

Forschung soll hier als eine Kategorie eingeführt werden, die der Unterteilung in „Wissenschaft" und „Technologie" übergeordnet ist und keine problematischen Vorentscheidungen benötigt. Insbesondere soll Forschung nicht auf Wissenschaft oder wissenschaftliche Interessen eingeschränkt werden und dann der Technologie die sekundäre Rolle einer „angewandten" Wissenschaft oder einer „Entwicklungstätigkeit" zugewiesen werden. Im Gegenteil: Forschungen im Bereich der Technik sind eher älter als solche im Bereich der Wissenschaften bzw. Naturphilosophien (vergl. z.B. Zilsel 1976, 98ff. zur Entstehung der experimentellen Methode). Noch wichtiger ist, daß kein Fundierungsverhältnis zwischen Wissenschaft und Technologie oder auch nur eine systematische wechselseitige Abhängigkeit besteht (Brooks 1965). Die historisch angemessene und im Ansatz einfache Lösung ist daher, Forschung als einen übergeordneten Handlungstypus einzuführen, der sich dann – abhängig von Orientierungskomplexen und den in ihnen artikulierten Erkenntnisinteressen und Relevanzkriterien – als stärker wissenschaftlich oder technisch orientiert spezifizieren läßt. Das Ausmaß der Wechselwirkungen zwischen Wissenschaft und Technik wird dann zu einer historischen Fragestellung, die nicht durch unzweckmäßig eingerichtete analytische Trennungen verstellt wird.

Allerdings hat die Entscheidung, das durch Forschung gekennzeichnete innovative Handeln als übergeordnete, generische Kategorie einzuführen, auch die Ausgrenzung von Bereichen der technischen Entwicklung zur Folge, die unter anderen Perspektiven wichtig sein können. So spielen in der folgenden Untersuchung weder die materialen Aspekte der Abfolge und Kumulation der technischen Entwicklung eine Rolle, wie sie etwa in den Produktivkrafttheorien (Schuchardin 1963) analysiert werden, noch die anthropologischen Aspekte, die etwa von den Funktionskreistheoretikern herausgestellt worden sind (Gehlen 1957). Durch die Fokussierung auf die Kategorie der Forschung können weder diese noch andere Theorieansätze ersetzt werden. Zu betonen ist, daß daher auch die Beziehung zwischen technischer Entwicklung (die nicht unbedingt an Forschung gebunden ist, aber für die gesellschaftliche Arbeit konstitutiv ist) und Technologieentwicklung (die an Forschung gebunden ist und weniger integriert sein kann) nicht thematisiert wird. Wir wollen speziell einen Zugang zu den *dynamischen Aspekten* der Technologieentwicklung eröffnen.

Was ist Forschung? Soziologisch ist Forschung die Ausdifferenzierung eines bestimmten, auf Erfindung, Entdeckung, Prognose und Konstruktion gerichteten Handlungstypus. Die gesellschaftliche Bedeutung dieses Handlungstypus kann am besten vor Augen gestellt werden durch Darstellung der wichtigsten Stationen seiner historischen Ausdifferenzierung.

(1) *Entstehung des innovatorischen Handelns*
(13./14. Jahrhundert)

Um 1350 entstand das deutsche Wort „Vorscher" durch Conrad von Megenburg (1309 -74) in seinem „Pôch der Natur" als Bezeichnung für diejenigen, die die „Haimlichkeit der Natur ervorschen wolt ..." Ähnliche Bezeichnungen derselben Zeit sind „Incignerius", „Ingeniator", die in den Bauhütten entstanden. Sie standen im Zusammenhang mit einer Beschleunigung des technischen Fortschritts in vielen Berufszweigen des Spätmittelalters, die mit einer starken Vermehrung der Zünfte und Gilden verbunden war. Dennoch waren die Zünfte durchgängig traditional. Innovatorische Aktivitäten wurden nur (a) gelegentlich (b) im Kontext eines Berufsfeldes und (c) im Falle der Verträglichkeit mit der Tradition akzeptiert.

(2) *Ausgrenzung des Handlungstypus des Forschungshandelns*
(15./16. Jahrhundert)

Im Zeitalter der Renaissance kommt es zur sozialen Definition des Forschens als einer spezifischen und eigenständigen Tätigkeit. Zugang zu den darunter fallenden Tätigkeiten fanden Forscher aus ganz unterschiedlichen Traditionen: Handwerker und Kaufleute, die aus den Zunft- und Gildentraditionen ausbrachen, humanistisch gebildete Architekten, Ärzte und Literaten, die sich auf neue Wissensgebiete einließen, schließlich Scholastiker, die die experimentelle Methode assimilierten. Der Verschiedenheit dieser sozialen Herkunft entspricht, daß weder ein gemeinsames Handlungsfeld noch eine epistemologische Kohärenz über die Interpretation des neuen Wissens, das durch Forschungsprozesse erzeugt wird, bestand. Die Wissensziele und Arbeitsbereiche dieser Zeit reichen von den Geheimwissenschaften über die Astrologie, den traditionellen Naturphilosophien, über Bergbau, Meteorologie bis hin zu den neuen Ingenieurwissenschaften und künstlerisch-ästhetischen Bereichen.

(3) *Die Legitimation des Forschungshandelns*
(17./18. Jahrhundert)

Mit der Gründung der Akademien und wissenschaftlichen Gesellschaften und den technischen Corps gibt es für Forscher eine soziale Anerkennung durch Mitgliedschaft in Institutionen. Die Institutionen sind ihrerseits im Zeitalter des Absolutismus mit Privilegien ausgestattet (z.B. Kommunikationsfreiheit, Druckprivileg, Erlaubnis der medizinischen Sektion, auch die Entfaltung des Patentwesens ist unter die Privilegien zu rechnen).

(4) *Professionalisierung der Forschung*
(19. Jahrhundert)

Bis in das 19. Jahrhundert herrschte in den Wissenschaften und Techniken der Amateur und versierte Generalist vor. Im 19. Jahrhundert kommt es zur Einrichtung aller wesentlichen Elemente einer spezifischen auf Forschung hin angelegten Berufswelt. (Entstehung der technischen Universitäten, spezialisierte Studiengänge, Entstehung von Forschungslaboratorien in den Universitäten, Entstehung von Spezialzeitschriften, Kongresse usw., Erweiterung der akademischen Berufsfelder in der Gesellschaft). Die Herausbildung dieser selbstreferenziellen Binnenstrukturen (Forschung – Lehre – Ausbildung – Berufsfeld, arbeitsteilige Organisation – Fachpublikationen und -kritik) sind die wesentlichen soziologischen Bedingungen, die für die autonome Organisation des Handlungsfeldes gegeben sein müssen.

Für die soziologische Systemtheorie ist die Herausbildung des Forschungs- und Lehrbetriebs im 19. Jahrhundert ein klassischer Fall der Autonomisierung. Die Beschleunigungseffekte des weitgehend der Selbstregulation überlassenen Subsystems sind so erheblich, daß die Verwendung der Ergebnisse weit nützlicher war als der Versuch, die *Produktion* der Ergebnisse nach außerwissenschaftlichen Nützlichkeitskriterien zu steuern (Pasteur: „Es gibt keine angewandte Wissenschaft; es gibt nur Wissenschaft und ihre Anwendung" (1922, VII, 215). In einem späteren Abschnitt, der die Weiterentwicklung der Forschungsstrukturen über die Phase der Autonomisierung hinaus zum Gegenstand hat, werden wir allerdings zeigen, daß schon im letzten Drittel des 19. Jahrhunderts die autonomistische Ideologie überholt wurde durch die Gründung einer großen Zahl anwendungsorientierter Forschungseinrichtungen (Industrieforschung, industrielle Gemeinschaftsforschung, staatliche Forschungsanstalten, Kaiser-Wilhelm-Gesellschaft). Sie machen zwar die akademischen Einrichtungen nicht überflüssig, entkräften aber die Gleichung, daß der Nutzen der Forschung von Handlungsentlastung und institutioneller Autonomie abhängt. Dennoch ist als Ergebnis der Darstellung der sozialen Ausdifferenzierung des Forschungshandelns das folgende festzuhalten:

These 1: Im Verlauf der Neuzeit mit einem Kulminationspunkt im 19. Jahrhundert ist es zu einer gesellschaftlichen Ausdifferenzierung des Forschungshandelns gekommen, die folgende Elemente umfaßt: Definition der Tätigkeitsmerkmale; Legitimation der Tätigkeit; Institutionalisierung und Professionalisierung. Soweit Wissenschaft und Technik an diesem ausdifferenzierten System partizipieren, sind sie im *soziologischen Sinn autonom:* ihre Innensteuerung und Selbstreferenz dominiert die Außensteuerung und Referenz.

2. Die Orientierungskomplexe der technischen Forschung

Bei dem Ansatz, Forschung als übergeordnete Kategorie der technologischen und wissenschaftlichen Entwicklung zu wählen, bleibt die Frage nach den Bezugspunkten der Forschung offen. Bisher standen die Struktur des Handlungstypus und seine historische Entfaltung, nicht dessen sachliche Ziele oder Tätigkeitsfelder zur Diskussion. Auch für das autonomistische Forschungssystem der Universitäten und Technischen Hochschulen des 19. Jahrhunderts ist nur diese Struktur thematisiert worden. Wir wollen die sachlichen Bezugspunkte der Forschung über die Kategorie der „Orientierungskomplexe" einführen (vergl. hierzu, wenn auch begrifflich anders, Weingart 1982). Orientierungskomplexe der Forschung sollen als Verbindungsglieder zwischen Forschung und denjenigen Bereichen der Gesellschaft dienen, in denen Forschung institutionalisiert worden ist. Kategorial ist es möglich, Orientierungskomplexe auf jeder Aggregationsebene des sozialen Handelns (etwa individuelle, institutionelle, subsystemische

Orientierungskomplexe) zu unterscheiden. Für die gesellschaftstheoretischen und historischen Dimensionen dieses Aufsatzes müssen hoch aggregierte Ebenen gewählt werden. Historisch betrachtet lassen sich dann vier Orientierungskomplexe unterscheiden, die zunächst idealtypisch mit dem Ziel aufgeführt werden, analytische Trennungen herauszuheben. Später wird argumentiert, daß der entscheidende soziale Prozeß der Modernisierung gerade in der wechselseitigen Durchdringung besteht. Der Rückweg in systemtheoretische Abgrenzungen dient also nur begrifflichen Zwecken.

(a) Der Orientierungsrahmen der Realitätserkenntnis

Dieser Orientierungsrahmen ist der Standardrahmen der Wissenschaften und ihrer klassischen akademischen Institutionen, durch den Forschung zum Zweck der Realitätserkenntnis als legitimes Ziel anerkannt wird. Seinen historischen Hintergrund und systematischen Kern bilden philosophische Problemstellungen (Naturphilosophie und Erkenntnistheorie), deren universalistische Ansprüche allerdings weitgehend durch die nicht-philosophischen Verfahren der Forschung modifiziert sind. Insbesondere wird ihnen gegenüber keine Rechenschaft durch den einzelnen Wissenschaftler verlangt. Sie sind virtualisiert und werden nur in der historischen Verkettung der Forschungsprogramme sichtbar (Henrich 1982). Dem Orientierungsrahmen der Wirklichkeitserkenntnis kommt gegenüber allen Forschungsprozessen, die an anderen Orientierungsrahmen ausgerichtet sind, eine privilegierte Stellung zu: Jede Forschung ist mit irgendeiner Form der Wirklichkeitserkenntnis verknüpft und damit anknüpfbar an die Forschungsprogramme und Geltungskriterien, die dieser Orientierungsrahmen setzt. Auf diesen inneren Zusammenhang von wissenschaftlicher Orientierung und der Erweiterung des erfolgskontrollierten Handelns durch Forschung werden wir unter dem Thema der technologischen Rationalität zu sprechen kommen.

(b) Der kulturelle Orientierungskomplex

Der gemeinsame Nenner dieses Komplexes sind gesellschaftliche Wert- und Sinnorientierungen. Hineinzurechnen sind etwa ästhetische Orientierungen, die in der Forschung der Renaissance eine große Rolle spielten (Architektur, Musik, perspektivische Malerei), hedonistische Varianten, die allerdings heute über die Unterhaltungsindustrie großenteils dem ökonomischen Sektor zugehören, dann auch besonders ethisch-ideologische Varianten, die als Szientismus und Naturalismus am Ende des 19. und im 20. Jahrhundert zu großer Bedeutung kamen und in enger Verbindung mit politischen Orientierungen standen (Sozialdarwinismus, Eugenik, usw.). Schließlich können auch die Orientierung der medizinischen Wissenschaften an ihren besonderen Werten (Krankheit, Gesundheit) sowie weitere Humanwissenschaften hier hineingerechnet werden.

(c) Der politisch-administrative Orientierungskomplex

An diesem Komplex sind alle Forschungen, die der Staat für seine eigene Ordnungs- und Leistungsverwaltung betreibt, orientiert. Zu nennen sind hier heute vor allem der Rüstungssektor, das Meß- und Eichwesen, öffentliche Prüfung und Kontrolle in Bereichen wie Sera, Arzneien, Kosmetika, Pflanzengiften, Lebensmittel, Materialprüfungen, usw.; weiter spielt die öffentliche Infrastruktur und die Ökonomie nichtmarktfähiger Güter eine Rolle und schließlich die Forschung auf dem Gebiet aufwendiger und risikoreicher Zukunftstechnologien. Etwa seit dem letzten Viertel des 19. Jahrhunderts hat die Mobilisierung der Forschung für staatliche Zwecke zu einem weitverzweigten Netz öffentlicher Forschungseinrichtungen geführt (Forschungsanstalten mit behördlichen Befugnissen und nachgeordneten Ämtern, Forschungsinstituten und Großforschungseinrichtungen). Die Entwicklung der staatlichen Forschung entwickelte sich qualitativ und quantitativ annähernd parallel zum ökonomischen Sektor.

(d) Der ökonomische Orientierungskomplex

Die Relevanz dieses Orientierungskomplexes für Forschung ist in seinen Ursprüngen, genauer in seinen ideologischen Formulierungen bis in die Zeit der wissenschaftlichen Revolution zurückzuverfolgen (Francis Bacon). Die tatsächliche institutionelle Entfaltung beginnt allerdings gleichzeitig mit dem staatlich-administrativen Sektor erst im letzten Drittel des 19. Jahrhunderts. Beginnend mit der chemischen und elektrotechnischen Industrie, gefolgt von den Kommunikationsmedien und der Aeronautik ist es zu einer ständig zunehmenden Verflechtung von auf Innovation gerichteter Erkenntnis und ökonomischen Betriebszielen gekommen. Die Entwicklung dieser Wechselwirkungen wird weiter unten im Detail dargestellt.

Damit sind die vier fundamentalen Orientierungskomplexe der Forschung umrissen. Diese sind natürlich nicht wechselseitig exklusiv. Es gibt sowohl Übergangsformen wie Überlappungen. Es kommt in unserem Zusammenhang auch nicht darauf an, ob die hier gewählte Klassifikation der Orientierungskomplexe besonders zweckmäßig ist. Sie folgt der bekannten Aufgliederung der generalisierten Medien der gesellschaftlichen Problemlösungen (Wahrheit, Werte, Macht, Geld) (Luhmann 1975, 177 ff.). Wichtig ist dagegen nur, daß alle Forschungsvorhaben Orientierungskontexten zuzuordnen sind, ohne die Forschung richtungslos wäre.

Forschung ist, so wurde im ersten Abschnitt argumentiert, im Kern eine ausdifferenzierte Handlungskompetenz, zu Entdeckungen, Erfindungen, Prognosen oder Konstruktionen zu kommen. Handlungsziele und Relevanzkriterien ergeben sich nicht aus dieser, sondern aus den Orientierungskomplexen. Wir fassen die Ergebnisse des ersten und zweiten Abschnittes zusammen:

These 2: Technikentwicklung ist determiniert einerseits durch die ausdifferenzierten Handlungselemente der Forschung und andererseits durch die Aufgabenbereiche und Zielhorizonte der Forschung, die durch die Orientierungskomplexe gegeben sind. Die erste Determination betrifft den Aspekt der Autonomie und der mit dieser gegebenen institutionellen Handlungsvorteile; die zweite Determination betrifft die funktionale Angewiesenheit der Technikentwicklung auf nichttechnische Handlungsbereiche.

3. Technologische Rationalität

Technologie ist nicht als ein eigenständiger Orientierungskomplex eingeführt worden. Damit ist trotz aller faktischen Überschneidungen ein grundsätzlicher Unterschied zwischen Wissenschaft und Technologie unterstellt. Während Wissenschaft im Rahmen des Ansatzes zur Orientierung der Forschung auf Realitätserkenntnis bestimmt wurde, kann Technologie offenbar nur indirekt als die Bereitstellung von Wissen definiert werden, das in den jeweiligen Orientierungskomplexen als relevant gilt. Ist damit eingeräumt, daß es keine Autonomie der technologischen Entwicklung gibt? Wir werden diesen Schluß, der aus professionellen Gründen unter Sozialwissenschaftlern leicht Zustimmung findet, nicht ziehen, allerdings auch nicht schlichtweg den entgegengesetzten. Wir werden einen Begriff von technologischer Rationalität einführen, der in der Zwischenlage dieser Alternative verbleibt und die Hauptthese des Aufsatzes vorbereitet, daß Funktionalität *und* Autonomie der Technologie aus einer spezifischen Rationalität der technologischen Forschung folgen. Wir gehen zunächst von einem soziologisch gefaßten „Autonomie-Begriff" aus (These 1). In Frage steht also nicht eine immanente Eigengesetzlichkeit („Entwicklungslogik") der Technologie. Wenn technische Handlungs*ziele* sich nicht aus der Technologie, sondern nur aus Orientierungskomplexen ergeben können, dann kann eine Autonomie allenfalls in einer auf die Forschung selbst bezogenen Rationalität bestehen. Wenn man also auf der einen Seite der Technologie keine immanenten Orientierungsleistungen imputiert, so kann man auf der anderen Seite durch die exponierte Kategorie der Forschung der Technologieentwicklung Beschleunigungseffekte zusprechen, die die Orientierungskomplexe zu Anpassungsleistungen zwingen. Woher kann die technologische Forschung diese Handlungsvorteile beziehen? Dies soll anhand der besonderen Beziehung, die zwischen Wissenschaft und Technologie eben durch diese Kategorie eingerichtet ist, diskutiert werden.

Es ist heute ein Gemeinplatz, daß zwischen Technologie und Wissenschaft trotz heterogener Wurzeln und verbleibender institutioneller Unterschiede nicht mehr substantiell, sondern nur noch kontextuell (nämlich durch Rekurs auf Orientierungskomplexe) unterschieden werden kann (Layton 1977, Böhme, van den Daele, Krohn 1978, Barnes 1982). Aber es wird dabei durchgängig übersehen, daß damit keine Identifikation ausgesprochen wird, die streng genommen einen der beiden Ausdrücke überflüssig oder an jeder Stelle des anderen einsetzbar machen würde. Unter der Hand wird auf einer zumindest analytischen Trennung beharrt, deren Bestimmung allerdings geschenkt wird. Aber gerade die Bestimmung von Gemeinsamkeit und Differenz ist der Schlüssel für ein Verständnis der technologischen Rationalität. Die wichtigste und grundlegende Gemeinsamkeit besteht darin, daß Wissenschaft und Technologie über die Kategorie der Forschung an denselben *operativen Wahrheitsbegriff* gebunden sind. Dieser Wahrheitsbegriff besagt, daß die Erkenntnis von etwas in der Angabe der Möglichkeiten seiner Erzeugung besteht. Ein Naturgesetz ist „mehr und mehr nur eine Angabe über die Möglichkeit und den Ausfall von Experimenten; ein Gesetz unserer Fähigkeit, Phänomene hervorzubringen" (von Weizsäcker 1960, 173). Es gibt Wissensbereiche, in denen die Diskrepanz über lange Zeit groß ist (z.B. die Erklärung der Planetenbahnen durch die Gravitation und die Erzeugung von künstlichen Planeten; z.B. alte Medikamente, deren Wirkungsweise unerklärt ist). Sieht man von zahlreichen methodologischen Verfeinerungen ab, und liest die Äquivalenz von Erklärung und Erzeugung als ein *regulatives Ideal,* dann lassen sich zwei grundlegende und exemplarisch leicht belegbare Aussagen formulieren: Jede wissenschaftliche Wirklichkeitserkenntnis entwickelt ein Potential zur Konstruktion von Realität auf theoretischer Grundlage, – und das heißt zur Technologie. Und umgekehrt, jede Entwicklung von Technik und Technologie kann ein wissenschaftliches Interesse nach Erklärung oder nach rationaler *Re*konstruktion des erfolgreichen Funktionierens nach sich ziehen. Für die Wissenschaft spielt es im *Prinzip* keine Rolle, ob sich die Realitätserklärung auf naturgegebene oder auf technische Wirklichkeiten bezieht. In ihren Theorien besteht zwischen beiden Realitäten keine Grenzziehung. Für die Technologie ist es *im Prinzip* gleichgültig, ob sie auf wissenschaftlich-theoretischer Grundlage oder „durch Versuch- und Irrtum" arbeitet; die Entscheidungen werden pragmatisch getroffen.

Damit sind implizit die Unterschiede zwischen Wissenschaft und Technologie schon angesprochen. Auf ihren allgemeinsten Nenner gebracht bestehen sie darin, daß Wissenschaft letztlich analytisch und reduktionistisch orientiert ist, Technologie dagegen synthetisch und holistisch. Diese Unterscheidung lehnt sich an historisch eingespielte Klassifikationen an, – z.B. der in analytische und technische Mechanik, in analytische und synthetische Chemie in (reduktionistische) genetische Biologie und (synthetische) Gentechnologie. Sie ist auch darauf abbildbar, daß in den Wissenschaften möglichst einfache Theorien und idealisierte Modelle bevorzugt werden, während in der Technologie die Zwecke des Designs zur Komplexität zwingen (Layton 1977, Simon 1969). Verzichtet man an dieser Stelle auf die Detaildiskussion von Einschränkungen und Komplikationen, dann läßt sich mit Hilfe der Unterscheidung eine wichtige Asymmetrie zwischen Wissenschaft und Technologie formulieren: Die wissenschaftliche Analyse ist grundsätzlich finit und gerät zu relativ endgültigen Resultaten, (z.B. verläßliche Modelle (periodisches System der Elemente) und abgeschlossene Theorien (klassische Mechanik)). Die technologische Synthese ist immer offen und ziellos; sie stellt ein Potential dar, dem immanente Relevanzkriterien und Erkenntnisinteressen fehlen. Diesem Tatbestand entspricht die Angewiesenheit der Technologie auf Orientierungskomplexe.

Diese Herausstellung von Gemeinsamkeiten und Unterschieden zwischen Wissenschaft und Technologie ist idealtypisch. Man kann sie nicht ohne weiteres auf Organisationen, Berufsfelder und Disziplinenbezeichnungen anwenden. Nach traditionalen Benennungen ausgebildete Wissenschaftler (Physiker, Biologen) können technologische Forschung betreiben und umgekehrt; die Benennung dieser Forschung hängt wiederum vom Organisationstypus ab: Dieselbe Tätigkeit wird in der Hochschule Wissenschaft, im betrieblichen Labor Technologie genannt. Schließlich folgt die Bezeichnung der Gebiete (engineering sciences; science of the artificial) stärker legitimatorischen als sachlichen Gesichtspunkten. Dennoch werfen diese wechselhaften Benennungen kein grundsätzliches Problem auf. Denn die idealtypische Kennzeichnung von Wissenschaft und Technologie soll ja gerade die enge Wechselwirkung zwischen ihnen herausstellen.

Diese Wechselwirkung wird garantiert durch den gemeinsamen operativen Wahrheitsbegriff, in dem „Erklären“ und „Erzeugen“, „knowing“ and „doing“ amalgamiert sind. Durch diesen Bezugspunkt kann Forschung als eine Art „Schleuse“ funktionieren, über die die Niveauunterschiede zwischen wissenschaftlicher Analyse und technischer Synthese, die durch unterschiedliche Orientierungen entstehen, ausgeglichen werden können. Jede Technik kann verwissenschaftlicht, jede Wissenschaft kann zur Technologie werden. Was läßt sich im Ergebnis für den Begriff der technologischen Rationalität festhalten?

Die technologische Rationalität wird aus zwei Ressourcen gespeist: Auf der einen Seite ist sie zieloffen und bezieht Handlungsinteressen und Relevanzkriterien aus den Orientierungsrahmen. Auf der anderen Seite besteht eine immanente Beziehung zur wissenschaftlichen Rationalität: Beide sind über eine im Prinzip nicht unterscheidbare Realitätserkenntnis verknüpft, die demselben Wahrheitsbegriff unterliegt. Technologische Rationalität besteht in einer spezifischen Vermittlung dieser beiden Ressourcen. Von seiten der Orientierungskomplexe der Technologie aus leistet sie durch Anbindung an Forschung und Wahrheitsentscheid eine *Dekontextualisierung* und Verwissenschaftlichung der Handlungsziele (Interessen, Präferenzen). Sie erzeugt „Erkenntnisdruck“. Von seiten des wissenschaftlichen Orientierungskomplexes aus leistet sie gegenläufig deren *Kontextualisierung* als

Ökonomisierung und Politisierung. Sie erzeugt „Relevanzdruck". Je stärker diese Beziehungen ausgebaut und je flexibler sie genutzt werden, desto stärker wird der Entwicklungsdruck, den die technologische Rationalität für *alle* Orientierungskomplexe erzeugt. Zusammengefaßt in eine These lautet das Ergebnis:

These 3: Technologische Rationalität besteht in einer speziellen Vermittlungsleistung zwischen sozialen Handlungszielen und Realitätserkenntnis. Je enger sie an die Forschung gebunden ist, desto unabhängiger und determinierender kann diese Vermittlung in beide Richtungen werden. Daher kann durch denselben Prozeß sowohl die Funktionsfähigkeit als auch ihre Autonomie gesteigert werden.

4. Stufen der Interdependenz von Industrie und Forschung

Bisher haben wir uns mit dem Spezifikum moderner Technikentwicklung befaßt: ihrem Charakter als Forschungshandeln und der gesellschaftlichen Ausdifferenzierung der Forschung als Bedingung für ihre „funktionelle Autonomie". Jetzt wechseln wir die Thematisierungsrichtung und betrachten die Formen, in denen die gesellschaftliche Orientierung der Technologieentwicklung verlaufen ist. Dabei beschränken wir uns auf den ökonomischen Orientierungskomplex, der auf die industrielle Entwicklung im Kapitalismus und ihr Verhältnis zur Forschung einwirkt.

Gesellschaftliche Orientierungskomplexe hatten wir bisher phänomenologisch eingeführt. In analytischer Perspektive lassen sie sich als Rationalitätsmuster der funktional ausdifferenzierten Subsysteme der Gesellschaft begreifen, z.B. als Kapitalrechnung in der Wirtschaft, als Machtdifferential im politischen System oder als operativer Wahrheitsentscheid in der Wissenschaft.

Die meisten vorliegenden gesellschaftstheoretischen Ansätze zum Verhältnis von Industrie und Forschung greifen jeweils eines dieser Rationalitätsmuster auf und leiten daraus für die Orientierung moderner Technologieentwicklung jeweils *eine* „Logik" der Vergesellschaftung, z.B. der Verwissenschaftlichung, der Subsumtion unter das Kapital oder der Beherrschung ab. Außerdem neigen sie dazu, die Industrie als empirisches Phänomen ausschließlich unter der Abstraktion als ökonomisches System zu betrachten, als ob es nicht eine Politik der Industrie, eine politische Kultur der industriellen Beziehungen oder eine Industriekultur geben würde, die für die gesellschaftliche Orientierung der technischen Entwicklung ebenfalls von Bedeutung wären.

Gegenüber diesen reduktionistischen und ökonomischen Vorgehensweisen nehmen wir die Interdependenzen zwischen den ausdifferenzierten Teilsystemen der Gesellschaft ernst und fragen nach dem historischen Wandel ihrer Intensität und ihrer Form. Was in anderen Ansätzen vorab als Subsumtion der Wissenschaft unter das Kapital oder als Entdifferenzierung von Ökonomie und Forschung interpretiert wird, könnte sich unserer Ansicht nach bei differenzierter Betrachtung als gesteigerte Interdependenz und darauf reagierende reflexive Subsystembildung, also als Fortsetzung der Systemdifferenzierung nach innen, erweisen. Die Frage der Dominanz eines Teilsystems ist jeweils historisch neu zu stellen und empirisch zu untersuchen.

Die industrielle Orientierung moderner Technologieentwicklung läßt sich nicht anhand eines einzigen Rationalitätsmusters hinreichend rekonstruieren. In gesellschaftliche Orientierungskomplexe gehen empirische Mischungen von Rationalitätsmustern ein, die sich aus den historisch variierenden Interdependenzbeziehungen ergeben.

Woran lassen sich diese Orientierungsweisen festmachen und wie kann man sich den Wirkungsmechanismus vorstellen?

Auch in dieser Hinsicht ist es vorteilhaft, das Handeln der sozialen Akteure nicht als Oberflächenausdruck einer tieferen Logik herzuleiten, sondern die Beziehung zwischen Gesellschafts- und Handlungsebene kontingenter anzusetzen, d.h. auch analytisch radikaler Funktionsbereich und soziale Einheit zu entkoppeln. Damit folgen wir der Einsicht, „daß keine der zentralen Funktionen des Gesellschaftssystems auf ein einheitliches Organisationssystem übertragen werden kann – und zwar heute weniger als zuvor." (Luhmann 1981, 15) Im Münchener Ansatz der unternehmerischen Autonomiestrategien wurde dieser Weg schon früh eingeschlagen. Unter Strategie wird dabei weder eine voluntaristische Entscheidung eines Akteurs noch ein durch eine Logik objektiv für die Handlungsebene vorgegebener Imperativ verstanden. Vom voluntaristischen Ansatz grenzt sich dieser Strategiebegriff ab, indem er sich auf für die Akteure objektive Erfordernisse und Problemkonstellationen in ihrer Umwelt bezieht. Vom objektivistischen Ansatz unterscheidet er sich durch die Annahme einer doppelten Kontingenz zwischen System- und Akteurebene, wie sie sich einmal im Verhältnis von Umwelt und Strategieformulierung und zum anderen im Verhältnis von Strategie und organisatorisch-technischer Implementierung zeigt (vgl. neuerdings Lutz 1983).

Unter diesem Blickwinkel ist es z.B. auch verkürzt, die soziale Einheit Industrieunternehmen als rein ökonomische Organisation oder nur als Ort der Realisation der Kapitalverwertung zu sehen. Das moderne Unternehmen ist gleichzeitig Element im politischen Entscheidungssystem wie auch ein Ort der Forschung. Seine Besonderheit läßt sich nur aus der Verknüpfung der unterschiedlichen Erfordernisse und Rationalitätsmuster herleiten, die sich historisch als bestimmte Strategien herauskristallisiert haben.

„Reflexiv" wollen wir solche Strategien nennen, die Anforderungen und Rationalitätsmuster der in der Umwelt liegenden Handlungssysteme mit ihrem eigenen Rationalitätsmuster verkoppeln, sie also nicht unterordnen, verändern oder auflösen. Als These ist festzuhalten:

These 4: Der Mechanismus der gesellschaftlichen Orientierung erfolgt nicht über die Durchsetzung konsistenter Rationalitätsmuster oder einer Logik der Handlungsimperative für Akteure, sondern über „reflexive Strategien", mit denen die Akteure unterschiedliche und z.T. inkonsistente Rationalitätsmuster kombinieren.

Wir stellen unseren weiteren Überlegungen wieder eine historische Darstellung voran.

„Klassische Industrie", Fabrikanten und Maschinenerfindung
(I. Stufe seit 1760)

Forschung und Industrie verlaufen weitgehend getrennt voneinander. Es gibt allerdings einzelne Kontakte zwischen Wissenschaftlern, Erfindern und Unternehmern in den wissenschaftlich-technischen Gesellschaften, z.B. der Lunar Society, der Manchester Literary and Philosophical Society (das Beispiel der Dampfmaschine: Black-Watt-Boulton). Die Vermittlung zwischen beiden Bereichen erfolgte wesentlich über die neuen Maschinen, die von experimentell orientierten Erfindern entwickelt und zur technischen Basis der „großen Industrie" wurden. (Maudsley, Nasmyth) Die Fabrikanten sind nur an der langfristigen und massenökonomischen Verwertung einer einmal getätigten Investition in die neue Maschinerie interessiert, erfahren jedoch nach einiger Zeit die aus der Erfindungsdynamik resultierenden Grenzen, wie das schnelle Veralten von Produktionsanlagen und die Verkürzung des Produktzyklus.

„Innovative Industrie", Erfinderunternehmer und industrielle Gemeinschaftsforschung
(II. Stufe seit 1860)

Dieses Problem wird in der „innovativen Industrie" zum Bezugspunkt für die Herausbildung neuer Strategien. Ihr Interesse an fortlaufender Produkt- und Verfahrensinnovation führt zu häufigen, engeren und dauerhafteren Kontakten zwischen Forschern und Industrie. Das Drängen der Erfinder zum Patentgeschäft oder zur Firmengründung trifft sich mit der unternehmerischen Innovationsstrategie. Aus anfänglichen Beraterverträgen und Auftragsforschungen entstehen institutionalisierte Formen der Zusammenarbeit, wie die Geschäftspartnerschaft, bei der das technologische Wissen in das Unternehmen hineingeholt wird, oder die industrielle Gemeinschaftsforschung, bei der Industriebranchen durch Forschungsinstitutionen außerhalb der Unternehmen eine wissenschaftlich orientierte Lösung ihrer gemeinsamen Probleme dauerhaft organisieren.

„Science-based industries", Konzerne und „Industrieforschung"
(III. Stufe seit 1890)

Vor allem in der elektronischen und chemischen Industrie verlagert sich das Interesse von Einzelerfindungen und Nutzung wissenschaftlicher Erkenntnisse für bestehende Produktionsprobleme auf die Monopolisierung von Marktchancen durch Systemerfindungen und Forschungsvorsprünge bei der Suche nach neuen Stoffen und Verfahren. Der Ausbau der kleinen Experimentierlabors zu großen industriellen Forschungsinstitutionen und die Beschäftigung einer großen Anzahl von Wissenschaftlern und Ingenieuren kennzeichnen dieses Stadium der Beziehung. Der Forschungs- und Entwicklungsprozeß wird ein funktional selbständiger Bestandteil des Großunternehmens; industriespezifische Gewichtungen und Bewertungen gehen in die kognitive Struktur der Forschung ein, die als eigenständige „Industrieforschung" neben der Hochschul- und Staatsforschung sich etabliert.

„Wissenschaftlich-industrielle Komplexe", korporatistische Akteure und wissenschaftlich-reflexive Programmforschung
(IV. Stufe seit 1945)

Die wissenschaftlich-industriellen Komplexe entstanden aus den staatlich koordinierten Großprojekten (Manhattan, Apollo, Brüterprogramm, Krebsforschung), mit denen Grenzen einzelunternehmerischer Finanzkraft überwunden und Probleme intersystemischer Abstimmung von Wissenschaft, Industrie, Militär und Politik gelöst wurden. Mit Hilfe des vor allem im militärisch-industriellen Komplex während des II. Weltkriegs erprobten korporatistischen Steuerungsmodells werden um aussichtsreiche Forschungsprogramme herum Wissenschaftszentren und innovative Industrien inklusive ihrer verdichteten Interaktion und günstigen Infrastruktur organisiert (Route 128 um Boston; Silicon Valley, Science Parcs, Gentechnologische Zentren, Wissenschaftsstädte). Die industrielle Entwicklung ist zunehmend von der wissenschaftlichen Forschung und Entwicklung abhängig; diese wiederum wird zunehmend von industriellen Prioritäten und korporatistischen Programmentscheidungen abhängig. Die Reflexion der wechselseitigen Interessen und Potentiale wird Bestandteil sowohl der industriellen als auch der wissenschaftlichen Produktionsstrategie.

5. Kritik reduktionistischer Vergesellschaftungskonzepte

Die skizzierte Entwicklung des Verhältnisses von Industrie und Forschung wird zwar äußerst kontrovers interpretiert; den unterschiedlichen Theorieansätzen ist jedoch gemeinsam, daß sie den Wandel auf die Vergesellschaftung durch nur *eine* vorherrschende Logik zurückzuführen suchen.

Eine *Logik der wissenschaftlich-technischen Entwicklung* unterstellen Theoretiker, die eine Umformung oder Ablösung der Industrie durch moderne Technologieentwicklung und Verwissenschaftlichungsprozesse behaupten. Der prominente Postindustrialismus-Theoretiker Daniel Bell z.B. spricht von der Ablösung der industriellen Gesellschaft, die um die Achse Fabrikation und maschinelle Güterherstellung rganisiert ist, durch eine nachindustrielle Gesellschaft. Letztere werde durch „das Exponentialwachstum und die Ausdifferenzierung des Wissens, das Aufkommen einer neuen intellektuellen Technologie, die systematische Forschung durch entsprechende Gelder und all dies krönen und zusammenfassend, die Kodifizierung des theoretischen Wissens" (Bell 1979, 53) hervorgebracht.

In schwächeren Varianten dieses technologischen Transformationsansatzes wird nur die zunehmende Abhängigkeit der industriellen und wirtschaftlichen Entwicklung von Forschung und technologischer Invention behauptet. In Anknüpfung an Schumpeters (1961) und Kondratieffs (1926) Arbeiten zu kurzen und langen Konjunkturzyklen kommt Gerhard Mensch, einer der interessantesten Vertreter der „technology-push"-These, zu der empirisch erhärteten Auffassung, daß lange Phasen wirtschaftlichen Aufschwungs allein durch die Umwandlung von wissenschaftlichen Entdeckungen und Erfindungen in Basisinnovationen und die sich daraus ergebende Dynamik von Innovationsschwärmen zustande kommen. Die nach der

Verwertungslogik der Industrie bevorzugten Verbesserungs- und Scheininnovationen führten demgegenüber immer wieder in die Depression und Stagnation (Mensch 1977, 66 ff.).

Die konsequenteste Formulierung und die radikalste Version einer durch die Logik moderner Technologieentwicklung beherrschten Gesellschaft können wir bei Jacques Ellul finden. Er begreift moderne Technikentwicklung – in Abgrenzung zur traditionellen Technik – als verselbständigten Automatismus von Technikwahlen, der sich ausschließlich am internen Rationalitätsmuster des „one best way", am Kalkül der technischen Effizienzsteigerung, orientiert. Zwar sind Konsumenten, Kapitalakkumulation, Forschungsbüros, Laboratorien und Produktionsstätten daran gleichsam mechanisch beteiligt, es ist jedoch die „kollektive, anonyme Forschung", welche die Technik mit dem Resultat der ständigen Selbst-Vermehrung" fortentwickelt (Ellul 1964, 85 f.). Der „Monismus", der Zwang zur Anschließbarkeit an andere Techniken und der „technische Universalismus" sorgen seiner Ansicht nach dafür, daß alle anderen geographischen Regionen und gesellschaftlichen Handlungsbereiche dem technologischen Rationalitätsmuster unterworfen werden. „Today technique imposes itself, whatever the environment." (Ebda. 118). Aus seinen Befunden, daß die technische Entwicklung weder von ökonomischen noch von politischen Entscheidungen konditioniert wird, daß sie weder moralische Grenzen noch geistige Werte akzeptiert, daß sie vor physikalischen und biologischen Gesetzen nicht haltmacht, sondern sie umgeht, oder in ihrem Sinne auf Kosten der natürlichen Umwelt nutzt, und daß sie als selbstvermehrender und selbst-kontrollierender Prozeß immer weniger auf menschliche Interventionen angewiesen ist, leitet Jacques Ellul seine These von der „Autonomie" moderner Technikentwicklung ab (ebda. 133 ff.).

Die hier nur kurz angerissenen Grundgedanken einer technologischen Vergesellschaftungstheorie sollen ausreichen, auf eine wesentliche Stärke und zugleich Schwäche aufmerksam machen zu können. Auf der einen Seite verleiht die konsequente Behandlung technologischer Forschung und Konstruktion als eigenständiges ausdifferenziertes System, das wegen seines Rationalitätsmusters „Effizienzkalkül" seine Leistungsfähigkeit selbstreferentiell und ohne äußere Stoppregeln grenzenlos steigern kann, diesem Ansatz eine hohe Geschlossenheit und Attraktivität, zumal viele empirisch beobachtbaren Phänomene sich ihr ohne Problem zuordnen lassen. Auf der anderen Seite ist diese Geschlossenheit weder logisch noch empirisch mit dem offenen Prinzip der Effizienzsteigerung vereinbar. Erstens ergibt eine Steigerung der Steigerung für sich allein keinen Sinn; sie ist kategorial immer auf eine Referenz angewiesen, z.B. die Steigerung der Produktionssteigerung; damit verliert sie jedoch ihren autonomen und geschlossenen Charakter. Zweitens mehren sich ständig die Belege dafür, daß es aus technologischer Sicht *viele* „best ways" gibt, aus denen dann je nach vorherrschender Referenz eine Variante ausgewählt wird.

Im Unterschied zur wissenschaftlichen Erkenntnis, die in der Regel auf eine eindeutige Lösung abzielt, ergibt sich aus dem Synthesecharakter der Technikentwicklung eine Vielfalt möglicher Konstruktionen. Im Unterschied zum ökonomischen System, das sich über das Medium Geld selbstreferentiell steuern kann, besitzt das ausdifferenzierte System der Technologieentwicklung mit dem Prinzip der technischen Effizienz kein selbständiges Rationalitätsmuster und bleibt auf Referenzen angewiesen.

Zu ganz anderen Einschätzungen gelangen die Theoretiker, welche die Vergesellschaftung auf die *Logik ökonomischer Entwicklung* zurückführen: Sie sehen statt der Verwissenschaftlichung und Entindustrialisierung eine zunehmende Subsumtion der Wissenschaft unter das Kapital, die sich von der anfänglichen ökonomischen Orientierung der Erfindung über die an Verwertungsimperativen ausgerichtete Forschung bis hin zur Industrialisierung der Wissenschaft steigert.

So einleuchtend auf den ersten Blick die weiche These der „Demand"-Theoretiker unter den Innovationsökonomen ist, so begrenzt tauglich sind ihre Ergebnisse, um eine von der Logik des Kapitals determinierte Technologieentwicklung empirisch zu erhärten: der Erfindungsfortschritt läßt sich nicht nur als Steigerung der Arbeits- und Kapitalersparnis rekonstruieren; die ökonomisch einträglichsten Technologieentwicklungen entstammen zum größten Teil nicht-ökonomisch induzierter Forschung und es vermehren sich die Fälle, in denen die Industrie gezwungen ist, kostenvermehrende Techniken einzuführen, z.B. Kontroll- oder Umweltschutztechnologien.

In der industriesoziologischen Forschung neigen viele Wissenschaftler dazu, moderne Technologieentwicklung durch den Verwertungsprozeß des Kapitals bestimmt zu sehen. Insofern damit die technischen Verbesserungen und Erneuerungen gemeint sind, die den größten Anteil des betrieblichen Alltags bisher ausmachten, und insofern man sich auf den innerbetrieblichen Anwendungs- und Implementationsaspekt neuer Technologien beschränkt, mag diese These noch aufrechterhalten werden können. Sobald jedoch der von uns mit dem Begriff Forschung ausgezeichnete Prozeß moderner Technologieentwicklung angesprochen und der einzelbetriebliche Rahmen in Richtung auf das intersystemische Verhältnis von Industrie und Forschung überschritten wird, verändert sich der Charakter der Behauptung: sie wird zur „starken" These der reellen Subsumtion der Forschung unter das Kapital.

Mit diesem Theorem hatte Marx schon den Übergang von der Manufaktur zur „großen Industrie" Ende des 18. Jahrhunderts und in der ersten Hälfte des 19. Jahrhunderts erfaßt. Vertreter des Frankfurter Instituts für Sozialforschung griffen es anfangs dazu auf, „einen generellen Strukturwandel" der Lohnarbeit seit Ende des 19. Jahrhunderts auf den Begriff zu bringen (Schmiede 1980, 473). Es wurde schließlich in den letzten Jahren zum „Subsumtions-Modell" ausgebaut, das dem Bedeutungsverlust der Arbeit und dem entsprechenden Bedeutungsgewinn von Technik und Wissenschaft für die kapitalistische Vergesellschaftung im gegenwärtigen 20. Jahrhundert besser Rechnung tragen soll (Brandt/Papadimitriou 1983, 145 ff.). Logisch wird die mögliche „Unterwerfung von Wissenschaft und verwissenschaftlichter Technik unter Prinzipien der Kapitalverwertung" (ebda. 151) mit der These der „doppelseitigen Subsumtion des Konkreten unter das Abstrakt-Allgemeine", nicht nur des Gebrauchswerts unter den Wert in Form des Kapitals, sondern auch „der sinnlichen Erfahrung unter den wissenschaftlichen Verstand in Form des Schematismus" begründet (Schmiede 1983, 60). Empirisch werden Prozesse der Industrialisierung der Forschung in den „science-based industries", Prozesse der Rationalisierung und Taylorisierung geistiger Arbeit und der „Annektierung der Biologie durch das Kapital" am Beispiel der Biotechnologie als Belege angeführt. Sie kommen schließlich zum Ergebnis, „daß mit fortschreitender Organisation des Wissenschaftsbetriebs der Prozeß wissenschaftlicher Erkenntnis selbst bis in seine Struktur hin der Steuerung durch Verwertungsimperative unterworfen wird" (Brandt/Papadimitriou 1983, 153 f.).

Ähnlich wie die Verwissenschaftlichungs-These zieht der Subsumtions-Ansatz seine Stärken und Schwächen aus seiner Geschlossenheit, nur daß hier die Logik des Kapitals als geschlossenes und sich selbst steuerndes System begriffen wird. Ihr soll es gelingen, den „Prozeß wissenschaftlicher Reflexion" in einen „Prozeß algorithmischer Problemlösungen zu transformieren" (Ebda. 152). Es wird zwar eingestanden, daß der Vollzug der reellen Subsumtion durch Widerstände modifiziert werden kann, jedoch werden keine systematischen Grenzen dieser kapitalistischen Vergesellschaftungsform angeführt, z.B. die Unmöglichkeit, geistige Prozesse bei der analytischen Modellierung vollständig abzubilden, oder die Unmöglichkeit, bei hoher Systemkomplexität das Optimierungskalkül anzuwenden.

Auch die Konzeptualisierung der Wissenschaftsentwicklung als Prozessieren „reiner Verstandestätigkeit" (Schmiede 1983, 60) und der Technologieentwicklung als „Unterwerfung unter eine abstrakte 'technologische' und 'ökonomische Rationalität'" (Schmiede 1980, 478) schenkt sich die analytisch relevante Frage, wie die Interdependenz zwischen Erkenntnis und Ökonomie ohne Leistungsverlust organisierbar ist. Bei einer solchen reduktionistischen Begriffsstrategie, die sich allein durch die Annahme einer „Analogie" oder einer „strukturellen Affinität" (Ullrich 1982) von Kapitallogik und Wissenschaftlogik legitimiert, geraten die Interdependenzbeziehungen nicht mehr ins theoretische Blickfeld; und Fragen nach den empirischen Bedingungen gegenseitiger Begrenzung und auch gegenseitiger Leistungssteigerung von Forschung und Industrie bleiben ausgeblendet.

Eine dritte Gruppe von Ansätzen läßt sich unter dem Stichwort „Vergesellschaftung durch die *'Logik' der Beherrschung*" zusammenfassen. In ihren radikalen Varianten wird die moderne Technologieentwicklung als verselbständigte Form von Klassenherrschaft aufgefaßt. Ist die Technologie z.B. bei Herbert Marcuse aufgrund des „zuinnerst instrumentalistischen Charakters moderner wissenschaftlicher Rationalität nicht nur Mittel, sondern selbst eine Form sozialer Kontrolle und Herrschaft (Marcuse 1968,

172), läßt sich bei Lewis Mumford die Technikgeschichte aus den Herrschaftsbedürfnissen der Mächtigen und den herrschenden Orientierungen von „Machtkulturen“ (Mumford 1963 und 1978) herleiten.

Im *„labor-control“-Ansatz* von Harry Braverman und Richard Edwards wird eine machtsoziologische Interpretation kapitalistischer Vergesellschaftung gegeben. Sie rekonstruieren die technisch-wissenschaftliche Entwicklung der Produktion als kontinuierlichen Prozeß der Ausweitung der kapitalistischen Kontrolle über die Arbeitskräfte (Braverman 1977; Edwards 1981). Bezogen auf mögliche Technikwahlen hat Stephan Marglin zugespitzt formuliert, daß weder die technologische Effektivität noch die ökonomische Effizienz, sondern historische Herrschafts- und Kontrollinteressen für die Auswahl entscheidend sind (Marglin 1977). Wichtiger für unser Thema der Technikerzeugung ist die Studie von David Noble über die „science-based industries“, in der er die „Verheiratung von Wissenschaft und Industrie“ auch nach dem Modell der Ausdehnung der Kontrolle des Kapitals über die wissenschaftliche Entwicklung beschreibt, von der Kontrolle über das Produkt (Patenterwerb), über die Kontrolle des Forschungs- und Entwicklungsprozesses (Industrieforschung) bis hin zur Kontrolle der Infrastruktur (Wissenschaftliche Institutionen, Wissenschaftspolitik) (Noble 1977).

Allerdings sieht er auch einen umgekehrten Einflußprozeß auf das Kapital, das sich in seiner institutionalisierten Form verändert. Besonders auch in seiner Fallstudie zur Entwicklung der NC-Technik wird sein analytischer Bezug auf verschiedene „Logiken“ und ihre historische Relationierung deutlich (Noble 1978).

Die Kritik am Überziehen der Logik der Beherrschung wird weitgehend innerhalb dieser Ansätze selbst schon geleistet. Vor allem historische Studien, z.B. Craig Littlers Arbeit zur Entwicklung des Arbeitsprozesses im Kapitalismus (1982), Nobles Arbeit zur Entwicklung der Maschinentechnik (1984) und auch Lothar und Irmgard Hacks Arbeiten zur Großindustriellen Chemie- und Biotechnologieforschung (1985a und b), machen deutlich, daß es nicht sinnvoll ist, weiterhin die moderne Technologieentwicklung aus nur *einer* Logik erklären zu suchen. Damit kommen wir zu der anfangs von uns vorgeschlagenen Optik zurück.

6. Der Wandel vom industriellen zum wissenschaftlich-reflexiven Strategietyp

Wir gehen von der Existenz *mehrerer „Logiken“ nebeneinander* aus, die als Ergebnis funktionaler Ausdifferenzierung von Rationalitätsmustern und entsprechender Subsysteme angesehen werden.

Organisationen wie Industrieunternehmen, Forschungs- und Entwicklungsbetriebe oder akademische Forschungsinstitute sind durch die besondere Art der Verknüpfung verschiedener Rationalitätsmuster charakterisiert. *Reflexive Strategien* der Akteure vermitteln zwischen ihnen. Die strategische Umwandlung externer Herausforderungen in interne Organisationsstrukturen schlägt sich in historisch-situativen Lernprozessen nieder (Vgl. Rammert/Projektgruppe Technikforschung 1985).

Es entsteht zum Beispiel ein schiefes und zudem historisch falsches Bild, wenn der Taylorismus nur als „adäquate Form der Arbeitsorganisation" aus der Logik des Kapitals (vgl. für viele andere Mendner 1975) oder wenn er anschließend aus der Logik der Beherrschung und Kontrolle der Arbeitskraft hergeleitet wird (Braverman 1977). Taylorismus als eine reflexive Strategie begreifen heißt, ihn als historische Kombination von Ökonomisierungszielen und Beherrschungsabsichten und als situativ herausgebildete Antwort der Unternehmen auf bestimmte ökonomische und politische Herausforderungen zu untersuchen. Nur so kann die mögliche Vielfalt strategischer Lösungsversuche (vgl. Littler/Salomon 1983, Wood 1982) erklärt und das Entstehen neuer Strategien in einigen Bereichen, wie das von Horst Kern und Michael Schuman referierte „neue Produktionskonzept" (1984) oder das von Michael Burawoy nachgezeichnete Konzept der Einbindung der Arbeiter durch strategisch gewährte Spielräume (Burawoy 1983) entdeckt werden.

Wenden wir den reflexiven Strategiebegriff auf unsere Problemstellung, der Analyse der Vergesellschaftung moderner Technologieentwicklung, an, kommen wir auch hier zu anderen Einsichten und Ergebnissen als z.B. der Subsumtions-Ansatz. Dort wird die Entstehung der „science-based industries" fast ausschließlich als erweiterter Zugriff des Kapitals auf die Forschung gesehen. Dabei wird die relative Autonomie der Forschung als auf Dauer vernachlässigbare Widerständigkeit behandelt. Konzeptualisieren wir den Prozeß als Umorganisation eines Interdependenzverhältnisses zwischen Forschung und Ökonomie, so fällt uns die seit 1890 ansteigende Abhängigkeit der Unternehmen der elektrotechnischen und chemischen Industrie vom wissenschaftlich induzierten Prozeß der Technologieentwicklung auf. Die rasante Dynamik der Erfindungen, die gesteigerte Konkurrenz um die Patente und die mit der Innovationskonkurrenz beschleunigte Produktveraltung bedrohte auch die Handlungsfreiheit, vor allem die Berechenbarkeit und Sicherstellung des ökonomischen Erfolgs der Unternehmen. Die Herausbildung industrieeigener Forschungs- und Entwicklungsabteilungen kann daher auch als unternehmerische Strategie interpretiert werden, die aus der Wissenschaftsdynamik erwachsenden Einschränkungen seiner Autonomie zu begrenzen. Die Gründung eigener Industrieforschungslabors bedeutete nicht nur die organisatorische Kontrolle über einen beschränkten Ausschnitt des gesamten Forschungssystems, sondern auch die Sicherung des Anschlusses der Industrie an die Entwicklungen im Wissenschaftssystem, war also auch Ausdruck der strategisch organisierten Interdependenz.

Ein zweiter wesentlicher Gesichtspunkt, der häufig übersehen oder unterschätzt wird, ist die Tatsache, daß mit der Hereinnahme der Forschung

in das Industrieunternehmen Probleme der Integration der verschiedenen Rationalitätsmuster entstehen: die Unterordnung des „stochastischen" Forschungsprozesses unter die strengen betriebswirtschaftlichen Ökonomisierungsverfahren würde gerade die gewünschte Steigerung des Innovationspotentials verhindern. Die Unterwerfung des wissenschaftlich arbeitenden Forschungspersonals unter Methoden der bürokratisch-industriellen Kontrolle würde die erwartete Kreativität und wissenschaftliche Produktivität stark einschränken. Sollen weder die ökonomischen Ziele der industriellen Ökonomie gefährdet noch die innovative Kapazität der industriellen Forschung beeinträchtigt werden, müssen sich im Vergleich zur klassischen industriellen Strategie offenere und reflexivere Formen der Verknüpfung der beiden Rationalitätsmuster herausbilden. Diese reflexive Strategie gibt sich durch die Abkehr von der „Unterordnung" zur „unternehmerisch organisierten Autonomie", von der „direkten Einwirkung" zur „Orientierung" durch Struktur- und Umweltvorgaben und von der „hierarchischen Integration" zur projektbezogenen „Selbstorganisation" von Interdependenzbeziehungen zu erkennen (vgl. Rammert 1983).
Als These halten wir fest:

These 5: Die Herausbildung der „science-based industries" wird mit dem Begriff der „Industrialisierung der Wissenschaft" und der These der einseitigen Ausweitung der industriellen Kontrolle über den Forschungsprozeß nur unzureichend erfaßt. Die gleichzeitige „Verwissenschaftlichung der Industrie", die zunehmende Abhängigkeit des ökonomischen Erfolgs von der internen Innovationskapazität und vom Anschluß an die externen wissenschaftlich-technologischen Entwicklungstrends, verweisen auf die tendenzielle Ablösung des industriellen durch einen wissenschaftlich-reflexiven Strategietyp.

Die Herausbildung korporatistisch organisierter wissenschaftlich-industrieller Komplexe in der Gegenwart, vom Manhattan-Projekt bis zur japanischen MITI-Politik, stellt eine qualitativ neue Stufe der Interdependenz von Industrie und Forschung dar, die über das Muster der „science-based industries" hinausgeht. Auf dieser Stufe erhöhter Komplexität wird das Versagen reduktionistischer Vergesellschaftungstheorien besonders offensichtlich:

Die *Verlängerung und zeitliche Phasendifferenzierung* moderner Technikentwicklung lassen es immer weniger zu, nur das Industrieunternehmen oder das Forschungsinstitut als bevorzugten sozialen Ort der Realisierung der entsprechenden Logik zu behandeln. Von der Grundlagenforschung bis zur Implementation gibt es verschiedene Instanzen, in die jeweils unterschiedliche soziale Akteure eingreifen können. Herbert Kitschelt (1980), Joachim Radkau (1983) und Otto Keck (1984) haben diese Vielfalt von politischen Arenen, von Akteuren und ihren Rationalitätsmustern sowie ihrer sich fördernden oder begrenzenden Interdependenzen am Beispiel der Kernforschungspolitik, ihrer Geschichte und am Fall der Brutreaktorentwicklung aufgezeigt.

Die *Ausdehnung* moderner Technologien über die Subsystemgrenzen hinaus – diese Tendenz wird meist als „Großtechnologie" angesprochen – vergrößert das Spektrum der betroffenen Bereiche sowie der mit ihr in Beziehung kommenden Akteure. Am Projekt der Breitbandverkabelung sind nicht nur unterschiedliche Anbieter-, Anwender- und Entscheider-Akteure beteiligt (Mettler-Meibom 1983), sie differenzieren sich noch weiter in profitierende und auskonkurrierte Industriefraktionen und in fördernde, reformierende oder boykottierende Politikfraktionen.

Angesichts solcher Interessenvielfalt ist die Durchsetzung nur *einer* Logik nicht nur unwahrscheinlich, sondern führt geradezu den Mißerfolg herbei. Es scheinen sich vielmehr korporatistische Zwischengremien als gesellschaftliche Orientierungsinstanzen herauszubilden, in denen durch die Koordination der reflexiven Strategien zentraler Akteure der erhöhten Interdependenz Rechnung getragen wird.
Als These fassen wir zusammen:

These 6: Der zeitlich verlängerte und der grenzüberschreitende Charakter moderner Technologieentwicklung hat die Zahl der sozialen Instanzen und der sozialen Akteure so sehr vermehrt, daß die Steuerung von *außen* über eine Logik immer unwahrscheinlicher und durch eine „reflexiv koordinierte Selbststeuerung" abgelöst wird.

Dieser Strategietyp muß sowohl die konfliktreiche Verflechtung der Rationalitätsmuster miteinander als auch die reflexive Antizipation der anderen Akteurstrategien einbeziehen können, um angesichts der gesteigerten Interdependenz und Kontingenz Technologieentwicklung orientieren zu können. Unsere Ausführungen lassen sich in der These resümieren:

These 7: Moderne Technologieentwicklung kann nur dadurch industriell strategisch orientiert werden, daß ihrem Charakter als Forschung durch eine reflexiv organisierte Autonomie ihres Erzeugungsprozesses Rechnung getragen wird. Während bei der Funktionalisierung der Forschung ihre Leistung beschränkt würde, wird bei gelungener reflexiv organisierter Interdependenz gerade durch die wechselseitige Begrenzung der Handlungsspielräume eine gemeinsame Leistungssteigerung möglich: in diesem Fall die der ökonomischen Effizienz *und* der wissenschaftlichen Innovativität.

LITERATUR

Barnes, B., 1982: „The Science-Technology Relationship: A Model and A Query." *Social Studies of Science,* Vol 12.
Bell, D.,: 1985: *Die nachindustrielle Gesellschaft,* (Erstveröff. 1973) Frankfurt/New York.
Böhme, G., van den Daele, W., Krohn, W., 1978: „Die Verwissenschaftlichung von Technologie." In: G. Böhme et. al.: *Die gesellschaftliche Orientierung des wissenschaftlichen Fortschritts,* Frankfurt.

Brandt, G., Papadimitriou, Z., 1983: *Der Beitrag der industriesoziologischen Forschung zur Entwicklung eines sozialwissenschaftlichen Technikbegriffs.* Vortrag auf dem II. Technologie-Kolloquium, Frankfurt.
Braverman, H., 1977: *Die Arbeit im modernen Produktionsprozeß,* Frankfurt/M.
Brooks, H., 1965: „The Interaction of Science and Technology: Another View." In: *The Impact of Science on Technology.* Ed. A. Werner, O. Morse, A. Eichner, Columbia UP, New York.
Burawoy, M., 1983: *Manufacturing Consent: Changes in the Labour Process under Monopoly Capitalism,* Chicago (Erstveröff. 1979).
Edwards, R., 1981: *Herrschaft im modernen Produktionsprozeß,* Frankfurt/M.
Ellul, J., 1964: *The Technological Society,* New York (La Technique ou l'enjeu du siècle, Paris 1954).
Gehlen, A., 1957: *Die Seele im technischen Zeitalter.* Hamburg.
Hack, L., 1984: *Industrialisierung immaterieller Produktionsprozesse – Konzeptualisierung technologischer Entwicklungen im Kontext organisierter Industrieforschung.* Vortragsmanuskript vom III. Technologie-Kolloquium, Frankfurt.
Hack, L., Hack, L., 1985a: *Die Wirklichkeit, die Wissen schafft,* Frankfurt/M.
Hack, L., 1985b: „Brauchen wir einen neuen akademisch-industriellen Komplex? Zur Konstruktion 'kritischer Massen' im Bereich der industriellen Mikrobiologie/Gentechnologie." In: *Technik und Gesellschaft.* Jahrbuch 3, hg. v. W. Rammert u.a., Frankfurt.
Henrich, D., 1982: „Denken und Forschung." In: *Fluchtlinien.* Frankfurt.
Kern, H., Schumann, M., 1984: „Neue Produktionskonzepte haben Chancen – Erfahrungen und erste Befunde der Folgestudie zu 'Industriearbeit und Arbeiterbewußtsein'." In: *Soziale Welt,* 1/2.
Keck, O., 1984: *Der Schnelle Brüter. Eine Fallstudie über Entscheidungsprozesse in der Großtechnik,* Frankfurt.
Kitschelt, H., 1980: *Kernenergiepolitik. Arena eines gesellschaftlichen Konflikts,* Frankfurt.
Kondratieff, N.D., 1926: „Die langen Wellen der Konjunktur." In: *Archiv für Sozialwiss. und Sozialpolitik,* Jg. 56.
Layton, E., 1977: „Technology and Science, or 'Vive La Petite Différence'." In: *Philosophy of Science Association Proceedings,* II.
Littler, C., 1982: *The Development of the Labour Process in Capitalist Societies,* London.
Luhmann, N., 1975: *Soziologische Aufklärung 2,* Opladen.
Luhmann, N., 1981: *Soziologische Aufklärung 3,* Opladen.
Lutz, B., 1983: „Technik und Arbeit." In: DFG (Hg.): *Forschung in der BRD,* Weinheim.
Marcuse, H., 1968: *Der eindimensionale Mensch,* Neuwied (Erstveröff. 1964).
Marglin, S., 1977: „Was tun die Vorgesetzten? Ursprünge und Funktionen der Hierarchie in der kapitalistischen Produktion." In: *Technologie und Politik,* H. 8, Reinbek.
Mendner, J., 1975: *Technologische Entwicklung und Arbeitsprozeß. Zur reellen Subsumtion der Arbeit unter das Kapital,* Frankfurt.
Mensch, G., 1977: *Das technologische Patt. Innovationen überwinden die Depression,* Frankfurt.
Mettler-Meibom B., 1983: „Breitbandkommunikation auf dem Marsch durch die Institutionen." In: *Technik und Gesellschaft.* Jahrbuch 2, hg. v. W. Rammert u.a., Frankfurt.
Mumford, L., 1963: *Technics and Civilization,* New York (Erstveröff. 1934).
Mumford, L., 1978: *Der Mythos der Maschine,* Frankfurt (Erstveröff. 1967).
Noble, D., 1977: *America by Design. Science, Technology and the Rise of Corporate Capitalism,* New York.

Noble, D., 1978: „Social Choice in Machine Design." In: *Politics and Society,* 3/4.
Noble, D., 1984: *The Social Forces of Production,* New York.
Pasteur, L., 1922-1939: *Oeuvres Complètes,* Vol. 107, Paris.
Radkau, J., 1983: *Aufstieg und Krise der deutschen Atomwirtschaft,* Reinbek.
Rammert, W., 1983: *Soziale Dynamik der technischen Entwicklung,* Opladen.
Rammert, W./Projektgruppe Technikforschung 1985: *Technikentwicklung im Unternehmen: Strategien, Innovationsverläufe und Ingenieurbewußtsein.* Arbeitsberichte und Forschungsmaterialien der Fakultät für Soziologie Nr. 38, Bielefeld.
Schmiede, R., 1980: „Rationalisierung und reelle Subsumtion." In: *Leviathan* 4, Jg. 8.
Schmiede, R., 1983: „Abstrakte Arbeit und Automation." In: *Leviathan* 1, Jg. 11.
Schuchardin, S.W., 1963: *Die Grundlagen der Geschichte der Technik. Versuch einer Ausarbeitung der theoretischen und methodologischen Probleme.* Leipzig.
Schumpeter, J., 1961: *Konjunkturzyklen,* Göttingen.
Simon, A., 1969: *The Science of the Artificial,* Cambridge, Mass.
Ullrich, O., 1982: *Technik und Herrschaft,* Frankfurt.
Weingart, P., 1982: „Strukturen technologischen Wandels. Zu einer soziologischen Analyse der Technik." In: Jokisch, R.(Hg.): *Techniksoziologie,* Frankfurt.
Weizsäcker, C.F.v., 1960: *Zum Weltbild der Physik,* Stuttgart 8. Aufl.
Wood, S. (Hg.), 1982: *The Degradation of Work? Skill, Deskilling and the Labour Process,* London.
Zilsel, E., 1976: *Die sozialen Ursprünge der neuzeitlichen Wissenschaft.* Frankfurt.

GEWERKSCHAFTLICHE TECHNOLOGIEPOLITIK ZWISCHEN STATUSSICHERUNG UND ARBEITSGESTALTUNG*

Eckart Hildebrandt, Rüdiger Seltz

Einleitung

Es dürfte keinem Zweifel mehr unterliegen, daß die veränderte wirtschaftliche Situation in der Bundesrepublik Deutschland sowie der massive Einsatz von neuer Datentechnologie in den Betrieben die Arbeitssituation der Beschäftigten deutlich beeinflußt haben. Weniger wird diskutiert, welchen Einfluß diese Entwicklungen direkt und indirekt auf die Möglichkeiten und Perspektiven von Gewerkschaftspolitik haben. Im Mittelpunkt stehen häufig die Auswirkungen einer breiten Technik-Anwendung und neuer Management-Strategien. Neuere Analysen des Rationalisierungsprozesses in der Industrie haben zu der Annahme geführt, daß sog. Neue Produktionskonzepte (Kern/Schumann 1984a) zunehmend die Strategie der Unternehmen bestimmen. Die Nutzung der Gestaltungsmöglichkeiten neuer Technologien zusammen mit einer umfassenden Nutzung des menschlichen Arbeitsvermögens führe zumindest in prosperierenden Teilbereichen der Industrie zu einer „Reprofessionalisierung" von Facharbeit, der Abschwächung von Herrschaft als Rationalisierungsziel und zu einer teilweisen Stärkung der Position der betrieblichen Interessenvertretung. Eine solche These hat natürlich für die zukünftigen Anforderungen an Gewerkschaftspolitik eine zentrale Bedeutung, da sie eine (neue) Gewährleistung von Gewerkschaftszielen – ohne deren Intervention – über eine zumindest partielle Interessenidentität nahelegt.

Der folgende Beitrag bezieht sich an verschiedenen Stellen auf diese These, die sicher für eine längere Zeit die Auseinandersetzung bestimmen wird. Dazu werden in einem ersten Teil die neuen gesellschaftlichen Rahmenbedingungen von Gewerkschaftspolitik skizziert,
im zweiten Teil einige wesentliche Aussagen der „Neuen Produktionskonzepte" diskutiert, und
im dritten Teil wird versucht, die veränderten gesellschaftlichen und betrieblichen Bedingungen zu einem Ansatz gewerkschaftlicher Gestaltungspolitik zusammenzuführen.

---

* Die empirischen Hinweise im Mittelteil basieren auf vorläufigen Ergebnissen des Forschungsprojekts „Politik und Kontrolle beim Einsatz computergesteuerter Produktionsplanung und -steuerung", das von G. Dörr/E. Hildebrandt/R. Seltz am Wissenschaftszentrum Berlin/Schwerpunkt Arbeitspolitik durchgeführt wird.

Teil I: Rahmenbedingungen zukünftiger Gewerkschaftspolitik

Eine steigende Anzahl von Wirtschafts- und Sozialwissenschaftlern geht von einer zunehmenden *Segmentierung der Volkswirtschaft* aus. Sie unterscheiden z.B. einen sog. funktionierenden Kernbereich (z.B. Chemieindustrie, Automobilindustrie, Elektronikindustrie), krisenbestimmte Branchen (z.B. Bergbau, Stahl und Werften), sowie den Bereich der Arbeitslosigkeit (sog. Schattenwirtschaft). Für eine solche Entwicklungstendenz gibt es insbesondere in anderen westlichen Industrienationen ausreichende Indikatoren.

Bisher war die ökonomische Grundlage der nationalen Gewerkschaftspolitik die Ausweitung der Industrialisierung auf weitere Wirtschaftsbereiche und Gruppen der Arbeitsbevölkerung, das Wachstum der Produktionseinheiten und die Homogenisierung von Arbeitsverhältnissen und -bedingungen. Sie ermöglicht eine Politik, die eine *Verallgemeinerung und Angleichung von Arbeits- und Einkommensbedingungen auf der Grundlage möglichst umfassender Organisierung* verfolgte.

Aus der Auseinanderentwicklung von ökonomischen Strukturen (Segmentierung und Flexibilisierung) und dem Politikziel der Verallgemeinerung und Angleichung ergeben sich gravierende Gefährdungen gewachsener Gewerkschaftspolitik:

- eine quantitative Schwächung der Organisationsmacht durch Verringerung des traditionellen Mitgliederpotentials;
- eine zunehmende Durchbrechung des Politikziels der Angleichung durch eine Segmentierung der Wirtschaftsbereiche, des Arbeitsmarktes und der Arbeitsverhältnisse.

Die mangelnde Anpassung der Gewerkschaftspolitik an diese neue Konstellation hat bereits zu einer faktischen Aushöhlung des Verallgemeinerungs- und Angleichungspostulats geführt: durch eine „Entgewerkschaftlichung" bestimmter Sektoren und durch die Konzentration von Politik auf traditionelle Kerngruppen der Beschäftigten.
Die bundesdeutschen Gewerkschaften stehen also vor dem Problem,
ob sie bei veränderten ökonomischen (und politischen) Grundlagen entweder das Ziel der *Verallgemeinerung und Angleichung* aufrechterhalten und entsprechende Politiken entwickeln und vorrangig propagieren sollen;

oder aber mit einer *Segmentierung der Gewerkschaftspolitik* reagieren in dem Sinne, daß sie in den verschiedenen Segmenten organisieren und dort unterschiedliche Politiken (und wenn: welche?) verfolgen;

oder aber sich auf einen *funktionierenden Kernbereich beschränken,* in dem Mindeststandards an Arbeitsverhältnissen (Arbeitsvertragsdauer, Arbeitszeit, Mindesteinkommen) und Arbeitsbedingungen (Tätigkeitsanforderungen, Arbeitsschutzmaßnahmen etc.) aufrechtzuerhalten oder sogar zu verbessern sind.

Sicherlich sind Tendenzen in alle drei Richtungen vorhanden. Besonders eine pragmatische Politik der Einzelgewerkschaften bei einem schwachen Dachverband sowie eine betriebszentrierte (Betriebsrats-)Politik, die am stärksten auf aktuelle Gefährdungen im eigenen Organisationsbereich reagieren, tendieren zur Segmentierung. Damit einher geht dann die Unmöglichkeit, eine über soziale Zugeständnisse und Korrekturen hinausgehende Politik zu konzipieren und durchzusetzen. Gewerkschaftliche Politik wird zum Reflex der Sektoren- bzw. Unternehmensentwicklung. Demgegenüber wäre Bedingung einer übergreifenden Politik, daß der Dachverband DGB im Sinne perspektivischer Denkanstöße, Strategievorschläge, Koordination und Hilfestellung gestärkt wird.

Das Problem läßt sich also in einer Weise bestimmen, daß das Ziel der Verallgemeinerung und Angleichung auf veränderter historischer Grundlage neu formuliert und nur mit einer neu konzipierten Politik angestrebt werden kann. Dazu gehört, daß

erstens die Gewerkschaften im funktionierenden Kernbereich der Wirtschaft so stark und zudem bereit sind, *Umverteilungsforderungen* aufzustellen und durchzusetzen, die der Segmentierung entgegenwirken;

zweitens die Gewerkschaften sich in den „nicht-funktionierenden Randbereichen" darauf orientieren, zumindest vorübergehend auch abweichende Arbeitsverhältnisse zu *organisieren*, um damit auch dort Gegenkräfte gegen die Segmentierung aufzubauen, und es

drittens gelingt, die Produkt- und Produktionspolitik im funktionierenden Kernbereich so zu beeinflussen (zu *gestalten*), daß die fortschreitende Produktion von Arbeitslosigkeit und unterwertigen Arbeitsverhältnissen gestoppt oder sogar umgekehrt wird. Denn der funktionierende Kernbereich ist qua Definition der Bereich, in dem die Produktionstechnologien und Produkte hergestellt werden, die Fertigungsverfahren, Dienstleistungen und damit Arbeitsbeziehungen, Tätigkeiten und Arbeitssituationen strukturieren. Die Produktions- und Produktpolitik der Unternehmen hat ja im Zusammenwirken mit dem Konsumverhalten der Bevölkerung zu einer Vernutzung und Schädigung natürlicher Ressourcen geführt, die sich zu einer sich immer bedrohlicher abzeichnenden *ökologischen Schranke* traditioneller Industriepolitik verdichtet hat. Diese ökologische Schranke wird damit zugleich Schranke für traditionelle Gewerkschaftspolitik (vgl. die Entgegensetzung von Umweltschutz und Arbeitsplatzsicherung).

Alle drei Bedingungen stellen gegenüber der Wachstumsphase der 60er und 70er Jahre neuartige Anforderungen an Gewerkschaftspolitik in dem Sinne, daß in einer *sektorbezogenen Politik zumindest die Perspektive einer sektorübergreifenden Angleichung materiell enthalten sein müßte.*

Traditionelle Gewerkschaftsforderungen beruhen auf den materiellen Interessen der Mitglieder, d.h. erfahrbaren, sichtbaren Mängeln der eigenen Arbeitssituation (unzureichendes verfügbares Einkommen, Arbeitsbelastungen, Dequalifizierung etc.) und zielen auf direkte persönliche Verbesserungen. Den o.g. Politiken dagegen fehlt diese *persönliche Unmittelbarkeit,* indem sie nur indirekte, zeitlich versetzte und noch nicht einmal genau zu kalkulierende Effekte für die Gewerkschaftsmitglieder erbringen. Noch gravierender, sie können als Umverteilungspolitik innerhalb der Arbeitsbevölkerung sogar zu einem Abzug vom möglichen Forderungsvolumen im funktionierenden Kernbereich zugunsten der anderen Bereiche führen – also nicht Besitzstandswahrung und -mehrung, sondern gesellschaftspolitische Umverteilung im Interesse der Gesamtorganisation. Diese Problematik hat sich erstmals bei den vergangenen Verhandlungen um Arbeitszeitverkürzung voll entfaltet und dürfte – neben den Auswirkungen der Krise – eine Ursache dafür sein, daß „die Basis in den Betrieben zurückweicht".

Mit diesen einleitenden Bemerkungen sollte im wesentlichen darauf hingewiesen werden, daß sowohl die Gewerkschaften wie auch – allerdings in anderer Weise – die Unternehmen unter dem Einfluß starker und veränderter globaler Entwicklungen stehen, die die Gestaltungsautonomie nach außen weitgehend einschränken und die sowohl eine veränderte Gewerkschaftspolitik wie auch neue Managementkonzepte erfordern. Es erscheint uns daher in jedem Fall als verkürzt und wenig perspektivisch, die Anforderungen und Möglichkeiten für Gewerkschaftspolitik maßgeblich auf Branchen- oder Betriebsebene bzw. aus neuen Rationalisierungsstrategien der Unternehmen abzuleiten. Deren Situation ist viel außengeleiteter und unsicherer, als z.B. die Darstellungen über Rationalisierungsstrategien erkennbar werden lassen.

Teil II: Flexible Automatisierung – „Neue Produktionskonzepte" am Beispiel des Maschinenbaus

Aus dem ersten Teil können wir die These mit herübernehmen, daß die Gestaltungsautonomie der Unternehmen durch neue Marktentwicklungen, schnelle technologische Interventionsschübe, politische Konstellationen und soziale Entwicklungen *erstens stark eingegrenzt und zweitens in der Perspektive stark verunsichert ist.*

Da die Möglichkeiten, die sich verändernden Anforderungen zu beeinflussen bzw. zu neutralisieren i.d.R. gering sind, konzentrieren sich die Unternehmen auf die *interne Anpassung an externe Anforderungen.*

Bei den „Neuen Produktionskonzepten" sehen wir die Tendenz, daß sich die Marktanforderungen im funktionierenden Kernbereich relativ bruchlos in geschlossene Managementstrategien umzusetzen scheinen, sich als solche im Betrieb implementieren lassen und auch Interessen der Produktionsarbeiter positiv aufnehmen. Wir wollen diese Thesen an einem spezifischen Ausschnitt des Bereichs überprüfen, für den solche „Neuen Produktionskonzepte" angenommen werden. Nach unseren Erfahrungen bezüglich der Einführung von Produktionsplanungs- und -steuerungssystemen im *Maschinenbau* – ein Sektor des Kernbereichs mit hohem, traditionellem Bestand an Produktionsintelligenz – dürfte der derzeitige Stand eher dadurch gekennzeichnet sein, daß *konsistente und alternative Konzepte* in der Betriebsrealität kaum existieren, also Konzepte, die z.B. eine Klassifizierung in einerseits eindeutig zentral-deterministische und andererseits dezentral-offene Systeme zulassen. Solche Konzepte sind eher als Orientierung oder Philosophie bei einzelnen Vertretern der Unternehmensleitungen präsent. Dazu trägt die Erkenntnis bei, daß erst die *betriebsspezifische Anpassung und Auslegung* über die Funktionalität und Effektivität der Systeme entscheidet. Unsere These ist, daß *unter veränderten externen Anforderungen eine betriebspolitische Ausdifferenzierung von Technikpotentialen stattfindet.* Das bedeutet, daß es sich bei der computergestützten Modernisierung von Planung und Steuerung, oder allgemeiner gesprochen, den neuen Produktionskonzepten, weniger um eine schlanke innerbetriebliche Realisierung von aufgeklärten Managementvorstellungen handelt, sondern auch um das Resultat innerbetrieblicher (realer oder antizipierter) Konflikte, Aushandlungen, Kompromißfindungen und Regelungen. Produktionskonzepte sind demnach Resultat funktionaler *und* betriebspolitischer Anforderungen im Rahmen der betrieblichen Gesamtarbeit. D.h., über „Konkreta der Produktionskonzepte" (Kern/Schumann) wird auf verschiedenen betrieblichen Ebenen unter der Beteiligung verschiedener betrieblicher Gruppen gerungen.

Da der Bezugspunkt betrieblicher Reorganisation die betriebliche *Gesamtarbeit* ist, muß es außerdem neben dem Bezug auf neue Facharbeit weitere „Produktionskonzepte" für die anderen relevanten Gruppierungen im Betrieb (Ingenieure etc.) geben. Die Frage besteht dann gerade darin, ob sich im Betrieb unter diesen beiden Bedingungen (Produktionskonzepte als betriebspolitisches Resultat, Bezug auf Gesamtarbeit) solche „fortschrittlichen" Produktionskonzepte für *eine* betriebliche Gruppe (z.B. Facharbeiter in der Werkstatt) überhaupt durchsetzen bzw. welche Modifikation stattfindet.

Die Grundtendenz von Managementkonzepten wird sicher nach wie vor von „tayloristischen Vorstellungen" geprägt, also klarer Ablauforganisation und Aufgabenzuweisung, Vorgabe und Kontrolle von Eckpunkten der Fertigung, Transparenz über die Werkstatt und zunehmend stärker auch über die produktionsvorbereitenden Bereiche (Arbeitsvorbereitung, Konstruktion usw.).

Darin ist eine *Negativvorstellung menschlicher Tätigkeit* impliziert, die sich als Arbeitseinsparung sowie Steuerung und Kontrolle von Tätigkeiten charakterisieren läßt. Die Gegenvorstellung, daß der *„Mensch im Mittelpunkt"* stehe, ist zunächst eine soziale Attitüde, die erst in einem späteren Stadium, bei der Feinplanung der Systeme, reale arbeitspolitische Gestaltungskraft erhalten könnte.

Wir wollen uns daher im folgenden mit zwei Faktoren beschäftigen, die eine neue Dynamik in die Arbeitsgestaltung bei informationstechnologischen Rationalisierungen hineinbringen und für gewerkschaftliche Ansätze zur Gestaltungspolitik relevant sind:

1. dem *Charakter betrieblicher Einführungs- und Anpassungsprozesse von Informationssystemen;*
2. der *Abhängigkeit von menschlichem Wissen, Erfahrung und Kreativität bei flexibler Fertigung und deren Kontrolle.*

Wir konzentrieren uns folglich auf das moderne, technologiegeprägte Segment.

1. Der Charakter betrieblicher Einführungs- und Anpassungsprozesse von Informationssystemen

Die *betrieblichen Einführungsprozesse* erhalten daraus ihre Bedeutung, daß neue computergestützte Produktionsplanungs- und steuerungssysteme sowie parallel neue Maschinensteuerungstechnologien auf die spezifischen Marktbedingungen, das Produktsortiment, die Ablauforganisation, die Fertigungsstrukturen und natürlich auf bereits vorhandene, bereichs- und funktionsspezifische Informations- und Kommunikationssysteme abzustimmen sind. Da diese Systeme das Potential zu einer erheblichen Reorganisation der fertigungsbezogenen Planungs-, Steuerungs- und Kontrollfunktionen enthalten, berühren sie den Status und die Tätigkeit verschiedener Abteilungen, ihre Kooperationsbeziehungen und die betriebliche Binnenkommunikation. Da diese Systeme bestehende Datenbestände und Informationsflüsse aufgreifen, sind sie auf den Wissens- und Informationstransfer und auf die laufende Mitarbeit dieser Abteilungen und Systeme angewiesen.
Unter diesen Bedingungen haben wir u.a. folgende Probleme und Prozesse beobachtet:

(1) Unternehmen mittlerer Betriebsgröße verfügen i.d.R. kaum über Erfahrungen, die neuen marktmäßigen und technologiebezogenen Anforderungen nach innen umzusetzen und die Unternehmensplanung auf eine neue Basis zu stellen. Es gibt i.d.R. kein auf oberer Ebene institutionalisiertes und professionelles *Projektmanagement.* Bei der Einführung neuer Technologien gibt es im Gegenteil einige strukturelle Hemmnisse im Organisationsaufbau der Unternehmen. Solche sind z.B. ein dominierendes Hauptabteilungsdenken („Fürstentümer"), es sind unterschiedliche Interessenlagen nach betrieblichen Funktionen (z.B. die Interessendifferenz zwischen Konstruktion und Vertrieb) und die oft defizitäre Organisation von Innovationsprozessen. Daher werden z.B. neue *PPS*-Systeme bei der Einführung im Betrieb von ausgesprochenen *Protagonisten der mittleren Managementebene* (Fachabteilungen) getragen und d.h. *ohne* aktive Beteiligung von Facharbeitergruppen, wie das bei den „Neuen Produktionskonzepten" erscheint.

Von der Stellung dieser Protagonisten, ihrer Durchsetzungsfähigkeit im Betrieb, der Möglichkeit zur Koalitionsbildung und letztlich von der betrieblichen Organisationsstruktur hängt es entscheidend ab, ob, wie schnell und mit welchen Einschränkungen das Projekt im Betrieb angenommen wird.

(2) Die Projekt-, Grob- und Feinplanung wird zunehmend in zeitlich befristeten Teams, häufiger unter Hinzuziehung von externen Systemberatern organisiert. Es werden aus den berührten Abteilungen *Systemgruppen* gebildet, die die zukünftigen *Funktions-Kreisläufe* des Systems widerspiegeln. In der Feinplanung bildet eine solche Systemgruppe bereits die Folie eines zukünftigen Arbeitszusammenhangs, der bisherige, rigidere Formen der horizontalen und vertikalen Arbeitsteilung partiell auflöst. Im Planungsprozeß selbst findet also Wissenstransfer von den beteiligten Mitarbeitern in das System wie auch Vermittlung von Systemwissen an die Mitarbeiter statt. Es findet darüber hinaus auch eine *Aushandlung von funktionalen, positionellen und sozialen Interessen* statt. Die Aushandlung insbesondere der sozialen Interessen und ihre Bedeutung für die Systemeinführung und Systemauslegung sind im Betrieb grundsätzlich *dethematisiert* und sozialwissenschaftlich bisher wenig erforscht. Da der Entwurf und die strategische Planung solcher Systemkonzeptionen in kleinen Gruppen auf mittlerer und oberer Managementebene stattfindet und der Betriebsrat i.d.R. als anerkannter „Vertreter sozialer Interessen" davon ausgeschlossen ist, gibt es dabei auch keine Instanz, Kompetenz und Honorierung für das Einbringen sozialer Positionen.
Wir vertreten die These, daß die gewachsenen Statuspositionen betrieblicher Gruppen gerade im traditionellen Maschinenbau das Veränderungspotential entscheidend beeinflussen. Entscheidungen werden maßgeblich nicht durch Rationalität und Überzeugung (rationales Entscheidungsmodell), sondern durch Blockieren, Verweigern, Verschleppen und Verlagern bestimmt (politisches Entscheidungsmodell, non-decision).
In diesem 'Blockieren' drückt sich aber nicht nur ein diffuser „Skeptizismus" oder „Inflexibilität" aus, sondern auch das *Interesse an der Erhaltung gewachsener und bewährter Schutzfunktionen,* die von der angestrebten Reorganisation in Frage gestellt werden können. Die Abwägung des Nutzens der Managementkonzepte für den einzelnen gegenüber den bewährten, personenbezogenen Schutzmechanismen ist für die meisten betrieblichen Gruppen weder soweit geklärt noch so eindeutig, wie das in der Perspektive der fortschrittlichen Produktionskonzepte aufscheint. Wenn dieser soziale Aushandlungsprozeß negiert wird, bzw. in ihm kein Kompromiß gefunden wird, führt das zur Ineffektivität des Systems, zu Unzufriedenheit und z.B. zum Auseinanderfallen von offiziellen Plandaten und realem Arbeitsprozeß. D.h., daß das am Anfang stehende Managementkonzept sich in beiden Fällen nicht ungebrochen realisieren läßt.
Wichtig für unseren Zusammenhang ist auf jeden Fall, daß mit diesen Aushandlungsprozessen auf mittlerer Politikebene ein *Partizipationsfeld* sich konturiert, das bisher noch von keiner der beteiligten Gruppen im Betrieb systematisch genutzt wird.

(3) Diesem Beharrungsvermögen des Betriebs als Organisation stehen allerdings Mechanismen gegenüber, die die Realisierung der Projekte fördern und stabilisieren. Mit der Teilnahme an einer Planungsgruppe, an Schulungskursen, am Probelauf, und letztlich auch durch die faktische Arbeit mit dem System, wird ein *neues Kriterium der Personalselektion etabliert: die Technikakzeptanz.* Die Arbeit mit der neuen Technik wird zur definitiven Scheidelinie zwischen unterschiedlichen Karrieren. Die „Einsteiger in die neue Technik" festigen ihre Position bezüglich Arbeitsplatz, Einkommen und Qualifikation auf absehbare Zeit. Bezüglich Qualifikation muß damit erstmal nicht mehr gemeint sein als die Bereitschaft und die Entwicklung der Fähigkeit, die neuen Technologien zu benutzen. Der „Verweigerer" – durchaus auf den verschiedenen Hierarchieebenen von der Werkstatt bis zum Abteilungsleiter – werden in die Randbelegschaft abgedrängt. Wir finden also auch eine *Segmentationslinie innerhalb der Betriebe,* die auf Technikakzeptanz abstellt und teilweise quer zu den bekannten Segmentationslinien verläuft. Auffällig ist allerdings die Parallele zwischen Technikakzeptanz und Altersstufe, d.h. der generationsmäßigen Segmentation.
Diese Scheidelinie stellt wahrscheinlich – wenn sich nicht doch noch wirklich alternative Produktionskonzepte entwickeln – ein Übergangsphänomen dar, bis die informationstechnologische Durchdringung der Betriebe abgeschlossen ist. *Sie begründet aber auf absehbare Zeit die Dynamik innerbetrieblicher Politikprozesse zumindest im Maschinenbau* und ermöglicht erst die Herausbildung eines „empirisch-unideologischen Produktionskonzeptes" wie es z.B. Kern/Schumann für den Maschinenbau (und für ein eng umrissenes Segment von Facharbeit in der Fertigung!) beschrieben haben. Weiterhin bedeutsam ist, daß sich nicht die ganze Gruppe der traditionellen Facharbeiter, die das Rückgrat von Gewerkschaftspolitik im Betrieb bilden, auf der technologieorientierten Seite finden. Die *Segmentationslinie geht quer durch den Facharbeiterstamm* und führt neue Status- und Interessengruppen zusammen.

Ein zweiter Mechanismus der Überwindung des betrieblichen Beharrungsvermögens beruht darauf, daß die Beteiligung am Einführungsprozeß dazu führt, daß von dieser Gruppe – selbst wenn die eigene Position sich nicht durchgesetzt hat – die konkrete Einführung unterstützt und gegenüber den anderen Beschäftigten *legitimiert* wird. Wenn qualifizierte und betroffene Mitarbeiter an Entwurf und Ausgestaltung beteiligt waren und das System bzw. bestimmte Systemkomponenten vertreten, hat natürlich eine nachträgliche Kritik anderer Betroffener kaum Durchsetzungschancen. Gleiches gilt – und hier wird es gewerkschaftspolitisch bedeutsam – für die Intervention der Betriebsräte. Ihr bisheriges Verhandlungsmonopol, allgemeinverbindliche Regelungen zum betrieblichen Einsatz neuer Technologien mit der Unternehmensleitung zu vereinbaren, wird dadurch faktisch ausgehöhlt. *Neben dem traditionellen und institutionalisierten Verhandlungsfeld der Sozialpartner entsteht ein zweites, systembezogenes Politikfeld.*

Zusammenfassend läßt sich also der gegenwärtige Einführungsprozeß von Informationstechnologie im Industriebetrieb nach unseren Erfahrungen und im Unterschied zu den Analysen der Neuen Produktionskonzepte als eine *betriebspolitische Ausdifferenzierung von Technikpotentialen charakterisieren,* d.h., daß betriebsspezifische Lösungen auftreten, deren Effizienz in verschiedener Hinsicht noch gar nicht ausgetragen ist. Das bedeutet gleichzeitig, daß die Rationalisierungsstrategien der Unternehmensleitungen nicht einfach mit (Fach-)Arbeiterinteressen zusammenfallen, sondern zumindest teilweise in einem Aushandlungs- und Kompromißfindungsprozeß ermittelt werden, der sich bezüglich sozialer Interessen/Position i.d.R. „stumm" vollzieht. Vermutlich liegt darin eine Ursache für das beobachtbare und zunehmende Ungleichgewicht zwischen dem Niveau technisch-betriebswirtschaftlicher Optimierung und dem passiven Mitschleppen sozialer Dimensionen.

2. *Abhängigkeit von menschlichen Fähigkeiten und die Kontrolle von Tätigkeit, Kommunikation und Verhalten*

Die Situation in den fertigungsnahen Bereichen ist durch eine *relative Verringerung des Personalbestands* gekennzeichnet, die durch den Einsatz teilautomatisierter Fertigungstechnologien (NC-Maschinen, Bearbeitungszentren, erste flexible Fertigungssysteme mit Palettenwechsel und automatischem Werkzeugwechsel) und auch durch Fremdvergabe von Aufträgen, die kostenmäßig nicht im eigenen Unternehmen zu fertigen sind, ermöglicht wird. Ein Resultat ist, daß die *relative Bedeutung der Lohnkosten* in der Fertigung abnimmt.

Zweitens ist die Situation gekennzeichnet durch die *'Herauslösung' der Produktionsarbeiter aus den unmittelbaren Fertigungsfunktionen* und die Zunahme systemsteuernder, -bedienender und -überwachender Aufgaben. Damit ist zumindest für die Gruppe der „Einsteiger" eine Zusatzqualifizierung in der Bedienung neuer Technologien und im Verständnis von Systemzusammenhängen verbunden (Arbeitssystem, Steuerungssystem). Ihr Beitrag zur Leistungsfähigkeit des Systems besteht weniger in einer unmittelbaren, maximalen Fertigungstätigkeit, sondern in der Gewährleistung des programmierten Fertigungsablaufs (Zuarbeit, Überwachung, Intervention bei Störungen). Ein Resultat ist, daß die klassische Leistungslohnform Akkord stark an Bedeutung verliert und Übergänge zu Prämien- und Zeitlohnformen zu beobachten sind.

Wenn die Produktionsarbeiter zunehmend quasi „neben den stofflichen Fertigungsfluß treten", werden traditionelle Einbindungen abgeschwächt, die Produktionsarbeiter konturieren sich stärker als *Personen,* deren *Einbindung im Betrieb neu organisiert werden muß.* Hierbei – und dies hat viel mit Kontrolle zu tun – können wir folgende Mechanismen beobachten:

– Die wichtigste diesbezügliche Veränderung scheint uns die Transformation der maschinellen Taktbindung in eine Art *„informatorische Taktbindung“* zu sein. Mit den Fertigungssteuerungs- und Kontrollsystemen wird sukzessive ein differenziertes Netzwerk von objektivierten Zeit- und Sachstrukturen im Sinne einer „vorwegnehmenden Optimierung“ aufgebaut, das die Interventionsanforderungen der Produktionsarbeiter definiert und automatisch auf ihre Einhaltung kontrolliert. Diese Taktbindung ist so stark formalisiert und transparent, daß auch von dieser Seite her traditionelle Leistungslohnanreize überflüssig werden.
Diese neue Form der Einbindung von Beschäftigten in das betriebliche Informationssystem bedeutet mehr Transparenz über den Arbeitsablauf und damit (zwangsläufig) *über die Tätigkeiten und das Verhalten von Personen.* Diese Form der „abgeleiteten Kontrolle“ dürfte bisher in der unternehmerischen Planung i.d.R. nur ein Nebeneffekt der flexiblen Automatisierung sein und wird nach unseren Erfahrungen bisher auch kaum offensiv genutzt. Die Gründe dafür liegen in ihrer Dysfunktionalität und in der Antizipation von betrieblichen Konflikten. Das darf aber nicht darüber hinwegtäuschen, daß das vorhandene *Kontrollpotential* wesentlich umfassender und tiefgreifender als das traditioneller Kontrollsysteme einzuschätzen ist.

– Ein weiterer Mechanismus ist der sukzessive Aufbau direkt *personenbezogener Kontrollen* durch neue Lohnabrechnungsverfahren, Zugangskontrollen, Zeiterfassungssysteme etc., die gerade die Relativierung von traditionellen Kontrollformen (individuelle Arbeitsleistung, Meisteraufsicht) reflektieren.

– Ein dritter Mechanismus ist mit dem *Motivations- und Integrationsaspekt* der neuen Partizipationsform bereits angesprochen (Systemgruppen, Qualitätszirkel etc.). Sie reflektieren im wesentlichen den Tatbestand, daß die Einbindung in ein Netzwerk von Zeit- und Sachstrukturen gemessen an traditionellen Berufsbildern keine ausreichenden Möglichkeiten arbeitsinhaltlicher Identifikation bietet und die Innovationspotentiale der Systemanwender ungenutzt läßt.

Zusammenfassend läßt sich also durchaus eine neue Ausrichtung im Einsatz von Arbeitskraft im technologieorientierten Segment feststellen. Die Notwendigkeit der aktiven Beteiligung der Systemanwender an der Auslegung, betrieblichen Anpassung und Feinsteuerung von Informationssystemen, die Notwendigkeit der permanenten menschlichen Intervention sowie das Zusammenwachsen verschiedener Arbeitsplätze zu integrierten Systemen eröffnen neue und qualifizierte Gestaltungsräume und Tätigkeitsfelder.

Unsere *These* lautet, daß diese „neue Nutzung von Produktionsintelligenz“ nicht im Widerspruch zu neuen informationstechnologischen Kontrollen von Leistung und Verhalten der Beschäftigten steht. Zentrale Kontrolle mittels Information einerseits und Handlungsfreiheit dezentraler Einheiten andererseits stehen nebeneinander bzw. genauer: sie ergänzen sich. Pointiert: im Gegensatz zu den „Neuen Produktionskonzepten" sehen wir keine Bedeutungsverminderung von Herrschaftssicherung als Rationalisierungsziel, sondern einen *Formwandel von Kontrolle.*

Teil III: Einige Schlußfolgerungen in Richtung einer gewerkschaftlichen Gestaltungspolitik

Wir haben in den vorangegangenen Teilen einige veränderte Rahmenbedingungen gewerkschaftlicher Politik skizziert und sind auf einige mehr betriebsbezogene Aspekte neuer Rationalisierungs- und Produktionskonzepte eingegangen. Ein zentrales und strukturelles Problem liegt nun in einer nicht nur additiven und formalen *Verknüpfung beider Bereiche.* Gewerkschaftliche Politik muß sich nach wie vor auf konkrete Arbeitserfahrungen und -interessen der Beschäftigten beziehen, gleichzeitig werden die Grundlagen ihrer Politik von globalen Entwicklungen wie Massen- und Dauerarbeitslosigkeit, Sozialabbau, Segmentierung, vielfältigen ökologischen Schranken und Gefährdungen bestimmt. Beide Politikebenen werden bisher getrennt behandelt, also als Wirtschafts- und Sozialpolitik einerseits und Tarif- und Betriebspolitik andererseits. Wir vertreten die Auffassung, daß die Trennung und die zunehmende Widersprüchlichkeit von Politik auf diesen verschiedenen Ebenen bei den Gewerkschaftsmitgliedern zu einem *Gefühl der Unangemessenheit und Unverhältnismäßigkeit* geführt hat, das die Unterstützung traditioneller Forderungen wie auch neuer Versuche der Verknüpfung schwächt; also einerseits eine partikulare, betriebsbezogene Regelungspolitik, andererseits globale Problemlagen, die die Beschäftigten aber auch als Personen auch im Betrieb berühren. Die Kontroverse um die Beschäftigungswirkungen der Arbeitszeitverkürzung bzw. um den gesellschaftlichen Gehalt der 35-Stunden-Wochen-Forderung sowie die Kontroverse um Arbeitsplatzsicherung versus Umweltschutz sind prägnante Beispiele. Sie belegen, daß die Gewerkschaften ohne differenzierte gesellschaftliche Gestaltungspolitik sowohl substantiell an Einfluß wie auch an Glaubwürdigkeit auch in ihren traditionellen Organisationsbereichen verlieren dürften.

Der zweite wichtige Aspekt war die innerbetriebliche Segmentierung. Es deutet sich an, daß die gewachsenen Formen der gewerkschaftlichen *Besitzstandssicherungspolitik zunehmend nur für die schrumpfenden, konventionellen Betriebsbereiche angemessen sind.* Und das heißt Bereiche, die zunehmend weniger facharbeiterspezifisch sind, und die kaum eine Bedeutung für die zukünftige Gestaltung von Produktionspolitik und Arbeitsbedingungen in den Unternehmen haben.

Neue Perspektiven von Facharbeit dagegen entwickeln sich wesentlich im *„modernen oder zentralen Segment"*, das durch den Einsatz neuer Produktions-, Transport- und Informationstechnologien geprägt ist, das quer durch die arbeitsvorbereitenden, -begleitenden und produzierenden Bereiche verläuft, und für das wir eine relativ offene betriebliche Gestaltungssituation behauptet haben. Hier finden wir *neue Gruppierungen und Tendenzen in der Arbeitssituation* vor, die mit dem gewachsenen gewerkschaftlichen Interessenverständnis und Regelungsbestand kaum zu vereinbaren bzw. zu erfassen sind. Das sind z.B.

- Tendenzen zum Drei-Schicht-Betrieb, gleichzeitig Flexibilisierung der individuellen Arbeitszeit;
- Tendenzen zum Zeitlohn bei gleichzeitiger betriebspolitisch austarierter Leistungsdetermination und -kontrolle durch informatorische Steuerungs- und Durchsetzungssysteme;
- Tendenzen zur Bildung von Arbeitssystemen und Systemgruppen mit teamförmiger Arbeit und gleichzeitiger Bindung von Kommunikation und Kooperation zwischen den Beschäftigten an Informationssysteme;
- Tendenzen zur Beteiligung qualifizierter Beschäftigungsgruppen im Rahmen betrieblich-instrumenteller Organisationsmodelle, gleichzeitig die Einschränkung der gewerkschaftlichen Einwirkungsmöglichkeiten;
- Tendenzen zur Entkopplung der Beschäftigten aus unmittelbaren Arbeitsvollzügen, gleichzeitig die Tendenz zur Verplanung, Steuerung und Kontrolle mittels personenbezogener Informationssysteme.

Die gewerkschaftliche Perspektive kann nun sicherlich *nicht nur darin* liegen, den entstandenen Regelungsbedarf durch neue, partialisierte Mindestnormen und Schutzbestimmungen auszufüllen, wie dies z.B. im Bereich des Datenschutzes schon weit fortgeschritten ist. Sie kann auch nicht darin liegen, Interessenpolitik quasi außerhalb der beschriebenen, globalen und betrieblichen Entwicklungen zu definieren, weil diese gefährlich bzw. ambivalent sind. Diese Gefahr ist bei der Rationalisierungsschutz- und Besitzstandssicherungspolitik deutlich geworden und hat dazu geführt, daß erstens die Gewerkschaftspolitik in diesem Bereich immer weniger realitätstüchtig wurde und zweitens immer mehr Realentwicklungen von den Gewerkschaften *nicht als eigenes Problem* zur Kenntnis genommen werden konnten bzw. einfach abgelehnt wurden: Teilzeitarbeit, flexible Arbeitszeit, Qualitätszirkel. Dies gilt auch für den Bereich innerbetrieblicher Beteiligungsformen, den wir abschließend noch einmal aufnehmen wollen.

Die neuen Formen der unternehmerischen Einbindung (Einführungs-Teams, Systemgruppen; umfassendere Verantwortlichkeit der Konstruktion für die Vorstrukturierung von Fertigung und Montage etc.) sind sowohl Formen der Reorganisation des Arbeitsprozesses, die auf bestimmte Interessen der Beschäftigten eingehen, wie auch neue Formen der Beherrschung und der Ausschaltung gewerkschaftlicher Gegenmacht. Wenig überzeugend ist eine Sichtweise, die Aspekte der Privilegisierung und der Herrschaftssicherung in solchen Arbeitsformen zum alleinigen Maßstab macht, solche Arbeitsformen ablehnt und ihnen Forderungen nach Besitzstandssicherung und Mindestnormen von außen entgegensetzt. Damit ginge der Einfluß

auf diese Beschäftigtengruppen und auf die von ihnen getragenen Arbeitsprozesse verloren.
Uns erscheint der aussichtsreichere Weg darin zu liegen, sich weder auf den alten Regelungsbestand noch auf aufgeklärte Managementkonzepte zu verlassen, sondern in diese *modernen Produktionsbereiche gewerkschaftlich offensiv einzudringen,* indem die neuen Arbeitsformen und -inhalte als Ausgangspunkte für eine *betrieblich fundierte, aber gesellschaftlich orientierte Gestaltungspolitik* angenommen werden. Anknüpfungspunkte für eine solche Gestaltungspolitik sind im Vorangegangenen angedeutet worden und wir wollen sie noch einmal zusammenfassen:

Die betrieblichen Entwicklungs-, Einführungs- und Ausgestaltungsprozesse von computergestützter Produktion sind oder werden zunehmend *Bestandteil von Arbeitsprozessen* der qualifizierten, technologieorientierten Belegschaftsteile.

– Diese Arbeitsprozesse beinhalten gleichzeitig die Gestaltung der zukünftigen Stellung der Systemanwender wie auch indirekt der traditionellen Restbelegschaft. Es muß folglich für diese Gruppen ein Verständnis entwickelt werden, daß *ihre Gestaltungstätigkeit im Arbeitsprozeß gleichzeitig und prozeßimmanent gewerkschaftliche Interessenpolitik im Betrieb ist.*

– Diese beschriebenen Arbeitsprozesse sind gleichzeitig Formen betrieblicher Beteiligung, die größtenteils neben und in Konkurrenz zu institutionalisierten betrieblichen und gewerkschaftlichen Mitbestimmungsregelungen verlaufen. Insofern müßte das gewerkschaftliche Verständnis bezüglich des *betrieblichen Politikfeldes und der Träger von Politik auf diese betrieblich-instrumentellen Beteiligungsprozesse ausgeweitet werden.*

– Schließlich werden in der betrieblichen Forschungs- und Entwicklungsarbeit im modernen Sektor, in der Produkt- und Marktpolitik die gesellschaftlichen Folgen betrieblicher Entscheidungen vorgeprägt. Die Segmentierung der Volkswirtschaft und damit die Produktion von strukturell gewerkschaftsfeindlichen Bedingungen, die sozialen und ökologischen Folgen neuer Technologien werden hier vorentschieden.

Wenn es gelingt, *diese gesellschaftlichen Perspektiven in die Betriebe und in die Arbeit der Produzenten 'zurückzuvermitteln',* dann können sich den Beschäftigten ganz neue Kompetenzen und Gestaltungsfelder eröffnen, und dann wird die Situation überwunden, daß die Kritik an den Auswirkungen des Industriesystems – auch die gewerkschaftliche Kritik – nicht nur von außen und teilweise gegen die Interessen der dort Beschäftigten, und damit halbherzig vorgetragen wird.

Eine solche, hier erst angedeutete Gestaltungspolitik wäre dann auch eine *angemessene Grundlage, um die Beschäftigtengruppen des modernen Sektors* (also Techniker, Ingenieure, Naturwissenschaftler) gewerkschaftlich stärker zu organisieren.

LITERATUR

Dörr/Hildebrandt/Seltz, „Kontrolle durch Informationstechnologien in Gesellschaft und Betrieb", in: Jürgens/Naschold, *Arbeitspolitik,* Opladen 1984.

Forschungsprojekt, *Politik und Kontrolle bei computergestützter Produktionsplanung und -steuerung,* IIVG/dp84-219.

M. Helfert, „Beteiligungsstrategien der Betriebe und Mitbestimmung am Arbeitsplatz", in: *WSI-Mitteilungen* 12/1983, S. 748 ff.

E. Hildebrandt, „Aktuelle Tendenzen der Arbeitnehmerbeteiligung in der Bundesrepublik Deutschland", in: Fricke/Schuchardt (Hg.), *Beteiligung als Element gewerkschaftlicher Arbeitspolitik,* Bonn 1984, S. 197 ff.

Kern/Schumann, „Neue Produktionskonzepte haben Chancen", in: *Soziale Welt,* Heft 1/1984, S. 146 ff.

Manske/Wobbe-Ohlenburg, „Alles unter Kontrolle? Betriebliche Widerstandspotentiale gegen Computereinsatz zur Leistungserfassung", in: *Neue Medien und Technologien – wie damit umgehen?* Berlin 1984, S. 66 ff.

Walther Müller-Jentsch, „Klassen-Auseinander-Setzungen, Lesarten über die Arbeitskonflikte der siebziger Jahre und Mutmaßungen über die Zukunft der Gewerkschaften", in: *Prokla,* Heft 54, 1984, S. 10 ff.

H. Schauer, „Gewerkschaftspolitik und Beteiligung", in: Fricke/Schuchardt (Hg.), *Beteiligung als Element gewerkschaftlicher Arbeitspolitik,* Bonn 1984, S. 227 ff.

R. Seltz, *Neue betriebliche Machtressourcen und Wandel des Kontrollsystems durch elektronische Informations- und Kommunikationstechnologien,* IIVG/dp84-202.

Themenbereich V:

Theorien der gesellschaftlichen Entwicklung der Moderne

EINLEITUNG

Bernhard Giesen

Das Thema dieses Soziologentages rahmt nicht nur Versuche zur empirischen Auslotung sozialer Wandlungstrends, sondern es begünstigt auch das – dem Empiriker eher verdächtigte – Augurengeschäft der Gesellschaftstheorie, die sich mit der Frage nach der strukturellen Kontinuität oder Diskontinuität der Moderne beschäftigt. Die große Gesellschaftstheorie der Klassiker war immer auch eine Theorie der Moderne, die die zwiespältige Zukunft dieser Gesellschaft im Auge hatte. Mit den gesellschaftstheoretischen Entwürfen und Diagnosen der Klassiker ist jedem Versuch zu sozialer Zeitdiagnose ein paradigmatischer Ausgangspunkt und Blickwinkel vorgegeben, dem empirische Analysen und Rezeptionen zeitgenössischer Prozesse sozialen Wandels nur schwerlich entrinnen können. Solche Analysen erhalten ihr besonderes Gewicht durch ein alltägliches Krisenbewußtsein, das das Ende des „Projektes der Moderne", zumindest aber einen Bruch seiner Kontinuität und ein Schwinden der daran geknüpften Hoffnungen anzukündigen scheinen. Damit rückt in den Mittelpunkt dieser Veranstaltung die Frage, ob die modernitätskritische Stoßrichtung neuer sozialer Bewegungen, die alltägliche Zukunftsangst und strukturelle Brüche auf dem Wege zur postmodernen Gesellschaft eine Revision oder Relativierung der klassischen Thesen zur Moderne erfordern oder ob sich alles dies im Rahmen eines weiterentwickelten und fortgeschriebenen Modernitätskonzepts einordnen und klären läßt. Daß die genannten gesellschaftlichen Entwicklungen die analytische Kapazität der Gesellschaftstheorie Webers oder Marxens herausfordern, darüber besteht kaum Zweifel. Ob die bei den Klassikern vorgesehenen Muster zur Diagnose von Geburtswehen und Krisen der modernen Gesellschaft hierzu ausreichen, oder ob die postmoderne Gesellschaft auch eine radikale Revision jener klassischen Annahmen über Rationalisierung, Differenzierung und Individualisierung erfordern, dies läßt sich durchaus in Frage stellen.

Die erste Gruppe von Beiträgen zu dieser Veranstaltung geht von einer gewissen Kontinuität fundamentaler Prinzipien der Moderne aus und sieht keinen Anlaß und wohl auch keine Möglichkeit, außerhalb des Bezugsrahmens der Moderne einen soziologischen Standpunkt zur Analyse aktueller sozialer Entwicklungstendenzen zu finden. Der düsteren Krisenperspektive des Alltagsbewußtseins steht hier das Beharren auf der Kontinuität der Moderne gegenüber, die bei aller Widersprüchlichkeit und Verschiedenartigkeit doch keinen fundamentalen Bruch ihrer Dynamik zeigt. Dies wird vor allem in den Beiträgen von Münch und Oevermann deutlich. Richard Münch versucht, vor dem Hintergrund der Weberschen Analyse des modernen Weltbeherrschungsmotivs unterschiedliche Entwicklungspfade der Moderne zu differenzieren und jene Bedingungen zu beschreiben, die zur Institutionalisierung des okzidentalen Aktivismus in unterschiedlichen nationalen Kulturen führen und damit auch den kulturellen Rahmen neuer sozialer Bewegungen abgeben. Ulrich Oevermann nimmt die Beziehung von Individualisierung und wissenschaftlicher Rationalisierung in modernen Gesellschaften zum Ausgangspunkt seiner Analyse, die an Adornos Dialektik der Aufklärung ausgerichtet ist und sich durchaus kritisch mit der „Selbsttechnokratisierung" von Identitätsbildung gerade bei jenen avancierten Gruppen unserer Gesellschaft beschäftigt, die die Formung und Bewahrung von Identität in den Mittelpunkt ihrer Lebenspraxis stellen. Thomas Luckmann wird dann im Rahmen evolutionstheoretischer Überlegungen die Kontinuität von religiösem Wissen auch in modernen Gesellschaften erläutern, einer Religiösität freilich, die aus den gesellschaftlichen Makrosystemen ausgewandert ist und sich auf den Alltag der Akteure zurückgezogen hat.

Im zweiten Teil werden Analysen zu Wort kommen, die in aktuellen Entwicklungsprozessen der Moderne Anlaß genug sehen, die fortdauernde Verbindlichkeit klassischer Annahmen in Frage zu stellen; dabei werden Kontinuitätsbrüche und Krisen, die das Alltagsbewußtsein wahrnimmt, auch als empirisch-historische Argumente gegen die Fortschreibung dieser Annahmen genutzt. Johannes Berger nimmt die Kontrastierung von Schumpeters und Marxens Prognose über den Zusammenbruch des Kapitalismus zum Anlaß, nach nicht-ökonomischen Krisenmechanismen eines ökonomisch durchaus überlebenskräftigen Gesellschaftssystems zu fragen. Christian von Ferber stellt dann die Gleichsetzung von sozialer Differenzierung und Rationalitätsgewinn in Frage und kontrastiert dies mit Materialien zu Deprofessionalisierung und Laisierung. Der Beitrag von Georg Elwert schließlich sucht die Stabilitätsrisiken aufzuzeigen, die eine unbegrenzte Ökonomisierung aller gesellschaftlichen Prozesse mit sich bringt. Sein Hinweis auf die Erosion der moralischen Grundlage auch ökonomischen Handelns gewinnt wieder Anschluß an klassische Theoriegrundlagen.

WEGE DER MODERNE. ZWISCHEN TRADITION UND MODERNITÄT, PARTIKULARISMUS UND UNIVERSALISMUS, ROUTINE UND REVOLUTION, KONFORMITÄT UND ENTFREMDUNG

Richard Münch

Einleitung

Max Weber hat nach der von ihm diagnostizierten Entzauberung der Welt durch die moderne Wissenschaft und der Zerstörung aller religiös-sinnhaften Grundlagen der modernen Welt nur eine düstere Zukunft der modernen Gesellschaften gesehen. Die Rationalisierung und Verselbständigung der gesellschaftlichen Sphären des Kapitalismus, der Bürokratie und des Rechts schlägt in eine irrationale Herrschaft der sachlichen Eigengesetzlichkeiten über den Menschen um. Diese gewinnen eine nie zuvor erahnte Macht über den Menschen. Und eine allgemein verbindliche sinnhafte Steuerung auf der Basis allgemeiner Ideen und Werte ist auf dem entzauberten Boden der Moderne ausgeschlossen. Was bleibt, ist der unversöhnliche Kampf konträrer Wertorientierungen und Wertordnungen um die Vorherrschaft in der Gestaltung der Gesellschaft. Die mit dem Calvinismus erreichte innere Verbindung von Ethik und Welt ist unwiederbringlich verloren. Die innerweltliche Askese hat sich zu einem innerweltlichen Aktivismus der rein instrumentellen Weltbeherrschung gewandelt.[1]

Ich will hier aufzeigen, daß diese Einschätzung Webers über die allein mögliche Entwicklung der modernen Gesellschaften eine Deutung des Verhältnisses zwischen Ethik und Welt und der daraus folgenden Form des innerweltlichen Aktivismus zum Ausdruck bringt, die von den Möglichkeiten begrenzt wird, die in der deutschen Kultur durch den Lutherischen Protestantismus und durch seine Säkularisierung im deutschen Idealismus gesetzt worden sind. In anderen westlichen Gesellschaften haben sich ganz andere Formen des Verhältnisses zwischen Ethik und Welt und des innerweltlichen Aktivismus entwickelt, die als kultureller Code sowohl der Entwicklung bis zu Webers Lebenszeit als auch darüber hinaus bis heute zugrunde liegen. Dieser gesellschaftlich-kulturelle Code hat sich in den einzelnen Gesellschaften seit der Reformationszeit in einem Prozeß der Deutung, Anwendung und Säkularisierung der religiösen Ethik herausgebildet. Er hat dann einerseits als Tiefenstruktur die Möglichkeiten der weiteren kulturellen Entwicklung abgesteckt und ist andererseits durch die gesellschaftliche Entwicklung kontinuierlich verändert worden, ohne allerdings seine *generelle* Identität zu verlieren.

Ich will die unterschiedlichen Verhältnisse zwischen Ethik und Welt und die unterschiedlichen Formen des innerweltlichen Aktivismus skizzieren, die sich in England, in den Vereinigten Staaten, in Frankreich und in Deutschland herauskristallisiert und die kulturellen Grenzen der gesellschaftlichen Entwicklung gezogen haben. Mein Ziel ist dabei, zu einer Relativierung der Position Webers über die mögliche Entwicklung der Kultur der modernen Gesellschaften zu gelangen. Aus den Schlagworten, mit denen man die Beziehungen zwischen Ethik und Welt und die Konzepte des innerweltlichen Aktivismus in den einzelnen Ländern auf den Begriff bringen könnte, habe ich für jedes Land eine Oszillation zwischen zwei entgegengesetzen Polen gewählt: England zwischen Tradition und Modernität, die Vereinigten Staaten von Amerika zwischen Partikularismus und Universalismus, Frankreich zwischen Routine und Revolution, Deutschland zwischen Konformität und Entfremdung. Gewiß handelt es sich dabei um eine Selektion, aber wohl um die Selektion des markantesten Merkmals unter einer Mehrzahl von besonderen Merkmalen der einzelnen gesellschaftlichen Kulturen. Um die Unterschiede zwischen den einzelnen Ländern möglichst scharf hervortreten zu lassen, stelle ich die unterscheidenden Merkmale besonders klar heraus und übertreibe dabei natürlich in idealtypischer Überzeichnung. Im einzelnen betrachte ich in jedem Land (1) (L) den Charakter der ethischen Ideen und ihr Verhältnis zu den gesellschaftlichen Sphären, (2) (G) die Kräfte des Aktivismus, (3) (I) die Träger der Ethik und den Charakter ihrer Verbindlichkeit und schließlich (4) (A) die Kräfte und Formen des Wandels und der Erneuerung. Ich kann dabei allerdings nicht mehr bieten als eine Zusammenfassung der Ergebnisse einer umfangreichen vergleichenden Studie über die Entwicklung der Kultur der Moderne in den genannten Gesellschaften. Hier ist nicht mehr Platz als für ein paar Stichworte zu England, Amerika und Frankreich, um dann wenigstens auf die Entwicklung in Deutschland etwas genauer eingehen zu können.[2]

1. England: Zwischen Tradition und Modernität

In England herrscht ein traditionalistisch begrenzter Aktivismus (G) vor, der in ein kulturelles Umfeld einer integrierten Opposition von Orthodoxie und Heterodoxie eingebettet ist (L), durch eine inklusive, aber dennoch ständisch differenzierte gesellschaftliche Gemeinschaft gesteuert (I) und durch eine loyale Opposition einem allmählichen Wandel unterworfen wird (A). Die Fusion von Tradition und Modernität kennzeichnet den innerweltlichen Aktivismus Englands.[3]

2. Amerika: Zwischen Universalismus und Partikularismus

In den Vereinigten Staaten hat sich ein innerweltlicher Aktivismus entwickelt, der in dem Auftrag Gottes an die ersten puritanischen Pilger wurzelt und in den Ideen der Revolution gegen England einen säkularen normativen Maßstab hat (L). Die Umsetzung des Auftrages geschieht in der zunehmenden Beherrschung der Wildnis (G). Der heilige Vertrag mit Gott sichert die Verbindlichkeit des Auftrags (I). Die Dynamik der Erneuerungsbewegungen sorgt für ständigen Wandel (A). Das Dilemma besteht hier in der Diskrepanz zwischen universellem Anspruch und partikularer Wirklichkeit.[4]

3. Frankreich: Zwischen Routine und Revolution

In Frankreich wird die Beziehung zwischen Ethik und Welt und der daraus folgende innerweltliche Aktivismus zunächst durch den kirchlichen Traditionalismus und die administrative Routine als Faktoren der Beharrung bestimmt (I). Der Aktivismus äußert sich im funktionalen Aktivismus der administrativen Elite (G). Der intellektuelle Radikalismus entwirft die großen Ideen gegen die bestehende Gesellschaft (L). Der Wandel kann sich nur in der großen gesellschaftlichen Krise vollziehen (A). Routine und Revolution sind die gegensätzlichen Kräfte, die in Frankreich den innerweltlichen Aktivismus gestalten.[5]

4. Deutschland: Zwischen Konformität und Entfremdung

Das deutsche Modell der Beziehung zwischen Ethik und Welt und des daraus folgenden innerweltlichen Aktivismus wird durch folgende Faktoren gebildet: Innerlichkeit als Grundlage einer persönlichen Identität, die sich nur außerhalb der Gesellschaft verwirklichen kann (L); der Machtstaat als treibende Kraft des innerweltlichen Aktivismus, und die eigengesetzliche Rationalisierung gesellschaftlicher Sphären (G); Konformität und Anpassung als orthodoxe Haltungen zu den bestehenden Ordnungen (I); Entfremdung und Rebellion als Reaktion auf die eigendynamische Entfaltung der versachlichten Sphären (A). Konformität und Entfremdung sind die vorherrschenden Haltungen, die in Deutschland den innerweltlichen Aktivismus formen.[6]

4.1 Die Innerlichkeit

Luthers Protestantismus hat in Deutschland keinen mit dem Puritanismus Neuenglands vergleichbaren selbstverantwortlichen Aktivismus hervorgebracht. An die Stelle der neuenglischen Verbindung des natürlichen bürgerlichen Aktivismus des selbstverantwortlich handelnden Individuums mit dem Auftrag Gottes zur Gestaltung der Welt nach seinen Anforderungen ist im Lutherischen Deutschland das Bündnis der protestantischen Kirche mit dem Staat getreten. Die beiden Formen des Protestantismus hatten völlig verschiedene Träger.[7]

Der Unterschied beginnt schon mit Luther und Calvin. Während Calvin als freier Bürger der Stadt Genf einen aktiven Einfluß auf die Gestaltung des politischen Gemeinwesens nahm und dieses als eine Theokratie den religiösen Ideen unterordnete, suchte der Wittenberger Mönch Luther Zuflucht bei seinem Landesherrn gegen die päpstliche Verfolgung. Luther mußte den Protestantismus den Machtinteressen der Landesfürsten unterordnen. Von dieser Konstellation ausgehend, hat der Lutherische Protestantismus nie eine Idee für die Formung des politischen Gemeinwesens entwickelt, wie das für den Calvinismus und für die von ihm beeinflußten puritanischen Glaubensgemeinschaften galt. Nach Luthers Lehre der zwei Reiche, der göttlichen Ordnung und der staatlichen Ordnung, ist die politische Herrschaft von Gott als notwendig eingesetzt worden, um die unvollkommene Welt der menschlichen Triebe und Konflikte durch den äußeren staatlichen Zwang in Ordnung zu halten. Eine Idee des selbständigen Bürgers als eine selbstverantwortlich handelnde Persönlichkeit und ein Verständnis des politischen Gemeinwesens als eine Vereinigung freier Bürger konnte in diesem Kontext nicht entstehen. Von einem aktiven Eingreifen des Individuums in die Welt konnte keine Rede sein.

Nicht anders hat Luthers Berufsidee gewirkt. Sie bedeutete zwar ein Ausströmen der Anforderungen an ein gottgefälliges Leben aus dem Kloster in die Welt, hatte aber keine gestalterische Wirkung auf die Welt. Beruf war nicht die Berufung zu einer besonderen Aufgabe in der Gestaltung der Welt nach den ethischen Geboten Gottes, sondern die Berufung an einen Platz in einem traditionell festgelegten beruflichen Gefüge.

Die Lutherische Auffassung des Menschen als Gefäß Gottes impliziert keine innerweltliche Askese als eine aktive Formung der Welt nach universellen ethischen Maßstäben, sondern einen innerweltlichen Mystizismus als eine Anpassung an die herrschenden Gegebenheiten in der Welt. Was immer in der Welt in den verschiedensten gesellschaftlichen Kontexten geschehen mag, welchen gesellschaftlichen Gesetzen der Lutheraner in seinem Handeln auch folgen mag, er weiß sich in seinem Vertrauen in Gott auf dem richtigen Weg zu Gott. Nicht das Handeln führt ihn zu Gott, sondern der richtige Glaube und das Vertrauen in Gott, das reine Gefühl des Erfülltseins von Gott.

Mit dem innerweltlichen Mystizismus des Lutherischen Protestantismus verbindet sich das Prinzip der Innerlichkeit als Persönlichkeitsideal, das auch unter den Bedingungen der Säkularisierung erhalten geblieben ist. Nach diesem Ideal verwirklicht sich das Individuum nicht in äußeren Werken, sondern in einer inneren Haltung und in einem inneren Gefühl.

Innerlichkeit bedeutet Privatheit und Rückzug aus der Öffentlichkeit. Die Sphäre der Öffentlichkeit ist eine Sphäre der äußeren Welt, an der man teilnimmt und in der man seine Pflichten erfüllt, in der man sich aber nicht als Person aktiv engagiert und in der man nicht seine Identität findet. Alles gesellschaftliche Handeln ist reines Rollenhandeln, ohne jede Zugabe an Rollengestaltung aus der persönlichen Identität heraus. Es ist deshalb nicht überraschend, wenn auch heute noch die politische Teilnahme mehr als Pflicht und weniger als persönliches Engagement betrachtet wird. Diese weit in die kulturelle Tradition des protestantischen Deutschland zurückreichende Einstellung äußert sich heute noch in der großen Diskrepanz zwischen der hohen Beteiligung an Wahlen und der relativ geringen aktiven Teilnahme an politischen Entscheidungsprozessen zwischen den Wahlentscheidungen. Zur Wahl geht man aus Pflicht, Zeit in die aktive Teilnahme an politischen Entscheidungsprozessen investiert man aus persönlichem Engagement.

4.2 Der Staat und die gesellschaftliche Rationalisierung

Ohne die gestalterische Teilnahme des Lutherischen Protestantismus an der Entwicklung von Politik, Recht, Wirtschaft und Wissenschaft ist die Entfaltung des Aktivismus der Moderne anderen Kräften überlassen geblieben. Der Aktivismus ist in Deutschland vorwiegend aus der reinen Entwicklungsdynamik der gesellschaftlichen Sphären hervorgegangen. Diese Entwicklung hat in Deutschland relativ spät, dafür aber um so durchgreifender im 19. Jahrhundert eingesetzt. Die Entwicklung wurde dabei nicht – wie in England und noch mehr in Amerika – von einem selbstbewußten Bürgertum vorangetrieben, das religiöses Sendungsbewußtsein und gesellschaftliche Veränderung miteinander verband. In Deutschland ist die Dynamik der gesellschaftlichen Entwicklung von Anfang an und bis heute vom Staat bestimmt worden. Die Selbstbehauptung im europäischen Konkurrenzkampf war es, die in Deutschland die Industrialisierung, die Ausbreitung der Wissenschaft und die Staatsbildung unter Führung Preußens wesentlich beeinflußt hat. Dementsprechend herrscht überall der Staat vor, wo man vor allem in Amerika private und gemeinschaftliche Unternehmung antrifft.

Zuerst hat sich aus dem traditionellen Patrimonialismus der Landesherren zu Luthers Zeit ein Absolutismus herausentwickelt, der nach administrativer Modernisierung strebte, um sich gegen andere Gewalten innerhalb und außerhalb der eigenen Grenzen behaupten zu können. Die staatliche Bürokratie ist die erste Einrichtung der Moderne, mit der die Deutschen konfrontiert wurden und die bis heute das Markenzeichen des deutschen Staates geblieben ist. Der Staat hat dementsprechend auch die Führung in der rechtlichen, wissenschaftlichen und wirtschaftlichen Entwicklung übernommen. Die Rationalisierung des Rechts war das Resultat einer einheitlichen Kodifikation durch Juristen im Dienste des absolut herrschenden Landesherrn. Das Aufblühen der Wissenschaft ist durch die staatliche Neugründung der Berliner Universität im Jahre 1810 eingeleitet und durch die weitere staatliche Investition in wissenschaftliche Hochschulen weitergetrieben worden. Die Industrialisierung erfolgte in erster Linie unter Initiative und Obhut des Staates und der großen Banken. Sie führte viel schneller zur Konzentration in Großunternehmen als in den anderen Industrieländern.

Aus dieser materiellen Entwicklung der Gesellschaft konnte kein individualistischer und selbstverantwortlicher Aktivismus eines selbstbewußten Bürgertums wie in England und vor allem in Amerika hervorgehen. Die aktive Gestaltung der Welt ist hier eine Aufgabe der politischen Führung der großen Banken und Wirtschaftsunternehmen, eine Aufgabe der wenigen großen Männer, keine Aufgabe eines jeden Bürgers. Bismarck ist die Gestalt, in der sich der deutsche Aktivismus verkörpert. Aktivismus geht dabei eine enge Verbindung mit Realpolitik ein. Die Steigerung der staatlichen Macht nach innen und außen ist der letzte Grund dieses machtpolitischen Aktivismus. Es ist ein Aktivismus, dem im Gegensatz zum angelsächsischen Aktivismus jede Verwurzelung in darüber hinausgreifenden Ideen abgeht. Wie Helmuth Plessner treffend formuliert hat, war Bismarcks Reich eine Großmacht ohne Staatsidee.[8] Dieses Fehlen einer ideellen Grundlage bedeutete aber, daß es keinen kulturellen Maßstab gab, der die Machtpolitik hätte transzendieren können und der eine Formung des Aktivismus durch normative Ideale ermöglicht hätte.

4.3 Konformität und Indifferenz

Die Beziehung zwischen religiöser Innerlichkeit und gesellschaftlicher Äußerlichkeit im Lutherischen Protestantismus ist auch durch die Art seiner gemeinschaftlichen Organisation und durch die Eigenart seiner gesellschaftlichen Sphären bestimmt worden.

Aus der Fusion von Luthertum und preußischem Beamten- und Offiziersgeist ergaben sich prinzipiell zwei orthodoxe Möglichkeiten der Verknüpfung von persönlicher Identität und gesellschaftlichem Rollenhandeln. Die Beamten- und Offiziersdisziplin konnte mit der persönlichen Identität zusammenfallen. Die religiöse Innerlichkeit löste sich hier in der Disziplin als persönlichem Handlungsprinzip auf. Der Protestant konnte sich aber auch nur äußerlich an die Dienstpflichten anpassen und im tiefsten Inneren sein Vertrauen auf Gott bewahren, das mit seinem äußeren Handeln gar nichts zu tun hatte. Es waren diese orthodoxen Verknüpfungen von persönlicher Identität und gesellschaftlichem Rollenhandeln, die nicht nur dem Kaiserreich gehorsame Untertanen beschert haben, sondern auch Hitler genügend willfährige Diener in der Ausführung des von oben verordneten Massenmordes an Juden und Regimegegnern.

4.4 Entfremdung und Rebellion

Die Verbindung zwischen persönlicher Identität und gesellschaftlichem Rollenhandeln kannte jedoch nicht nur orthodoxe Lösungen. Mit der zunehmenden Entfaltung der Eigendynamik der gesellschaftlichen Sphären erschienen im Bezugsrahmen des Lutherischen Protestantismus die orthodoxen Lösungen für sensiblere Menschen zunehmend als problematisch. Heterodoxe Lösungen gewannen an Bedeutung. Von ihnen ging die Dynamik der sozialen Bewegungen aus, eine Dynamik, die Kräfte gegen den herrschenden kalten Aktivismus mobilisierte, dabei aber auch in fataler Weise mit dem Protest gegen den verselbständigten Aktivismus auch den Protest gegen die Moderne überhaupt verband. Für empfindliche Seelen, denen die Macht der äußeren Welt im Prozeß der Rationalisierung zunehmend Furcht einjagte, gab es nur den Rückzug aus der Welt in die tiefsten Winkel der Privatheit. Nur außerhalb der kalten Rationalität der Welt, in der Privatheit individueller Beziehungen oder in der Einheit mit der Natur konnte sich der Mensch noch selbst und Gott finden. Schließlich blieb für diejenigen, die sich mit dem Rückzug nicht bescheiden wollten, nur der Protest gegen den Rationalismus der gesellschaftlichen Sphären in Politik, Recht, Wirtschaft und Wissenschaft übrig.

Immer hatten das protestantische Pfarrhaus als Hort der Lutherischen Innerlichkeit und das Lehrerkollegium als Hort des deutschen Idealismus einen wesentlichen Anteil an den deutschen Erneuerungsbewegungen durch alle Höhen und Tiefen hindurch. Beide, die Orthodoxie und die Heterodoxie hatten ihre feste protestantische Verankerung. Der Protestantismus hat stets genügend Diener des jeweiligen politischen Regimes und auch stets genügend Protestierende gegen die Regimes geliefert.

Diese Fatalität der Oszillation zwischen orthodoxer Ergänzung von Disziplin und Befehl und heterodoxer Rebellion gegen die verselbständigte Rationalität im besonderen und gegen die Modernität im allgemeinen hat mit dem Zusammenbruch des Nationalsozialismus keineswegs ein Ende gefunden. Auch in der Bundesrepublik ist bis heute die Logik dieses kulturellen Codes bei aller sonstigen Durchsetzung der Modernität spürbar. Dennoch ist die kulturelle Situation in der Bundesrepublik heute so weit verändert, daß die Ideen, die von den neuen Bewegungen aufgegriffen werden, auch in erheblichem Maße Neuinterpretationen des modernen Wertmusters bieten, das als kultureller Code der Moderne über die gegenwärtige Gesellschaft hinausweist. Von diesen Bewegungen wird heute der

Materialismus der fünfziger Jahre abgelehnt, der im Besitz eines Autos, mit dem man überall hinfahren kann, wo man will, schon die Verwirklichung der Freiheit sah. Statt dessen sucht man neue, weitere Formen der Verwirklichung von Freiheit, so z.B. die Freiheit der Entscheidung am Arbeitsplatz oder die Freiheit der Entfaltung persönlicher Empfindungen. Das ist nichts anderes als eine konsequente Logik der Ausschöpfung des Interpretationspotentials des kulturellen Codes der Moderne, also ein Weg der fortschreitenden Moderne. Es ist auch kein radikaler Wertwandel, wie uns etwas kurzsichtige Sozialwissenschaftler weismachen wollen[9], sondern ein Wandel der Interpretation ein und desselben kulturellen Codes der Moderne. Mit dieser Logik der fortschreitenden Moderne verknüpft sich jedoch in diesen Bewegungen die kulturelle Rückbindung an den spezifisch deutschen kulturellen Code und an die Logik, die in diesem Code für heterodoxe soziale Bewegungen vorgesehen ist: der Protest gegen die Moderne selbst.

So vermischen sich in der Bundesrepublik in den neuen sozialen Bewegungen vier Elemente miteinander: erstens eine Logik der zunehmenden interpretatorischen Ausschöpfung des kulturellen Codes der Moderne, ein Fortschritt der Moderne, zweitens ein Protest gegen die kalte Rationalität der gesellschaftlichen Sphären, die im Kaiserreich ihre fatalen Wurzeln hat, drittens ein Protest gegen die Orthodoxie des deutschen Konformismus und viertens – aus der Logik der protestantischen Innerlichkeit – ein Protest gegen die Moderne selbst. Daran ist zu erkennen: Der kulturelle Code der Bundesrepublik kann zwar seine Verwandtschaft zur kulturellen Tradition Deutschlands nicht verheimlichen, aber ebensowenig kann man seine Annäherung an den kulturellen Code der Moderne leugnen. Weder die blinde Vereinnahmung der Bundesrepublik für eine gelungene Modernität noch der ebenso blinde rückwärtsgewandte Fatalismus sind hier angemessene Positionen. Gefordert ist vielmehr ein wachsamer Optimismus.

Schlußbetrachtung

Niemand hat wohl den Gegensatz zwischen der religiösen Ethik und den verschiedenen Sphären der Welt, der Ökonomie, der Politik, der Kunst, der Erotik und der Wissenschaft, schärfer formuliert als Max Weber. Er bringt die charakteristische deutsche Spaltung zwischen religiöser Innerlichkeit und gesellschaftlicher Äußerlichkeit in besonders prägnanter Weise zum Ausdruck und trägt selbst wesentlich zur gesellschaftlichen Definition des Verhältnisses zwischen Ethik und Welt bei. Ethik gibt es für Weber unter den modernen Bedingungen nur noch im tiefsten Inneren der Persönlichkeit und in der Privatheit kleinster Gemeinschaften, keinesfalls aber als eine gesellschaftlich verbindliche Ethik. Jeder muß für sich den Dämon finden, der seines Lebens Fäden hält. In der Gesellschaft tobt der unversöhnliche Kampf der Wertordnungen; es ist ein Kampf wie zwischen Gott und Teufel; was des einen Gott ist, das ist des anderen Teufel.[10]

Max Webers Aussagen über die Entwicklung der modernen Gesellschaften müssen jedoch im Hinblick auf den gesellschaftlich-kulturellen Kontext relativiert werden in dem sie formuliert wurden. Dieser Kontext ist vom Lutherischen Protestantismus und seiner Säkularisierung im deutschen Idealismus definiert worden. Die hier betrachteten Gesellschaften haben ihre ganz spezifische Beziehung zwischen Ethik und Welt und ihre ganz spezifische Variante des innerweltlichen Aktivismus entwickelt. Wenn man die Eigenart der neuen sozialen Bewegungen richtig verstehen und erklären will, dann muß man dieser Tatsache weit mehr Rechnung tragen als dies in der Regel in den meist recht positivistisch verfahrenden soziologischen Untersuchungen getan wird. Die Bewegungen sind einerseits Teil einer die einzelnen Länder überspannenden Universalierung der modernen Kultur und reagieren auf eine ebenso überspannende Rationalisierung gesellschaftlicher Sphären. Die Art und Weise, in der sie darauf reagieren, ist jedoch durch den gesellschaftlich-kulturellen Code der einzelnen Länder bestimmt.

Die Kultur der Moderne erhält ihre innovative Kraft von den ganz unterschiedlichen Beiträgen der geschilderten gesellschaftlichen Varianten. Es ist deshalb gar nicht wünschenswert, daß sie sich vollkommen angleichen oder einer einzigen Variante annähern. Die Dynamik der Moderne lebt von der unauflöslichen Spannung zwischen der universellen Idee und ihrer partikularen Verwirklichung.

ANMERKUNGEN

1 M. Weber, *Gesammelte Aufsätze zur Religionssoziologie,* Bd. I, Tübingen (1920) 1972, S. 1-16, 203-04, 237-75, 536-73; ders., *Gesammelte Aufsätze zur Wissenschaftslehre,* Tübingen (1922) 1973, S. 151-56, 505-08, 517, 539-40, 593-613; ders., *Wirtschaft und Gesellschaft,* Tübingen (1922) 1976, S. 348-67. Siehe dazu R. Münch, *Theorie des Handelns,* Frankfurt 1982, S. 487-501; ders., *Die Struktur der Moderne,* Frankfurt 1984.

2 Eine umfassende Ausarbeitung der folgenden Skizze findet sich in R. Münch, *Die Entwicklung der Moderne: England, Amerika, Frankreich und Deutschland,* Frankfurt 1986.

3 Siehe dazu u.a. R. Rose, „England: The Traditionally Modern Political Culture", in: L.P. Pye und S. Verba (Hg.), *Political Culture and Political Development,* Princeton 1965, S. 83-129; B. Jessop, *Traditionalism, Conservatism and British Political Culture,* London 1974.

4 Ich nenne nur: A. de Tocqueville, *Über die Demokratie in Amerika.* München (1835/40) 1976; R. Bellah, *The Broken Covenant: American Civil Religion in Time of Trial,* New York 1975.

5 Siehe z.B. A. de Tocqueville, *Der alte Staat und die Revolution,* Reinbek bei Hamburg (1856) 1969; M. Crozier, *The Bureaucratic Phenomenon,* Chicago 1964.

6 Siehe u.a. H. Plessner, *Die verspätete Nation,* Stuttgart 1959; R. Dahrendorf, *Gesellschaft und Demokratie in Deutschland,* München 1971; F.K. Ringer, *The Decline of the German Mandarins. The German Academic Community, 1890-1933,* Cambridge, Mass. 1969.

7 Zur Interpretation von Luther vgl. A.E. Berger (Hg.) *Luthers Werke,* Leipzig und Wien 1917; M. Weber, *Gesammelte Aufsätze zur Religionssoziologie,* Bd. I, op. cit., S. 63-83.

8 H. Plessner, *Die verspätete Nation,* op. cit., S. 39-46.

9 R. Inglehart, *The Silent Revolution: Changing Values and Political Styles among Western Publics,* Princeton 1977.

10 M. Weber, *Gesammelte Aufsätze zur Wissenschaftslehre,* op. cit., S. 153, 507, 603, 613.

VERSOZIALWISSENSCHAFTLICHUNG DER IDENTITÄTSFORMATION UND DER VERWEIGERUNG VON LEBENSPRAXIS: EINE AKTUELLE VARIANTE DER DIALEKTIK DER AUFKLÄRUNG

Ulrich Oevermann

Vorbemerkung

Während in der „empirischen Sozialforschung" der akademischen Soziologie ein subsumtionslogisches Vorgehen vorherrscht, in dem Datenmaterial aus der sozialen Realität von vornherein unter Gesichtspunkten allgemeiner, vorweg konstruierter Begriffe sortiert wird und man über empirische Verallgemeinerungen allmählich zu axiomatisierbaren Theorien fortzuschreiten hofft, bildet für eine Soziologie, die sich als hermeneutisch-rekonstruktive Erfahrungswissenschaft versteht, die Analyse der sequentiellen Strukturiertheit von textförmigen Protokollen, in der die Reproduktion der Struktur eines konkreten sozialen Gebildes als Ablauf sich manifestiert, das zentrale Geschäft. Diese auf materiale Strukturanalyse ausgehende soziologische Forschung behandelt natürliche, durch Forschungsinstrumente noch nicht zurechtgestutzte Protokolle solcher Abläufe als Erscheinungsformen der Reproduktion von Fallstrukturen, die ihrerseits allgemeinere gesellschaftliche Substrukturen und Typen in ihrem Reproduktions- und Transformationsprozeß ausschnitthaft zum Ausdruck bringen. Man hofft, „in the long run" über die Integration verschiedener Fallrekonstruktionen, in denen konkrete Strukturanalyse betrieben wird, zur Rekonstruktion der gesellschaftlichen Totalität einer Epoche oder eines historischen Typs zu gelangen und sich bei diesem Bemühen mit den anderen geistes- und kulturwissenschaftlichen Disziplinen zu treffen.

Für die Verwirklichung eines solchen Programms, das man auch als genetischen Strukturalismus oder als historische Strukturanalyse bezeichnen könnte, sind zeitdiagnostisch ausgerichtete Materialanalysen von großer Wichtigkeit, in denen man versucht, latenten Entwicklungstrends einer gesellschaftlichen Konstellation oder Lage auf die Spur zu kommen. Solche Forschungen werden gegenwärtig von der Soziologie im Vergleich zu sektoralen Problemfeld-Analysen, Surveys, Querschnittsumfragen und eingegrenzte Hypothesen überprüfenden Befragungen zu wenig ernst genommen, während sie von der älteren Soziologie, die sich ihrer Verwandtschaft mit den historischen Disziplinen bewußter war, noch als zentraler Teil ihrer wirklichkeitswissenschaftlichen Aufgabenstellung betrachtet wurden. Dabei lassen sie sich im Vergleich zu jenem anderen Forschungstyp mit geringem Aufwand und auf der Grundlage einer Vielfalt von Datentypen – Interviews, Zeitungsberichte, literarische Zeugnisse, Tagebücher,

Briefe, Reden, Verlautbarungen, usf. – gewinnbringend durchführen. Man wird vor allem versuchen, den nicht direkt abfragbaren, weil von den Befragten nicht leicht explizierbaren Konzepten der Erschließung von sozialer Realität und den Identitätsformationen nachzuspüren, die wie eine generative Formel, wie ein Deutungsmuster, die konkreten Urteile und Handlungen gewissermaßen hinter der Bühne der konkreten Meinungen, Vorurteile und Überzeugungen auf Angemessenheit hin prüfen und strukturieren und ihrerseits, so sehr sie eine eigenständige Ebene der Strukturierung sozialer Realität ausmachen, in der Auseinandersetzung mit objektiven Handlungsproblemen und gesellschaftlichen Bedingungen sich bilden.

Die analytische Eingrenzung der Wirklichkeitsebene:

Von besonderer Bedeutung sind dem zeitdiagnostisch auf das Material blickenden Soziologen solche Daten, die jeweils Trends in der Formation der sozial verbindlichen Normalitätsentwürfe von Persönlichkeitsstrukturen erkennen lassen. In der Vergangenheit sind typologische Vorschläge für die Rekonstruktion des herrschenden Sozialcharakters wie „die autoritäre Persönlichkeit", der „außengeleitete" und der „innengeleitete" Mensch in der einsamen Masse oder der „eindimensionale Mensch" der technokratischen Gesellschaft des Fachmenschentums von großem Einfluß gewesen. Allerdings waren bei diesen recht global argumentierenden Typologien die Ebenen der tatsächlichen psychischen Struktur, der in Deutungsmustern verdichteten gesellschaftlichen Entwürfe einer normalen Persönlichkeit, der Muster des diesen Typ jeweils hervorbringenden sozialisatorischen Milieus und der letzteres produzierenden objektiven gesellschaftlichen Bedingungen nicht klar genug voneinander getrennt.

Für zeitdiagnostische Analysen sind die verinnerlichten Normalitätsentwürfe deshalb besonders wichtig, weil in ihnen sich, den jeweiligen kodifizierten sozialen Normen vorgelagert, der für die gegenwartstypischen Problemstellungen einer gesellschaftlichen Lage geeignete und geschätzte Habitus als eine zeitgeistgebundene latente Sinnlogik am ehesten fassen läßt. Wenn es gelingt, von diesen Habitusformationen auch nur einige typische Knotenpunkte zu identifizieren, erhält man sogleich Einblick in gesamtgesellschaftlich bedeutsame Entwicklungstrends, die als abfragbare Manifestationen sich erst später ausblühen. Damit soll nun keineswegs behauptet werden, daß es sich hierbei um autonome Entwicklungstendenzen der Gesellschaft handele, die ihrerseits nicht wiederum Reaktionen auf Transformationen des gesamtgesellschaftlichen Prinzips der Organisation der Produktivkräfte und der Produktionsverhältnisse darstellten. Vielmehr macht man sich nur zunutze, daß zum einen solche Habitusformationen seismographisch die objektiv erzwungenen Problemstellungen anzeigen und ihrerseits bei der Erzeugung von Problemlösungsmustern eine eigenständige Strukturierungsbedeutsamkeit haben.

Normalitätsentwürfe für Persönlichkeitsstrukturen drücken vor allem die jeweils für den Zeitgeist spezifische Deutung des Verhältnisses von Individuum und Gesellschaft aus. Dieses Verhältnis stellt nicht nur begrifflich für die soziologische Strukturanalyse eine zentrale Dimension ihrer Betrachtung von Gesellschaft und gesellschaftlichen Entwicklungen, in welchen Epochen und Kulturkreisen auch immer, dar, sondern bildet real eine für die Lebenspraxis selbst zentrale Dimension von Deutungsproblemen. Daß mit der Entfaltung der Geschichte zur Moderne hin eine beständige Ausdifferenzierung von Individuum und Gesellschaft für den einzelnen mit der Folge der Erhöhung von Individuierungs- und Autonomiechancen einerseits und der Zunahme von Problemdruck und Entfremdung andererseits verbunden ist, gehört zu den elementaren Topoi der Soziologie seit langem.

Im folgenden soll ausschnitthaft einer spezifischen Ausformung von Identitätsentwürfen im Bezugsrahmen dieses Verhältnisses von Individuum und Gesellschaft nachgegangen werden, wie es sich in einer Vielzahl von Daten aus ganz verschiedenen Forschungsbereichen dem Betrachter aufgedrängt hat. Der dabei herauskristallisierbare, hier nicht mehr als den Status einer Heuristik beanspruchende Typ von Identitätsformation in der gegenwärtigen Generation von 20- bis 30-jährigen mit weiterführender Ausbildung vermag vielleicht auch den immer wieder aufgeworfenen Fragen nach dem Weg, die diese Generation als Träger zukünftiger gesellschaftlicher Entscheidungen gehen wird, eine Antwort durchaus bescheidenen Umfangs vorzuschlagen.

Die Heuristik der Analyse: Die strukturelle Dialektik von Lebenspraxis

Ich werde bei dieser Betrachtung mit einem sehr einfachen, heuristischen Begriff von Lebenspraxis arbeiten, der sowohl auf die Lebensführung einzelner Personen, wie die von Gruppen und ganzen Gesellschaften sowie deren Repräsentanten angewendet werden kann. Eine Lebenspraxis entfaltet, sehr allgemein gesprochen, jede autonom handlungsfähige, gesellschaftliche Instanz, ob nun Person oder höher aggregiertes System. Lebenspraxis verstehe ich als eine widersprüchliche Einheit von Begründungs- und Entscheidungszwang. Wo Handlungssituationen grundsätzlich offen sind, Alternativen offerieren und durch Entscheidungen strukturiert werden müssen – die komplementäre Seite der Medaille von Handlungsautonomie –, konstituiert sich zugleich der Zwang zur Begründung von zu treffenden Entscheidungen, denn die durch Entscheidungsalternativen freigesetzte Handlungsautonomie realisiert sich erst in dem Maße, in dem die getroffenen Entscheidungen als vernünftig sich rechtfertigen lassen. Widersprüchlich ist die lebenspraktische Einheit von Entscheidungs- und Begründungszwang deshalb, weil grundsätzlich die Offenheit von Handlungssituationen, generell: die Zukunftsoffenheit von Geschichte, nicht durch Einrichtung ahistorisch gültiger und deduktiv-nomologisch anwendbarer Entscheidungsprämissen aufgelöst werden kann, es sei denn im Grenzfall einer durchtechnokratisierten Gesellschaft. Auch in traditionellen Gesellschaften ändert die Geltung von Routinen, von Brauch, Sitte und dumpfer Gewohnheit grundsätzlich nichts daran, daß deren Begründungspotential für die Bewältigung von Entscheidungsproblemen der Lebenspraxis nicht ausreicht; andernfalls hätte es systematische historische Transformationen traditionaler Gesellschaften trivialerweise nicht geben können.

Lebenspraxis ist also dadurch geprägt, daß beständig Entscheidungen mit Anspruch auf Vernünftigkeit getroffen werden müssen, obwohl zugleich deutlich ist, daß für die Aufhebung des mit dem Vernunftanspruch gesetzten Begründungszwanges ausreichende Rechtfertigungsargumente nicht immer zur Verfügung stehen. Lebenspraxis höbe sich selbst auf, wenn sie – in Anlehnung an das Modell der technologischen Anwendung von Wissenschaft – ein Defizit von Begründungsargumenten zum Anlaß nähme, die zu treffenden Entscheidungen zu vertagen. Bei genauerem Hinsehen trifft selbst dies nicht zu, denn für die Lebenspraxis gilt generell, daß sie bis auf den Grenzfall der Selbstauflösung durch Passivität – sich nicht *nicht* entscheiden kann, denn auch eine Nicht-Entscheidung ist lebenspraktisch eine Entscheidung, bildet allerdings den Grenzfall einer Entscheidung zur Aufgabe der Autonomie. Nicht-Entscheidung bedeutet lebenspraktisch gesehen die Einrichtung von Abhängigkeit, ebenso wie die Verleugnung der Verantwortlichkeit für Entscheidungsfolgen.

Würden jeweils in einer Gesellschaft zur Verfügung stehende Begründungsargumente als für alle lebenspraktisch eintretenden Entscheidungssituationen ausreichend angesehen werden, dann wäre gewissermaßen das Ende der Geschichte erreicht. Daß Handlungssituationen grundsätzlich offen sind, und eingerichtete Begründungsargumente, auch wissenschaftlich validierte, immer nur für den allerdings rein quantitativ die überwiegende Mehrzahl bildenen Routinefall ausreichen, darin besteht gerade das Moment von Lebenspraxis als nicht hintergehbarer Quelle von materialer Rationalität. Was in der Gegenwart einer im Lichte des bestehenden Wissens und geltender Normen nicht zu begründenden Entscheidung sich zunächst mit Bezug auf diese historisch spezifische, rationale Begründungsbasis als irrational ausnimmt, erweist sich potentiell in der Zukunft als entfaltete materiale Rationalität; dann nämlich, wenn in rekonstruktiver Einstellung die Entscheidung als unter den gegebenen Situationsbedingungen von den eingetretenen Folgen her nachträglich zu begründende sich erweist. Diese Begründung trägt aber den Charakter der Nachträglichkeit nicht, weil sie in der Eile der Entscheidungssituation nur nicht schnell genug aufgefunden werden konnte, sondern weil – grundsätzlich – die Rekonstruktion der Entscheidungssituation zugleich offenbart, warum das bis dahin geltende Wissen für eine vernünftige Entscheidung nicht ausreichte und inwiefern die getroffene Entscheidung faktisch – bezogen auf die vorausgehende Wissensbasis – eine Erfahrungserweiterung herbeigeführt hat. Mit diesem Argument ist zugleich der Primat der lebenspraktischen Erfahrung vor der wissenschaftlichen Erkenntnis begründet; Erfahrungswissenschaft rekonstruiert immer nur, was die Lebenspraxis selbst in konkreten Entscheidungssituationen erfahrbar macht. Das methodisch kontrollierte wissenschaftliche Experiment ist nichts anderes als eine gedankenexperimentell konstruierte Simulation von Handlungssituationen und erfährt darin zugleich auch seine Grenze. Die Wirkung der inzwischen viel berufenen Verwissenschaftlichung des Alltags beruht, in diesem Lichte gesehen, genau darin, daß sie das Bewußtsein vom Primat der lebenspraktischen Erfahrung tendenziell auflöst und damit auch, in einer veränderten Form von Entfremdung innerhalb der Dialektik der Aufklärung, die lebenspraktische Handlungsautonomie selbst.

Diese Auslegung von Lebenspraxis wird nicht nur in der gegenwärtigen Gesellschaft, sondern gerade auch in der Soziologie mit einem gewissen Mißtrauen betrachtet. Man erblickt darin gern Anzeichen für Irrationalismus und Dezisionismus. Nicht selten wird eingewandt, was schon gegen die „Geworfenheit" und die darin enthaltene Heroisierung des Individuums in seinem einsamen Entscheidungszwang (innerhalb des Existentialismus) vorgebracht wurde. Verwiesen wird dann auf die sozial institutionalisierten, Entscheidungen schon vorweg bestimmenden Handlungsorientierungen und darauf, daß der normale Alltagsmensch die widersprüchliche Einheit von Entscheidungs- und Begründungszwang deshalb nicht als beunruhigend erfahre, weil selbstverständlich geltende Relevanzsysteme und Erwartungshorizonte schon immer einen hinreichenden Vorrat an akzeptablen Begründungen zur Verfügung stellten, ja von sich aus überhaupt erst die Entscheidungssituation erfahrbar machten.

Einwände dieser Art verkennen den strukturalistischen Charakter der Argumentation, deren ich mich hier bediene und sehen nicht, daß solche wie selbstverständlich geltenden Orientierungen und Relevanzsysteme als Entscheidungsroutinen gerade in Reaktion auf die dialektische Struktur von Lebenspraxis eingerichtet worden sind, um das prinzipiell handlungsautonome Individuum zu entlasten, daß aber die grundlegende Struktur von Lebenspraxis als widersprüchlicher Einheit dadurch keineswegs aufgehoben ist, sondern die Konstitution von Routinen und Orientierungen als Formen eines praktikablen Umgangs mit ihr allererst erklärt. Der referierte Einwand verwechselt mithin Wesen und Erscheinung in der Strukturierung sozialer Realität.

Vor allem aber verschütten Einwände dieser Art den Blick auf eine einfach zu fassende, zentrale Dimension des historischen Prozesses der gesellschaftlichen Rationalisierung und ihrer Dialektik. Sieht man nämlich die widersprüchliche Einheit von Begründungs- und Entscheidungszwang als die strukturale Dialektik von Lebenspraxis überhaupt an, in der material sowohl das spezialisierte Denken wie die – als soziales Handeln gefaßte – wissenschaftliche Erkenntnis und professionalisierte Kunst als spezialisierte Formen der Kritik von lebenspraktisch gebundener Alltagserfahrung letztlich fundiert sind, dann ist nicht nur die Entfaltung dieser Dialektik selbst dem historischen Wandel unterworfen, sondern sie gibt für die historisch-gesellschaftliche Entwicklung den Rahmen ab. Diese vollzieht sich unter diesem Blickwinkel als Entfaltung der jeweils institutionalisierten Umgangsweisen mit dem universellen Strukturproblem der gleichzeitigen Entscheidungs- und Begründungsverpflichtung. So gesehen kommt der Institutionalisierung wissenschaftlichen Handelns im 17. Jahrhundert eine wesentliche Schubkraft im gesellschaftlichen Rationalisierungsprozeß zu, weil mit der kritischen Prüfung von Alltagsüberzeugungen nach expliziten Kriterien der Geltung auf der einen Seite die Standards, Ansprüche und Möglichkeiten rationaler Begründung explosionsartig gesteigert wurden, auf der anderen Seite aber auch angesichts der verschärften Kriterien rationaler Begründung die wie selbstverständlich geltenden Tradtitionen und Überzeugungen für die Rechtfertigung von lebenspraktischen Entscheidungen in den Strudel des Zweifels gerieten und entsprechend der Problemdruck für die Lebenspraxis stieg, anders gesprochen, das Individuum an Autonomie potentiell gewann, zugleich dafür aber auch den Preis höherer Inanspruchnahme und Verantwortlichkeit zu entrichten hatte.

Dies kann man sich am ehesten vergegenwärtigen, wenn man das Argument am Beispiel elementarer lebenspraktischer Entscheidungsprobleme durchspielt, die sich grundsätzlich nicht auf technische Fragen oder auf Fragen der Geltung von Gesetzeshypothesen reduzieren lassen, sondern auf Fragen der Lebenspraxis selbst beziehen, bei denen die Dignität des Individuierungsentwurfs als Bestandteil individueller Handlungsautonomie selbst auf dem Spiel steht. Zu solchen Entscheidungsproblemen gehören ebenso elementare wie wissenschaftlich grundsätzlich nicht beantwortbare Fragen wie: Soll ich eine bestimmte Person heiraten oder nicht? und: Soll ein Kind gezeugt werden oder nicht? Für den Menschen der primitiven oder traditionalen Gesellschaften sind dies höchstwahrscheinlich nicht wirklich bedrängende Fragen gewesen, die ihn in Entscheidungsnöte gebracht hätten. Ihre Beantwortung war quasi automatisch durch Sitte, Tradition und Konvention vorgegeben, so daß sie als belangvolle Entscheidungsprobleme nicht ins Bewußtsein traten. Gleichwohl mußte die tatsächlich getroffene Entscheidung gute Gründe in Anspruch nehmen können, wie die starke negative Sanktionierung von abweichenden Fällen gerade in diesen Gesellschaften zeigt. Aber die richtige Entscheidung war, den Einzelnen entlastend, schon in kollektiven Regeln vorgeprägt oder im Falle der Nachkommenschaft durch Begrenzung der Kontrollierbarkeit faktisch vorgegeben. Die strukturale Dialektik von Lebenspraxis drang gewissermaßen nicht bis ins individuelle Bewußtsein, das von ihr überfordert worden wäre, vor, sondern wurde auf der Ebene von Brauchtum, Sitte und den institutionalisierten Normen abgefangen. Aber sie war dennoch als universales Strukturproblem latent präsent. Anders gesprochen: Die Ausdifferenzierung des dialektischen Verhältnisses von Individuum und Gesellschaft war noch nicht so weit gediehen, daß die widersprüchliche Einheit von Entscheidungs- und Begründungszwang zu einem Problem der Bewältigung individueller Autonomie hätte werden können.

In dem Maße, in dem in den italienischen Stadtrepubliken die tradierten Legitimationsbestände für politische Herrschaft nicht mehr greifen, erwächst aus dem beständigen Kampf um die reale Macht der Politiker, der seine Entscheidungen ad hoc vor einer quasi-bürgerlichen Öffentlichkeit begründen muß und sich nicht mehr auf geltende Traditionen allein berufen kann. Und in dem Maße, in dem die zunächst auf einen sehr eingeschränkten Objektbereich sich beziehenden Erfahrungswissenschaften institutionalisiert werden und als solche die legitimatorisch bedeutsamen Weltbilder erschüttern, wird in der Neuzeit das entscheidungsautonome, einer universalen Ethik begründungsverpflichtete Subjekt der bürgerlichen Gesellschaft entlassen. Nun tritt aber zur Schließung der von Traditionen freigemachten Entscheidungsoffenheit nicht wissenschaftliche Erkenntnis oder im einzelnen inhaltlich durchgeführte Ethik an die Stelle der früheren, das Begründungsproblem von vornherein lösenden Wissens- und Argumentationsbestände. Diese im neuzeitlichen Denken immer wieder auftauchende technokratische Variante würde ja die einmal in der Form des autonomen Subjekts freigesetzte dialektische Struktur von Lebenspraxis sogleich wieder verschütten, und es ist sehr die Frage, ob das grundsätzlich ohne Rest noch möglich ist. Auch logisch würde ja diese Variante letztlich auf die materiale Absurdität hinauslaufen, Lebenspraxis in wissenschaftliche Rationalität hermetisch abgedichtet aufgehen zu lassen, in jene Rationalität also, die ihrerseits ohne die Einbettung in die materiale Rationalität von Lebenspraxis gar nicht denkbar wäre.

Die Auflösung des Traditionalismus bedeutet also nicht nur das Heraustreten einer wissenschaftlich in Regie genommenen Rationalisierung, sondern zugleich strukturell auch die Manifestation der latent schon immer der Chance nach vorliegenden Autonomie der Lebenspraxis, sei es als individuelle, familiäre oder gesamtgesellschaftliche. Die in ihr freigesetzte Dialektik von Entscheidungs- und Begründungszwang kann nun nicht einfach durch das historisch neue, wissenschaftlich verwaltete Repertoire von Begründungen ähnlich den vorausgehenden allzuständigen Traditionen stillgestellt werden, wie es die technokratische Ideologie sich vorstellt. Die Kernfragen der Lebenspraxis gehören vielmehr einer kategorialen Ordnung an, die sich einer wissenschaftlichen Problemlösung allein deshalb schon nicht erschließt, weil strukturell und handlungslogisch gesehen der Sinn lebenspraktischer Fragen sich nicht auf ihren propositionalen Gehalt in den Begriffen des Allgemeinen reduzieren läßt bzw. als solcher sich schon kategorial geändert hätte, wenn er losgelöst von der konkreten, besonderen Perspektivität der jeweiligen Lebenspraxis, aus der heraus diese Fragen sich sinnvoll entfaltet haben, betrachtet würde, wie es in der wissenschaftlichen Problemlösung notwendig der Fall sein müßte. Damit ist keineswegs behauptet, lebenspraktische Fragen ließen sich wissenschaftlich nicht als solche behandeln. Aber wo das in Not- und Grenzfällen geschieht, bedarf es zur Sicherung der Autonomie dieser Lebenspraxis besonderer Vorkehrungen, die in der Logik des dafür zuständigen professionalisierten Handelns sozial ausgebildet vorliegen, hier aber nicht ausgebreitet werden können. Die Ausdifferenzierung von Wissenschaft als Handlungssystem ist also selbst in jene Dialektik von Individuum und Gesellschaft eingebunden, die zur manifesten Ausdifferenzierung des autonomen Subjekts als Strukturgebilde führt.

Dieses sieht sich vor die Verpflichtung rationaler Entscheidungsbegründung gestellt, in die zunehmend der Modus der wissenschaftlichen Rationalität und die Berücksichtigung ihrer Ergebnisse einwandert: Die mit der Befreiung von Traditionen verbundene Erweiterung der expliziten rationalen Begründbarkeit steigert zugleich die *Ansprüche* an die Rationalität der Begründung von Entscheidungen. Dies ist unproblematisch bei technischen Fragen und Fragen der angemessenen Handlungsstrategie in Begriffen einer Mittel-Zweck-Rationalität. Aber diese Steigerung muß als Problemdruck, als belastend dort empfunden werden, wo elementare lebenspraktische Entscheidungen anstehen, die auf der einen Seite jedermann betreffen, insofern also als alltäglich und undramatisch, für jedermann lösbar erscheinen, für die aber andererseits zum einen wissenschaftliche Lösungen prinzipiell, ohne Kategorienfehler zu begehen, nicht zur Verfügung stehen können, andererseits aber auch traditionale, vorwissenschaftliche Argumentationsbestände nicht mehr beigezogen werden können, da sie ja gerade durch die Institutionalisierung von Wissenschaft ein für alle Mal entwertet worden sind und auch durch Nostalgie, Regression oder die exotisierende Wertschätzung außereuropäischer Lebenswelten gültig nicht zurückgewonnen werden können.

Das vorläufige Schema einer versozialwissenschaftlichten Identitätsformation

Diese Steigerung des Problemdrucks, so meine zentrale These, prägt typische Identitätsformationen, die wir heute in der jüngeren Generation als eine spezifische Antwort auf die explizierte dialektische Struktur von Lebenspraxis antreffen. Bezogen auf die elementaren Fragen von Ehe und Nachkommenschaft läßt sich das empirisch vielfach belegen. Der Boom an popularisierten sozialisationstheoretischen Schriften, an Lebens- und Erziehungsberatung in den Kirchen und Kommunen und in der Literatur ist nur ein Reflex auf die Verunsicherung, die subjektiv auf diese Problemdrucksteigerung eingetreten ist. Was subjektiv als Einlösen der Rationalitätsverpflichtung und der Verpflichtung zu aufgeklärtem Verhalten erscheint und sich in der Anwendung wissenschaftlicher Erkenntnisse auf die eigene Lebenspraxis äußert, ist objektiv das genaue Gegenteil: die in Selbst-Technokratisierung sich vollziehende Flucht vor der bewußten Wahrnehmung einer lebenspraktischen Autonomie, deren Verpflichtung zu materialer Rationalität durch die bloße Anwendung wissenschaftlicher Erkenntnisse grundsätzlich nicht abgedeckt werden kann. Den Rückgang der Geburtenziffern in der Bundesrepublik würde ich im wesentlichen auf diesen Problemdruck zurückführen. Nicht Bequemlichkeit oder ökonomische Restriktionen verursachen ihn, wie häufig angeführt worden ist, sondern die Verunsicherung gegenüber einem elementaren lebenspraktischen Entscheidungsproblem, für dessen Vergegenwärtigung und Dramatisierung eine Versozialwissenschaftlichung des Alltags weitgehend verantwortlich ist, dessen Lösung aber von denselben Sozialwissenschaften der Sache nach nicht angeboten werden kann, wenn auch häufig genug suggeriert worden ist.

In diesem Zusammenhang bildet die in den letzten Jahren besonders in den akademisch gebildeten Schichten häufig vernehmbare Argumentation, man könne doch im Angesicht der ökologischen und militärischen Bedrohungen der Zukunft es nicht verantworten, Kinder in die Welt zu setzen, eine interessante und instruktive Erscheinung. Die Vergegenwärtigung allgemeiner Zukunftsprobleme bei privaten Entscheidungen bedeutet zunächst einmal eine Steigerung der Begründungs- und Rationalitätsverpflichtung und wird subjektiv auch als solche empfunden und als Vermeidung einer dumpf über einen kommenden Schicksalhaftigkeit ausgegeben. Aber die moralische Figur, die daraus gemacht wird, verweist zugleich auf eine selbsttechnokratisierende Verweigerung der strukturellen Dialektik von Lebenspraxis auf seiten einer gesellschaftlichen Gruppierung, die sich als Aufklärungsavantgarde zumeist empfindet. Denn faktisch läuft diese Begründung auf eine omnipotente, unerwachsene und selbst-entmündigende Verweigerung von Lebenspraxis insgesamt hinaus, nicht auf eine spezifische, besondere Rationalität für sich in Anspruch nehmende Entscheidung *innerhalb* der Lebenspraxis.

Dies läßt sich leicht erkennen, wenn man die Implikationen des Beispielarguments gegen die Zeugung von Nachkommen sich klar macht. Selbst wenn die antizipierbaren Zukunftsprobleme eines würdigen Lebens als schier unlösbar erscheinen sollten, dann behält diese Erwartung doch immer den Charakter einer falsifizierbaren Prognose. Jede andere Interpretation liefe – lebenspraktisch gesehen – auf omnipotenten, die reale Entfaltung von Geschichte stillstellenden Dogmatismus hinaus. Im Unterschied zu naturwissenschaftlichen Gegenstandsbereichen können gesellschaftswissenschaftliche Prognosen nicht nur dadurch falsifiziert werden, daß sie bei invariant bleibender Struktur des Gegenstandes sich als tatsächlich falsch erweisen, sondern daß sie, obwohl für eine bestimmte historische Entwicklungsphase durchaus empirisch triftig, durch die reale historische Entwicklung im Gegenstandsbereich selbst widerlegt werden oder veralten. Zu dieser realen historischen Entwicklung bedarf es aber der Nachkommen, die sich der Offenheit einer zukünftigen gesellschaftlichen Praxis stellen und problemlösend materiale Rationalität sachlich herstellen. Generalisierte man nun das besagte Argument gegen Nachkommen zu einer ethischen Maxime, deren Charakter es ja prinzipiell für sich in Anspruch nimmt, dann liefe dessen Handlungsfolge darauf hinaus, der zukünftigen Lebenspraxis das Personal zu entziehen und sie damit als solche abzuschaffen.

Diese Diagnose gilt allerdings nur, wenn in einer Familie entsprechend argumentiert wird, ohne daß der abstrakten wissenschaftlichen Prognose als

Begründungsargument in den konkreten Lebensumständen etwas entspräche. Ganz anders liegen die Dinge, wenn etwa mit Verweis auf die voraussehbare Inbetriebnahme eines Kernkraftwerkes in der Nachbarschaft und den voraussehbaren Zwang, am Ort bleiben zu müssen, mit Verweis auf konkrete Bedingungen der eigenen Lebenspraxis also, eine Entscheidung gegen Nachkommen begründet wird. Im letzteren Fall läge eine Entscheidung vor, die innerhalb der Lebenspraxis in ihrer konkreten Ausformung vollzogen worden ist, im ersteren Falle eine durch Versozialwissenschaftlichung verbrämte Vermeidung der Lebenspraxis selbst.

Diese Vermeidung von Lebenspraxis scheint im Kern hinter den viel berufenen und beschworenen, in der Regel kulturkritisch verkürzt interpretierten Formen von Leistungsverweigerung, Motivationsverlust und Aussteigertum zu stecken. Auch auf die zweite erwähnte elementare lebenspraktische Frage: Soll ich eine bestimmte Person heiraten oder nicht, werden ähnliche, Lebenspraxis vermeidende Antworten, im Bezugsrahmen dieser aktuellen selbst-technokratisierenden Identitätsformation gegeben. Die Verwendung des Wortes „Beziehung" verweist darauf. Wenn es heißt „ich komme gerade aus meiner Beziehung" oder „ich habe Beziehungsprobleme", dann kommt darin zum Ausdruck, daß man in der Betrachtung dieser Probleme eine Versozialwissenschaftlichung schon vorgenommen hat. Der besondere, individuierte Charakter der diffusen Beziehung zu einer bestimmten, unverwechselbaren und unvertretbaren Person ist darin schon aufgelöst, die Struktur einer Intimbeziehung als solche also schon aufgegeben worden. Übrig bleibt nur noch das, was allein einer wissenschaftlichen Betrachtung des Problems zugänglich wäre: nämlich genau der allgemeine, strukturelle Charakter solcher Beziehungen, wie er sich unabhängig von den lebenspraktisch konkret gegebenen Personen formulieren läßt. Man glaubt offensichtlich, durch objektivierende wissenschaftliche Betrachtung aufgeklärt die lebenspraktischen Entscheidungsprobleme bewältigen zu können und bemerkt nicht, daß man sie als lebenspraktische durch Reduktion auf wissenschaftliche Problemlösung gerade umgeht.

Ganz ähnliche Phänomene ließen sich für die Bewältigung von Erziehungsproblemen in der Familie anführen, aber auch für Fragen, die in den dramatischen Grenzbezirken der Lebensbewältigung, also im Hinblick auf Krankheit und Tod, entstehen.

Die Explikation des Argumentes von der widersprüchlichen strukturellen Einheit der Lebenspraxis soll nun hier keinesfalls den Anschein einer quasi-evolutionstheoretischen Argumentation erwecken, sondern die Abbildungsfolie für Erscheinungen abgeben, die sich, bei allen sonstigen inhaltlichen Differenzen, in verschiedenen Bereichen der Identitätsformation der gut ausgebildeten, jüngeren, sich als Aufklärungsavantgarde verstehenden Generation der Gegenwart auf die Figur einer bestimmten Identitäts- oder Selbstbildinformation bringen lassen, die ihrerseits eine durch Versozialwissenschaftlichung der Alltagserfahrung wesentlich angeleitete Reaktion auf die strukturell bedingte Gegenwartsprägung der allgemeinen strukturellen Dialektik von Entscheidungs- und Begründungszwang darstellt, und die die Paradoxie von subjektiver Avantgarde und objektiver Regression qua Autonomie-Verweigerung als etwas historisch Neues hat entstehen lassen.

Bevor an exemplarischen Datenmaterialien diese Figur näher bestimmt und belegt werden kann, soll sie zusammenfassend allgemein bezeichnet werden. Es ist eine Identitätsfiguration, die eingespannt zu sehen ist in die historische Ausdifferenzierung des dialektischen Verhältnisses von Individuum und Gesellschaft. Man gewinnt den Eindruck, daß in der industriellen Gegenwartsgesellschaft dieser dialektische Bogen bis zum Zerreißen gespannt ist und zunehmend subjektiv nicht mehr in Spannung gehalten werden kann, weil unter dieser Dialektik das zur Autonomie verurteilte Subjekt sich überfordert fühlt. Es geht der widersprüchlichen Einheit von Begründungs- und Entscheidungszwang dadurch aus dem Wege, daß es einerseits die fortgeschrittensten Erkenntnisse für die Begründung der eigenen Lebensführung in Anspruch nimmt, andererseits aber damit gerade die Vermeidung von Entscheidungsverpflichtungen begründet, die sich aus dem Bezug zum öffentlichen Wohl der gesellschaftlichen Praxis ergeben, deren Mitglied man ist. Während auf der einen Seite fast grenzenlos die eigene Lebenspraxis unter den anspruchsvollen Rationalitätsanspruch der modernen Sozialwissenschaften gestellt und universalisiert wird, wird auf der anderen Seite im proportionalen Verhältnis dazu die Verbindung der eigenen Lebenspraxis zur gesellschaftlichen Praxis der Gegenwart aufgekündigt und jene partikularisiert.

Auf diese Weise wird die widersprüchliche Einheit als solche zerrissen. Die versozialwissenschaftlichte, in einer Flut von wohlfeilen Paperbacks unter die Leute gebrachte Argumentation wird wörtlich, als Lebenshilfe, als die sie zumeist auch angepriesen ist, auf die eigene Lebenspraxis angewendet und die unauflöslichen Folgen dieses Kategorienfehlers, in dem die Komplexität und Zukunftsoffenheit des konkreten Lebens überspielt ist, werden in der Affirmation von weiterführenden Antworten, die sich zugleich in der Form der sozialwissenschaftlichen Terminologie kritisch geben können, verdrängt, indem deren praktischer Anwendungsbereich auf die insulierte soziale Existenz einer „Szene", einer „WG" einer „Arbeitsgemeinschaft" oder irgendeiner anderen primärgruppenhaften privaten Existenzform beschränkt wird. Dadurch sind die aus der gesellschaftlichen Existenz der eigenen Lebenspraxis resultierenden Problemstellungen von vornherein entschärft. In dieser Zurichtung und Selektivität des Anwendungsbereichs der überlegenen Begründungsmoral können alle jene lebenspraktischen Entscheidungsprobleme, die, würden sie nicht verdrängt oder beiseitegeschoben, als im Rahmen der Moral nicht lösbar erkannt werden müßten, der umgebenden Gesellschaft angelastet werden. Wo die wörtlich genommene Begründungsmoral versagen und die lebenspraktisch in ihrem Namen vollzogene Entscheidung im Hinblick auf ihre Folge verantwortet werden müßte, steht zur Verdrängung dieses Folgeproblems die elitäre Abgrenzung zur umgebenden „unaufgeklärten" Gesellschaft zur Verfügung, deren Praxis man sich im Besitz der besseren Argumentation nur entziehen kann. Wo Zweifel an der eigenen Lebensführung aufkommen könnten, ist der mechanisch verwendbare Hinweis auf die „gesellschaftliche Bedingtheit“ des eigenen Verhaltens schon bereitgestellt, in deren Namen Verantwortlichkeit beliebig aufgekündigt werden kann, ohne daß daraus ein moralischer Zweifel entstehen könnte. Denn die Konsistenz und Integrität der Moral wird ja zugleich hinreichend durch die beziehungsdynamische Virtuosität und überlegene Rücksichtnahme in der überschaubaren Binnenszene unter Beweis gestellt.

Daraus resultiert das widersprüchliche Bild einer aufgeklärten Generation, die einerseits in der eigenen Binnenkultur von Intimbeziehungen, Freundschaften und Gesinnungsgemeinschaften in gesteigerter moralischer Sensibilität und Rücksichtnahme lebt, andererseits den zur eigenen Lebenspraxis konstitutiv gehörenden Gemeinwohlbezug zur eigenen Gesellschaft und die sich daraus ergebenden Rationalitätsverpflichtungen vergleichsweise leichthändig aufkündigen kann. Die auf der einen Seite gesteigert zum Ausdruck kommende Individuierung wird auf der anderen Seite durch Flucht und Verweigerung regressiv hintergangen.

Diesem Riß im Spannungsverhältnis von Individuum und Gesellschaft korrespondiert ein Riß in der Präsentation des Subjekts selbst. Hier steht nämlich, so das zentrale Element in der hier vertretenen Typologie einer Identitätsformation der Gegenwart, einer gesteigert sensibilisierten, aber auf passive Rezeption regredierten Komponente des Selbst, das permanent „betroffen“ ist, eine versozialwissenschaftlichte Selbstwahrnehmungskomponente unvermittelt gegenüber, die im begrifflichen Bezugsrahmen sozialwissenschaftlicher Theorien sich ganz kühl und distanziert über das Selbst beobachtend beugt, es als „betroffen“ registriert und daraus seine theoriegeleiteten Schlüsse zieht. In diesem Auseinanderfallen der strukturellen Dialektik des autonomen Subjekts erscheint die Gesellschaft nicht mehr primär als das, woran man wesentlich über den sozialen Prozeß der eigenen Bildungsgeschichte Anteil hat und woran man über die praktische Übernahme der Verpflichtung zur Einlösung des so gebildeten Vermögens, nicht zuletzt in der Form der begründeten Kritik von Gesellschaft, weiterhin Anteil nimmt, sondern verdinglicht als etwas, was dem sensibilisierten Betroffenheits-Selbst gegenüber nur noch als Quelle von Betroffenheit erscheint.*

* Diese Ausführungen sind die Einleitung zu einer Reihe von empirischen Fallanalysen auf der Datenbasis von verschrifteten qualitativen Tonband-Interviews. Diese Fälle bilden auf den Ebenen von Persönlichkeitsstruktur und sozialer Herkunft zwar deutliche Kontraste, weisen aber trotz aller Heterogenität gemeinsam die Zugehörigkeit zu dem Typ einer selbst-technokratisierend versozialwissenschaftlichten Identitätsformation mehr oder weniger deutlich auf. Aus Platzgründen kann hier keine der Fallanalysen exemplarisch abgedruckt werden. Bei der Einschätzung der empirischen Triftigkeit des vorgestellten Modells ist zu berücksichtigen, daß es letzlich erst „in der Sprache des Falles“, d.h. im materialaufschließenden Nachweis, Gültigkeit beanspruchen kann. Aus solchen Materialanalysen ist es hervorgegangen, nicht aus von der Sachanalyse abgetrennten theoretischen Reflexionen. Dennoch handelt es sich um nicht mehr als ein heuristisches Modell, dessen Wert sich primär sowohl an der geeigneten Vorstrukturierung als auch an der Struktur generalisierenden Kraft von konkreten Fallrekonstruktionen zu erweisen hat.

BEMERKUNGEN ZU GESELLSCHAFTSSTRUKTUR, BEWUSSTSEINSFORMEN UND RELIGION IN DER MODERNEN GESELLSCHAFT

Thomas Luckmann

Zuallererst eine kurze Erläuterung der im Titel verwendeten Begriffe:

Unter „Gesellschaftsstruktur" verstehe ich ein System – oder die Annäherung an ein System – von Handlungsregulierungen, von Institutionen.

Unter „Bewußtsein" verstehe ich das, was subjektive Erfahrungen konstituiert – also Bewußtseinsleistungen –, und das, was sich in subjektiven Erfahrungsverläufen konstituiert – also Bewußtseins*gegenstände*. Die konkrete empirische Organisation der Bewußtseinsgegenstände und ihre Zuordnung zu einem Subjekt und die Prägung des Subjekts zur persönlichen Identität sind gesellschaftliche und daher geschichtliche Konstruktionen.

Unter Religion verstehe ich jenen Kern der gesellschaftlichen Organisation des Bewußtseins, der sich ausdrücklich auf vor allem außeralltägliche Erfahrungstranszendenzen bezieht.

Eine Bemerkung zu meinen Annahmen über das Verhältnis von Gesellschaftsstruktur und Bewußtsein. Daß das menschliche Leben und die individuelle Orientierung in der Welt 'mehr oder weniger' unmittelbar und 'mehr oder weniger' durchgängig von der Gesellschaftsstruktur bestimmt wird, ist eine allgemeine soziologische – und auch meine – Grundannahme. Max Weber folgend, ziehe ich jedoch die Möglichkeit in Betracht, daß die Bestimmung der historischen Veränderungen im menschlichen Leben durch sozialstrukturelle Faktoren nicht unbegrenzt ist. Ich gehe also von der zusätzlichen Annahme aus, daß sowohl das Maß als auch die Unmittelbarkeit der strukturellen Determination des menschlichen Lebens selbst historischen Wandlungen unterworfen sind. Damit bin ich bei der Frage angelangt, die ich in meinem Beitrag angehen möchte. Was sind die gesellschaftlichen Bedingungen der Religion – als Modell der Bewußtseinsorganisation – in modernen Industriegesellschaften?

Es ist ratsam, zuerst zu fragen, ob an der Religion in der modernen Industriegesellschaft überhaupt etwas spezifisch neu ist. Kann man allgemeine Bedingungen für die religiöse Organisation des Bewußtseins in jeder Gesellschaft, einerlei, ob modern oder nicht, angeben?

Die fundamentale Bedingung der Religion in allen Gesellschaften besteht im Verhältnis einer gesellschaftlichen Ordnung zu den Einzelorganismen der Gattung, die erst zu Personen werden, indem sie in der jeweiligen, historisch einzigartigen gesellschaftlichen Ordnung aufwachsen. Das *Bestehen* einer solchen Beziehung kann als anthropologische Konstante angesehen werden, die besondere *Art* dieser Beziehung variiert jedoch historisch, wenn auch innerhalb fester Grenzen. Diese sind vorgegeben, erstens, durch die grundlegenden Merkmale des menschlichen Bewußtseins und, zweitens, durch allgemeine Merkmale der menschlichen Gesellschaftsorganisation. Die elementaren Strukturen des menschlichen Bewußtseins und der gesellschaftlichen Organisation haben sich phylogenetisch entwickelt und tragen noch immer deutliche Züge unserer Säugetier- und Primaten-Ahnenherrschaft.

Die menschlichen Gesellschaftsstrukturen haben sich jedoch zu einem erheblichen Maß von den phylogenetischen Beschränkungen frei gemacht und stellen geschichtliche, nicht natürliche Strukturen dar; sie bestehen aus den zusammengesetzten Ergebnissen individuellen und kollektiven menschlichen *Handelns,* nicht aus genetisch vorprogrammiertem Verhalten. Da Handlungen durch das Bewußtsein motiviert und bestimmt werden, können gesellschaftliche Strukturen, als Handlungsfolgen, auch als eine „objektive" Ablagerung des „subjektiven" Bewußtseins angesehen werden. Aber da gesellschaftliche Strukturen in Handlungen nicht als solche intendiert werden, können diese „objektiven" Ablagerungen *auch* als Produkt der überindividuellen Ironie der Geschichte betrachtet werden. Wie dem auch immer sei, die grundsätzliche gesellschaftliche Bedingung der Religion ist die Beziehung der Menschen zu den historischen Ergebnissen und Folgen menschlicher Handlungen. Ist es möglich, systematische Veränderungen dieser Beziehung zu erkennen?

Der Übergang von primitiven und archaischen zu traditionalen (antiken und feudalen) Gesellschaften stellt gewiß eine solche grundlegende Veränderung dar. Diese wurde im allgemeinen von einer Verlagerung von Stammes- zu „universalistischen" Religionen begleitet. Die hier interessierende Veränderung ist jedoch diejenige von traditionalen zu modernen Gesellschaften und dann von frühneuzeitlichen zu industriell-bürokratischen Gesellschaften. Zu dieser Veränderung gehört die Subjektivierung der persönlichen Existenz und die Privatisierung der Religion und der Bewußtseinsorganisation.

Um die Gründe für die Privatisierung des individuellen Lebens während der letzten Generationen verstehen zu können, müssen die sozialpsychologischen Folgen des allgemeinen sozialen Wandels, der in der Entstehung der modernen Industriegesellschaften mündete, in Betracht gezogen werden. Seit unseren soziologischen Großvätern und Vätern sind uns die Grundzüge dieser Entwicklung wohl bekannt, obwohl sie schon von ihnen sehr unterschiedlich gedeutet und bewertet wurden. Weniger gut erfaßt sind jedoch die Auswirkungen dieser strukturellen Veränderungen auf das Alltagsleben der Menschen. Zwar haben Marx' Begriff der Entfremdung, Durkheims Begriff der Anomie und der Webersche Begriff der Rationalisierung einiges Licht auf manche Folgen der strukturellen Veränderungen geworfen. Doch haften diesen Begriffen Mängel an, wenn man sie zur Erfassung der subjektiven Korrelate moderner Gesellschaftsstrukturen verwendet. Um diese zu erfassen, werde ich hauptsächlich von Gehlen borgen und beginne mit einer ersten Skizze, die kaum Unbekanntes enhält.

Die *sozialstrukturellen* Determinanten der typischen, spezifisch 'modernen' Bewußtseinsorganisation sind das Ergebnis der Differenzierung der Gesellschaftsstruktur und der funktionalen Spezialisierung der Institutionen in einem einzigartigen historischen Prozeß. Von den Anfängen des modernen Kapitalismus an hat die sich ausgrenzende Wirtschaft die Entwicklung angeführt, ohne dabei zunächst die institutionalisierte Religion als Kern der gesellschaftlichen Bewußtseinsorganisation abzulösen. Von besonderer Bedeutung ist hier natürlich die institutionelle Spezialisierung – und die damit verbundene bürokratische Organisation der Religion.

Die wichtigsten *kulturellen* Faktoren bei der Formung des individuellen Bewußtseins in der modernen Gesellschaft bestehen in der Abschwächung des inneren Zusammenhangs der Wirklichkeitskonstruktionen und der Ausbreitung des sogenannten „Pluralismus". Der letztere ist durch die Ersetzung eines hierarchischen Prinzips der Organisation der Kultur durch Marktprinzipien gekennzeichnet.

Nach dieser vorgeschobenen groben Skizze zurück zum Ausgangspunkt. Die sozialen Bedingungen, die am engsten mit der Organisation des Bewußtseins in der Moderne verbunden sind, leiten sich vom hohen Grad der funktionalen Spezialisierung gesellschaftlichen Handelns in modernen Industriegesellschaften ab. Dies kontrastiert mit anderen Grundtypen gesellschaftlicher Organisation.

Die Institutionen des gesellschaftlichen Lebens sind in *archaischen* Gesellschaften nicht spezialisiert. Institutionalisierte Handlungen verschmelzen mit dem gesamten gesellschaftlichen Leben der Gemeinschaft, und sie erfüllen mehrere Funktionen zugleich. Ökonomische, verwandtschaftliche, politische und religiöse Funktionen bilden die verschiedenen Dimensionen sozialer Handlungen, die zwar nicht in ihrer Funktion, wohl aber ihrem Sinn nach für die Handelnden einheitlich sind. In den modernen Industriegesellschaften sind die Funktionen dagegen viel schärfer voneinander getrennt, und die funktionalen Subsysteme folgen ihren eigenen „zweckrationalen" Normen. Für Rollenhandeln in ihnen wird eine pragmatische Orientierung an (unbefragten) Zielen entwickelt und mit einer bürokratischen Organisation der Mittel verbunden. Die „zweckhaften Rationalitäten" des einen Bereichs decken sich nicht einfach mit den „zweckhaften Rationalitäten" eines anderen. Die Normen sind nicht von Bereich zu Bereich übertragbar, um eine durchgehende Lebensführung zu orientieren. Die Sinnsysteme der Institutionen sind auf anonyme Funktionen und nicht einmal entfernt auf Personen bezogen. Die Normen der nicht-religiösen Institutionsbereiche entbehren jeder übergreifenden religiösen Bedeutung.

Die institutionelle Spezialisierung der *Religion* war Teil eines umfassenden sozialen Wandels und kam nicht unabhängig, etwa als Folge eines endogenen religiösen Prozesses, zustande. Man muß bedenken, daß eine religiöse „Logik" die beherrschende oder die wenigstens rhetorisch beherrschende „Logik" *aller* Institutionen in archaischen, traditionellen und, in abnehmendem Maße, früher moderner Gesellschaften bildete. In den modernen Industriegesellschaften liegen die Dinge völlig anders. Die zunehmende Komplexität der Arbeitsteilung, die Produktion eines Überschusses über das Subsistenzminimum hinaus, das Anwachsen gemeinschafts- und stammesübergreifender politischer Organisationen, die Ausbildung differenzierter Berufsrollen und die Bildung potentiell oder tatsächlich miteinander in Konflikt stehender sozialer Klassen, all diese Entwicklungen waren mit der funktionalen Differenzierung verbunden, lange bevor moderne Industriegesellschaften auf der Bildfläche erschienen. Doch die „Logik“ einer sakralen Wirklichkeit stützte und legitimierte noch weiterhin zugleich die gesamte Gesellschaftsordnung und die gesellschaftliche Organisation des Bewußtseins. Die sakrale „Logik“ diente zudem – mehr oder weniger erfolgreich – dazu, den Sinn der unterschiedlichsten Handlungen miteinander zu verknüpfen: Handlungen, die sich in ihren „objektiven“ Funktionen stark voneinander unterscheiden, waren für den einzelnen immer noch sinnvoll, und der Sinn des individuellen Lebens stand in Beziehung zu dem Leben der Gemeinschaft.

In den modernen Industriegesellschaften sind die ökonomischen und politischen Aspekte des Einzeldaseins unmittelbar mit den „großen“ funktional spezialisierten Bereichen des gesellschaftlichen Lebens verbunden. Große Teile des Lebens eines Individuums, vor allem seine berufliche Existenz, werden von den „objektiven“ Erfordernissen der institutionellen Funktion und bürokratischen Organisation bestimmt. Hochgradig spezialisierte ökonomische und politische Institutionen scheinen derart den Charakter einer „zweiten Natur“ oder eines „eisernen Käfigs“, eines „Systems“ anzunehmen.

Die funktionale Spezialisierung der Institutionen, welche die Sozialstruktur moderner Industriegesellschaften charakterisiert, zieht typische subjektive Folgen nach sich. Anonym definierte Rollenverrichtungen setzen sich im Berufsleben der Mehrheit der Bevölkerung durch. Die Rollenverrichtungen sind gemäß der funktionalen „Logik“ der institutionellen Bereiche bestimmt und deshalb austauschbar. Diese Logik in andere Lebensbereiche zu übertragen, ist kaum möglich, und nur wenigen Menschen gelingt es ohne weiteres, die „objektiv“ bestimmten Aspekte ihres Alltagslebens in eine sinnvolle Ordnung in ihre Biographie einzugliedern.

Anonyme Verrichtungen, die wesentliche Ausschnitte der Einzelexistenz ausmachen, sind für die modernen Gesellschaftsordnungen zentral. Aber sie verlieren oft ihre eigentliche Bedeutung für das Individuum. Rollenverrichtungen sind natürlich in allen Gesellschaften „funktional“. Aber das außerordentlich hohe Maß an Anonymität, das viele, wenn nicht sogar alle funktional notwendigen sozialen Handlungen auszeichnet, kommt allein in modernen Industriegesellschaften vor. Dieser Tatbestand bildet die strukturelle Grundlage für das, was an Religion und der Organisation des Bewußtseins in unserer Zeit eigentümlich modern ist.

Die institutionelle Spezialisierung der Religion hat bestimmte strukturelle Voraussetzungen. Die Religion wird auf *einen* institutionellen Bereich in solchen Gesellschaften eingeengt, die schon einen hohen Grad an struktureller Komplexität, ökonomischer und politischer Differenzierung erreicht haben. In diesen Gesellschaften können religiöse Normen und Orientierungen nicht so erfolgreich und allgemein vermittelt werden, wie mythisch-religiöse Weltsichten in archaischen Gesellschaften vermittelt werden konnten. In Gesellschaften, die ein bestimmtes Maß an struktureller Komplexität überschritten haben, kann eine bestimmte religiöse Wirklichkeitskonstruktion nicht mehr allgemeine Verbindlichkeit beanspruchen bzw. durchsetzen. Eine religiös homogene Gesellschaft mit einer verbindlichen Organisation des Bewußtseins bedarf einer hochgradig integrierten Gesellschaftsstruktur, die beinahe ausschließlich auf unmittelbare Sozialbeziehungen gegründet ist. Ihr Fortbestand setzt verhältnismäßig gleichartige Sozialisationsprozesse voraus.

Während des größten Teils der Menschheitsgeschichte waren diese Bedingungen wenigstens annähernd erfüllt. Die gesamte Gesellschaftsstruktur stützte eine sakrale Wirklichkeit, während der sakrale Kosmos die gesamte Gesellschaftsstruktur legitimierte. Religiöse Repräsentationen durchdrangen in archaischen Gesellschaften die verschiedensten Institutionen, aber schon in etwas komplexeren Gesellschaften – in den frühen Hochkulturen wie schon in etwas „einfacheren" Stammeskönigtümern – entfaltete der sakrale Kern der Wirklichkeitskonstruktion eine starke Verbindung zu bestimmten Institutionen, besonders zur Herrschaftsorganisation. Die religiöse Institutionalisierung der Religion aber veränderte das Verhältnis von heiligem Kosmos und Sozialstruktur grundlegend. Eine besondere Art von Institution übernahm es, den sakralen Kern der Wirklichkeitskonstruktion aufrechtzuerhalten und zu vermitteln. Die Religion nahm einen klar bestimmten und begrenzten Raum der Sozialstruktur ein.

Die institutionelle Spezialisierung der Religion war eine vorwiegend auf den Westen beschränkte Entwicklung. Sie entstand unter eigentümlichen Bedingungen. Während einer erstaunlich langen Vorphase der Entwicklung der modernen Industriegesellschaften war die institutionelle Spezialisierung der Religion mit etwas verknüpft, das einer allgemeinen gesellschaftlichen Verbreitung der institutionell spezialisierten Religion verhältnismäßig nahe kam.

Als das weströmische Reich zerfiel, hatte das Christentum schon einen hohen Grad an institutioneller Spezialisierung erreicht. Den Hintergrund des Christentums bildeten der stark ausgesonderte sakrale Kosmos des Alten Israel, daneben eine noch nicht dagewesene Entmythologisierung und Entpersönlichung der Natur und eine beginnende Sakralisierung der *individuellen* – wenn nicht privatisierten – Beziehung zur Transzendenz. Dazu kam der hellenistische und spätrömische Pluralismus der Weltsichten. Religiöse Sondergemeinschaften sprossen aus dem Boden. Auch die politischen und ökonomischen Institutionen hatten eine beträchtliche funktionale Selbständigkeit erlangt. In der Nach-Konstantinischen Epoche wurde das Christentum nicht nur von herausragenden theologischen Experten, die

die Lehre systematisierten und das Ritual vereinheitlichten, gefestigt, sondern auch von fähigen Verwaltungsspezialisten. Darauf folgte eine Phase, die durch die Entdifferenzierung der Gesellschaftsordnung gekennzeichnet war. Während des ganzen Frühmittelalters entwickelte sich die Wirtschaft auf eine einfachere Organisationsebene zurück, und die Politik nahm zunächst wieder Stammescharakter an. Die organisatorische Basis des christlichen heiligen Kosmos blieb jedoch weiterhin institutionell spezialisiert. Kurzum: Religion behielt einen hohen Grad institutioneller Spezialisierung bei, während der politische und ökonomische Bereich seine funktionelle Autonomie noch nicht zurückgewonnen hatte. Diese einzigartige Übergangssituation erklärt das strukturell sozusagen 'unwahrscheinliche' Schicksal des Christentums als einer institutionell spezialisierten *und* gesellschaftlich (beinahe) universalen Religion in den Gesellschaften des europäischen Mittelalters. In verschiedenen Säkularisierungstheorien wurde diese Konstellation übrigens als eine fast naturwüchsige Verbindung von Gesellschaft und Religion verkannt.

Das Gegenteil sollte langsam unter Beweis gestellt werden. Kompetenzstreitigkeiten (z.B. über Investitur, Wucher) zwischen Staat, Religion und dem entstehenden Kapitalismus kennzeichnen die Übergangsphase vom Mittelalter zur Neuzeit. Die Verselbständigung der Macht im Staat und der Aufstieg absolutistischer Staaten mit zentralistischen Verwaltungsapparaten, das Wachstum der Städte, der Kontakt mit fremden Kulturen, besonders mit dem Islam, die „Wiederentdeckung" antiker Wissenssysteme während der Renaissance, die eigentümlich abendländische technologische Nähe und Anwendung der Wissenschaft, all das veränderte die Grundstrukturen der Gesellschaft. Eine der wichtigsten Folgen dieser Entwicklung war, daß die Religion zur „Ideologie" eines institutionellen Subsystems wurde. Die strukturelle Differenzierung führte dazu, daß die Kompetenz institutionalisierter Religion zunehmend auf den privaten Bereich eingegrenzt wurde. (Das eigentliche Aufkommen eines Begriffes, der unserem Verständnis von Privatheit entspricht, läßt sich natürlich erst auf die Moderne zurückdatieren.) Die Verbindung des heiligen Kosmos zum Alltag wurde entscheidend geschwächt. Die „säkularisierten" Teile der Gesellschaftsstruktur entwickelten pragmatische Normen, deren zweckrationaler Charakter die Ablösung dieser institutionellen Bereiche von den durch den traditionellen heiligen Kosmos verkörperten Werten rechtfertigte. Es entstanden zahlreiche, miteinander konkurrierende theoretisch-ideologische Systeme, jedes auf einer eigenen gesellschaftlichen Basis.

Diese Entwicklung beschleunigte sich gegen Ende des 18. und im Laufe des 19. Jahrhunderts. Während der traditionelle christliche heilige Kosmos aufhörte, weite Bereiche des Alltagslebens mit auch nur einigermaßen zusammenhängendem Sinn zu erfüllen, nahmen bestimmte Werte, die im politischen und ökonomischen Lebensbereich verwurzelt waren (genauer: dem sich zuspitzenden Klassenkonflikt dieser Zeit entstammten), den Charakter „sakraler" Themen an. Politische und ökonomische Ideologien waren Ausdruck zuerst der durchzusetzenden, später der zu verteidigenden Interessen des Bürgertums – meist in Verbindung mit dem aufkommenden Nationalismus. Später artikulierten sich die Hoffnungen des Proletariats als sakrale Themen – auch sie häufig mit nationalistischen Untertönen. Elemente dieser Ideologien verschmolzen mit den vorherrschenden religiösen Themen christlichen Ursprungs oder nahmen ihren Platz ein. Diese Entwicklung trug dazu bei, die ohnehin schon bestehende Tendenz zum kulturellen Pluralismus zu verstärken, eine Tendenz, deren Ursprung schon in den die institutionelle Spezialisierung begleitenden Kompetenz- und Abgrenzungsstreitigkeiten zu finden ist.

Die Themen, welche sich auf die verschiedenen Ebenen der Transzendenz beziehen und als Balken im Gerüst der Bewußtseinsorganisation dienen, sind deshalb in den modernen Industriegesellschaften sehr vielgestaltig. Es kommen nicht nur Themen vor, die aus dem traditionellen christlichen Anliegen an jenseitigen Transzendenzen entsprangen, sondern auch solche, deren Ursprung in diesseitigen Transzendenzadressaten wie Rasse, Nation, klassenlose Gesellschaft etc. zu suchen ist. Im großen und ganzen ist es den spezialisierten Institutionen (Kirchen und Sekten) gelungen, das Monopol über die *traditionellen* religiösen Themen beizubehalten. Aber schon seit mehreren Generationen ist der traditionelle heilige Kosmos nicht mehr die einzige transzendente symbolische Wirklichkeit, die breiten Schichten der Bevölkerung gesellschaftlich vermittelt wird. Die traditionelle, institutionell spezialisierte Religion konkurriert mit Nationalismus, egalitärem Sozialismus und verschiedenen totalitären Ideologien – mit mehr oder weniger Erfolg. Auf diese Weise haben sich die Bedingungen, unter denen Modelle der Bewußtseinsorganisation produziert und verteilt werden, grundlegend geändert.

Die strukturelle Konsistenz der Weltsicht, deren Funktion es ist, den sakralen Kern der Wirklichkeitskonstruktion glaubhaft mit den Routinen des Alltags zu verbinden, ist verhältnismäßig gering. Weltsichten konkurrieren untereinander über Massenmedien, Bücher, Wanderprediger, Priester und Gurus aus allen Ecken der Welt, und ausdrücklich religiöse Orientierungen konkurrieren mit Sozialisationsmodellen, die keine *spezifisch* religiösen Repräsentationen, wohl aber Orientierungen zu diesseitigen Transzendenzen enthalten.

Daß aber der kulturelle Pluralismus und ein insgesamt loser innerer Zusammenhang von nicht-totalitären Modellen der Bewußtseinsorganisationen zu beherrschenden und beinahe durchgängigen Merkmalen des modernen Lebens wurden, ist nicht das einzige Ergebnis des sozialen Wandels. Strukturelle Veränderungen bestimmen das Verhältnis des typischen „modernen" Individuums zur gesellschaftlichen Ordnung auf viel unmittelbarere Weise und beeinflussen damit die Bewußtseinsorganisation des einzelnen.

Die Werte und Orientierungen, die über das unmittelbar Gegebene hinausgehen und auf das Transzendente gerichtet sind, werden natürlich allerorten in sozialen Prozessen vermittelt, angefangen mit der Primärsozialisation des Kindes und fortgesetzt bis ins Erwachsenenalter. Aber auch hier gibt es Unterschiede. In den vormodernen Gesellschaften verstärkten sich solche Prozesse im allgemeinen gegenseitig. Somit hatte das, was ohnehin eine verhältnismäßig stimmige Wirklichkeitskonstruktion genannt werden kann, gute Aussichten, zu einem Grundmuster der Bewußtseinsorganisation zu werden und es auch zu bleiben. In modernen Industriegesellschaften werden Werte und Orientierungen in sehr unterschiedlichen und ungleichen sozialen Prozessen vermittelt. Schon in archaischen Gesellschaften variieren sie nach Geschlecht und Verwandtschaftsstatus. In feudalen Gesellschaften waren schon die Modelle der Orientierung in der Welt durch die Theorie der feudalen Ordnung in unterschiedliche Versionen gegliedert und dementsprechend den verschiedenen Ständen vermittelt worden. In den neuzeitlichen Gesellschaften und den modernen Industriegesellschaften werden sie in strukturell, hauptsächlich ethnisch-national und klassenbedingt differenzierten Sozialisationsvarianten vermittelt. Aber moderne Industriegesellschaften zeichnen sich durch ein weiteres Merkmal aus: die Modelle der primären (familialen) Sozialisation werden nicht nachdrücklich und systematisch von einer gesamten Gesellschaftsordnung gestützt, wie es in anderen Gesellschaftstypen der Fall ist. Zwar ist das, was in der Primärsozialisation vermittelt wird, noch immer im wesentlichen durch ethnische Zugehörigkeit und Klassenlage der Familie bestimmt. Aber Faktoren wie soziale Mobilität, Migration, Verstädterung, vorwegnehmende Sozialisation, Pluralismus, Einfluß der Massenmedien u.ä. schaffen eine Situation, in der selbst grundlegende Bestandteile der frühen Sozialisationsprozesse kaum nachhaltige Bestätigung in späteren sozialen Beziehungen finden.

Ein bemerkenswerter Bruch zwischen der primären und der sekundären Sozialisation ist die Folge der strukturellen Absonderung der Familie von Schule und Berufssystem. Keine Spielart der Weltsichten, kein spezifisch und traditionell religiöses Modell der Bewußtseinsorganisation, kein sonstiges Vorbild der Orientierung in der Wirklichkeit hat ein Monopol auf die sekundäre Sozialisation. Die Wahlmöglichkeiten zwischen einzelnen Bestandteilen der Modelle und die Möglichkeiten für „zufällige", individuelle synkretistische Neuverbindungen sind sehr viel größer als in anderen Gesellschaftstypen.

Es sind die gleichen strukturellen Veränderungen, die zur Entstehung des kulturellen „Pluralismus" und zum Bruch zwischen primärer und sekundärer Sozialisation führten. Der kulturelle „Pluralismus" und der Bruch zwischen den Sozialisationsprozessen begünstigen die subjektive Bricolage (religiöse Fleckerlteppichnäherei), wie man den Vorgang bezeichnen könnte, mittels dessen sich Menschen ihre Orientierung in den verschiedenen funktionell differenzierten Bereichen der Gesellschaftsstruktur schaffen. Trotz oberflächlicher Ähnlichkeiten läßt sich in traditionalen (z.B. hellenistischen) Formen des kulturellen Synkretismus nichts voll Vergleichbares zu solcher Bricolage finden. Frühere Synkretismen ließen sich im Zusammenprall unterschiedlicher kultureller Traditionen sozial verorten und waren für gewöhnlich durch sozusagen „äußere" Bedingungen wie Eroberung, Wanderungen u.a. verursacht und typischerweise auf sozial Marginale beschränkt. Der *moderne* Synkretismus hat einen anderen, typischerweise nicht marginalen sozialen Ort: die privatisierte Sphäre des einzelnen, jener Teil seines Lebens, der für das Funktionieren der Gesellschaftsstruktur unerheblich ist.

Auf eine polemisch vereinfachende Formel gebracht: In der modernen Gesellschaft spiegelt das Bewußtsein das Sein in einem (weit) geringeren Maße wider als jemals zuvor. Die Privatisierung der individuellen Existenz ist das Ergebnis eines umfassenden *gesellschaftlichen* Wandels. Eine merkwürdige Folge dieses Wandels ist aber, daß das Bewußtsein und die individuelle Orientierung in der Wirklichkeit weitaus schwächer gesellschaftlich geprägt werden.

Die Privatisierung des individuellen Lebens in der modernen Gesellschaft ist mit den langfristigen Folgen der institutionellen Spezialisierung traditioneller Religionen verknüpft. Diese Folgen wurden allgemein unter dem Titel Säkularisierung zusammengefaßt. Sie können treffender als strukturell bestimmte Privatisierung der Religion gedeutet werden. Es geht nicht um den Schwund der Religion (oder des Christentums), weil ihre „Ideen" nicht mehr zum modernen Leben paßten oder weil sie mit Aufklärung und Wissenschaft in Konflikt stünden. Die Privatisierung der Religion ist vielmehr ein Bestandteil der allgemeinen Privatisierung des individuellen Lebens. Diese strukturelle Privatisierung der Religion steht in einem „wahlverwandtschaftlichen" Verhältnis zu einer anderen, nämlich „inhaltlichen" Entwicklung der Bewußtseinsorganisation: zur Tendenz, Orientierungen, die weit über das unmittelbar Gegebene hinausgehen, von den „großen" Transzendenzen eines Jenseits auf die „mittleren" Transzendenzen des gesellschaftlichen Lebens und zuweilen auf die „kleinen" Transzendenzen des Selbst zu verlagern. Traditionelle religiöse Orientierungen, d.h. Orientierungen auf eine jenseitige Wirklichkeit, sind zwar nicht verschwunden, doch ist ihre gesellschaftliche Verteilung gegenüber Orientierungswerten wie „Selbstverwirklichung" schmaler geworden. Die Kirchen sind zu Institutionen unter anderen Institutionen geworden, genau so, wie die traditionellen religiösen Orientierungen auf Gott hin mit anderen Orientierungen auf diesseitige Wirklichkeiten, wie Nation, soziale Klasse, Familie, im Wettstreit stehen.

Das Wuchern verschiedener religiöser Bewegungen während der letzten Jahrzehnte hat gezeigt, daß der hohe Grad an Privatisierung des Daseins und der Bewußtseinsorganisation, der die Industriegesellschaften des Westens kennzeichnet, nicht unbedingt ausschließt, daß sich Gemeinschaften unterhalb der institutionellen Ebene ausbilden können und Modelle der Bewußtseinsorganisation produzieren. Die innere Stimmigkeit dieser Modelle erscheint zunächst, wie bei allen Synkretismen, gering. Gewiß werden sich Experten der Kongruenzerhöhung finden, wenn sie nicht schon zur Hand sind. Die soziale Verbindlichkeit der Modelle ist, gesamtgesellschaftlich gesehen, zwar minimal, aber innerhalb der Gemeinschaften, trotz ihrer eingebauten Labilität, um einiges höher als in der Privatsphäre rein subjektiver Beliebigkeit.

ANMERKUNG

Dieser Aufsatz ist eine überarbeitete Fassung von „Social Structure and Religion in Modern Industrial Society", in: Zdenko Roter u. Franc Rodé (Hsg), *Science and Faith.* Ljubljana und Rom 1984, S. 94-107.

DER KAPITALISMUS – EIN UNVOLLENDBARES PROJEKT?

Johannes Berger

I.

Die Frage nach den Grenzen der kapitalistischen Entwicklung ist fast so alt wie diese selbst. Sie heute wieder aufzugreifen, ist mehr denn je ein waghalsiges, ungeschütztes Unternehmen. Wer immer solche Fragen behandelt, scheint suggerieren zu müssen, er besitze einen Standpunkt, von dem er unverstellt das Ganze und seine Entwicklung in den Blick bekommen könnte. Der historische Materialismus nahm an (und konnte von seinen eigenen Voraussetzungen her gesehen annehmen), im Klassenstandpunkt des Proletariats solch einen ausgezeichneten Standpunkt zu besitzen. Diese Auffassung heute noch zu teilen, dagegen sprechen schon Erfahrungen mit der steigenden Komplexität moderner Gesellschaften, auf welche die Theorie dadurch reagiert, daß sie ihrerseits selbst komplexer angelegt wird.

Die mit der Frage nach den Grenzen der kapitalistischen Entwicklung aufgeworfene Problematik wird dadurch gesteigert, daß großformatigen Fragen wie der nach der Zukunft des Kapitalismus eine unausrottbare Vielschichtigkeit eignet. Um mit dieser Vielschichtigkeit zurechtzukommen, empfiehlt es sich daher, z.B. die Frage nach der Stabilität von der nach der Vernünftigkeit eines Gesellschaftssystems abzuspalten. Um mich nicht mit zu vielen Problemen zu belasten, möchte ich mich im folgenden auf die Stabilitätsproblematik konzentrieren und auf die heute durch die Zweifel am Fortschritt erneut aufgeworfene Frage nach der „Vernunft in der Geschichte" nur am Rande zu sprechen kommen. Und um mit der Frage nach der Stabilität eines kapitalistischen Systems nicht ins Uferlose zu geraten, möchte ich die Antwort auf diese Frage in Anlehnung an ein literarisches Vorbild suchen.

II.

„Kann der Kapitalismus weiterleben?" Mit dieser an schicksalhafter Bedeutung schwerlich zu überbietenden Frage eröffnet Schumpeter den zweiten Teil seines Klassikers: „Kapitalismus, Sozialismus und Demokratie". Und er antwortet auf diese selbst gestellte Frage ohne Umschweife: „Nein, m.E. nicht" (Schumpeter 1950, S. 105). Wenn das Zeitalter des Kapitalismus unausweichlich zu Ende geht, dann ist es folgerichtig, die Anschlußfrage zu stellen, was denn nach ihm komme, wodurch es denn abgelöst werde. Für Schumpeter war die Antwort hierauf wie fraglos vorgegeben: durch den Sozialismus. Mag sein, daß die Richtung dieser Anwort durch das Gewicht einer evolutionstheoretischen Tradition in der Gesellschaftstheorie, die in der Arbeiterbewegung auch praktische Gestalt angenommen hatte, vorgezeichnet war. Weil für Schumpeter die Ablösung des Kapitalismus durch den Sozialismus eine evolutionäre Regelmäßigkeit war, die zu bezweifeln keinen Sinn machte, konzentrierte er seine Ausführungen zum Sozialismus auf die Frage, ob dieser ein funktionsfähiges Wirtschaftssystem sei. So umstandslos Schumpeter die Frage nach der Überlebensfähigkeit des Kapitalismus verneinte, so ohne Zögern beantwortete er die Frage: „Kann der Sozialismus funktionieren?" mit einem „klaren Ja" (S. 367). Damit stellte er sich gegen Annahmen einer Funktionsunfähigkeit des Sozialismus als Wirtschaftsordnung, die auf Max Weber zurückgehen und deren locus classicus Mises' „Die Gemeinwirtschaft" (1932) bildet.

Heute, mehr als vierzig Jahre später und vor dem Hintergrund der Erfahrung eines beispiellosen Aufschwungs der kapitalistischen Weltwirtschaft und der bekannten wirtschaftlichen Funktionsprobleme sozialistischer Länder werden viele, die Schumpeters Buch noch einmal zur Hand nehmen, Schwierigkeiten haben, seine Gedanken nachzuvollziehen. Ausgerechnet der Sozialismus soll funktionieren? Und ausgerechnet dem Kapitalismus, einem doch allem Anschein nach extrem lebensfähigen Gebilde, soll bescheinigt werden, daß seine Zeit abgelaufen sei? Verständlich wird letztere Behauptung nur, wenn man die Wendung der krisentheoretischen Grundfigur bei Schumpeter nicht verkennt, auf die er seine Überzeugung von der Begrenztheit des Kapitalismus als Gesellschaftsordnung stützt. Es ist auffällig, daß Schumpeter die Überlebensunfähigkeit des Kapitalismus *nicht* mit der immanenten Krisenanfälligkeit der kapitalistischen Wirtschaft begründet. In einem eigens Fragen der ökonomischen Funktionsfähigkeit gewidmeten Abschnitt weist Schumpeter vielmehr alle Annahmen, die stagnationstheoretisch mit Varianten des Gedankens der schwindenden Investitionschancen spielen, ausdrücklich zurück. Was kapitalistische Wirtschaften kennzeichnet, ist, daß sie auf Wachstum abgestellt sind. Kein anderes System zeichnet sich durch eine vergleichbare „Wachstumsrate der Erzeugung" aus.

Woran der Kapitalismus zugrunde gehen wird, ist Schumpeter zufolge also ganz und gar nicht sein wirtschaftlicher Mißerfolg. Eine definitive Grenze für das Fortbestehen eines derartigen Wirtschaftssystems sieht er vielmehr ganz allgemein darin, daß „gerade sein Erfolg die sozialen Einrichtungen, die es schützen, untergräbt und unvermeidlich Bedingungen schafft, unter denen es nicht zu leben vermag und die nachdrücklich auf den Sozialismus als seinen gesetzlichen Erben deuten." (S. 106)

Damit hat Schumpeter die Theorie der Selbstdestruktion kapitalistischer Systeme auf eine neue Grundlage gestellt. Mich interessieren hier nicht die Besonderheiten von Schumpeters Theorie der Endlichkeit kapitalistischer Systeme, sondern der allgemeine Gedanke, der sich aus seinen Ausführungen entnehmen läßt: Schumpeter tauscht eine Verschlechterungs- und Verdüsterungsperspektive aus gegen eine Annahme der Verbesserungs- und Steigerungsfähigkeit als Grundlage der Krisentheorie. Demnach scheitert der Kapitalismus nicht an seinen Mißerfolgen, sondern an den Folgeproblemen seines Erfolgs; diese Folgeprobleme müssen nicht im Wirtschaftssystem selbst, sondern im Verhältnis des Wirtschaftssystems zu seiner „Umwelt“ im weitesten Sinne aufgesucht werden.

Wenn ich mich heute noch einmal an Schumpeters Frage heranwage, so geschieht dies zunächst, weil nach Abschluß der größten Expansionsphase, welche die kapitalistischen Wirtschaften je erlebt haben, diese Frage einfach neu gestellt werden muß. Es ist ja nicht ohne Ironie, daß Schumpeter seine Prognose ausgerechnet am Vorabend eines noch nie dagewesenen Booms abgab. Das sollte uns zögernd machen, weitere Prognosen über die innere Überlebensunfähigkeit kapitalistischer Systeme aufzustellen. Neben dem äußeren Anlaß: der Erfahrung von Aufstieg und Niedergang des Nachkriegskapitalismus gibt es aber noch zwei weitere Gründe, Schumpeters Frage wieder aufzugreifen. Einmal, denke ich, muß diese Antwort aus dem Schema: Kapitalismus/Sozialismus herausspringen; ich will die Begründung hierfür im wesentlichen mit einer gesellschaftstheoretischen Argumentation liefern. Sodann möchte ich eine direkt entgegengesetzte Antwort auf die Frage nach den Überlebensmöglichkeiten kapitalistischer Systeme geben: trotz offen zutage tretender selbstdestruktiver Tendenzen an den Fronten der Motivzufuhr und der Erhaltung der natürlichen Umwelt können solche Systeme überleben. Der Unterschied zu Schumpeter liegt nicht darin, daß die Gewißheit des Untergangs jetzt mit der Gewißheit des Überlebens ausgetauscht wird, sondern daß die Fortexistenz kapitalistischer Gesellschaften als eine reale Möglichkeit betrachtet wird, die gerade durch „Selbsttransformation“ garantiert wird. Eine solche Antwort impliziert nicht die Leugnung krisenhafter Tendenzen, ganz im Gegenteil. Ihr liegt aber ein Verständnis von Krisen zugrunde, das diese weder mit der Auflösung der bestehenden Ordnung in ein soziales Nichts („Zusammenbruch“) noch mit der Vorstellung verbindet, an die Stelle der bestehenden trete eine völlig andere Ordnung, dem Bruch vergleichbar, den die „great transformation“ im Übergang von vormodernen zu modernen Gesellschaften darstellt.

Eine Antwort auf die Frage: kann der Kapitalismus weiterleben? möchte ich auf dem Wege einer Zerlegung dieser Frage in drei Teilfragen näherkommen:

(a) was soll unter Kapitalismus verstanden werden?
(b) worin besteht das Zentralproblem des Kapitalismus?
(c) gibt es eine Lösung für dieses Zentralproblem oder muß der Kapitalismus an der Fortsetzung eines einmal eingeschlagenen Entwicklungspfades scheitern?

Die abschließenden Überlegungen zur Selbsttransformation kapitalistischer Gesellschaften laufen darauf hinaus, zu plausibilisieren, daß ein solches Gesellschaftssystem Überlebensmöglichkeiten gerade dadurch steigert, daß es sich nicht „rein" verwirklicht, sondern mit systemfremden Elementen mischt.

III.

In der Tradition von Marx bis Weber wird das Zentrum des Kapitalismus im „Gegensatz von Kapital und Arbeit", der „Organisation von formell freier Arbeit" etc. erblickt. Ich möchte im folgenden nicht die Berechtigung solcher, das Kapital-Arbeitsverhältnis ins Zentrum stellender Analysen bestreiten, sondern dieses als die Schlüsselgröße eines umfassenderen Modernisierungsprozesses interpretieren, dessen abstrakte Grundzüge es jetzt zu vergegenwärtigen gilt.

Bereits Marx hat diesen Modernisierungsprozeß als einen Freisetzungs-, Autonomisierungs- und Verselbständigungsprozeß beschrieben. Die auf ihn folgende Literatur hat wenig mehr getan, als die einzelnen Facetten dieses Freisetzungsprozesses hervorzuheben und auszuarbeiten. Was in der „great transformation" (Polanyi 1944) abläuft, ist im Grunde genommen die Verselbständigung der Wirtschaft. In dieser Verselbständigung der Wirtschaft liegt das Zentrum der Modernisierung. Was dies heißt, möchte ich mit wenigen Stichworten umreißen.

Es sind vor allem drei Eigenschaften, die die Entstehung des Kapitalismus als Freisetzungsprozeß der Wirtschaft auszeichnen:

(a) funktionale Differenzierung (die Trennung des Ökonomischen vom Politischen),
(b) erweiterte Reproduktion (ununterbrochene Akkumulation),
(c) die Auflösung von vorgefundenen Weltbildern und Gemeinschaftsstrukturen.

(a) Der Kapitalismus unterscheidet sich dadurch von allen vorangegangenen Formen der Produktion, daß in ihm ökonomische Funktionen ausdifferenziert werden. Die Abspaltung wirtschaftlicher Tätigkeiten von politischen bildet das Muster für die von der soziologischen Systemtheorie thematisierten Prozesse funktionaler Differenzierung. In der Tradition des Marxismus wird die Ausdifferenzierung der Wirtschaft unter dem Titel: Trennung der Bereiche von Politik und Ökonomie behandelt. Erst mit dieser Trennung gibt es so etwas wie die Wirtschaft; die Wirtschaft nicht verstanden als materielle Produktion, sondern als Sphäre des „Handels" (trade) oder des Gelderwerbs. Die sich herausbildende Gesellschaft des freien Erwerbs ist auch in dem Sinne frei, daß wirtschaftliche Tätigkeiten nicht mehr mit der Erledigung politischer Aufgaben vermengt werden, wie dies in traditionalen

Gesellschaften der Fall war. Die Wirtschaft kann sich jetzt ganz auf ihre wirtschaftlichen Aufgaben konzentrieren; d.h. z.B. für die Unternehmungen, daß „betriebsfremde Interessen" nicht mehr in die an „nachhaltiger Dauer-Rentabilität" orientierten Unternehmensentscheidungen hineinspielen sollen (Weber 1972, S. 79).

(b) Was den rationalen Kapitalismus auszeichnet, ist nicht die Gewinnsucht an sich; diese hat es schon immer gegeben und sie trat in vorkapitalistischen Zeiten vermutlich in viel krasseren Formen auf (vgl. Weber). Nicht die Aneignung des Überschusses unterscheidet den Kapitalismus von traditionalen Wirtschaftsordnungen, sondern dessen *Wiederanlage*. Der „Beruf" des Kapitalisten ist es, den Surplus zu *investieren*. Der „Reichtum der Gesellschaften, in denen kapitalistische Warenproduktion herrscht" (Marx), basiert ganz und gar darauf, daß Kapitalbildung zustandekommt. Soll dieser Prozeß der Wiederanlage eines Surplus kontinuierlich und rational ablaufen, dann bedarf es der Lohnarbeit als seiner Voraussetzung. Marx hat den eingebauten Wachstumszwang kapitalistischer Systeme als einen sich selbst determinierenden Prozeß beschrieben. In den Kapiteln über die erweiterte Reproduktion im zweiten Band des 'Kapital' hat er alle die Grundzüge des Systems zusammengetragen, die es erlauben, die Wirtschaft der modernen Gesellschaft als „selbstreferentiell-geschlossenes System", das „die Elemente, aus denen es besteht, mit Hilfe der Elemente, aus denen es besteht, reproduziert" (Luhmann, 1984, S. 315 in Anlehnung an Maturana 1981) zu beschreiben. Ein solches System bezieht sich auf sich selbst: die Akkumulation geschieht um der Akkumulation willen, und es ist *in sich geschlossen* in dem Sinne, daß es die Elemente, aus denen es besteht, ständig selbst neu aufbaut. Der „Zwang zur Akkumulation" beschreibt also, um ein Wort der neuesten Theoriesprache zu verwenden, den Operationsmodus eines „autopoietischen Systems".

(c) Was ich mit der „Auflösung von Vorgefundenem" meine, ist ein in sich vielfältiger und facettenreicher Prozeß. Er betrifft *erstens* jenen Sachverhalt, den Habermas die „Rationalisierung von Weltbildern" genannt hat. Dahinter verbirgt sich nichts anderes als die „Auflösung der Metaphysik" im Übergang von der alten zur neuen Welt. In diesem Prozeß differenzieren sich die kulturellen Wertsphären der Wissenschaft, der Kunst und der Moral (Habermas 1981). Seitdem gibt es nicht mehr ein einheitliches Glaubenssystem (belief-system), sondern viele solcher „belief-systems". Die alteuropäische Philosophie war an einen Weltzustand angepaßt, der sich durch „Geschlossenheit" auszeichnete. Lukács hat in seiner Theorie des Romans (1914) die vielleicht schönste Beschreibung für die geschlossene Welt der Antike und dann noch einmal des christlichen Mittelalters gefunden. Diese Geschlossenheit verschwindet mit dem Einbruch des Kapitalismus in die alte Welt. Der entstehende Kapitalismus bewirkt eine Öffnung dieser geschlossenen Welt in räumlicher und vor allem zeitlicher Hinsicht. Seitdem gibt es erst eine offene Zukunft und die Aufgabe der Wirtschaft besteht darin, diese Zukunft zu schließen.

Sodann bricht der Kapitalismus in die vorgefundenen Formen gemeinschaftlichen Lebens ein. Die klassische Beschreibung hierfür findet sich in dem „Formenkapitel" der Grundrisse (1953). In diesem Kapitel entwirft Marx eine diskontinuierliche Perspektive der gesellschaftlichen Entwicklung, die radikal abweicht von dem evolutionstheoretischen Schema des Vorworts zur Kritik der politischen Ökonomie, das den Kapitalismus in einer kontinuierlichen Abfolge von Gesellschaftsformationen von der antiken Sklavenhaltergesellschaft bis zum Sozialismus sieht. In Wahrheit hat aber der Kapitalismus mit allen vorangegangenen Gesellschaftsformen viel weniger gemein als diese untereinander gemein haben (Giddens 1982, S. 77). Mit seiner Heraufkunft ist ein fundamentaler Bruch eingetreten. In seiner groß angelegten Untersuchung zur „Sozialgeschichte des Naturrechts" bezeichnet Breuer (1983) diesen Bruch im Anschluß an Lukács als Übergang von der *„naturwüchsigen"* zur *„reinen"* Vergesellschaftung. Mit dieser entscheidenden Umstellung der Vergesellschaftungsform werden alle Strukturen und Ereignisse kontingent. Da alles gesellschaftlich „gesetzt" ist, könnte es im Prinzip auch anders „gesetzt" sein.

Mit dieser reinen Vergesellschaftung geht schließlich ein Differenzierungsprozeß einher, den ich nicht unter funktionale Differenzierung subsumieren möchte, sondern der auf das Auseinandertreten von „System und Lebenswelt" (Habermas) hinausläuft. Der Kern dieses Vorgangs besteht in der Ablösung der Gesellschaft von ihren Handlungsgrundlagen[1]. Ich denke, daß die Auseinanderziehung systemischer und lebensweltlicher Aspekte als genau jener Vorgang zu verstehen ist, der in der ökonomischen Anthropologie (Polanyi) als Herauslösung des Kapitalismus aus normativen Kontexten beschrieben worden ist. Marktwirtschaften sind in ihrem Funktionieren nicht oder signifikant weniger als traditionale Gesellschaften von moralischen Handlungsgrundlagen abhängig. Dieser Sachverhalt ist von Marx bis v.Hayek als die „unpersönliche Ordnung" des Kapitalismus begriffen worden. Unter Gesichtspunkten der Moral zeichnet den Kapitalismus aus, daß er mit Minimalanforderungen auskommt. Streissler (1980) hat diesen Sachverhalt auf den Begriff gebracht: der Kapitalismus ist eine Wirtschaftsordnung, die selbst unter Teufeln funktionieren könnte.

IV.

Damit sind wir genügend vorbereitet, auch die Antwort auf die Frage nach dem Zentralproblem kapitalistischer Gesellschaften in einer neuen Richtung zu suchen, die von den krisentheoretischen Annahmen der politischen Ökonomie abweicht. Krisentheoretische Ansätze in der Tradition der politischen Ökonomie rechnen mit Problemen für den Kapitalismus, die im Prinzip seiner inneren Schwäche und Instabilität entspringen. Im Unterschied hierzu betont eine Theorie selbstdestruktiver Tendenzen der Form, wie sie bei Schumpeter vorgebildet ist, daß die entscheidenden Problemlagen des Kapitalismus nicht seiner inneren Schwäche, sondern seiner ungebrochenen, alles durchdringenden Stärke entspringen. In dieser Perspektive leiden die fortgeschrittenen kapitalistischen Länder an „Widersprüchen", die eben nicht aus ihrer Schwäche, sondern aus ihrer Stärke entstehen (vgl. Hirschmann 1982, S. 678). In der gewandelten Sichtweise generiert ein kapitalistisches System Probleme primär durch seine Funktionstüchtigkeit und Zielerreichung, nicht durch Funktionsdefizite; kurz: durch Wachstum und nicht durch Wachstumsstörungen.

Eine solche Änderung der Blickrichtung der Krisenanalyse fußt auf Annahmen darüber, was in der „great transformation" prinzipiell passiert ist. Ich hatte argumentiert, daß der Kern der Entwicklung in einem Freisetzungs- und Verselbständigungsprozeß besteht. Das Resultat dieser Entwicklung ist in der ökonomischen Anthropologie mit dem Begriff der „disembeddedness" zusammengefaßt worden. Nur ein solcher Art freigesetztes, aus der Einbettung in vorgefundene Strukturen herausgelöstes System vermag die Energien zu mobilisieren, alles Vorgefundene, seien dies ältere Gemeinschaftsformen, Lebenswelten, Weltbilder, die natürliche Umwelt etc. zu durchdringen und aufzulösen.

Mit dieser Änderung der Blickrichtung auf die Folgewirkungen der Umstellung der Wirtschaft auf „Eigengesetzlichkeit" sind aber die Problemlagen eines Vergesellschaftungsmodus, der, wie Marx sagt, „nicht irgendetwas Gewordenes zu bleiben sucht, sondern in der absoluten Bewegung des Werdens ist" (Marx 1953, S. 387) selbst nocht nicht benannt. Wie läßt sich begründen, daß ein Vergesellschaftungsmodus, der auf Freisetzung beruht, selbst-destruktive Tendenzen enthält?

Wie Breuer (1983) gemeint hat, mündet ein System der reinen Vergesellschaftung, das keinen „vorhergegebenen Maßstab" (Marx, a.a.O.) mehr anerkennt, in letzter Konsequenz in der von Nietzsche prognostizierten „Entwertung aller Werte", dem Nihilismus. Unter Nihilismus soll dabei nicht die Negation der Moral verstanden werden, sondern der Sachverhalt, daß in modernen Gesellschaften der Tendenz nach alles kontingent gesetzt wird; feste Grundlagen existieren nicht mehr als unverrückbare Vorgegebenheiten, sondern nur noch als „Setzungen"[2]. „Alles Ständische und Stehende verdampft, alles Heilige wird entweiht, und die Menschen sind endlich gezwungen, ihre Lebensstellung, ihre gegenseitigen Beziehungen mit nüchternen Augen anzusehen" – so heißt es schon im „Kommunistischen Manifest". Theoretisch reflektiert ist diese Tendenz der gesellschaftlichen Entwicklung in Luhmannns Systemtheorie. Das Bewegliche gründet in ihr nicht auf dem Festen, sondern alles Feste auf dem Beweglichen, weil alles Gesellschaftliche eine „jederzeit änderbare Selektionsleistung aus stets präsent bleibenden Möglichkeiten" darstellt (vgl. Breuer 1983, S. 601 mit Bezug auf Luhmann 1972, S. 190). Die Sehnsucht nach der „Rückkehr zum menschlichen Maß" (so Schumacher) mutet von daher an wie eine hilflose Gebärde. „In einer Welt", so schließt Breuers Buch folgerichtig, „ in der sich die Bewegung der Gesellschaft nur noch an sich selber bricht, kann es ... keinen Punkt (mehr geben), von dem aus sich über Rationalität oder Irrationalität des Ganzen urteilen ließe" (S. 601).

Das hieße dann, solche Gesells aften könnten keine „vernünftige Identität" (Habermas 1970) mehr ausbilden[3]. Aber sind sie deswegen selbstdestruktiv? Um solche selbstdestruktiven Tendenzen aufzuspüren, müßte man zeigen können, daß „freigesetzte" kapitalistische Wirtschaften in der Verfolgung ihres Expansionspfads ihre eigenen Grundlagen, auf denen sie aufbauen, aufzehren. Diese Grundlagen müssen unserer Voraussetzung zufolge nicht im System selbst, sondern im Verhältnis des Systems zu seiner natürlichen und sozialen Umwelt aufgesucht werden. Insofern das kapitalistische Wirtschaftssystem seine Grenze immer weiter in seine Umwelten hineinverschiebt – so lautet der ganz abstrakte Grundgedanke – bedroht es wesentliche Bestandsvoraussetzungen dadurch, daß es seine eigenen Umwelten in einer Weise verändert, die seinem Funktionieren abträglich sind.

Eine konkretisierende Auslegung hat dieser Grundgedanke in einer Überlegung erhalten, die Parsons am Ende seines „Systems der modernen Gesellschaften" (1972) entwickelt. Die Krise der Moderne, so Parsons, wird ihr Zentrum nicht in der Wirtschaft, der Politik oder dem Wertesystem haben, sondern in der gesellschaftlichen Gemeinschaft. Gravierende Probleme entstehen aus der Fortsetzung des Rationalisierungsprozesses an der Grenze von „System und äußerer Umwelt" einerseits, an der Front der Motivationsgrundlagen andererseits. Der „instrumentale Aktivismus", so möchte ich Parsons Gedanken verdeutlichen, bildet den ethischen Kern des Kapitalismus. Er äußert sich in einem Rationalismus der Weltbeherrschung, der zu ständigen Eingriffen in die natürliche Umwelt führt. Gleichzeitig stellt dieser instrumentelle Aktivismus seine eigene Motivationszufuhr in Frage. Probleme entstehen dann einmal durch die ständige Grenzverschiebung von „Ökonomie und Ökologie" (Probleme zwischen System und äußerer Umwelt) und zum anderen aus der Abschwächung jener Motive, die den „instrumentellen Aktivismus" getragen haben (Probleme zwischen System und innerer Umwelt).

Beide Gefahrenzonen sind aus der wissenschaftlichen Literatur und der öffentlichen Diskussion hinreichend bekannt. Die Idee der Motivationskrise (Habermas) hat verschiedene Begründungen gefunden: Auflösung des bürgerlichen Sparideals durch die Konsumgesellschaft, Ausbreitung hedonistischer Orientierungen (Bell), autonomer Wertwandel (Inglehart), Schwächung der Wertverpflichtung durch das Dominantwerden marktkonformer Motive des Eigeninteresses etc. Insbesondere F. Hirsch ist in den „the depleting moral legacy" überschriebenen Abschnitten seines Buchs „Social Limits to Growth" (1976) dieser Idee nachgegangen, daß der Kapitalismus seine moralischen Grundlagen auflöst. Ich möchte diese Analyse nicht wiederholen und stattdessen stellvertretend am Konflikt zwischen Ökonomie und Ökologie das Zentralproblem der „Bindungslosigkeit" und die möglichen Bearbeitungsformen dieses Zentralproblems verdeutlichen. Wenn das Grundproblem des Kapitalismus die Schrankenlosigkeit seines Verwertungstriebs ist, dann hängt die Fortsetzbarkeit des Kapitalismus als gesellschaftlichen Projekts von der Beantwortung der Frage ab, ob ein solches System „gebändigt“ oder „gezügelt“ werden kann.

V.

Auch zu der Konfliktfront zwischen Ökonomie und Ökologie gibt es eine unübersehbare Literatur. Allerknappste Anmerkungen sollen daher genügen. In einem glänzenden Artikel über das Walsterben hat Gonigle (1980) den Konflikt zwischen Ökologie und Ökonomie auf den Begriff gebracht. Die großen Meeressäuger müssen immer noch sterben wegen der *Ökonomisierung der Ökologie.* Ökologie bedeutet weit mehr als „Umweltschutz“. Sie ist eine von der Ökonomie radikal differierende Perspektive. Mit Ökonomie und Ökologie ist ein jeweils anderer Satz von Entscheidungsregeln gemeint. Ihr Unterschied läßt sich gut beschreiben durch die abweichenden Zeithorizonte, die sie jeweils implizieren. Obwohl ökonomische Entscheidungen als „Vorsorge für einen zukünftigen Bedarf“ (Weber) auf die Zukunft orientiert sind, ist ihr Zeithorizont doch kurzfristig. Langzeitprobleme dieses an der unmittelbaren Zukunft orientierten Entscheidungstypus bleiben aus dem rationalen Kalkül des Investors ausgeklammert. Der Investor, blind gegenüber der Zukunft, verfolgt eine Strategie der Maximierung seiner Erträge. In einem derartig verselbständigten ökonomischen Kalkül kann es rational sein, den Ertrag aus der Ausbeutung natürlicher Ressourcen zu maximieren, auch wenn dies zu ihrer Zerstörung führt. Im Gegensatz hierzu wird in der ökologischen Perspektive anerkannt, daß die Erde für zukünftige Generationen bewahrt werden muß. Gegenwärtige Bedürfnisse müssen mit denen zukünftiger Generationen abgewogen werden. Fachökonomisch gesprochen: in intertemporaler und intergenerationaler Perspektive ist die Marktallokation pareto – suboptimal.

Vorausgesetzt, das zentrale Problem der ökonomischen Entscheidungsweise ist die Zerstörung der Balance zwischen Ökologie und Ökonomie durch „Überexpansion“, dann liegt es nahe, Lösungen dieses Problems in der „Reintegration“ der Ökonomie zu suchen, also in der Einbindung der Ökonomie in Vorgegebenheiten, von denen sich befreit zu haben doch gerade das Wesen des rationalen Kapitalismus ausmacht. Gonigle sucht die Lösung von Problemen, die in der Ökonomisierung der Ökologie liegen, in einer Politik des ökologischen Übergangs, deren Ergebnis die Institutionalisierung einer anderen, eben der „ökologischen Entscheidungsweise“ ist. Interessanterweise beschreibt er sie nicht als Auflösung der Ökonomie, sondern als Repräsentation von Ressourceninteressen in den Entscheidungen ökonomischer Akteure. Eine solche Öffnung eines Systems für die Sorgen seiner sozialen und natürlichen Umwelt darf nicht mit Entdifferenzierung vermengt werden. Entdifferenzierung läge vor, wenn z.B. die Wirtschaft andere als wirtschaftliche Funktionen z.B. Bildung, Rechtsprechung etc. ausübte. Hingegen wäre bei der Einbeziehung der Auswirkungen des Wirtschaftens in die wirtschaftlichen Entscheidungen nicht die funktionale Spezifizierung, sondern die Autonomisierung des Wirtschaftssystems betroffen. Das Vorbild für derartige Prozesse der „relativen Heteronomisierung" (Buß 1983) bildet die Sozialpolitik. Heimann (1980) hat ihr Prinzip als Verwirklichung der sozialen Idee im Kapitalismus gegen den Kapitalismus beschrieben. Analog hierzu ließe sich von dem Programm der Verwirklichung der ökologischen Idee im Kapitalismus gegen den Kapitalismus sprechen. Seine Realisierung käme einer Transformation kapitalistischer Gesellschaftssysteme gleich, insofern der fortgesetzten Kommodifizierung, der Auflösung aller übrigen Lebenssphären und der Bedrohung der natürlichen Umwelt durch die ungebrochene Expansion des Wirtschaftssystems ein Ende gesetzt würde. Eine Relativierung der Wirtschaft hingegen hätte zum Ergebnis, daß Raum geschaffen würde dafür, die Sphäre der Geldwirtschaft mit den übrigen Lebensbereichen in ein neues Verhältnis zu setzen.

Was bedeutet nun eine solche Relativierung für unsere Ausgangsfrage: kann der Kapitalismus weiterleben, und: auf welchem Weg ist eine als Relativierung beschreibbare Transformation kapitalistischer Systeme erreichbar? Das Grundproblem einer selbstbezüglichen, schrankenlosen Produktionsweise ist, wie sie „gezügelt" werden kann. Diese Zügelung kann entweder von außen oder von innen geschehen. Ein möglicher Ansatz zu einer solchen Selbstbeschränkung wird in der jüngeren, steuerungstheoretischen Literatur unter dem Titel der „Selbststeuerung" diskutiert. Die ältere Literatur hatte von Selbstbindung gesprochen. Selbstbindung unterscheidet sich von Fremdbindung sei es durch staatliche Politik, sei es durch soziale Bewegungen. Beide intervenieren in den Selbstlauf der Wirtschaft, entweder durch Implementation politischer Programme, oder durch Entzug der Folgebereitschaft und „Delegitimierung". Zur Selbstbindung hingegen kommt es durch „Rücksichtnahme". Luhmann hat diesen Steuerungsmodus 'Reflexion' genannt. Dessen Prinzip besteht darin, daß ein System gerade dadurch, daß es seine Differenz zur Umwelt thematisiert, Distanz zu sich selbst gewinnt. Die Durchsetzung solcher reflexiver Steuerungsformen würde keine neue Runde im Streit zwischen Privatisierung und Etatisierung bedeuten. Sie antwortet vielmehr auf das Grundproblem funktional differenzierter Systeme, die Reintegration der interdependenten Teile. Willke/Teubner (1984) haben den Grundzug reflexiver Selbststeuerung im Anschluß an Luhmann so zusammengefaßt: „Die Leistungssteigerung der Teilsysteme durch Spezialisierung darf nicht voll ausgefahren, nicht maximiert werden, weil diese Rücksichtslosigkeit jedes einzelnen Teils dieses zur bedrohlichen Umwelt jedes anderen Teils machte" (S. 14). Damit antwortet Selbststeuerung auf einen Gesellschaftszustand, der durch die Freisetzung des Wirtschaftssystems geprägt ist. In dieser Selbstbezüglichkeit liegt der

Grund für die Funktionsfähigkeit und Umweltblindheit des Wirtschaftssystems zugleich beschlossen. In dem Maße, in dem es lernte, Abstand zu sich zu gewinnen und auch anderen als wirtschaftlichen Gesichtspunkten Geltung zu verschaffen, würden aber Funktionsunterbrecher in es eingebaut. An solchen „rationalen" Funktionsunterbrechungen und Rücksichtnahmen besteht jedoch, wie gerade die jüngsten Erfahrungen gelehrt haben, ein empfindlicher Mangel. Aber bedeutet „Eigengesetzlichkeit der Wirtschaft", daß sie nicht mehr lernen kann? Wie dem auch sei: kapitalistische Wirtschaften müssen mit der paradoxen Lage fertigwerden, daß gerade die Verfolgung von Wachstumszielen destabilisierende Effekte zeitigt, während Selbstbegrenzung die Überlebensfähigkeit solcher Systeme steigert.

ANMERKUNGEN

1 Mit der Unterscheidung von Gesellschaft und Interaktion thematisiert Luhmann (1984, S. 551 ff.) eine mit dem Auseinandertreten von System und Lebenswelt vergleichbare Differenzierung.

2 Vgl. auch Luhmann 1984, S. 638: „Alle festen Grundlagen müssen mithin aufgegeben, sie müssen als zureichender Konsens jeweils erarbeitet werden."

3 Führt man den Rationalitätsbegriff „in das System als Bezugspunkt der Selbstbeobachtung ein", so Luhmann 1984, S. 647 „wird er auf eigentümliche Weise ambivalent: er dient dann als Gesichtspunkt der Kritik aller Selektionen und als Maß der eigenen Unwahrscheinlichkeit".

LITERATUR

Breuer, S., 1983: *Sozialgeschichte des Naturrechts,* Opladen.

Buß, E., 1983: *Markt und Gesellschaft.* Berlin.

Giddens, A., 1981: *A Contemporary Critique of Historical Materialism.* London and Basingstoke.

Gonigle, R.M., 1980: „The Economizing of Ecology: Why Big, Rare Whales Still Die". In: *Ecology Law Quarterly.* Vol. 9, S. 120 ff.

Habermas, J., 1970: „Können komplexe Gesellschaften eine vernünftige Identität ausbilden?" In: Habermas, J., Henrich, D.: *Zwei Reden aus Anlaß der Verleihung des Hegelpreises 1973 der Stadt Stuttgart an Jürgen Habermas.* Frankfurt.

Habermas, J., 1981: *Theorie des kommunikativen Handelns.* 2 Bände. Frankfurt 1981.

Heimann, E., 1980: *Soziale Theorie des Kapitalismus. Theorie der Sozialpolitik. Mit einem Vorwort von Bernhard Badura.* Frankfurt.

Hirsch, F., 1976: *Social Limits to Growth.* Cambridge/Mass. u. London.

Hirschmann, A., 1982: „Rival Interpretations of Market Society: Civilizing, Destructive, or Feeble?" In: *Journal of Economic Literature,* Vol. XX, S. 1463 ff.

Lukács, G., 1971: *Die Theorie des Romans. Ein geschichtsphilosophischer Versuch über die Formen der großen Epik.* Neuwied.

Luhmann, N., 1972: „Positives Recht und Ideologie." In: ders.: *Soziologische Aufklärung. Ansätze zur Theorie sozialer Systeme.* Bd. 1, 3. Auflage Opladen.

Luhmann, N., 1984: „Die Wirtschaft der Gesellschaft als autopoietisches System." In: *Zeitschrift für Soziologie,* Jg. 13, S. 308 ff.

Luhmann, N., 1984: *Soziale Systeme. Grundriß einer allgemeinen Theorie.* Frankfurt.
Marx, K., 1953: *Grundrisse der Kritik der politischen Ökonomie.* Berlin.
Marx, K., 1970: *Das Kapital. Kritik der politischen Ökonomie.* Zweiter Band: Der Zirkulationsprozeß des Kapitals. Berlin (MEW Bd. 24).
Maturana, H.R., 1981: „Autopoiesis". In: Zeleny, M. (Hrsg.): *A Theory of Living Organizations.* New York, S. 21 ff.
Mises, L. v., 1932: *Die Gemeinwirtschaft. Untersuchungen über den Sozialismus.* Jena.
Parsons, T., 1972: *Das System moderner Gesellschaften.* München.
Polanyi, K., 1967: *The Great Transformation. The Political and Economic Origins of Our Time.* Boston.
Schumpeter, J., 1950: *Kapitalismus, Sozialismus und Demokratie.* Bern.
Streissler, E., 1980: „Kritik des neoklassischen Gleichgewichtsansatzes als Rechtfertigung marktwirtschaftlicher Ordnungen." In: Streissler, E. Watkin, C., (Hrsg): *Theorie marktwirtschaftlicher Ordnungen.* Tübingen, S. 38 ff.
Teubner, G., Willke, H., 1984: „Kontext und Autonomie: Gesellschaftliche Selbststeuerung durch reflexives Recht." In: *Zeitschrift für Rechtssoziologie.* 6. Jg., S. 4 ff.
Weber, M., 1972: *Wirtschaft und Gesellschaft. Grundriß der verstehenden Soziologie.* Studienausgabe Tübingen.

MOBILISIERUNG DER LAIEN – DEPROFESSIONALISIERUNG DER HILFEN. EIN VERLUST AN GESELLSCHAFTLICHER RATIONALITÄT?

Christian von Ferber

Deprofessionalisierung und Laisierung ein sozialer Prozeß

Wer heute als Soziologe für eine Entprofessionalisierung im Gesundheits- und Sozialsektor eintritt, muß sich nicht nur mit den gesellschaftlichen Folgen eines solchen Prozesses auseinandersetzen, sondern auch festgefügte soziologische Lehrmeinungen argumentativ überwinden. Im Unterschied zur Situation vor einem Jahrzehnt sind Mobilisierung der Laien und Deprofessionalisierung der Hilfen heute eine Tatsache. Allerdings hatte der Ausbau öffentlicher persönlicher Dienstleistungen im Bildungs-, Gesundheits- und Sozialbereich, von Soziologen, Bildungs-, Gesundheits- und Sozialpolitikern nachdrücklich gefordert[1], nicht nur – wie jeder politisch induzierte soziale Wandel – Widerstand erzeugt, sondern sehr bald auch zu selbstkritischen Überlegungen geführt, ob denn Bildung, Gesundheit und soziale Hilfen in der Tat durch professionelle Dienstleistungen im erwarteten Umfang produziert werden.

Gemessen an ihrem Einfluß auf die öffentliche Diskussion kam die wirkungsvollste Erschütterung des Glaubens an den gesellschaftlichen Wert professioneller Dienstleistungen von einem Außenseiter, von Ivan Illich, der sich selbst als „Sozialphilosophen" etikettiert. Seine radikalen antiprofessionellen Ideen: „Entschulung der Gesellschaft", „Nemesis der Medizin – von den Grenzen des Gesundheitswesens" haben in der Bundesrepublik in der ersten Hälfte der siebziger Jahre eine breite Resonanz gefunden. Obwohl Illich seine Arbeiten zunächst auf englisch publiziert hat[2], haben sie in der Bundesrepublik eine unvergleichlich größere Durchschlagskraft gehabt als in den Vereinigten Staaten. Illich's Ideen wurden hier zu einer Zeit aufgenommen, als in der Soziologie die Theorie der Profession in den Arbeiten von Daheim, Hesse und Hartmann einen Reifezustand erreicht hatte, der sie zum gesicherten Bestand soziologischer Lehrveranstaltungen werden ließ[3]. Wir können also für die erste Hälfte der siebziger Jahre ein Nebeneinander von soziologischer Theorie der Profession und radikaler Infragestellung von Professionalisierung konstatieren.

Die zunächst rein intellektuelle Diskussion über die Deprofessionalisierung und Mobilisierung der Laien erweiterte sich im Gesundheits- und Sozialbereich zu einem sozialen Prozeß. In den Selbsthilfegruppen, die in der Gesundheitsbewegung auch die Kontinuität einer gesundheitspolitischen Öffentlichkeit gewonnen haben – besonders bekannt geworden sind die „Gesundheitstage", die sich offen als Konkurrenz zur professionellen Öffentlichkeitsarbeit der Ärztetage konstituierten –, wird die Mobilisierung der Laien Alltagspraxis, gewinnt die Deprofessionalisierung der Hilfen konkrete Gestalt[4].

Warum im Bildungsbereich, in dem die öffentliche Diskussion über Deprofessionalisierung begonnen hat – erinnert sei an die Unterstützung und Weiterführung von Illich's „Entschulung der Gesellschaft" durch Hartmut von Hentig[5] – eine Laienbewegung letztlich ausgeblieben ist, kann hier dahingestellt bleiben. Die skizzierte Entwicklung im Gesundheits- und Sozialbereich rechtfertigt es, von Deprofessionalisierung der Hilfen und Mobilisierung der Laien als einem gesellschaftlichen Prozeß zu sprechen. Dieser Prozeß zeichnet sich durch die folgenden Merkmale aus.

1. Die grundlegenden Wertorientierungen professionellen Handelns büßen ihre legitimierende Funktion ein. Professionelles Handeln orientiert sich an wissenschaftlichen Grundlagen und beruht auf der Anwendung des technischen Fortschritts. Wissenschaftlich-methodischer Fortschritt und technische Potenzierung werden mit einer Steigerung professioneller Handlungschancen gleichgesetzt. Dieses Gleichsetzen der Qualität professionellen Handelns mit der Anwendung des wissenschaftlich-technischen Fortschritts löst sich auf. Es kommt zur Abwendung von der kulturellen Tradition der Profession und zur Suche nach alternativen Identifikationen für die Qualität professionellen Handelns.

2. Die Bedürfnisse, denen die professionelle Arbeit dienen soll, beanspruchen Geltung als eine Instanz der sozialen Kontrolle und der Bewertung professioneller Dienstleistungen. Sie wollen Prioritäten setzen. Die Gleichsetzung einer Ausweitung des professionellen Dienstleistungsangebots mit einem steigenden Niveau der Befriedigung gesundheitlicher und sozialer Bedürfnisse verliert ihre Glaubwürdigkeit. Anbieter- und Nachfrageorientierung kommen in der Gesundheits- und Sozialpolitik nicht länger zur Deckung[6].

3. Die Profession spaltet sich, es kommt zur Bildung rivalisierender Eliten mit divergierenden professionspolitischen Zielsetzungen.

4. Die miteinander rivalisierenden Eliten der Profession suchen die Laien zu mobilisieren, um die Legitimation ihres Führungsanspruches zu erhalten und zu verbessern.

5. Die Laien organisieren Leistungen in Tätigkeitsfeldern, die von den Professionen beansprucht werden. Sie legitimieren ihre Aktivitäten in einer die Profession zweifach diskreditierenden Weise. Sie begründen ihre Initiativen mit den Defiziten professioneller Versorgung, Selbsthilfegruppen werden dort tätig, wo die professionelle Versorgung versagt, und sie bringen ein alternatives Prinzip der Leistungserbringung zum Tragen: Selbst- bzw. gegenseitig erbrachte Leistungen als Alternative zu beruflich-entgeltlichen Dienstleistungen[7].

6. Die Machtbalance zwischen Staat und professioneller Autonomie wandelt sich. Das Tätigkeitsfeld der Profession ist durch staatliche Mittel, also durch Beteiligung an der politischen Herrschaft gesichert bei voller Autonomie der Professionen in der Bestimmung der Inhalte ihrer Tätigkeit. Die Ausleihe von Mitteln staatlicher Herrschaft an autonom handelnde Professionen ist zweifach legitimiert: durch die Bindung professionellen Handelns an die wissenschaftliche Rationalität *und* durch die Klientenorientierung professionellen Handelns. Beide Legitimationen werden brüchig, weil die Identifikation der Qualität professionellen Handelns mit dem wissenschaftlich-technischen Fortschritt nicht länger gelingt und weil die Laien selbst die Klientenorientierung professionellen Handelns überzeugend in Frage stellen.

Soziologie der Profession und Theorien postindustrieller Gesellschaften

Die genannten Merkmale der Deprofessionalisierung der Hilfen und der Mobilisierung der Laien im Gesundheits- und Sozialbereich zwingen zu einer Revision soziologisch begründeter gesellschaftlicher Reformerwartungen. Gehörte es doch zum gesicherten Bestand der Modernisierungstheorien für die nachindustrielle Phase gesellschaftlicher Entwicklung, den Professionen eine Schlüsselrolle zuzuweisen[8]. Um hier nur kurz an einiges zu erinnern: Professionen in der Gestalt der wissenschaftlich-technischen Intelligenz, als Avantgarde des gesellschaftlichen Fortschritts, als Basis für die Ausbreitung fortschrittlicher politischer Ideen, als Werkzeug für die Befriedigung wesentlicher postindustrieller Bedürfnisse nach Bildung, nach Gesundheit und nach sozialer Unterstützung.

Die strategische Einbeziehung der Professionen in makro-soziologische Überlegungen zur Weiterentwicklung der Gesellschaft verleiht den Theorien der Profession ein größeres Gewicht, als ihnen im Rahmen bereichsspezifischer Theorienbildung, der Berufssoziologie zukommt. Dabei hat – wenn ich recht sehe – nie eine intensive gegenseitige Bezugnahme zwischen den makro-soziologischen Theorien zur postindustriellen Gesellschaft und den bereichsspezifischen Theorien zur Profession stattgefunden, aus naheliegenden Gründen. Denn es gibt keine Reibungsflächen, in denen einander widersprechende Aussagen aufeinanderstoßen. Im Gegenteil, beide Theoriefelder ergänzen einander im gesellschaftspolitisch Erwünschten.

Eine wichtige makro-soziologische Aussage betrifft die Ausweitung des öffentlichen, im engeren Sinne des sozialstaatlichen Dienstleistungssektors: mehr Wissenschaft, mehr wissenschaftlich ausgebildete Berufe, mehr Bildung, mehr Gesundheit, mehr soziale Unterstützung. In diesem Bild einer nachindustriellen Phase gesellschaftlicher Entwicklung, in dem sich beschreibende mit wertenden Charakterzügen mischen, erfüllen die Professionen, also Berufe, deren Identität durch formale wissenschaftliche Schulung und durch die Vermittlung und Anwendung wissenschaftlichen Wissens hergestellt wird, eine unersetzliche Funktion. Bereits durch ihre Existenz kennzeichnen sie die gesellschaftliche Entwicklungsphase (postindustriell = Dienstleistungsgesellschaft). Ihre eigene Dynamik konvergiert mit der gesamtgesellschaftlichen Dynamik, die Professionen sind das Werkzeug für das Erreichen eines neuen gesellschaftlichen Aggregatzustandes. In die Konturen eines solchen Schemas fügen sich die wesentlichen Bestandteile der Theorie der Profession unschwer ein.

1. Professionelle Arbeit ist die qualifizierteste Form gesellschaftlicher Arbeit. Wenn der Anteil der Professionellen unter den Beschäftigten zunimmt, wird das Qualifikationsniveau der Arbeit in der Gesellschaft erhöht.

2. Professionelle Arbeit erreicht das höchste Niveau der Autonomie in der gesellschaftlichen Arbeit. Die Zunahme professioneller Arbeit erhöht daher die Chance der Selbstbestimmung und der Selbstverwirklichung in der gesellschaftlichen Arbeit.

3. Professionelle Arbeit orientiert sich an wissenschaftlicher Erkenntnis, sie verkörpert daher ein Höchstmaß an gesellschaftlicher Rationalität. Professionelle Arbeit ist mit fortschreitender wissenschaftlicher Erkenntnis offen für den sozialen Wandel. Die Ausbreitung professioneller Arbeit erhöht das Niveau gesellschaftlicher Rationalität und gibt dem sozialen Wandel eine größere Durchsetzungschance.

4. Professionelle Arbeit verkörpert in mehrfacher Hinsicht selbstreflexives soziales Handeln: es bewertet sich selbst, denn es trägt seine eigenen Maßstäbe in sich, es verantwortet sich selbst, das ist der wesentliche Inhalt der professionellen Autonomie, es steuert seine eigene Dynamik. Ihr selbstreflexiver Charakter gibt der professionellen Arbeit Anteil an der gesellschaftlichen Evolution.

5. Professionelle Arbeit dient Bedürfnissen, deren Befriedigung im Fokus gesamtgesellschaftlicher Ziele liegen: Bildung, Gesundheit, soziale Unterstützung.

6. Professionelle Arbeit potenziert sich in gesellschaftlichen Teilsystemen: im Wissenschafts- und Hochschulsystem, im Bildungssystem, im Medizinsystem, im Sozialleistungssystem. Die genannten Systeme zeichnen sich dadurch aus, daß sie öffentlich finanziert, wichtige gesellschaftspolitische Bedürfnisse befriedigen und für eine gesellschaftspolitische Planung zur Disposition stehen. Wissenschafts-, Hochschul-, Bildungs-, Gesundheits-, sozialpolitische Planung bilden den bevorzugten Gegenstand einer „aktiven Professionalisierung" der Soziologie[9].

Deprofessionalisierung der Hilfen und Mobilisierung der Laien lösen das harmonische Bild auf, zu dem sich makro-soziologische Aussagen zur diagnostizierten und gesellschaftspolitisch erwünschten Weiterentwicklung der Gesellschaft mit den bereichsspezifischen Aussagen zur Stellung der

Professionen in der gesellschaftlichen Arbeit zusammenfügen. In dem Maße, wie theoretisch die gesellschaftliche Forschrittlichkeit der Professionen bestritten wird, praktisch sich Gegenbewegungen bilden, die Deprofessionalisierung fordern und auf die Selbsthilfe an Stelle von professioneller Hilfe bauen, geraten soziologische Theoriebestände ins Wanken, die Glaubenssätze der Gesellschaftspolitik ausmachen. Gerade gegenüber den diagnostischen Aussagen zur gesellschaftlichen Entwicklung, in denen die Soziologie Gesellschaftspolitik begründet, zumindest legitimiert, stellen sich ernsthafte Zweifel ein. Ich werde mich hier auf drei gesellschaftspolitisch besonders wirksame Theorien beschränken:

- die soziologischen Theorien zur Sozialpolitik,
- Theorien zur Organisation des Wissens, zu seinem Erwerb und zu seiner Verteilung und
- Theorien pluralistischer Machtgleichgewichte.

Dabei wird es vor allem um die Erörterung implizierter theoretischer Annahmen gehen. Für die Sozialpolitik geraten zwei Annahmen ins Wanken, die sog. Dienstleistungsstrategie und die sozialpolitische Planung, letztere insbesondere in ihrem Anspruch Bedarf zu planen.

Die sozialpolitische Dienstleistungsstrategie im Sog der Deprofessionalisierung

Als Dienstleistungsstrategie können wir Badura und Groß[10] folgend die Aktionsrichtung der Sozial- und Gesellschaftspolitik bezeichnen, die über persönliche Dienstleistungen, die als öffentliche oder soziale Güter angeboten werden, Bedürfnisse nach Bildung, Gesundheit und sozialer Hilfe befriedigt. Die Dienstleistungen ergänzen wirksam die historisch vorangegangenen sozialpolitischen Aktionsrichtungen, die sich als Rechtsgestaltung und als Einkommensumverteilung kennzeichnen lassen. Die sozialpolitische Dienstleistungsstrategie beruht auf zwei soziologischen Annahmen:

a) Die Ausweitung der persönlichen Dienstleistungen, die Erleichterung der Zugänglichkeit für die Bevölkerung sowie die Erhöhung der Akzeptanz des Dienstleistungsangebots in der Bevölkerung decken *alle* wesentlichen Bedürfnisse nach Bildung, Gesundheit und sozialer Hilfe ab. Die Dienstleistungsstrategie vollendet den Wohlfahrtsstaat, sie schließt das System sozialer Sicherheit ab. Defizite in der Befriedigung der Bedürfnisse sind Mängel in der Quantität oder Qualität der Dienstleistungen, nicht dagegen strukturelle Mängel der Dienstleistungsstrategie selbst[11].

b) Das Eigeninteresse der Dienstleistungsberufe deckt sich mit dem Interesse der Leistungsempfänger. Diese Annahme deutet eine grundlegende soziologisch-theoretische Aussage zum Beruf in bemerkenswerter Weise um. Berufe sind eine Form der Spezifikation von Arbeitsleistungen, die zur

Grundlage einer dauerhaften Erwerbschance gemacht werden – so wirtschaftsoziologisch Max Weber[12]. Für die professionellen Dienstleistungen dagegen wird ihre „Gesellschaftsorientierung" führend – so soziologisch-theoretisch Talcott Parsons[13] und die ihm hierin folgende Theorie der Profession. Die Ausdifferenzierung von Arbeitsleistungen zu Berufen, zu Professionen zumal, die eine hohe gesellschaftliche Autonomie verkörpern und deren Leistungen anderen Menschen unmittelbar dienen, also persönliche Dienstleistungen sind, vermag im wesentlichen die Bedürfnisse der Leistungsempfänger abzudecken, weil die Professionen aufgrund ihrer Expertenfunktionen diese Bedürfnisse besser kennen als Laien und klientenorientiert „selbstlos" handeln. Zu Recht hat Illich diese soziologische Annahme der Gleichsetzung von professionellen Anbieterinteressen mit Klienteninteressen als Trugschluß bezeichnet und als „radikales Monopol" kritisiert[14].

Den beiden Annahmen der Dienstleistungsstrategie setzen die Deprofessionalisierung und die Mobilisierung der Laien die Forderung entgegen, die Unabhängigkeit der Bedürfnisse gegenüber der bedarfsbestimmenden Interpretation der Professionen zu wahren. Sie decken die Grenzen der Dienstleistungsstrategie auf. Sie arbeiten die Divergenz von professionellen Anbieterinteressen und Interessen der Klienten heraus. Die Klienten beginnen ihre Bedürfnisse außerhalb des professionellen Dienstleitungsangebots selber im Wege der Selbsthilfe abzudecken.

Sozialpolitische Planung und Mobilisierung der Laien

Durchaus entsprechend evolutionstheoretischen Annahmen hat die Dienstleistungsstrategie zu einer Selbstthematisierung geführt. Gesellschaftspolitisch gesehen ist die Dienstleistungsstrategie ein selbstreflexiver Prozeß[15]. Denn sie bildet Gegenstand der Planung, für die im Dienstleistungsangebot eigene Institutionen eingerichtet und unterhalten werden: Bildungs- und Hochschulplanung, Krankenhausbedarfsplanung, Kassenarztbedarfsplanung, Altenplanung, Planung von Sozialstationen usw. In den Planungen erfüllt sich zugleich die alte sozialistische und soziologische Hoffnung, daß die gesellschaftliche Entwicklung nicht dem Selbstlauf oder dem Wirken anonymer Mechanismen überantwortet, sondern daß die Steuerung der gesellschaftlichen Entwicklung zum Gegenstand bewußten, rationalen Handelns werden soll. Die öffentliche Finanzierung der Dienstleistungen, ihre Angebotsformen als öffentliche und soziale Güter, geben solchen Erwartungen die materielle Grundlage. Sie können sich in der planvollen Befriedigung wichtiger gesellschaftlicher Bedürfnisse verwirklichen.

Der Anspruch der sozialpolitischen Planungen geht dahin, nicht nur das Angebot geordnet auf den Weg zu bringen und es gleichmäßig zu verteilen, sondern den Bedarf selbst zu planen. Da für den Bedarf jedoch keine angebotsunabhängigen Kriterien bestehen, gehen in die genannten sozial- und gesellschaftspolitischen Planungen die Parameter des Angebots ein. Sozial- und gesellschaftspolitische Planung ist zweifellos ein selbstreflexiver Prozeß, der das Dienstleistungsangebot wohl mit sich selbst, aber nicht mit den Bedürfnissen der Klienten vermittelt[16] .

Die Deprofessionalisierung und die Mobilisierung der Laien haben unmittelbar keine Chance, die sozial- und gesellschaftspolitischen Planungsprozesse zu beeinflussen. Erst die Verknappung öffentlicher Ressourcen macht ein Bündnis zwischen den finanzierenden Instanzen und den Basisbewegungen der Klienten möglich, um die professionellen Anbieterinteressen in den Planungsprozessen zu beschneiden[17] .

Die Durchsetzungsfähigkeit von Klienteninteressen gegenüber den Planungsinteressen setzt allerdings eine Verschiebung der Gleichgewichte pluralistischer Machtverteilung voraus. Diese wird jedoch vorhersehbar nur dann zu einer besseren Befriedigung von Klientenbedürfnissen führen, wenn es den Basisbewegungen gelingt, eine organisatorische Grundlage für ihr Machtpotential aufzubauen. Andernfalls führt die Deprofessionalisierung und die Mobilisierung der Laien lediglich zu einer Verschlechterung des professionellen Dienstleistungsangebots und zu einer dementsprechenden Entlastung öffentlicher Haushalte.

Theorien der Organisation des Wissens, des Wissenserwerbs

Die Professionen sind ein beliebtes soziologisches Paradigma für die Steuerung der gesellschaftlichen Entwicklung durch Prozesse formaler Sozialisation. Folgen wir der klassischen Definition beruflicher, speziell professioneller Sozialisation von Robert K. Merton[19] , dann können wir die Elemente einer soziologischen Theorie des Wissens und des Wissenserwerbs in der hier gebotenen Kürze prägnant herausheben.

„Professionelle Sozialisation als soziologischer Begriff bezeichnet die sozialen Prozesse, in denen Personen selektiv die Werte und Einstellungen, die Interessen, Fähigkeiten und Fertigkeiten, sowie das Wissen erwerben, das zur Kultur – oder sagen wir es Merton interpretierend prononcierter – das zum gesellschaftlich fungierenden Wissen des Personenkreises gehört, zu dem die sich sozialisierenden Personen gehören oder in den sie als Mitglieder aufgenommen werden wollen.“

Merton bringt in dieser Definition eine für unsere Überlegungen wichtige soziologische Annahme auf den Begriff. Professionen sind definiert durch die *andere ausschließende* Verfügung über gesellschaftlich fungierendes Wissen – der von Merton verwendete Ausdruck „culture“ ist schwierig seinem gemeinten Sinne nach ins Deutsche zu übertragen. Der privilegierte, vor allem der die Klienten ausschließende Besitz gesellschaftlich fungierenden Wissens bildet die Grundlage für die Schlüsselstellung der Professionen.

Sie wird durch Zuschreibungen von Prestige, also durch Meinungsbildungsprozesse, in hohem Grade gestützt und verstärkt. Wissenschaftliches Wissen, wie es an den Ausbildungsstätten der Professionen, den Hochschulen, produziert, vermittelt und weiterentwickelt wird, gilt nicht nur in Laienkreisen als ein „Höchstmaß an erreichbarer gesellschaftlicher Rationalität" – das Höchstmaß gesellschaftlicher Rationalität verkörpert für Max Weber das „wissenschaftliche Denken"[20]. Wissenschaftliche Einrichtungen und die Berufe, die an diesen Einrichtungen durch ihre Sozialisation teilhaben, entwickeln sich zu gesellschaftlichen Referenzzentren. Ihnen kommt ein Prestigemonopol zugute, über „gesicherte Erkenntnisse", zumindest über den neuesten Erkenntnisstand, zu verfügen. Dies hat eine selten richtig eingeschätzte Haltung zur Folge.

In den Situationen des praktischen Alltagslebens spielt sich die Vermutung ein: Es gibt ein Wissen, das der Alltagserfahrung, dem common sense der Bürger, in jedem Falle überlegen ist. Über dieses Wissen verfügen die Personen, die es im Wege formaler Sozialisation erworben haben: die Experten. Wir können diese Situation als die geistige, die wissensmäßige Dependenz der Laien von den Professionen bezeichnen[21]. Sie bleibt auch in der Laienbewegung erhalten[22]. Die wissensmäßige Dependenz führt folgerichtig zu einer Entwertung anderer Formen des Wissenserwerbs neben der formalen Sozialisation. Denn der Laie, der nicht-professionelle Bürger lernt in anderer Weise. Er lernt wie wir sagen autodidaktisch. Autodidaktisches Lernen ist situationsbezogen, entwickelt sich aus spezifischen Anlässen, ist erfahrungsgebunden und bedürfniskontrolliert. Vor allem aber bleibt es an einen zufällig zusammengekommenen Personenkreis gebunden. Dem autodidaktischen Lernen fehlt die gesellschaftliche Unterstützung, die dem professionellen Lernen in überwältigender Fülle zuteil wird. Die Bildungsanstrengungen postindustrieller Gesellschaften konzentrieren sich auf die professionellen Lernprozesse und auf die professionell sozialisierten Personenkreise. Denn nur diese lassen sich nach Bildungsplan „produzieren". Sie beschränken sich auf das gesellschaftliche Wissen, das in dieser Form aufbereitet, aufbewahrt, weiterentwickelt und vermittelt werden kann.

Die Forderung der Laienbewegung, die geistige, wissensmäßige Dependenz aufzubrechen, also das professionelle Wissen beratend und dienend, nicht autoritativ einzubringen und autodidaktischen Lernprozessen mehr materielle Unterstützung, mehr gesellschaftliche Anerkennung zu geben, muß ernst genommen werden. Ernsthafte Schritte in eine Gleichberechtigung alltagsweltlicher Wissensgewinnung würden allerdings zur Folge haben, daß professionelle Dominanz ihre eigene Konkurrenz, ja, ihre Alternative fördert und unterstützt. Eine, in der Tat, unsoziologische Annahme, wenn wir nicht Veränderungen im Machtgleichgewicht ins Auge fassen.

Pluralistisches Machtgleichgewicht und professionelle Autonomie

Makrosoziologisch gesehen, ist die Theorie der Profession Bestandteil einer pluralistischen Machttheorie. Sie beruht auf einem Gleichgewicht zwischen staatlicher Einflußnahme und professioneller Autonomie. Es gibt zu denken, daß dieser Zusammenhang bisher nur aus *einer* soziologischen Denkrichtung in die Diskussion eingebracht worden ist, ohne daß dieser Vorstoß eine i.e. S. wissenschaftliche Erörterung ausgelöst hat. Helmut Schelsky und Horst Baier[23] haben prononciert die These herausgearbeitet, daß ein Bündnis zwischen staatlichem Herrschaftsapparat und einer Laien- und Basisbewegung, das die professionelle Autonomie gleichsam in die Zange nehmen würde, ein Abgleiten in eine wohlfahrtsstaatliche Diktatur zur Folge haben werde. Beide sehen in der Autonomie der Professionen eine Garantie für persönliche Freiheit in und gegenüber dem Staat. Professionelle Autonomie setzt dem Staat Grenzen und bewahrt die Massendemokratie vor dem Abgleiten in eine sozialstaatliche Diktatur bürokratischer Eliten.

Um die Tragweite dieser These abschätzen zu können, ist es erforderlich, einige Bemerkungen zur Struktur der Machtbalance voranzuschicken, die sich zwischen dem Wohlfahrtsstaat und den in diesem Sektor operierenden Professionen eingespielt hat. Die gesellschafts- und sozialpolitische Dienstleistungsstrategie hat eine Aufteilung von Einflußzonen zur materiellen Voraussetzung. Die Finanzierung über Zwangsabgaben (Steuern und Sozialbeiträge) und die gesetzliche Normierung eines Handlungsspielraumes durch staatliche oder staatlich beauftragte Instanzen ist abgetrennt von der Erbringung der Dienstleistungen, diese selbst bleibt der professionellen Autonomie weitgehend überlassen. Die Aufteilung der Einflußsphären wird selbst dann nicht verlassen, wenn die Steuerungsinstrumente nicht mehr in der Lage sind, die Dynamik ausreichend zu beherrschen.

Das Machtgleichgewicht zwischen Staat und Professionen beruht auf einer gegenseitigen Inanspruchnahme und auf gegenseitigen Vorteilen. Professionelle Dienstleistungen, in der Angebotsform öffentlicher Güter, nutzen staatliche Herrschafts- und Organisationsmittel, wie Eingriffe in die Einkommensverteilung und gesetzliche Verbürgungen des Dienstleistungssystems. In die Theorie der Professionen ist jedoch die Inanspruchnahme staatlicher Herrschaftsmittel allenfalls am Rande eingegangen. Selbst Autoren, wie Freidson („Dominanz der Experten")[24] haben die politischen Machtgrundlagen der Professionen nicht als Element in ihre Theorie einbezogen. Umgekehrt gewinnt der Staat in der Autonomie der Professionen ein Selbststeuerungspotential, das er durch eigene Leitungs- und Lenkungsinstrumente kaum in vergleichbarer Qualität produzieren könnte. Er macht sich in der Durchsetzung der Dienstleistungsstrategie abhängig von dem professionellen Selbstinteresse, entlastet sich aber weitgehend von der Feinsteuerung des Dienstleistungsangebots.

Die schon symbiotisch zu nennende Machtbalance droht aus dem Gleichgewicht zu geraten, wenn die implizit unterstellte Identität von Anbieter- und Klienteninteressen sich als brüchig erweist. Die Dienstleistungsstrategie läßt sich dann nicht länger als gesellschaftspolitische Selbstdarstellung des Staates gegenüber den Bürgern nutzen. Ausweitung professioneller Dienstleistungen im Wissenschafts-, Bildungs-, Gesundheits- und Sozialbereich vermag zur Mobilisierung von Wählerstimmen, zum positiven Bild vom Regierungsmehrheiten in der öffentlichen Meinung nichts mehr beizutragen, zumal wenn zu diesem Zweck Sozialabgaben und Steuern erhöht, die Bürger zum Konsumverzicht auf anderen Gebieten aufgefordert werden. Es ist daher kein Zufall, daß Deprofessionalisierung und Mobilisierung der Laien parallel zur Finanzkrise der Sozial- und öffentlichen Haushalte die Diskussion beeinflussen.

Allerdings wird man bei einer realistischen Betrachtungsweise zugeben müssen, daß die Laienbewegung bisher jedenfalls eher zu einer Verschärfung des Krisenbewußtseins als zu einer tatsächlichen Veränderung der Machtbalance beigetragen hat. Eine Veränderung der Machtbalance ist nach meiner Einschätzung nur dann zu erwarten, wenn die Laienbewegung zum Bestandteil einer breiteren Politisierung in der Bevölkerung wird, die das Gefüge der parteien- und verbändestaatlichen Demokratie verändert sowie im Zuge einer solchen politischen Bewegung den Basisgruppen zu einer Institutionalisierung im Gesundheits- und Sozialbereich verhilft[25].

Eine größere Wahrscheinlichkeit hat dagegen die Entwicklung für sich, bei der es zu einer Verschärfung in der Auseinandersetzung zwischen konfligierenden professionellen Eliten kommt. Die Mobilisierung der Laien diente dann der Durchsetzung und Machtsicherung neuer professioneller Eliten. Ein solcher Prozeß wird durch die Expansion im tertiären Bildungsbereich, also durch die Zunahme von professionellen Berufsanfängern bei gleichzeitiger Rigidität der Organisation professioneller Leistungen stark gefördert[26]. Die hierdurch eingeleitete Selbstauflösung einer überkommenen professionellen Struktur begünstigt eine Verstärkung des staatlichen Einflusses und bringt den Sozialabbau im öffentlichen Dienstleistungsangebot voran. Betroffen wären hiervon nicht allein die Professionen, sondern gleichermaßen die Verbände und Körperschaften, bei denen die Finanzierung des Sozialleistungsbereichs liegt, also die Sozialversicherungs- und die freigemeinnützigen Verbände. Verlierer bei einer solchen Machtverschiebung wären aber in jedem Fälle die Klienten, die Laien[27].

Als Fazit unserer Überlegungen schält sich heraus,

1. Der Laienbewegung fehlt eine ausreichende organisatorische und politische Basis, um die professionelle Dominanz wirksam zurückzudrängen und die gesellschaftspolitische Planung zu beeinflussen.

2. Die Laienbewegung ist stark genug, um die gesellschaftliche Legitimation der Professionen zu erschüttern. Sie verstärkt die durch die Bildungs- und Hochschulreform ausgelösten Wandlungsprozesse.

3. Die umfassende Rolle des Selbsthilfeprinzips wird neue Formen des Wissenserwerbs (neben formaler Sozialisation autodidaktisches Lernen) und

der Wissensverteilung (Austausch situationsbezogenen und erfahrungsgebundenen Wissens) institutionalisieren. Daher bedeutet Laisierung und Entprofessionalisierung letztlich einen Zugewinn an gesellschaftlicher Rationalität!

ANMERKUNGEN

1 R. Dahrendorf, *Bildung ist Bürgerrecht,* Zeitbücher 1965.
Sozialpolitik und persönliche Existenz. Festgabe für Hans Achinger, hg. von A. Blind, Chr. v. Ferber, H.-J. Krupp
Gesundheitsbericht, hgg. vom Bundesminister für Jugend, Familie und Gesundheit, Stuttgart 1971.

2 Ivan Illich, *Entschulung der Gesellschaft. Entwurf eines demokratischen Bildungssystems,* 1973 in (Original Open Forum Series [Caldor & Boyars], London 1971: Deschooling Society).
– , 1975 *Die Enteignung der Gesundheit,* Reinbek 1975 (Medical Nemeris 1975).
– , *Entmündigung durch Experten,* Reinbek 1979.

3 Hansjürgen Daheim, *Der Beruf in der modernen Gesellschaft: Versuch einer soziologischen Theorie beruflichen Handelns.* Köln/Berlin 1967, 2. Aufl. 1970.
– , „Berufssoziologie". In: R. König (Hg.), *Handbuch der empirischen Sozialforschung* Bd. 8. Stuttgart (Enke) 1977, S. 1-100.
Hans Albrecht Hesse, *Berufe im Wandel,* Stuttgart (Enke) 1968.
Heinz Hartmann, „Arbeit, Beruf, Profession". In: *Soziale Welt,* 19. Jg. 1968, S. 197 -212.
Thomas Luckmann und Walter Michael Sprondel (Hg.), *Berufssoziologie.* Köln 1972.

4 Ilona Kickbusch u. Alf Trojan (Hg.), *Gemeinsam sind wir stärker.* Frankfurt 1981.
Monika Dobler, Volker Enkerts, Christoph Kranich, Alf Trojan (Hg.), *Wünsche, Wissen, Widerstand.* Hamburg 1984.
Gesund sein 2000. Berlin 1984.
Ulf Fink, „Neue Wege in der Sozial- und Gesellschaftspolitik. Selbsthilfe, Nachbarschaftshilfe, freie und lokale Initiativen." In: *Soziale Arbeit,* 33. Jg. 1984, S. 377 -382.

5 Hartmut von Hentig, *Die Wiederherstellung der Politik.* Stuttgart 1973.

6 Deutsche Vereinigung für Politische Wissenschaft, *Staatlicher Eingriff und Selbstregulierungspotentiale im Gesundheitswesen.* 2.-4. Juni 1982, Ulm.
Chr. v. Ferber, „Wie ist eine klientenorientierte Gesundheitspolitik möglich?" Teilabdruck in *Frankfurter Rundschau,* 7. August 1982 „Woran das Gesundheitswesen wirklich krankt"; ders., „Gesundheitspolitik in der Bundesrepublik". In: *Gegenwartskunde, Gesellschaft, Staat, Erziehung,* 19. Jg. SH 4, 1983, S. 113-125.
Symposium Strukturreform der Gesetzlichen Krankenversicherung. Bundesminister für Arbeit und Sozialforschung (Hg.) *Forschungsberichte* Band 90, Bonn 1983.

7 Bernhard Badura und Chr. von Ferber (Hg.), *Selbsthilfe und Selbstorganisation im Gesundheitswesen.* München 1981.
– (Hg.), *Laienpotential, Patientenaktivierung und Gesundheitsselbsthilfe,* München 1983.
Forschungsverbund Laienpotential, Patientenaktivierung und Gesundheitsselbsthilfe (Hg.), *Gesundheitsselbsthilfe und professionelle Dienste. Soziologische Grundlagen einer bürger-orientierten Gesundheitspolitik. Integrierter Abschlußbericht.* Düsseldorf (als Manuskript vervielfältigt) 1984.

8 Daniel Bell, *The coming of post-industrial society*. London 1974, Chap. 3, The dimensions of knowledge and technology: The new class structure of post-industrial society, S. 165-265.
Radovan Richta und Kollektiv. *Technischer Fortschritt und industrielle Gesellschaft*. Nördlingen 1972.

9 Universität Bielefeld, ,,Studienreform an der Fakultät für Soziologie". *Schriften zum Aufbau einer Universität,* Bd. 5, Bielefeld 1973.

10 Bernhard Badura und Peter Gross, ,,Sozialpolitik und soziale Dienste. Entwurf einer Theorie personenbezogener Dienstleistungen." In: Chr. von Ferber und F.X. Kaufmann (Hg.), „Soziologie und Sozialpolitik". Sonderheft 19/1977. *Kölner Zeitschrift für Soziologie und Sozialpolitik,* S. 361 ff.

11 Erwin Jahn u.a., „Die Gesundheitssicherung in der Bundesrepublik Deutschland. Analyse und Vorschläge zur Reform." *WST-Studie* Nr. 20. Köln 1971.

12 Max Weber, *Wirtschaft und Gesellschaft*. Studienausgabe. Tübingen 1976, S. 80.

13 Talcott Parsons, „Die akademischen Berufe und die Sozialstruktur (1983)". In: D. Rüschemeyer (Hg.), T. Parsons, *Beiträge zur soziologischen Theorie*. Neuwied 3. Aufl. 1977, S. 160-179.

14 Ivan Illich, *Selbstbegrenzung. Eine politische Kritik der Technik*. Reinbek 1975, S. 100.

15 Niklas Luhmann, „Politische Planung". In: Ders., *Politische Planung. Aufsätze zur Soziologie von Politik und Verwaltung*. Opladen 1971.

16 *WIdO-Schriftenreihe* Bd. 1. Kassenärztliche Bedarfsplanung. Wissenschaftliches Institut der Ortskrankenkassen, Bonn-Bad Godesberg 1978.
Christiane Brühne, „Die Krankenhausbedarfsplanung in den Ländern der Bundesrepublik. Sozialwissenschaftliche Begleitforschung zu ,,DOMINIG". *BPT-Bericht* 6/78 München GSF Bereich Projektträgerschaft 1978.

17 vgl. Ulf Fink (Anm. 4).

18 vgl. Daniel Bell (Anm. 8).
Ralf Dahrendorf (Anm. 1).

19 Robert K. Merton, *The student-physician*. Harvard University Press 1957, Appendix A: Socialization a terminological note.

20 Max Weber. *Wirtschaft und Gesellschaft,* Tübingen 1976, S. 32.

21 Eliot Freidson. *Dominanz der Experten*. München, Berlin, Wien 1975.

22 Forschungsverband Laienpotential, *Patientenaktivierung und Gesundheitsselbsthilfe* (Anm. 7) S. 134 ff.

23 Horst Baier, *Medizin im Sozialstaat*. Stuttgart (Enke) 1978. Ders., ,,Im Dienst des Leviathan – Ivan Illich herrschafts-soziologisch weitergedacht". In: Rainer Flöhl (Hg.), *Maßlose Medizin?* Heidelberg 1979, S. 7-31.

24 Vgl. Anm. 21. Kritisch zu Freidson: Deborah A. Stone, *Controlling the medical profession: Doctors and patients in West Germany*. Ph. D. thesis Duke University, Durham, North Carolina 1976.

25 Die Gesundheitsbewegung hat im Oktober 1984 ein gemeinsames gesundheitspolitisches Programm mit den Grünen vorgestellt. Vgl. Monika Dobler u.a. Anm. 4.

26 *WIdO-Schriftenreihe* 2, ,,Das Ärzteangebot bis zum Jahr 2000". Wissenschaftliches Institut der Ortskrankenkassen, Bonn 1978.
WIdO-Materialien 2, *Personalentwicklung im Gesundheitswesen in Vergangenheit und Zukunft*. Hgg. vom Wissenschaftlichen Institut der Ortskrankenkassen. Bonn 1978.
Ulrich Geißler, „Die zukünftige Entwicklung des Angebots an Gesundheitsberufen." In: *Kosten und Effizienz im Gesundheitswesen*. München 1985.

27 Aus gewerkschaftlicher Sicht vgl. Gerhard Bäcker, ,,Entprofessionalisierung und Laisierung sozialer Dienste – richtungsweisende Perspektive oder konservativer Rückzug?" *WSI-Mitteilungen* 32. Jg., 1979, S. 526-537.

MÄRKTE, KÄUFLICHKEIT UND MORALÖKONOMIE

Georg Elwert

Die Ausdehnung der Märkte schien von Montesquieu bis zu den Strategen der Weltbank *das* bestimmende Merkmal von Entwicklung zu sein. Modernisierungstheorien und neomarxistische Theorien akzentuierten die Entwicklung der modernen Marktwirtschaften als eine Ausdehnung der Warenform (eine Kommodifizierung[1]), d.h. als eine fortschreitende Umwandlung von Austauschbeziehungen in Warenbeziehungen.

Sind demgegenüber all jene von Luther bis zu den Kritikern der Medizin-Wirtschaft[2] , die bestimmte Expansionen des Warenprinzips zurückdrehen wollen, rückschrittlich? Sind es nur Begleitphänomene der historischen Entwicklung?

Die Darstellungen der Entwicklung der Marktgesellschaften, die nur die Expansion der Waren hervorheben, bringen uns nur die halbe Wahrheit. Die Ausdehnung des Waren*verkehrs* ist unbestreitbar. Sie ist jedoch, nach meiner These, nur dann dauerhaft, wenn ihr eine Einschränkung des Waren*prinzips* entspricht, wenn nicht alles käuflich werden kann. Nur dort, wo der Markt eingebettet ist, ist die Unverbrüchlichkeit des Versprochenen (Max Weber) gewährleistet.

Diese Einbettung heißt zweierlei: Einmal impliziert sie eine systemische Differenzierung von Markt gegen Gesellschaft, und zum anderen muß eine andere Austauschform – ich nenne sie hier Moralökonomie – den Raum füllen (bei diesem Begriff lehne ich mich an James Scott und Edward P. Thompson[3] an). Die Moralökonomie muß jenen Raum füllen, der zwar ausgegrenzt ist, in welchem aber immer noch potentiell der Tausch von Geld gegen Leistung oder Gut, also der Warentausch, eindringen könnte. Meines Erachtens ist der Kapitalismus dort, wo er langfristig erfolgreich war, durch „embeddedness" und nicht durch „dis-embeddedness", wie Polanyi meint, gekennzeichnet.[4] Die weitgehende „dis-embeddedness", die uneingeschränkte Warenexpansion, führt nicht zu entfalteten Industriegesellschaften, sie führt zur generalisierten Käuflichkeit, zur Venalität. In der Käuflichkeit, wie ich sie – sehr weit – definiere, werden nicht nur Güter des täglichen Bedarfs zu Waren; Liebe wird zur Prostitution, Recht zu Korruption, Gottes Gnade wird als „magic charm" oder als Ablaß käuflich.

In dem Maße, in dem jedoch vertrauenstiftende Institutionen – Recht, Freundschaft, religiös-moralische Kontrolle – auf einem Markt dem je Meistbietenden zu Diensten sind, unbeständig werden, in dem Maße kann das Marktversprechen nicht mehr garantiert werden. Statt den Vertrag zu erfüllen, kann man Erzwingungsinstanzen bestechen. Und des schlechten Gewissens entledigt man sich durch Geldzahlungen an Gottes Vertreter. Das Wirtschaftssystem unterminiert sich selbst; die Modernisierung hat eine Sackgasse erreicht. Fernhandel ist nur noch innerhalb kleiner ethnischer oder religiöser Gemeinschaften, wie der Haussa, Juden, Auslands-Chinesen oder ähnlicher, möglich, die über ihre Mitglieder eine wirksame soziale Kontrolle ausüben können.

In diesen Situationen treten charakteristischerweise soziale Bewegungen mit politisch-moralischer oder religiös-moralischer Programmatik auf, die die Käuflichkeit zurückdrängen wollen – bisweilen auch abschaffen möchten. Sie können unter bestimmten Bedingungen jene *zweite* Modernisierung bewirken, die – oft gegen ihre Intentionen – den Markt *in* der Gesellschaft stabilisiert: durch Eindämmung der Warenökonomie und Einbettung in eine Moralökonomie.

Diese Moralökonomie hat eine eigentümliche Struktur. Nur zu Anfang etwa als „civisme“ oder „virtues civiques“ (Bürgertugenden) thematisiert, wird sie später in die Selbstverständlichkeit des Alltäglichen versenkt. Diese bestimmende Austauschform der generalisierten Reziprozität erinnert an Stammesgesellschaften. Und doch unterscheidet sie sich davon, wie ich später später ausführen werde.

Soweit die Grundstruktur meiner Argumentation.

Kerne dieser Argumentation finden sich bei mehreren älteren Autoren, bisweilen unverhofft, weil eingebaut/verbaut in Entwicklungstheorien, die linear-expansive Modelle zu entwerfen suchen. Darauf will ich jedoch erst zum Schluß zurückkommen.

Eine Argumentation dieser Art zu belegen, erfordert mehrstufige historische und begriffliche Analysen in Kulturen sehr unterschiedlicher Tradition. Der Beleg kann nicht Sache eines Vortrags sein. Wohl aber kann man versuchen, ein Argument vorzustellen, an Beispielen plausibel zu machen.

Ich beginne mit dem am wenigsten Vertrauten, der Venalität, der generalisierten Käuflichkeit, um an Ausschnitten historischer Entwicklungen einzelne der vorgenannten Elemente in einer Sequenz vorstellen zu können. Damit soll aber nicht suggeriert werden, daß entfaltete Marktwirtschaften immer auf einer Sequenz von erster Modernisierung/Expansion des Warenprinzips und zweiter Modernisierung/Eindämmung und Einbettung des Warenprinzips aufbauen müssen; beides kann auch konkomitant sein.

Im heutigen Westafrika scheint der Warentausch nicht sehr entwickelt zu sein. Ein Großteil der Landwirtschaft dient noch der Subsistenzproduktion. Und doch hat die Geldwirtschaft – meist dort, wo wir sie nicht vermuten – die Gesellschaft tiefgreifend transformiert.

Der Staat, die Religion und zum Teil die Familie sind weitgehend warenökonomisch transformiert. Die Korruption ist Normalität. Wir dürfen hier Korruption nicht als ein Verbrechen (mit kriminologischer Brille) betrachten. Posten und Dienstleistungen – auch das Recht – sind käuflich.[5]

Es sind nicht Gaben, um deretwillen man sie erhält, sondern richtige ausgehandelte Preise. Aus der oralen Tradition wissen wir, daß dies keine traditionellen Bräuche sind. Für Indien und Burma hat Myrdal[6] gezeigt, wie das Anwachsen der Korruption auf die Expansion der Warenökonomie folgte.

Auch die Hilfe und Gnade der Götter sind käuflich – sogar in einem sehr extremen Maße. Es gibt keine Handlung eines „vodun-no" (Vodun-Priesters), die nicht käuflich ist. Sogar die Wissensweitergabe hat ihren Preis. Zum Teil ist die transzendentale Wirksamkeit der Rituale gerade an einen Geldpreis gebunden.

Ähnliches gilt für die Familie. Der Brautpreis löste den Frauentausch ab. Nur auf erhebliche Geldtransfers gegründete Ehen sind legitim. Käufliche Liebe findet sich sogar schon in Dörfern.

Venalität hat kein festes Bild. Extremformen, wie im heutigen Nigeria, wo Straßenräuber in Gegenwart der Opfer mit den Polizisten Korruptionssummen aushandeln, sind selten. Und doch sind solche Extreme zu nennen, weil sie eine erschreckende Version der Utopie mancher „public choice"-Theoretiker darstellen, die Gesellschaft in freie Käuflichkeit auflösen wollen.

Ich könnte hierzu nun Parallelen aus dem Iran unter dem Schah und aus Khomeinis Agitation heranziehen, will mich aber doch auf ein uns näherstehendes Gebiet beschränken: Deutschland beim Ausbruch der großen Reformationsbewegung im 16. Jahrhundert.

Der Geldumlauf war gering verglichen mit dem des 18. Jahrhunderts. Große Teile der Landwirtschaft waren noch durch die Subsistenzproduktion dominiert (sog. Naturalwirtschaft). Auch diese partielle Beibehaltung von Subsistenzproduktion bei gleichzeitiger warenökonomischer Transformation finden wir in heutigen Entwicklungsländern. Andererseits hatte jedoch auch die Wirtschaft insgesamt einen *Aufschwung* erlebt. Und in diesem Aufschwung kam es zu analogen warenökonomischen Transformationen wie in heutigen Entwicklungsländern.

Nicht nur agrarische und handwerkliche Güter wurden zu Waren, sondern auch Produktionsmittel, mit der für die zeitgenössischen Beobachter erschröcklichen Konsequenz, daß jemand Haus, Hof und Werkstatt verlieren konnte. Die allmähliche Durchsetzung des römischen gegen das germanische Recht – nach Luther eine keine hundert Jahre alte Tendenz und von den aufrührerischen Bauern in den „12 Artikeln" als aktuelles Geschehen angeklagt – ist Ausdruck dieser Transformation.

Ich will nun nicht behaupten, daß der Ablaß, die Einführung des römischen Rechts, der Verlust von Haus und Hof durch Kreditschulden, die Umorientierung von Bauern von der Gebrauchswertproduktion hin zur Marktproduktion u.a. erst Phänomene des ausgehenden 15. Jahrhunderts seien. Im Gegenteil: Diese warenökonomischen Transformationen sind zum Teil schon weitaus früher zu finden und haben schon mehrere Auf- und Abschwünge durchlebt. Entscheidend für meine Betrachtung ist jedoch, daß sie den Zeitgenossen der damaligen Jahrhundertwende als ein rezentes Phänomen *erschienen.* Erst in der historischen Verdichtung dieser verschiedenen Phänomene mit verwandter Wurzel und erst nach den ersten Thematisierungen dieser Phänomene als gesellschaftliche Probleme wurden sie den Menschen bewußt und wurden nun in einer Verkürzung der historischen Realität als aktuelle Phänomene überpointiert. Ihnen wurde ein relativ idyllisches Gestern gegenübergestellt.

Im politischen und rechtlichen Leben herrschte ebenfalls Käuflichkeit. Nicht nur die kirchlich-weltlichen Positionen, wie z.B. Kurfürstentümer, waren käuflich (als Simoney beklagt), sondern auch die Wahlen bis hinauf zum Kaiser waren von Schacher (Bestechung würden wir heute sagen) begleitet. Das Recht muß man immer häufiger „kaufen oder mit Geld niederdrücken“ (so Luther in der Schrift an den christlichen Adel deutscher Nation), wie es z.B. auch die Bauern des armen Konradt schon 1514[7] beklagten.

Nicht zuletzt war auch die Gnade Gottes mit dem Ablaßwesen käuflich geworden. Die reformatorische Bewegung richtete sich gegen *all* diese Phänomene (nicht nur gegen das Ablaßwesen). Ohne Zweifel bestand bei Luther und manchen anderen ein anti-warenökonomischer Impetus schlechthin, wie auch in Luthers Schrift von Kaufhandlung und Wucher (1524) deutlich wurde. Vor diesem Hintergrund werden auch seine anti-jüdischen Schriften verständlich, die eigentlich Anti-Wucher-Schriften sind. In seiner Wirtschaftsutopie hatten nur bäuerliche Märkte Platz. Diese Tendenz konnte ich nicht nur bei Luther finden, sondern auch bei Humanisten, Schwärmern, Täufern, kurz im ganzen reformatorischen Spektrum.

Der Kampf gegen den Ablaß war theologisch gesehen gewiß nicht der zentrale Punkt bei Luther. Wohl aber war er soziologisch/wirkungsgeschichtlich gesehen der stärkste Punkt. Dies können wir am ehesten anhand der Flugschriften und der mit Versen unterlegten Holzschnittbücher – der „comic strips“ der damaligen Zeit – belegen (s. etwa Osianders „Eyn wunderliche Weyssagung von dem Babstumb“ (1527) mit Holzschnitten von Schön und Versen des damals populärsten Dichters Hans Sachs oder Hans Sachs' „Wittenbergisch Nachtigal“).

Die Kritik am Ablaßwesen, am neuen Recht, an der Politik des Stimmenkaufs, an der Käuflichkeit des Rechts, an der Prostitution und am Luxuskonsum formten ein Amalgam, das die Agitation des gesamten reformatorischen Spektrums bestimmte. Interessanterweise erhoben hier die katholischen Kritiker der Reformation auch keine Einwände. Die „erste Modernisierung“, die expandierende Warenökonomie, drohte, alles zur Ware zu machen. Projektionsfläche dieser Ängste (und des umgelenkten Selbsthasses) waren die Türken und die Juden. Ihnen unterstellte man, sogar den Papst bestochen zu haben oder gar Menschenfleisch zu kaufen.

Hinter der Expansion des Warentausches stand jedoch keine Verschwörung und nicht einmal ausschließlich die Interessen der Mächtigen und Reichen. Der Warentausch hat einen entscheidenden strukturellen Vorteil: Die Gebrauchswerte der einzelnen Güter und Leistungen sind nicht nur unterschiedlich, sondern haben auch unterschiedliche Relevanz für den einzelnen. In einer Gebrauchswertökonomie unterliegen sie Bewertungs- und Vergleichsmechanismen, die flexibel und begrenzt sind. Rasche Anpassungen an Produktsysteme sind schwierig. Lange Austauschketten sind nur mit erheblichem Aufwand möglich. In einer Marktökonomie hingegen werden alle Qualitäten auf eine einzige quantitative Struktur reduziert: auf den Preis. Die Freiheit des Zugangs zu jedem Gut unter der einzigen Bedingung der Zahlungskräftigkeit einerseits und die Simplizität der Bewertung des Gutes beim Tauschakt (nämlich nur durch den Preis) bedeuten eine erhebliche strukturelle Vereinfachung, eine Reduktion von Komplexität. Die Struktur des Warentausches macht die Verpflichtungen und Bande, die an die früheren Formen des Austausches geknüpft waren, obsolet. Das freie Zugangsrecht anonymer Personen tritt an die Stelle. Die Ablösung dieser Bande ist nicht widerspruchsfrei. Manche, die von den Verpflichtungen profitierten, sperren sich dagegen. Andere aber begrüßen die Warenökonomie als Befreiung: „Geld statt Verpflichtungen" war eine Parole von rebellischen Jugendlichen in einem westafrikanischen Dorf, die ich 1968 kennenlernte. Meine Vorstellungen eines revolutionären antikapitalistischen Zurück zu Gemeinschaft und Solidarität wurden schwer erschüttert.

Die höhere strukturelle Einfachheit des Warentausches und die Ablösung von auf Austausch bezogenen Verpflichtungen unterminiert jene gesellschaftlichen Institutionen, die den Markt eindämmen könnten. Sie ermöglicht der Warenökonomie eine gleitende sozialstrukturelle Expansion, bei welcher der Kommodifikation der Arbeit zur Lohnarbeit eine besondere Bedeutung zukommt.

Nicht nur Güter des täglichen Bedarfs und Produktionsmittel werden zu Waren; Liebe, Recht und Gottes Gnade werden zu Korruption, Prostitution und Ablaß (ohne damit unbedingt negativ gewertet zu werden). In den von Käuflichkeit dominierten Gesellschaftsformen liegen hier Zentren des Wirtschaftens. Die Macht „liegt nicht beim Kapital", vielmehr fließt das Geld zur Macht. Die vorgängige Machtverteilung bestimmt die Zentren der venalen Akkumulation – eine Akkumulation im Brautpreissystem, im Simonie- und Ablaßwesen, im politischen Bestechungswesen usw. Nicht Akkumulation in Produktionsmitteln, sondern venale Akkumulation strukturiert das Wirtschaftsleben. Mobutus Zaïre ist nicht die Ausnahme, sondern charakteristisch für viele Situationen in der Dritten Welt.

In dem Maße, in dem jedoch vertrauenstiftende Institutionen – Recht ebenso wie Freundschaft oder religiös-moralische Kontrolle – selbst unbeständig werden, auf dem Markt dem je Meistbietenden zu Diensten sind, in dem Maße kann das Marktversprechen nicht mehr garantiert werden. Statt den Vertrag zu erfüllen, kann man Erzwingungsinstanzen bestechen; und schlechten Gewissens entledigt man sich durch Geldgaben an Gottes Institution. Nicht nur die reichen Händler und Produzenten, sondern auch die Armen empfinden Instabilität unter der Dominanz der Käuflichkeit als Leiden. Wenn alle persönlichen Beziehungen je nach Geldgebot fluktuieren, wenn der Ehepartner zum Besserbietenden wechseln mag, dann ist es kein Trost, daß man auf demselben Markt mitbieten kann.

Wenn auch die Venalität für den Kaufkräftigen manche gesellschaftliche Institution berechenbar macht – ein nicht zu unterschätzender Gewinn in Krisengesellschaften –, so nimmt sie ihnen doch zugleich den Charakter fester Größen, entkleidet sie der Legitimität, entheiligt sie. Dies bereitet mit den Boden für mannigfache soziale Bewegungen.

Es wäre nun verlockend, diese Bewegungen detailliert zu schildern, denn in den soziologischen Destillationen historischer Studien kommt ihre Botschaft nur sehr verkürzt zum Ausdruck. Durch die historischen Traditionen oder durch journalistische Praxis gefiltert, erreichen uns nur einzelne Schlagwörter aus den Amalgamen der zugrundeliegenden Motivationen. Die Bewegung, die einen Martin Luther zur Prominenz erhob, hatte mehr als nur das Ablaßwesen zu kritisieren. Khomeini im Iran ritt auf einer Bewegung, die mehr ein Zurück zur „umma" (Gemeinde) des „ursprünglichen" Islam wollte. Die westafrikanischen Putschführer und „revolutionären" Präsidenten von Dahomey/Bénin über Ghana und Nigeria zu Obervolta/Burkina Faso wurden durch mehr als nur durch die Kritik von Korruption und eine Beschwörung der Nation populär.

Immer wieder finden wir eine Verbindung von Kritik der Käuflichkeit in verschiedenen Formen mit einer Beschwörung einer zu bildenden Gemeinschaft.[8] Ich will diese Darstellung jedoch abkürzen, um die spezifische Leistung mancher Bewegungen dieses Typs, nämlich die Einbettung der Warenökonomie schildern zu können.

Deklariertes Ziel der Bewegungen ist es, die Warentausch-Beziehungen hinter eine bestimmte oder unbestimmte Grenze zurückzudrängen und gleichzeitig eine Gemeinschaft zu schaffen, die auf anderem als dem Markttausch beruht. Diese Gemeinschaft kann als Stamm, als Nation oder als Gemeinschaft der Gläubigen vorgestellt werden. Ein Beispiel aus der frühen Neuzeit Deutschlands: Die Schaffung einer Sprachgemeinschaft aus untereinander unverständlichen Dialekten war ein politisches Projekt, das den „gemein mann" in die gesellschaftliche Arena ziehen sollte.[9] Klar, deutlich, öffentlich[10] sollte die Kommunikation über Macht und Moral werden. In nur 40 Jahren gelang es, eine Gemeinsprache zu schaffen. Diese Sprachgemeinschaft war Modell für ein postuliertes „Teutschland" quer zu den etablierten Fürstentümern. Eine Gemeinschaft wurde erträumt, innerhalb derer man von anonymen anderen Leistungen unter Ausschluß der Geldbeziehung erwarten konnte.

Soziale Bewegungen religiöser oder nationalistischer Form müssen mehr als nur diese Motive aufweisen, wenn sie Erfolg haben sollen. Antikäuflichkeitsmotive sind jedoch ein außerordentlich nachhaltiger Faktor von Mobilisierung und Zusammenhalt für solche Bewegungen. Die Verbindung der Kritik der Käuflichkeit mit der Beschwörung der Gemeinschaft spricht soziale Gruppen quer zu den Klassengrenzen an. Wenn das Vertrauen bricht, hoffen die Händler auf eine Moralität, welche die Marktversprechen wieder stabilisieren könnte. Die entwurzelten Armen, die in den Markt gezogen wurden, keine Stabilität durch Subsistenzproduktion[11] mehr haben, erhoffen von der Gemeinschaft Stabilität und geregelten Zugang zu Liebe, Recht und Gottes Gnade. Die Interessen dieser und anderer Gruppen überlappen; und das macht die Stärke der Bewegungen aus, die sich darauf stützen.

Aus einer venalen Gesellschaft muß nicht zwangsläufig eine entfaltete Marktgesellschaft werden, sie kann auch in einer Zyklizität verharren, in welcher die Zunahme von Reichtum die Venalität vergrößert, bis es durch Selbst-Unterminierung zum Zusammenbruch kommt, und dann das gleiche Muster wieder beginnt. So erleben wir es etwa in Nigeria.

Die Gesellschaften, die – wie Venedig – Markt- und Moralökonomie *zugleich* entwickeln, oder diejenigen, die – wie Frankreich und Deutschland – *Seqenzen* von Kommodifikation und Zurückdrängen des Warenprinzips erlebten, erreichten auf beiden Wegen eine systemische Differenzierung, die den Gebrauch des Geldes in bestimmten gesellschaftlichen Bereichen ausschloß, ihn illegitim machte.In diesen Bereichen gibt es aber weiterhin Güter und Dienstleistungen. Sie werden nunmehr nach einem Prinzip vermittelt, welches die Wirtschaftsanthropologie generalisierte Reziprozität nennt (wir folgen darin Polanyi und Sahlins[12]).

Generalisierte Reziprozität ist eine Gabe oder Leistung, welche ohne konkrete Erwartung einer Gegengabe gegeben wird, in Erfüllung eines moralischen Anspruchs. Auf lange Sicht kann man selbst wieder Empfänger einer solchen Leistung werden – daher der Ausdruck Reziprozität. Es gibt jedoch keinerlei Aufrechnung.

Daß man Verletzten hilft, daß man Abfall in Papierkörbe wirft, daß man Zugtüren selbst schließt, all das gehört für uns zu den Selbstverständlichkeiten des Alltags, wird nicht eigens als ökonomische Leistung erfaßt. Auch, daß ein Richter beim Entscheiden abwägt und nicht nach Bestechungsangeboten entscheidet, nehmen wir als normal an. Jedoch läßt sich nur das Entscheiden entlohnen und erzwingen. Die Mühe des Abwägens ist eine Leistung, die zu den „virtues civiques“ zählt.

Oft wird dies als traditioneller Stammesbrauch eingeführt. In den von mir untersuchten Fällen handelt es sich jedoch um eine strukturelle Innovation. (Auch dort, wo die Agitation nativistisch[13] ist, ein Zurück zur „Gemeinschaft“ der tribalen Epoche beschworen wird, wird eine strukturelle Innovation geschaffen). Denn nicht nur bekannte und als Mit-Stammesglieder kontrollierbare Personen sollen diese Leistungen erbringen, sondern fremde, anonyme Personen, denen gegenüber keinerlei Aufrechnung möglich wäre. Dies muß Ängste vor einem Verströmen der Leistungen wecken. Die Definition von Grenzen der Gesellschaft ist dadurch erfordert[14] . Diese Grenzen – etwa der Begriff der teutschen Nation im 16. Jahrhundert – müssen weder nah sein noch klar definiert sein; wesentlich ist der Eindruck der geschlossenen Gestalt, den sie erzeugen. Der Struktur des anonymen Marktes für die Warenökonomie entspricht die Anonymität der Nation als Raum der Moralökonomie.

Traktate über die Nächstenliebe im frühen 16. Jahrhundert – etwa der von Carlstadt[16] – zeigen die immensen Probleme, die bestanden, wollte man Leistungen im Rahmen der Moralökonomie, und seien es nur alltägliche Freundlichkeiten, schildern. „Nicht für Gold, nicht für Prestige, nicht für spätere Gaben sollst du es tun", wird mit verschiedenen Formulierungen insistiert, um ex negativo das Geforderte klarzumachen.

Dieser abgegrenzte Bereich von Leistungen unter Ausschluß des Marktes, den die französische Aufklärung als „virtues civiques" thematisierte, fand seine erste Thematisierung in den Städten der spätmittelalterlichen Toskana, in denen die Ideologie des „(il) commune" entstand. Im schon zu seiner Zeit berühmten Fresko der Stadthalle von Siena vom „buon" und „mal guverno" wie in den Stadt-Verfassungen wurde das Erwünschte anschaulich dargestellt. Die Straßen sauber zu halten – auch wenn nach dem marktökonomischen Eigeninteresse irrational – gehörte dazu. Der Handelskapitalismus dieser Stadtstaaten blieb in diesen Dokumenten fast unerwähnt. Die Betonung der Bürgertugenden muß hier keine Verschleierung sein, denn die „commune" ist die Referenzstruktur für die generalisierte Reziprozität, die das Marktgeschehen einbettete.

Jener Bereich von Austausch von Leistungen und Gütern, der weder durch staatliche noch durch Markt-Distribution bestimmt ist, verändert sich in seinem gerichteten Prozeß. In Schüben nimmt die Bedeutung der beschränkten Reziprozität, z.B. innerhalb von Verwandtschaftsbanden, ab, wird zugleich der monetäre Austausch illegitim, während die – anonyme – generalisierte Reziprozität zunimmt. Gegenüber dem Markt, in welchem der Zugang zu Gebrauchswerten an die eiserne Bedingung des Geldes geknüpft ist, erscheint so die Moralökonomie als möglicher Rückzugsraum. Wie jedem System ökonomischer Leistungen, so muß auch der Moralökonomie ein System sozialer Kontrolle entsprechen. Die staatliche Kontrolle spielt hier eine unbezweifelbare Rolle – doch dies ist vor allem eine symbolische: Standards zu definieren und Abweichungen als sanktionierbar zu erklären. Das gestreute Auftreten der meisten Handlungen erlaubt kaum effektive Sanktionen. Wichtiger ist die Zuweisung von Ansehen und Schande – ein Sanktionskomplex, der uns nur für vorindustrielle Gesellschaften wesentlich zu sein scheint. Die Angst, sich zu blamieren, „daß über einen geredet wird", ist wesentlich für die Einhaltung der ungeschriebenen Regeln. Der effektive Einsatz der Lehrenden in einer Fakultät zum Beispiel läßt sich nicht aus Furcht vor den Sanktionen des Beamtengesetzes erklären. Das, was als Engagement unbezahlt und unbezahlbar zur formalen Erledigung von Arbeit hinzukommt (eben nicht nur 'Dienst nach Vorschrift' ist), ist diesem formalen Sanktionssystem geschuldet.

Weiter noch: Die moralischen Forderungen sind als internalisierte Zwänge (N. Elias[16]) in unser Denken hineingenommen. Dies gibt der Familie als Sozialisationsinstanz eine zusätzliche Aufgabe, wie nicht zuletzt an Martin Luthers Familienschriften deutlich wird.

Ehre und Schande setzen eine – virtuelle – Kommunikationsgemeinschaft als Projektionsfläche für ihre Wertungen voraus. Wenn diese in Parzellen abgeschottet ist oder stark hierarchisiert ist, kann sie diese Leistungen nicht erfüllen.

Jedoch auch dort, wo das Geld angeschlossen ist, kann die Moralökonomie zerstört werden: Willkür kann Verpflichtungen ablösen. Ungezügelte Gewalt erschlägt jede moralische Norm. Das, was im Iran mit dem Abdanken des Schahs an Abschaffung von Korruption, an Aufbau von Verläßlichkeit, an Schaffung einer neuen „umma" (Gemeinschaft der Gläubigen) zu wachsen schien, wurde unter Khomeini durch Einsatz von Willkür rasch liquidiert.

Der zivilisatorische Prozeß im Sinne von Elias, der der Gewalt Zügel anlegt, ist nicht zu trennen vom Aufbau jenes unseren Alltag konstituierenden Systems des Austauschs von Gütern und Leistungen, das die Marktwirtschaft einbettet.

Für sich genommen finden sich Kerne dieser Argumentation bereits in zwei alten Diskussionssträngen[17]. Montesquieu diagnostizierte eine Konkomitanz von Marktexpansion und zivilisatorischem Schub. Er sprach von der „douceur" des Marktes. Durkheim nahm dies auf, akzentuierte aber nur einen der möglichen Zusammenhänge. Das Geschehen der formalen Wirtschaft erzwingt die Moralisierung. Bei Max Weber ist eher die andere Seite angesprochen. Daß der Roland (Symbol des Rechts im Mittelalter) über den Markt wacht, ist Vorbedingung des Marktgeschehens. Der andere Strang führt von Sir Walpole über das Kommunistische Manifest bis zu Fred Hirsch. Das Marktgeschehen erodiert die Gesellschaft, zersetzt alle moralischen Bindungen. Jeder dieser Diskussionsstränge kann sich auf Evidenzen, kann sich auf Empirisches berufen. Dies *muß* so sein, denn beides, die Zersetzung durch Expansion des Warenprinzips wie die Einbettung in Moralökonomie und die Stützung durch zivilisatorisch gezügelte Staatsmacht (konkomitant zum Wachstum des Marktes), beides ist Ausdruck eines fluktuierenden Systems.

Die funktionale Differenzierung von Wirtschaft gegen Gesellschaft (genauer: Sphäre der Warenökonomie gegen Sphäre der generalisierten Reziprozität) ist zwar produktiv, insofern sie einen neuen Systemtyp schafft, sie ist aber nicht absolut stabil. Das, was käuflich ist, könnte zu Teilen auch Gegenstand von Eigenproduktion und generalisierter Reziprozität sein. Das, was wir aus Gefälligkeit leisten, könnte auch käuflich sein. Da die beiden Verteilungssysteme in Teilbereichen konkurrieren könnten, ist die Grenzziehung zwischen ihnen nie vollständig plausibel (und hier liegt ein Problem, das sich praktisch nie dauerhaft lösen läßt; ein Problem auch für jede Prognose). Es gibt infolgedessen regelhaft Bewegungen zur Ausdehnung des Warentausch-Prinzips wie Bewegungen zur Zurückweisung dieser Expansion, zur Eindämmung des Warenprinzips oder gar zur Abschaffung der Warenökonomie. Die Oszillation zwischen diesen beiden Systemtypen erscheint so als eine Oszillation *innerhalb* eines bestimmten Gesellschaftstyps. Die Korruption von Ministern ebenso wie fundamentalistische Bewegungen (wie etwa bei den Grünen) erscheinen als Ausdruck der Fluktuation eines Systems – des Systems Marktgesellschaft.

Daß solche Fluktuationen das System nicht unterminieren können, ist damit nicht gesagt. Und damit wären wir bei der skeptischen Frage nach dem Ende der Moderne, nach der Vollendbarkeit des Kapitalismus, die unsere heutige Diskussion einleitete.

Zusammenfassung

Der Anschein von Kontinuität ist oft trügerisch. Nach der Meßlatte der Ökonomen – dem Bruttosozialprodukt – entwickeln sich manche Länder der Dritten Welt kontinuierlich. Der Soziologe sieht hier eher eine Sackgasse der Entwicklung, nämlich die Entwicklung der Venalität, und damit die Unterminierung des Marktvertrauens. Der Soziologe erwartet eher die Krise, den Konjunkturabbruch, als normales zyklisches Phänomen.

In der europäischen Geschichte entstanden nicht überall entfaltete Marktgesellschaften in einer gradlinigen Entwicklung. Anti-Markt-Bewegungen zeitigten bisweilen das paradoxe Ergebnis, daß erst sie die für die Expansion der Märkte notwendige Einbettung schufen.

Heute – und das brauche ich im Vortrag wohl nicht breitzutreten – empfinden viele die Monetarisierung von Hilfe und Rat in Lebenskrisen, von Liebe, Kaufehen durch Importe, politische Korruption und neue Religionen auf Geschäftsbasis als einen zusammenhängenden Schub von Kommodifizierung, als Verlust von Rückzugsräumen. Daß dies eine reale Bedrohung des Lebenszusammenhangs der modernen europäischen Gesellschaft sein kann, kann die Soziologie bestätigen. Angesichts der Größenordnung der Phänomene, angesichts der bewegten Geldmengen, der internationalen Interdependenzen, kann ein Ausgang dieses Schubs oder ein Erfolg seiner Gegenbewegungen nur schwer prognostiziert werden. Die Frage nach der Unvollendbarkeit unserer Gesellschaftsform bleibt bestehen.

ANMERKUNGEN

1 Zur Ausdehnung der Warenform und zum Begriff der Kommodifizierung siehe zusammenfassend: Wallerstein, I.; *Historical Capitalism,* London 1983.
2 Siehe hierzu die Ausführungen von Chr. von Ferber im heutigen Vortrag.
3 Den Begriff „moral economy" schuf E.P. Thompson 1963 in dem Aufsatz „The Moral Economy of the English Crowd in the 18th Century", in: *Past and Present,* No. 50, 1971: 76-136. James Scott veränderte 1976 den Begriff in „The Moral Economy of the Peasant", New Haven.
4 In dem vorigen Vortrag nahm Johannes Berger diesen Polanyischen Begriff aus „The Great Trasformation" (Boston 1968) positiv auf. Wenn ich ihm auch in diesem Punkt nicht folgen kann, so versuche ich doch, seine Fragestellung und die darauf folgenden Ausdifferenzierungen positiv aufzunehmen.

5 Besser als in einem alten Arbeitspapier, in welchem ich meine Afghanistan-Erfahrungen auswertete, führte – zu diesem kritisch – Diana Wong diese Gedanken in einer Bielefelder Diplomarbeit („The Relation between the Peasantry and the State in Bénin", 1977) und in einem Aufsatz über „Bauern, Bürokratie und Korruption" (in: Elwert, G./Fett, R. (Hrsg.), *Afrika zwischen Subsistenzökonomie und Imperialismus,* Frankfurt 1982) aus.

6 Siehe hierzu Myrdal, G., *Asian Drama,* New York 1968 und die dort verwendete Literatur.

7 Siehe Franz, G., *Der deutsche Bauernkrieg,* Aktenband, Darmstadt 1968.

8 Anderson, B., *Imagined Communities,* London 1983.

9 Giesecke, M., *Schriftspracherwerb und Erstlesedidaktik in der Zeit des „gemeinteutsch",* Ms., Kassel 1977.

10 Hoelscher, L., Artikel „Öffentlichkeit" in: Ritter/Gründer (Hrsg.), *Historisches Wörterbuch der Philosophie,* 1984.

11 Elwert, G./Evers, H.-D./Wilkens, W., „Die Suche nach Sicherheit – Kombinierte Produktionsformen im sogenannten informellen Sektor", in: *Zeitschrift für Soziologie* 12/84, 1983: 281-296.

12 Polanyi, K., *Dahomey and the Slave Trade,* Seattle 1966.
Sahlins, M., *Stone Age Economics,* Chicago 1972.

13 Mühlmann, E., *Chiliasmus und Nativismus,* Berlin 1961.

14 Siehe Luhmann, N., *Soziologische Aufklärung 2. Formen des Helfens im Wandel gesellschaftlicher Bedingungen,* Opladen 1975: 134-149. Zu dem Argument, daß Vertrauen nur außerhalb des Marktes konstituiert werden kann, vgl. ders., *Vertrauen,* Stuttgart 1968: 41; zur Informalität der sozialen Kontrolle vgl. ebd.: 34.

15 Botenstein von Carolstadt, A., „Von den zweyen höchsten gebotten der lieb Gottes und des nechsten", in: Hertzsch, E. (Hrsg.), *Carlstadts Schriften aus den Jahren 1523-25,* Teil 1 Halle (Saale) 1956.

16 Elias, N., *Über den Prozeß der Zivilisation,* 2 Bde., Bern [2] 1969.

17 Hirschmann, A., „Rival Interpretations of Market Society", in: *Journal of Economic Literature,* Vol XX, 1982: 1463-1484.

Theorien der gesellschaftlichen Entwicklung zur Moderne

EINLEITUNG

Klaus Eder

Die Rede von Theorien der gesellschaftlichen Entwicklung *zur* Moderne ist interpretationsbedürftig. Denn sie suggeriert den Unterschied zwischen einer Verlaufslogik der Modernisierung und einer Ursachenanalyse dieser Modernisierung. Diese Trennung dürften nicht alle akzeptieren. Wer die Moderne als „unvollendetes Projekt" definiert, dem ist jede Theorie der gesellschaftlichen Entwicklung der Moderne auch eine Theorie der gesellschaftlichen Entwicklung zur Moderne. Nur der, der weiß, was man unter Moderne verstehen soll, kann sich ohne weitere Skrupel auf das Feld evolutionstheoretischer Verallgemeinerungen und auf die Ursachensuche begeben[1].

Solche Skrupel haben inzwischen viele befallen. Die klassische Theorie der Modernisierung ist vor allem von zwei Seiten unter Beschuß geraten: von Seiten derer, die ihr einen eurozentrischen, nationalstaatlich verengten Blick auf die Realität vorwerfen; und von Seiten derer, die dem empiristischen Begriff der Modernität den Begriff der Moderne als einer regulativen Idee entgegensetzen. Beide Angriffe haben die Modernisierungstheorie nicht unbeschädigt gelassen. Sie haben erstens zu einer stärkeren Historisierung und zweitens zu einer Problematisierung des Begriffs der Moderne selbst geführt.

Die Historisierung der Modernisierungstheorie sensibilisiert für den partikularen Fall. Das hat zunächst zu Typologisierungen (und Topologisierungen) geführt: zur Analyse von territorialen Strukturen in den Prozessen der Staaten- und Nationenbildung und zur Analyse von Formen interner Konsolidierung dieser Einheiten durch die Regelung von Teilnahme- und Teilhaberechten. Diese Historisierung hat zwei inhaltliche Effekte auf die Modernisierungstheorie gehabt: (a) sie hat das Moment zwischenstaatlicher Ungleichheit in das Erklärungsprogramm eingeführt und (b) sie hat den

Klassencharakter des entstehenden Nationalstaates, die differentielle Betroffenheit sozialer Gruppen durch Staats- und Nationenbildung wieder ins Blickfeld gerückt. Das hat darüber hinaus innerhalb der Theorie der Modernisierung zu einer weniger „geradlinigen" Konzeptualisierung des Modernisierungsprozesses geführt. Die Folgen zeigen sich vor allem an der Diskussion eines Schlüsselkonzepts einer Theorie der Modernisierung, nämlich dem Konzept der Rationalisierung[2].

Mit der Problematisierung des Begriffs Moderne bzw. Modernisierung werden die Grundannahmen der Modernisierungstheorie als solcher infragegestellt. Diese Kritik artikuliert sich – mehr oder weniger verschlüsselt – in der ästhetischen Kritik der Moderne. Sie sensibilisiert für die kulturellen Voraussetzungen von Modernität. Der Rekurs auf die kulturkritische Reflexion (und Zweifel an) der Moderne bietet sich deshalb als Schlüssel zu einer Rekonstruktion dessen, was kulturelle Modernität bedeutet, an. Diese Kritik macht einen affirmativen Begriff von Modernität schwierig. Denn man kann dann nicht mehr davon ausgehen, daß eine spezielle institutionelle Verkörperung dieser kulturellen Modernität (etwa das angloamerikanische politische System) ein Modellfall von Modernisierung sein könnte. Die so argumentierende alte Modernisierungstheorie ist der Versuch gewesen, einen bestimmten Entwicklungspfad festzuschreiben, eine hochselektive Form von Modernität als Inbegriff kultureller Modernität auszugeben. Erst der Blick auf die vor aller institutioneller Verkörperung gegebene kulturelle Form vermag die Grundlagen von Modernität und die den Modernisierungsprozeß in seiner Richtung bestimmende kulturelle Dynamik zu erfassen[3].

Doch darf die Kritik des affirmativen Modernitätsbegriffs nicht den sozialen Ort vergessen machen, von dem aus diese Kritik gedacht und an den diese Kritik gerichtet wird. Sie muß sich vielmehr in ein Verfahren soziologischer Objektivierung einlassen. Denn in der Art und Weise, wie die kulturelle Dynamik der Moderne von sozialen Klassen oder nationalen Gesellschaften „übersetzt" wird, reproduziert sich zugleich die objektive Struktur sozialer Ungleichheit, die mit der Modernisierung nicht verschwindet. Vielleicht besteht „Modernität" in der objektiven Differenz der Erfahrung von Modernität. Diese Differenz und ihre soziale Konstitution zu klären, das wäre dann der Gegenstand einer Modernisierungstheorie, die über die Klärung ihrer eigenen kulturellen Voraussetzungen hinausgehen will.

ANMERKUNGEN

1 Zwei Referate konnten aus Raumgründen nicht zum Abdruck gelangen. Das Referat von van Liere (Groningen) beschäftigte sich mit dem Prozeß der Durchsetzung des modernen Staates, der unter Rückgriff auf ein Set nutzentheoretischer Annahmen und mit Hilfe eines historisch-komparativen Ansatzes erklärt werden sollte. Das Referat von Gleichmann (Hannover) beschäftigte sich mit einer Rekonstruktion der

theoretischen und methodologischen Grundlagen der Entwicklungstheorie von Norbert Elias mit dem Ziel, die Modernisierungstheorie in einer allgemeinen sozialen Evolutionstheorie zu begründen.

2 Vgl. hierzu die Beiträge von Döbert und Haferkamp.

3 Vgl. hierzu die Beiträge von Brose und Lohmann.

FORMALE RATIONALITÄT ALS KERN DER WEBERSCHEN MODERNISIERUNGSTHEORIE

Rainer Döbert

Ziel der folgenden Ausführungen ist es, die Bedeutung des in der Weber-Forschung weitgehend vernachlässigten Konzepts der formalen Rationalität für die Architektonik der Weberschen Soziologie herauszuarbeiten. Der Argumentationsgang gliedert sich in drei Schritte. Im ersten Teil wird der Begriff der formalen Rationalität bestimmt. Im zweiten Teil wird am Weberschen Frühwerk demonstriert, daß für sein Denken zunächst der Begriff der materialen Zweckrationalität ausschlaggebend war. Im dritten Teil schließlich sollen einige der theoretischen Motive aufgeführt werden, die dazu führen mußten, daß sich Phänomene formaler Rationalisierung in der Weberschen Soziologie zunehmend in den Vordergrund schoben.

Teil I: Zum Begriff der formalen Rationalität

Will man Weber nicht Redundanz der Begriffsbildung unterstellen, so ist der Begriff der formalen Rationalität so zu bestimmen, daß er nicht mit Zweckrationalität zusammenfällt. Außerdem ist sicherzustellen, daß die von Weber mit dem Terminus 'formal rational' belegten Phänomene nicht rein enumerativ bloß aufgelistet, sondern erzeugt werden können. Diese Desiderate sind m.E. in der Literatur nicht erfüllt. Es ist hier nicht der Ort, darauf näher einzugehen. Insgesamt hat die Weber-Literatur zum Konzept der formalen Rationalität eher wenig zu sagen.

Um das Konzept der formalen Rationalität zu erhellen, wird es sinnvoll sein, sich zunächst dem Begriffspaar 'formal-material' zuzuwenden. Dieses liegt der Unterscheidung von formaler und materialer Rationalität voraus. Es durchzieht die gesamte Webersche Soziologie und ist wohl von Weber der juristischen Literatur entnommen worden. Es gibt formale und materiale Preistheorie, charismatische Herrschaft ist formal Offenbarung, material aber immer: „Es steht geschrieben, ich aber sage Euch ..." etc.

Was ist gemeint? Schluchter geht sehr zu Recht von der Wortbedeutung aus, um die formale und materiale Rationalität des Rechtssystems begrifflich zu fassen. 'Formal' leitet sich von Form ab und auf die Form des Denkens oder Handelns beziehen wir uns mit einer Wie-Frage. 'Material' hat dann mit dem Inhalt von Denken oder Handeln zu tun und auf den Inhalt beziehen wir uns typischerweise mit einer Was-Frage.[1]

Es dürfte offensichtlich sein, daß wir dieses Fragenpaar auf jedes beliebige Denk- oder Handlungsmuster anwenden können – also auch auf zweckrationales Handeln. Demnach könnte Handeln in formaler und in materialer Hinsicht zweckrational sein.

Für den Begriff der materialen Zweckrationalität gibt es bei Weber einen unzweideutigen Beleg. In der Wirtschaftssoziologie[2] spricht Weber davon, daß man an ein 'formal noch so rationales Wirtschaften' „ethische, politische, utilitarische, hedonische, ständische, egalitäre oder irgendwelche anderen *Forderungen* stellt und daran die Ergebnisse des ... Wirtschaftens *wertrational* oder *material* zweckrational bemißt." Hier geht es um die Bewertung der Handlungsergebnisse, also um die Frage, *was* mit dem Vollzug einer Handlung denn nun tatsächlich erreicht wurde. Wenn die Handlungsziele geltungsfreie Interessen, frei von jedem Wertbezug sind, dann ist Handeln, sofern es diese Zwecke erreicht, *material zweckrational*. Auch die formale Seite von zweckrationalem Handeln im Bereich der Ökonomie scheint in der zitierten Passage ganz unzweideutig bestimmt zu sein, nämlich als *Rechenhaftigkeit* und Rechenhaftigkeit läßt sich ja auch problemlos auf die Wie-Frage beziehen. Es ist jedoch von entscheidender Bedeutung sich zu vergegenwärtigen, daß die Wie-Frage hier – ohne daß Weber dies deutlich machen würde – *rekursiv* angewendet wird. Wirtschaftliches Handeln hat es ja schon vor Erfindung der Wirtschaftsrechnung gegeben und auch dabei muß das zweckrationale Wirtschaftshandeln einen formalen Aspekt aufgewiesen haben. Er besteht in der mit Zweckrationalität als solcher gegebenen Wahl der zur Erreichung des Zwecks subjektiv oder objektiv erforderlichen Mittel (*wie* erreiche ich den Zweck). Man müßte hier, um terminologisch genau zu sein, von *'formaler Zweckrationalität'* sprechen, die in Verbindung mit materialer Zweckrationalität das *rein* zweckrationale Handeln oder „absolute Zweckrationalität" konstituiert. Daß Weber zumindest implizit dic cntsprechende Unterscheidung im Auge hatte, geht aus einer Bemerkung über Handeln, bei dem die Zwecke wertrational beeinflußt sind, hervor. „Dann ist das Handeln nur in seinen Mitteln zweckrational "[3] impliziert, daß reine Zweckrationalität in der angedeuteten Weise „zusammengesetzt" ist. Formale Rationalität (im Unterschied zu formaler Zweckrationalität) im Sinne von Rechenhaftigkeit kommt jedoch erst ins Spiel, wenn ich die Form-Materie-Unterscheidung *rekursiv* auf die durch das Kausalitätskriterium seligierten Mittel anwende. Ich frage nun, *was* fällt überhaupt in den Bereich kausalwirksamer Handlungen und *wie* erreichen diese alternativen Mittel ihr Ziel. Sie sollen möglichst *effizient* und *'sicher'* wirken und erst die Anwendung dieser Zusatzkriterien grenzt die Mittelauswahl endgültig ein. Effizienzkalkulationen lassen sich aber ohne 'Rechenhaftigkeit' nicht präzise durchführen und daher ist die Wirtschaftsrechnung von Weber zu Recht als Inbegriff der formalen Rationalität der Ökonomie ausgezeichnet worden. Daß es sich um eine rekursive Anwendung der Form-Materie-Unterscheidung handelt, ergibt sich auch unmittelbar aus den formaler Rationalität zugeordneten Handlungsmotiven. Interessen an Prognostizierbarkeit, maschinenmäßigem Funktionieren, Berechenbarkeit, Stabilität etc. sind *notwendige Metainteressen* der Handelnden; sie setzen Primärinteressen voraus, die sicher, berechenbar, effizient verfolgt werden.

Diese hier am Beispiel des ökonomischen Handelns analysierte Struktur von formaler Rationalität läßt sich auf andere Handlungsbereiche und auf die Organisation von Orientierungssystemen (z.B. formale Rationalität des Rechtssystems) übertragen. Sie impliziert keine Reduktion auf Zweckrationalität, da ja Zweckrationalität gerade umgekehrt durch Anwendung der Unterscheidung von formal-material generiert wurde. Die analytische Unabhängigkeit des Begriffs der formalen Rationalität von dem der Zweckrationalität ist essentiell, da anders notwendige begriffliche Unterscheidungen einplaniert werden. Beispielsweise verkörpert das Naturrecht als Inbegriff von Wertrationalität auch formale Rationalität, da es logifiziert, systematisiert ist und Sätze *'kontrolliert'* ableitbar macht. Weber mußte daraus keinesfalls schließen, daß sich alles Handeln auf instrumentelles Handeln reduziert, da er mit formaler Rationalität eine Metaebene der Organisation von Denken und Handeln anvisiert hat, die eben bereichsübergreifend wirksam ist.

Teil II: Die früheste Form der Weberschen Entwicklungstheorie

Es soll im folgenden gezeigt werden, daß das Konzept der formalen Rationalität im Weberschen Denken zunächst von untergeordneter Bedeutung war, dann aber, mit der Entwicklung seines Denkens, zunehmend an Bedeutung gewinnen mußte. Die Veränderungen hängen damit zusammen, daß Weber sich von einem eher ungebrochenen zu einem eher skeptischen, vorsichtigen Evolutionstheoretiker entwickelt hat.

Entgegen gängigen Stilisierungen haben evolutionstheoretische Momente sich im Weberschen Denken nicht allmählich durchgesetzt, sondern Weber hat, wie seine früheste Veröffentlichung „Zur Geschichte der Handlungsgesellschaften im Mittelalter" zeigt, als Evolutionstheoretiker begonnen und dabei ganz einfach Ansätze seines Lehrers Goldschmid fortgeführt.

In der erwähnten Untersuchung geht es Weber darum zu klären, wie sich aus dem gemeinsamen Haushalt und der Gemeinschaft des Erwerbslebens die moderne Offene Handelsgesellschaft mit dem Status eines Rechtssubjekts, mit beschränkter Solidarhaftung der Gesellschafter und mit einem Sondervermögen entwickeln konnte. Das zentrale Argument läßt sich in etwa folgender Passage entnehmen: „Dagegen mußten ... Schwierigkeiten entstehen, als mit wachsender Bedeutung des Kredits die Schuldverbindlichkeiten des einzelnen einen Charakter gewannen, welcher die Haftbarmachung der Genossen für dieselben lediglich auf der Grundlage des gemeinsamen Haushalts häufig unbillig erscheinen ließ. Andererseits war gerade die unmittelbare Haftung geeignet, die Gemeinschaft im Geschäftsleben, als Kreditbasis, aktionsfähig zu machen ... Für alle Fälle, in welchen das Interesse des Kredits der Gemeinschaft überwog, mußte also die Haftung festgehalten werden." Wie löste die Rechtsentwicklung dies legislatorische Problem?[4] Das zur Erklärung herangezogene Modell ist – ohne daß dieser Terminus schon verwendet würde – ganz einfach das Modell zweckrationalen Handelns. Veränderte Handlungsbedingungen haben dazu geführt, daß die überkommenen Formen des sozialen Verkehrs „unangemessen" werden. Damit steht das Rechtssystem vor dem Problem, schrittweise die Rechtstechniken zu entwickeln, die die neuen Handelsgewohnheiten in sichere Bahnen lenken können. Das Modell stellt ganz auf „materiale Zweckrationalität" ab. Denn der Rechtszweck bestimmt den gesamten Entwicklungsgang. Er besteht in der Lösung des gegebenen Handlungsproblems und aufgrund des Handlungsdruckes wird die Rechtsentwicklung sich notwendigerweise so vollziehen, daß entsprechende rechtstechnische Mittel hervorgebracht werden. Für formale Rationalität war in diesem Modell eigentlich kaum Raum und es überrascht daher nicht, daß Weber über die römischen Juristen der damaligen Zeit einigermaßen abfällig urteilt.[5]

Nun wurde Weber aber immer deutlicher, daß die Identifizierung einer gegebenen Problemlage noch längst nicht garantiert, daß auch die entsprechenden „problemlösenden" sozialen Arrangements institutionalisiert werden können. Das entwicklungstheoretische Modell mußte also als übervereinfachend verworfen und entsprechend korrigiert werden. Dabei gewann formale Rationalität an Bedeutung.

Teil III: Systematische Gründe für den Bedeutungszuwachs von 'formaler Rationalität' im Weberschen Werk

Webers entwicklungstheoretisches Modell stellte zunächst ganz auf das Moment der Notwendigkeit ab, enthielt also – übersetzt in eine neuere Terminologie – lediglich ein Stadienmodell der Entwicklung. Die Stadienmodelle erlauben es uns, die jeweils früheren Entwicklungsformen als notwendige Voraussetzungen für die späteren und die späteren als „angemessenere", „zweckrationalere" Reaktionen auf gegebene funktionale Imperative zu begreifen. Es muß sich aber überhaupt nichts enwickeln, da das entsprechende System aufgrund seiner internen Struktur oder der ihm zur Verfügung stehenden Ressourcen daran gehindert sein kann, überhaupt neue und angemessene Problemlösungen zu erzeugen, durchzusetzen und zu speichern. Ob sich Entwicklung vollzieht hängt auch von Zufälligkeiten ab. Diese Zufallskomponente, die heute in allen evolutionstheoretischen Ansätzen enthalten ist, läßt sich thematisieren als Gegensatz von Evolution und Geschichte. Weber führt die Unterscheidung im Objektivitätsaufsatz streng durch. Er hat keinerlei Einwände gegen die Verwendung von Stadienmodellen, „*solange* man sich stets gegenwärtig hält, daß idealtypische Entwicklungs*konstruktionen* und *Geschichte* zwei streng zu scheidende Dinge sind ...“[6]

Die komplexere evolutionstheoretische Variante, die Weber nun unter Einbeziehung der Zufälligkeiten von Geschichte entwickelt, ist so spezifiziert, daß auf planvolle Vorausschau zweckrational handelnder Subjekte verzichtet werden kann. Soziale Institutionen können sich in weit abliegenden Feldern sozialen Handelns entwickeln und erst später zu neuen institutionellen Arrangements kombiniert werden; sie können von neuen Trägergruppen mit gänzlich anderer Zielsetzung „übernommen“ werden, und dabei ihre Bedeutung ins Gegenteil verkehren. Diese 'Zufälligkeiten' lassen sich nicht im Modell zweckrationalen Handelns auffangen, sondern erfordern ein *Modell der unbewußten Auslese von sozialen Institutionen.* Ein solches Modell bleibt aber unspezifiziert, wenn es nicht durch Annahmen über das Speichern von Innovationen ergänzt wird. Genau hierin liegt der theoretische Stellenwert des zweiten „Standbeins“ moderner Entwicklungstheorien, der *Entwicklungsmechanismen* nämlich. Diese müssen so angelegt sein, daß verständlich wird, wie die zufälligen historischen Schwankungen zu akkumulativen Lernprozessen verdichtet werden können. Meine These ist nun, daß der Begriff der formalen Rationalität in der Weberschen Soziologie nicht zuletzt deshalb von zentraler Bedeutung ist, weil ohne ihn der in Rationalisierungsschüben zum Ausdruck kommende gesellschaftliche Lernprozeß unverstanden bliebe, da das Speichern von Innovationen ohne ihn nicht gefaßt werden kann.[7]

Dafür gibt es mehrere Gründe. Einerseits betrifft die formale Rationalität das „Wie“ der Organisation von Denken und Handeln. Stil und Form sind jedoch, da sie in der Regel nicht thematisch sind, gegen Wandel viel resistenter als Inhalte und werden beibehalten, wenn Inhalte sich ändern. Andererseits sind die formal rationalisierten Denk- und Handlungsmuster prestigereicher und – das ist ja der Sinn von formaler Rationalität – leichter reproduzierbar als ihre nicht-rationalisierten Konkurrenten. Dadurch genießen formal rationalisierte Handlungsstrukturen einen Selektionsvorteil im Auslesekampf der Institutionen.

Auch die Differenzierungsthematik, an der keine Evolutionstheorie vorbeikommt, läßt sich ohne Rekurs auf formale Rationalität nicht behandeln. In letzter Instanz ruht die Webersche Differenzierungstheorie auf der Unversöhnlichkeit der konkurrierenden Sachordnungen. Deren Unversöhnlichkeit erzwingt Differenzierungsprozesse. Sie kann jedoch nur transparent werden, wenn jede Sachordnung für sich genommen in ihren Funktionsgesetzmäßigkeiten systematisch analysiert und zu Ende gedacht wird; das aber heißt ja nichts anderes, als daß erst bei formaler Rationalisierung jeder Sachordnung die Inkompatibilität, die Differenzierungen auslöst, zutage treten kann. Auch von daher mußte Weber deshalb immer wieder auf formale Rationalität stoßen.

Die systematische Bedeutung von formaler Rationalität läßt sich auch beleuchten, wenn man überlegt, wie sich denn die anderen Komponenten des gesamten Rationalitätskomplexes für eine entwicklungstheoretische Konstruktion nutzbar machen ließen. Ich muß mich hier mit Andeutungen begnügen: objektive Richtigkeitsrationalität würde den gesamten Entwicklungsgang einfach dichotomisieren. Denn wahr ist die moderne Wissenschaft, und alles was davor lag, ist gleich falsch. Dieser Umstand strahlt unmittelbar auf das Konzept des objektiv richtigen zweckrationalen Handelns aus, da dies ja durch Wahrheit der Kausalhypothesen definiert ist. Bei materialer und Wertrationalität kann Entwicklung einfach nur in Systematisierung und Logifizierung der letzten Wertgesichtspunkte bestehen. Das aber ist eben die Essenz von formaler Rationalität. Bleibt die subjektive Zweckrationalität. Der magisch Handelnde verhält sich subjektiv nicht weniger oder anders zweckrational als der moderne Techniker. Entwicklung kann hier nur auf einer Metaebene liegen, also formale Rationalität tangieren. Genauso argumentiert Weber in seinem Wertfreiheitsaufsatz beim Vergleich von Magie und Physik.[8]

Weber war ein sensibler Beobachter seiner Zeit und daher konnte ihm das Problem der Entfremdung, das so typisch zu sein scheint gerade für moderne Gesellschaften, nicht entgehen. Entfremdung hat natürlich einerseits entschieden etwas mit der mangelnden Transparenz des heutigen Institutionsgefüges zu tun. Aber darin liegt nur eine Komponente der Weberschen Entfremdungstheorie, die der Ergänzung durch das Konzept der formalen Rationalität bedarf. Denn für sich allein genommen muß mangelnde Transparenz ja überhaupt keine entfremdenden Implikationen haben, solange das Institutionensystem nur so funktioniert, daß wir unsere Zwecke ungestört verfolgen können. Warum werden die modernen Institutionen als Arrangements erfahren, in denen der Einzelne sich mit seinen Zielsetzungen nicht ungebrochen aufgehoben fühlen kann? Dies läßt sich erst begreifen, wenn man die mangelnde Transparenz durch das Konzept der formalen Rationalität ergänzt. Denn formale Rationalisierung läuft ja darauf hinaus, daß alles Handeln einem weiteren Kriterium unterworfen wird: es sollen nicht nur Primärziele erreicht werden, sondern diese sollen dauerhaft, sicher, effizient etc. erreicht werden. Wo aber zwei Kriterien wirksam sind, kann es auch zu Konflikten zwischen der Erfüllung dieser Kriterien kommen; können die Primärziele also beispielsweise zugunsten der mit formaler Rationalität verbundenen notwendigen Metamotive des Handelns beiseite geschoben werden (Rentabilität versus optimale Güterversorgung z.B.). Da die Handelnden aber auch diese Metamotive nicht einfach ignorieren können, ohne pragmatische Paradoxien zu erzeugen (man kann nicht Z wollen, ohne auch zu wollen, daß es für die Erlangung von Z eine gewisse Sicherheit gibt), lassen sich in Konfliktfällen die Institutionen nicht ohne weiteres so umbauen, daß Primärziele eindeutig die Oberhand gewinnen. Das „stahlharte Gehäuse" ist, so betrachtet, eher als goldener Käfig zu fassen, aus dem wir nicht herauswollen können, da sonst unsere notwendigen Metamotive verletzt würden.

Abschließend ein letzter Hinweis: es ist ja wiederholt bemerkt worden, daß die Anwendung von dichotomisierenden Begriffen wie Mikro- und Makrosoziologie oder System- und Handlungsebene auf die Webersche Soziologie wenig hilfreich ist. Ich glaube, daß sich zeigen läßt, daß Weber zwischen unterschiedlichen Aggregationsniveaus von Handlungen unter anderem deshalb flexibel zu vermitteln vermochte, weil er das Konzept des Einverständnishandelns mit Prozessen formaler Rationalisierung verbinden konnte. Formal rationalisiert werden sämtliche Denk- und Handlungsbereiche, aber auch die Persönlichkeit selbst. Damit hat Weber mit formaler Rationalität den Fall der Interrelation von Mikro- und Makrorationalität identifiziert, bei dem die Rationalitätskriterien der beiden Ebenen konkordant sind. Die Organisationen haben ein notwendiges Interesse daran, daß ihre Mitglieder und Abnehmer in ihrem Verhalten berechenbar sind, und umgekehrt haben die Individuen ein Interesse daran, daß auch die Organisationen 'maschinenmäßig' funktionieren. Wächst nun die formale Rationalität von Individuen und sozialen Systemen, so kommen „Einverständnisse" leichter zustande. Denn nun erhöht sich die für Einverständnishandeln konstitutive objektive Wahrscheinlichkeit: „daß ... (andere die eigenen) Erwartungen trotz des Fehlens einer Vereinbarung als sinnhaft 'gültig' für ihr Verhalten praktisch behandeln werden."[9]

Zusammenfassend läßt sich vielleicht festhalten: nicht Zweckrationalität, sondern formale Rationalität ist Dreh- und Angelpunkt der Weberschen Soziologie, die von Anbeginn an Evolutionstheorie war und die sich als solche nicht ohne Rekurs auf formale Rationalisierung konstruieren ließ.

ANMERKUNGEN

1 W. Schluchter, *Die Entwicklung des okzidentalen Rationalismus,* Tübingen 1979, S. 130 f.

2 M. Weber, *Wirtschaft und Gesellschaft,* Tbg. 1956, S. 45.

3 Anm. 2, S. 13.

4 M. Weber, *Zur Geschichte der Handelsgesellschaften im Mittelalter,* Tbg. 1889, S. 66.

5 Vgl. Anm. 4, S. 151, 155.

6 Max Weber, *Gesammelte Aufsätze zur Wissenschaftslehre,* Tbg. 1951, S. 204.

7 Für dieses wie die folgenden Argumente ist relativ gleichgültig, ob Weber die Zusammenhänge im einzelnen präsent waren. Wenn meine Überlegungen triftig sind, mußte Weber bei der Analyse von Entwicklungsprozessen immer wieder auf ein Anwachsen von formaler Rationalität stoßen. Dies war der Fall, und das genügt für die Zwecke dieses Aufsatzes.

8 M. Weber, *Ges. Aufsätze zur Wissenschaftslehre,* Anm. 6, S. 512. Diese Passage allein sollte eigentlich genügen, den Leser davon zu überzeugen, daß man mit bloßer Zweckrationalität bei Weber nicht sehr weit kommen kann.

9 Max Weber, *Über einige Kategorien der verstehenden Soziologie,* [Anm. 6] S. 456.

RATIONALISIERUNG UND ENTHIERARCHISIERUNG. ZUR KRITIK DER WEBERSCHEN ÄGYPTISIERUNGSTHESE

Hans Haferkamp

Max Weber hat bekanntlich die Zukunft moderner Gesellschaften düster ausgemalt: Die in Gang gekommene formale Rationalisierung endet in der vollkommenen Durchrationalisierung aller Lebensbereiche. Die formal rationale Verwendung von Menschen wird in diesem Prozeß durch die Bürokratie gewährleistet. Disziplin, Befehl und Gehorsam, kurz: Leben in einer Hierarchie ist eines der hervorstechenden Merkmale der Bürokratie. Die Bürokratisierung führt daher zu einem Endzustand. Ich zitiere: „Im Verein mit der toten Maschine ist sie an der Arbeit, das Gehäuse jener Hörigkeit der Zukunft herzustellen, in welche vielleicht dereinst die Menschen sich, wie die Fellachen im altägyptischen Staat, ohnmächtig zu fügen gezwungen sein werden, wenn ihnen eine rein technisch gute und das heißt: eine rationale Beamtenverwaltung und -versorgung der letzte und einzige Wert ist, der über die Art und Leitung ihrer Angelegenheiten entscheiden soll" (Weber 1958, S. 320).

Ich überlese nicht: Weber hat in seine Prognose eine Voraussetzung eingebaut: Verwaltung und Versorgung sei der letzte und einzige Wert der Menschen. Aber welche Bedeutung hat diese Bedingung? Welche andere mögliche Entwicklung sieht Weber und welche Auswirkungen hätte sie? Die alternative Entwicklung setzt mit einem leitenden Geist ein, mit dem um eigene Macht kämpfenden, Eigenverantwortung für seine Entscheidungen tragenden Politiker oder Unternehmer. Von ihm erwartet Weber eine Ausrichtung der Bürokratie auf andere Ziele und Werte als den reibungslosen Selbstlauf des bürokratischen Systems und die optimale Versorgung der Betreuten. Als solche Ziele führt er die nationale Größe und das Bestehen der Nation beim Griff zur Weltmacht an.

Was auf den ersten Blick wie ein Ausweg aus dem Gehäuse der Hörigkeit aussieht, erweist sich nun bei näherem Hinsehen nur als ein Weg in einen Käfig mit anderer Zielsetzung. Entweder herrscht der cäsaristische Führer mit Hilfe der effizienten, auf Erfüllung seiner Zielsetzung ausgerichteten Bürokratie über die Massen, oder die Bürokratie herrscht mit einem Versorgungsprogramm in allen Lebensbereichen unter der Titularherrschaft unfähiger Mitglieder an ihrer Spitze. Die Bilanz für die Masse der Beherrschten ist die gleiche: Sie werden zukünftig in einem stahlharten Gehäuse mit immer stärkerer Kontrolle und immer weniger Handlungsfreiheiten leben müssen. Die Hierarchisierung bleibt unentrinnbar, ist unwiderruflich ihr Schicksal.

Ich nenne diese zusammenhängenden Prognosen der Rationalisierung, Bürokratisierung und Hierarchisierung die Ägyptisierungsthese. Sie beschreibt nach Weber den Trend zur und die Grundtendenz der Moderne. Sie ist seit Jahrzehnten ein zentrales Interpretationsmuster der Soziologie.

Ich meine, Webers Ägyptisierungsthese enthält ebensoviel falsche wie zutreffende Aussagen und die Anschlußtheorien in Soziologie und Politikwissenschaften sind in wesentlichen Teilen falsch. Richtig ist der Teil, der sich auf Bürokratisierung bezieht. Ob Weber mit seiner Prognose zunehmender formaler Rationalisierung uneingeschränkt recht hatte, ist schon sehr fraglich. Vor allem ist aber falsch – jedenfalls in ihrer Allgemeinheit – die Hierarchisierungsprognose, der düstere Schlußpunkt der Ägyptisierungsthese, der im Mittelpunkt meines Vortrages steht. Dazu möchte ich zunächst Gegenthesen formulieren und dann ihre Triftigkeit im Vergleich zu Webers Hierarchisierungsvorhersage abklären.

In vielen Lebensbereichen erleben die Akteure heute eine Ersetzung von Herrschaft durch Verhandlung, einfach weil alte Regeln und Positionen zusammenbrechen und neue nicht mehr von oben gesetzt werden können, da sich unten Beteiligungsverlangen unüberhörbar zu Wort meldet, und diese Tendenz des Auftretens von Verhandlungen beschleunigt sich. Der Zustand, auf den sich diese Entwicklung hinbewegt, ist nicht das Gehäuse jener Hörigkeit, es ist vielmehr eine Situation, in der mit Akteuren, mit Beherrschten verhandelt werden muß und in der Akteure ganz allgemein soziales Handeln aushandeln. Natürlich ist Hierarchie noch nicht abgestorben, sie existiert, und so beobachten wir ein Nebeneinander von Herrschaft und Verhandlung. Man findet auf der einen Seite häufig Leitung und Stab mit einem Potential negativer Sanktionen, die jedoch selten in Gang gesetzt werden, und auf der anderen Seite Abteilungen von Mitarbeitern, von denen selbständiges Vorgehen erwartet wird, und Beherrschte, die Protest und ab und zu auch Zustimmung artikulieren. Im Verhältnis von Spitze zu Apparat wie Beherrschten arbeiten Mächtige dann mit Bitten und Wünschen, mit Überzeugung und Verhandlung.

Daß dies die zentrale Tendenz in Industriebetrieben, öffentlicher Verwaltung und Politik, im Erziehungs- und Bildungssystem ist, habe ich 1983 an anderer Stelle beschrieben. Wegen der Kürze der Zeit verzichte ich hier auf weitere Deskription und verweise nur noch auf Daten und Analysen von Dahrendorf (1979) über die Veränderung von Lebenschancen, von Mayntz zum Zusammenhang von Folgebereitschaft und Mitbestimmung, von Fine über ,,Negotiated Orders and Organizational Cultures". Ich meine auch, daß Ergebnisse von Kern und Schumann über neue Konturen des Sozialcharakters von Arbeitern so interpretiert werden können, und erinnere schließlich an Untersuchungen von Alber über die Entwicklung zum Wohlfahrtsstaat und von Korpi über die Rolle der ,,working class in welfare capitalism". Ich bin der Auffassung, daß die folgende erste Bilanz nicht willkürlich ist:

– der Herrschaftsanspruch der Bürokratie wird im Wirtschaftsbereich, in der öffentlichen Verwaltung und anderen Handlungszusammenhängen

stark eingeschränkt oder aufgegeben,
- Bürokratien werden auch von innen, von den Angehörigen des Apparates, ausgehöhlt; statt Folgebereitschaft entsteht Eigenmächtigkeit,
- auf Partizipation zielende soziale Bewegungen fordern mit Unterstützung der Mehrheit der Beherrschten Hierarchien erfolgreich heraus.

Jedenfalls in der Industrie, der öffentlichen Verwaltung und dem Erziehungssystem findet nicht Ägyptisierung, sondern Enthierarchisierung statt.

Aber es gibt andere Lebensbereiche: das Militär, die multinationalen Wirtschaftskonzerne, die Strafjustiz und die Einrichtungen der Psychiatrie, Altersheime und Intensivstationen. Auch hier kann der deskriptive Teil nur in Kürze dargeboten werden. Dies ist für das Militär besonders mißlich, da Verweise schwerer fallen, weil das Militär zu den soziologisch stark unterbelichteten Organisationen gehört. Lesen wir die eingangs zitierten Sätze Webers mit Blick auf das Militär noch einmal, so bekommen die Worte einen neuen Sinn: Das Gehäuse jener Hörigkeit, auf das die Menschen zugehen, wäre der atomare Käfig und die unentrinnbare Bürokratie, die zum Schicksal des Jahrhunderts wird, die Militärbürokratie.

Vergegenwärtigen wir uns Größe, Waffenarsenale, Einsatzpläne und durchgeführte Einsätze des Militärs moderner Gesellschaften, so ist es nicht zu viel zu sagen: Von einer Handvoll Militärführer und Militärpolitiker hängen im Konfliktfall ganze Gesellschaften von nicht kämpfenden Schutzbefohlenen oder Gegnern, aber auch eigene Offiziere und Soldaten ab. Das ist nicht zu überbietende Hierarchisierung.

Dieser Befund ist erneut festzuhalten, wenn man einzelne Gruppen von Abhängigen betrachtet. Der Einfluß der Militärs auf Politiker wird allgemein als hoch eingeschätzt. Militärführer geben ihre Feindbilder an Politiker weiter, so daß zum Teil absurde Vorstellungen vom Kontrahenten, von seiner Stärke, seinen Absichten und Möglichkeiten existieren. Für den ehemaligen Staatssekretär von Bülow ist es kein Wunder, daß Politiker zu verheerenden Schlußfolgerungen kommen, „wenn in Ost und West die Politiker mit den Militärs in einem Käfig sitzen".

Militärführer bestehen auch erfolgreich auf Hierarchie gegenüber Offizieren und Soldaten. Es hat zwar spätestens seit 1918 auch im Militär einen Abbau von Herrschaft gegeben, so daß von „kooperativen Führungsstilen" gesprochen wird, aber anders als in der Industrie und Verwaltung ist daraus eine „Krise der Hierarchie" nicht entstanden. Die Befugnis zu allgemeinen Befehlen von oben und die Kompetenz zu detaillierten Befehlen innerhalb von Einheiten ist aber unbestritten. Ein Äquivalent zu überbetrieblicher Mitbestimmung oder zum Einfluß auf die Gestaltung des Arbeitsplatzes fehlt. Ein Ausbleiben ernsthafter Versuche der Soldaten, grundlegende Änderungen in dieser Organisation zu erreichen, belegt eine andauernde Akzeptanz von Hierarchie im Militär.

Im Verhältnis zu den Schutzbefohlenen findet man, beispielsweise in der Bundesrepublik Deutschland, generelle Zustimmung zur Militärpolitik und zu den Streitkräften. Sie äußert sich in den Zustimmungsquoten von

70 bis 90 % bei Meinungsumfragen. Nur sehr begrenzt kann von einer Delegitimierung des Militärs in der Bundesrepublik gesprochen werden. Sie zeigt sich in Protesten und Aktivitäten von Minderheiten von Schutzbefohlenen.

Zu anderen genannten Organisationen muß ein kurzer Verweis genügen: René König hat 1979 die Rolle multinationaler Konzerne untersucht. Danach kann von einer Enthierarchisierung hier keinesfalls die Rede sein.

Es gibt also auch eine Reihe von Organisationen, die sich (noch?) auf der von Weber vorhergesagten Linie entwickeln. Hier laufen in der Tat Prozesse der Ägyptisierung von Handlungszusammenhängen ab. Ihre wesentlichen Merkmale gegenüber den durch Enthierarchisierung gekennzeichneten Organisationen sind:

- Der Apparat akzeptiert Führung und führt aus. Verhandlungen finden nicht statt.
- Die Mehrheit der Beherrschten zeigt keine Unterstützung oder Sympathien für Aktionen von opponierenden Minderheiten.

In der Bilanz scheint sich allerdings in der Mehrzahl der gesellschaftlichen Handlungszusammenhänge die Tendenz zur Enthierarchisierung durchzusetzen.

Wie sind die unterschiedlichen Entwicklungen in den verschiedenen Handlungszusammenhängen zu erklären? Zwei hervorstechende Trends in der Entwicklung zur Moderne sind ursächlich:

1. ein Trend zur Leistungsangleichung,
2. ein Trend zum Individualismus.

Selbstverständlich treten Abweichungen, auch als Muster von den Trends auf, und es gibt Unebenheiten in den Trends, aber die generellen Trendlinien sind unübersehbar. Ich möchte hier nur einen Trend, die Leistungsangleichung, besprechen.

Zunehmende formale Rationalisierung nicht nur von Herrschaft, sondern auch von allen anderen Handlungszusammenhängen, führte zu einer Leistungssteigerung, zu besseren Ergebnissen. Denn formale Rationalität führt zu immer effizienterer Planung, Anlage und Durchführung von Prozessen der Arbeit, Verwaltung, Sozialisation, Sinnstiftung, Verteidigung oder Verwahrung. Voraussetzung ist allerdings oben und unten die Bereitschaft und Fähigkeit zu und die Erbringung von Leistungen.

Für die Akteure oben wie unten hatte das eine in ihren Folgen nicht bedachte Konsequenz: Wer mehr leistet, der wird auch wichtiger; wer wichtig ist, den hört man auch an, dessen Vorschläge, Wünsche, Verlangen werden beachtet, und damit haben diese Akteure auch Einfluß. Kurz: „Wer die Arbeit tut, hat den Einfluß", wie Weber einmal bemerkte.

Das gilt in mehrfacher Hinsicht. Einmal von oben: Wer überhaupt Situationen anbietet, in denen Leistungen von anderen erbracht werden können, hat schon Einfluß. So hat Dahrendorf (1982, S. 26) recht, wenn er für moderne Gesellschaften meint, daß „Arbeit (und das heißt: Arbeitsplatzangebot, H.H.) zumindest auch ein Herrschaftsinstrument ist. Wenn sie ausgeht, verlieren die Herren der Arbeitsgesellschaft das Fundament ihrer Macht". Unten, am Fuße der Herrschaftspyramide, wurden die Beherrschten in Westeuropa, nachdem einmal Großorganisationen entstanden waren, die in Konkurrenz produzierten, immer unentbehrlicher. Die hier verfolgte These lautet nun, daß der durch Rationalisierungsprozesse ausgelöste technische Wandel zwar zu einer beispiellosen Leistungssteigerung führte, die aber ihre Träger in unterschiedlichen Herrschaftslagen fand. In Industrie, Politik, öffentlicher Verwaltung, Erziehung und Bildung nahm die Bedeutung der Leistungen oben in einem langen Prozeß, dessen Geschwindigkeit sich beschleunigt hat, permanent ab. Dagegen nahm die Relevanz der Leistungen unten, also von jenen Akteuren, die anfangs einfach in dieses System hineingeschoben wurden, deren Leistung früher nur in der Verausgabung von Körperkraft ohne viel Sinn für den Akteur bestand, immer mehr zu. Das ist die Grundlage dafür, daß sich Herrschaft in diesen Lebensbereichen immer mehr wegbewegt vom manipulierten Konsens oder von der durchgesetzten, aber bestrittenen Definition der Situation hin zur Machtangleichung.

Wie ist es aber zu erklären, daß wir bei der Analyse des Militärs zu einem anderen Ergebnis kommen? Auch das Militär hat eine zentrale gesellschaftliche Leistung zu erbringen: die Sicherheit vor Angriffen von außen. Die Formel „Produktion von Sicherheit" wird zwar von Intellektuellen oft belächelt und verspottet, da sie zum abrufbaren Selbstverständnis jedes Fähnrichs geworden ist, aber zutreffend ist sie für die Beherrschten dennoch. Produktion von Sicherheit wird von den Beherrschten als real erlebt in einer Gesellschaft, in der immer irgendwo Krieg ist. Die Bedrohung wird zunächst einmal von der Mehrheit der Akteure als von anderen Armeen als der eigenen ausgehend erlebt. Solange das so ist, solange gibt es keine „Unvereinbarkeit von militärischer Gewalt und entwickelter Gesellschaft", solange ist ein nachhaltiger Delegitimierungsprozeß der „Sicherheitspolitik oder der Streitkräfte" unwahrscheinlich.

Sicherlich, das Unwahrscheinliche könnte eintreten, wenn Nuklearwaffen nicht als Sicherheit stiftend angesehen werden, sondern in eine doppelte Beziehung zum Überlebensproblem „Sicherheit vor Angriffen von außen" gebracht werden. Nuklearwaffen haben paradoxe Effekte. Sie geben als Abschreckungswaffen Sicherheit vor Angriffen, aber ihr Besitz fordert möglicherweise im Konfliktfall auch ihre Anwendung durch den Gegner heraus mit furchtbaren zerstörerischen Konsequenzen. Dadurch schaffen sie neue Unsicherheit. Darin liegt ein Potential für Delegitimierung und Funktionsverlust des Militärs mit weitreichenden Folgen für Enthierarchisierungsverläufe. Dieser Prozeß ist aber noch nicht im Gang.

Militärorganisationen erfahren Legitimität um so mehr, als sie erfolgreich die territorialen Grenzen ihrer Gesellschaft verteidigen, d.h. Kriege verhindern oder gewinnen. Sieht man die westlichen Gesellschaften im Zusammenhang, so hat die Militärelite mit der atomaren Abschreckung zwar nur – auch in den Auswirkungen auf die eigenen „geschützten" Gesellschaften – schreckliche Konzepte zu offerieren, diese haben aber immerhin seit bald vierzig Jahren den Frieden erhalten. An dieser Tatsache kommt keine Analyse des modernen Militärs und seiner Machtgrundlagen in westlichen Gesellschaften vorbei.

Die Herrschaft der Militärführer über die Soldaten ist ebenfalls bedeutend und mit der Herrschaft von Betriebsleitern und Behördenvorgesetzten nicht zu vergleichen, obwohl nicht übersehen werden darf, daß Soldaten heute nicht mehr so abhängig sind wie vor hundert oder mehr Jahren. Technisierung der Armee, die Effizienz von Führungsstrukturen, die Beteiligung der Soldaten an der Erfüllung von Gruppenaufträgen haben ihre Auswirkung auch im Militär in Enthierarchisierungsprozessen. Sie sind aber nicht mit den Prozessen des Machtwandels in Industrie und öffentlicher Verwaltung zu vergleichen, und sie werden zum Teil durch neue Hierarchisierung aufgrund von Nuklearbewaffnung ausgeglichen. Denn in einer Armee, die die äußere Sicherheit mit Kernwaffen zu gewährleisten versucht, für deren Einsatzbereitschaft eine im Verhältnis zu anderen Armeeteilen kleine Gruppe von Akteuren erforderlich ist, ist die Leistung der Masse der Soldaten der Infanterie, Marine und Luftwaffe für die Lösung des Sicherheitsproblems geringer einzuschätzen. Ihre Leistung ist auch nicht mit der anderer moderner Beherrschter, z.B. von Fabrikarbeitern, zu vergleichen, wenn man berücksichtigt, daß in Armeen von Wehrpflichtigen Soldaten nie Experten in ihrer Position werden, wie dies Industriearbeiter sind. Daher finden wir die Machtkonzentration an der Spitze und die Machtlosigkeit der Masse der Soldaten.

Für die Einflußlosigkeit der Minderheit von Schutzbefohlenen, die in sozialen Bewegungen gegen die modernen Armeen in westlichen Gesellschaften antreten, sind die nicht überzeugenden Antworten auf die Frage nach der Sicherheit vor Angriffen von außen maßgebend.

Ich fasse zusammen: Die unterschiedlichen Leistungsdifferenzen zwischen den Handlungszusammenhängen der Wirtschaft, der öffentlichen Verwaltung und des Militärs, die wir hier insbesondere betrachtet haben, erklären daher den unterschiedlichen Grad der Enthierarchisierung. Denn, so lautet unsere These, die formale Rationalisierung der Lösung von Überlebensproblemen führt stets zu Hierarchisierung der Akteure eines Handlungszusammenhangs einerseits und zur differentiellen Leistungssteigerung „oben" und „unten" andererseits. Da in der Moderne Herrschaft wesentlich auf Leistungen gründet, verändern die Leistungsrelationen permanent Herrschaftsverhältnisse. Wo Machtansprüche nicht mehr von Leistungen gedeckt werden, kann sich alte, anerkannte Macht nicht lange halten, kann sich neue Macht der Masse der Beherrschten nicht entwickeln. Wo zur Lösung von Problemen des Überlebens und Besserlebens die erforderlichen Leistungen unten auf breiter Basis erbracht werden, da ist auch die Gefahr der Ägyptisierung, der Entwicklung zur formierten Gesellschaft, ganz unwahrscheinlich. Wo aber die Akteure unten keine bedeutenden Leistungen erbringen können oder gar jede Partizipation verweigern, da ist Ägyptisierung reale Gefahr.

LITERATUR

Alber, Jens, *Vom Armenhaus zum Wohlfahrtsstaat. Analysen zur Entwicklung der Sozialversicherung in Westeuropa,* Frankfurt 1982.

Dahrendorf, Ralf, *Lebenschancen. Anläufe zur sozialen und politischen Theorie,* Frankfurt 1979.

— , „Wenn der Arbeitsgesellschaft die Arbeit ausgeht". In: J. Matthes (Hrsg.), *Krise der Arbeitsgesellschaft? Verhandlungen des 21. Deutschen Soziologentages in Bamberg 1982,* Frankfurt 1983, S. 25-37.

Fine, Gary Alan, „Negotiated Orders and Organizational Cultures", *Ann. Rev. Sociol.,* Bd. 10, 1984, S. 239-262.

Haferkamp, Hans, *Soziologie der Herrschaft. Analyse von Struktur, Entwicklung und Zustand von Herrschaftszusammenhängen,* Opladen 1983.

Kern, Horst und Michael Schumann, ,,Arbeit und Sozialcharakter: Alte und neue Konturen". In: J. Matthes (Hrsg.), *Krise der Arbeitsgesellschaft? Verhandlungen des 21. Deutschen Soziologentages in Bamberg 1982,* Frankfurt 1983, S. 353-365.

König, René, „Gesellschaftliches Bewußtsein und Soziologie", *KZFSS,* Sonderheft 21/1979, S. 358-370.

Korpi, Walter, *The working class in welfare capitalism. Work, unions and politics in Sweden,* London, Henley und Boston 1978.

Mayntz, Renate, ,,Regulative Politik in der Krise?", In: J. Matthes (Hrsg.), *Sozialer Wandel in Westeuropa. Verhandlungen des 19. Deutschen Soziologentages in Berlin 1979,* Frankfurt 1979, S. 55-81.

Weber, Max, *Gesammelte politische Schriften,* Tübingen 1958.

DIE MODERNISIERUNG DER ZEIT UND DIE ZEIT NACH DER MODERNE*

Hanns-Georg Brose

Die Entwicklung zur Moderne und in der Moderne soll an der Entwicklung des modernen Zeitbewußtseins und der temporalen Struktur von Lebensläufen und Biographien rekonstruiert werden. Mit Bezug auf die ästhetische Moderne hat Habermas deren Zeitbewußtsein als ein konstitutives Moment von Modernität überhaupt gekennzeichnet: „Das neue Zeitbewußtsein, bringt nicht nur die Erfahrung einer mobilisierten Gesellschaft, einer akzelerierten Geschichte, eines diskontinuierlichen Alltags zum Ausdruck. In der Aufwertung des Transitorischen, des Flüchtigen, des Ephemeren, in der Feier des Dynamismus spricht sich ... die Sehnsucht nach einer unbefleckten, innehaltenden Gegenwart aus.“ (Habermas 1980; 447) Der hier angedeutete Widerspruch zwischen Innovation und Verfall, Neuartigem und Überdauerndem sowie seine Aufhebung und Behandlung in der modernen Zeiterfahrung könnte ein Leitfaden für das Verständnis von Entwicklungen in der Moderne sein und zur Klärung der Frage beitragen, ob die Moderne sich gegenwärtig zur Post-Moderne wandelt. Habermas' Kennzeichnung des modernen Zeitbewußtseins knüpft an die entsprechenden Bestimmungen bei Baudelaire an, der die „Modernität“ als das „Vorübergehende, das Entschwindende, das Zufällige“ gekennzeichnet hatte, deren andere Hälfte das „Ewige und Unabänderliche“ sei (1863; 286). Jauß (1970) hat diese Bestimmung von Modernität als das „Ewige im Vorübergehenden“, als den definitiven Bruch mit einer ästhetischen Tradition bezeichnet, in der die Qualifikation als „modern“ sich immer noch auf das bezogen hatte, wogegen sie sich absetzte, nämlich die Antike bzw. ihre jeweiligen Renaissancen. Vorbereitet wurde diese Wendung Baudelaires durch Stendhal, der Romantik und Modernität in eins setzt und neu bestimmt: „Romantisch ist jetzt nicht mehr der Reiz dessen, was das Gegenwärtige transzendiert, zum Wirklichen und Alltäglichen den Spannungspol des Fernen und Gewesenen bildet, sondern das Aktuelle, gerade jetzt Schöne, das als Vergangenes seinen unmittelbaren Reiz einbüßen muß und dann nur noch historisch zu interessieren vermag“ (Jauß 1970; 52).

---

* Der Titel verspricht mehr, als der Beitrag wegen seiner gebotenen Kürze hier einlösen kann. Ich habe ihn dennoch so beibehalten, weil er die Intention des gesamten Beitrags, von dem hier nur der erste Teil verkürzt wiedergegeben ist, andeutet.

Vergleichbar allenfalls mit dem eminenten Selbstbewußtsein der Denker der Renaissance wird hier der Beginn einer neuen Epoche umrissen, die sich dadurch definiert, daß der Faden zwischen der Vergangenheit und der Gegenwart durchschnitten wird. Der Untergang des Ancien régime wird ästhetisch, programmatisch umgemünzt. Zur Verdeutlichung seines Modernitätsbegriffes, der das Flüchtige und dadurch sich Bewahrende meint, greift Baudelaire auf das Beispiel der Mode zurück. Sie bringt, als jeweils „letzter Schrei" der Zeitgenossen deren Flucht nach vorne zum Ausdruck, deren abenteuerliche Ungewißheit allenfalls dadurch abgefangen wird, daß dieser dann doch nicht der 'dernier cri' gewesen ist, der die Kraft des innovatorischen Impulses trägt. Explosion sei eine der Invarianten der Moderne, heißt es dann später bei Adorno. Walter Benjamin hat Baudelaires Bestimmung der Moderne auf dessen Erfahrungen in der Großstadt Paris bezogen und sie in dem Begriff der schockförmigen Wahrnehmung zusammengezogen. Über Simmel bis zu Adorno ist dies ein Fluchtpunkt der Bestimmung von Modernität geblieben. Die Figuren des Spielers, des Abenteurers, des Dandy, und schließlich des Flaneur kennzeichnen unterschiedliche subjektive Reaktionsformen auf diese Erfahrung von Reizüberflutung, Beschleunigung und Zufälligkeit. Der Dandy verband „die blitzschnelle Reaktion mit entspanntem, ja schlaffen Gebaren und Mienenspiel". (Benjamin 1980; 600) Eine andere Reaktionsform kennzeichnet den Flaneur. Er protestiert gegen die Betriebsamkeit. „Um 1840 gehörte es vorübergehend zum guten Ton, Schildkröten in den Passagen spazieren zu führen. Der Flaneur ließe sich gern sein Tempo von ihnen vorschreiben. Wäre es nach ihm gegangen, so hätte der Fortschritt diesen pas lernen müssen. Aber nicht er behielt das letzte Wort, sondern Taylor, der das 'Nieder mit der Flanerie' zur Parole machte" (ebd. 556 f.) Diese Formen der Stilisierung von Subjektivität als Reaktionsform auf die Erfahrung von Moderne haben sich, obwohl, wie Benjamin andeutet, sie durch die industrielle Entwicklung verdrängt wurden, als Bezugspunkte für Subjektivitätsformationen erhalten. Gerade in jüngster Zeit werden sie häufig wehmütig zitiert oder auf zynische Weise, so in der entsprechenden Abhandlung von Oswald Wiener (1982), neu gestylt. Was als Zeitbewußtsein der Moderne bezeichnet wurde, bedeutet zweierlei: zum einen, so bei Stendhal und Baudelaire, definiert es ein epochales Selbstbewußtsein, das sich radikal gegen die bisherige Geschichte abgrenzt. Dazu mußte aber die Zeit selbst, als Dimension von Erfahrung und Selbstbewußtsein gewissermaßen freigelegt und gegen die Sach- und Sozialdimension differenzierbar werden. Dies läßt sich – wiederum im Bereich der Kunst – nachzeichnen an der Herausbildung einer linearen Erzählperspektive, in der, wie in der eschatologischen Zeitauffassung des Christentums, Anfang und Ende „beschlossen" sind; dem Aufbrechen dieser geschlossenen Form und der Einführung verschiedener Erzählebenen, an der Lugowski (1976) erste Formen des Auftretens von Individualität im Übergang vom höfischen und Ritterroman zum frühbürgerlichen Roman festmacht. Seine entsprechenden Analysen aus dem Bereich der Autobiographik stützen diesen Befund, der für das frühe 16. Jh. gilt, ab. Die lineare Erzählperspektive mit geschlossener Zukunft (Rammstedt 1975) wird zu einer – immer noch linearen – Entwicklung mit offener Zukunft. An der Entwicklung der narrativen Figur läßt sich, das ist die zugrundeliegende methodische Annahme, die Entwicklung des Zeitbewußtseins rekonstruieren. Diese Entwicklung führt über die Ausdifferenzierung von Gleichzeitigkeit (so bei Kleist) und die Infragestellung von Zukunft und Finalität, schließlich auch (so bei L. Sterne) zur Öffnung der Vergangenheit als Dispositionsraum für erzählerische Linienführung. Herkunft, als individuelle, wird problematisiert, rätselhaft (so bereits bei Grimmelshausen). Damit werden aber, wenn Anfang und Ende der Geschichte – hier als Erzählung verstanden – ungewiß sind, die Relevanzen ganz auf die Gegenwart konzentriert, deren modale Aktualität zwar unbestreitbar ist, die aber den Charakter des Flüchtigen nicht leugnen kann. Hier greift dann die Entwicklungssemantik, die den Protagonisten (das bürgerliche Individuum) zumindest mit der Gewißheit ausstattet, daß er sich entwickeln könne. Auch diese Gewißheit ist in dieser Form veraltet, wie wir wissen, was sich in der Entwicklung des Romans nachzeichnen läßt. Die Gewißheit schrumpft nun auf einen Augenblick, in dem wie in einem riesigen blow-up die Relevanzlinien zusammengezogen werden und sich reproduzieren. Dies läßt sich an den Klassikern des modernen Romans, Joyce, Musil und V. Woolf sehr gut zeigen (vgl. Auerbach 1946, 508/9). Ich habe diese Entwicklungslinie am Beispiel des Romans über den Zeitpunkt, der durch den Beginn der ästhetischen Moderne bei Baudelaire gekennzeichnet war, verlängert, um die anfangs benannte Widersprüchlichkeit moderner Zeiterfahrung: Selbstgewißheit durch Permanenz der Veränderung, als ein durchgängiges Thema der Entwicklung zur Moderne und in der Moderne zu fixieren. In der Geschichte des Romans deutet sich an, daß dieser Impuls, wenn er nicht bereits verbraucht oder erlahmt ist, sich doch zu verheddern scheint. Was an der Entwicklung des Romans angedeutet wurde, läßt sich an der Entwicklung der Zeitsemantik in der Philosophie und in der Sozialgeschichte ebenfalls aufweisen. Im Mittelalter scheint – grob vereinfachend ausgedrückt – eine Kompromißbildung stattgefunden zu haben zwischen dem eschatologischen linearen Zeitbegriff der christlich-religiösen Eliten und der zyklischen Zeit, in der vorchristliche Zeitvorstellungen und die Rhythmik der bäuerlichen Produktionsweise verschmolzen (Hohn 1981). Eine Ausdifferenzierung von Gegenwart und Zukunft gab es nicht; „Zeit" indizierte kein Werden oder Vergehen, sie war von Gott gegeben (Poulet 1952). Noch vor der Reformation läßt sich bei den Denkern der Renaissance (Blumenberg 1975) ein deutlicher Umschlag feststellen. Die Zeit Gottes, die von der Kirche verwaltet wurde und in Ordensregeln und dem christlichen Kalender ihre soziale Beispielwirkung entfaltete, wurde von den neuen Mächten, den Städten und Kaufleuten in Griff genommen. Le Goff (1960) hat diesen Übergang sehr eindringlich beschrieben. Die protestantische Ethik ist ein weiterer, nach Weber entscheidender, aber keineswegs der einzige Wegbereiter dieser Entwicklung. Neben der religiösen Motivation, durch Askese, Fleiß und Sparsamkeit – eben auch mit der Zeit – sich des grundsätzlich ungewissen Gnadenstandes zu vergewissern (Habermas 1981; 308) belegen Lehrlings- und Kaufmannsalmanache, aus einer Zeit lange vor Benjamin Franklin den minuziösen Umgang mit der Zeit, der möglicherweise eher als säkulare Variante einer optimalen Verwaltung der – nun nicht mehr von Gott gegebenen – Zeit nach dem Vorbild der Kirche zu verstehen ist. Dagegen begründet die in der protestantischen Ethik wurzelnde Bemühung um Vergewisserung aber auch eine spezifische und folgenreiche neue Triebökonomie. Die innerweltliche Askese entwickelte sich in der „Einführung des Zwecks in den Wunsch, wodurch sinnliches Begehren normativ finalisiert und Zeit in die Antithetik von Automatismus und Autonomie hineingespannt wird. ... die wahre Wirklichkeit der Begierde, so verkündet die Apologie ihrer Negation, besteht in der Unterwerfung ihrer Gegenwart unter das Gesetz ihrer zukünftigen Vergangenheit." (Kimmerle 1983; 43) Das ist ein wesentlicher Punkt: Gegenwart wird finalisiert und der in der Gegenwart erlangte Erfolg wird entwertet. Die Finalisierung auf eine ungewisse Zukunft kann ihr Ziel – im Leben – nie erreichen. Ad infinitum wird die Notwendigkeit der Vergewisserung und Versagung reproduziert. Gegenwart muß immer wieder neu hergestellt werden, als Ausdruck der Selbsterhaltung und Selbstbehauptung. „Internalisierung der creatio contunia" nennt das Blumenberg (1976; 185). Die Übertragung dieser Logik auf das Muster der industriellen Produktion und die damit einhergehenden Formen der Zurichtung von Subjektivität sind, insbesondere von Thompson (1967), vielfach beschrieben worden. Allerdings bleibt die Frage, wie ein solches Programm überhaupt auf die Dauer durchgehalten werden konnte. Meine These ist, daß dies nur geht, wenn die Unruhestiftung, die aus dieser Verhaltensorientierung resultiert, gleichsam eingebunden wird durch eine Kontinuitätssemantik, die die permanente Notwendigkeit der Bewältigung von Kontingenz abfedert. Dies will ich kurz erläutern an der Entwicklung temporaler Gliederungen von Lebenslauf und Biographie. Kohli hat kürzlich die These vertreten, daß der Modernisierungsprozeß „ein Übergang von einem Muster der Zufälligkeit der Lebensereignisse zu einem des vorhersagbaren Lebenslauf" sei (Kohli 1983; 135). Seine These stützt er auf Befunde (u.a. von Imhof 1981), die die Verlängerung des durchschnittlichen Lebensalters belegen, was insbesondere auf einen drastischen Rückgang der vorzeitigen Sterblichkeit seit dem 17. Jh. zurückzuführen sei. Zwar ist die Lebenserwartung auch infolge der Verbesserung der medizinischen Kenntnisse insgesamt gestiegen, aber das macht nur einen geringen Teil dieses Effekts aus. Entscheidend ist, daß die Sterblichkeit sich in den höheren Altersjahren konzentriert, was mit dazu beiträgt, daß der Tod aus dem Alltag verdrängt wird. Darüber ist bereits viel geschrieben worden. Als eine Folge dieser Entwicklung wird u.a. gesehen, daß „wir uns benehmen, als ob wir unsterblich wären" (Imhof). Dies ist übrigens eines der Phänomene, die den sog. „narzißtischen" Sozialcharakter zu kennzeichnen scheinen. Das bedeutet nicht nur: Jugendlichkeitskult, sondern auch: Vermeidung von lebensgeschichtlichen Entwicklungen, die Älter-Werden unwiderlegbar dokumentieren und zur Folge haben (z.B. Verantwortung für Kinder). Aber die Veränderung der Mortalität und der Lebenserwartung – hier nicht als epidemiologischer Begriff verwandt – ist nur *ein* von Kohli in Anspruch genommener Beleg. Ein weiterer ist die Ausdifferenzierung von Altersphasen als Folge der Institutionalisierung von Lohnarbeit; die Bedeutungszunahme des chronologischen Alters als Mittel der Askription; Verringerung der Altersdifferenz bei der Erstheirat; schließlich sozial-versicherungsrechtliche Regelungen, die an das chronologische Alter gebunden sind und außerdem die Zukunftsungewißheit für das Alter mildern. All das habe zu einer Standardisierung der Sequenzialisierung von Lebensereignissen geführt bzw. zur „Institutionalisierung des Lebenslaufs als Ablaufprogramm und mehr noch als langfristige perspektivische Orientierung für die Lebensführung". (Kohli 1983; 143) Man wird diese These mit Blick auf die enormen Destabilisierungen, Wanderungsprozesse und sozialen Umschichtungen infolge des Industrialisierungsprozesses und insbesondere für unterschiedliche Milieus und Klassen diskutieren, in jedem Fall differenzieren müssen. Ganz von der Hand zu weisen ist sie nicht, wenn man sie auf die letzten dreißig Jahre in der BRD bezieht. Aber gerade wenn man diesen Zeitraum als Bezugspunkt wählt, dann lassen sich seit Mitte der 70er Jahre Entwicklungen erkennen, die sich dem hier skizzierten Modernitätsschema (Kombination von permanenter und beschleunigter Innovation mit begleitender Kontinuitätssemantik (z.B. 'Fortschritt' und 'Anschlußregelungen') nicht mehr fügen. Hierfür lassen sich Belege aus dem Bereich der Ästhetik und der Kulturindustrie beibringen, in denen eine neue Zeitsemantik erkennbar wird, die weniger durch Akzeleration und Veränderung als durch Reflexivität und Dehnung gekennzeichnet ist. Ähnliches gilt für den Bereich Ökonomie und Planung. Gerade hat Lutz (1984) auf den Zerfall einer täuschenden Kontinuitätssemantik aufmerksam gemacht. In anderem Zusammenhang habe ich die Entwicklung neuer sozialer Zeitstrukturen untersucht, die durch die Simultanrepräsentation von Dauer und Diskontinuität charakterisiert sind. Sie weichen von der bisher dominierenden Linearität der Zeitstrukturen ab. (Brose 1982) Komplementär dazu lassen sich Tendenzen zur Destandardisierung und Entregelung von Lebensläufen und Biographien feststellen, die in der Zeitdimension als Desynchronisation und Suspension beschrieben werden können. (Brose 1984) Die letztgenannten Aspekte können in diesem Kurzbeitrag nur genannt werden.

LITERATUR

Auerbach, E., 1946, *Mimesis*, Bern [4] 1967.

Baudelaire, Ch., 1863, „Der Maler des modernen Lebens", in: Ders., *Gesammelte Schriften*, Bd. 4. (Dt. Ausgabe; Übers. M. Bruns) Reprogr. Nachdruck, Kempten o.J., S. 265-328.

Benjamin, W., 1980, *Gesammelte Schriften*, Bd. 1.2, Frankfurt.

Blumenberg, H., 1957, *Die Genesis der Kopernikanischen Welt*, Frankfurt.

— , 1976, „Selbsterhaltung und Beharrung. Zur Konstitution der neuzeitlichen Rationalität", in: Ebeling, H. (Hrsg.), *Subjektivität und Selbsterhaltung*, Frankfurt, S. 144-207.

Brose, H.-G., 1982, „Die Vermittlung von sozialen und biographischen Zeitstrukturen", in: *KZfSS* Sonderheft 24, S. 385-407.

— , 1984, „Arbeit auf Zeit — Biographie auf Zeit", in: Kohli, M./Robert, G. (Hrsg.), *Biographie und soziale Wirklichkeit*, Stuttgart, S. 192-216.

Habermas, J., 1980, „Die Moderne — ein unvollendetes Projekt", in: Ders., *Kleine Politische Schriften*, Frankfurt 1981, S. 444-464.

— , 1981, *Theorie des kommunikativen Handelns*, Bd. 1, Frankfurt.

Hohn, H.-W., 1981, „Zyklizität und Heilsgeschichte, Religiöse Zeiterfahrung des europäischen Mittelalters", in: *Ästhetik und Kommunikation*, Heft 45/46, S. 91-106.

Imhof, A.E., 1981, *Die gewonnenen Jahre*, München.

Jauß, H.R., 1970, „Literarische Tradition und gegenwärtiges Bewußtsein der Modernität", in: Ders., *Literaturgeschichte als Provokation*, Frankfurt, S. 11-66.

Kohli, M., 1983, „Thesen zur Geschichte des Lebenslaufs als sozialer Insititution", in: C. Conrad/H.-J. v. Kondratowitz (Hrsg.), *Gerontologie und Sozialgeschichte*, Berlin, Deutsches Zentrum für Altersfragen, S. 133-147.

Kimmerle, G., 1983, „Der Tod des antizipierenden Bewußtseins", in: *Konkursbuch* 11, Tübingen, S. 37-64.

LeGoff, J., 1960, Au Moyen Age: „Temps de l'Eglise et temps du marchand", in: *Annales* (ESC) 15, S. 417-433.

Lugowski, C., 1932, *Die Form der Individualität im Roman*, Frankfurt 1976.

Lutz, B., 1984, *Der kurze Traum immerwährender Prosperität*, Frankfurt/New York.

Poulet, G., 1952, *Etudes sur le temps humain*, Bd. 1, Paris 1976.

Rammstedt, O., 1975, „Alltagsbewußtsein von Zeit", in: *KZfSS* 27, S. 47-63.

Thompson, E.P., 1967, „Time, Work-Discipline, And Industrial Capitalism", in: *Past and Present*, 38, S. 57-97.

Wiener, O., 1982, „Eine Art Einzige", in: V. v.d. Heyden-Rynsch (Hrsg.), *Riten der Selbstauflösung*, München, S. 35-78.

DIE ZÖGERNDE BEGRÜSSUNG DER MODERNE. ZU GEORG SIMMELS DIAGNOSE MODERNER LEBENSSTILE.

Georg Lohmann

Georg Simmels Verhältnis zur Moderne ist zwiespältig. Auf der einen Seite analysiert er die Auflösung des Traditionalen als den Entstehungsprozeß der Moderne und zeigt die positiven Chancen der gesellschaftlichen Rationalisierung, der Kultivierung und des individuellen Freiheitsgewinnes auf. Auf der anderen Seite beschreibt er eben diesen Entstehungsprozeß der Moderne so, daß der durch ihn geformte moderne Lebensstil bis zum Zerreißen der individuellen Seele expansiv ist, bis zur Tragik sich selbst entfremdend und bis zur tödlichen Indifferenz vom Verlust des Lebenssinnes bedroht ist. Besondere Aktualität erhält Simmel dadurch, daß er ein sehr reflektiertes Bewußtsein davon hat, daß sich die Ambivalenz der Moderne weder unter Rückgriff auf vormoderne Annahmen noch durch die Betonung von einem Aspekt der Moderne begreifen oder gar auflösen läßt. Bevor Simmel alle Zeitphänomene unmittelbar auf das spontane, schöpferische und fließende Leben bezog, hatte er in der Analyse der modernen Lebensstile einen Diagnoseansatz gefunden, der auch heute noch Beachtung verdient.

Der Begriff des „Lebensstiles"[1] markiert den Brennpunkt, auf den, in der Sprache Simmels, die individuelle Seele, die gesellschaftlichen Wechselwirkungen und die subjektive wie objektive Kultur ausstrahlen. Zu diesen differenzierten Bereichen der Moderne: Gesellschaft, Kultur, Persönlichkeit steht ein „Lebensstil" in dem für Simmel charakteristischen Zugleich von Distanz und Beziehung. Damit bestimmt Simmel die Stilisierungen des Lebens – anders als nach ihm Weber (vgl. M. Weber 1976, S. 537) – als spezifisch modern, als Reaktion auf die Entwicklungen und Veränderungen der Moderne. Dabei zentriert er in einem gewissen Sinne freilich seine Analyse in der Perspektive der beteiligten und betroffenen Menschen; er fragt nach dem *erlebten* Sinn und Wert dieser Veränderungen. Er behält, trotz aller betonten Deskriptivität, eine normative Einstellung gegenüber der Moderne bei, allerdings, ohne dabei mit einem normativen Maßstab zu operieren. Ist es nur eine Reminiszenz, die ihn zögern läßt?

Ich möchte an dieser Stelle keine Bewertung von Simmels Diagnoseansatz versuchen, sondern zunächst nur dessen Struktur verdeutlichen. Voraussetzung für Simmels Analyse moderner Lebensstile ist sein *allgemeines und formales Schema* der Moderne, das wie ein Grundton alle seine Einzeluntersuchungen einfärbt[2]. Die Moderne ist danach charakterisiert

a) durch Prozesse der *Entsubstanzialisierung,*

b) durch die Folgen des *Verlustes von Endzwecken* und kulminiert
c) in einen dadurch entstehenden *prinzipiellen Relationismus.*

Simmel wendet sich gegen die „skeptische Lockerung aller Festigkeiten" (Simmel in: Landmann 1958, S. 9); mit der programmatischen Forderung nach einer *„neuen Festigkeit"* (ebd.; vgl. Simmel 1900, S. 65) *innerhalb* eines prinzipiellen Relativismus kündigt sich die Reserve an, die Simmel dem sich durchsetzenden Prozeß der Moderne entgegenbringt. Dabei orientiert er sich an zwei Vorstellungen „konkreter Unendlichkeit" (Simmel 1900, S. 85): Für die *extensive Unendlichkeit* einer unabgeschlossenen Entwicklungsreihe stehen der Darwinismus und Nietzsches Deutung des Entwicklungsgedankens ein (vgl. Simmel 1907, S. 3); für die *intensive Unendlichkeit,* die „immanente Grenzenlosigkeit", ist paradigmatisch eine Deutung des Kunstwerkes, das seine „innere Wahrheit" in der Wechselwirkung seiner Elemente untereinander realisiert (s. Simmel 1900, S. 72 f; kritisch dazu Adorno 1974, S. 559). Simmels paradoxe Annahme ist, daß sich gerade wegen der Unbegrenztheit dieser Schemata die Frage nach dem Lebenssinn beruhigt und sich so etwas wie eine relative Stabilität einstellt, die bei eintretender Problematisierung die Möglichkeit hätte, weiterzumachen und eben darin ihre Sicherheit findet.

Simmel dekomponiert die Problemstellung (vgl. Luhmann 1981, S. 253f); es ist ein wechselseitiges Abgrenzen und Aufeinander-Angewiesensein von heterogenen Komponenten, durch deren Wechselwirkungen sich eine „beharrende Einheit" soll ergeben können (vgl. Simmel 1900, S. 71 ff.). Überträgt man diese formalen Überlegungen auf das hier anvisierte Problem, so ist zu fragen, wie ein moderner Lebensstil als die Vernetzung der Einwirkungen und Distanzierungen der Komponenten Gesellschaft, Kultur und Seele noch so etwas wie eine „neue Festigkeit" ausbilden kann, die sich formal als unabgeschlossene Entwicklung oder als interne Komplexierung müßte kennzeichnen lassen. Ich kann darauf hier nur exemplarisch eingehen.

Das *Soziale* konstituiert sich für Simmel aus den Wechselwirkungen der Individuen, die zugleich noch etwas anderes als soziale „Rollenträger sind (Simmel 1908a, in: Simmel 1983, S. 275ff). Dadurch gewinnt ein Individuum eine relative *Freiheit* dem Sozialen gegenüber. Das ermöglicht grundsätzliche Distanz gegenüber allen sozialen Anforderungen, die sich mit der Modernität der Gesellschaft auf paradoxe Weise steigert. Die Zunahme der Arbeitsteilung und sozialen Differenzierung und die Entwicklung der Geldwirtschaft erhöhen auf der einen Seite die Abhängigkeit des Individuums vom funktionalen Ganzen der Gesellschaft. Sie reißen es aber auch in den „Schnittpunkt" mehrerer konfligierender Kreise oder funktionaler Imperative (vgl. Simmel 1893, S. 385). Dieser Zunahme von Abhängigkeiten und Konflikten von und mit dem gesellschaftlichen Ganzen steht eine immer größere Unabhängigkeit und Indifferenz zu einzelnen, bestimmten Leistungen, Dingen und Personen gegenüber. Simmel deutet sie als Zunahme individueller Freiheit, die auf ihre Weise für die „Vielheit unserer Abhängigkeiten" entschädigt (Simmel 1900, S. 314). Freiheit nämlich ist für Simmel „Wechsel der Verpflichtung" (a.a.O., S. 297). Sie ist zunächst Freiheit von etwas, ohne daß bestimmt ist, wozu die Freiheit führt (a.a.O., S. 444 ff). In dieser Konstellation ist die sich so forcierende Individualisierung charakterisiert durch „fortwährende Befreiungsprozesse" (ebd.) und gleichzeitig durch Anstrengungen, der resultierenden Gleichgültigkeit, Langeweile, inneren Unruhe und Entwertung konkreter Inhalte entgegenzuwirken, sich also neu zu binden.

Aus dieser „tiefe(n) Sehnsucht, den Dingen eine neue Bedeutsamkeit ... zu verleihen", erklärt Simmel „das Suchen nach neuen Stilen, nach Stil überhaupt" (a.a.O., S. 449). *Die Stilisierungen der Lebensweisen sind Ausdruck einer Selbsterfahrung der Moderne.* Zunächst *mildern* sie den „bis zum Umbrechen zugespitzten" Subjektivismus des modernen Individuums, weil sie den Lebensäußerungen und der Lebensumwelt eine *Form von Allgemeinheit* geben (vgl. Simmel 1908b, S. 314). Insbesondere aber sind sie eine „Verhüllung des Persönlichen" (ebd.), die eine „Schranke und Distanzierung" (Simmel 1900, S. 537) gegen andere und anderes errichten.

Der *Wert,* der einem bestimmten Stil zugeschrieben wird, hängt ab von der Distanzierung, die er repräsentiert, d.h. nach Simmels Werttheorie von den Mühen und Opfern, die zur Überwindung des Abstandes nötig wären (vgl. Simmel 1900, S. 3ff). Simmel löst also das Problem, dem modernen Leben eine „neue Festigkeit", d.h. Wert und Sinn zu ermöglichen, indem er via seiner Werttheorie an Nietzsches „Pathos der Distanz" anknüpft (s. hierzu K. Lichtblau 1984, S. 231ff) und in dem Modus der Stilisierung den Lösungsweg angibt.

Die *Distanzierung* macht das Nahe fern und bringt das Ferne nah (Simmel 1900, S. 534f), ihr Sinn ist die Annäherung (a.a.O., S. 24); die Intention geht auf Intensität der Beziehung. Obwohl Simmel selber sieht, daß sich diese Abzweckung des stilhaften Lebens häufiger negativ als positiv in der Ausgestaltung der Freiheit äußert, hofft er doch, daß der moderne Mensch durch eine immer weitergehende Stilisierung, durch die rasche Abfolge von Stilen, paradigmatisch in der Mode (vgl. Simmel 1911, S. 26ff), und durch die Verfeinerung seiner Unterschiedsempfindlichkeit die ätzende Vergleichgültigung kompensieren kann. Darin liegt sicherlich eine klassenspezifische Auffassung, die das „Ideal der Vornehmheit" und Distanziertheit für die gebildeten Schichten gegenüber den stillosen Massen der Arbeiter reklamiert (s. S. Hübner-Funk 1984, S. 195; vgl. auch P. Bourdieu 1982). Es ist dabei aber fraglich, ob Simmel den Optimismus teilt, den er Nietzsche zuschreibt, daß nämlich die modische und beschleunigte Abfolge moderner Lebensstile als eine Entwicklung zu deuten ist, die „in dem Überwundenwerden jeder Stufe durch eine vollere und entfaltetere ... (ihren) Eigenwert besitzt" (Simmel 1907, S. 5). Die Alternative wäre in Schopenhauers Diktum zu sehen, daß das moderne Leben nur ein „Pendel zwischen Schmerz und Langeweile" ist und die angestrebte Stilisierung des Lebens nur ein Quietiv gegen seine Gleichgültigkeit und Leere.

Eine weitere Lösungsmöglichkeit ist *Kultivierung*. Die Kultur aber folgt nach Simmel einem bestimmten Entwicklungsmuster, das den modernen Lebensstilen vorgegeben ist. Aus der naturgegebenen Energie der Seele entspringt ein doppelgleisiger Kulturprozeß: einmal als Produktion kultureller Objekte, zum anderen als Aneignung dieser objektiven Kultur durch den subjektiven Geist, als subjektive Kultur (vgl. Simmel 1900, S. 502ff und Simmel 1911, S. 183ff). Weil der moderne Kulturprozeß nicht ohne Arbeitsteilung funktioniert, scheren Tempo, Umfang und Eigensinn der objektiven und subjektiven Kultur immer mehr auseinander, es kommt zur selbstverursachten „Tragödie der Kultur".

Darauf reagiert der moderne Lebensstil u.a. mit *Ästhetisierung*. Auf die nicht bedeutungslose, aber „im tiefsten Grunde auch nicht bedeutungsvoll(e)" moderne Kulturwelt reagiert die (inhaltliche) Orientierung am Künstler. Die Faszination des Künstlerlebens, der Geniekult, die romantische Suche nach dem authentischen Selbst, alles das sind Facetten einer Ästhetisierung der Lebensstile, die sich letztlich am expressionistischen Bildungsideal orientieren. In dieser Linie liegt auch Simmels Versuch, durch ein „individuelles Gesetz" ein authentisches Leben zurückzugewinnen. Eine andere (mehr formal) angelegte Reaktionsweise ist die mehr oder weniger vollständige „Ästhetisierung der Lebensgestaltung" (Tenbruck 1958, S. 590). Die Leistung einer ästhetischen Lebenshaltung liegt nach Simmel darin, daß sie durch Interesselosigkeit an der inhaltlichen Vielfalt und gegenüber der realen Existenz der Kulturobjekte Distanz wahrt, die aber eben dadurch selektive Bezugnahmen ermöglicht und sich ggf. durch den Genuß der bloßen Form befriedigt (vgl. Simmel 1900, S. 22ff u. 352f; s. a. Hübner-Funk 1984).

Diese Ästhetisierung kann sich in Blasiertheit und Reserviertheit äußern (vgl. Simmel 1900, S. 264ff und Simmel 1957, S. 252f). Simmel vergleicht einen solchen ästhetischen Lebenstypus mit dem des Geizhalses, der Befriedigung aus der „vollbesessenen Potentialität, die niemals an ihre Aktualisierung denkt" (ebd.) gewinnt. Es ist die Möglichkeit sich zu kultivieren, die die ästhetische Freude aufkommen läßt, mithin ist der Lebensstil geprägt von den Mitteln, die das versprechen. Simmel schätzte die Kultur der Dinge, insbesondere das stilisierende Kunsthandwerk (vgl. Simmel 1908b), sehr hoch ein, sie sind ihm „notwendige Vorbedingung für ästhetische Genußfähigkeit" (Hübner-Funk 1984, S. 190). Aber er sieht auch die Gefahr, daß die ehrerbietige „Tragödie der Kultur" in die Kommödie von, wie wir heute sagen können, „Schöner Wohnen" abgleitet. Er läßt offen, ob die Ästhetisierung des Lebensstiles diese Tragödie kompensieren kann. Er zögert, die Seele noch „Herr im eigenen (kulturellen) Haus" (Simmel 1900, S. 529) zu nennen.

Die *Seele* besitzt für Simmel keine substantielle Einheit (Simmel 1900, S. 84); sie ist nur durch symbolische Deutung zugänglich. Sie steht aber für die hartnäckige Sehnsucht nach Einheit und Versprechen auf Lebenssinn ein (a.a.O., S. 527ff und Simmel 1911, S. 184). Die kulturelle Überproduktion und die „laute ... Pracht des naturwissenschaftlich-technischen Zeitalters" betäuben nach Simmel diese Sehnsucht, aber sie machen sie nicht wirkungsloser.

In den Gestaltungen der Lebensstile schlägt sich dies in der typischen *Nervosität* des modernen Menschen nieder. Seine „Hast und Aufgeregtheit" zeigt den „Mangel an Definitivem im Zentrum der Seele" an und treibt „dazu, in immer neuen Anregungen, Sensationen, äußeren Aktivitäten eine momentane Befriedigung zu suchen" (Simmel 1900, S. 551). Der Kult des Gegenwärtigen, des nur flüchtig Präsenten (s. hierzu D.P. Frisby 1984) ist hiervon ebenso Ausdruck wie die Großstadt der Ort ist, an dem diese „Steigerung des Nervenlebens" (Simmel 1957, S. 228) sich ausleben kann, wo Rhythmus und Tempo der modernen Lebensstile fluktuieren (Simmel 1900, S. 552ff). Geradezu als eine Definition der Moderne bestimmt Simmel den „Psychologismus, das Erleben und Deuten der Welt gemäß den Reaktionen unseres Inneren und eigentlich als Innenwelt" (Simmel 1911, S. 152). Die moderne Auflösung der Einheitlichkeit und Substanzialität der äußeren wie der inneren Welt ist aber ohne eine „psychologische Distanzierung einfach unerträglich"; der moderne, sensible und nervöse Großstadtmensch würde schier verzweifeln, wenn nicht der äußeren Distanzierung auch eine Distanz nach innen entsprechen würde. Auch hier hat Simmel eine doppelte Interpretation: Einmal deutet er sie als einen Läuterungsprozeß, der auf einen Punkt „produktiver Indifferenz" zielt, an dem spontan Kreativität freigesetzt wird (s. hierzu Böhringer 1984). Zum anderen empfiehlt Simmel den Nicht-Künstlern in der Moderne, – in einer sehr bemerkenswerten Tagebuchnotiz – es mit Oberflächlichkeit zu versuchen (s. Simmel 1923, S. 15). – Nach dieser gerafften Skizze bleibt es für Simmel offen, ob durch die spezifisch modernen Stilisierungen des Lebens eine „neue Festigkeit" etabliert werden kann. Daß die Begrüßung der Moderne nur zögernd ausfiel und eine Verdammung nicht zu haben war, sollte die Aussagekraft der Analyse von Lebensstilen für eine Diagnose der Moderne nicht schmälern.

ANMERKUNGEN

1 Simmel ist wohl der erste, der den kunsttheoretischen Stil-Begriff zum kulturphilosophischen Lebensstil-Begriff abwandelt. H. Lüdtke 1984 hat den kuriosen Umweg beschrieben, durch den, via einer Übersetzung von Webers Begriff der „Lebensführung" als „style of life", der Begriff fälschlich als weberianischer in die dt. Soziologie (und das Hist. Wörterbuch der Philosophie) rückübersetzt wurde.

2 Anders als im Vortrag muß ich dieses formale Schema hier unerläutert lassen. Es läßt sich auch an der mehr inhaltlich orientierten Studie von D.P. Frisby 1984 verdeutlichen.

LITERATUR

T.W. Adorno 1974, „Henkel, Krug und frühe Erfahrung", in: ders., *Ges. Schr.* Bd. 11, Ffm.

H. Böhringer 1984, „Die 'Philosophie des Geldes' als ästhetische Theorie. Stichworte zur Aktualität Georg Simmels für die moderne bildende Kunst", in: Dahme/Rammstedt 1984.

P. Bourdieu 1982, *Die feinen Unterschiede*, Ffm.

Dahme/Rammstedt 1984, (Hrsg.), *Georg Simmel und die Moderne. Neue Interpretationen und Materialien*, Ffm.

D.P. Frisby 1984, „Georg Simmels Theorie der Moderne", in Dahme/Rammstedt 1984.

S. Hübner-Funk 1984, „Die ästhetische Konstituierung gesellschaftlicher Erkenntnis am Beispiel der 'Philosophie des Geldes'", in: Dahme/Rammstedt 1984.

K. Lichtblau 1984, „Das 'Pathos der Distanz'. Präliminarien zur Nietzsche-Rezeption bei Georg Simmel", in: Dahme/Rammstedt 1984.

H. Lüdtke 1984, *Methodische und theoretische Probleme bei der Untersuchung von Lebensstilen*, paper auf den 22. dt. Soziologentag, Dortmund (MS).

N. Luhmann 1981, *Gesellschaftsstruktur und Semantik*, 2. Bd., Ffm.

G. Simmel 1893, *Einleitung in die Moralwissenschaft. Eine Kritik der ethischen Grundbegriffe*, 2 Bde. Berlin.

ders. 1900, *Philosophie des Geldes*, 7. Aufl., Berlin 1977.

ders. 1907, *Schopenhauer und Nietzsche. Ein Vortragszyklus*, Leipzig.

ders. 1908a, „Exkurs über das Problem: Wie ist die Gesellschaft möglich?" in: ders. 1983, *Schriften zur Soziologie. Eine Auswahl.* Hrg. v. Dahme/Rammstedt, Ffm.

ders. 1908b, „Das Problem des Stiles", in: *Die Kunst, Dekorative Kunst*, 11. Jg., 7, S. 307-316.

ders. 1911, *Philosophische Kultur.* Neuauflage mit einem Nachwort von J. Habermas, Berlin 1983.

ders. 1923, *Fragmente und Aufsätze aus dem Nachlaß und Veröffentlichungen der letzten Jahre.* Hrg. v. G. Kantorowicz, München.

ders. 1957, *Brücke und Tür, Essays des Philosophen zur Geschichte, Religion, Kunst und Gesellschaft*, hrg. v. M. Landmann, Stuttgart.

ders. 1968, *Das individuelle Gesetz. Philosophische Exkurse.* Hrg. v. M. Landmann, Ffm.

F. Tenbruck 1958, „Georg Simmel", in: *KZfS.*, 10, S. 587-614.

M. Weber 1976, *Wirtschaft und Gesellschaft*, Studienausgabe, Tübingen.

Wissen – Orientierung – Handlung*

SUBJEKTIVES ERLEBNIS UND DAS INSTITUT DER KONVERSION

Walter M. Sprondel

Man kann heute häufig beobachten, daß zur Kennzeichnung von Ereignissen, Handlungsverläufen oder sozialen Gebilden Ausdrücke an Beliebtheit gewinnen, die der Sprache der „Religion" entstammen. Dies geschieht sowohl im vorwissenschaftlichen Sprachgebrauch als auch in den Sozialwissenschaften. Die Motive dazu sind natürlich ganz unterschiedlich. Eine solche Verwendung von Religionsausdrücken kann in der Absicht geschehen, dem Bezeichneten eine besondere, höhere Bedeutung beizumessen, es aus dem Bereich des lediglich Profanen herauszuheben, so etwa, wenn eine bloße Meinung ein Bekenntnis genannt wird. Dahinter kann aber ebenso die Absicht stehen, das Bezeichnete dadurch verächtlich zu machen, daß es – mit religiösen Begriffen charakterisiert – aus dem Bereich der modernen „rationalen Welt" ausgeschieden und in die letzten Schlupfwinkel der Irrationalität verbannt wird.

Ich verweise auf diesen allseits bekannten Sachverhalt, um auf ein Problem der empirischen religionssoziologischen Forschung aufmerksam zu machen. Auf der ambivalenten Haltung zum Vorgang der Säkularisierung beruhen die Irritationen bei der Verwendung von Begriffen, die ihren Sinngehalt aus einer Weltdeutung und aus einem ihr entsprechenden Bewußtsein bezogen, das so nicht länger als universell geltend anzunehmen ist. Kurz gesagt: entweder hat die Religion zusammen mit ihren historischen Gestalten

* Von der Veranstaltung, die von der Sektion Sprachsoziologie im Rahmen dieses Themenbereichs organisiert wurde, können nur die beiden folgenden Beiträge von Sprondel und Fischer abgedruckt werden. Hans-Georg Soeffner war bedauerlicherweise daran verhindert, den Text seines Vortrages, der ursprünglich an dieser Stelle gleichfalls erscheinen sollte, rechtzeitig fertigzustellen. Er wird nun unter dem Titel: „Emblematische und symbolische Formen der Orientierung" im Sammelband *Sozialstruktur und soziale Typik* im Campus Verlag 1985 veröffentlicht werden.

im Prozeß der Modernisierung an Bedeutung eingebüßt und überlebt nur noch als vormoderner Restbestand. Dann wird die Religionssoziologie zu einer historischen Disziplin und beschäftigt sich – soweit sie Gegenwartswissenschaft ist – mit peripheren Phänomenen[1]. Oder die Religion hat mit und nach der Säkularisierung neue Gestalt angenommen. Dann ist die theoretische Frage nach dem Begriff der Religion aufgeworfen – ebenso wie die empirische, wo sie zu finden ist und in welcher Gestalt sie beobachtbar wird.

Wir haben es hier ganz offenbar mit einer Forschungssituation zu tun, die sich von der der religionssoziologischen Klassiker deutlich unterscheidet. Max Weber etwa konnte sich auf die im engeren Sinne soziologisch interessanten Fragen deshalb relativ umstandslos konzentrieren, weil er von einem plausiblen Vorverständnis von Religion ausging und ausgehen konnte: den bekannten Weltreligionen. Also galt es, deren „Welterrichtungs- und Welterhaltungsleistungen" (Peter L. Berger) zu analysieren, diese in den je gegebenen Rahmen sozialer Differenzierung einzustellen, um so die Konsequenzen für das Handeln zu ermitteln. Die historisch bestimmten Gestalten des Religiösen beherrschen zweifellos nicht mehr in gleichem Maße die Weltdeutung der Bewohner moderner Gesellschaften. Längst ist klar, daß wir mit Synkretismus, Privatisierung, Konkurrenz und Variabilität der Weltdeutungen zu rechnen haben. Danach ist die Unbestimmtheit und Unsichtbarkeit der Religion eines ihrer wichtigsten faßbaren Charakteristika.

Die theoretische Religionssoziologie hat auf diese Lage mit dem Versuch reagiert, einen Religionsbegriff zu begründen, der sich von den spezifischen Fassungen der Hochreligionen löst, diese vielmehr als soziale Realisierungsformen von Religion begreifen läßt. Die dabei unumgängliche Abstraktheit der Begriffe hat freilich zu zwei gleichermaßen unbefriedigenden Konsequenzen geführt. Sie hat einerseits zweifellos die empirische Forschung gelähmt: Wenn man nicht mehr weiß, wo hinzuschauen ist, dann bewegt man sich bei begrifflichen Verfeinerungen und theoretischen Synopsen auf sicherem Gelände. Sie hat aber auch andererseits zu einer gewissen Inflationierung des religionssoziologischen Vokabulars geführt, so daß nicht selten zweifelhaft bleibt, ob auf diese Weise überhaupt ein Gewinn – und gegebenenfalls welcher – damit zu erzielen ist.

Was ist in einer solchen Lage zu tun? Ich möchte auf diese Frage keine im strengen Sinne theoretische Antwort versuchen. Vielmehr möchte ich Vorschläge aufgreifen, die bereits mehr oder weniger erfolgreich gemacht worden sind, und diese Überlegungen am Beispiel von „Konversionen" durchspielen.

Es scheint mir nämlich angesichts der geschilderten Lage unausweichlich, forschungspragmatisch motivierte Entscheidungen zu treffen über religionssoziologisch interessante Gegenstände und dabei das Risiko des Irrtums oder Fehlversuchs auf sich zu nehmen. Natürlich ist damit nicht das Stochern mit langer Stange im Nebel gemeint; immerhin liegt eine erhebliche Literatur vor, auf die sich das notwendige Vorverständnis ausreichend stützen kann. Interessante Untersuchungen sind auch dadurch gelungen, daß die im vorwissenschaftlichen Sprachgebrauch häufige Bezeichung von Ereignissen im Religionsvokabular zu Forschungshypothesen umgeformt wurde. So sind Beichten, Kreuzzüge, Missionen, Priester, Propheten, Klöster und Sekten untersucht worden. Über den Erfolg solcher Unternehmen wird letztlich entscheiden, ob und wie es gelingt, solche Terme begrifflich befriedigend zu klären und durch ihre Verwendung bei der empirischen Analyse von Sachverhalten einen spezifischen Erkenntnisgewinn zu erzielen.

Einen solchen Versuch möchte ich im Folgenden mit dem Vorgang der Konversion unternehmen. Die Absicht ist, damit einen spezifischen, von anderen unterscheidbaren Typus des Zugangs zu bestimmten Vergemeinschaftungen zu gewinnen, der diesen auch dann als sinnadäquat zugerechnet werden kann, wenn sie nicht zu den bekannten Typen religiöser Gemeinschaften i.e.S. (Kirche, Sekte etc.) zugehören, also eher Weltanschauungsgruppen im landläufigen Sinne darstellen.

Unter den modernen Bedingungen von Glaubensspaltungen, religiöser Konkurrenz und der Ausbildung spezialisierter Rollen und Organisationen sind Vorkehrungen zur Abwehr von Konversionen aus dem eigenen Lager ebenso verbreitet, wie solche zur Herbeiführung von Konversionen aus den anderen Lagern. In jüngster Zeit hat das sozialwissenschaftliche Interesse an solchen Vorgängen bei der Beschäftigung mit den „Neuen religiösen Bewegungen" erheblich zugenommen und eine beträchtliche Literatur hervorgebracht. Das Folgende beutet diese in vielfältiger Weise aus.[2]

Ich werde mich dabei auf den Vorgang selbst konzentrieren, insbesondere als einen Mechanismus zur Steuerung und Regulierung von Interaktionen. Infolgedessen werde ich die in der empirischen Literatur vorherrschende und wichtige Frage ganz ausklammern, *warum* ein Individuum konvertiert. Es ist nicht die Rede von Personen, Persönlichkeitstypen, auch nicht von Lebenssituationen, auf die Menschen manchmal, häufig oder typischerweise mit Konversionen reagieren. Insofern alle diese Momente für das Auslösen der hier untersuchten Vorgänge bedeutsam sind, setze ich sie schlicht voraus.

Es ist vielleicht zweckmäßig, mit einer Art definitorischer Bestimmung zu beginnen, um dann in erläuternden Anmerkungen die Implikationen herauszuarbeiten.

1. Wissenssoziologisch gesehen, beziehen sich Konversionen (zunächst: mit Blick auf den Konvertiten) auf radikale Veränderungen der „Struktur" subjektiver Weltsichten. Sie sind radikal in dem Sinne, daß sie jene Elemente dieser Weltsicht betreffen, die alle anderen Inhalte in einer (zumeist: hierarchischen) Struktur der Relevanz ordnen, die also in der Luckmannschen Theoriesprache das „system of ultimate significance" bilden[3]. Vollzogene Konversion bedeutet also nicht den theoretisch wie praktisch kaum vorstellbaren vollständigen Austausch der Inhalte von Realitätsauffassungen, sondern die Neustrukturierung von alten und neuen Inhalten.

Wir wissen, daß auch die schlichte Kenntnisnahme von neuen Inhalten zuweilen zu Umbauten im subjektiven Wissensvorrat führt. Sofern dabei aber die allgemeinen ordnungsstiftenden Dimensionen unberührt bleiben, wird man vielleicht von „Lernen", allenfalls von „neuen Erfahrungen", nicht aber von Konversionen sprechen.

Zur Verdeutlichung: Nahezu alle Berichte von Konvertiten folgen dem Muster: „Bisher glaubte ich, jetzt endlich weiß ich!" Solche Neustrukturierung betrifft nicht nur, aber wesentlich die Art der Kausalattribuierung für Ereignisse im Leben des Konvertiten. Prinzipiell können solche Änderungen offenbar in zwei entgegengesetzten Richtungen verlaufen: von individualistischen Zuschreibungen zu kollektivistischen, oder umgekehrt. Im ersten Fall lautet dann die Formulierung: „Bisher glaubte ich, daß ich selbst immer alles falsch mache, jetzt weiß ich, daß an meiner Lage die Verhältnisse schuld sind!" Diese Art der Strukturänderung subjektiver Weltsichten findet man besonders häufig bei Übertritten zu Gruppen mit weltanschaulich begründeter politischer Zielsetzung. Die umgekehrte Version, also die Auffassung, daß die wie immer gefaßten Lebensprobleme eigener falscher Einsicht und eigenem Fehlverhalten zuzuschreiben sind, wurde immer wieder bei den Neulingen der „Neuen religiösen Bewegungen" beschrieben, ebenso ist sie für Lebensreformer der Jahrhundertwende und danach typisch.[4]

2. Mit dieser ersten Festlegung hängt aufs engste zusammen, daß Konversionen die Existenz einer mehr oder weniger ausgearbeiteten Weltanschauungstheorie voraussetzen, wie auch eine wahrnehmbare Vergemeinschaftung, die Träger dieser Weltsicht ist. Wenn man so will: Religions*stifter* sind keine Konvertiten, und zu den idiosynkratischen Ansichten eines einsamen Eremiten konvertiert man nicht. Man muß die Existenz einer solchen Theorie deshalb voraussetzen, weil es sich bei Konvertiten immer um bereits mehr oder weniger erfolgreich sozialisierte Subjekte handelt, die – per Implikation – bereits eine Weltsicht internalisiert haben, die ihrerseits auf sozialen Interaktionszusammenhängen zu ihrer Plausibilisierung aufruht. (Auch Kinder konvertieren nicht, sie werden möglicherweise „verführt".) Infolgedessen ist ein erheblicher Artikulationsaufwand zur Begründung der Wandlung notwendig, sich selbst, den früheren, nicht zuletzt aber auch den neuen Glaubensgenossen gegenüber.

3. Es sind also die hier gemeinten Gruppen etwas näher zu kennzeichnen. Was heißt mit anderen Worten – Weltanschauungsgruppen? Dabei steht an dieser Stelle nicht so sehr ihre organisatorische Struktur in Rede, die überdies erheblich variiert, wie eine jüngst erschienene, vergleichende Studie noch einmal schön demonstriert[5]. Vielmehr geht es mir um den Kern, das Ziel dieser Gruppen selbst und um einige sich daraus ergebende Probleme, auf die u.a. die spezifische Art des Zugangs zu ihnen in Form von Konversionen sinnhaft (funktional) bezogen ist.

Hierher gehört natürlich in erster Linie das angestrebte „Heilsziel", also das, was den Anhängern in Aussicht gestellt wird. Mir scheint in der Tat, daß sich dies allgemein formulieren läßt. Gruppen der hier gemeinten Art, von den neuen religiösen Bewegungen – seien sie nun östlicher oder sonstiger Provenienz – über die historische Lebensreform der Jahrhundertwende, bis zu ihren aktuellen Nachfahren: Sie alle verheißen „Einheit", die Erlösung aus der Zerrissenheit, die Aufhebung der zersplitterten Lebenswelt, die Ordnung in der Zersplitterung. Dieser durchgängigen Verheißung entspricht offenbar das am häufigsten genannte, dauerhafteste Motiv bei den Anhängern auf das genaueste: Es ist die Suche nach dem *einen* Sinn, der den Teilen der äußeren und inneren Welt ihren angemessenen Platz in einem „Ganzen" zuweist. Unterschiede zwischen den Gruppen beziehen sich weitgehend auf die Mittel, auf die diagnostizierten Ursachen der „Sinnferne" und infolgedessen auf ihre Überwindung und deren Begründung. Soweit dies zutrifft, haben wir hier offensichtlich das vor uns, was in der theoretischen Literatur die „Kosmisierung" (Berger), „heiliger Kosmos" (Luckmann) oder „conceptions of a general order of existence" (Geertz) genannt wird, mithin den konstituierenden Kernbestand von Religion.

Freilich: diese Ordnung ist zunächst eine theoretische, verheißene. Ihre objektive, für jedermann erfahrbare Realisierung ist nur vorstellbar, wenn genügend viele, tendenziell natürlich alle Menschen den empfohlenen Heilsweg beschreiten. Nun ist dies ein Ziel, dessen Erreichen höchst unwahrscheinlich ist, als Erfolgskriterium also zu riskant, wenn nicht gänzlich unbrauchbar. Dieses Ziel wird daher überall ersetzt durch das „individuelle Erlebnis" der Ordnung der Welt, insbesondere der Einheit der Person, eine Verschiebung, die jener ähnelt, welche die puritanischen Sekten aufgrund der „unbrauchbaren" harten Prädestinationslehre vornahmen.[6] Auf diese Weise wird die Zerrissenheit der Welt zwar nicht als solche beseitigt, aber für den, der dieses Erlebnis der Einheit in sich zu erzeugen weiß, verliert die fortbestehende Zerrissenheit der Welt ihre Schrecken, insofern sie auf die fehlende Einsicht anderer zurückgeführt werden kann.

Daraus ergibt sich eine Problemlage, auf die die fraglichen Gruppen reagieren müssen. Erfahrungsgemäß sind nämlich Erfolgsbeweise für die dauerhafte Legitimation einer Lehre unerläßlich. Angesichts des prinzipiell freiwilligen, d.h.: selbst zu verantwortenden Beitritts der Mitglieder und angesichts der erheblichen Konkurrenz dieser Gruppen untereinander genügt offenbar der exemplarische Erfolgsbeweis durch religiöse Virtuosen, etwa des Kernpersonals, nicht. Unter diesen Bedingungen ist eine stabile Loyalitätssicherung ein Dauerproblem, das dadurch noch verstärkt wird, daß der Erfolgsbeweis in das individuelle Erleben der Mitglieder verlegt werden muß, also in eine höchst unzuverlässige Instanz. Die Beschreibungen hier in Frage stehender Gruppen bieten zahllose Belege für die lähmende Wirkung einer Konzeption, in der dem individuellen Erleben der Rang einer nicht hintergehbaren Instanz zugesprochen wird. Eine solche prekäre Lage läßt sich nur dann einigermaßen unter Kontrolle bringen, wenn es gelingt, das Erleben selbst zu objektivieren und in entsprechenden Verfahrensabläufen („Riten") zu institutionalisieren.

Die skizzierte Problematik hat weit darüber hinausreichende Implikationen, die hier zu entfalten unmöglich ist. Es kommt mir an dieser Stelle nur darauf an, deutlich zu machen, daß die überall zu beobachtenden Arrangements zur Kontrolle des individuellen Erlebens nicht unbedingt zynisch inszenierte Taktik sind, sondern auf schwer hintergehbare Probleme solcher Gruppen verweisen: an *erwartbare,* insofern *objektivierte* Erlebnisse und zugleich an ja nur individuell ratifizierbare *Erlebnisse* appellieren zu können.

Erst damit scheint ausreichend argumentativ vorbereitet, worum es hier geht: die Untersuchung des typischen Arrangements des Zugangs zu Weltanschauungsgruppen in Form von Konversionen als eines aus strukturellen Gründen hervorgehenden Kontrollmechanismus individuellen Erlebens.

4. Aus strukturellen Gründen als funktional behauptete Mechanismen müssen zunächst in ihrem typologisch verdichteten Ablauf analysiert werden. Dazu finden sich in der einschlägigen Literatur mehrere Konversionsmodelle, die – da sie an Einzelfällen abgelesen sind – mehr oder weniger voneinander abweichen. Bei ihrem Vergleich drängt sich der Eindruck auf, daß es dabei auch nicht so sehr auf ganz bestimmte Ereignisse und deren exakte Reihenfolge ankommt. Daher will ich diese Modelle hier auch gar nicht erst referieren, so brauchbar sie unter Umständen für bestimmte Zwecke sein können.[7] Stattdessen will ich sogleich auf das Urmodell der Konversion zu sprechen kommen, mit dessen wesentlichen Aspekten übrigens die modernen Modelle durchaus übereinstimmen. Dieses Urmodell ist natürlich die Bekehrung des Saulus zum Paulus; es findet sich im 9. Kapitel der Apostelgeschichte des NT. Eine wirkliche Analyse der Apostelgeschichte kann hier natürlich nicht einmal in Umrissen versucht werden, so faszinierend deren Lektüre bei der Untersuchung typischer Problemlagen eines sich neu etablierenden Bekenntnisses ist. Ich werde daher nur drei mir wesentlich erscheinende Aspekte hervorheben, die in diesem Modell auf einzigartige Weise miteinander verwoben sind.

Ich setze als bekannt voraus, daß Saulus eine Art Kopfjäger auf Christusanhänger im Dienst des Jerusalemer Tempels war und daß in der Geschichte beschrieben wird, auf welche Weise er zu einem der erfolgreichsten Prediger *für* die christliche Gemeinde wurde.

Die drei genannten Aspekte der Geschichte, die hier interessieren, weil sie in offenbar klassischer Weise die Konversationssituation ausdrücken, sind diese:

- eine emotionale, ja existentielle Erschütterung, in diesem Fall auf typisch biblische Weise herbeigeführt durch Lichtblitz, Stimmen, Erblindung;
- die Deutung dieser Erschütterung als direkte Berufung durch Gott selbst in das Apostelamt durch einen Mittler, der bereits der christlichen Gemeinde zugehört;
- und schließlich die Überwindung des Mißtrauens gegen den Konvertiten

in der christlichen Gemeinde, d.h. also die Schaffung einer tragfähigen Basis für Interaktionen in der Gemeinde, wozu nicht zuletzt auch die Neubestimmung des Verhältnisses zu seinen ehemaligen Auftraggebern gehört.

Worauf es mir ankommt, ist dies:
Die außeralltäglich erzeugte Erregung und Erschütterung ist der Auslöser, der Anlaß, der zur inneren Wandlung und dem Überdenken des Lebens – heute würden wir wohl sagen: zur biographischen Rekonstruktion – „zwingt". Aber erst nachdem sie bereits in Termen der neuen Lehre interpretiert ist, also unter Kontrolle gebracht ist, „fiel es ihm wie Schuppen von den Augen" und Paulus wird im Wortsinn wieder sehend. Das bedeutet, daß das bisherige Leben in seiner Kontinuität mit dem neuen Ereignis verknüpft ist. Die Probleme beginnen für ihn, als er der neuen Lehre entsprechend zu handeln, in diesem Fall zu predigen beginnt: Die Interaktionsmöglichkeiten mit den Bewohnern der alten Welt, den jüdischen Funktionären, sind radikal abgeschnitten, sie trachten ihm nach dem Leben. In der neuen Gemeinde kann er nicht ohne weiteres Zuflucht finden, sie zweifelt an der Glaubwürdigkeit und Ernsthaftigkeit seiner Wandlung. Wieder ist es ein Vermittler, der die Brüder überzeugt, und zwar unter ausdrücklichem Hinweis auf die erfahrene Erschütterung durch Blitz und Donner. Erst dadurch findet er einen neuen Verkehrskreis, erst jetzt nimmt er den neuen Namen Paulus an.

Festzuhalten wäre danach: das durch Interpretation in Termen der neuen Lehre unter Kontrolle gebrachte und insofern sozial wirksam gewordene „innere Erlebnis" einerseits, und die Beendung der Handlungsmöglichkeit in der alten Welt wie die Eröffnung der Handlungsmöglichkeit in der neuen Gemeinde eben durch dieses so kontrollierte Erlebnis.

Mir scheinen damit die in soziologischer Perspektive entscheidenden Merkmale von Konversationsvorgängen bezeichnet. Das Folgende will dies nur durch einige Bemerkungen in anderer Terminologie ergänzen und erläutern.

5. Die Veränderung der Struktur subjektiver Weltsichten ist immer auch begleitet von der Änderung der sozialen Verkehrskreise, der signifikanten Anderen, die zur Bestätigung, Festigung und Plausibilisierung von Weltsichten unerläßlich sind. Gerade bei Veränderungen der strukturbildenden Relevanzen im subjektiven Wissen entsteht eine erhöhte Nachfrage an Glaubwürdigkeit und Ernsthaftigkeit, die ihrerseits nicht einfach darstellbar ist. Die Interaktionsmöglichkeiten zwischen signifikanten und sonstigen Anderen und dem Konvertiten hängen wesentlich davon ab, ob die beanspruchte Wandlung als ernsthaft, glaubwürdig und dauerhaft zu unterstellen ist, oder als vorübergehende Laune, oder gar – unter bestimmten Umständen – als eine aus strategischen Gründen, etwa der Ausforschung, nur vorgetäuschte. Dieses Darstellungsproblem besteht für den Konvertiten in mindestens dreifacher Hinsicht: Es besteht gegenüber dem eigenen Selbst, es besteht gegen-

über den früheren signifikanten Anderen und es besteht gegenüber den neuen signifikanten Anderen.

An dieser Stelle haben nun auch die immer wieder berichteten emotionalen Erschütterungen bei Konversionen ihren funktionalen Sinn: Durch sie verliert nämlich die Wandlung den Charakter kalter Berechnung oder freier Entscheidung, die prinzipiell auch anders hätte ausfallen können. Sie besiegeln für den Konvertiten den Bruch mit der Vergangenheit als eine unausweichliche Notwendigkeit. Ein durch „innere Gewalt" erzwungener Abbruch der Beziehungen ist für die früheren Interaktionspartner ein zwar nicht immer zu billigender, zumindest aber verständlicher Grund für die Veränderung.[8] Und für die Mitglieder der neuen Gemeinschaft kann der emotionale Schock als Beweis dafür gelten, daß dem Konvertiten zu trauen ist, daß sich die notwendigen noch ausstehenden Maßnahmen der Belehrung und Festigung der neuen Weltsicht lohnen.

Das Durchlaufen des Vorgangs der Konversion hat also für den Konvertiten und seine Interaktionspartner vor allem den Sinn, die prekäre Ernsthaftigkeit und Glaubwürdigkeit seines Sinneswandels verläßlich zum Ausdruck zu bringen. Der Vorgang als solcher bedeutet daher auch nicht die bereits vollzogene Übernahme der neuen Weltsicht. Insoweit ist die zu Beginn referierte Festlegung zu modifizieren. Die Konversion ist aber der als verläßlich geltende Grund, auf dem die Interaktionen errichtet werden können, die aus einem Konvertiten ein Vollmitglied der neuen Gemeinschaft werden lassen können.

6. Und schließlich: was soll heißen, daß ein typisierter Vorgang mit angebbaren Funktionen als institutionalisiert gelten kann?

Bei näherem Hinsehen zeigt sich, daß man es als allgemein verbreitetes Wissen auffassen muß, daß man zu Weltanschauungsgemeinschaften der beschriebenen Art einen angemessenen und verständlichen Zugang *nur* auf die Art der Konversionen finden kann. Dieses Wissen gehört zum allgemeinen Wissensvorrat auf ähnliche Weise, wie man weiß, was man im Falle von Krankheiten zu tun hat. Tiefgreifende Veränderungen der operativen Relevanzsysteme – das weiß man – „erfordern" Konversionen, und jedermann weiß, daß Konversionen tiefgreifende und nur schwer reversible Wandlungen darstellen, und schließlich weiß man auch, daß es völlig unangemessen wäre, weniger bedeutsame Bewußtseinsänderungen als Konversionen zum Ausdruck zu bringen.

Dieses allgemeine Wissen umfaßt in der Regel nicht die Kenntnis der Einzelheiten des Vorganges: diese mögen selbst für den Konvertiten zu Beginn des Prozesses im Dunkeln liegen. Was dieser Vorgang im einzelnen bedeutet, wissen aber die Lehrer der neuen Weltsicht oder diejenigen alten Mitglieder der Gemeinschaft, die den Prozeß selbst durchlaufen haben. Auch diese erwarten vom Neuling einen glaubwürdigen „Beweis" seiner wirklichen Überzeugung. Er wird erbracht im Durchlaufen eines Prozesses der genannten Art. Ein wesentlicher Aspekt der Initiation besteht gerade darin, die Zugehörigkeit zur neuen Weltsicht als das Ergebnis einer Konversion zu interpretieren. In diesem Sinne ist der Zugang zu Weltanschauungsgruppen als Konversion institutionalisiert. Wie es als selbstverständlich gilt, einem Sportverein durch schlichtes Ausfüllen eines Formulars und Zahlung einer Gebühr beizutreten, so gilt es als angemessen und ist daher auch für andere verstehbar, zu einer Weltsicht und der sie tragenden Gemeinschaft in Form einer als Konversion erlebten Wandlung Zugang zu finden.

In dieser Perspektive löst sich eine Schwierigkeit jener zahlreichen, in der Literatur beschriebenen Konversionsmodelle, die diese aus dem Zusammenwirken verschiedener situativer und personaler Faktoren hervorgehen lassen. Deren empirische Variation erweist sich immer wieder als unüberwindliches Hindernis bei dem Versuch der Formulierung generalisierter Faktorenmodelle. Versteht man aber den zuvor geschilderten Ablauf als typologische Verdichtung, als angemessene Institutionalisierung des Zugangs zu Weltanschauungsgruppen, wird verständlich, warum die Schilderungen der Mitglieder dieser Gruppen über ihren Zugang so konstant und gleichförmig mit dem Typus der Konversion folgen, gleichviel wie groß die Variation der sonst ins Spiel kommenden Faktoren sein mag. Man darf sich hier nicht durch den die Spontaneität betonenden Sprachstil täuschen lassen: Diese Schilderungen folgen einem institutionalisierten Muster, das sich typologisch und in seiner funktionalen Bedeutung nachzeichnen läßt, auch dann, wenn die Konvertiten ihre Wandlung als hochindividualisierten, inneren Vorgang erleben und schildern.

Damit breche ich hier diese Skizze ab, um noch einmal auf meinen anfangs formulierten Vorschlag zurückzukommen, in der empirischen religionssoziologischen Forschung am Beginn pragmatische Entscheidungen zu treffen. Die Schlußfolgerung ist nun simpel: Folgt man der theoretischen Religionssoziologie, wie ich es hier tue, bezeichnet also die Ordnungsdimension von Weltsichten (sowohl in ihrer objektivierten Version als auch in ihrer subjektiven Repräsentanz) als Fundamentalform der Religion, *und* lassen sich Konversionen als typische Zugangsformen zu Gemeinschaften nachweisen, hat man Religionsphänomene vor sich. Zugegeben: damit fängt die Sache dann erst richtig an. Aber sie fängt mit ausgewiesenen Gründen an, und das ist mehr, als heute in der Forschung gang und gäbe ist.

ANMERKUNGEN

1 Peter Berger and Thomas Luckmann: „Sociology of Religion and Sociology of Knowledge.“, *Sociology and Social Research* 47 (1963), p. 417-427.

2 Vgl. etwa James T. Richardson (Ed.): „Conversion and Commitment in Contemporary Religion.“ *American Behavioral Scientist* 20 (1977), Special Issue No. 6; Max Heirich: „Change of Heart. A Test of some widely held Theories about Religious Conversion“, *Amer. Journ. Sociol.* 83 (1977), pp. 653-677; David A. Snow and

Richard Machalek: „The Convert as a Social Type", in: Randall Collins (Ed.): *Sociological Theory, 1983*. San Francisco (Jossey-Bass) 1983, pp. 259-289.

3 Thomas Luckmann: *The Invisible Religion. The Problem of Religion in Modern Society*. New York (MacMillan) 1967.

4 Vgl. die ausführlichen Interviewzitate bei Snow und Machalek, op. cit. Die Zeitschriften der verschiedenen Gruppen der deutschen Lebensreform, sind voll von derartigen Schilderungen.

5 Kenneth Jones: *Ideological Groups. Similarities of Structure and Organization.* Aldershot (Gower) 1984.

6 Max Weber: „Die protestantische Ethik und der Geist des Kapitalismus", in: *Gesammelte Aufsätze zur Religionssoziologie,* Bd. 1. Tübingen (J.C.B. Mohr) 1920.

7 Vgl. die in Anm. 2 angeführte Literatur.

8 Dem entspricht, daß die in den sog. Anti-Cult-Movements aktiv werdenden Eltern von jugendlichen Konvertiten gerade diese innere Gewalt bestreiten und die Anwendung von „äußerer Gewalt" durch die neuen Sekten bei ihrer Mitgliederrekrutierung behaupten. Vgl. dazu Bert Hardin und Günther Kehrer: „Some Social Factors Affecting the Rejection of New Belief Systems", in: Eileen Barker (Ed.): *New Religious Movements. A Perspective for Understanding Society.* New York (Mellen) 1982.

SOZIALE UND BIOGRAPHISCHE KONSTITUTION CHRONISCHER KRANKHEIT

Wolfram Fischer

I. Sozio-biographische Erweiterung des „relationalen Krankheitsmodells“[1]

Die Rekonstruktion einiger *sozialer und biographischer Konstitutionselemente* chronischer Krankheiten, die ich hier in diesem Beitrag anziele, geht von *Voraussetzungen* aus, die mittlerweile Allgemeingut medizin-soziologischer und sozial-epidemiologischer Forschung sind, die sich andererseits weder gesundheitspolitisch noch (schul-)medizinisch auch nur annähernd durchgesetzt haben. Es geht allgemein darum, daß eine *rein somatische* Auffassung von Krankheit mit der ihr entsprechenden naturwissenschaftlichen biomedizinischen Pathologie und Heilkunst *zu kurz faßt.* Auf den drei Ebenen der *Gesunderhaltung,* der *Krankheitsentwicklung* und der *Krankheitsbewältigung* spielen *soziale und psychische Faktoren* eine erhebliche Rolle. Nicht nur für die Prävention oder die Rehabilitation – letztere nimmt per definitionem innerhalb chronischer Krankheiten einen großen Raum ein – haben soziale Bedingungen eine große Bedeutung, sondern auch als Elemente der Krankheitsentstehung. *Soziogenetische Erklärungen* erweitern oder bestreiten medizinisch-pathogenetische Modelle, zu mikrobiologischen „Stressoren“ treten quasi gleichberechtigt *soziale Stressoren.*[2] Die ziemlich umfangreichen empirischen Untersuchungen der sozial-epidemiologischen Forschung haben unabweisbare Belege geliefert, die hier nicht zu präsentieren sind oder wiederholt zu werden brauchen.

In einem *„relationalen Krankheitsmodell“* versuchte der Medizinhistoriker Karl Rothschuh eine Krankheitsdefinition zu entwickeln, die diesen Gegebenheiten Rechnung trägt. Das Modell erscheint mir als Orientierungshintergrund für die eigenen spezielleren Überlegungen nützlich, weswegen ich es kurz skizziere. Rothschuh konstruiert ein *Interaktions-Dreieck* aus den Größen *„Patient“* – *„Arzt“* – *„Gesellschaft“*, in dessen Mitte *„Krankheit“* steht.

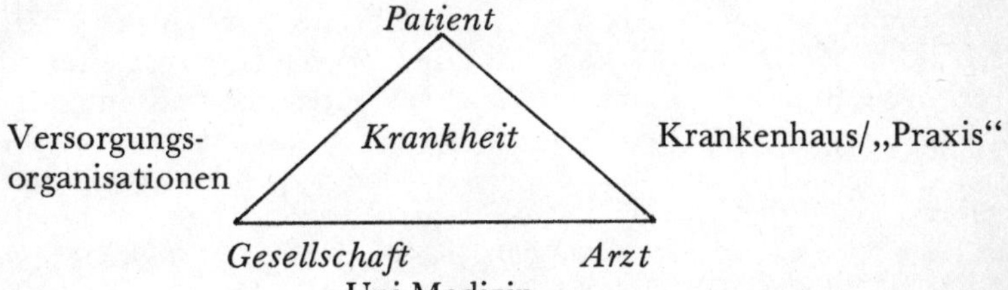

Wichtig ist dabei, daß Krankheit ein *perspektivischer Begriff* bleibt, sie ist also etwas anderes für den Patienten als für den Arzt und wiederum verschieden aus gesellschaftlichem Blickwinkel. Der *Patient* erleidet Einschränkungen seines Wohlbefindens und seiner üblichen Handlungskapazität. Was dabei letzlich in seiner *,,Laiendefinition" als Krankheit* angesehen wird, unterliegt einem gewissen Interpretationsspielraum, der noch im Vor-Patienten-Stadium in gemeinsamen alltagsweltlichen prä-diagnostischen Bemühungen unter Familienmitgliedern, Bekannten oder Arbeitskollegen durchschritten wird. Wird in einem solchen Feststellungsprozeß „Krankheit" als Ursache der erfahrenen Einschränkungen angenommen, geht in modernen Gesellschaften die weitere diagnostische und therapeutische Legitimität an den *Arzt*. Aus dessen Perspektive ist Krankheit Resultat *somatischer* Fehlfunktionen, nach *bio-physischen Merkmalen* diagnostizierbar und je nachdem durch therapeutische Interventionen kontrollier- oder heilbar. Es ist wichtig, sich klarzumachen, daß in den zivilisierten Gesellschaften, die ein medizinisches Handlungs- und Wissenssystem professionell ausgebildet haben, die *primäre Definitionslegitimität* über Krankheit beim Arzt, bzw. in den zwischen Arzt und Patient stehenden Institutionen der Krankenpflege (z.B. Krankenhaus, medizinische Praxis) liegt. Die Gesellschaft – besser gesellschaftliche Organisationen – haben hier dem Arzt ein weitreichendes Mandat zugebilligt, um das der ,,subjektiv-vermeintliche" Kranke nicht herumkommt, wenn er öffentlich als Kranker anerkannt werden will und bestimmte Privilegien (wie etwa Arbeitsbefreiung, Berentung oder Leistungen aus Organisationen der Krankenversorgung) in Anspruch nehmen will. Schließlich hat jede *Gesellschaft* spezifische Vorstellungen davon entwikkelt, welche sozialen Fehlleistungen mit dem Begriff Krankheit belegt werden können, die durchaus nicht mit der Krankheitsdefinition des Patienten oder des Arztes übereinstimmen müssen. Daß z.B. Alkoholismus oder bestimmte psychische Probleme als Krankheiten eingestuft und angegangen werden können, hat sich in verschiedenen gesellschaftlichen Bereichen unterschiedlich schnell bzw. langsam durchgesetzt.

Diese wenigen Bemerkungen sollen genügen, um das relationale Krankheitsmodell vorzustellen. Es ist komplexer als ein rein somatisches Modell und wird somit der Sache gerechter. Andererseits läßt es viele Wünsche bei der Suche nach differenzierten Beschreibungskategorien offen. Der Eck-Begriff „Gesellschaft" ist zu diffus und muß jeweils gefüllt werden. Das Definiendum „Krankheit" wirkt so zu statisch, eine Auffächerung in ein Schichtenmodell mit „Gesunderhaltung", ,,Krankheitsentwicklung" und „Krankheitsbewältigung" als zu definierenden Zentralbegriffen würde dem Prozeßcharakter des Krankengeschehens gerechter und zu Variationen in den Eck-Begriffen führen. Dies soll hier nicht durchexerziert werden.

Die Erweiterungen des Modells in den folgenden Ausführungen beinhalten soziale und biographische Faktoren chronischer Krankheiten, stellen also *Ausdifferenzierungen der Patienten- und Gesellschaftsperspektive* dar. Wie sich sogleich zeigen wird, kennzeichnen ,,sozial" und ,,biographisch" keine scharf getrennten Merkmalsklassen, so als gäbe es Biographisches unabhängig von Sozialem. Etwas treffender wäre von *„sozio-biographischen"* Faktoren zu sprechen, wenn damit nicht ein neues Sozio-Kompositum geschaffen würde, deren wir allemal zuviel haben (die Biologie mit dem Soziostempel ist der gräßlichste Sproß dieser imperialistischen Heiratspolitik).

Unter *„chronischen Krankheiten"* verstehe ich Krankheiten, „die entweder Ergebnis eines länger andauernden Prozesses degenerativer Veränderung somatischer oder psychischer Zustände sind oder die dauernde somatische oder psychische Schäden oder Behinderungen zur Folge haben" (Badura).[3]

II. Chronische Krankheit: Verletzung der sozialen Leiblichkeit und Re-Normalisierungsverfahren

Jede Krankheit – ganz gleich, ob akut oder chronisch – beeinträchtigt in jeweils spezifischer Weise die *Handlungskapazität* des Kranken und reduziert somit auch seine *Interaktionskapazität,* m.a.W. der Kranke und seine soziale Umwelt sind von der Krankheit betroffen. Ich bezeichne diesen *Verlust an Normalität,* den beide Seiten in unterschiedlicher Weise zunächst erfahren, als *Verletzung der sozialen Leiblichkeit.* Dieser Begriff zielt also auf den Kranken, faßt aber nicht dessen individuelle Körperlichkeit, sondern seine *Leiblichkeit als eine irreduzible soziale Größe.* Die Verletzung der sozialen Leiblichkeit impliziert mehr als nur den vordergründigen Verlust einzelner Handlungspotentiale, sondern sie erstreckt sich auf die ganze *„Welt der natürlichen Einstellung"*[4]*, die „Alltagswelt"* mit ihren stillschweigenden Normalitätsannahmen, bzw. „Idealisierungen". Die Unterbrechung alltäglicher Routinen führt zu deren Thematisierung in der Form von Problemartikulationen, das gesamte bislang implizite Lebenskonzept wird als Biographie thematisch. Daß die Verletzung der sozialen Leiblichkeit eine Bedrohung der Alltagswelt impliziert, wird u.a. deutlich, wenn relativ harmlose Akuterkrankungen bereits bei den Kranken Krisenphänomene hervorrufen.

Es sind vor allem die *Verletzungen von drei alltagsweltlichen Idealisierungstypen,* die mir wichtig erscheinen.[5]

1. Die Verletzung der *Kooperationsidealisierung.* Als eigentliche soziale Idealisierung umfaßt sie die Erwartung von verläßlicher Partizipation in Interaktionssituationen. Aufgrund der eingeschränkten Interaktionskapazität zerbricht diese Idealisierung. Dies äußert sich auch in Interaktions- und Kommunikationsstörungen, die nicht einfach durch spezifische körperliche Funktionsverluste der jeweiligen Krankheit zu erklären sind.

2. Die Verletzung der *Idealisierung körperlicher Autonomie.* Hier ist die Vorstellung durchbrochen, daß mein eigener Körper alleine aus sich selbst

lebt. Die als Intimitätsverletzungen registrierten Eingriffe in die Körpersphäre durch medizinisches Personal, Einnahme von Medikamenten, Durchführung von therapeutischen Aktivitäten am Körper oder die Integration von medizinischen Artefakten in den Körper, kurz das „Hineinregieren" in sozial-leibliche Lebensgewohnheiten durch diagnostische und therapeutische Maßnahmen beinhalten die Aufhebung dieser alltagsweltlichen Idealisierung.

3. Die Verletzung der *Kontinuitätsidealisierung.* Die stillschweigende Erwartung, daß das Leben so weitergeht wie bisher („und-so-weiter-Idealisierung") hat sich nicht bewährt. Damit ist „Terminalität" thematisiert, Begrenzung und Diskontinuität real, wo bislang ein offener Horizont unterstellt wurde. Da es sich bei dieser Idealisierung um eine temporale Größe handelt, sind mit ihr auch biographische, lebenszeitlich bislang gültige Fahrpläne infragegestellt. Mit der Aufhebung der Kontinuitätsidealisierung ist die offene lebensgeschichtliche Zukunft bedroht, der lebenszeitliche *„Infinitätsindex"* außer Kraft gesetzt. Dies wird für chronische Erkrankungen zu einem besonderen Problem wegen der Irreversibilität der Krankheit (also auch dann, wenn die chronische Erkrankung als nichtterminal gilt).

In Anlehnung an die Terminologie der Sozial-Epidemiologie lassen sich die drei genannten Verletzungen von Idealisierungen der Alltagswelt als *„soziale Basis-Stressoren"* bezeichnen, die nicht nur einfach krankheitsbegleitend, sondern auch krankheitsgenerierend angesehen werden müssen. (Was sich auch durch die Beobachtung erhärten läßt, daß z.B. ein sozialer Verlust zu ähnlichen Verletzungen der Alltagsweltstruktur und schließlich somatischen Beschwerden, sprich „Krankheit" führen kann.) Es sollte zumindest im Ansatz bei der Skizze der drei sozialen Basis-Stressoren deutlich geworden sein, daß sie sich jeweils ausdifferenzieren lassen in soziale und biographisch restringierende Merkmalsbündel. Welche konkreten Ausprägungen sie annehmen, hängt einmal von der Art der Krankheit ab, zum anderen von biographischen und sozialen Stressoren und Anti-Stressoren, also Ressourcen, bzw. Support-Faktoren.

Wenn die *Krankheitsentstehung* auf diese Weise adäquat als Verletzung der sozialen Leiblichkeit gefaßt werden kann, dann besteht die *Krankheitsbewältigung* darin, soziale Leiblichkeit wieder herzustellen. Bei Akutkrankheiten können die *Kooperationserwartungen* temporär stark minimalisiert werden. Soweit die Eigenaktivitäten des Patienten mit therapeutischen Interventionen konfligieren, ist eine gewisse Passivität sogar erwünscht (gelingt eine Rückstellung im Krankenhaus zu verstärkter Kooperation und Eigenverantwortung nicht, spricht man von „Hospitalisierungsschäden"). Andererseits erfordern eine große Zahl von therapeutischen Maßnahmen Kooperation (Pillen muß man z.B. auch wirklich einnehmen), und Kooperationswilligkeit muß durch entsprechende Anreize wieder aufgebaut werden. Weiter wird die Durchbrechung der *Idealisierung der Körperautonomie* dadurch wiederhergestellt, daß der Patient erfährt (und ihm dies vom Arzt bestätigt wird), daß die „Selbstheilungskräfte" unterstützend wirken, Schmerzen verschwinden, Energie zurückkehrt, der Körper eine gute Resistenz zeigt, etc. Die *Kontinuitätsunterbrechungen* können bei Akuterkrankungen wegen der Kurzfristigkeit der Krankheit überbrückt werden.

Für die hier besonders interessierenden *chronischen Krankheiten* ergibt sich eine verschärfte Situation. Bei Akuterkrankungen kann der Re-Normalisierungsbedarf zum Teil dadurch minimiert werden, daß angenommen werden kann, daß „die Sache bald vorbei ist", und „bald wieder alles im Lot" ist. Dieses Überbrückungsverfahen durch „Warten" und temporäre Substitution sozialer Aufgaben des Kranken funktioniert wegen ihrer Dauerhaftigkeit bei der chronischen Krankheit gerade nicht. Ähnliches gilt für die Kooperationsidealisierung. Der Kooperationsbedarf ist bei der chronischen Krankheit sowohl im Bereich der Therapie als auch im nicht-therapeutischen Lebensfeld besonders hoch, die Kooperationsfähigkeit erscheint demgegenüber permanent begrenzt. Schließlich ist die Idealisierung der Körperautonomie kaum wiederherzustellen, wenn eine stetige Therapie und angepaßte Lebensweise dem Kranken klarmachen, wie hinfällig seine körperliche Balance ist. Die Re-Normalisierung der sozialen Leiblichkeit bei der chronischen Krankheit steckt in der paradoxen Situation, Idealisierungen wiederherstellen zu müssen, ohne den Grund ihres Verlustes aufheben zu können. Die bei der Krankeitsentstehung als restriktiv erlebten Faktoren können nicht nur nicht aufgehoben werden, sondern es ist bei allen chronischen Krankheiten damit zu rechnen, daß sie sich verschärfen und weitere Einschränkungen hinzutreten.

Die Krankheitsbewältigung bei chronischen Krankheiten steht im Bereich der alltagsweltlichen Idealisierungen somit offenbar vor der Alternative, eine Alltagswelt zu konstituieren, die eben ohne die vorgängig verletzten Idealisierungen auskommt oder Reparaturstrategien einzusetzen, die funktionierenden Ersatz schaffen und somit wieder ein „normales Leben" ermöglichen. Darüber gleich noch etwas mehr.

Angesichts dieser Überlegungen zur Krankheitsentstehung und Krankheitsbewältigung sind unter *sozio-biographischen Konstitutiva* chronischer Krankheit sowohl restriktive als auch unterstützende Faktoren, also sowohl soziale und biographische *Stressoren* als auch *Anti-Stressoren (Schutzfaktoren)* zu verstehen. Ich versuche jetzt allgemein einige dieser Konstitutiva darzustellen, ohne auf empirische Einzeluntersuchungen oder spezifische chronische Krankheiten eingehen zu können.

III. Biographische Konstitutiva

Biographien sind Orientierungssysteme, in denen gesellschaftlich konstruierte Handlungsketten und individuelle Erfahrungstypen verknüpft werden. Sie bieten dem „Biographieträger" die Möglichkeit, über sozial präformierte

Handlungsfahrpläne und eigene bereits gemachte Erfahrungen in einem relativ konsistenten Gesamtsystem zu verfügen und gleichzeitig Kontingenzen im Blick auf weitere Orientierung zu verarbeiten. Ich unterscheide drei analytische Ebenen der Biographie-Erzeugung[6]: a) Die Ebene *heteronomer biographischer Produktion;* b) die Ebene der *autonomen Konstitution;* c) die Ebene der *biographischen Gesamtkonstruktion.*

Bei der *heteronomen biographischen Produktion* geht es um sozial präformierte biographiebezogene Handlungsabläufe, in denen bestimmte Sequenzen (mit entsprechenden Markierungen) vorgegeben werden, in die der einzelne einzuspuren hat. Berufskarrieren, familienzyklische Abläufe und auch Krankheitsverläufe aus medizinischer Perspektive gehören hierher. Bei der *autonomen Konstitution* sind kontingente Erfahrungen und Ereignisse im Leben des einzelnen angesprochen. Dies ist der Bereich der variierenden Verarbeitung heteronom vorgegebener Muster, sei es durch Veränderungen der Vorgaben, sei es durch unique Kombination einzelner Karrierestränge und -elemente. In der *biographischen Gesamtkonstruktion* werden die vorigen beiden Ebenen zusammengesehen. Erzählte Lebensgeschichten können als Manifestierungen der biographischen Gesamtkonstruktion angesehen werden und haben von daher ein besonderes forschungspraktisches Interesse.

Das Schema liegt quer zu einer dichotomen Trennung von „biographisch" und „sozial", dies bitte ich zu berücksichtigen bei den folgenden Ausführungen; die Gliederung des Vortrages vereinfacht hier die Sache und auch ständige Querverweise innerhalb der folgenden beiden Abschnitte wären zu lästig geworden. Ich versuche in diesem Abschnitt biographische Konstitutiva aus der Ebene der Gesamtkonstruktion zu skizzieren, befasse mich im Abschnitt IV. mit der heteronomen biographischen Produktion und anderen sozialen Faktoren.

Das erste und möglicherweise biographisch einschneidendste Merkmal chronischer Krankheiten ist Chronizität selber. Für den Kranken ist die restringierende Grundbedingung permanent, lebenslänglich. Mit der ersten Diagnose seiner Krankheit ist der Patient also vor die Aufgabe gestellt, den alten Lebensentwurf so zu modifizieren, daß für ihn ein Leben *mit* der Krankheit antizipierbar wird. Ganz gleich, welche chronische Krankheit er sich zugezogen hat, die Kontinuitätsidealisierung ist zerbrochen, d.h. die vergangene, offene Zukunft ist zunächst bedroht. Die Frage, ob ein Leben als Kranker permanent überhaupt möglich ist, ist zunächst noch nicht entschieden. Welche Antwort dann möglich ist, hängt m.E. in erster Linie davon ab, ob es sich um eine terminale oder eine nicht-terminale Krankheit handelt. Obgleich in beiden Fällen eine offene Zukunft durch eine „ausgedehnte Gegenwart" ersetzt erscheint (Ich weiß, daß ich diese Krankheit immer haben werde.), bleibt bei der *terminalen Krankheit* der Infinitätsindex dauerhaft durchgestrichen. Die offene Zukunft ist prinzipiell verloren, auch wenn der Patient noch mehrere Lebensjahre vor sich sieht. Ich habe in dieser Situation empirisch zwei Reparaturstrategien zur Wiederherstellung der Kontinuitätsidealisierung festgestellt.[7]

Zum einen versuchen solche Patienten durch *temporale Modifikationen* die Verletzung der Lebenszeitstruktur zu kompensieren. Kurz gesagt bedeutet dies, daß die Patienten in der Vergangenheit leben oder sich in einer punktuellen Gegenwart situieren („Ich genieße das Heute") oder sich ganz auf eine bessere Zukunft konzentrieren. Zum anderen versuchen sie durch „*Einklammern*" so zu leben, „als ob" weiter nichts wäre, d.h. bestimmte Themen werden dethematisiert (Kapazitätsverluste, Umstände der Therapie oder der Tod).

Bei *nicht-terminalen* chronischen Krankheiten macht sich der Patient nach einer Weile klar, daß er möglicherweise nun doch die gleiche Lebenserwartung hat, als wenn er gesund geblieben wäre. Damit verliert die Lebenszeitperspektive ihre Problematik, statt dessen steht die *Alltagsbewältigung* im Mittelpunkt. „Gelebte Gegenwart" *mit* der Krankheit impliziert immer einen *Unsicherheitsfaktor*. Medizinische und psycho-soziale Krisen lösen Zeiten relativ balancierten Lebens ab, oft ohne sich anzukündigen. Die Durchbrechung von Alltagsroutinen erfordert ein biographisches Krisenmanagement, „Routinisierung" von Krisen wird bei häufigerem Auftreten zur Aufgabe.

Um die *Symptomentwicklung* möglichst zu kontrollieren, muß der Kranke zunächst einmal ein genaues Symptombeobachtungsvermögen entwickeln, das es ihm erlaubt, seine gesamte Lebensführung in einer Weise zu gestalten, daß er durch eigenes Verhalten die Krankheitsentwicklung möglichst günstig beeinflußt. Wichtiger als die Befolgung von einzelnen Verhaltensmaßnahmen erscheint generell die Akzeptanz der eingeschränkten Lebensbedingungen und die Wiedergewinnung einer neuen Genußfähigkeit. Das heißt, die gelingende *biographische Integration der Krankheit* ist gleichzeitig einer der besten Schutzfaktoren der Krankheitsbewältigung. Diese Integrationsleistung ist nicht etwas, das nur einmal geleistet zu werden bräuchte, um dann immer wieder verläßliche Orientierung zu bieten, bei den einschneidenden Restriktionen ist sie ständig, vor allem in Krisen, zu erbringen. Anselm Strauss versucht diesen Leistungsaspekt dadurch zu verdeutlichen, daß er von „*Trauer- und Identitätsarbeit*" spricht, die ein permanentes Erfordernis biographischer Konstitution ist. Daß die Patienten dies nicht alleine bewerkstelligen können, sondern es dazu auch eines abgestuften sozialen Netzwerks bedarf, versteht sich – ich werde darauf im nächsten Abschnitt zurückkommen.

Ein letztes biographisches Konstitutivum sei noch erwähnt. Eine Leistung der biographischen Gesamtkonstruktion ist die Verknüpfung verschiedener präformierter biographischer Stränge. Diese „*Verknüpfungsarbeit*" (in Anlehnung an Strauss' „articulation work" innerhalb der trajectory[8]) stellt an den chronisch Kranken besondere Anforderungen, weil sie Entscheidungen über wechselseitige Einflüsse von biographischen Strängen, vor allem hinsichtlich der Krankheit, erfordert. Wo es gelingt, etwa die positive Wirkung des familiären oder beruflichen biographischen Stranges auf die Krankheits-„trajectory" richtig abzuschätzen, konstituiert der Kranke einen

Schutzfaktor. Das gleiche gilt auch umgekehrt: die adäquate Einschätzung restriktiver Wirkungen der trajectory auf andere biographische Stränge bewahrt vor Überanstrengungen und Enttäuschungen. Es versteht sich von selbst, daß hier nicht beliebige Wahlmöglichkeiten unterstellt werden. Es gehört ja gerade zum Charakter präformierter biographischer Elemente, daß sie nicht beliebig durchlebt werden können. (Wer in der Phase der Familiengründung von der Krankheit betroffen wird, hat andere Wahlmöglichkeiten als jemand, der in der postfamilialen Phase seines Lebenszyklus chronisch krank wird.) Dennoch gibt es für alle Situierungen innerhalb von biographischen Strängen „Freiheitsgrade", die festgestellt und gelebt werden können. Gelingt die Verknüpfungsarbeit schlecht, ergeben sich zusätzliche biographische Stressoren für den Krankheitsverlauf (e.g. familiäre oder berufliche Probleme bis hin zur Auflösung der entsprechenden biographischen Stränge).

IV. Soziale Konstitutiva

Hier ist zunächst noch einmal die *heteronome biographische Produktion* aufzugreifen. Präformierte familiale und berufliche biographische Muster spielen eine erhebliche Rolle als soziale Stressoren und auch Schutzfaktoren der chronischen Krankheit. Es kann zu den gesicherten Ergebnissen der sozial-epidemiologischen Forschung gerechnet werden, daß Vertraute („confidants") aus dem familiären Interaktionsfeld zu den Anti-Stressoren in der Krankheitsentstehung und Krankheitsbewältigung gerechnet werden können. Analog ist der Verlust zentraler familiärer Bezugspersonen – sei es durch Trennung, sei es durch Tod – ein eindeutiger Begünstigungsfaktor für chronische Erkrankungen.

Daß berufliche Belastungen, vor allem permanenter Art, zu den prominenten Ursachen etwa von Herz-Kreislaufstörungen zu rechnen sind, ist bekannt. Umgekehrt stellt die befriedigende soziale Einbindung in einen beruflichen Kontext einen Schutzfaktor dar, was ersichtlich ist an einer Krankheitszunahme nach dem Ausscheiden aus dem Berufsleben. Dies sind jedoch nur ganz grobe Hinweise. Im einzelnen spielen die jeweiligen Situierungen des Kranken innerhalb bestimmter heteronom produzierter biographischer Abschnitte eine große Rolle für die Krankheitsentstehung und Krankheitsbewältigung. Sie erscheinen mir in jedem Fall wichtiger als die bloße Altersangabe, die für sich genommen wenig Aussagekraft für die Bestimmung von Stressoren oder Anti-Stressoren hat. Dem kann hier im einzelnen nicht nachgegangen werden.

Die meisten sozialen Konstitutiva chronischer Krankheit sind sicherlich dem Feld der *medizinischen Versorgung* zuzurechnen. M.a.W., was es heißt, chronisch krank zu sein, wird zu einem erheblichen Maße durch die jeweils aktualisierbare medizinische Leistung bestimmt. Die „soziale Welt des chronisch Kranken" ist stark, wenn auch nicht ausschließlich bestimmt durch die *„soziale Welt der Medizin"*. Dies erscheint möglicherweise so selbstverständlich, daß die Problematik des *Perspektivenwechsels,* die hier impliziert ist, nicht wahrgenommen wird. Die Transformation des *„Kranken"* in den *„Patienten"* läßt andere handlungsleitende Motive dominant werden, die von den Interessen und Bedürfnissen des Kranken sehr stark abweichen können. Überspitzt gesagt: Was für den Arzt oder die wissenschaftliche Medizin gut und wichtig ist, ist nicht unbedingt gut und wichtig für den Kranken. Die soziale Welt der Medizin (oder des Arztes) ist von anderen Relevanzen geleitet, anderen Rollenträgern bevölkert, anderen Handlungsproblemen und Konflikten bestimmt als die soziale Welt des Kranken. Die mittlerweile recht breite populäre und publizierte Kritik an den „Halbgöttern in Weiß" ist ein Reflex auf diese Perspektivenverschiebung; die Forderung nach einer alternativen Medizin und das Entstehen von Selbsthilfegruppen im Gesundheitsbereich stehen für den Versuch, die Interessen des Kranken wieder in den Handlungsfokus zu bringen.

Was heißt dies nun im einzelnen für den chronisch Kranken? Ich muß mich auf ein paar Punkte beschränken.

a) Der chronisch Kranke wird in einem *medizinischen System* prozessiert, das nicht auf Lanzeiterkrankungen eingestellt ist. Medizinerausbildung und die Organisation von Krankenpflegeanstalten sind auf ein *Normalmodell von Akutkrankheit*[9] ausgerichtet. Die besonderen medizinischen, vor allem aber psycho-sozialen Bedürfnisse chronisch Kranker werden nur äußerst zögernd in Rechnung gestellt.

b) Chronische Krankheiten implizieren eine große Anzahl sehr verschiedener medizinischer und sozialpflegerischer Hilfsleistungen. Daraus ergeben sich *Koordinationsaufgaben und -probleme*[10] diagnostischer und therapeutischer Maßnahmen in ganz verschiedenen Ausprägungen (z.B. auf welcher Station im Krankenhaus wird der Kranke untergebracht; koordiniert der Arzt oder die Stationsschwester die Arbeit am Patienten; welcher Facharzt hat die Entscheidungsautorität: der Kardiologe, der Chirurg, der Psychiater/ Psychologe, der Internist, etc.; welche medizin-technischen Möglichkeiten stehen zur Verfügung; welche diagnostischen Prozeduren sind möglich bzw. zumutbar; welche Rehabilitationsangebote können gemacht werden?).

c) Die Beispiele implizieren bereits die Frage nach den *personellen, technischen und finanziellen Ressourcen* auf der Seite der dem Patienten zur Verfügung stehenden medizinischen Versorgungseinrichtungen. Diese variieren erheblich und bestimmen so den sozialen Rahmen chronischen Krankseins.

d) Chronische Krankheiten implizieren eine große Anzahl verschiedener *Arten medizinischer Arbeit,* die jedoch im konkreten Fall in sehr unterschiedlicher Weise tatsächlich erbracht, bzw. befriedigend koordiniert werden können. Ich liste hier lediglich auf[11] :

Maschinenarbeit
Informations- und Dokumentationsarbeit
Koordinations- und Verbindungsarbeit
Sicherheitsarbeit
Mut- und Trostarbeit
Gefühlsarbeit
Fehlerarbeit, etc.

Damit genug zu den sozialen Konstitutiva chronischer Krankheit aus dem Bereich der medizinischen Versorgung. Ein letztes Feld sozialer Konstitutiva ist das *soziale Netzwerk* oder das Feld *sozialer Unterstützungen.* (Es überschneidet sich z.T. mit dem Bereich heteronomer biographischer Produktion.) Die sozialepidemiologische Forschung hat die große Unterstützungsleistung eines abgestuften sozialen Netzwerkes von „confidants", engen Beziehungen, lockeren Bekanntschaften oder formellen Beziehungen am Ende der Skala gut belegt. Die emotionale Unterstützung, das Ansehen und die Wertschätzung, die dem Kranken hier zuteil werden, sowie die gegenseitigen Verpflichtungen im Netzwerk sind wesentliche Schutzfaktoren. Wo sie entfallen – etwa gerade bei langfristigen Hospitalisierungen von chronisch Kranken – entstehen soziale Stressoren. Die soziale Bewegung der medizinischen *Selbsthilfegruppen*[12] manifestiert die Bedeutung der Eigenaktivität und Selbstverantwortung für die Krankheitsbewältigung. Die gegenwärtige Gesundheitspolitik und die medizinische Profession sind immer noch in einer Überschätzung der rein bio-medizinischen Forschung und ihrer Anwendung in der ambulanten und stationären Behandlung chronisch Kranker befangen.[13] Die Bedeutung der Eigenleistung der Kranken und ihrer sozialen Netzwerke für die Krankheitsbewältigung (sowie für die Gesunderhaltung und Krankheitsentstehung) wird gesundheits- und medizinpolitisch immer noch unterschätzt.

ANMERKUNGEN

1 vgl. K.E. Rothschuh (Hg), *Was ist Krankheit? Erscheinung, Erklärung, Sinngebung,* Darmstadt 1975, S. 414-416.
2 vgl. E.M. Waltz, „Soziale Faktoren bei der Entstehung und Bewältigung von Krankheit – ein Überblick über die empirische Literatur", in: B. Badura (Hg), *Soziale Unterstützung und chronische Krankheit. Zum Stand sozialepidemiologischer Forschung,* Frankfurt 1981, S. 40-119.
3 Anm. 2, S. 7.
4 vgl. E. Husserl, *Ideen* I, GW III, 1, Den Haag 1976, S. 60f.
5 vgl. W. Fischer, *Time and Chronic Illness,* Berkeley 1982, S. 244ff.
6 vgl. W. Fischer, „Biographische Methode", in: H. Haft/H. Kordes (Hg), *Methoden der Erziehungs- und Bildungsforschung. Enzyklopädie Erziehungswissenschaft,* Bd. 2, Stuttgart 1984, S. 478.

7 vgl. W. Fischer, „Alltagszeit und Lebenszeit von chronisch Kranken", in: *ZSE* 2 (1982), S. 14ff.

8 vgl. A. Strauss, *Social Organization of Medical Work,* Chicago 1985, S. 151ff.

9 vgl. A. Strauss, *Chronic Illness and the Quality of Life,* St. Louis 1975, S. 3ff.

10 vgl. A. Strauss, Anm. 8, Chicago 1985.

11 Anm. 8, passim und bes. 238ff.

12 vgl. B. Badura/Chr. v.Ferber (Hg), *Selbsthilfe und Selbstorganisation im Gesundheitswesen. Die Bedeutung nichtprofessioneller Sozialsysteme für Krankheitsbewältigung. Soziologie und Sozialpolitik* Bd. 1, München 1981; und Chr. v.Ferber/ B. Badura (Hg), *Laienpotential, Patientenaktivierung und Gesundheitsselbsthilfe. Soziologie und Sozialpolitik* Bd. 3, München 1983.

13 vgl. Anm. 12, Badura 1981, S. 8.

Entwicklung und Diskontinuität

EINLEITUNG

Georg Elwert

Die Modernisierungstheorie ging von einem kontinuierlichen Wachstumsprozeß aus. Die groben Indikatoren, wie zum Beispiel Bevölkerungswachstum, sprachen dafür. Die Ethnographie vorindustrieller Gesellschaften schien klar die Differenzen zu den entwickelten Gesellschaften zu zeigen: geringe Komplexität, vor-rationales Denken und Wirtschaften und geringe Leistungsmotivation. Damit schienen die Bedingungen der Entwicklung klar zu sein. Es galt, die Mentalitäten zu ändern, die Selbstversorgungswirtschaft zu verdrängen und durch neue Institutionen die Komplexität zu steigern. Die hierauf gründenden Entwicklungstheorien des West- wie des Ostblocks scheiterten jedoch in der Entwicklungspraxis der armen Länder.

Ausgehend von empirischer Forschung in der Dritten Welt und ebenso von historischen Forschungen und wirtschaftssoziologischen Forschungen zur industriellen Entwicklung wurde nun gefragt, ob die Formen des Wirtschaftens in der Dritten Welt und in bestimmten Bereichen der europäischen Geschichte nicht einer eigenen Rationalität – der Sicherheitsrationalität – unterliegen, ob geringe Leistungsmotivation und vor-rationales Denken nicht Forschungsartefakte seien, die Formen des passiven Widerstands falsch interpretierten. Eine Neuinterpretation der europäischen Industrialisierungsgeschichte ergibt, daß der sog. Dualismus traditionaler und moderner Sektoren keineswegs nur die unter-entwickelten Länder auszeichnet, sondern auch ein Strukturmuster europäischer Entwicklung ist.

So wurden die Umrisse eines Bündels neuer Entwicklungstheorien deutlich. Sie heben hervor, daß Komplexität nicht kontinuierlich zunimmt, sondern daß umfassende Reduktionsprozesse zu strukturellen Vereinfachungen, wie dem Ware-Geld-Prinzip, der modernen Verwaltung und der schriftlichen Kommunikation führen und damit erst den Aufbau neuer Komplexität ermöglichen. Nicht nur „kapitalistische Entwicklung“ als ökonomischer Motor, sondern ebenso Widerstände dagegen führen zu strukturellen Innovationen. Die Erkenntnis strukturell gegründeter Diskontinuitäten löst den teleologischen Forschrittsoptimismus ab. Die Evolution von Gesellschaften kann stoppen, sie ist nicht notwendigerweise ein auto-poietischer Prozeß. Nichts beleuchtet das deutlicher als das Problem, ob die zwischennationale Machtbalance heute noch eine Friedensfähigkeit gewährleisten kann.

In der Diskussion wurde der Beitrag von Burkart Lutz über „Wirtschaftsdualismus und diskontinuierliche Entwicklung als generelle Strukturmuster" besonders ausführlich diskutiert. Lutz zog Begriffe wie Dualismus, die gerade auf die Unterentwicklung der Dritten Welt gemünzt waren, zur Erklärung der wirtschaftlichen Entwicklung Deutschlands heran. Es schien uns nicht sinnvoll, diesen Beitrag, der aus der Arbeit an dem gerade fertiggestellten Buch „Der kurze Traum immerwährender Prosperität – Eine Neuinterpretation der industriell-kapitalistischen Entwicklung im Europa des 20. Jahrhunderts" berichtete, auf 5 Seiten zusammenzufassen. Dieser Verzicht fiel uns dadurch besonders leicht, daß sich aus den gemeinsamen Fluchtpunkten dieses und anderer Beiträge eine weitere Publikation ergibt. In den Beiträgen von Gerd Spittler, Hans-Dieter Evers, Tilman Schiel ebenso wie in der lebhaften Diskussion zwischen Burkart Lutz und Dieter Senghaas, und vorher schon in dem Beitrag von Georg Elwert im Vormittagsplenum, wurde ein Thema angesprochen, das später in der Sektion Entwicklungssoziologie anhand der Beiträge von Ulrich Menzel, Peter Waldmann und Helmut Asche ausführlicher diskutiert werden sollte: Welches sind die Bedingungen des Übergangs zur Industrienation, wie lassen sich Konstellationen des Verharrens in – scheinbaren? – Übergangspositionen analysieren, inwieweit können wir überhaupt noch einen unilineare Entwicklung suggerierenden Begriff des Schwellenlandes beibehalten? In dem Band mit dem Titel „Auf der Schwelle der Entwicklung" werden die genannten Beiträge in ausführlicher Form nachzulesen sein. Von daher ist es wohl zu vertreten, daß hier nur um drei Viertel gekürzte Fassungen (ohne die empirischen Belege) der Vorträge dieser Diskussionsveranstaltung abgedruckt werden.

VOLKSZÄHLUNG UND BÜROKRATISCHE HERRSCHAFT IN BAUERNSTAATEN

Gerd Spittler

Die Diskussion über die Volkszählung hat seit langer Zeit wieder den Blick darauf gelenkt, daß Volkszählungen keine neutralen technischen Erhebungen sind, sondern daß sie auch eine große Bedeutung als Kontrollinstrument haben können. Diese Diskussion hat freilich eher symbolischen Charakter. Im Kontext der vielfältigen Sammlung und Speicherung von Informationen kommt der Volkszählung in Industriegesellschaften keine besondere Bedeutung zu. In Bauernstaaten dagegen kann sich eine bürokratische Herrschaft zunächst nur mit Hilfe solcher Volkszählungen etablieren. Diese sind ein unerläßliches Instrument der Durchsetzung ihres Herrschaftsanspruches, sowohl gegenüber der Bevölkerung wie gegenüber konkurrierenden Machthabern.

Wenn ich im folgenden europäische Bauernstaaten des 18. mit afrikanischen Bauernstaaten des 20. Jahrhunderts vergleiche, dann soll das nicht heißen, daß zwischen ihnen keine Unterschiede bestehen. Ich übersehe nicht, daß die zeitliche Differenz und die koloniale und neokoloniale Abhängigkeit ihr eigenes Gewicht besitzen. Dennoch erscheint es mir gerechtfertigt und sinnvoll, für bestimmte Teilbereiche Vergleiche vorzunehmen. Hier geht es vor allem darum, zu zeigen, wie eine staatliche Bürokratie mit den Problemen fertig wird, die sich aus einer Bauerngesellschaft ergeben.

Merkwürdigerweise bestand die Hauptaktivität der Kolonialbeamten in Französisch Westafrika in einer sehr simplen Tätigkeit: Sie verbrachten ihre Arbeitszeit vor allem damit, die Leute in ihrem Distrikt zu zählen und ihre Namen aufzuschreiben. In der Regel delegierten sie diese Aufgabe nicht an Untergebene, sondern führten sie selbst durch. Sie ritten wochen- und monatelang auf einem Pferd durch die Dörfer, versammelten die Einwohner und zählten sie. Nur in seltenen Fällen kamen sie soweit, daß sie den Namen jedes einzelnen aufschreiben konnten.

Es handelte sich hier keineswegs um einen einmaligen Zensus, sondern um einen Prozeß, der die ganze Kolonialzeit über andauerte. Es war eine wahre Sisyphusarbeit. Denn trotz aller Anstrengungen gelang es der Kolonialverwaltung nicht, eine zuverlässige Volkszählung zustandezubringen. Der Zensus wurde zunächst als sogenannter numerischer Zensus (recensement numérique) durchgeführt. Im einfachsten Fall zählt man die Zahl der Hütten und multiplizierte dies mit der vermuteten Anzahl von Hüttenbewohnern. Oder man versammelte die Familienvorstände und addierte aufgrund ihrer Angaben alle Familienmitglieder. Bestenfalls trieb man die gesamten Einwohner und das Vieh eines Dorfes auf einem Platz zusammen und zählte dann ab. Das Ziel war aber nicht ein numerischer, sondern ein nominativer Zensus (recensement nominatif). Man wollte jeden Einwohner namentlich erfassen und in eine Liste eintragen. Obwohl dieses Ziel seit Anfang des Jahrhunderts bestand, scheiterte seine Realisierung jahrzehntelang und wurde erst gegen Ende der Kolonialzeit in den 50er Jahren ansatzweise verwirklicht.

Warum ist ein Zensus so wichtig? Französisch Westafrika war ein überwiegend von Bauern bevölkertes Land. Die Kolonialverwaltung wollte vor allem drei Dinge von den Bauern: Steuern für die Finanzierung des kolonialen Budgets, Rekruten für die koloniale Armee und Arbeiter für einen Zwangsarbeitsdienst (prestations). Für alle drei war ein nominativer Zensus von zentraler Bedeutung. Die korrekte Eintreibung der für alle Erwachsenen festgesetzten Kopfsteuer setzte voraus, daß jeder Erwachsene in einer Liste namentlich eingetragen war.

Die Zahl der Individuen war freilich zu groß, als daß die Kolonialregierung sich hätte mit jedem einzelnen beschäftigen können. Die zahlenmäßige Zusammenfassung der Einwohner FWA's in Tabellen war eine Voraussetzung dafür, daß diese Listen auf höherer Ebene als Entscheidungsgrundlage dienen konnten. In einer Situation, in der die Kolonialverwaltung fast nichts über die bäuerliche Bevölkerung wußte, waren die Bevölkerungstabellen von unschätzbarem Wert. Auf ihrer Basis wurden Quoten für Steuerzahlungen, Armeerekrutierungen und Arbeitsdienst festgelegt. Darüber hinaus waren die Bevölkerungszahlen der wichtigste Indikator für ökonomische und politische Veränderungen.

Wie funktioniert nun eine Verwaltung, wenn ein solcher nominativer Zensus nicht zur Verfügung steht? An die Stelle einer bürokratischen treten dann eine intermediäre und eine despotische Verwaltung. Der Unterschied läßt sich zunächst an der Art des Abgabensystems deutlich machen. Für eine Bürokratie ist als Abgabe die Steuer typisch, bei der genau geregelt wird, welche Kategorie von Personen Steuern in welcher Höhe bezahlen muß. Dagegen tritt in einem intermediären System als Abgabe der Tribut. Für ein Bevölkerungskollektiv, z.B. ein Dorf, wird eine globale Summe festgelegt, für deren Ablieferung ein Mittelsmann verantwortlich ist. Wie dieser Tribut auf die einzelnen Mitglieder des Kollektivs verteilt wird, liegt außerhalb der Einflußmöglichkeit der Zentralinstanz. Bei einer despotischen Herrschaft ist die Abgabe weder eine Steuer noch ein Tribut, sondern eine Beute: Man greift sich das, was man gerade bekommen kann.

Warum ist intermediäre Verwaltung in Bauernstaaten so verbreitet? Sie entspricht der Struktur von Bauerngesellschaften eher als eine Bürokratie. Sie basiert nicht auf der Zentralisierung von Ressourcen und deren Verteilung von oben, sondern auf deren lokaler Verfügung. Sie löst das Informationsproblem, da sie auf weniger Informationen angewiesen ist. Die mündliche Kommunikation und die Speicherung von Informationen im Gedächtnis sind einer oralen Kultur adäquater als die auf Schriftlichkeit fixierte

Bürokratie. Aus der Sicht der Zentralinstanz sind allerdings viele dieser Vorteile eher Nachteile, da sie die Kontrolle durch die Zentralinstanz abschwächen. Ein Mittelsmann, der durch keine kontrollierte Ausbildung geprägt wird, der ein Informationsmonopol über den von ihm verwalteten Bezirk besitzt, der nicht versetzt werden kann, und der keine Laufbahn vor sich hat, kann kaum von oben kontrolliert werden. In FWA waren die Dorf- und Kantonshäuptlinge solche Mittelsmänner.

Liest man die Berichte der Kolonialbeamten, dann gewinnt man zunächst den Eindruck einer bürokratisch voll erfaßten Welt. In den Berichten finden sich genaue Zahlen über die Einwohner, über den Bestand an Rindern, Schafen, Ziegen, über die Erntemengen an Grundnahrungsmitteln wie Hirse, Reis, Maniok usw. In Wirklichkeit waren diese Zahlen Erfindungen, bestenfalls Schätzungen. Sie waren oft überhöht, weil die Kolonialbeamten die Tendenz hatten, jährliche Steigerungsraten zu melden, um ihre Vorgesetzten zu beeindrucken.

Die Kolonialbürokratie bewegte sich weitgehend in einer fiktiven Welt. Das führte manchmal zu Katastrophen, weil z.B. Dürren und Hungersnöte nicht richtig eingeschätzt wurden. Aber andererseits verlieh es der Bürokratie nach innen und außen eine Stabilität, die ihr langfristig den Sieg sicherte.

Welchen praktischen Nutzen hatten Listen und Tabellen? Ich will dies am Beispiel der militärischen Rekrutierung zeigen, die im Militärstaat Preußen von zentraler Bedeutung war. Zu Beginn des 18. Jahrhunderts gab es zwei Methoden der inländischen Rekrutierung. Das erste war ein Quotenverfahren. Jeder Kreis mußte ein bestimmtes Mindestkontingent liefern. Wie er das zustandebrachte, blieb ihm überlassen. Die Zahl der Soldaten, die auf diese Weise aufgebracht werden konnten, erwies sich aber als zu gering. Man mußte daher auch auf die Werbung zurückgreifen. Werbung war freilich ein euphemistischer Begriff, denn es handelte sich hier oft genug um Raub, bei dem auch Blutvergießen nicht ausblieb. Vor allem bei der Jagd nach „langen Kerls“ war den Werbern jedes Mittel recht. Die Bauernsöhne ergriffen bisweilen die Flucht ins Ausland; manchmal wanderten die Bewohner ganzer Dörfer aus. Wer reich genug war, versuchte, sich durch eine Lösesumme freizukaufen; die Armen griffen zum Mittel der Selbstverstümmelung. Gelegentlich leisteten sie auch zusammen mit ihrem Herrn bewaffneten Widerstand gegen die Rekrutierung.

Diese Methoden der Soldatenrekrutierung sind typisch beim Fehlen einer bürokratischen Regelung. Zuerst versucht man es im Rahmen intermediärer Herrschaft mit einem Quotenverfahren. Da die gelieferten Kontingente nicht ausreichen, wird die intermediäre Herrschaft durch eine despotische ergänzt.

Als Folge dieses despotischen Rekrutierungssystems war ein Niedergang der bäuerlichen Landwirtschaft nahezu unvermeidlich. 1733 stellte daher Friedrich Wilhelm I. die Rekrutierung durch das Kantonsystem auf eine völlig neue Grundlage. Von nun an war die Rekrutierung im Prinzip bürokratisch geregelt. Wie funktionierte dieses System? Ganz Preußen wurde in Kantone aufgeteilt, die je einer Kompanie (später einem Regiment) exklusiv zur Aushebung von Soldaten zugeteilt wurden. Alle Jungen wurden noch vor ihrer Rekrutierung „enrolliert". Jeder pflichtige Knabe wurde in die vom Pfarrer geführte und dem Regiment mitgeteilte Liste eingetragen.

Im Zusammenhang mit unserer Fragestellung ist es wichtig, daß das Kantonsystem für sein Funktionieren bürokratische Basisinformationen voraussetzte. Die militärische Bürokratie mußte Kenntnisse über die Bevölkerungszahl aller Ortschaften haben, damit sie Kantone mit gleicher Bevölkerungszahl einteilen konnte. Sie mußte überdies, und das war ungleich schwieriger, über ein Geburtenregister verfügen, damit sie die 10-jährigen Knaben, die für die Enrollierung vorgesehen waren, identifizieren konnte. Bei der Durchsetzung staatlicher Herrschaft gegenüber den intermediären Lokalgewalten war das Kantonsystem eine wichtige Etappe. Alle Enrollierten, d.h. alle Männer, auch wenn sie nicht in der Armee waren, unterstanden jetzt in mehreren Bereichen nicht den Anweisungen ihres Guts- und Grundherrn, sondern dem Kompaniechef. Dieser erteilte die Heiratserlaubnis, dieser entschied darüber, wo sich der Enrollierte ansässig machen konnte. Die Enrollierten unterstanden dem Militärgericht. Die Bauern wurden hier direkte Untertanen des Staates.

STRATEGISCHE GRUPPEN, KLASSENBILDUNG UND GESELLSCHAFTLICHE ENTWICKLUNGEN

Hans-Dieter Evers, Tilman Schiel

Was unterscheidet das Konzept strategischer Gruppen vom originären Marxschen Klassenkonzept?

Geschichte ist nicht nur als Abfolge von Kämpfen existierender Klassen zu begreifen: Gerade in Phasen rascher einschneidender Veränderung ist dies auch ein Prozeß des Zerfalls bestehender Klassen und der gleichzeitigen Selbstschöpfung neuer Klassen. Dies geschieht durch das strategische Handeln von Gruppen, die weniger von einem Ist-Zustand ausgehen als einen noch nicht bestehenden Zustand anstreben.

Bürokratie als Handlungsfeld strategischer Gruppen

Das Ende des 19. Jahrhunderts sah neben der territorialen Ausdehnung europäischer Kolonialreiche auch ein ungeheures Wachstum des kolonialen Sozialprodukts bei gleichzeitig zunehmender regionaler und sozialer Differenzierung. Im Kampf um die Verteilung des steigenden Sozialprodukts war die koloniale Bürokratie in nicht geringem Maße beteiligt.

Die „Bürokratie" in Ländern der Dritten Welt ist eine sehr komplexe und von der unsrigen Verwaltung sehr verschiedene gesellschaftliche Erscheinung. Wir sind der Ansicht, daß es sich im strikten Sinne dabei nicht um eine Bürokratie handelt, da die Unterschiede zur Bürokratie als einer ganz spezifischen Form institutionalisierter Verwaltung im entwickelten Kapitalismus fundamental sind. Dies zeigt sich auch in der Debatte um den „bürokratischen Kapitalismus".

Man geht sicherlich von falschen Voraussetzungen aus, wenn man die heutigen Staaten der „Dritten Welt" als eine Hegelianische „Vernunftinstanz der bürgerlichen Gesellschaft" betrachtet oder in ihnen den Ausfluß Max Weberschen rationalen Handelns zum Wohle der Allgemeinheit vermutet. Die Bürokratie ist aber auch keineswegs einfach das Instrument einer herrschenden Klasse, wie von marxistischen Analytikern leichtfertig behauptet wird.

Das strategische Handeln von Gruppen innerhalb der Bürokratie bzw. der vom Staat „bereitgestellten" Apparate zur Machtausübung kann anhand von Umstürzen, Staatsstreichen und Revolten besonders eindringlich vor Augen geführt werden:

Allgemein betrachtet, gab es zumindest zwei größere Bürokratisierungsschübe; der erste fand gegen Ende des 19. Jahrhunderts mit der Konsolidierung der Kolonialverwaltung bzw. der Einführung eines „modernen" Staatswesens statt. Der zweite Schub läßt sich nach wesentlichen politischen Ereignissen feststellen: z.B. der thailändischen Revolution von 1932, die zur Einführung der konstitutionellen Monarchie führte, der Unabhängigkeit Indonesiens mit dem Ende der 300-jährigen holländischen Kolonialherrschaft 1945-47 und der malaysischen Unabhängigkeit zehn Jahre später. Daraus wird deutlich, daß ein erfolgreicher Unabhängigkeitskampf oder eine Revolution für bestimmte Gruppen im Verwaltungsapparat selbst ganz erhebliche positive Folgen hatte. Stellen in der Bürokratie wurden durchweg als Belohnung für die Unterstützung der neuen revolutionären Regierung vergeben, d.h. eine Umverteilung des Staatshaushalts von Infrastruktur und Entwicklungsmaßnahmen auf Beamtengehälter fand statt.

Beispiel Thailand:

Die sog. Revolution von 1932 in Thailand, die anstelle der absoluten Monarchie eine konstitutionelle setzte, war ganz klar das Resultat strategischen Handelns innerhalb der Bürokratie. Trotz der Modernisierung der Verwaltung unter dem Innenminister Prinz Damrong Ende des 19. Jahrhunderts waren die führenden Positionen (die natürlich auch die einträchtigsten waren) immer noch dem Sakdina-Adel vorbehalten. Andererseits war der nichtadelige Teil der Bürokratie, der durch die Modernisierung geschaffen und stark ausgeweitet worden war, in den 20er Jahren von einem Schrumpfungsprozeß bedroht und zu Beginn der 30er Jahre zusätzlich durch starke Schwankungen verunsichert. Dieser Teil der Bürokratie revoltierte daher gegen seinen Schöpfer, die absolute Monarchie: die Träger dieser „Revolution" ohne Unterstützung des Volkes waren höhere Beamte und Offiziere.

Diese Gruppen konnten dadurch nicht nur die Bedrohung durch Stellenabbau verhindern, sondern zugleich zusätzliche wichtige Positionen einnehmen. Die Politik danach zeigt dies eindeutig. Nicht nur steigt die Zahl der vom Staat Beschäftigten deutlich an, auch die Wirtschaftspolitik ändert sich. Sie verfolgt nun den Aufbau einer staatlichen bzw. staatlich kontrollierten Industrie. Dadurch sollten die Staatsrevenuen verbessert werden und das private (nicht selten in chinesischen Händen befindliche) Unternehmertum, das vorher eng mit dem Sakdina-Adel kooperierte, sollte unter Druck gesetzt werden. Es folgt eine Periode staatlich gelenkter Industrialisierung, die Periode des sog. „bürokratischen Kapitalismus". Diese Periode erlebt eine Neustrukturierung der Bürokratie in einer Weise, die es einer Gruppe von „Parvenues" erlaubt, einträgliche Positionen in der Wirtschaft einzunehmen bzw. Kontrolle über die Wirtschaft auszuüben.

Ein Vergleich strategischen Handelns einer bestimmten Gruppe im Zentrum der Bürokratie, nämlich der Ministerialbürokratie und der Armeeführung in Thailand, Malaysia und Indonesien zeigen deutlich, wie nach einer „gleichen“ strukturellen Ausgangslage doch grundverschiedene Strategien verfolgt wurden. Die Thai-Bürokraten (ursprünglich organisiert in der sog. Volkspartei) verschafften sich Zugang zu privaten Einkünften, indem sie sich in Abstimmung mit chinesischen Unternehmern zu stillen Teilhabern thailändischer Firmen machen ließen.

In Malaysia griffen höhere Beamte selbst zur Tat:
Als sich herausstellte, daß ein Eindringen in die chinesische Geschäftswelt aufgrund deren numerischer Stärke nicht möglich war, wurden Staatsunternehmen gegründet (z.B. die staatliche Bank Bumiputra, die Handelsgesellschaft Mara, die Ölgesellschaft Petronas und viele andere). In diesen Unternehmen, die parallel und in Konkurrenz zum privaten Sektor arbeiteten, wurden Direktorenposten und Aufsichtsräte vornehmlich mit malaysischen Beamten und Politikern besetzt.

In Indonesien wurden nach 1956 zunächst ähnliche Strategien verfolgt. Nach 1965 sind jedoch Beamte und vor allem Offiziere neben ihrer Tätigkeit in der Bürokratie auch ins Privatgeschäft eingestiegen und haben sich als Unternehmer oder Großgrundbesitzer betätigt. Dabei allerdings setzten sie chinesische Großkaufleute als „Berater“ (indonesisch: cukong) ein. Diese Nutzung recht heterogener Einkommensquellen, beispielsweise die private Nutzung „öffentlicher“ Institutionen, als Basis und Bedingung für den privilegierten Einstieg in die Privatwirtschaft und zur vorteilhaften Erlangung von Grundbesitz in kominierter Form nennen wir den Prozeß der „Hybridisierung“ strategischer Gruppen.

Nicht der Besitz an Produktionsmitteln oder ein irgendwie gearteter ökonomischer Zustand ist für die Konstitution strategischer Gruppen ausschlaggebend. Vielmehr zeigt unsere Analyse, daß strategische Gruppen nicht durch eine eindeutig bestimmbare soziale Lage gekennzeichnet sind. Sie werden vielmehr durch ein gemeinsames Interesse konstituiert, durch entsprechendes strategisches Handeln eine solche Lage erst zu schaffen und abzusichern.

Hybridisierung strategischer Gruppen:
Die Mitglieder strategischer Gruppen befinden sich nicht in einer eindeutigen sozialen Lage. Um eine einmal errungene Position abzusichern bzw. die eigene Lage zu verbessern und weiter auszubauen, haben strategische Gruppen die Tendenz, auf andere Bereiche überzugreifen. Diese fast zwangsläufige und oft gegen ursprüngliche Intentionen verlaufende Entwicklung berührt die Interessen anderer strategischer Gruppen. Dies kann sowohl zu Konflikten als auch zur Interessenkonvergenz und zur Koalition führen. Das Beispiel der Ministerialbürokraten in Thailand, Malaysia und Indonesien zeigt sowohl Fälle von Parallelität (schwache Hybridisierung) wie solche von Symbiose. Letzteres heißt aber, daß die Hybridisierung in die Entstehung einer neuen Klasse umschlagen kann. Hybridisierung läutet also möglicherweise den Bildungsprozeß einer neuen Klasse ein.

Klassenbildung:

Die vielen Autoren bekannte, aber selten erklärte „Heterogenität" strategischer Gruppen führt dazu, daß eine Klassenanalyse im herkömmlichen Sinne, und zwar im marxistischen wie auch im traditional-soziologischen Sinne, schlicht unmöglich ist. Der von uns vorgeschlagene Ansatz hebt auf den Klassenbildungsprozeß ab, statt auf bereits bestehende und a priori postulierte Klassenstrukturen fixiert zu sein. Ob und wann sich der Klassenbildungsprozeß in einer eindeutig erkennbaren Klassenstruktur niederschlägt, wird sich erst im Laufe einer langfristigen Entwicklung zeigen. Die Vielfalt strategischer Gruppenprozesse läßt jedoch allein schon wegen der tendenziellen Hybridisierung vielfältige Möglichkeiten der Klassenbildung plausibel erschienen. Jedenfalls ist es unseres Erachtens nach unzulässig, generell die Bildung einer sog. „Staatsklasse" zu postulieren.

ENTWICKLUNG, HEGEMONIEKRISE UND FRIEDENSFÄHIGKEIT IN DER GEGENWART

Dieter Senghaas

Bis zur Industriellen Revolution gab es in der Neuzeit mehrere, wenngleich brüchige Vormachtstellungen führender Mächte als Ergebnis erfolgreich erkämpfter Positionen an den Nahtstellen des weltweiten Fernhandels. Seit der Industriellen Revolution ist Hegemoniebildung nur noch auf der Grundlage einer jeweils überlegenen Nationalökonomie vorstellbar. Drei Faktoren begründen seitdem eine weltwirtschaftliche Spitzenstellung und den sich aus ihr ergebenden Verdrängungswettbewerb:

- Die hohe Produktivität im landwirtschaftlichen, industriellen und Dienstleistungssektor;
- technologische Innovationen, die Leitsektoren begründen und von denen weitreichende Ausstrahlungskräfte auf die übrige Weltwirtschaft ausgehen;
- schließlich organisatorische und institutionelle Innovationen, die eine Anpassung überkommener Institutionen an neue sozio-ökonomische Gegebenheiten erleichtern.

Werden solche Faktoren durch eine zivilisatorische Ausstrahlungskraft der betreffenden Gesellschaft ergänzt, gewinnt eine ökonomische Vormachtstellung zusätzlichen kulturellen Flankenschutz. Noch bis vor 10 - 15 Jahren hatte das Bild des „American way of life" eben diese Funktion.

Eine wachsende Diskrepanz zwischen dem überkommenen institutionellen Rahmen des internationalen Systems und neuen Machtlagen führt zur Krise des internationalen Systems: zur „Krise des Weltwirtschaftssystems", zur „Krise der internationalen Kommunikationsordnung", zur „Krise der Allianzen", usf. – Das Ergebnis ist eine um sich greifende Verunsicherung. Daß der Begriff der Sicherheitspolitik eine weit über die militärische Dimension hinausgehende Bedeutung gewinnt, überrascht nicht. An die Stelle einer tendenziellen ökonomischen Selbstregulierung tritt bewußte politische, im Grenzfall militärische Intervention als Mittel der Konfliktregulierung. Diese wird unausweichlich, wenn der relative Verfall einer Hegemonialposition und die Herausforderung durch nachrückende junge Hegemonialaspiranten mit einer weltwirtschaftlichen Schrumpfphase zusammenfällt und an die Stelle von Internationalismus und Kosmopolitismus Protektionismus und Nationalismus treten. Dann ist nicht mehr Interdependenz gefragt, sondern Geopolitik und Merkantilismus. Beide sind unübersehbare

Indizien für eine verfallende Hegemonialordnung in einer weltwirtschaftlichen Abschwungphase.

Wie verarbeiten die USA die Hegemoniekrise?

Während der ganzen siebziger Jahre hat es nicht nur in der Publizistik, sondern auch in der Politik verschiedener Administrationen (Nixon, Ford, Carter) in den USA Ansätze zu neuen weltpolitischen Strategien gegeben. Im einzelnen waren ihre Akzente durchaus unterschiedlich, allen jedoch lag die Absicht zugrunde, den „emerging complexities" der internationalen Gesellschaft mit einer „Politik der Interdependenz" konstruktiv zu begegnen.

Zerbröckelt nach und nach die politische Kontrolle über weite Bereiche der internationalen Gesellschaft und dokumentieren dramatische Ereignisse die eigene relative Schwäche, werden überdies solche Ereignisse als Ergebnis einer durchaus vermeidbaren eigenen Willensschwäche interpretiert, dann droht die Versuchung, mit Kraftakten Ordnung schaffen zu wollen. In den USA ist mit dem „Reaganism" die „Philosophie" der emerging complexities und der Interdependenz zu Grabe getragen worden und die geopolitische Option zum Durchbruch gekommen.

Die Probleme, denen sich die USA in der Welt ausgesetzt sehen, sind nicht nur, ja nicht einmal zuallererst, das Ergebnis selbstverschuldeter Schwäche, sondern eine Folge veränderter Kräfteverhältnisse.

Die Probleme einer nur militärischen Weltmacht

Daß die Sowjetunion inzwischen eine Weltmachtposition einnimmt, ist unbezweifelbar. Doch sie verdankt diese Stellung nicht den klassischen Merkmalen einer klassischen Hegemonialmacht der Neuzeit. Trotz aller bemerkenswerten Aufbauleistungen nach 1917 zeichnet sich die sowjetische Ökonomie immer noch nicht durch eine Entwicklungsdynamik aus, die die weitere Entwicklungsrichtung der Weltwirtschaft mitbestimmen könnte. Im Gegenteil, mit Hilfe von Technologietransfer werden technologische Innovationen importiert; die politisch motivierte Verhinderung institutioneller Innovationen führt zu einer Art Sklerotisierung der Gesellschaft, die eine wachsende Kluft zwischen Produktivkraftentfaltung und Produktionsverhältnissen entstehen läßt.

Der weltpolitische Status der Sowjetunion verdankt sich nur dem inzwischen erreichten Militärpotential. Wie in alten Weltreichen (China, Mogul, Osmanen usf.) wird die eigene Gesellschaft durch einen bürokratischen Apparat zusammengehalten, dessen Rückgrat Sicherheitsorgane und Militär sind. Das hat erhebliche Folgen. So sind vielfältige Möglichkeiten ökonomischer Selbststeuerung, die marktwirtschaftlich organisierte Konkurrenzökonomien kennzeichnen, nicht vorhanden.

Das geht, wie die geschichtliche Erfahrung zeigt, lediglich solange gut, wie brachliegende Ressourcen extensiv mobilisierbar sind. Werden Ressourcen jedoch knapp und ist ein Übergang aus der extensiven Wachstumsphase in eine intensive überfällig, zeichnet sich eine Systemkrise ab.

Ohne das heute verfügbare Militärpotential, das die Grundlage und das Rückgrat des Weltmachtstatus' ausmacht, wäre die Sowjetunion als Herausforderer der USA zwar immer noch eine große Industriemacht, aber weltwirtschaftlich gesehen, genaugenommen, weniger als ein Schwellenland. Denn ein Schwellenland ist definiert durch Teilindustrialisierungsprozesse, die in einzelnen Sparten der Konsumgüterindustrie und des Maschinenbaus zu einer durchschlagenden Konkurrenzfähigkeit auf den Märkten alternder Industriegesellschaften führen. Davon kann heute, außerhalb politisch motivierter Handelsabkommen, kaum die Rede sein. Mit konkurrenzfähigen Ökonomien spielen sich die Beziehungen daher eher auf der Ebene klassischer Nord-Süd-Geschäfte ab: Rohstoffe werden gegen hochverarbeitete Fertiggüter, Maschinen und Technologie getauscht.

Solange die Sowjetunion den Status einer Weltmacht anstrebt, und die einmal erreichte Position für erhaltenswert hält, ja sie auszubauen bestrebt ist, sind ihr deutlich Grenzen hinsichtlich der Verminderung ihres Militär- und Rüstungspotentials gesetzt. Erst der Aufbau dichter Außenwirtschaftsbeziehungen könnte hier Kompensationsmöglichkeiten schaffen; aber für einen solchen Aufbau fehlen fast alle Voraussetzungen.

Gewöhnlich wird Planökonomien eine hohe administrative Flexibilität hinsichtlich ihrer Fähigkeit zugeschrieben, eine Rüstungswirtschaft auf Zivilgüterproduktion umzulenken. Auch hier sind Zweifel angebracht. Versuche der Investitionsumlenkung aus dem Schwerindustrie- und Investitionsgüterbereich in andere Sektoren, obgleich mehrfach an höchster politischer Stelle beschlossen, sind bisher im großen und ganzen gescheitert. Sie weisen auf das inzwischen erhebliche Eigengewicht der Apparate hin.

Die Herrschaftsform und die von ihr geprägte Gesellschaft und Ökonomie lassen ebenso wie die militärische Eindimensionalität des Weltmachtstatus' eine eher geringe Beeinflußbarkeit der Sowjetunion von außen als wahrscheinlich erscheinen. Wenn eine Beeinflussung im Sinne einer Stärkung von Reformkräften erreicht werden soll, dann ist sie nur über eine nicht-bedrohliche Politik des Westens erreichbar. Aber selbst unter solchen heute nicht bestehenden Vorzeichen ist ihr Erfolg keineswegs sicher. Erfolg oder Mißerfolg hängen wesentlich davon ab, ob sich verdichtende Beziehungen zwischen Ost und West vor Ort politisch verkraftet werden können. Diese Problematik betrifft insbesondere Osteuropa und die Beziehungen zwischen Ost- und Westeuropa.

Die Entspannungspolitik der siebziger Jahre bot der Sowjetunion Chancen, ihr Verhältnis zu Osteuropa zu normalisieren; sie hätte damit erhebliche politische Impulse auslösen können. Diese Chancen blieben ungenutzt;

vielmehr sollte mit untauglichen Mitteln ein brüchig gewordener Status quo noch einmal gesichert werden. Auch daran ist die Entspannungspolitik gescheitert. Man muß diesen Zusammenhang im Auge behalten, wenn Entspannungspolitik wiederbelebt werden soll. Es ist keineswegs sicher, daß eine solche Politik des Westens, die zu begrüßen wäre, nicht von der Sowjetunion als eine erhebliche gesellschaftspolitische Provokation empfunden würde, da sie in Osteuropa unter gegebenen Bedingungen absehbare destabilisierende Wirkungen hätte.

Die Autoren

Günter Albrecht, Professor für Soziologie und Soziologie der Sozialarbeit, seit 1971 an der Fakultät für Soziologie der Universität Bielefeld, Arbeitsschwerpunkte Theorie und Empirie sozialer Probleme, Soziologie abweichenden Verhaltens und sozialer Kontrolle.

Laszlo Alex, Dr. rer. pol., Hauptabteilungsleiter seit 1977 beim Bundesinstitut für Berufsbildung, für den Bereich Strukturforschung, Planung und Statistik, davor mehrere Jahre im Bundesministerium für Bildung und Wissenschaft tätig. Die Arbeitsmarkt- und Berufsbildungsforschung ist seit 1968 sein hauptsächliches Arbeitsgebiet.

Gotthard Bechmann, Studium der Rechtswissenschaft, Politikwissenschaft und der Soziologie, Arbeitsschwerpunkte: Planungs-, Technik- und Wissenschaftssoziologie; Risikoforschung; Wertwandelforschung. Wissenschaftlicher Mitarbeiter im Kernforschungszentrum Karlsruhe.

Ursula Beer, Dr. phil., Studium der Politikwiss., Soziologie und Volkswirtschaft in Frankfurt, wissenschaftliche Mitarbeiterin an der Universität Bielefeld, Fakultät für Soziologie, im Bereich Wirtschaftssoziologie/Sozialökonomie, Schwerpunkt: Frauenarbeit in Familie und Beruf.

Johannes Berger ist Professor an der Soziologischen Fakultät der Universität Bielefeld. Buchveröffentlichungen: *Krise und Kapitalismus bei Marx* (zusammen mit V. Bader und H. Ganßmann), 2 Bände, 1975; *Einführung in die Gesellschaftstheorie* (m. V. Bader u.a.), 1980, Campus Verlag.

Fritz Böhle, Dr. rer. pol., Institut für Sozialwissenschaftliche Forschung e.V. München. Arbeitsschwerpunkte: Zusammenhänge zwischen Entwicklungen industrieller Arbeit, sozialen Risiken und Sozialpolitik, Arbeitsschutzpolitik, Arbeits- und Berufsbildungsrecht sowie Interessenvertretung. Veröffentlichungen u.a.: *Industrielle Arbeit und Soziale Sicherheit* (mit Norbert Altmann) 1972; *Arbeitnehmerpolitik und betriebliche Strategien* (mit Manfred Deiß) 1980; *Verbesserung von Arbeitsbedingungen und Arbeitsmarktpolitik* (mit Manfred Deiß u.a.) 1982.

Hanns-Georg Brose, Dr. phil., Hochschulassistent am Institut für Soziologie der Philipps Universität Marburg. Arbeitsgebiete: Industrie- und Arbeitssoziologie; Biographieforschung; Laufendes Forschungsvorhaben: Die Vermittlung sozialer und biographischer Zeitstrukturen. Publikationen: *Die Erfahrung der Arbeit,* Opladen 1983; (Hrsg.) *Berufsbiographien im Wandel,* Opladen 1985 (i. Druck); (zusammen mit L. Hack u.a., *Leistung und Herrschaft,* Frankfurt/N.Y., 1979).

Rainer Döbert, Privatdozent an der FU Berlin. Arbeiten zur Evolution von Religion und über handlungstheoretische Sozialisationstheorie.

Klaus Düll, Dr. rer. pol., geb. 1936, ISF München. Arbeitsschwerpunkte: Betriebliche Arbeitskräftepolitik, technischer Wandel, Interessenvertretung der Arbeitnehmer, allgemeine industriesoziologische Probleme. Buchveröffentlichungen: *Industriesoziologie in Frankreich,* 1975; *Öffentliche Dienstleistungen und technischer Fortschritt,* 1976 (zusammen mit D. Sauer, I. Schneller, N. Altmann); *Grenzen neuer Arbeitsformen,* 1982 (zusammen mit N. Altmann, P. Binkelmann, H. Stück); *Industriearbeit in Frankreich – Krisen und Entwicklungstendenzen* Hrsg.), 1984.

Klaus Eder war von 1971-1983 wissenschaftlicher Mitarbeiter am Max-Planck-Institut für Sozialwissenschaften. Seit 1983 ist er Mitglied der Münchner Projektgruppe für Sozialforschung e.V. und seit 1984 zugleich Privatdozent für Soziologie an der Universität Düsseldorf. Wichtige Veröffentlichungen: *Die Entstehung staatlich organisierter Gesellschaften. Ein Beitrag zu einer Theorie sozialer Evolution.* Frankfurt 1976; *Geschichte als Lernprozeß? Zur Pathogenese politischer Modernität in Deutschland.* Frankfurt 1985.

Georg Elwert, geboren 1947, studierte Ethnologie und Soziologie an den Universitäten Mainz und Heidelberg. Promotion in Heidelberg 1973. Er führte zahlreiche Feldforschungen vor allem in Westafrika durch. Er lehrte an den Universitäten Zürich, Heidelberg und Bielefeld. Habilitation 1980 in Bielefeld in Soziologie und Sozialanthropologie. Als Heisenberg-Stipendiat arbeitete er in Bielefeld, an der Ecole des Hautes Etudes en Sciences Sociales in Paris und an der Yale University in den USA. Seit 1982 lehrt er als Professor für Soziologie an der Universität Bielefeld. 1985 erhielt er einen Ruf an die Freie Universität Berlin für das Fach Ethnologie.

Adalbert Evers, Dr., arbeitet am Institut für Ausbildung und Forschung auf dem Gebiet der sozialen Wohlfahrt in Wien; Forschungstätigkeit auf dem Gebiet der Sozialpolitik unter besonderer Berücksichtigung internationaler Vergleiche auf der lokalen Ebene; neuere Veröffentlichungen u.a.: *Was heißt hier eigentlich sozial?* (zus. mit Opielka, M.) in: Opielka, M. (Hg.): *Die ökosoziale Frage,* Frankfurt; zus. mit Wintersberger, H./ Nowotny, H. (Hg.) 1985: *Can there be a new welfare state?* London; *Kommunale Wohnungspolitik als Sozialpolitik,* in: Krüger, J./Pankoke, E. (Hg.) 1985: *Kommunale Sozialpolitik,* München / zus. mit Blanke, B./Wollmann, H. (Hg.): *Die zweite Stadt. Unkonventionelle Formen des Umgangs mit Arbeit und Diensten in der Kommunalpolitik.* Opladen (ersch. Anfang 1986).

Hans-Dieter Evers ist Professor an der Fakultät für Soziologie und Vorsitzender des Forschungsschwerpunkts Entwicklungssoziologie der Universität Bielefeld. Von 1968-1971 war er Professor für Soziologie an der Yale University und von 1971-1974 Professor für Soziologie an der Universität Singapore. Seine Forschungsinteressen liegen auf dem Gebiet der Entwicklungssoziologie, in den Problemen der Klassenbildung und Marktsystemen. Zu seinen Publikationen gehören u.a.: *Kulturwandel in Ceylon.* Baden-Baden: Lutzeyer Verlag, 1969; *Monks, Priests and Peasants – A Study of Buddhism and Social Structure in Central Ceylon.* Leiden: E.J. Brill, 1972; *Households and the World Economy.* Beverly Hills: Sage Publications, 1985 (hg. mit J. Smith und I. Wallerstein).

Christian von Ferber (geb. 1926) o. Prof. für Medizinische Soziologie an der Medizinischen Fakultät der Universität Düsseldorf, Arbeitsschwerpunkte: Medizinische Soziologie, Sozialpolitik. Veröffentlichung u.a.: *Soziologie für Mediziner* 1975; Mitherausgeber *Handbuch für Sozialmedizin,* 3 Bde. 1975-1977.

Wolfram Fischer, Priv.-Doz., Dr. phil., geb. 1946, Heisenberg-Stipendiat der DFG an der Fakultät für Soziologie der Universität Bielefeld; Lehrgebiet: allgemeine Soziologie. Arbeitsschwerpunkte: phänomenologische Soziologie, qualitative Methoden, Biographieforschung, medizinische Soziologie, Religionssoziologie. Habilitationsschrift: *Time and Chronic Illness. A Study on the Social Constitution of Time,* Berkeley 1982 (Selbstverlag).

Friedhelm Gehrmann, Prof. Dr., Professor für Wirtschaftswissenschaften an der Fachhochschule des Bundes für öffentliche Verwaltung. – Vorsitzender der Sektion „Soziale Indikatoren" der Deutschen Gesellschaft für Soziologie. – Veröffentlichungen u.a.: zusammen mit Hans-Joachim Hoffmann-Nowotny (Hg.), *Ansprüche an die Arbeit,* Campus

Verlag 1984; F.G. (Hg.), *Von der Anspruchs- zur Verzichtgesellschaft?* (erscheint im Herbst 1985 im Campus Verlag).

Bernhard Giesen, geb. 1948, seit 1982 Professor für Soziologie am Fachbereich Gesellschaftswissenschaften der Justus-Liebig-Universität Gießen, Nachfolge Helge Pross; 1979-1983 Vorsitzender der Sektion Soziologische Theorien der Deutschen Gesellschaft für Soziologie. Wichtigste Veröffentlichungen: *Die Mikrosoziologie; Die Wissenschaftstheorie; Theorie, Handeln und Geschichte;* eine Reihe von Aufsätzen zur soziologischen Theorie, Evolutionstheorie und zu Anwendungsproblemen der Wissenschaft.

Heinz Griesbach, Dr. rer. pol., geb. 1934, Stellvertreter des wissenschaftlichen Leiters der Agrarsozialen Gesellschaft Göttingen (ASG). Seit 1969 wissenschaftlicher Mitarbeiter der Hochschul-Informations-System GmbH (HIS), Hannover, seit 1976 als Leiter der Abteilung „Empirische Untersuchungen, Baunutzungsplanung, Technische Versorgung". Zahlreiche Veröffentlichungen zu agrarwissenschaftlichen Themen sowie zum Verhalten von Studienberechtigten beim Übergang von der Schule in weiterführende Ausbildungen und Erwerbstätigkeit, zum Studienverlauf und Studienverhalten von Studenten, zum Übergang von Hochschulabsolventen ins Beschäftigungssystem.

Hans Haferkamp, geb. 1939, seit 1974 Professor der Soziologie der Universität Bremen. Forschungsschwerpunkte: Theoretische Soziologie, Interaktionsforschung, Herrschaftssoziologie, Soziologie der Devianz und sozialen Kontrolle. Publikationen: *Soziologie als Handlungstheorie* (1976^3), *Kriminalität ist normal* (1972), *Die Struktur elementarer sozialer Prozesse* (1973), *Kriminelle Karrieren. Handlungstheorie, Teilnehmende Beobachtung und Soziologie krimineller Prozesse* (1975), *Herrschaft und Strafrecht* (1980), *Soziologie der Herrschaft* (1983). Arbeitet an einem Buch über soziologische Handlungstheorie.

Ulf Herlyn, Prof. für Planungsbezogene Soziologie an der Universität Hannover, von 1980 bis 1982 Vorsitzender der Sektion für Stadt- und Regionalsoziologie in der DGS; Arbeitsschwerpunkte: Stadt- und Regionalsoziologie, Wohnforschung. Veröffentlichungen u.a.: *Wohnverhältnisse in der Bundesrepublik,* 2. Auflage, Frankfurt 1983 (zusammen mit Ingrid Herlyn); *Großstadtstrukturen und ungleiche Lebensbedingungen,* Frankfurt 1980; *Stadt im Wandel,* Frankfurt 1982 (zusammen mit U. Schweitzer, W. Tessin und B. Lettko); außerdem weitere Aufsätze und Beiträge.

Eckart Hildebrandt ist im Wissenschaftszentrum Berlin im Internationalen Institut für Vergleichende Gesellschaftsforschung tätig.

Rainer Hohlfeld, Dr., geb. 1942 in Berlin, Studium der Biologie und Wissenschaftsphilosophie in Berlin, Freiburg, Tübingen und Köln, 1973 Promotion in Bakteriengenetik am Institut für Genetik der Universität Köln, 1974 bis 1980 wiss. Mitarbeiter des Max-Planck-Instituts zur Erforschung der Lebensbedingungen der wissenschaftlich-technischen Welt in Starnberg. Seit 1980 Mitarbeiter des Instituts für Gesellschaft und Wissenschaft an der Universität Erlangen-Nürnberg.

Christel Hopf, geb. 1942, Dr. phil., Tätigkeit am Max-Planck-Institut für Bildungsforschung in Berlin, Privatdozentin am Soziologischen Institut der Freien Universität Berlin. Schwerpunkte der Tätigkeit: Erziehungssoziologie, Organisationssoziologie, Methoden der empirischen Sozialforschung. Wichtigste Veröffentlichungen: zusammen mit Elmar Weingarten, 1979: *Qualitative Sozialforschung;* zusammen mit Knut Nevermann und Ingo Richter, 1980: *Schulaufsicht und Schule;* zusammen mit Knut Nevermann und Ingrid Schmidt, 1985: *Wie kamen die Nationalsozialisten an die Macht? Eine empirische Analyse von Deutungen im Unterricht.*

Martin Irle, geb. 1927, Studium der Psychologie und Soziologie an der Universität Göttingen. Dipl.-Psych. 1952, Dr. rer. nat. 1955, Habilitation 1962, seit 1964 o. Professor für Sozialpsychologie an der Universität Mannheim. 1968-1983 Sprecher des SFB 24 „Sozialwissenschaftliche Entscheidungsforschung". Interessenschwerpunkte: Integration kognitiver Gleichgewichts- in kognitive Lerntheorien, Beziehungen 'nomologischer' sozialpsychologischer Theorien zu Sozialtechnologien, Programm-Evaluation.

Bernward Joerges ist Wissenschaftler am Internationalen Institut für Umwelt und Gesellschaft des Wisschenschaftszentrums Berlin und Professor für Soziologie an der Technischen Universität Berlin. Hauptarbeitsgebiete: Verbraucherforschung, Umweltforschung, Wissenschafts- und Techniksoziologie.

Dieter Keim, Prof. an der Universität Bamberg im Fachgebiet Sozialplanung.

Horst Kern, Prof. Dr. disc. pol., Professor für Soziologie an der Universität Göttingen. Arbeitsschwerpunkte: Industriesoziologie, empirische Sozialforschung, Geschichte der Soziologie, Kultursoziologie. Veröffentlichungen (Auswahl): *Industriearbeit und Arbeiterbewußtsein* (mit M. Schumann), Frankfurt/M. 1970 (Studienausgabe 1977, 2. Aufl. 1985); *Der soziale Prozeß bei technischen Umstellungen* (mit M. Schumann), Frankfurt/M. 1972; *Produktion und Qualifikation* (gemeinsam mit M. Baethge u.a.), Frankfurt/M. 1974; *Kampf um Arbeitsbedingungen,* Frankfurt/M. 1979; *Empirische Sozialforschung: Ursprünge, Ansätze, Entwicklungslinien,* München 1982; *Das Ende der Arbeitsteilung? Rationalisierung in der industriellen Produktion: Bestandsaufnahme, Trendbestimmung* (mit M. Schumann), München 1984, 2. Aufl. 1985.

Helmut Klages, Prof. Dr., Inhaber des Lehrstuhls für Soziologie, insbesondere Organisations- und Verwaltungssoziologie, zugleich Mitglied des Forschungsinstituts für öffentliche Verwaltung. Letzte Buchveröffentlichungen: gemeinsam mit W. Herbert: *Wertorientierung und Staatsbezug,* Frankfurt/New York: Campus Verlag 1983, 170 S. *Wertorientierungen im Wandel,* Frankfurt/New York: Campus Verlag 1984, 183 S. (u.a.).

Reinhard Koselleck, Jahrgang 1923, seit 1973 Professor für Theorie der Geschichte an der Universität Bielefeld.

Thomas Krämer-Badoni ist Professor am Studiengang Sozialwissenschaft der Universität Bremen.

Wolfgang Krohn, Jahrgang 1941, studierte Philosophie, Sozialwissenschaft und Wissenschaftsgeschichte in Hamburg, Göttingen und Marburg. 1969 wissenschaftlicher Assistent am Philosophischen Seminar der Universität Hamburg; 1971-1980 Mitarbeiter des Max-Planck-Instituts zur Erforschung der Lebensbedingungen der wissenschaftlich-technischen Welt in Starnberg und Lehrbeauftragter der Universität München; seit 1981 Mitarbeiter des Universitätsschwerpunkts Wissenschaftsforschung der Universität Bielefeld. Veröffentlichungen auf dem Gebiet der Wissenschaftsgeschichte, Wissenschaftssoziologie und dem Grenzgebiet von Wissenschaft und Ethik.

Manfred Küchler, als Professor am Fachbereich Gesellschaftswissenschaften der Universität Frankfurt derzeit beurlaubt, war von 1981-1985 zunächst als einer der wissenschaftlichen Leiter, dann als geschäftsführender Direktor beim Zentrum für Umfragen, Methoden und Analysen (ZUMA) in Mannheim tätig. Seit Anfang 1985 ist er Professor an den Departments für Soziologie und für Politische Wissenschaft der Florida State University in Tallahassee, USA.

Paolo Leon, Professor für Grundlagen der Ökonomie am Institut für Architektur der Universität von Venedig.

Georg Lohmann, Jahrgang 1948, von 1978 bis 1983 wissenschaftlicher Assistent für Philosophie an der PH und FU Berlin. Forschungsschwerpunkt ist die Sozialphilosophie. Aufsätze zu Marx, Lukács und Horkheimer; zusammen mit Emil Angehrn Hrsg. von *„Ethik und Marx"*, Königstein/Taunus 1985.

Thomas Luckmann, geb. 1927 in Jesenice (Jugoslawien). Studium der Soziologie, Philosophie, Germanistik und Psychologie in Innsbruck, Wien und New York. 1956 Ph.D. an der New School for Social Research. Lehrte u.a. an der New School for Social Research, an den Universitäten Frankfurt, Freiburg und Harvard, seit 1970 Professor für Soziologie an der Universität Konstanz. Hauptsächliche Veröffentlichungen (ohne Zeitschriftenartikel u.ä.): *Die gesellschaftliche Konstruktion der Wirklichkeit* (mit Peter Berger, 1969), *The Invisible Religion* (1970), *Strukturen der Lebenswelt I* (mit Alfred Schütz, 1973), *Sociology of Language* (1975), *Lebenswelt und Gesellschaft* (1980), *Strukturen der Lebenswelt II* (mit Alfred Schütz, 1984).

Kurt Lüscher, Professor an der Sozialwissenschaftlichen Fakultät der Universität Konstanz.

Burkart Lutz, Prof. Dr. phil., geb. 1925. Nach dem Abitur (1943) durch Wehrdienst, Kriegsgefangenschaft und Berufstätigkeit mehrfach unterbrochenes Studium (Mathematik, Geschichte, Volkswirtschaft und Soziologie); Promotion 1959. Seit 1950 wissenschaftliche Tätigkeit als Übersetzer (Georges Friedmann und Jean Fourastié), verantwortlicher Mitarbeiter der industriesoziologischen Untersuchungsstelle des WWI der Gewerkschaften (1951-54) und freier Mitarbeiter von Unternehmen, Verbänden, internationalen Behörden und Forschungsinstituten (1954-1965). Seit 1965 geschäftsführender Direktor des Instituts für Sozialwissenschaftliche Forschung e.V. in München; seit 1967 Honorarprofessor der Universität München. Seit 1983 Vors. der Deutschen Gesellschaft für Soziologie.

Renate Mayntz, geb. in Berlin, Studium in den USA (B.A.) und an der FU Berlin (Dr. phil.); dort auch Habilitation. Erste Forschungstätigkeiten im UNESCO-Institut für Sozialwissenschaften Köln, später als DFG-Stipendiat und Rockefeller Fellow in den USA. 1965 Ordinarius für Soziologie an der Freien Universität Berlin, 1971 an der Hochschule für Verwaltungswissenschaften Speyer. Ausländische Lehrtätigkeiten: Columbia University, New York, New School for Social Research, New York, University of Edinburgh, FLASCO, Santiago de Chile, Stanford University. Seit 1973 o. Professorin an der Universität zu Köln und Direktor des Instituts für angewandte Sozialforschung. 1985 Direktorin des Max-Planck-Instituts für Gesellschaftsforschung in Köln, Veröffentlichungen in den Bereichen: Organisations- und Verwaltungssoziologie, Politikentwicklung und Politikimplementation.

Heiner Meulemann, Dr. phil., Privatdozent für Soziologie, Mitarbeiter am Zentralarchiv für empirische Sozialforschung. Arbeitsschwerpunkte: Bildungssoziologie, sozialer Wandel, Methoden der empirischen Sozialforschung. Arbeitet gegenwärtig an einer Wiederbefragung erstmals im 16. Lebensjahr befragter Gymnasiasten nach 14 Jahren 1984, in der der berufliche und private Lebensweg erhoben wurde. Veröffentlichungen: *Soziale Herkunft und Schullaufbahn. Arbeitsbuch zur empirischen Sozialforschung.* Frankfurt 1979; *Soziale Realität im Interview* (gemeinsam mit K.H. Reuband als Herausgeber). Frankfurt 1984; *Bildung und Lebensplanung.* Frankfurt 1985; *Säkularisierung und Politik.* Politische Vierteljahresschrift 1985.

Richard Münch, geb. 1945, ist Professor für Sozialwissenschaft an der Universität Düsseldorf. Seine Arbeitsschwerpunkte bilden die soziologische Theorie, die historisch-vergleichende Soziologie und die politische Soziologie. Seine neuesten Veröffentlichungen sind: *Theorie des Handelns,* Frankfurt 1982; *Soziologie der Politik,* Opladen 1982; *Die Struktur der Moderne,* Frankfurt 1984; kurz vor der Veröffentlichung steht: *Die Entwicklung der Moderne,* Frankfurt 1986.

Rosemarie Nave-Herz, Prof. Dr., geb. 1935 in Berlin; Studium der Wirtschaftswissenschaften, Soziologie, Pädagogik und Germanistik in Köln; Dipl.-Hdl., schulpraktische Ausbildung und Unterrichtstätigkeiten an kaufmännischen Berufs- und Berufsfachschulen; 1963 Promotion im Fach Soziologie an der Universität Köln.

Friedhelm Neidhardt, Prof., Forschungsinstitut für Soziologie der Universität zu Köln – Arbeitsschwerpunkt: Allgemeine Soziologie, Familie, Gruppe, soziale Bewegungen, Wissenschaft.

Hartmut Neuendorff, geb. 1940, Professor für Soziologie, insbesondere Arbeitssoziologie an der Universität Dortmund – Arbeitsschwerpunkte: Arbeiterbewußtsein, Arbeitsmarkt, Technik und Zukunft der Arbeit, Deutungsmusteranalyse, Theorie der Gegenwartsgesellschaft.

Ulrich Oevermann ist Professor für Soziologie an der Universität Frankfurt.

Eckart Pankoke, Professor für Soziologie, Universität – Gesamthochschule Essen, Arbeitsgruppe für Verwaltungs- und Wirtschaftssoziologie. 1980-1984 Sprecher der Sektion „Sozialpolitik" in der Deutschen Gesellschaft für Soziologie. Lehr und Forschungsschwerpunkte: Sozialgeschichte und Soziologiegeschichte; Sozialpolitik und Sozialverwaltung; Kultursoziologie und gesellschaftlicher Wertwandel.

Werner Rammert, Dr. rer. soc., Fak. f. Soziologie der Universität Bielefeld, seit 1984 Geschäftsführung und Redaktion der „Zeitschrift für Soziologie", seit 1981 Herausgeber der Jahrbücher „Technik und Gesellschaft ". Forschungstätigkeiten: Wissenschafts- und Techniksoziologie am USP Wissenschaftsforschung in Bielefeld und an der Northwestern University bei Chicago (1973-1975); Industriesoziologie am Soziologischen Forschungsinstitut (SOFI) in Göttingen (1975-1978); seit 1978 Organisationssoziologie und sozialwissenschaftliche Technikforschung am FSP „Zukunft der Arbeit" in Bielefeld. Wichtigste Veröffentlichungen: *Technik, Technologie und technische Intelligenz in Geschichte und Gesellschaft.* Bielefeld 1975 (1981²); *Einführung in die Arbeits- und Industriesoziologie* (mit Littek und Wachtler). Frankfurt 1982 (1983²); *Soziale Dynamik der technischen Entwicklung.* Opladen 1983.

Barbara Riedmüller, geb. 1945, Dr. phil., Studium der Soziologie, Psychologie und Pädagogik in München. 1976 Promotion über Evolution und Krise, 1983 Habilitation an der Freien Universität Berlin. Sie ist Mitglied der Münchner Projektgruppe für Sozialforschung und lehrt als Professorin an der Universität der Bundeswehr in München; seit 1982 Mitherausgeberin der Zeitschrift Leviathan. Sie ist Mitglied der Sektion Frauenforschung sowie der Sektion Sozialpolitik in der Deutschen Gesellschaft für Soziologie. Veröffentlichungen schwerpunktmäßig in dem Bereich Sozialpolitik.

Rolf Rosenbrock, Dr. rer., Dipl.-Kfm., geb. 1945, arbeitet seit 1977 im Wissenschaftszentrum Berlin (Schwerpunkt Arbeitspolitik), zahlreiche Buch- und Zeitschriftenveröffentlichungen in den Bereichen Gesundheitspolitik und Arbeitspolitik.

Fritz Sack, Prof. Dr., Universität Hamburg. Seit 1984 Professur für Kriminologie am Aufbau- und Kontaktstudium Kriminologie der Universität Hamburg. Publikationen: Monographien, Aufsätze und Reader auf dem Gebiet des abweichenden Verhaltens, sozialer Bewegungen und der Rechtssoziologie.

Tilman Schiel ist ein wissenschaftlicher Angestellter im Forschungsschwerpunkt Entwicklungssoziologie, Universität Bielefeld. Er beschäftigt sich mit historisch-soziologischen Entwicklungen Indonesiens.

Gert Schmidt, Hochschullehrer für Soziologie (Schwerpunkt Arbeit) an der Fakultät für Soziologie an der Universität Bielefeld. Veröffentlichungen in Industriesoziologie und allgemeiner Soziologie. *Gesellschaftliche Entwicklung und Industriesoziologie in den USA,* Frankfurt 1974; *Materialien zur Industriesoziologie,* in: KZfSS, 24, hg. mit H.J. Braczyk und J. v.d.Knesebeck, Opladen 1982; „Industriesoziologie" in: *Handbuch der Empirischen Sozialforschung,* Bd. 8, hg. von R. König, Stuttgart 1977; „Technik und kapitalistischer Betrieb. Max Webers Konzept der industriellen Entwicklung und das Rationalisierungsproblem in der neueren Industriesoziologie" in: *Max Weber und die Ra-*

tionalisierung sozialen Handelns, hg. von W.M. Sprondel und K. Seyfarth, Stuttgart 1984. Vorsitzender der Sektion Industriesoziologie in der Deutschen Gesellschaft für Soziologie.

Rudi Schmidt, Dr. rer. pol., wisschenschaftlicher Mitarbeiter am Institut für Soziologie der Universität Erlangen. Beteiligt an mehreren Forschungsprojekten aus dem Bereich der Industrie- und Betriebssoziologie: zum Arbeiter- und Angestelltenbewußtsein, zu den Auswirkungen industrieller Rationalisierungsmaßnahmen; gegenwärtig mit einem Projekt befaßt, in dem die Probleme der innerbetrieblichen Umsetzung des Manteltarifvertrags zur 38-1/2-Stunden-Woche in der Metallindustrie untersucht werden. Veröffentlichungen aus diesen Bereichen.

Wolfgang Schulenberg, Dr. phil., gest. 1985, war Professor für Soziologie an der Universität Oldenburg, Institut für Soziologie. Arbeitsbereiche: Allgemeine Soziologie, Bildungssoziologie, Kulturpolitik.

Michael Schumann, Prof. Dr. disc. pol., Direktor des Soziologischen Forschungsinstituts Göttingen (SOFI), Professor für Soziologie an den Universitäten Bremen und Göttingen. Arbeitsschwerpunkt: Industriesoziologie. Veröffentlichungen (Auswahl): *Industriearbeit und Arbeiterbewußtsein* (mit H. Kern), Frankfurt 1970 (Studienausgabe 1977, 2. Aufl. 1985); *Am Beispiel der Septemberstreiks – Anfang der Rekonstruktionsperiode der Arbeiterklasse?,* Frankfurt/M. 1971 (mit F. Gerlach u.a.); *Produktion und Qualifikation* (mit M. Baethge u.a.), Frankfurt 1974; *Sozialpolitik und Arbeiterinteresse,* Frankfurt/M. 1976 (mit M. Baethge u.a.); *Rationalisierung, Krise, Arbeiter,* Frankfurt/M. 1982 (mit E. Einemann u.a.); *Der soziale Prozeß bei technischen Umstellungen* (mit H. Kern), Frankfurt/M. 1972; *Das Ende der Arbeitsteilung? Rationalisierung in der industriellen Produktion: Bestandsaufnahme, Trendbestimmung* (mit H. Kern), München 1984, 2. Aufl. 1985.

Rüdiger Seltz arbeitet im Wissenschaftszentrum Berlin im Internationalen Institut für Vergleichende Gesellschaftsforschung.

Dieter Senghaas, Dr. phil., Professor für Sozialwissenschaft mit den Schwerpunkten Internationale Politik und Internationale Gesellschaft im Fachbereich 8 (Soziologie) der Universität Bremen. Die ausführliche Version des Beitrags erschien in *International* (Wien), Nr. 1/1985; die Probleme einer nur militärischen Weltmacht (SU) wurden ausführlich in einem Beitrag in *Friedensanalysen,* Bd. 20, Frankfurt 1985 (edition suhrkamp 1196) behandelt.

Gerd Spittler, Professor für Soziologie an der Universität Freiburg. Arbeitsgebiete: Rechtssoziologie, Politik und Verwaltung in Bauernstaaten, Wirtschaft von Bauern und Nomaden. Publikationen: *Norm und Sanktion* (1967); *Abstraktes Wissen als Herrschaftsbasis. Zur Entstehungsgeschichte bürokratischer Herrschaft im Bauernstaat Preußen* (1980); *Herrschaft über Bauern. Die Ausbreitung staatlicher Herrschaft und einer islamisch-urbanen Kultur in Gobir* (1978); *Verwaltung in einem afrikanischen Bauernstaat. Das koloniale Französisch-Westafrika 1919-1939* (1981).

Walter Sprondel, o. Prof. für Soziologie in Tübingen, Arbeitsgebiete: Wissens-, Religions- und Kultursoziologie. Veröffentlichungen: *Berufssoziologie,* 1972 (mit Th. Luckmann). – *M. Merleau Ponty und das Problem der Struktur in den Sozialwissenschaften,* 1976. – *A. Schütz und die Idee des Alltags,* 1979 (beide mit R. Grathoff). – *M. Weber und die Rationalisierung des sozialen Handelns,* 1981. – *Religion und gesellschaftliche Entwicklung,* 1973 (beide mit C. Seyfarth).

Ulrich Teichler, Geschäftsführender Direktor des Wissenschaftlichen Zentrums für Berufs- und Hochschulforschung und Professor an der Gesamthochschule Kassel. Geb. 1942, Studium der Soziologie an der Freien Universität Berlin, Promotion über Bildungsexpansion und Statusdistribution in Japan. Autor bzw. Mitautor u.a. von: *Hoch-*

schulexpansion und Bedarf der Gesellschaft (1976), *Der Arbeitsmarkt für Hochschulabsolventen* (1981), *Hochschulzertifikate in der betrieblichen Einstellungspraxis* (1984); Herausgeber bzw. Mitherausgeber u.a. von *Hochschule und Beruf* (1979), *Berufstätigkeit von Hochschulabsolventen* (1983), *Forschungsgegenstand Hochschule* (1984).

Helgard Ulshoefer, geb. 1945; Studium der Wirtschafts- und Sozialwiss. in Hamburg, Tübingen, München, Münster; seit 1966 in Berlin Referentin für Sozialpädagogik am Pädagogischen Zentrum; Arbeitsschwerpunkte: Situation berufstätiger Mütter und ihrer Kinder; Bildungsbeteiligung von Mädchen (Forschungsprojekte), zur Zeit: Mehr Chancen für Mädchen in der beruflichen Erstausbildung.

Georg Vobruba, wissenschaftlicher Mitarbeiter am Wissenschaftszentrum Berlin/IIMV. Lehrbeauftragter für Soziologie an den Universitäten Frankfurt und Klagenfurt. Veröffentlichungen u.a.: *Politik mit dem Wohlfahrtsstaat* (1983); *„Wir sitzten alle in einem Boot". Gemeinschaftsrhetorik in der Krise* (Hg., 1983).

Immanuel Wallerstein lehrt am University Center at Binghamton, State University of New York.

Marianne Weg, Diplom-Ökonomin, wissenschaftliche Mitarbeiterin am Landesinstitut Sozialforschungsstelle, Dortmund, Mitglied des Fachausschusses „Status der Frau" der Deutschen UNESCO-Kommission, Arbeitsschwerpunkte: Institutionen und Konzepte der Frauenpolitik; Arbeitsmarkt- und Sozialpolitik; Mitarbeit in der „MEMORANDUM-Gruppe Alternativen der Wirtschaftspolitik"; Mitarbeit am 6. Jugendbericht „Verbesserung der Chancengleichheit von Mädchen".

Ansgar Weymann, Prof. für Soziologie an der Universität Bremen.

Wolfgang Zapf, geb. 1937, Studium in Frankfurt, Hamburg, Köln und Tübingen; Habilitation in Konstanz; Professor für Soziologie in Frankfurt 1968, in Mannheim seit 1972. Zahlreiche Veröffentlichungen zur Eliteforschung, zu Sozialem Wandel und Modernisierung, zur Sozialindikatorenforschung und Gesellschaftspolitik, u.a. *Wandlungen der deutschen Elite,* München 1965; *Theorien des sozialen Wandels,* Köln 1969, 1979[4]; *Sozialberichterstattung,* Göttingen 1976; *Lebensbedingungen in der Bundesrepublik,* Frankfurt 1977; *Probleme der Modernisierungspolitik,* Meisenheim 1977; *Lebensqualität in der Bundesrepublik,* Frankfurt 1984.

Walther Ch. Zimmerli, Prof. Dr. phil. habil., geb. 1945 in Zürich, ist seit 1982 Leiter des Seminars B für Philosophie an der Technischen Universität Braunschweig. Seit 1984 zusätzlich Vorsitzender des Bereichs „Mensch und Technik" beim VDI (Verein Deutscher Ingenieure). Hauptforschungsgebiete: Philosophie der Wissenschaften und Technologie, Sozialphilosophie, Ethik, Ästhetik, Geschichte der modernen Philosophie, bes. der Aufklärung, des Deutschen Idealismus und der Gegenwart. Letzte Buchveröffentlichungen: (Hg.) *Kommunikation – Codewort für Zwischen-Menschlichkeit* (Basel/Stuttgart 1978); (Mithg.) *Die 'wahren' Bedürfnisse* (Basel/Stuttgart 1978); (Hg.) *Kernenergie – wozu? Bedürfnis oder Bedrohung* (Basel/Stuttgart 1978); (Ko-Autor) *Jugend ohne Orientierung* (München/Wien/Baltimore 1981, 2. Aufl. Weinheim/Basel 1983).